国家社会科学基金项目"我国企业技术创新与知识产权战略融合的法律运行机制研究"最终研究成果

企业知识产权战略丛书

ENTERPRISE
IP Strategy Series

②

技术创新与企业知识产权战略

冯晓青◎著

知识产权出版社

全国百佳图书出版单位

图书在版编目（CIP）数据

技术创新与企业知识产权战略/冯晓青著.—北京：知识产权出版社，2015.4
（企业知识产权战略丛书）
ISBN 978-7-5130-3340-4

Ⅰ.①技… Ⅱ.①冯… Ⅲ.①企业管理—技术革新—研究—中国 ②企业—知识产
权—研究—中国 Ⅳ.①F279.23 ②D923.404

中国版本图书馆 CIP 数据核字（2015）第 019440 号

内容提要

全书分为上、下两篇，其中，上篇针对技术创新、企业知识产权战略以及二者的融
合理论进行体系梳理，并对企业在技术创新过程中实施知识产权战略的实践和对策进行
全面解析；下篇着重从产权激励、产权运营、产权保护和产权管理机制等层面和向度，
深度阐述技术创新与企业知识产权战略的法律运行机制。在技术创新和知识产权战略制
定与实施方面，本书提出的有关以知识产权为导向的激励机制的构建策略、产学研一体
化技术创新激励机制、运用知识产权战略培育企业自主创新策略等思路和观点，在我国
正实施创新驱动发展战略和知识产权战略的大背景下，对企业实施知识产权战略具有现
实指导价值。

读者对象：知识产权与竞争政策领域理论和实务工作者、企业经管人员、高校
师生。

责任编辑：李 琳 倪江云　　　　　责任校对：谷 洋
特邀编辑：林 娜　　　　　　　　　责任出版：刘译文
装帧设计：麒麟轩文化

企业知识产权战略丛书
技术创新与企业知识产权战略
JISHU CHUANGXIN YU QIYE ZHISHICHANQUAN ZHANLÜE
冯晓青　著

出版发行：知识产权出版社有限责任公司	网　址：http://www.ipph.cn
社　址：北京市海淀区马甸南村 1 号	邮　编：100088
责编电话：010-82000887/82000860 转 8335	责编邮箱：nijiangyun@cnipr.com
发行电话：010-82000860 转 8101/8102	发行传真：010-82000893/82005070/82000270
印　刷：北京科信印刷有限公司	经　销：各大网络书店、新华书店及相关专业书店
开　本：720mm×1000mm　1/16	印　张：27
版　次：2015 年 4 月第 1 版	印　次：2015 年 4 月第 1 次印刷
字　数：544 千字	定　价：79.00 元
ISBN 978-7-5130-3340-4	

前言

当前，随着知识经济的凸显和科学技术迅猛发展，知识产权制度日益重要，成为激励创新、保护创新成果，促进创新成果运用的重要法律制度。2008 年 6 月，国务院发布《国家知识产权战略纲要》，知识产权制度及其运用已成为我国的国家战略问题，其重要性日益凸显。党的十七大报告也明确提出要"实施知识产权战略"。实施国家知识产权战略，是我国提高自主创新能力、建设创新型国家的必由之路。

前不久，党的十八大提出了创新驱动发展战略，使 2008 年以来我国开始实施的国家知识产权战略变得更重要而迫切。2013 年 9 月 30 日，中共中央政治局举行第九次集体学习，主题就是实施创新驱动发展战略。在本次集体学习中，习近平总书记强调：实施创新驱动发展战略决定着中华民族前途命运。全党全社会都要充分认识科技创新的巨大作用，紧紧抓住和用好新一轮科技革命和产业变革的机遇，把创新驱动发展作为面向未来的一项重大战略实施好。习近平指出，实施创新驱动发展战略应重视以下几项任务：着力推动科技创新与经济社会发展紧密结合，让市场真正成为配置创新资源的力量，让企业真正成为技术创新的主体；着力增强自主创新能力，努力掌握关键核心技术，提升国家创新体系整体效能；着力完善人才发展机制，打通人才流动、使用、发挥作用中的体制机制障碍，最大限度支持和帮助科技人员创新创业；着力营造良好政策环境，引导企业和社会增加研发投入，加强知识产权保护工作，完善推动企业技术创新的税收政策；着力扩大科技开放合作，充分利用全球创新资源，在更高起点上推进自主创新。

国家知识产权战略及创新驱动发展战略的实施，最核心的是建立以企业为主体、市场为导向、产学研相结合的技术创新体系，这也是我国提高自主创新能力、建设创新型国家的重要内容。因此，如何使我国企业充分运用知识产权战略实施技术创新、提高技术创新能力，是落实国家知识产权战略和创新驱动发展战略的关键问题，值得深入研究。

所谓技术创新，是指一种新产品或新工艺概念的产生，经过研究开发、商品化生产到市场销售的一系列过程的总称。技术创新与企业知识产权战略之间存在十分密切的联系，其基础在于技术创新与知识产权制度之间的内在联系：知识产权制度本身是人类的一项伟大的制度性发明，是制度创新的结果。在市场经济中，知识产权制度是法律、技术和经济高度结合的产物，与市场经济、技术创新之间具有内在联系。从知识产权制度的历史发展来看，技术创新的广度和深度在很大程度上决定了知识产权制度变革范围。同时，知识产权制度对技术创新也具有重要的保障和推动作用。

技术创新与知识产权战略的密切联系，要求企业在进行技术创新活动时融入知识产权战略，以知识产权战略引导企业技术创新活动。站在知识产权战略的高度指导企业技术创新，不仅使企业技术创新活动成为知识产权创造、运用、保护和管理的过程，而且使技术创新本身接受知识产权的有效管理，从而使技术创新与企业知识产权战略殊途同归，共同为提升企业核心竞争力与市场竞争力服务。技术创新与企业知识产权战略的互动的内在机制，要求企业一方面将技术创新置于知识产权战略环境中，在技术创新中充分运用知识产权保护制度的激励创造和调整利益的功能，实现创新成果的产业化，将技术创新过程演变为企业知识产权战略实施的过程；另一方面在实施知识产权战略中重视技术创新，以激励创新、提高创新的社会效能，同时应尊重技术创新活动本身活动的客观规律。

正是基于企业是技术创新主体，以及技术创新和知识产权战略实施对其的极端重要作用，企业需要构建两者结合的法律运行机制。本书在研究技术创新、企业知识产权战略及其辩证关系上对此进行了系统的探讨，希望对于我国广大企业实施技术创新战略和知识产权战略有所裨益，能够为推动我国国家知识产权战略和创新驱动发展战略的有效实施贡献绵薄之力。

冯晓青

2014 年 8 月 8 日

目　录

Contents

我国提出了提高自主创新能力、建设创新型国家的宏伟目标，从政策和制度层面对建立和推动国家创新体系，特别是以技术创新为核心的技术创新体系建设进行了诸多规范。❶目前，我国基本形成了政府、企业、科研院所及高校技术创新支撑服务体系四角相倚的创新体系。中国科技体制改革紧紧围绕促进科技与经济结合，以加强科技创新、促进科技成果转化和产业化为目标，以调整结构、转换机制为重点，取得了重要突破和实质性进展。时任中共中央总书记胡锦涛强调："加快建设国家创新体系，支持基础研究、前沿技术研究、社会公益性技术研究。加快建立以企业为主体、市场为导向、产学研相结合的技术创新体系，引导和支持创新要素向企业集聚，促进科技成果向现实生产力转化。"近年来，我国制定了一系列政策措施，包括《国家技术创新工程总体实施方案》《关于促进自主创新成果产业化的若干政策》《关于加快培育和发展战略性新兴产业的决定》《国家产业技术政策》等，进一步明确了企业是自主创新的主体。❷ 实际上，国家创新能力本质上取决于一国企业的创新能力，尤其是各工业领域中领头企业的创新能力。❸

企业知识产权创造、运用、保护与管理的能力与水平，决定着企业的经营能力和市场地位。企业知识产权与技术创新之间具有十分密切的联系，企业技术创新以知识产权为后盾和依归，没有知识产权的保护，创新成果得不到市场回报，创新投入难以收回，创新活动将失去经济动力。技术创新是

---

❶ 冯晓青. 促进我国技术创新的相关政策与制度研究［J］. 青海社会科学, 2013（1）：42-47.

❷ 冯晓青. 促进我国企业技术创新与知识产权战略实施的激励机制研究［J］. 社会科学战线, 2013（2）：213-224.

❸ CHANDLER A. D. Jr. Scale and Scope：the Dynamics of Industrial Capitalism［M］. Cambridge, Mass.: The Belknap Press of Harvard University Press, 1990.

一个经济技术过程，也是知识产权制度在微观层面系统运行的过程。从知识产权的创造、运用、保护、管理等方面谋划技术创新活动，可以实现知识产权与技术创新的良性互动，使知识产权化的技术创新成果成为企业的核心竞争资源。技术创新需要融入知识产权战略，而实现这种融合需要以包括知识产权的确权、制度构建、权利义务配置、风险防范和利益分享模式及其内部协调机制在内的法律运行机制为保障。以下将从研究意义与目的，现有研究成果评介，研究思路与方法，研究内容、重点与难点，研究特色与创新，研究成果的适用范围等方面简述本研究成果的基本情况。

一、研究意义与目的

在当今经济全球化与知识产权国际化环境下，知识产权既是一种基于创新成果的法定权利，也是一种非常重要的市场竞争资源。在实现我国建设创新型国家目标方面，知识产权制度具有独特的作用和特殊意义。2006年5月26日，时任中共中央总书记胡锦涛在中央政治局第三十一次集体学习时指出：当今世界国家核心竞争力越来越表现为对智力资源和智慧成果的培育、配置、调控能力，表现为对知识产权的拥有、运用能力。面对日益激烈的国际竞争，我们需要大力实施"科教兴国"战略，大力增强自主创新能力，不断提高我国国际竞争力。加强知识产权制度建设，大力提高知识产权创造、运用、保护与管理能力是增强我国自主创新能力，建设创新型国家的迫切需要。党的十八大则提出了创新驱动发展战略。如前所述，习近平总书记指出：实施创新驱动发展战略决定着中华民族前途命运。

当代知识产权制度在国家经济社会生活中的重要地位也使得知识产权问题具有高度的战略内涵。这也就是为何近年来发达国家如美国、日本先后从国家层面实施知识产权战略，从战略高度推进本国知识产权制度，并重视本国知识产权制度的国际战略。在新的形势下，我国也启动了国家知识产权战略工程，其中以国务院2008年6月5日颁发《国家知识产权战略纲要》为重要标志。《国家知识产权战略纲要》明确指出："知识产权制度通过合理确定人们对于知识及其他信息的权利，调整人们在创造、运用知识和信息过程中产生的利益关系，激励创新，推动经济发展和社会进步。当今世界，随着知识经济和经济全球化深入发展，知识产权日益成为国家发展的战略性资源和国际竞争力的核心要素，成为建设创新型国家的重要支撑和掌握发展主动权的关键。国际社会更加重视知识产权，更加重视鼓励创新。发达国家以创新为主要动力推动经济发展，充分利用知识产权制度维护其竞争优势；发展中国家积极采取适应国情的知识产权政策措施，促进自身发展。"其明确了知识产权战略与促进国家自主创新之间的内在联系。无疑，国家知识产权战略的推进需要以科学发展观为指导，全方位、有效地予以实施。然而，知识产权战略是一个十分开放的系统，其实施本身不仅需要创造和具备必要的条件和环境，而且需要保持与我国正在推进的其他一些重要战略的协调和协同，如与技术创新战略保持协调运转、组织协同、高度融合。同时，企业是国民经济的基础，既是社会主义市场经济主体，也是创新的主体和获得自主知识产权的主体，企业知识产权战略则是国家知识产权战略的基础。广大企业将技术创新与知识产权战略融合，积极开发自主核心技术，并强化知识产权的保护、运用与管理，既是当前我国企业求得生存与发展的必由之路，也是我国建设创新型国家的基本要求。国家社会科学基金项目"我国技术创新与企业知识产权战略融合的法律运行机制研究"，就是基于此而获得批准的重要课题。本书是该课题研究的最终成果。

本书研究的重要意义在于：

其一，为政府主管部门制定企业技术创新与知识产权方面的政策和制度，提供理论铺垫和决策借鉴；

其二，为企业制定与实施知识产权战略，建立技术创新的法律保障机制，提高技术创新能力，提供切实可行的理论指导和操作指南；

其三，为推动国家和地方知识产权和技术创新政策的有效实施提供理论依据与实践操作指导，特别是为制定与实施技术创新与知识产权战略融合的国家和地方政策与制度提供具有理论指导与实践操作价值的观点、思路、方法；

其四，拓展知识产权法学研究视野，促进知识产权法学科研究向应用领域的发展和我国知识产权战略研究；

其五，促进我国技术创新理论研究，为提高我国技术创新政策水平、推进技术创新工作、提高自主创新能力，提供理论指导。

上述研究意义，也决定了本书的研究目的是提高在企业知识产权战略和技术创新方面的理论研究水平，为政府主管部门制定和实施技术创新与知识产权战略高度融合的政策和制度，为企业借助知识产权战略提高技术创新能力，提供切实可行的理论指导和实践操作指南。

二、现有研究成果评介

与本书有关的现有研究成果涉及知识产权战略与管理、研究开发与技术创新以及技术创新与知识产权制度、知识产权战略之关系等方面的著作、论文、实证分析资料、研究报告等。

由于知识产权制度对保护技术成果市场优势的巨大作用，发达国家重视知识产权法制建设与运行的理论研究与经验总结，相关研究成果和工作报告较多。在 Westlaw、LexisNexis 等数据库中，涉及知识产权法制运行的资料达数百份，如《商务专利战略》（斯戴芬·C. 格来兹，2001）、《经营战略与专利：日立的专利管理 开拓企业未来的专利及其战略作用》（高桥明夫，1990）、《智力资本管理：企业价值萃取的核心能力》（帕特里克·沙利文，2006）等著作，是涉及知识产权战略与管理方面的代表性著作。《技术创新——经济增长的原动力》（F. M. 谢勒，2001）、《研究与开发政策的经济学》（乔治·泰奇，2002）、《企业战略与技术创新决策：创造商业价值的战略和能力》（欧洲技术与创新管理研究院，2006）、《技术与创新的管理：战略的视角》（玛格丽特·A. 怀特，等，2012）等是涉及研究开发、技术创新方面的代表性著作。专题论文与实证研究方面更多，如关于革新、模仿与知识产权关系的研究（赫尔普曼，1993）、关于专利与革新和增长关系的探讨（格罗西比，2001）、关于基于创新战略的知识产权与公司战略关系的研究（丹尼·萨姆森，2005）、关于欧洲专利制度与创新动力学的研究（多米尼克·福，2004）等。另外，国外学者善于利用实证分析方法研究技术创新与知识产权管理和战略问题，这方面也有一些代表性成果，如关于知识产权保护强度、模仿与技术进步关系的实证分析（海普麦恩，1993）、关于发展中国家模仿与技术创新关系的实证研究（格拉斯，2004）等。这些成果提出了关于技术创新与知识产权战略的一些重要原理，也提供了不少实证研究素材，为本书研究的国际视野奠定了基础。

在我国，随着提高自主创新能力、建设创新型国家目标和国家知识产权战略的提出与大力推进，从技术创新与知识产权战略层面研究企业问题的成果逐渐增多，涉及技术创新基本理论、知识产权战略理论与实践探讨、域外经验介绍与工作经验总结等，也不乏对技术创新与知识产权关系探讨的成果。其中，在研究开发与技术创新研究方面，代表性的著作如《企业的研究开发问题研究》（王淑芳，2010）、《技术创新学》（傅家骥，1998）、《现代技术创新经济学》（纪玉山、曹志强，等，2001）、《中国企业技术创新分析》（高建，1997）、《企业技术创新论》（刘友金，2001）、《21世纪的中国技术创新系统》（柳卸林，2006）、《知识经济时代的技术创新——理论·实务·案例》（王伟光、吉国秀，2007）、《技术创新管理》（雷家骕、洪军，2012），涉及一般性论述的如《中国创新系统研究——技术、制度与知识》（李正风、曾国屏，1999）。在知识产权战略研究方面，代表性的著作有：宏观和一般性研究方面如《知识产权战略》（陈昌柏，1998、2006、2014，系国内第一部关于知识产权战略研究专著）、《知识产权战略研究》（张志成，2010）、《专利权战略学》（徐红菊，2009）、《知识产权制度战略化问题研究》（张勤、朱雪忠，2010）等，企业知识产权战略方面如《企业知识产权战略》（冯晓青，2001、2005、2008、2014，系国内第一部关于企业知识产权战略研究专著）、《企业知识产权战略管理》（何敏，2006）、《企业知识产权战略与工作实务》（企业知识产权战略与工作实务编委会，2007）、《企业知识产权战略与实施方案制作指引》（彭文胜、刘逸星，2009）、《企业知识产权战略指南》（毛金生，2010）、《企业知识产权战略理论与实践探索》（李培林，2010）、《高新技术企业知识产权战略》（徐家力，2012）等。特别是，在创新、技术创新与知识产权制度、知识产权战略相互关系及其有效结合这一与本书直接相关的领域，我国学者也进行了一些探讨，代表性著作如《我国知识产权发展战略与实施的法律问题研究》（朱谢群，2008）、《技术创新中的知识产权保护评价：实证分析与理论研讨》（张平，2004）、《技术创新法律保障制度研究——以知识产权制度为中心进行的考察》（董炳和，2006）、《产业创新与知识产权战略——关于深圳实践的深层分析》（李平、萧延高，2008）、《专利运营能力支撑技术跨越研究》（朱国军、杨晨，2009）、《自主知识产权的创造、运用与法律机制》（林秀芹、刘铁光，2012）、《构建知识产权制度与自主创新效应研究》（赵晓梅，2013）、《促进我国知识产权产业化制度研究》（曹新明，2012）、《中小企业创新与知识产权制度》（夏伟，2014）、《专利攻防战略——如何在专利战争中炼成领袖型企业》（梁艳，2014）等。

至于专题论文方面的研究则更多，代表性的如《企业核心竞争力与知识产权》（吴汉东，2007）、《基于中国创新实践的专利组合理论体系研究》（王玲、杨武，2007）、《技术创新过程中的知识产权和标准化研究》（李保红、刘建设、吕廷杰，2007）、《我国产学研合作创新中的知识产权障碍——基于企业视角的实证研究》（董静、苟燕楠、吴晓薇，2008）、《企业知识产权战略与创新能力动态匹配》（甘志霞、吕海军，2008）、《中国企业知识产权的战略框架》（吴汉东，2008）、《技术转移与产品创新、专利产出的关联机制研究——以1991~2006年大中型工业企业数据为例》（陈傲，2009）、《基于价值链的企业知识产权竞争优势培育——以华为公司的知识产权管理为例》（柴金艳，2009）、《通过知识产权战略提升企业核心竞争力研究》（罗良忠，2009）、《基于知识产权制度的企业技术创新动力系统研究》（王德应、刘渐和、王成军，2009）、《论企业技术创新与知识产权保护研究》（李培林，2010）、《高新技术企业知识产权管理与绩效分析》（唐恒、付丽颖、冯楚建，2011）、《基于知识产权能力的企业专利综合评价指标体系》（李伟、陈青蓝，2011）、《企业技术创新与知识产权战略互动关系研究》（华鹰、华劼，2011）、《企业技术创新过程中的知识产权保护分析》（盛辉，2012）、《转变经济发展方式——从"引进式技术进步"到"原发性技术创新"——基于知识产权制度视角》（王斌，2013）、《行业技术特征、知识产权保护与技术创新》（许培源，2014）等。此外，近年来涉及技术创新、知识产权战略方面的学位论文也逐渐增多。

上述我国关于技术创新与知识产权战略的专题研究，对于本书的研究具有重要的启发作用。充分把握现有研究成果，是本书研究的基础。但是，现有研究成果要么多专注于宏观方面的研究，要么侧重于从某个具体的问题加以探讨，从全面、系统、深入的角度揭示技术创新与企业知识产权战略之间的内在联系机制，特别是从构建我国技术创新与知识产权战略融合的法律运行机制方面研究，这方面的成果较为少见，需要在现有研究成果基础上加以推进。

三、研究思路与方法

本书的研究思路是沿着企业知识产权价值创造、价值整合和价值实现的路径，以企业技术创新为切入点，剖析企业为适应当前知识产权问题而日益突出的法制环境，分析提升企业核心竞争力，开拓、占领与获得国内外市场竞争优势的应用模式；在对我国技术创新和知识产权战略基本原理与对策进行探讨的基础上，揭示技术创新与企业知识产权战略的相互关系与两者内在融合机制；同时，立足于我国技术创新与企业知识产权工作状况的现实，以我国现行知识产权法律法规和政策性文件为指导，遵循技术创新与知识产权战略基本原理与理论，提出建构我国技术创新与企业知识产权战略融合的法律运行机制。其中，特别包括：

第一，企业技术创新与知识产权制度、知识产权战略之间的辩证关系与融合机制；

第二，促进企业技术创新的知识产权法制管理模式；

第三，企业技术创新中知识产权确权、法律风险控制、知识产权战略能力培养的策略与方法；

第四，我国企业自主创新能力的提高与知识产权战略运作模式；

第五，提高企业技术创新能力和核心竞争力的产权激励机制、产权运营机制、产权保护机制和产权管理机制。

通过研究，为企业实施服务于技术创新的知识产权战略，提供既具有较强理论性、也具有很强实践操作性的对策、思路与方法，以及方向性、策略性和指导性意见。此外，国内外企业在技术创新与知识产权战略实施，特别是两者融合方面的经验和做法在本书中也得到了较为充分的探讨，从而有助于增强本书的实用价值。

本书以技术创新和知识产权战略原理和理论为指导，立足于我国技术创新和企业知识产权战略实施现状，以揭示技术创新与企业知识产权战略之间的内在融合机制，并提出和构建技术创新与企业知识产权战略融合的法律运行机制为主线与脉络。这里的所谓"机制"，根据"百度百科"的解释，其本意为"机器的构造与工作原理"，后来在生物、医学等自然科学以及社会科学中被广泛借用，如在生物学中它是指构成生物体的各个组成部分之间的相互关系及其变化过程的物理和化学性质与相互关系。"运行机制"则是指在人类社会有规律的运动中，影响这种运动的各因素的结构、功能及其相互关系，以及这些因素产生影响、发挥功能的作用过程和作用原理及其运行方式。❶ 本书研究的"我国技术创新与企业知识产权战略融合的法律运行机制"属于广义的企业运行机制范畴，而企业运行机制则是指"企业生存和发展的内在机能及其运行方式，是引导和制约企业生产经营决策、并与人、财、物相关的各项活动的基本准则及相应制度，是决定企业经营行为的内外因素及相互关系的总称；企业运行机制是企业的经营系统、技术创新系统、财务系统等运行过程中各环节内部以及各环节之间本质和内在的相互关联、相互制约的工作方式的总和"。❷ 基于这一认识，本书在研究思路上，着重于技术创新与企业知识产权战略实施的诸影响因素及其相互关系和内在联系，以及技术创新与知识产权制度运用、知识产权战略实施之间的互动关系，探求企业通过实施有效的知识产权创造、运用、保护和管理策略提高技术创新能力，特别是自主创新能力的方法、路径与策略，最后从宏观层面以及微观操作层面研究建构技术创新与企业知识产权战略融合的法律运行机制的具体建构。

本书的主要研究方法包括：

（1）调查研究方法。本书对我国技术创新与企业知识产权战略运行情况展开调查研究，以便使研究扎根于我国企业技术创新与知识产权制度与政策制定、实施的现实情况基础之上。

（2）多学科研究方法。由于技术创新与企业知识产权战略问题涉及经济学、管理学和法学等多学科问题，本书研究也将从这些学科的角度进行深入研究，而不限于纯粹的法学、经济学或管理学等层面。因此，知识产权法学、管理学和经济学的相关概念、原理和理论将被广泛用于本书的分析和研究中。

（3）比较研究方法。本书关注国外企业在技术创新与实施知识产权战略方面的经验，以及国外学者相关研究成果。这些国外经验和成果将在本书中得以体现。

（4）定性与定量分析以及实证研究方法。基于研究内容的实践性，本

❶ [EB/OL]. [2014-03-20]. http://baike.baidu.com/view/79349.htm#1.
❷ [EB/OL]. [2014-03-20]. http://baike.baidu.com/view/2068791.htm.

书重视运用定性与定量分析以及实证研究方法展开研究。

（5）规范分析和逻辑论证。本书的理论品味要求对很多基础性质问题从概念到原理、理论方面进行透彻的理论探讨、规范分析和逻辑论证。

四、研究内容、重点与难点

本书分上、下两篇，共8章，另包含绪论和结论部分。

上篇："技术创新与企业知识产权战略——理论、实践及其融合"。该篇分3章，分别为："技术创新：基本原理与对策"（第1章）、"企业知识产权战略：基本原理与对策"（第2章）、"技术创新与知识产权制度、知识产权战略之融合"（第3章）。

在第1章中，本书认为技术创新是指一种新产品或新工艺概念的产生，经过研究开发、商品化生产到市场销售的一系列过程的总称。技术创新可以在创新体系的框架内得到认识，而创新体系包括技术创新、管理创新和组织创新等形式。技术创新与自主创新、自主知识产权、技术进步等概念具有千丝万缕的联系，但也有重要区别。技术创新的重要特点是，企业是技术创新的主体，商业化与应用成为技术创新的基本目的和内容，技术创新具有系统性，本身存在内在的运行机制等。本书认为，技术创新对我国具有极端重要的意义，它是建设创新型国家的迫切需要。技术创新的重要意义还可以从国家、区域和企业技术创新系统的角度进一步加以理解。本章评估了我国技术创新的总体情况，并从建构企业外部创新环境与支持条件以及企业内部自身技术创新体系与机制的建立两方面，提出了确立我国技术创新体系的对策和思路。

在第2章中，本书认为知识产权战略属于竞争战略范畴，它是市场经济主体实施竞争行为的高级形式和较高的境界。随着知识产权制度在一个国家经济社会发展中地位的日益提高，知识产权战略也与国家经济发展、科技进步和综合竞争实力的提高日益相关，这就使得知识产权制度在一个国家的运行被提高到战略高度，同时也使得知识产权战略具备了国家战略的禀赋，在国家整体战略中的地位越来越重要。当知识产权的创造、运用、保护和管理成为企业获得市场竞争力的重要手段和来源时，知识产权战略在企业中的实施更具有现实意义。本书认为，企业实施知识产权战略是实现国家知识产权战略的核心和关键，是企业获得市场竞争优势、赢得市场竞争主动权的重要保障，对企业而言十分重要，同时它也是推动我国产业结构调整和经济转型升级，改变经济增长方式的重要措施。本章从知识产权战略分析、战略规划制定、战略实施策略、战略控制等层面研究了企业知识产权战略制定与实施策略。同时，提出了企业知识产权战略柔性及其动态适应能力的观点，以 SWOT❶ 原理为指导，立足于我国企业知识产权战略实施状况，详细探讨了我国企业知识产权战略现状与实施对策。

在第 3 章中，本书认为需要摸索出适应技术创新需要的制度创新模式和路径。知识产权制度属于制度创新的范畴，它是激励创新和保护创新成果的基本法律制度。在市场经济中，知识产权制度是法律、技术和经济高度结合的产物，与市场经济、技术创新之间具有内在联系。知识产权制度为技术创新提供法律保障，知识产权制度与技术创新之间存在内在联动关系，两者共同作用于企业。本章从技术创新过程中形成知识产权的内在机理及其制度保障以及两者的协同性等方面，详细论述了技术创新与知识产权制度之间的密切关系，特别是知识产权制度对技术创新的重要促进作用，还以"模仿"和"知识产权保护强度"为考察视角，对两者的互动关系进行了微观考察。在此基础上，本书提出了知识产权制度运作推进技术创新的基本形式，即实施企业知识产权战略。本书探讨了技术创新与企业知识产权战略关系的良性互动机制，主张技术创新中应以企业知识产权战略加以指引，将技术创新过程演变为企业知识产权战略实施的过程，在实施知识产权战略中重视技术创新，以激励创新、提高创新的社会效能，尊重技术创新活动本身活动的客观规律。同时，应在知识产权战略中确立技术创新目标，通过知识产权战略促进技术创新的发展，建立支撑技术创新的知识产权战略模式。知识产权战略应因技术创新的不同定位和环境而实行动态化管理，建立适应技术创新的动态调节机制。本章还着重探讨了企业知识产权战略对企业培育自主创新能力的内在作用机理和对策，以及不同技术创新背景下企业知识产权战略模式和知识产权战略模式导向下的技术创新模式选择。

下篇："技术创新与企业知识产权战略——法律运行机制"。该篇分五章，分别是："构建法律运行机制的总体思路"（第 4 章）、"产权激励机制：促进技术创新"（第 5 章）、"产权运营机制：促进技术创新实现"（第 6 章）、"产权保护机制：法律与政策保障"（第 7 章）、"产权管理机制：技术创新实现的重要保障"（第 8 章）。

第 4 章首先探讨了技术创新与企业知识产权战略融合需要着重解决的问题。本书认为，需要从政策和制度层面强化企业知识产权战略与技术创新战略的融合。本书探讨了我国涉及技术创新与知识产权战略的典型政策性文件。本书认为，企业知识产权战略实施中应有明确的技术创新目标，将技术创新作为实现知识产权战略目标的重要方面，在技术创新的各个阶段

❶ 态势分析法或优劣势分析法，即对企业自身的竞争优势（Strength）、竞争劣势（Weakness）、机会（Opportunity）和威胁（Threat）进行分析。

融入知识产权战略理念、思路和策略，是实现知识产权战略实施与技术创新融合的基本形式。本书遵循技术创新的规律，对技术创新各阶段和环节中知识产权战略的介入及其策略运用进行了详细探讨，提出了自己的见解。本书接着仔细研讨了企业知识产权战略实施与技术创新战略的协同建设问题，分别从企业、政府和行业层面做了分析。同时，针对当前高新技术产业园区和试点示范企业、优势企业培育工程、知识产权试点示范园区建设现状，提出了进行技术创新与知识产权战略融合的一体化机制建设的观点和见解，并剖析了建立跨地区、行业的"产学研"一体化技术创新体系的作用机制的思路，还以产业技术创新战略联盟为例，探讨了产学研技术创新一体化机制有效模式的构建策略。

第 5 章首先探讨了促进企业技术创新能力提升的企业科技成果管理与知识产权管理融合的模式及其构建，提出了促进企业知识产权管理与科技成果管理有效结合的机制，包括实施企业知识产权全过程管理，提高知识产权管理在企业技术创新中的地位，建立企业科技创新中的知识产权目标导向和管理，针对企业技术发展的不同阶段采取相对应的知识产权管理策略，强化企业知识管理，建立企业知识管理系统，实现企业科技成果管理与知识产权管理的有效融合，建立有利于企业科技创新和知识产权保护的考核评价指标体系，运用技术管理理念和方法，实现企业科技成果管理、知识产权管理与技术管理的融合等对策。接着，本书探讨了促进企业知识创造以及创新成果转化的制度激励机制，包括建立以知识产权为导向的激励机制、促进技术创新与企业知识产权战略实施的激励政策，促进企业创新成果转化的制度激励机制等，其中在创新成果转化机制部分，着重探讨了建立多层次的促进企业科技成果转化和"产学研"一体化的激励机制，重视企业知识、技术因素和管理因素参与利益分配的重要性等观点。

第 6 章主要是从知识产权制度运作层面探讨技术创新与企业知识产权战略融合的法律运行机制。本章第一部分从企业知识产权运营及其能力提升视角研究了这一问题。本书认为，企业知识产权运营是企业有形资源与专利技术、商业秘密、商标、著作权等知识产权类无形资产有效嫁接，在技术市场、产品市场和资本市场实现知识产权的价值增值过程。企业知识产权运营贯穿于企业研究开发、生产制造、市场营销和技术创新的全过程，从战略高度重视企业知识产权运营问题，可以有效地将企业知识产权运营纳入企业经营管理范畴，实现科技与经济的有效结合，充分发挥知识产权作为企业重要的经济资源和战略性资源在企业发展中的重要作用。企业知识产权运营能力的提升和运营活动的开展需要将其置于技术创新过程和创新体系建设中，将技术创新活动与知识产权保护和市场营销紧密结合。本书以知识产权实施、许可、转让、资本运作（融资质押、入股投资、证券化、信托）等形式为例，分析了我国基于技术创新与知识产权战略实施的知识产权运营现状，并提出了相应的对策。第二部分以技术创新与企业知识产权战略融合的考核评价机制为对象，分析了如何建构激励技术创新与企业知识产权战略实施的考核评价机制。第三部分分析了技术创新中纳入标准化战略、企业标准化战略纳入知识产权的内在机理与实践，提出了技术创新与企业知识产权战略融合中的标准化战略的实施策略。第四部分从知识产权风险防范、预警与应急机制以及重大经济活动知识产权审议机制的建构方面提出了技术创新与企业知识产权战略实施中的预防法律风险机制的构建策略。第五部分以产业化转化平台及运作机制为重点考察对象，以企业技术创新扩散机制及企业知识产权战略的作用机制为理论铺垫，探讨了技术创新与企业知识产权战略融合的知识产权服务体系建设。第六部分研究了技术创新与企业知识产权战略融合的知识产权信息网络平台建设现状与完善对策。

第7章以法律保障体系的建构与运行为考察对象，提出了技术创新与企业知识产权战略融合的法律运行机制的构建思路和对策。本书首先从宏观的角度探讨了企业技术创新法律保障体系的基本内涵，认为促进技术创新的法律保障体系主要涉及技术创新资源配置法律制度、技术创新成果的转化应用法律制度、技术创新激励机制与评价考核法律制度，以及服务于技术创新法律制度配套的激励和促进技术创新的政策体系。本书探讨了知识产权制度在技术创新法律保障体系中的地位，认为从促进我技术创新与企业知识产权战略实施的角度看，促进技术创新的法律保障体系是以建立和完善现代企业技术创新的自主知识产权法律保护制度为核心的。本书接着分别对适应技术创新的知识产权立法、执法与司法制度之完善，与创新政策相关的财政税收、投融资制度完善，股权激励等奖励制度，政府采购制度，适应技术创新的市场环境、市场机制与市场法制的完善，产业技术政策完善，科技创新体系与科技体制之完善，以及知识产权公共政策之完善等问题进行了详细的讨论，针对我国现实状况存在的问题提出了完善的见解和观点。

第8章从企业知识产权管理基本原理与理论入手，探讨了企业知识产权管理的基本内涵、任务和内容。接着以实证调查数据和材料为依据，对我国企业知识产权管理的现状做了分析和评价，特别是针对我国企业知识产权管理意识、管理制度、管理机构、管理人员缺乏的现实进行了剖析。在此基础上，本书着重探讨了如何提高我国企业知识产权管理水平，以服务于企业技术创新，提高知识产权战略运作能力和创新能力。其中提出的主要对策有：明确企业知识产权管理方针和任务、建立企业知识产权管理体系、将企业科技成果管理与知识产权管理有机结合、合理运用知识产权管理策略、建立与健全企业知识产权管理保障体系等。本书探讨的有关企业知识产权管理策略有知识产权协同管理、全过程管理、组合管理等。

结合本书研究目的，以上研究内容的重点如下：第一，技术创新与知识产权制度、知识产权战略的内在联系与融合机理；第二，企业技术创新过程与知识产权创造、运用、保护和管理协调的内在机理与制度保障和运作机制；第三，我国技术创新与企业知识产权战略实施现状、问题与成因，以及国内外企业有关经验借鉴；第四，运用知识产权战略促进企业技术创新的机制构建；第五，技术创新与企业知识产权战略融合的法律运行机制的建构方式和策略。其中，第四点和第五点既是本书研究的重点，也是研究的难点。

本书的内容框架如下图 0-1 所示。

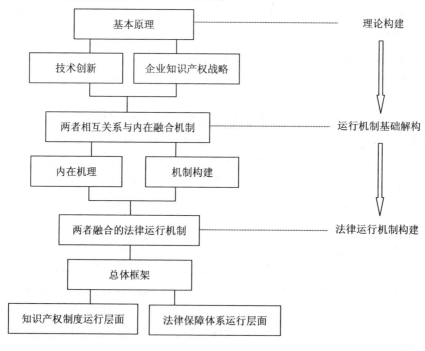

图 0-1　本书的内容框架

五、研究特色和创新

本书研究特色与创新主要有：

第一，将知识产权在企业中的运作由简单的私有产权、静态归属和法律保护角度，提升到企业经营战略层次；将技术创新与企业知识产权战略有机结合，拓宽了知识产权研究思路和领域，使知识产权法理论研究找到了一个十分重要的应用领域。

第二，为企业在技术创新活动中制定与实施知识产权战略，并通过知识产权战略促进技术创新，构筑具有现实指导作用的理论框架与方法体系，为企业技术创新活动提供了法制管理模式和运作经验，有利于指导企业提高技术创新能力，特别是自主创新能力，从而服务于我国创新型国家建设。

第三，从系统、动态角度研究知识产权制度在企业中的贯彻，引入知识产权战略思维，并从技术创新角度深入探讨知识产权战略与技术创新有机结合的内在机理以及法律运行机制，在技术创新、知识产权理论和实务研究上均具有重要创新。

第四，以我国企业的技术创新及其知识产权战略实施现状为基础，针对我国技术创新与企业知识产权战略实施的法律法规和政策体系的现状，提出了很多富有可操作性和可行性的解决问题的对策、观点和创新见解，无论是对于微观层面的企业推动技术创新活动和实施知识产权战略，还是对于政府部门特别是政府主管部门制定、实施促进技术创新与企业知识产权战略的政策和制度，以及技术创新管理与知识产权战略学术研究方面，均具有重要的启发意义和应用价值。

第五，对国内外先进企业在技术创新与知识产权战略实施方面的经验和做法进行了较为全面的介绍和分析，为我国企业开展技术创新和实施知识产权战略提供了具有重要参考应用价值的范例，同时也增加了本书成果的实用性和推广应用价值。

第六，提出构建我国技术创新与企业知识产权战略融合的法律运行机制的基本框架和理论体系，为推动我国对技术创新与知识产权战略研究提供了一种十分重要的研究范式，即侧重于从企业"技术创新"与"知识产权战略"两者高度"融合"的角度，探讨建立基于知识产权战略有效运作的一体化的企业技术创新体系，以更好地实现企业技术创新的目的，提高企业技术创新能力，最终提高企业的核心竞争力。

除此之外，本书在对相当多的问题进行理论探讨时，提出了作者独到的学术观点和见解，丰富与发展了技术创新与企业知识产权战略理论，如关于创新管理、管理创新、技术创新激励机制、企业知识产权战略规划、知识产权战略柔性与动态适应能力、知识产权协同管理、知识产权全过程管理、知识产权与模仿和创新之间的关系、技术创新与知识产权制度和知识产权战略的内在关系等方面的分析。这些观点和理论上的创新，保障了本书作为综合研究项目既具有很强的实践性和应用性，也具有较高的理论品味和学术价值。

六、研究成果的适用范围

基于本书上述研究目的、研究内容和特色与创新，本书尤其适用于以下范围采用：第一，政府主管部门制定与指导实施技术创新与企业知识产权战略方面的政策和制度；第二，企业制定、实施技术创新与知识产权战略；第三，国家和地方相关立法部门制定涉及技术创新与知识产权方面的法律法规和其他相关的规范性文件；第四，行业协会指导本行业制定产业技术创新战略与行业知识产权战略；第五，高校和研究机构、法学及管理学等专业师生研究技术创新、知识产权战略问题时作为重要的参考读物使用。

上　篇

技术创新与企业知识产权战略
——理论、实践及其融合

一、创新及技术创新的概念、特征与类型

（一）创新、技术创新的概念

1. 创新的概念

经济合作与发展组织（OECD）在《国家创新体系》（*National Innovation System*）报告中指出，创新涉及不同主体与机构间的相互作用。技术变革的方式并非线性方式，而是系统内诸要素相互作用和反馈的结果。这里的"技术变革"，可以理解为"生产过程中的变革或者是新产品、新服务的引进"。[1] 从一般意义上讲，创新是主体在一定环境下为满足其需要、通过利用自身拥有的资源与外部条件所进行的开发具有新价值、新效应、新用途的思想与方法的活动，其中新颖性、效用性、异质性是创新的共同特点。创新存在于人类社会的不同领域，在经济学意义上则是指依靠制度变革和技术进步来推动、提高社会经济发展和生产力。从人类历史发展的角度看，整个社会发展历程就是一个不断创新的历程。创新是人类社会发展的基本动力，是一个国家兴旺发达的不竭动力，也是经济社会发展和经济增长的主要推动因素，特别是，知识和技术上的创新已成为当代经济增长的第一位因素。

在市场经济环境下，创新，尤其是技术创新还是市场经济主体开展市场竞争，获取市场竞争优势的重要手段。"垄断产生竞争，竞争产生垄断。垄断者彼此竞争着，竞争者变成

---

[1] 保罗·萨缪尔森，威廉·诺德豪斯. 宏观经济学 [M]. 16 版. 萧琛，等，译. 北京：华夏出版社，1999：170.

了垄断者——垄断只有不断投入竞争才能维持自己。"❶ 市场经济的发展离不开创新以及由此而带来的技术进步。创新既是市场经济主体的一种自发行为，更是其应对竞争的需要而作出的行为。

创新的内涵非常丰富，按照创新涉及的内容，大体上可以分为知识创新、技术创新、管理创新和制度创新等内容。其中，知识创新是指新知识、新概念和新思想的提出与推广。管理创新是指将新方法、新思想或新的组织形式引进国家或企业管理中取得相应效果的动态过程，是社会经济主体提出管理方面的创造性思想并将其付诸应用的过程，主要包括管理理念、管理制度和管理方法的创新。管理创新与技术创新是当前企业发展的关键问题，技术创新本身也离不开有效的管理，技术创新管理也已成为技术创新研究领域的一个重要学科。管理创新可以使企业管理富有效率，使企业更加灵活地适应环境，从而有利于提高企业市场竞争能力。制度创新是指在人类社会经济技术过程中引入新的体制、新的机制或新的关系以推进社会发展的过程。上述技术创新、管理创新实际上是以制度保障为前提的，制度创新也是推动经济社会发展的重要力量。

2. 技术创新的概念

一般认为，技术创新是指一种新产品或新工艺概念的产生，经过研究开发、商品化生产到市场销售的一系列过程的总称。根据 1999 年《中共中央、国务院关于加强技术创新、发展高科技、实现产业化的决定》（中发〔1999〕14 号）的解释，技术创新是"企业应用创新的知识和新技术、新工艺，采用新的生产方式和经营管理模式，提高产品质量，开发、生产新的产品，提供新的服务，占据市场并实现市场价值"。该《决定》还指出，企业是技术创新的主体，技术创新是发展高科技，实现产业化的主要前提。

技术创新可以在创新体系的框架内认识。创新体系包括技术创新、管理创新和组织创新等形式。技术创新理论最早源于美籍奥地利经济学家熊彼特（Schumpeter，J. A.）在 20 世纪 30 年代提出的创新理论。他对技术进步促进经济增长的内在机制进行了系统分析，提出了创新是生产要素与生产条件的新组合、是生产函数或供给函数的变化的观点。具体言之，根据其关于创新的理论，经济增长的根本机制来源于企业的创新活动。创新体现为以下五个方面：引入一种新的产品或提供一种产品的新质量；采用一种新的生产方法；开辟一个新的市场；获得一种原材料或半成品的新的供给来源；实行一种新的组织。这些方面即涵盖了企业技术创新、组织创新和管理创新等方面。就技术创新而言，它是指"建立一种生产函数，并由

---

❶ 中共中央马克思恩格斯列宁斯大林著作编译局. 马克思恩格斯选集：第 1 卷 [M]. 2 版. 北京：人民出版社，1995：176.

企业家对生产要素予以重新组合"。

熊彼特关于创新理论的重大意义在于他将创新视为经济发展和运行的内生变量而不是外生变量，是在经济学视野中研究创新问题，即技术创新不是一个技术概念，而是一个经济概念，其本质并不只是创新成果的形成，而是创新成果从产生出来到成功商业化的一系列活动。换言之，技术创新不是单纯的技术行为，而是经济行为。创新不只是科学技术领域中的发明创造，更是将在发明创造的基础上取得的创新成果在企业中去运用，并获得生产能力。认识到这一点非常重要，因为一则可以在确认技术创新与研究开发、发明创造密切联系的基础上进一步划分研究开发、发明创造与技术创新的界限。正如有学者指出"技术创新与发明创造不同，发明创造是科技行为，而技术创新则是经济行为"。❶ 这样就有利于改变我国长期以来忽视科技成果转化为现实生产力、忽视创新成果的市场化的现状。二则可有利于企业以创新成果及其产权保护为基础，尽量降低成本、提高创新资源和创新成果的效益，从而提高企业市场竞争力。

技术创新概念的提出对创新理论的构建具有基石作用。技术创新理论侧重于技术创新的过程和经济效果及其与经济社会的关系，以及对经济社会的影响等方面。从技术创新的发展历程看，它经过了技术推动型模式、市场拉动型模式、技术与市场拉动模式、系统化和网络化模式等阶段。当前，随着技术创新研究的成熟，技术创新逐渐成为经济学研究的一个重要分支学科，甚至被冠以"技术创新经济学"或"技术创新学"等称谓。同时，在知识产权制度环境下，技术创新需要以知识产权制度的激励为手段，以创新成果产权保护为基点，利用知识产权制度为技术创新提供良好的法律环境，因而它与知识产权制度之间结下了不解之缘。也正因如此，技术创新问题也成为当前知识产权领域特别是企业知识产权研究领域的重要主题。

3. 与技术创新密切相关的概念：自主创新、技术进步

"自主创新"，是随着中国勾勒建设创新型国家蓝图而提出的一个颇有中国本土化特色的概念。❷ 2006 年 1 月，时任中共中央总书记胡锦涛在全国科技大会上指出：自主创新能力是国家竞争力的核心，是实现建设创新型国家目标的根本途径。2009 年 3 月，在第十一届全国人大第一次代表大会上，时任国务院总理温家宝在政府工作报告中则指出：要坚持把推进自主

---

❶　傅家骥，等. 技术创新学 [M]. 北京：清华大学出版社，1998：14.

❷　国外关于创新研究比较接近的概念应当是"内生创新"。所谓内生创新，是相对于模仿创新、外部引进和裂化的技术创新模式，属于系统内自发的行为。参见：刘国新，李兴文. 国内外关于自主创新的研究综述 [J]. 科技进步与对策，2007（2）：196；RAINER ANDERDASSEN. Franco Nardini, Endogenous Innovation Waves and Economic Growth [J]. Structural Change and Economic Dynamics, 2005(3)：1–18.

创新作为转变经济发展方式的中心环节，完善和落实支持自主创新的政策。当前，提高自主创新能力、建设创新型国家已成为中国最重要的国家发展战略。

自主创新的特点是创新的"自主性"，这种自主性在企业中表现为"对行业发展有重大影响的核心技术的开发和掌控，其拥有对产品和服务自主定价权以及市场价值分配过程中的话语权和主导权"，❶ 或者是企业"依据自身资源和能力"及"企业获取技术改进和变革的成果"情况。❷ 自主创新和知识产权、知识创新、技术创新之间具有千丝万缕的联系。❸ 自主创新是企业凭借自身的研究开发能力和技术力量，整合其内外部创新资源，在特定技术领域内进行前沿性研究和开发，直至实现创新成果商业化的过程，是包括原始创新、集成创新和引进消化吸收再创新等创新形式在内的完整的创新体系。自主创新强调通过自身创新活动来获取自主知识产权，提高创新能力，通过获得自主知识产权的核心技术并以此实现新产品、新技术的价值。

从自主创新的主体分为国家、区域与企事业单位层面，可以看出该概念的外延大于技术创新，因为技术创新的主体一般限定于企业。这里的国家或区域层面的自主创新，是指在产业技术战略指引下对产业发展的关键技术、核心技术的内源式供给，对高新技术以我为主的研究开发，对基础科学和应用基础科学领域发展方向的引领，以及对知名企业和国际品牌的培育等。"企业的自主创新是以掌握对产业发展有重大影响的自主知识产权（或专有技术）和参与国际标准制定为标志，以集成创新和引进消化吸收基础上的再创新为主要实现形式，以提升企业核心竞争力，形成自主品牌为主的创新活动。"❹ 它主要立足于企业独立的研究开发活动，但也不排除与他人的合作创新，强调的不是对他人现有技术的简单改进和模仿创新。企业自主创新战略是企业发展的根本性战略，对提升企业核心竞争力具有关键作用。例如，在北京市中关村，将自主创新战略作为技术创新战略的企业数量很多，约占一项调查样本数的75%。

加强自主创新，对于我国实施创新驱动发展战略，提高创新能力，建设创新型国家具有极端重要的意义。自主创新不仅是我国走新型工业化道

---

❶ 刘凤朝，潘雄锋，施定国. 基于集对分析法的区域自主创新能力评价研究 [J]. 中国软科学，2005（11）：84.

❷ 徐新，高山行. 基于建立测量指标的自主技术创新概念研究 [J]. 科学学与科学技术管理，2009（9）：46.

❸ 冯晓青. 企业知识产权战略、市场竞争优势与自主创新能力培养研究 [J]. 中国政法大学学报，2012（2）：32-46；冯晓青. 知识产权制度与技术创新之内在联系研究——以两者内在协同机制、模仿和知识产权保护强度为考察视角 [J]. 时代法学，2013（2）：10-16.

❹ 曹勇，胡欢欢. 专利保护与企业自主创新之间的联动关系探讨 [J]. 情报杂志，2009（4）：18.

路的内在要求，更是我国实现强国之梦，推进产业转型升级，实现经济和技术跨越式发展的必由之路。韩国在进入 21 世纪之初即调整了国家战略，旨在进一步提升国家整体的科技和经济实力，将原先的引进创新与自主创新并举战略调整为以自主创新为主的战略。该战略特别强调提高企业自主创新能力和自主知识产权的保护。

自主创新能力是一种根本性的创新能力，自主创新战略则是国家创新战略的核心部分，而国家创新战略是一个国家为全面提升其创新能力而在科技、经济、文化、教育等方面制定与实施的带有全局性、长远性的总体性谋划和根本指导方针。为了提高国家竞争力，很多国家都提出了自身的创新战略。例如，美国在 2009 年和 2011 年先后发布了两份创新战略报告，将创新视为国家经济发展和国家竞争力的重要基础，强调了创新的主导地位。我国也在 2006 年揭出了自主创新战略，强调自主创新是国家竞争力的核心，确立了"自主创新、重点跨越、支撑发展、引领未来"十六字方针。当前，我国提出自主创新战略适逢其时，这是因为经过三十多年的改革开放和经济社会发展，我国已具备实行自主创新的良好条件。例如，经过技术追赶，目前我国已拥有相当数量的科技成果储备和相当规模的科技人才队伍，特别是企业已成为研究开发重要主体；国内巨大的需求市场为自主创新提供了广阔的市场；促进自主创新的体制和政策逐步得到完善，保护自主创新的知识产权制度日益健全。另外，国家用于自主创新的公共财政资金也大为增强。这些都为我国实施自主创新战略、提高自主创新能力提供了良好的条件。在新的形势下，自主创新战略的核心是大幅度提高我国自主创新能力，而提高自主创新能力本身也是我国国家发展战略的核心，这就要求我国应将其贯穿于经济社会发展方式转变的始终。

自主创新与知识产权之间具有十分密切的联系。自主创新是在创新主体的支配和控制下获得自主知识产权的创新，知识产权成为获得自主创新成果的关键。❶ 自主创新的实质应是获得自主知识产权，其成功主要是能够获得自主知识产权、具有较强的知识产权控制能力。没有知识产权的保护，不掌握自主知识产权和创立自主品牌，自主创新将成为一句空话。自主创新也是企业技术创新所追求的重要形式。同样，自主知识产权一般来说也是自主创新的必然产物。在自主创新环境下，创新者可以获取独立的、不受他人干预和制约的知识产权，人们通常称之为自主知识产权。自主知识产权是企业自主创新的落脚点，提高自主创新能力则是自主创新战略的重要目标。基于此，企业自主创新应高度重视利用知识产权保护制度保护创

❶ 吴贵生，刘建新. 对自主创新的理解［G］//清华大学技术创新研究中心. 创新与创业管理（第 2 辑）. 北京：清华大学出版社，2006：1.

新成果，以获取对自主创新成果的法律上的独占和垄断。正如吴汉东教授指出："提高自主创新能力是建设创新型国家的必由之路，而完善知识产权制度则为自主创新提供有力的法律保障。"❶

由于自主创新与自主知识产权具有十分密切的联系，在我国大力推动知识产权战略的新形势下，自主创新和知识产权战略也就相应地具有了更为紧密的联系。有的学者甚至将两者合一，提出了"自主知识产权战略"的概念。❷ 当然，由于知识产权战略体系中肯定包含了自主知识产权问题，因此没有必要在知识产权战略概念以外再创立这一概念。

对于自主创新观念及其重要性的认识，在实践中人们还存在一定的认识差异。例如，2005 年媒体报道的所谓"龙何之争"就反映了人们对我国汽车行业自主创新的不同认识。其中一种观点认为，全球化环境下我们不必强调民族汽车品牌和民族经济。应当说，这一观点有害，它将阻碍我国企业创立工业自主品牌、获取自主知识产权和提高自主创新能力。

关于自主创新，应注意克服几种片面的观点：

一是认为自主创新就是一切都由自己独立研究开发，排斥与他人的合作。实际上，自主创新强调的是创新的自主性，即应发挥自己的力量，独立自主地开展创新活动，但它并不排斥对他人成果的借鉴、与他人合作研究或采取委托开发甚至采取购买技术的形式。

二是认为自主创新的衡量标准就是投入研究开发的资金、投入强度以及研究开发活动，或者说自主创新是原始创新、集成创新或者引进消化吸收再创新等创新方式。自主创新虽然离不开研究开发经费和一定的投入强度，更离不开研究开发活动，但它还包括创新资源的配置和创新组织结构，以及将创新成果实现商业化的过程，具有丰富的内涵。自主创新与原始创新、集成创新等具体的创新方式具有密切联系，但它也不等同于创新的具体方式，而是通过各种创新方式提升创新能力的过程。

技术进步是"一种技术知识其功效渐进积累和释放的综合过程"。❸ 根据"百度百科"的解释，狭义上的技术进步主要是指生产工艺、中间投入品以及制造技能等方面的革新和改进。具体表现为对旧设备的改造和采用新设备改进旧工艺，采用新工艺使用新的原材料和能源对原有产品进行改进研究，开发新产品提高工人的劳动技能等。从广义上讲，技术进步是指技术所涵盖的各种形式知识的积累与改进。在开放经济中，技术进步途径主要有技术创新、技术扩散、技术转移与技术引进。技术进步并不是技术

❶ 吴汉东. 实施知识产权战略与建设创新型国家 [J]. 安徽科技 2008（6）：18.

❷ 刘政，王璟. 自主知识产权战略在中小企业转型升级中的作用 [J]. 中国集体经济，2010（21）：36-37.

❸ 刘友金. 企业技术创新论 [M]. 北京：中国经济出版社，2001：21.

创新的全部，也不是技术创新的目的。信息技术的发展推动了知识社会的形成，科学界进一步认识到，技术进步与应用创新两者的互动在技术创新中发挥的重要作用。从复杂性科学的视角，技术创新活动绝非简单的线性递进关系，也不是一个简单的创新链条，而是一个复杂、全面的系统工程。● 由此可见，技术创新与技术进步之间具有密切联系，但并不等同。技术进步也是一个经济学概念，但技术创新确实更加复杂一些，它涉及科技、经济、社会等方方面面的问题，而不限于促进经济增长的社会功能。

（二）技术创新的特征

技术创新属于创新的范畴，而创新是与智力资源和竞争力直接相关的概念。就企业而言，创新是其充分利用内外部资源，包括自身人力资源、研究开发资源和外部社会资源等有机整合的过程，在企业创新过程中智力、资本和知识资源发挥着极为重要的作用。在企业的创新体系中，涉及企业组织创新、管理创新和技术创新，其中技术创新相对而言更具有不确定性和风险性。技术创新以新思想产生为基础，旨在使创新成果商业化的创新活动为依托，以创新成果被市场接受与转化为依归和目的。其包含在新创意产生的基础上完成技术发明，然后进行商业化的过程。换言之，技术创新是企业根据市场需求，按照市场需要在将创新成果转化为商品的基础之上首次实现商业价值的过程。其中，研究开发是技术创新的源头，商业化是技术创新的归属和目的，也是技术创新活动获取经济效益的源泉和保障。

1. 企业是技术创新的主体

技术创新主体是将新技术、新产品、新工艺、新知识引入到生产过程并首次实现商业化的组织，是实施技术创新的承担者。从一般意义来讲，作为创新活动的承担者，创新活动主体需要满足以下四个方面的条件：具有对创新活动的自主决策权、具有创新活动所要求的能力、承担创新活动的责任与风险、获得创新活动的收益。● 在技术创新活动中，企业能同时具备这四个条件，因而成为技术创新的主体。

《国家技术创新工程总体实施方案》（国科发政〔2009〕269 号）提出了我国实施技术创新工程的原则，即"企业主体、政府引导；深化改革、创新机制；立足当前、着眼长远；部门联合、上下联动"。其对实施技术创新工程总目标的规定，也充分体现了强化企业成为技术创新主体的战略思想："形成和完善以企业为主体、市场为导向、产学研相结合的技术创新体系，大幅度提升企业自主创新能力，大幅度降低关键领域和重点行业的技

---

❶ [EB/OL]. [2013-06-30]. http://baike.baidu.com/view/172997.htm.

❷ 李正风，曾国屏. 中国创新体系研究——技术、制度与知识 [M]. 济南：山东教育出版社，1999：33.

术对外依存度，推动企业成为技术创新主体，实现科技与经济更加紧密结合。"该实施方案确定的总目标，是以实现企业成为技术创新主体为导向的。技术创新机制实际上是以企业为主体的，因此加强以企业为主体的技术创新机制和体制建设是确保企业作为技术创新主体的根本保障。

技术创新是以企业为主体，市场为导向，以创新成果的市场实现为基础的经济技术过程。技术创新的主体是企业，这一点可以从技术创新的目的、过程和结果等方面认识：

技术创新是要将创新成果付诸实际应用，并产生社会经济价值，实现企业利润。由于企业是从事商品生产、销售或服务的实体，只有创新要素向企业集中、创新成果在企业中得到充分运用，技术创新才能最终实现。企业成为技术创新主体，反映了企业本身是知识创新体的特质。当然，也有观点认为，由于企业作为资本和其他生产要素的组合，其创新活动离不开企业家的领导和决策，因而在这个意义上企业家才是真正的创新主体。[1]不过，虽然企业家在组织企业技术创新中具有决策者和领导者地位，但从企业使命和技术创新的目的而言，技术创新主体定位于企业更为妥当。事实上，企业作为技术创新的主体地位是由企业作为生产的一种组织形式以及技术创新的性质共同决定的。虽然在技术创新活动中，研究开发人员、政府管理部门等都发挥了重要作用，如研究开发部门的研究开发活动是产生新技术、新工艺、新知识、新产品的源泉，但其本身并不是技术创新，这些只是技术创新的基础性条件。技术创新侧重于新技术、新知识的市场实现、商业化应用。政府部门则是技术创新政策的主要提供者，也涉及对技术创新资源的配置和分配，但整体上也不适宜于成为技术创新主体。

确立企业的技术创新主体地位，这无论在我国现有学术研究还是在有关创新政策和法律制度上都已体现。另外，从企业制度的角度看，企业技术创新主体地位受法律保护，需要建立现代企业制度，确立企业独立的法人资格，建立企业良好的组织形式和明确的产权关系、制度规范与管理体制，并理顺企业与政府的关系。

确立企业为技术创新的主体，这是我国建设创新型国家的必然要求，也是党中央、国务院确定的战略部署，充分体现了企业在促进我国自主创新能力提升，建设创新型国家建设中的历史使命。企业成为技术创新主体的思想，在党和国家的一些重要场合都被强调。例如，在 2006 年国务院召开的全国科技大会中，提出了坚持中国特色自主创新道路，建设以企业为主体、市场为导向、产学研结合的技术创新体系作为具有中国特色的国家

❶ 董炳和. 技术创新法律保障制度研究——以知识产权制度为中心进行的考察 [M]. 北京：知识产权出版社，2006：21.

创新体系的突破口。在同年召开的中央经济工作会议上，时任中共中央总书记胡锦涛则指出：确立企业在技术创新中的主体地位是提高自主创新能力的根本途径。在 2009 年政府工作报告中，时任国务院总理温家宝则指出：要深化科技体制改革，发挥企业在企业技术创新中的主体作用。

2007 年我国修订的《科学技术进步法》也充分突出了企业在技术创新体系中的主体地位和重要作用。该法新增了"企业技术进步"一章，其中第 30 条规定：国家建立以企业为主体，以市场为导向，企业同科学技术研究开发机构、高等学校相结合的技术创新体系，引导和扶持企业技术创新活动，发挥企业在技术创新中的主体作用；第 33 条规定：国家鼓励企业增加研究开发和技术创新的投入，自主确立研究开发课题，开展技术创新活动。国家鼓励企业对引进技术进行消化、吸收和再创新；第 38 条规定：国家依法保护企业研究开发所取得的知识产权。企业应当不断提高运用、保护和管理知识产权的能力，增强自主创新能力和市场竞争能力。

事实上，国外同样主张企业是技术创新主体。例如，美国是世界上技术领先的国家，其国家创新体系完整、严密，富有成效，而其最重要的特点就是企业成为技术创新主体，包括产业化、商业化主体。从我国技术创新的实践看，目前存在的一个重要问题是企业尚未真正成为技术创新主体。其原因是多方面的，例如，现有体制和政策的制约使很多企业并未真正成为市场的主体，企业在人员安排、资金使用、技术和资源配置方面仍然没有依照市场经济规则优化配置。一种突出现象是企业科技立项和技术开发，特别是涉及重大技术改造和创新项目时，仍然受到旧有的计划经济体制影响，行政干预色彩较浓。计划经济体制的惯性是阻碍我国企业成为技术创新主体的重要原因。在计划经济体制下，企业的生产经营活动是根据政府的计划组织和落实的，由于没有真正意义上的市场竞争，企业从事技术创新的动力严重不足，也不可能成为技术创新的主体。即使在现行环境下，很多企业科技开发计划立项都缺乏科学论证，而是出于地方政府基于政绩考虑，以致上马的项目与企业内外部环境不相适应，造成技术创新失败。这其中既有创新政策环境和促进创新的市场机制不够完善的因素，也有技术创新并没有真正成为企业获取市场竞争优势的内在需求的因素。

进而言之，在我国市场经济体制正在逐步建立和完善之际，仍然有很多企业并未真正成为技术创新主体，深层次原因则在于：一是现代企业制度尚未真正建立，缺乏技术创新的内在动力机制。现代企业制度要求建立产权明确、责权清晰、自负盈亏、自我发展、自我约束的新型企业制度。然而，由于多种原因，我国很多企业在公司治理结构、产权归属、现代管理制度等方面离现代企业制度的要求还有较大的距离，制约了企业成为技术创新的主体。二是企业内部尚未建立健全创新机制，包括创新的激励机制、决策机制、创新资源配置机制等，缺乏与其经营战略相适应的创新战略。如本书探讨的，创新激励机制是技术创新运行机制之重要内容，很多企业则由于尚未在改革利益分配、创新成果商业化激励等制度方面建立健全激励机制，以致缺乏从事技术创新的动力；在创新决策机制和创新资源配置机制方面，企业对创新模式、创新资源分配等重要事项上缺乏严密的论证和科学的规范，以致不能实现技术创新目的。三是与技术创新相适应的法律法规和政策体系也不够完善，影响了企业成为技术创新的主体。当前，我国企业作为市场经济主体地位远未充分发挥出来，其结果是企业难以成为技术创新的决策主体、技术创新活动的组织主体和技术创新成果的受益主体。为此，需要加快建立现代企业制度步伐，改革妨碍企业成为技术创新主体的体制性障碍，建立健全市场运行体系，增强企业的技术创新主体意识，强化企业重视知识、信息、技术知识的投入，促使企业加强对其作为生产要素和分配要素的分量，以市场为导向，以追求经济效益和社会效益为目标。

2. 技术创新的过程性（阶段性）

企业技术创新具有动态性、过程性（或者说阶段性），它是由一系列活动构成的过程，而不是孤立的行为。技术创新过程，具有极大的战略选择和运作的余地。技术创新实际上是将具有创新的思想和技术发明投入社会经济的过程，深刻地包含了商业化和产业化过程的内容，这是它与单纯的发明创造的重要区别。

人们对技术创新的过程内容存在不同认识，不过，一般认为它以技术构思、设想作为开始，以取得商业上的成功作为结束，包含了从研究开发到市场实现的过程。美国国家科学基金会认为，技术创新是将新产品或者改进的产品、过程或者服务引入市场。国外科技政策学研究专家弗里曼指出："技术创新是第一次引进一个新产品或工艺中所包含的技术设计、生产、财政、管理和市场诸步骤。"❶ 技术创新的过程性已经得到公认，只是国外学者在具体阐述上略有不同。例如，舒尔茨认为，技术创新包括基础性发现、研究开发与实用性推广；熊彼特将技术创新分为发明、创新和扩散；林恩则认为，认识技术的商业性潜力是技术创新的开始，产品的完全的商业化转化则是技术创新的终点。

技术创新过程性可以看作是创新要素（信息、思想、物质、人员）在创新目标下的流动、实现过程；❷ 是企业运用新技术、新知识、新工艺组织、配置生产要素的过程，是一个实现经济社会价值的过程，这些不同过

---

❶ 刘友金. 企业技术创新论 [M]. 北京：中国经济出版社，2001：13.
❷ 柳卸林. 技术创新经济学 [M]. 北京：中国经济出版社，1993：20.

程具有高度的关联性，其中前一阶段完成的情况对后一阶段的成功影响更为直接。在技术创新中，首先需要有新概念、新构思的形成，经企业研究开发或进行技术组合后投入实际的产品生产和技术应用流程，并最终产生社会经济效益。具体来说，首先，形成创新思想，创新思想的形成则受多方面因素的影响，如技术环境、市场环境、社会环境和国家关于创新的政策和制度。其次，需要进行技术发明活动，这是技术创新的基础和关键环节。再次，企业需要投入必要的人财物，将创新的成果转化为实际的产品或可以应用的技术，并接受市场的检验。技术创新的过程性也可以从创新投入、中间产出以及创新的最终产出等过程分析。其中，创新投入包括研究开发资金的投入以及创新的人力资源投入；中间产出包括形成新的发明创造和新的知识；创新的最终产出包括创新成果市场化后的利润和不断提高的收入。❶ 可见，技术创新本身也是知识的投入、知识创造、知识转移和知识运用的过程，具有知识化的特点，从而与知识产权具有内在联系。

技术创新的过程性也反映了技术创新的"过程管理"，是技术创新管理的重要内涵之一。过程管理涉及对技术创新的各阶段和环节制定制度和操作规程，以规范技术创新过程；对技术创新各阶段和环节创新活动和创新成果的扩散进行资源配置、有效组织和协调。同时，对技术创新各阶段和环节的创新绩效，通过一定的考核评价指标进行评估。过程管理还涉及建立技术创新过程的控制、反馈与调节机制，对技术创新全过程实施整体控制。从这个意义上说，技术创新的过程管理还包含了战略管理的韵味。

3. 商业化与应用成为技术创新的基本目的和内容

技术发明是技术创新的基础，但技术创新不限于技术发明的完成，而是必须包括创新成果的商业化转化和应用。它是"作为创新主体的企业在创新环境条件下通过一定的中介而使创新客体转换形态，实现市场价值的一种实践活动。包括新设想的产生、研究、开发、商业化到扩散等一系列活动"。❷ 换言之，商业化转化和应用是技术创新的目的，技术创新能否成功也需要接受市场的检验，也就是能否满足市场需要，获取必要的商业利益。只有技术发明在市场上实现了商业化应用，实现了产业化，技术创新才能最终实现。衡量企业技术创新是否成功，不仅要看企业的技术能力和技术力量本身，更要看是否具有适应市场的转化能力。

换言之，实现企业技术创新成果的价值，需要以市场为媒介成功实现商业化转化。这里的商业化，本质上是生产、销售技术产品并获得商业利润的行为。熊彼特曾解释，企业冒着风险进行技术创新的原因是，可以在

❶ ACS. Z J, ANSELIN LUC, VARGE ATTILA. Patents and Innovation Counts as Measures of Regional Production of New Knowledge [J]. Research Policy, 2002(31)：1069-1085.

❷ 夏征农，陈至立. 大辞海：哲学卷 [M]. 上海：上海辞书出版社，2003：716.

竞争中获得垄断地位，并且能够在维持垄断地位期间获取超额利润的能力。这一观点也反映了技术创新立足于市场，以在市场中获取商业利益为终点；或者说技术创新的起点是市场需求，终点是以市场为媒介获取投资回报和经济利益。适应市场需要并在市场中获取垄断地位和超额利润，成为技术创新者进行技术创新的基本动机和目的。从企业创新实践看，很多事例都说明了这一点。如华为公司重视研究开发、专利申请与技术创新之间的内在联系，特别是强调技术创新成果应面向市场、适应市场需要，将研发基础牢固地定位于市场。早在1999年，华为公司花费巨资引进了IBM公司的研发全流程体系，将以前由研发部门单独完成的产品研发改变为研发、市场、客户服务等部门团队运作的模式。在这种模式中，在产品研发方案形成前就已考虑了客户现实和市场潜在需求，而产品从研发到生产销售的全过程也是由各部门共同完成的。这样就从根本上保障了企业专利技术开发与新产品产业化、商品化的高度一致，大大促进了企业技术创新。

技术创新的目的决定了其作为追求经济利益的技术经济活动，受到市场的制约和引导，其目的能否实现最终也需要受到市场的检验。技术创新作为以市场为导向，将创新成果转化为技术和市场优势的经济技术活动，其主要动力也源于市场。离开了市场，技术创新就失去了归属和出发点。技术创新的成功以经过创新活动产生的新技术、新产品、新工艺、新设计等能否首次进入商业贸易活动为标志。技术创新的目的也在于通过将创新成果投入市场，获取最佳经济利益，获取高额利润。可以认为，技术创新包含技术研究开发的成功和市场成功两个标准。技术创新的成功来源于以市场需求为导向的创新活动和适应市场需要的商业化活动。以市场为导向的技术创新重视按照市场的需要推出新技术、新产品、新理念和新服务，更能保障技术创新的成功。技术创新的上述市场需求导向，也是基于企业的一切活动以消费者需求为中心，而消费者需求是通过市场来反映的。技术创新以市场为导向的策略，强调技术创新的面向市场需求，将创新成果技术上的先进性、生产制造的可能性和市场需求紧密结合，这也被学者们称为"技术创新的适用策略"。当然，技术创新的市场实现不等同于创新产品在市场上的销售，而主要是负载于产品上的新技术、新方法、新工艺、新配方、新功能等得以实现。

企业将技术创新与市场有效结合的创新理念，有其充分的缘由，即现代企业的竞争归根到底为产品和技术的竞争，而技术发明本身具有风险性和复杂性，创新理念和成果从理论层面转化为现实生产力，必须接受市场的检验，在市场中实现，否则再好的创新成果也会因为失去市场消费者的需要而不能推广。市场导向的特点也反映了商业化与应用成为技术创新的基本目的和内容，体现了技术创新活动立足于市场并最终实现于市场。市场导向也表明，创新成果适应市场需要与技术自身的成熟度一样，都是技术创新成功的重要条件。从国内外很多公司开展技术创新活动的经验看，以市场为导向推进技术创新是实现技术创新成功的基本规律。以美国波音公司为例，其始终坚持以市场为导向、以顾客满意为目标的技术创新原则。公司高度重视促进技术成果商品化、市场化，构建了以市场需求推动技术创新的市场导向机制。为促进技术创新与市场需要的紧密结合，波音公司还建立了以市场为导向的评价机制，如评价技术创新成果以看能否转化为生产力、实现产业化、商业化，形成规模化生产，能否实现较大的市场占有率和市场利润作为标准。❶ 德国大众汽车公司技术创新与市场需求相结合首先体现于研究开发阶段，公司技术和产品开发以市场为向导，根据用户的需要开发出多品种和系列的汽车款式，满足了市场中不同消费者的需要。例如，大众汽车公司在亚太地区推出的顶级 SUV 就是一例。大众汽车公司技术创新实施步骤分三步，其中第一步就是捕捉市场机遇，确定技术创新目标。一旦发现市场新的机会，即在技术创新决策的基础上确定尽快开发占领这一市场的技术创新目标；第二步是制定创新程序，配备核心技术创新资源，并根据企业内部整合资源的程度为外部支持提供依据；第三步则是寻求合作关系，与其他企业、高校和科研院所建立技术研究开发方面的合作关系。为推进技术创新进程，更好地贴近消费者的需要，大众汽车公司还实行了所谓"反求创新"策略。其主要内容是，在对原有技术和实物样品进行深入解剖和分析的基础之上，反向探明其设计思想、结构原理和工艺方法，进而形成新的设计方案与加工工艺，实现产品设计的技术创新。该策略属于技术创新的适用策略，有利于在技术创新的过程中从以前的产品和技术中得到新的启发，从而加快研究开发过程，使技术创新更加符合市场消费者的需要。例如，该公司在 2003 年推出了在墨西哥生产的新"甲壳虫"敞篷车就是运用这一策略的结晶。总结大众汽车公司创新管理的经验，重要的一点是坚持"技术与顾客需要巧妙结合过程"的创新原则，建立了"以技术为核心的市场导向机制"。❷ 相反，一些在技术发明上取得成功，但最终商业活动失败的例子则表明，忽视市场需求变化，未能满足市场需要是技术创新失败的重要原因。美国铱星公司的铱星系统开发就是一例。该公司是全球卫星移动通信业的开拓者，曾历时 12 年花费数十亿美元开发了铱星系统。但是，该系统投放市场后很快即面临客户严重不足的境地，最终不得不向法院申请破产。

---

❶ 包晓闻，刘昆山. 企业核心竞争力经典案例：美国篇 [M]. 北京：经济管理出版社，2005：141.

❷ 包晓闻，刘昆山. 企业核心竞争力经典案例：欧盟篇 [M]. 北京：经济管理出版社，2005：110-112，117.

4. 技术创新具有系统性，本身存在内在的运行机制

上述技术创新具有的过程性不是孤立的，而是相互联系的有机整体，具有系统性，并且技术创新本身存在体系内部的运行机制。

根据我国学者杨武对技术创新过程的分析，技术创新成功取决于以下三个基本要素：一是技术要素（T），即将技术应用到适当的产品中；二是市场要素（M），即将产品在市场上推广；三是产权要素（R），即在创新中获得创新产权。这就是所谓用三维动态方法描述技术创新过程的 TRM 三维理论。❶ 显然，这一理论揭示了技术创新本身的系统性。上述企业技术创新的三维结构，其中技术要素和市场要素的培植，在技术创新实践中是通过逐步培养企业的研究开发创新能力和市场创新能力而实现的。技术创新基于技术要素、市场要素和产权要素的内在体系结构，决定了企业技术研究开发活动与市场活动、技术研究开发创新与市场创新协同的重要性，也在本质上决定了技术创新与企业知识产权战略融合的必要性。以研究开发创新与市场创新的协同为例，企业市场效益与研究开发创新具有非同步性，企业不应仅基于眼前的市场效益而忽视了具有长期效益的技术能力的提高，否则市场优势和效益很难长久维持。这也从一个侧面解释了为何我国很多企业不愿花费较多的经费投身于技术研究开发，而热衷于眼前具有市场效益的项目和产品。

技术创新的系统性及其内在运行机制，还可以从企业技术创新运行过程中诸子系统及其相互关联的角度加以认识。根据系统论的观点，系统内部之间的合作、竞争与矛盾会引起系统变化。同时，系统外部的环境及其与系统之间相互作用的方式发生变化会影响系统内部的稳定，最终导致系统整体功能和作用的变化。系统内外部各自及其相互之间的作用构成了系统演化的动力。❷ 企业技术创新涉及组织构建、技术研究开发、人员参与、知识与信息流动、市场开发等环节和内容，包含了信息加工体系、研究开发体系、法律保障体系、组织职能保障体系、市场营销体系以及外部环境反馈体系等子系统，这些子系统相互之间存在密切联系，并统一在创新组织协同之下发挥作用，其中某一个环节或者子系统出现问题，都会影响到技术创新目的的实现。技术创新过程发挥作用的相关因素，无论是内部因素还是外部因素，它们都对技术创新活动产生影响，在技术创新价值链中都实现某种价值。技术创新的系统性还体现于在开放式创新条件下，技术创新不单纯是企业内部的研究开发行为、创新成果转化行为，还涉及创新主体与市场的契合，与消费者、政府相关部门、财政金融、投资、贸易等

❶ 孙伟. 企业知识产权战略研究述评 [J]. 商场现代化，2008（32）：74.
❷ 许国志. 系统科学 [M]. 上海：上海科技教育出版社，2000：12-15.

内容密切相关。有研究认为，技术创新成功因素有一系列的内部因素和外部因素，其中内部因素包括高层领导、技术带头人、高水平人才等个人因素和合理的体制与研究部门、生产部门和营销部门密切合作等组织因素，外部因素包括政府支持和咨询服务等支持因素以及消费者/供应者的合作，与大学、研究机构和其他公司合作等互惠因素。❶ 该分析同时也说明，技术创新是一个存在于企业内外部有效运行的系统，它是在内外诸因素作用下为实现技术创新目标而发挥各自作用的。

5. 技术创新存在经济和技术上具有复杂性特点

从上述讨论可知，技术创新是一个技术经济过程，具有经济性和技术性双重特点。技术创新的经济性体现于其与经济活动、经济行为具有密切联系，是面向市场需求、实现创新成果的经济和社会价值的过程。技术创新无论是从国家还是企业层面来讲，均具有重要的经济意义。在国家层面上，技术创新是实现产业结构调整和经济转型升级，实现工业化和现代化的必由之路；在企业层面上，它是提高企业技术创新能力，获取市场竞争优势的保障。从技术上讲，技术创新具有高投入、高风险和高收益的特性。技术创新活动的前奏是研究开发活动，为保障获取创新成果，需要投入大量经费用于研究开发活动。据统计，经济合作与发展组织（OECD）国家的研究开发投入占国民生产总值（GDP）的比重为 2%~3%。技术创新的高风险首先表现在技术研究开发的风险性，同时也表现为创新成果不适应变化了的市场而导致创新投资不能回收的风险。技术创新本身存在经济和技术上复杂性特点还体现于它涉及企业内外部诸多因素，特别是技术创新能力是这些因素综合作用的产物。如企业对创新资源的配置和投入能力、产出能力、创新活动过程能力、企业内部技术、资金、人力资源等的支持，以及外部政策、法律、市场、产业结构环境等，都是影响技术创新能否实现的重要因素。

（三）技术创新的类型

技术创新可以按照不同的标准和角度进行分类。例如，从创新的内容、应用对象的角度，技术创新可以分为产品创新与工艺创新；从创新的性质和程度的角度，技术创新可以分为突破性创新和渐进性创新；从创新对生产活动影响的直接程度的角度，可以分为生产技术创新和管理技术创新。

在产品创新与工艺创新分类中，前者是指通过技术的创新获得新产品后，将其投入市场营销的过程，后者则是指在工艺方面的创新，如产品新工艺流程创新、工艺设计创新。

---

❶ 高建. 中国企业技术创新分析 [M]. 北京：清华大学出版社，1997：96-97.

在突破性创新和渐进性创新分类中，前者又称为根本性创新，是指在技术上实现了重大突破、具有开拓意义的技术创新。突破性创新显然具有重大的经济技术意义，是人类社会进步和发展的驱动力。渐进性创新又称为改进性创新，是指针对现有技术进行的局部的、小范围的、连续的技术创新。渐进性创新是日常见到最多的一类创新，它虽不及突破性创新那样大的经济技术价值，但其数量大、范围广，在技术创新体系中同样重要。而且，在很多情况下，突破性创新也需要渐进性创新作为辅助。

在生产技术创新和管理技术创新分类中，前者是对企业生产活动具有直接影响的技术创新，如将创新成果直接应用到新产品开发和市场运作中；后者则是针对创新成果管理过程的优化，通过实施创新管理实现技术创新目标。

至于从技术创新战略和实施技术创新形式的角度看，技术创新包括自主创新、合作创新和模仿创新等形式，这并不是对技术创新的分类，其中自主创新的有关内涵前文已述，合作创新和模仿创新将在后文专题论述。

（四）把握技术创新应注意的几个问题

根据上述关于技术创新的认识，技术创新具有丰富的内涵，它在本质上属于企业的经济技术活动过程，通常是企业以研究开发为基点，通过运用创新资源和企业内外部条件实施创新活动，并最终实现产品生产和市场营销的过程。技术创新具有综合性，它既是一种技术活动过程，涉及技术本身的完善以及某项技术与相关技术嫁接和整合的技术本身的过程创新，也是一种经济行为和经济过程的创新，涉及若干经济决策和经济行为的创新，因而它也是技术与经济相结合的过程。技术创新还是一种管理创新过程，这是因为技术创新在实现上述技术与和经济相结合的过程中，需要进行资源配置和整合，为实现企业生产经营目的而对生产、制造、销售过程中的技术要素、生产要素和其他经营要素加以组织、协调、控制，需要进行科学的创新管理。因此，严格地说，技术创新是企业经济、技术和管理行为的综合体。基于此，技术创新活动不仅要高度重视技术发明活动，而且同样应重视创新成果的转化、应用，重视科技成果产业化，以实现技术和产品的大规模商业化为归属和宗旨。

然而，在我国企业技术创新实践以及一些技术创新指导性文件中，存在将技术创新局限于研究开发，而对研究开发后的产业化转化和应用不大重视的现象。这在相当大的程度上会造成技术成果转化的障碍，不利于技术创新效益的提升。因此，在技术创新实践和政策制定中，应注意克服忽视创新成果产业化转化的弊端，将技术创新看成一个整体，以实现技术创新的目的。

还需要注意的是，尽管关于技术创新的理解一般强调技术成果及其成果的产品化和市场化问题，从知识产权的角度看，专利中的外观设计专利本身却不含有技术要素，外观设计专利申请的审批也不考虑这一点，但外观设计专利同样存在创新和技术创新问题，特别是当外观设计专利与技术产品紧密结合后能够直接促成企业技术创新的实现。以美国苹果公司为例，在日益激烈的电脑技术市场，苹果公司除了依靠技术领先战略外，还特别重视以新颖独特的外观设计赢得顾客和市场。公司以别具一格的产品外包装实现了产品差异化战略目标。"苹果产品的设计非常优雅，强化了内在操作系统的优点，相比较之下，戴尔电脑（Dell Computer）就不会刻意去强调它的包装设计。在过去，独特的操作系统结合精美的包装设计，创造了突出的差异化因素，使苹果电脑公司深受其惠。"❶ 由此可见，对技术创新的理解不能完全局限于技术产品及其市场化问题。当然，在一般意义上，包括本书在内，对技术创新的理解确实是立足于技术研究开发、技术产品及其市场化的。

二、技术创新的重要意义

（一）建设创新型国家、实施创新驱动发展战略

我国自 1998 年全国技术创新大会以来，实施技术创新战略逐渐成为我国的共识。技术创新战略是伴随着我国落实科学发展观、建设创新型国家宏伟目标而提出和推动的国家战略实施形式。党和国家领导人多次提出建立以企业为主体、市场为导向、产学研相结合的技术创新体系的思路和策略。特别是在 2005 年 10 月 11 日党的十六届五中全会上通过的"十一五"规划建议中明确提出了要建立以企业为主体、市场为导向、产学研相结合的技术创新体系，构建自主创新的体制框架，并形成更多拥有自主知识产权的知名品牌，建设创新型国家。在党的十七大报告中，时任中共中央总书记胡锦涛指出：加快建设国家创新体系，就要加快建设以企业为主体、以市场为导向、产学研相结合的技术创新体系，引导和支持创新要素向企业集中，促进科技成果向生产力转化。如前所述，党的十八大则提出了要实施创新驱动发展战略。

我国经济发展需要创新的推动，而技术创新是落实建设创新型国家的基本战略形式。这是因为，技术创新是新产品、新方法、新工艺从产生到进入商业化的全过程，技术创新就是要保障技术的商品化、产业化，将科学技术转化为生产力。离开技术创新，建设创新型国家将失去支撑。也正是因为技术创新在建设创新型国家中处于战略地位，我国正在着力建立国家技术创新体系，从创新环境、创新制度、创新人才和创新模式上不断进

---

❶ 杰弗瑞·库鲁圣. 苹果电脑案例［M］. 李芳龄，译. 北京：中国财政经济出版社，2007：28.

行新的探索，并已取得了重要进展。实施以技术创新为核心的创新驱动发展战略，是我国未来经济社会发展的重要措施和模式。

实际上，从创新型国家的内涵、特点和标准看，技术创新具有决定性意义。一般认为，创新型国家是以知识、技术、信息、人才为核心要素，以创新发展模式作为经济社会发展与获取竞争优势的基本方式。创新型国家包括了创新发展模式、过程与结果等丰富的内容，是创新型发展模式与结果的内在统一。创新型国家的特点可以概括为：一是建立了激励和促进创新的制度与政策体系，并且该制度与政策体系能够为国家各个层面的创新主体实施创新活动提供激励机制、创新权益保障与收益分配体制；二是经济社会发展主要依赖于创新活动，创新成为国家竞争力提高的根本动力和源泉；三是在全社会建立健全了鼓励与促进创新的组织体系与网络体系，形成了有效的国家创新体系，具有巨大的创新实力和创新潜力；四是在全社会建立了弘扬创新的文化氛围。创新型国家还可以通过一系列的定性与定量指标加以衡量。创新型国家应具有较高的自主创新能力和技术转化能力，离不开技术创新能力的大幅度提高。当前，我国企业技术创新的整体状况不佳，与整体的技术创新能力不强、技术创新机制不健全有很大的关系。

（二）从不同层面的创新系统看技术创新的重要意义

技术创新的重要意义可以从国家、区域和企业技术创新系统的角度进一步加以理解。

1. 国家创新系统的角度

当今世界已进入创新制胜时代，而在世界各国一个世纪的发展中，经历了不同发展模式，大体包括资源消耗型、外部依赖型和创新型国家，其中创新型国家以构建"国家创新系统"为依托，以提升企业技术创新能力为核心，以充分发挥知识产权的资源和市场竞争价值为手段，在这些国家中科学技术对经济增长的贡献率达到 70% 以上。所谓国家创新系统，是 20世纪瑞典经济学家伦德瓦尔（Bengt-Akelundvall）提出的概念，他认为，国家创新系统是一个国家内政府、企业和大学之间对科学技术发展进行的相互作用的网络化机制，由在具有价值的知识生产、传播、转移、使用和价值实现基础上相互作用的各要素和关系而构成。显然，这是在微观意义上对国家创新系统的理解。国家创新系统强调创新的开放性和网络化特征，涉及国家系统和创新等方面的内容，涵盖了科学技术知识的创造、利用、传播及其与政府之间的相互关系，以及在全社会建构创新知识和成果流转、扩散和推广应用的运行机制。它侧重于系统内创新主体创新能力的提高、创新系统内部各要素之间的有机配合和协调，并重视政府在创新知识的创造、传播和应用方面的全程介入和调节作用。

国家创新系统可以从创新系统的角度加以理解。英国经济学家克里斯托夫·弗里曼（Christopher Freeman）在 1987 年提出的"国家创新系统"概念中，将国家创新系统解释为公营与私营部门组成的具有相互作用和相互影响的网络及其对技术创新和扩散的机制。在其国家创新系统中，政府政策、企业及其研究开发能力、产业结构、教育与培训等因素具有非常重要的作用。他认为，技术创新、组织创新、社会创新不是相互分离的，而是应当有机地结合在一起。弗里曼对国家创新系统的探讨与研究日本第二次世界大战后经济腾飞的历史有关。他发现，第二次世界大战后日本几十年内即成为工业化强国与其实施以技术创新战略为主导，根据形势变化及时进行创新战略和政策调整直接相关。他在 1987 年出版《技术政策与经济绩效：日本国家创新系统的经验》（*Technology Policy and Economic Performance：Lessons From Japan*），研究了日本的国家创新系统在推动日本经济发展中的作用，提出了系统的国家创新系统的概念。后来在理查德·尼尔森（Richard R. Nelson）主编的《国家（地区）创新体系比较分析》（*National Innovation System：A Comparative Analysis*）一书中对国家创新系统做了进一步研究，对创新主体、创新动力、创新系统的复杂性等问题做了深入探讨。

国家创新系统强调通过政府的政策支持和合理引导，推进合理配置企业创新资源和创新机制的形成，实现产学研的高度结合，推进企业技术创新。其中，创新政策是国家创新系统的立足点，政府则是创新政策的主要供给者，创新政策能够为国家创新系统提供基本的制度保障。国家创新系统涉及技术的创造、分配、传播、扩散、利用直至价值实现等诸多环节，也涉及人财物及信息资源等国家创新资源的优化配置、创新型人才建设、创新组织管理与智能保障以及不同层面创新的协调和战略定位等问题，如国家创新基础设施建设、国家创新政策和制度体系、创新活动的运行机制等。建立和完善国家创新系统对于提高一个国家的整体技术能力，特别是核心技术竞争能力具有关键作用。国家创新系统与下述区域创新系统、企业技术创新系统建设又是相辅相成的。以国家创新系统与企业技术创新的关系而论，企业技术创新离不开国家创新系统，它本身是国家创新系统的重要组成部分，受到国家创新系统中的创新制度与政策、创新组织、创新资源配置、创新人才培养等多方面因素的制约。有研究成果分析了第二次世界大战后日本和德国经济腾飞的原因，认为不只是企业技术创新的结果，更是国家创新系统适时演变的结果。国外学者纳尔逊（Nelson）曾在 20 世纪 90 年代初进行过针对 15 个国家的研究，得出的结论是，一个国家企业获得竞争力的关键性源泉在于其技术能力，而该能力并不简单地完全属于企业的，而是具有国家意义的，并且可以通过国家行为加以确立。● 该观点暗示了企业技术创新与国家创新系统的高度融合性。事实上，从前述技术创新的系统性和过程性特点也可以理解，技术创新远远不限于企业内部的经济行为过程，而是涉及相当复杂的外部支持条件与环境，具有系统结构和内在运行机制。这就使得技术创新具有很强的开放性、社会性，不单纯是企业内部的业务流程。技术创新过程的演进也反映了其过程的复杂性、网络化、社会化特征。这就要求国家为技术创新提供良好的政治、经济、技术和法律环境。

构建国家创新系统的重要目标是提高国家创新能力。在国外，"国家创新能力"这一概念由波特等人在国家竞争优势和国家创新体系等理论基础上提出，是指由国家公共基础设施、集群特有的治理环境及其两者之间的联系。我国则有学者认为它是国家对创新资源的持续开发和优化配置所形成的对知识与技术产品的创造与应用能力。国家创新能力的构成要素包括驱动要素和表征要素，其中前者包括国家政策、体制、基础设施、经费和人员投入，后者包括国家对创新资源运用所产生的知识和技术产品。●

国家创新系统是以企业技术创新为支撑和基础的。上述技术创新的特点使国家创新系统的建立具备了坚实的微观基础。国家创新系统的建立和整体创新能力的提升在微观上有赖于企业技术创新能力的提升。换言之，只有提高企业技术创新能力，才能从根本上提高国家创新能力。这里的"企业技术创新能力"是本书多次提及的概念，它是企业技术创新各环节和过程中能力的综合体现。从技术创新的过程看，技术创新能力包括创新决策能力、研究开发能力、生产制造能力、市场营销能力以及创新组织能力和动态适应能力等内容；从技术创新形式看，技术创新能力包括自主技术创新、模仿技术创新和合作技术创新等形式。企业技术创新能力以产品创新能力和工艺创新能力为基本内容，以创新产品和工艺在市场中的实现为标志，与企业创新管理能力、创新战略等都存在密切联系。企业本身是国家创新系统的立足点和核心环节。尽管如上所述，第二次世界大战后日本和德国实现经济腾飞时国家创新系统的适时演变起了关键作用，但却离不开一大批创新型企业的涌现，韩国也有类似的情况。

近年来，构建国家创新系统的重要性也在国家层面上反映出来。例如，党的十七大报告指出：要坚持走中国特色自主创新道路，把增强自主创新能力贯彻到现代化建设各个方面；加快建设国家创新系统，支持基础研究、

● RICHARD R. NELSON, SIDENY G. WINTER. In Search of Useful Theory of Innovation [J]. Research Policy, 1993, 22(2): 108.

● 刘风朝，冯婷婷. 国家创新能力形成的系统动力模型——以发明专利能力为表征要素 [J]. 管理评论，2011（5）：30-38.

前沿技术研究、社会公益性技术研究。由此可以看出，技术创新在构建国家创新系统中处于基础地位。像前述 OECD 在国家创新系统的层面上对创新的定义就明确了企业是国家创新系统的核心，技术创新成为国家创新系统的立足点和基础。其同时强调了研究国家创新系统的政策意义是纠正技术创新中的系统失败和市场失灵，同时通过创新的产学研合作计划、网络计划、建立创新机构，加强整个创新系统内的相互作用与联系，如企业之间的创新合作联系、企业与科研机构和大学之间的合作联系、政府在创新中的产业发展战略与政策引导、政府各部门之间的组织协调以及发挥中介机构在创新主体之间的沟通与协调作用。❶ 从这里可以进一步看出，国家创新系统的运转依然是以如何通过合作创新、政府制度与政策支持、建立组织间的协调机制等开展技术创新活动为主要内容的，而在技术创新活动中，企业不仅是技术创新主体，而且是国家创新系统的重要创造者和主要实施者，在我国建设创新型国家的宏伟目标中，企业亦是建设创新型国家的重要主体。

2. 区域创新系统的角度

区域创新系统是国家创新系统中的重要组成部分。它是指在一定地域内将新的区域经济发展要素或其组合引入区域经济系统内，创造新的更为有效的资源配置方式，实现新的功能，从而推动产业结构升级，形成区域竞争优势，促进区域经济跨越式发展。❷ 区域产业竞争能力是区域创新系统的重要支撑。区域创新系统的构建以区域市场导向和创新导向为指针，以提高区域产业竞争能力为目标。区域产业竞争能力不仅包括产业制造能力，更包括产业技术能力。在我国，区域产业制造能力与技术能力存在严重的不对称现象，提高产业技术能力是当前提高区域竞争能力的关键。

根据国外学者奥蒂奥（Erkko Autio）的观点，区域创新系统包括知识产生和扩散子系统以及知识应用开发子系统。在实践中，区域创新很大程度上体现为集群创新系统。区域创新系统是区域创新各子系统的集合，它是在区域创新环境内由区域内企业、高校、科研院所、中介机构以及区域内地方政府等各类创新主体借助于区域创新运行机制对新技术、新产品、新工艺、新知识等创新成果进行开发、储存、扩散、传播、利用与价值实现的复杂系统。

从区域创新系统的角度看，区域创新环境、区域创新主体、区域创新行为、区域创新主体之间的内在联系与运行机制成为构成区域创新系统的基本要素。区域创新系统的建构，需要在这些方面加以完善。其中特别应

❶ 蔡富有, 杜基尔. 建设创新型国家与知识产权战略［M］. 北京：中国经济出版社, 2008：131.
❷ 顾新. 区域创新系统的失灵及其完善措施［J］. 四川大学学报（哲学社会科学版）, 2001 (3)：137.

当指出的是，区域创新环境是企业技术创新能力提高的重要支撑环境，在对区域创新系统和企业技术创新问题进行研究时，这一问题常常被忽视。由于企业技术创新是在一定的区域创新环境之下进行的，区域创新环境本身也是构成区域创新系统最重要的要素之一，研究区域创新系统问题时确实不能忽视这一重要因素。总体上，区域创新系统之构建与运行尤其需要重视以下几点：

一是将区域创新系统建设纳入区域发展战略的重要内容。区域发展战略是区域创新系统建构的依据和基础，对区域创新系统构建具有指导作用。同时，构建区域创新优势，是实现区域发展战略的关键。

二是完善区域创新环境。区域创新环境既包括区域创新基础设施、优势产业等硬环境，也包括创新主体分布、融资、投资、政策体系、中介服务、信息网络、区域创新文化等软环境。区域创新环境无疑为区域创新运行机制提供了重要支撑条件。区域创新环境对企业技术创新具有极大的作用，是培养企业技术创新能力的外部条件，与企业技术创新之间存在良性互动的关系。区域创新环境中的一些重要因素，如区域知识基础、区域生产要素、区域融资机制、区域创新政策、区域信息网络系统和创新氛围等无不影响着企业创新行为。当然，企业创新行为也影响区域创新环境，它本身是区域创新的核心和基础，形成了区域要素禀赋。

三是激发区域创新活力，建立创新成果的评价机制和促进创新成果扩散的机制。这些都是促进区域创新成果产生和实现创新成果价值所需的。

四是发挥区域创新系统中各子系统和构成要素的功能和作用，协调各子系统之间和构成要素之间的关系，提升区域创新的整体创新效能。

从对区域创新的探讨看，区域创新以特定区域企业为龙头，以建立区域内产学研一体化技术创新系统为组织形式，以创新成果的创造、扩散、价值实现为依归。区域创新系统仍然是以技术创新为核心的，离开企业技术创新，区域创新很难成功。区域创新系统中技术创新成为贯穿于整个系统的基本活动，区域创新系统内的制度安排、资源配置、环境支持、政府调控都是以实现技术创新为最终目标的。与一般意义上的技术创新相比，其特殊之处则在于存在所谓"复合技术创新主体"，即企业与大学、科研院所等联合，通常就是产学研一体化的合作创新模式。以北京市中关村区域创新为例，其建立了以下三个层面创新平台：一是整合行政创新资源，依靠中关村科技创新和产业化促进中心，加强跨层级和跨部门的协调，促进地区高校、企业和政府之间的协同创新；二是搭建产学研协同创新平台，发挥以产业联盟为代表的协同创新组织的作用，推动创新；三是搭建科研基础设施开放平台；四是搭建与中央企业对接的服务平台。❶ 可见，上述创新平台建设典型地反映了区域创新环境下企业与政府和研究机构协同创新的机制。

实际上，技术创新、产业创新和区域产业创新是区域创新系统中创新结构的内核，也是提高区域竞争力的根本来源。当然，立足于企业技术创新的区域创新系统的建设与发展，有一个逐步发展和完善的问题，这与区域创新系统内企业技术创新发展规律具有一致性。

3. 企业成为创新主体、获得市场竞争优势、履行企业使命的角度

技术创新是企业获得竞争优势的根源，是企业获得生命力和市场竞争力的关键。如前所述，技术创新的主体是企业。当前，随着经济全球化进程的加快，产业技术和适用技术差距不断缩小，技术创新及其相关的管理创新、服务创新对于实现企业自主创新能力的提高具有关键意义，创新已成为企业发展壮大的必由之路。就技术创新而言，其对企业的意义还在于必须牢固地确立企业在国家创新系统中的基础地位和技术创新中的主体地位。只有充分发挥企业在技术创新中的主体地位作用，才能真正实现优化创新环境、健全创新机制、提高创新效能的目标，也只有提高企业技术创新能力，国家整体的创新能力才能得到实质性的提高。

从企业的角度看，技术创新的意义还在于它是提高企业市场竞争力，获取竞争优势的关键。如前所述，技术创新不限于新技术、新工艺的获取，更关注新技术的应用和推广。技术创新和企业市场竞争力、市场竞争优势之间具有十分密切的联系。企业技术创新的重要目的是提高企业的市场竞争力，获取市场竞争优势。随着国内外市场竞争的日益激烈，我国企业更多地需要通过提升技术创新能力来获得市场竞争优势。企业市场竞争力的增强、竞争优势的获取当然取决于多方面因素，但技术创新则居于核心地位。企业通过技术创新，不仅可以获取拥有自主知识产权的技术和产品，而且通过对创新成果的商业化应用开拓新市场，扩大已有市场的份额，从而赢得市场竞争优势。从现代企业竞争的角度看，企业竞争不限于资本和技术，也是技术创新能力的竞争。技术创新成为企业核心竞争力的重要来源。

上述技术创新对企业的重要作用，还体现于通过技术创新提升企业核心能力。技术创新本身尽管不一定形成企业核心能力，但缺乏技术创新的企业则很难形成核心能力。

此外，认识技术创新在企业中的重要地位和作用还可以从企业使命的角度加以理解：技术创新是企业实现其使命的重要内涵和关键。

企业使命的概念是在 20 世纪 70 年代由彼得·德鲁克（Peter F. Drucker）

❶ 中关村科技园区管理委员会. 实施中关村商标品牌战略 打造国际知名品牌［J］. 中华商标，2011（1）：18.

在《管理：任务、责任和实践》（*Management：Tasks，Responsibility，Practice*）一书中首先提出的，其认为企业有其宗旨和使命的明确界定。从企业管理的角度来说，任何企业都应当有其独特的使命，企业使命是其制定和实施企业发展战略需要首先解决的重大问题，它关系到企业发展的基本定位和方向。明确的企业使命也是企业生存的理由以及发展、成功的关键。企业使命总体上需要解决企业自身从事的事业和企业自身定位，即希望自己成为什么样的企业。❶

企业使命具有战略性，它是组织内在战略意图的外显和应用，意图向外界表征组织存在的意图和原因。❷ 企业使命本身具有综合性，包括企业目的、企业家精神、主要产品、生存与获利，以及企业的社会责任等内涵。企业使命也具有动态性，需要随着社会发展和技术、市场环境的变化而及时调整。进而言之，关于企业使命的要素，国外学者彼得·德鲁克和弗雷德·R. 戴维德（Fred R. David）提出了九要素标准。具体为：目标用户和市场、产品和服务、目标区域、核心技术，对生存、增长以及盈利的关注、企业价值观、自我认知、期望的公众形象、对员工的关心等。❸ 企业使命对企业生存和发展的作用至少体现于：为企业确定前进的方向和目标，作为一种控制机制使企业行驶在正确的轨道上，有助于制定日常的决策，以及激励员工。❹ 国内学者认为，我国企业使命陈述主要有行为导向、利益导向和竞争导向。其中，行为导向为哲学要素，明确指导企业行为的标准；利益导向表达企业对利益相关者得失的关注，包括对公众形象的关注、对雇员的关心，对生存、增长和盈利的关切以及顾客等要素；竞争导向则显示企业所处的竞争环境以及企业自身的定位等。❺

企业技术创新与企业使命的内在联系则在于，企业使命是企业从事技术创新活动、实现技术创新目的的指引和最终依归，技术创新是实现企业使命的重要保障和手段。特别是，从技术创新的功用来看，其对于企业使命的诸多要素均存在一定的影响，是实现企业使命的基本手段。例如，企业使命要在生存和盈利的基础上实现顾客价值和社会责任，技术创新作为企业将产品或服务实现商业化的经济技术活动，以实现利润、满足消费者需要为最终检验标准，显然它是满足企业使命的基本途径。又如，技术创新往往伴随着技术发明、技术进步，而这无疑有利于企业为顾客创造更多

---

❶ 吴杏秋. 谈企业使命的确定 [J]. 企业家天地，2010（5）：18.

❷ 周梁，张明. 企业使命的概念解读 [J]. 经济师，2008（5）：18.

❸ 王亚勇. 我国企业使命研究述评 [J]. 对外经贸，2012（8）：101.

❹ BARBARA BARTKUS, MYRON GLASSMAN, R. BRUCE MCAFEE. Missing Statements: Are They Smoke and Mirrors? [J]. Business Horizons, 2000(43)：23-28.

❺ 林泉，邓朝晖，朱彩云. 国有与民营企业使命陈述的对比研究 [J]. 管理世界，2010（9）：119.

的价值，也有利于提升企业的品牌形象。再如，技术创新可以提升企业的竞争力，提高产品和服务质量，实现更多利润，从而可以扩大就业，改善员工待遇，也使企业履行更多的社会责任。

总的来说，从企业使命的角度探讨企业技术创新问题，可以更加明确技术创新对于企业的重要意义和作用。本书主要是从知识产权角度分析企业技术创新问题，但由于技术创新关系到企业使命的实现，因而以企业使命为指导去研究技术创新与企业知识产权战略融合及其法律运行机制问题，可以使企业更加重视技术创新，从而有利于激发企业从事技术创新的积极性和主动性，提高其技术创新能力。关于企业技术创新在国家、区域创新系统中的地位如图 1-1 所示。

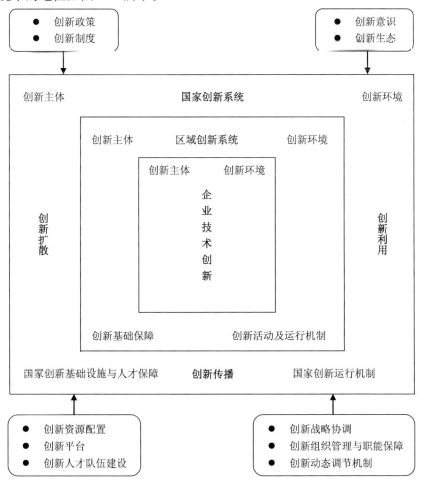

图 1-1　企业技术创新在国家、区域创新系统中的地位

三、我国企业技术创新的总体状况及加强技术创新的基本路径

(一) 我国企业技术创新的总体状况

我国自主创新政策联同国家知识产权战略工程的推进，使得企业技术创新的动力和活力日益增强，整个国家的创新能力也不断提高。2009 年，我国研究开发投入总量进入世界前 5 名，约占当年 GDP 的 1.62%。2010 年 10 月 25 日发布的《国家竞争力蓝皮书——中国国家竞争力报告》显示，我国国家竞争力从 1990 年的第 37 名跃至 2009 年的 17 名，创新竞争力则升至第 22 名。根据欧洲工商管理学院和世界知识产权组织于 2012 年 7 月 31 日联合发布的《2012 年全球创新指数：增强创新联动，促进全球增长》（GII）的报告，中国整体创新位列第 34 位，创新效率指数居全球首位，"中国在知识和技术输出、基础设施以及市场和企业成熟度方面有着良好表现，其中在关键知识和技术产出方面的指数仅次于瑞士、瑞典、新加坡和芬兰。"❶《2013 年全球创新指数》❷ 则表明，中国国家创新指数排名升至第 19 位。又据 2011 年初中国科技发展战略研究院发布的《国家创新指数报告 2010》提供的数据，当年我国创新指数在 40 个主要国家中排名第 21 位，其中有几项重要指标还处于前列。例如，研究开发人员总量居世界第 1 位，研究开发经费总量居世界第 4 位，而本国发明专利年度授权量也排世界第 3 位。这些重要数据反映了我国科技创新投入与科技创新成果有了大幅度提高，为我国实施自主创新战略奠定了重要基础。特别是，我国企业创新指数排名也有了很大提高，从 2000 年的第 25 位提升到 2010 年的第 12 位。❸ 这些成就的取得，得益于以企业为主体的创新环境优化与创新活动的大力开展。我国创新能力的提高，必然会提高我国的国际地位。

我国企业创新与发展也得益于技术引进。通过协整回归分析发现，技术引进对技术创新有显著为正的促进作用，技术引进投入的增加有利于中国的技术创新。❹ 创新模式改革也取得了效果，如有些企业在产业结构调整

---

❶ 任晓玲. 2012 年全球创新指数报告发布［EB/OL］.［2014-04-01］. http://www.sipo.gov.cn/dtxx/gw/2012/201207/t20120717_ 725791.html.

❷ ［EB/OL］.［2014-04-01］. http://finance.ifeng.com/a/20140331/12016440_ 0.shtml.

❸ 任晓玲. 2012 年全球创新指数报告发布［EB/OL］.［2014-04-01］. http://finance.ifeng.com/a/20140331/12016440_ 0.shtml.

❹ 陈蓉，贺彩银. 自主技术创新与技术引进之间关系的实证分析［J］. 当代经济，2013 (3): 125.

中实施了技术集成战略，在多个创新系统的支持下取得了不菲成绩。❶ 另外，合作创新在中国企业之间也越来越普遍，形式日益多样化，包括产业集群、区域创新系统、产学研创新联盟以及国家创新体系的构建等。❷ 在总体上，技术的发展无非是要通过引进技术、模仿学习、消化吸收、模仿创新与自主创新等途径实现，而提高企业原始创新、集成创新和引进消化吸收再创新的能力，是提高中国企业自主创新能力的基本途径。中国企业对这三种各有其特点和规律的创新模式都予以重视。从国务院国资委的一项调查数据看，上述自主创新模式在中国企业中比例分别为 37.5%、20.9% 和 41.6%。❸ 我国企业在经历单纯技术引进与模仿创新阶段之后，已经开始迈向积极的、多元创新的阶段。

我国企业在技术创新方面取得的成绩，在一些代表性企业中表现得尤为明显，成为中国企业自主创新与知识产权战略的表率。此外，创新型企业试点和示范工作也是我国探索企业技术创新工作思路和经验的重要方式。通过试点、示范以及相关的培训等形式，在企业中推广技术创新的方法和经验，发挥了中国创新型企业以点带面的示范作用。

然而，基于我国企业技术开发能力、市场环境、体制机制问题乃至创新意识问题，我国企业技术创新体系的建构远未完善，存在的问题很多，整个国家创新体系建设和环境也不容乐观。早在 2000 年 8~10 月中国企业家调查系统组织实施的"中国企业经营者问卷跟踪调查"结果表明，虽然企业技术创新、管理创新和制度创新都有不同程度的进展，但总体创新水平还不高。2011 年"中国企业经营者成长与发展专题调查"指出，当前中国大多数企业仍然面临着产权不明晰、制度不完善和管理落后的问题。❹

事实上，上述创新指数报告世界排名也反映了这一点。例如，在国家创新指数的五个一级指标排名中，我国国家创新资源指数和知识创造指数均排名第 33 位，创新环境指数排名第 23 位，❺ 创新绩效和企业创新指数相对靠前，分别为第 9 位和第 12 位。即使是在一些排名相对靠前的指标涉及的领域，强度指标、效率指标、质量指标等相对指标仍明显靠后。该报告也显示，尽管我国创新绩效和企业创新排名比较靠前，但也主要是建立在自然资源、资金和众多人力投入方面，真正意义上的创新能力和创新型国家相比还有很大差距。特别是，就企业创新而言，在市场经济体制下，很

---

❶ 邵宪文. 技术集成——企业自主技术创新的一个模式 [C]. 2003 年第九次哈尔滨"科技进步与当代世界发展"全国中青年学术研讨会论文集，156-160.

❷ 杜传忠，曹艳乔. 合作创新与中国企业自主技术创新的实现 [J]. 当代财经，2009 (7)：64.

❸ 李金. 知识产权——我国企业的软肋及其改进的路径 [J]. 世界贸易组织动态与研究，2008（10）：27.

❹ 陶建宏，师萍. 企业创新存在问题及对策 [N]. 光明日报，2013-03-23.

❺ 根据《2013 年全球创新指数》数据，中国创新环境排名由上年的第 19 位提升到第 14 位。

多企业尚未真正成为技术创新主体，技术创新资源配置不够合理和均衡，资源分散和浪费现象严重，实质意义上的产学研联盟构建不够理想、产学研结合松散，在产业技术创新链中从战略高度建立长期稳定合作关系不够，大量的中小企业尤其缺乏自主创新的意识和能力。另外，企业技术创新的支撑环境不够完善，企业技术创新文化也没有全面建立。

我国企业技术创新存在的问题可以大致归纳如下：

一是总体上创新意识不够强，创新文化远未形成，总体创新能力不足。这一方面在于企业创新意识不足、投入不高，❶ 缺乏创新系统；另一方面也在于中国引进外资时接触不到核心技术，还面临着国内残酷的竞争压力。❷ 例如，在创新意识方面，企业存在重生产、轻研究开发，重模仿、轻创新等现象，表现在企业资金投入和分配方面就是企业对研究开发资金投入明显不足，表现在技术引进方面则是重引进、轻消化；表现在创新激励方面，则是很多企业缺乏创新的动力；表现在生产经营方面则是企业僵化的实用主义思想比较浓厚，不愿意花费资金投入具有风险性和不确定性的技术创新项目等。此外，企业创新意识不足特别是国有企业创新意识不足，还与现行国有企业人事安排制度有一定的关系。因为许多政府任命的企业行政领导存在"行为短期化，重产值、重利润，轻资产优化、轻技术进步，使企业技术进步的压力和动力不足"的现象。❸ 无疑，企业创新意识的缺乏，会影响其从事技术创新的积极性，也必然会影响创新文化的构建。

二是创新活动投入量有限。2007 年国家统计局开展了全国首次工业企业创新调查，涉及 2004~2006 年全国 30 万个规模以上工业企业。该调查在一定程度上反映了我国企业的创新情况。调查表明，在上述 3 年间，实施了创新活动的规模以上工业企业有 8.6 万家，只占全部规模以上工业企业的 28.8%。在从事创新活动的企业中，不同类型的企业的情况也有较大差异。❹ 如大型企业从事创新活动的比例较高，达到 83.5%，并有 52.2% 申请过专利；中型企业中有 55.9% 有创新活动，并有 22.6% 申请过专利；小型企业则只有 25.2% 有创新活动，并有 6.8% 申请过专利。❺ 浙江省在 2007 年对新评上的 61 家拥有省级技术中心的企业进行统计发现，这些企业在 2006 年的研究开发投入量为 3.05 亿元，占当年销售额的 3.69%，但该省工商联的另一项调查则表明，中小企业的研究开发经费占销售额的比重很低，不

❶ 彭惠青，陈章. 企业创新体系的问题与对策研究 [J] 湖北经济学院学报（人文社会科学版），2009（8）：46.

❷ 王瑞杰，徐汉明. 开放经济中的中国自主技术创新能力培育 [J]. 辽宁师范大学学报（社会科学版），2005（5）：30.

❸ 王兴华. 试论我国企业技术创新的现状及对策 [J]. 科技与企业，2012（13）：284.

❹❺ 刘奕湛. 我国规模以上工业企业有专利申请的比重不足10% [N]. 中国信息报，2008（3）：1.

到 0.2%，一般的劳动密集型民营企业还不到 0.5%。没有投入科研经费的
企业占调查企业的 57.52%。❶

一般而言，发达国家大型企业的科研投入不低于销售收入的 5%，高技
术性企业会更高，而 2010 年中国只有三成中央企业科技投入占销售收入的
比重超过 5%，中小企业投入更低。❷ 另有研究表明，中国企业目前投入到
研发方面的资金只占 GDP 总量的 1.2%，相比于发达国家平均 3%~5% 的投
入而言太少。❸ 可见，企业整体上对创新活动投入不够。调查还发现，企业
创新活动情况与其经济技术实力和规模呈正相关关系，缺乏相应投入的企
业创新显然无法形成长效机制。例如，在大型企业中，开展研究开发活动
的比例占 65.3%，中型企业和小型企业的比例分别为 31.2%、16%。民营企
业技术创新的情况更逊色一些。根据抽样调查民营企业较为发达的浙江省
的结果，该省 80% 的民营企业缺乏新产品开发能力，产品更新周期在 2 年以
上的占 55% 左右。当然，近几年来，随着中国加快建设创新型国家步伐，
企业创新意识在增强，创新活动也逐渐活跃，创新投入逐渐增多。❹

三是企业研究开发能力较弱，关键技术、核心技术缺乏。研究开发对
企业具有极其重要的价值，其目的是实现技术上的突破，提升技术能力，
以此获取最大化的利益。国外学者认为，研究开发能够为公司带来未来成
长机会和不一般的获取利润的能力，❺ 也就是将研究开发活动看成是为公司
创造价值的活动。还有的学者认为，当厂商研制出新的或更高的技术并淘
汰旧的技术时，原有厂商就有可能被新的厂商代替，从而使新的厂商成为
新的垄断者，进而从对创新的垄断中获取短期的超额利润。❻ 根据 2005 年
国资委政策法规局组织部分中央企业和地方国资委有关负责同志赴德国考
察和培训总结材料介绍，德国企业普遍认为企业在产品技术上获得领先优
势，是在市场上占据竞争优势和获得最佳经济效益的保障。持续不断的新
产品研发和技术创新是企业市场竞争制胜之必需。国内外很多实证分析表
明，研究开发对于企业生产力和绩效、技术效率的提高等具有显著的贡献。
如格瑞弛（Gretsch）利用 "Cobb-Douglas 生产函数" 检验了 1957~1977 年

❶ 倪颂文. 民营企业自主创新的知识产权习惯战略研究——以浙江民营企业为例 [J]. 企业
经济，2008（6）：24.

❷ 杨晓健. 建立技术创新体系必须强化企业自主技术创新 [J]. 当代经济管理，2012（10）：32.

❸ 陶建宏，师萍. 企业创新存在问题及对策 [N]. 光明日报，2013-03-23.

❹ 例如，根据《2013 年全球创新指数》数据，企业研发经费快速增长，占全社会总量的
76%，占全球企业科研经费总量的 13%。

❺ MYERS S C. Determinants of Corporate Borrowing [J]. Journal of Financial Economics, 1977, 5
(2): 147-175.

❻ KERK L. PHILLIPS, JEFF WRASE. Is Schumpete Rian Creative Destruction! A Plausible Source
of Endogenous Real Business Cycle shocks? [J]. Journal of Economic Dynamics and Control, 2006, 30(11):
1885-1913.

美国约 1 000 家制造公司研究开发支出对生产力的影响；谢斐对 1973～1979 年 432 家美国公司的研究开发支出对其经营利润和市值的影响，都得出了类似结论。

然而，研究开发经费占 GDP 比重，在我国仍然偏低。从企业的情况看，有资料证实，我国企业研究开发投入强度也很低。大中型工业企业研究开发投入强度为 0.7%，规模以上工业企业不足 0.6%。❶ 2010 年 2 月 1～2 日，时任国家知识产权局局长田力普在全国知识产权局局长会议中指出：我国自主创新能力尚无法满足科技、经济和社会发展的需要，在关键产业和核心技术领域知识产权数量少，规模以上工业企业申请过专利的企业仅占 4.2%。另外，在基础研究领域，由基础技术支撑的专利也多被国外所掌握。如根据湖南省对工程机械骨干企业的调研分析，尽管该省机械工程制造业在国内领先，但在核心技术和关键领域自主知识产权非常缺乏。与世界工程机械巨头卡特彼勒、小松制作等拥有大量核心技术相比，湖南工程机械骨干企业拥有的行业技术发明专利量只有 653 件，占行业世界专利申请量的 1%，不及核心专利申请的 2.5%。在申请和取得的专利中，我国企业发明专利申请和授权量在整个专利申请和授权量中比重偏低，也反映了我国企业核心技术缺乏、自主创新能力不强的事实。以《专利法》开始实施的 1985～2009 年 11 月为例，我国的国内单位和个人申请专利的数量为 474.91 万件，但技术含量较高的发明专利申请仅占总数的 23.15%，绝大部分为技术含量不高的实用新型专利和外观设计专利申请。与此相对照的是，国外企业和个人在我国申请的 91.44 万件专利中，发明专利申请占 86.28%，且高新技术居多。❷ 再以 2010 年为例，当年国内企业有效发明专利占三种类型专利的比重为 14.9%，比"十一五"初期虽有提高，但提高幅度不大，只占 2%。

应当看到，我国企业核心技术的缺乏源于企业研究开发资金不足、研究开发强度低、技术储备不多、技术开发能力不强等因素。尽管我国企业已成为研究开发重要主体以及投入研究开发经费最多的主体，但其总体的研究开发能力差，研究开发效率低，难以实现重大技术、关键技术的研究开发与突破。

四是企业创新型人才缺乏，创新人才素质有待提高。当前在我国创新型人

❶ 吕薇. 有效发挥知识产权制度促进企业自主创新 [J]. 科技成果纵横, 2009 (3): 8. 当然, 也有一些创新型企业研究开发投入较多。例如, 有资料统计, 华为公司自 2001 年以来每年用于研究开发的经费不少于销售额的 10%, 在研究与开发经费中预研经费占 10%。近年来, 华为公司每年用于研究与开发经费都在人民币 30 亿元以上。华为公司的研究开发取得了丰富的成果, 从 2002 年以来其国内专利申请量一直居国内企业首位。这些投入与华为公司的专利成果具有正相关性, 是华为公司取得丰硕成果的物质基础。参见: 柴金艳. 基于价值链的企业知识产权竞争优势培育——以华为公司的知识产权管理为例 [J]. 科技进步与对策, 2009 (22): 54.
❷ 贾卫东. 论我国企业专利战略的构建 [J]. 保定学院学报, 2010 (2): 52.

才结构中，高校和科研院所占据绝大部分，企业创新型人才相对缺乏，并且创新型人才素质有待提高。这直接导致我国企业的原始创新不够，原始创新多集中于高校、科研院所和少数大型企业集团。在产学研机制不畅的情况下，科研院所的人才无法为企业创新服务，造成企业创新型人才缺乏。企业故而无法吸引足够的创新人才。这种情况自然会影响中国企业创新活动。❶

五是创新成果产业化不够理想。根据武汉市科教文卫体委员会和武汉市知识产权局对武汉市专利成果转化的调查情况，该市高新技术产业发展较快，2009 年实现产值 2 054.9 亿元，占全市工业总产值的 40.84%。在高新技术企业中，专利产品占产品销售总收入的 55%。但是，从该市规模以上工业企业中 380 家高新技术企业从事研究开发等创新活动的情况看，情况并不乐观。如近四成企业没有开展专利发明和技术创新活动，只有 42.4% 企业开展了研究开发活动。设有企业技术开发机构的只占 23.9%，研究开发投入经费占销售收入的比重（科技活动投入强度）为 2.1%，与国际上认同的 8% 才有竞争实力的指标有很大差距。❷

六是缺乏有效的激励创新的机制，创新没有成为很多企业自觉的行为，特别是技术人员缺乏创新的热情和愿望。从本书进行的调查情况看，当前我国很多企业缺乏激励创新的机制，企业从事创新的动力不足，影响了技术创新能力的提高。某市知识产权局提供的 2009 年《中小企业知识产权工作状况调查报告》指出，某钢铁有限公司企业章程中建立了激励创新的制度"取得重大技术突破的员工一次给予 5 000 元奖励"。一些员工在取得技术突破后申报奖金，被以成绩不突出为由拒绝授予，一些确实取得了重大技术突破的员工领取了奖金也嫌奖金数额低而情绪低落。❸

七是技术创新模式存在瓶颈。我国企业在引进、消化、吸收再创新中存在重引进、轻消化和消化后的再创新，对引进消化吸收再创新这一技术创新模式重视不够。❹ 国家统计局一项资料统计显示，我国很多企业技术引进的费用大大超过用于消化吸收的费用，平均比例为 6.5∶1，第二次世界

---

❶ 例如，针对妨碍企业技术创新的因素，一项调查结果显示，59.4% 的经营者认为"创新人才缺乏"是妨碍企业技术创新的关键因素。参见：中国企业家调查系统. 企业创新：现状、问题及对策——2001 年中国企业经营者成长与发展专题调查报告 [J]. 管理世界，2001（4）.

❷ 武汉市科教文卫体委员会、武汉市知识产权局. 武汉市推进专利技术本地转化的调研报告 [J]. 专利工作动态，2010（19）：19-24.

❸ 庄晓. 莱芜中小企业知识产权管理中的问题与对策 [J]. 合作经济与科技，2010（18）：25.

❹ 理论上，引进消化吸收再创新这种创新模式被称为"引进式"技术创新，与"原发式技术创新"相对应。其特点是通过从发达国家引进外资、技术的形式加以实现。参见：王斌. 转变经济发展方式——从"引进式技术进步"到"原发性技术创新"——基于知识产权制度视角 [J]. 生产力研究，2013：19-21.

大战后日本这一数据则是 1∶7。❶ 而且，企业不大重视自主创新，自主创新没有成为企业的自觉行为，而过分依赖于花费较多的资金引进国外的技术。以 2004 年为例，我国工业企业引进国外技术的经费支出为 397.4 亿元，比"十五"时期增长 30.35 亿元，年均增幅为 6.8%。❷ 中国对外技术依存度较高，国资委的一项对 2 716 个企业的调查表明，中国技术对外依存度达到 50%。❸ 一些企业过分依赖于通过进口获得技术，忽视对进口技术的消化吸收再创新，以致造成引进—落后—再引进—再落后的恶性循环。在创新资源和资金分配上，企业对引进、消化、吸收、再创新资金分配不够合理，再创新资金投入比例明显偏低。❹ 例如，根据 1991~2006 年对中国工业企业的一项调查，中国技术引进与消化吸收额的比例为 1∶0.079，而发达国家比例通常为 1∶3。❺ 莱芜市知识产权局 2009 年《中小企业知识产权工作状况调查报告》数据显示，某钢铁有限公司尽管每年投入的技术开发资金不菲，但大多用于技术改造，占经费总额的 54.36%、技术引进经费占 35.71%、消化吸收经费占 6.02%、购买国内技术经费占 3.91%。❻

事实上，企业研究开发中对引进技术的消化吸收重视不够也体现于区域创新中。以经济发达的上海为例，在上海市各大中型企业所拥有的知识产权中，完全由本企业的工作人员研究开发仅占 33%，在引进外来技术基础上进行部分改进的占 20%。对上海市企业关于技术引进与消化吸收的情况调查还发现，企业引进技术以引进硬件为主，单纯的技术引进不多。这种情况的负面影响是，企业占用了较多的资金用于引进，引进后对技术的消化资金难以保障。调查还发现，上海市 35.6% 大中型企业在引进技术后不能根据技术环境和市场环境的变化以及引进技术企业的实际情况进行消化，以提高技术的消化吸收能力。❼ 企业对引进技术消化能力不足，直接影响了引进技术的使用效果。企业过分依赖于进口解决先进技术问题的直接

❶ 曹滢，刘晓莉. 我国研发投入跨越3 000亿内资企业创新力仍弱 [N]. 经济参考报，2007-03-06.

❷ 国家统计局. 从经济普查结果看我国工业企业自主创新能力 [EB/OL]. [2014-03-25]. http://www.hljic.gov.cn.

❸ 冯晓青. 企业知识产权战略 [M]. 3 版. 北京：知识产权出版社，2008：131.

❹ 不仅如此，我国企业研究开发经费投入的结构也存在问题。例如，国家统计局提供的一份数据表明，中国大多数企业研究开发资金用于产品开发和基础研究的费用明显偏低，分别只有24%和10%。参见：倪颂文. 借鉴美国专利制度　促进企业自主创新 [J]. 湖北行政学院学报，2007 (5)：74.

❺ 陈傲. 技术转移与产品创新、专利产出的关联机制研究——以 1991~2006 年大中型工业企业数据为例 [J]. 研究与发展管理，2009 (3)：58.

❻ 庄晓. 莱芜中小企业知识产权管理中的问题与对策 [J]. 合作经济与科技，2010 (18)：24-25.

❼ 康博宇. 上海市大中型企业知识产权现状分析与发展对策研究 [J]. 商场现代化，2008 (31)：329.

后果则是加大了我国对外技术依存度，不利于形成企业自主创新意识、提高技术创新能力。

八是创新在区域、行业和企业间存在巨大差距。我国企业的技术创新意识、创新能力和创新水平也存在很大的地区差异。一般来说，发达地区企业比欠发达地区企业要好、科技创新型企业比中小型企业要好、科技园区企业总体情况比一般企业要好。从整体上看，创新的区域差别主要体现于沿海发达地区和中西部差距较大，特别是西部创新的机制比较缺乏。例如，广西科技厅对广西壮族自治区的调研数据说明了这一问题。根据该调查数据，全区规模以上工业企业投入的科技活动经费 27.36 亿元，其中代表企业自主创新能力的研究与试验发展（R&D）经费 6.6 亿元，投入强度为0.33%，大中型企业投入 R&D 经费 5.7 亿元，投入强度为 0.41%；2007 年广西科技活动经费支出 62.54 亿元，其中 R&D 经费内部支出 22.3 亿元，R&D 经费支出占 GDP 的比重为 0.37%。2008 年，代表区域最高自主创新能力水平的全区技术中心企业 R&D 经费仅占销售收入比例的 1.5%。❶ 可见，广西企业在研究开发投入经费数量方面明显偏低。

技术创新活动在行业中叶表现出较大差异。以行业中的汽车工业为例，资料统计，在 1999~2003 年，尽管研究开发支出从 57.4 亿元增加到 107.3 亿元，增长率为 87%，但研究开发强度却从 1.84% 下降到 1.32%。❷ 这一数据变化表明，汽车工业研究开发投入仍存在相对不足现象。

此外，高新技术和传统产业创新活动和存在的问题各自具有自身特点。就高新技术领域而言，虽然和一般企业相比其技术创新的程度明显要高，但依然存在问题，和国外竞争对手相比还有很大差距。企业技术创新大多集中于主流技术的小范围更新或者是对技术领先程度不高的技术开发，在这种情况下产生的专利多为序贯性专利和非独立性专利，即针对国外专利的延续专利和子专利。❸ 就传统产业而言，传统产业是在较长的历史时期逐渐形成的具有较大生产经营规模、产品和工艺较为固定的传统型产业。传统产业由于其产品、工艺、服务受限于"传统"，其创新活动多以改进型、模仿型创新为主，并且有较大的稳定性。不过，在当代科学技术迅猛发展，技术、市场和消费者时尚深受现代技术影响下，传统产业也面临现代化改造的机遇与挑战，传统产业的升级、转型逐步被提上日程。这种情势必影

❶ 罗建华，宋新华. 基于知识产权战略的企业技术创新资源投入机制研究——以广西企业为例［J］. 科学学与科学技术管理，2010（4）：103.

❷ 杨伟文，朱克丽，姚瑶. 我国企业自主知识产权的发展现状及对策分析——以我国汽车工业知名品牌为例［J］. 财务与金融，2008（5）：103.

❸ 朱雪忠，詹映，蒋逊明. 技术标准下的专利池对我国自主创新的影响研究［J］. 科研管理，2007（2）：180-185；高宇，高山行，严红昌. 专利竞赛对企业自主创新能力的影响［J］. 科技进步与对策，2010（15）：88-91.

响传统产业的创新模式和创新路径。传统产业创新逐渐融入高新技术要素，使得其逐渐摆脱了技术和产品落后、劳动密集型的状态，逐步实现了产业转型和升级。不过，我国传统产业总体上还较为落后，创新意识较弱，在新一轮经济转型升级和产业结构调整中，我国传统产业需要加大创新步伐，不断提高创新能力。

至于不同性质、产品与市场的企业，其创新特色和存在的问题也不一，在研究企业创新与相关问题时有必要根据其不同的特点加以判明。市场调查也表明，创新在我国企业之间的差别也很大，大量中小企业创新能力较弱，还停留在模仿阶段。❶ 这里仅以民营企业和外贸企业为例略加阐述：

就民营企业而言，它是我国市场经济的重要经济成分，对于促进我国经济发展起了极其重要的作用。我国民营企业数量众多、分布领域广。虽然随着经济社会发展在市场竞争的洗礼中我国有一些具有很强市场竞争力、知识产权保护水平较高的民营企业，如本书述及的华为、中兴等，但总体上我国民营企业的技术创新能力和知识产权意识较弱，知识产权管理机构和人员缺乏。原因在于，我国民营企业多以劳动密集型为主，而不是技术密集型为主，在市场战略和创新模式通常是从模仿到模仿创新，产品主要依靠廉价劳动力和低成本占领国内外市场。民营企业在技术开发路线上，基于产品占领市场的实际需要和自身研发条件的限制，更多的是选择应用型技术开发，以使技术能够较快地实现产业化和商业化。对于基础研究，大量民营企业因受到自身技术条件、资金实力、研究开发队伍等因素的影响，难以承接，而往往是与高校、科研院所之间合作，以委托开发、合作开发等技术开发形式进行。❷ 民营企业创新中存在的问题自然需要结合其自身的特点予以探讨。

就外贸企业而言，其从事创新活动也有其自身特点。外贸企业与国内生产制造型企业不同，其多从事加工贸易，以收取加工费为主，像我国沿海地区众多从事贴牌加工企业就是如此。外贸企业创新能力总体上较弱，也比较缺乏创新风险控制能力，如有些技术的开发难度和风险较大，外贸企业基于有限的技术力量和资金，往往难以承受创新的失败。❸ 当然，也有一些外贸企业历史较久、实力雄厚，在与国外合作伙伴长期的贸易往来中逐渐形成了自身的市场。更多外贸企业则可能是定位于劳动密集型，从事

---

❶ 以广东省为例，2007 年，全省上规模的小型企业开展自主科研活动的只有 3%。参见：汪显珍. 中小企业自主技术创新的动力来源——以珠三角专业镇集群为背景 [J]. 韶关学院学报（社会科学版），2010（5）：100.

❷ 王林昌，于婧. 民营企业知识产权战略研究 [J]. 中国民营科技与经济，2003（Z2）：13.

❸ 有关我国外贸企业创新和知识产权战略实施情况，参见：杨育文，孙国忠，朱芬俊. 基于知识产权战略的常州市外贸企业技术创新分析 [J]. 无锡职业技术学院学报，2009（6）：87-90.

技术含量不高的加工贸易，以低成本和廉价劳动力获取利润。

九是企业技术创新的体制不健全，尚未建立真正的技术创新体系。企业技术创新需要一个健全的文化供给，包括物质文化、规范文化与观念文化等。^❶ 文化系统相互之间有效衔接，才能形成创新氛围，构造创新动力。这些方面的问题使得企业技术创新缺乏有效保护，从而降低了企业创新的积极性。我国企业无论是从企业的长期发展战略、资金投入、高端专业人才的吸纳和培养，还是激励机制方面，都尚未形成一套完善、有效的技术创新体系。^❷

根据调查分析，目前企业技术创新存在上述问题，主要有以下原因：

其一，企业缺乏资金影响了对研究开发等创新活动的投入。浙江省的一项抽样调查表明，因资金缺乏而使自主创新难以为继的企业占被调查企业的 38.9%。^❸ 中小企业这方面问题更突出。根据国务院发展研究中心对广东、辽宁、湖北和云南 4 四省组织实施的 "中小企业发展状况与面临的问题问卷调查"，有 66.9% 的中小企业认为 "资金不足" 是制约企业发展与创新的第一问题。^❹ 应当说，近年来，我国企业用于研究开发的经费不断提高，目前已占全部研究开发经费的 70% 以上，成为研究开发的主体。但是，研究开发总体上存在很大的不平衡性，这不仅表现在企业之间因经济技术实力的差距而存在巨大差距，而且表现为企业研究开发经费投入的结构存在问题。例如，国家统计局提供的一份数据表明，我国大多数企业研究开发资金用于产品开发和基础研究的费用明显偏低，分别只有 24% 和 10%。^❺

其二，很多企业未建立研究开发机构，缺乏系统的研究开发活动。从我国企业设置研究开发平台的情况看，不容乐观。总体上，我国企业设立研究开发机构的比例不高。以 2006 年为例，大中型工业企业中设立了研究开发机构的只有 23.2%，而设置高水平研究开发机构的企业就更少，大部分企业研究开发机构处于自发松散状态。^❻ 统计显示，2005 年我国有科技研究开发活动的企业只有 38.7%，有研究开发机构的为 23.7%；^❼ 2011 年我国规模以上工业企业中设立研发机构的只有 2.55 万家，只占全部规模以上企业的 7.8%。其中，大中型工业企业中设立研发机构的有 1.2 万家，占全部大中型工业企业的 19.8%。^❽ 国家统计局的一项调查显示，我国大中型企业中缺乏技术研究开发

❶ 王勉青. 自主技术创新的文化供给 [J]. 科技与法律, 2009 (3)：13-14.

❷ 张裕民. 我国企业技术创新的问题及解决对策 [J]. 现代商业, 2010 (7)：18.

❸ 杨文利. 分析企业成为创新主体要跨三道槛 [N]. 中国高新技术产业导报, 2006-03-13.

❹ 彭惠青, 陈章. 企业创新体系的问题与对策研究 [J]. 湖北经济学院学报（人文社会科学版）, 2009 (8)：46.

❺ 倪颂文. 借鉴美国专利制度 促进企业自主创新 [J]. 湖北行政学院学报, 2007 (5)：74.

❻ 王淑芳. 企业的研究开发问题研究 [M]. 北京：北京师范大学出版社, 2010：231.

❼ 李培林. 论企业技术创新与知识产权保护研究 [J]. 科技管理研究, 2010 (6)：187.

❽ 徐建国, 喻思变, 赵永新. 大幅提高企业建立研发机构比例 [N]. 人民日报, 2013-03-01.

机构的占 71%，2/3 的企业没有进行研究开发活动。❶

其三，技术创新本身具风险性，创新的成功率直接影响企业投入技术创新的积极性。特别是很多中小企业在创新失败后甚至破产倒闭。技术创新这一特点也导致很多企业不愿投入更多的人财物用于创新活动。

其四，企业技术创新所依托的宏观市场环境和社会环境存在较多问题。在宏观市场环境方面，企业还没有充分感受到进行技术创新活动的市场需要。在社会环境方面，创新文化还未充分显现，习惯于模仿而不是创新的思路仍然存在于很多企业中。加之政府宏观调控机制不够健全，创新平台建设不够完善，企业缺乏从事创新的积极性。换言之，企业技术创新的各个要素与环节之间的关系的深化受到阻滞甚至断裂，垄断、权力控制、习俗等因素突出，并在很大程度上支配着资源的配置。❷ 这些因素使得企业技术创新面临着内外部制约，无法完全释放企业的创新活力。图 1-2 直观地反映了我国技术创新存在的问题与成因。

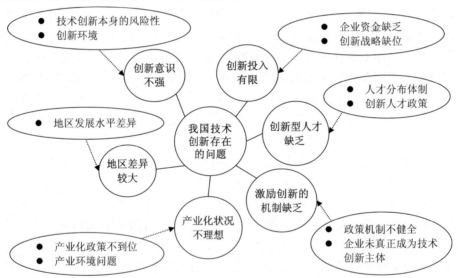

图 1-2　我国技术创新存在的问题与成因

（二）加强技术创新活动、提高技术创新能力的基本路径

加强技术创新的基本目标是提高企业的技术创新能力，特别是自主创新能力。加强企业技术创新能力建设是一个综合性的系统工程，涉及企业

❶ 赵慧珠. 将科学发展观贯穿于现代化建设全过程——访中共中央政策研究室副主任郑新立 [J]. 中国党政干部论坛, 2005 (11): 10.

❷ 成元君，赵玉川，王仲君. 国有大中型企业自主技术创新的障碍性因素——基于价值链的分析 [J]. 社会科学战线, 2007 (4): 94.

外部创新环境与支持条件和内部创新资源和能力的整合。因此，提高企业
技术创新能力需要在以下两方面着力推进。

1. 建构企业外部创新环境与支持条件

就企业外部创新环境和支持条件而言，从我国近年来实施的创新政策
和激励企业技术创新的制度和规范以及创新实践来看，主要有以下内容。

第一，通过政策和制度规范，从国家和地方宏观指导和规范层面，建
立促进企业技术创新的制度和规范。

这方面的制度和规范已不少，如《国家技术创新工程总体实施方案》
（国科发政〔2009〕269 号）、《关于实施科技规划纲要增强自主创新能力的
决定》（中发〔2006〕4 号）、《关于促进自主创新成果产业化的若干政策》
（国办发〔2008〕128 号）、《关于加快培育和发展战略性新兴产业的决定》
（国发〔2010〕32 号）、《国家科技计划支持产业技术创新战略联盟暂行规
定》（国科发计〔2008〕338 号）、《关于推动产业技术创新战略联盟构建
与发展的实施办法》（国科发政〔2009〕648 号）等国家层面的政策和
制度规范，以及《关于增强自主创新能力争创国家创新型城市的决定》
（武发〔2006〕13 号）、《关于云南省企业技术创新知识产权管理的指
导意见》（云知联发〔2009〕1 号）等地方性政策和制度规范。这些政策
和制度规范，有力地推动了国家和地方企业技术创新战略的实施。值得指
出的是，企业技术创新的政策规范具有体系化特点，除了基本的政策和制
度规范以外，建立完善的企业技术创新的配套政策与制度体系也具有重要
意义。这是因为，企业技术创新涉及面广，除了核心的技术政策和制度外，
有关财政、税收、金融、市场营销、教育培训、进出口贸易等方面政策和
制度也需要有配套的政策和制度支持体系。对此，本书第 7 章还将进行探
讨。另外，在高新技术企业认定方面，强化企业的自主研究开发和创新能
力指标，则是促使创新型企业提高技术创新能力的制度性机制。我国 2009
年发布的高新技术企业认定新标准就废除了高新技术企业认定方面的终身
制，强调技术创新能力建设。

第二，建立企业创新平台。

技术创新平台是企业从事技术创新的基础性平台，也是建立适应和促
进国家产业技术发展的技术创新体系的实体。其中研究开发平台建设是企
业从事技术创新活动的本体。以海信公司为例，该公司坚持"技术立企"
战略，建立了完善的促进自主知识产权的技术创新体系。其技术创新体系
包括四个层次：最高层次是从事前瞻性的关键技术、平台技术的直接研究
开发机构，该机构以获取知识产权为目标；第二层次是面向市场的技术和
产品的研究开发部门，是立足于市场生存和发展的主要研究开发机构；第
三层次是对上述两个层面进行支持的研究开发技术平台，如检测中心；第

四层次是量大面广的创新活动。❶ 海信等公司的经验值得其他企业借鉴。

从产业政策的角度，需要在整合创新资源、强化产学研有效结合的基础上建立企业技术中心、实验中心、工程中心，建立大中型企业技术联盟和战略联盟，与高校和科研院所共建产业发展关键技术和共性技术研究开发平台，建立一批产业技术研究开发基地。企业技术创新平台建设通常需要企业凭借自身的资金、人才设立加以建设，但对于重大技术工程、重大共性技术和创新项目，需要通过建立国家和地方技术创新中心、工程中心、重点实验室等途径加以落实，并在经费和政策上重点加以保障。组建技术中心、研究中心一类的创新平台，可以形成具有规模的技术创新体系和运行机制。由政府支持、引导的创新平台建设，可以整合政府、企业、高校、科研院所、行业组织和个人的力量，实行多元化的资金投入体制，建设资源和信息共享的企业创新平台和创新技术平台体系。例如，国家重点实验室和国家工程技术中心等承担重大、核心、关键技术突破的重任，需要以产学研一体化创新体系为依托，促成重大成果的产生和及时转化；在区域创新系统内，以产业聚集地为依托，重点建设以高新技术改造传统产业为重点的公共技术平台；在行业创新系统内，以行业龙头企业为首，以行业创新网络服务体系为依托，整合行业创新资源，建立公共技术平台，促进行业技术能力和竞争能力的提高。

为促进企业创新平台建设，政府主管部门制定激励政策也具有积极作用。在企业创新平台建设方面，政府除了政策支持和引导外，在资源配置和硬件环境等方面可以提供更多的支持。以深圳市为例，该地区高校和科研院所严重缺乏，与其企业具有较强自主创新能力的需求不相适应。为此，深圳市政府联合全国数十家高校和科研机构在本地开展技术创新和教育培训活动，特别是在创新平台建设方面，政府大力支持创新平台的初始启动和初期建设，而对于创新技术平台的后续运作则走市场化道路。同时，在创新平台的后续运作中，政府主管部门则以科技计划为依托，引导知识和技术的流动，优先支持企业与高校和科研机构等创新平台联合承担项目，采取共建共管机制。目前已有数十个市级重点实验室或国家实验室深圳分室为深圳科技企业提供了很好的技术支持。❷ 深圳市的经验表明，政府发挥其整合资源优势，为企业特别是创新型企业构建创新平台，对于推动企业的研究开发和技术创新活动具有非常重要的意义。

第三，建构企业技术创新服务体系。

企业技术创新本身是一个开放的系统，其中技术创新服务体系是企业

---

❶ 中外企业家共论知识产权 [N]. 新京报，2005-09-06.

❷ 李平，萧延高. 产业创新与知识产权战略——关于深圳实践的深层分析 [M]. 北京：科学出版社，2008：90.

实施技术创新的重要保障。企业技术创新服务体系的建构，需要着力在以下几个方面开展。

一是建构公共技术服务平台。通过建设技术创新服务平台，可以发挥提升面向企业进行技术创新的服务功能和作用。企业技术创新服务平台建设是企业技术创新活动的支持体系，对于促进企业技术创新活动中的信息沟通、创新成果的产业化运作具有重要的作用。公共技术服务平台也是企业开展技术创新的基础保障。通过在企业集中的产业群或具有产业优势的地区建立服务于企业特别是中小企业的公共技术服务平台，可以聚合产业群信息优势，实现知识和信息的共享与交流，为企业技术创新活动提供便捷的信息支持。企业公共技术服务平台的搭建需要获得政府主管部门的政策支持，该政策应本着开放的态度鼓励企业和社会各方面的力量参与和支持平台建设。中央和地方也可以通过建立促进技术创新性的公共性质的服务信息平台，如知识产权信息服务平台、科技信息网络服务平台。在构建公共技术服务平台方面，行业协会在促进企业技术创新中所发挥的作用也值得重视。从构建高效运转、布局合理的企业技术创新服务平台的角度看，则需要从宏观的国家创新体系出发，以构建社会化、网络化和信息化的企业技术创新服务体系为目标，充分发挥科技中介机构、行业协会等组织在支持国家技术创新体系建设中的作用。

二是建立健全科技中介服务机构。目前我国已有不同类型的为企业技术创新服务的中介机构，它们发挥了企业和社会之间的桥梁作用，为企业技术创新活动提供了大量的专业性服务。这些中介服务机构如产权交易机构、技术经营机构和资产评估机构，企业咨询管理机构，技术装备、设备、仪器等协作服务公司等。以咨询服务机构为例，在技术、法律、管理、信息、人力资源等方面提供服务的咨询管理公司，能够对企业技术创新中出现的各种问题及时加以解决，促进企业技术创新活动的开展。今后需要进一步加强对包括科技中介机构在内的中介机构的规范和管理，强化服务于企业技术创新的主动性和积极性，贴近市场需求。为加强对科技中介服务机构的管理，发挥其在促进企业技术创新中的重要作用，也需要制定和完善促进科技中介机构发展的政策。

三是支持促进企业技术创新的科技企业孵化器等的建设，扩大创业服务面。特别是对中小企业而言，科技企业孵化器可以为其发展提供孵化和公共技术服务。因此，推进形成孵化器网络建设，为孵化器建设提供一定的资金保障和风险投资等形式的融资途径，也是促进技术创新发展所需要的。

第四，为企业技术创新培养大力人才，促进企业技术创新人才队伍建设。

　　创新型人才是企业技术创新的根本保障，国家在培养创新人才方面具有独特使命。因此，需要树立"以人为本"的人才观念。在培育和重视创新型人才方面，国外企业的经验值得借鉴。例如，日本本田公司对公司人才采取了柔性管理模式。公司高度重视发挥人的聪明才智在企业发展中的重大作用，重视个性鲜明人才的特殊作用。本田公司建立了激励创新的人事制度，确立了尊重理论、尊重创新等理念。

　　建立与健全创新型人才的激励机制，完善创新型人才的选拔和考核评估机制是重要的措施。另外，还需要特别指出，鉴于我国目前大量科技人员并不在企业第一线，而是在高校和科研院所的现状，改革我国科技管理体制，建立鼓励和吸引科技人员向企业流动的体制和机制，是从人才队伍建设上保障我国企业技术创新的重要对策。对此，本书后续章节还将专门探讨。

　　第五，建构促进企业技术创新文化，通过宣传普及技术创新知识和意识，形成在全社会尊尚创新和创新文化的氛围。

　　创新文化对于企业技术创新具有重要的促进作用。创新文化的形成有赖于政府和有关部门的宣传和普及。为弘扬企业技术创新文化，从宏观层面来说，需要在全社会建立鼓励和保护创新、尊重创新的创新文化。为此，需要从制度建设入手，构建能够激励和保护创新活力的制度文化，例如，在国家科技管理和科技成果评价体系中引入创新指标、自主知识产权指标等。同时，建立鼓励和保护创新文化的价值体系也很重要，如在全社会树立倡导尊重知识、尊重人才、尊尚创新的观念。

　　第六，在国家和地方各类科技计划项目中重视企业的承担和参与，改革和优化国家和地方科技计划立项机制和实施措施，强化项目实施中企业的技术创新主体地位。

　　企业技术创新中的相当一部分来自于国家和地方各类科技计划项目。这些科技计划项目的实施对于企业加强技术创新能力建设和掌握拥有自主知识产权的核心技术具有重要作用。改革和优化国家和地方科技计划立项机制和实施措施，需要引入以企业技术创新需求为导向的立项机制。在项目选题、立项和实施中，重视企业技术创新方面的需求，发挥企业在科技计划项目指南的编制和立项中的咨询参谋作用，尽量反映企业技术创新的需求。对于国家和地方科技计划项目中的应用开发类项目，由于其直接面向市场，在组织这类项目实施时应安排企业参加，并通过产学研联合攻关形式组织实施。对于产业技术创新战略联盟形成的技术创新成果，则应针对产业技术创新链强化项目的系统集成。在国家科技计划项目实施中表现突出的创新团队、创新基地和产业技术战略联盟则可以对后续的科技计划项目立项和实施予以倾斜。另外，企业承担或参与国家或地方科技计划产生的科技计划成果，需要通过一定的途径实施转化，并需要资金保障。为此，需要建立激励科技计划项目成果面向市场转化的途径和机制，以使科技计划项目成果实现技术创新，突出企业在技术创新中主体地位。

第七，启动创新型企业试点和示范工作，总结试点示范创新型企业技术创新的经验，发挥试点示范企业的示范作用。

创新型企业试点和示范工作是探索企业技术创新工作思路和经验的重要方式。通过试点、示范以及相关的培训等形式，可以在企业中推广技术创新的方法和经验，发挥创新型企业以点带面的示范作用。为此，在试点示范工作中，需要建立创新型企业的评价指标体系，作为创新型企业试点示范评判的重要依据，也可以发挥评价指标体系对所有企业技术创新活动的指引和导向作用。❶

第八，建构企业技术创新中充分运用知识产权制度的法律机制，保障技术创新与企业知识产权战略实施的衔接和融合，共同达到实现提高企业核心竞争力的目标。

如本书第 3 章所揭示的，企业技术创新与知识产权制度具有密切的关系。在知识产权越来越成为企业核心竞争力的情况下，企业技术创新活动必须要与知识产权制度运用高度结合，通过技术创新活动获取知识产权，同时通过知识产权的保护和管理促进创新成果的运用。为此，从政府和主管部门的角度看，需要为企业创造技术创新与知识产权制度结合的有效的法律机制和政策环境。例如，对企业开发拥有自主知识产权和较强市场竞争力的新技术、新产品和新工艺从政策上给予积极支持，并建立激励自主创新和获得自主知识产权的制度，如在科技奖励制度中引入知识产权的评价指标和标准，引导企业从事具有自主知识产权的技术创新活动；在企业技术创新战略制定和创新活动中，引入知识产权战略和自主品牌战略目标，推进企业技术创新战略与知识产权战略实施的相得益彰。本书的很多内容将涉及这一问题，在此不赘述。

第九，整合企业和全社会技术创新资源，建立高校、科研院所和相关机构技术创新资源、设备和国家重点技术中心向企业开放的激励机制，重视利用国际科技资源为企业技术创新服务。

在我国，高校和科研院所掌握了大量的技术创新资源，特别是用于研究开发和实验的创新资源。由于我国现行科技管理体制等原因，高校、科

---

❶　据统计，截至 2011 年 6 月，我国共确定了 4 批共 550 家国家级创新型试点企业，其中被评价命名的创新型企业共有 356 家。这些企业的研究开发投入和知识产权创造能力明显高于一般企业。以 2009 年为例，全国 195 家创新型企业拥有的发明专利申请量占全国总量的 9.8%，授权量占 8.6%，国际专利申请占 33.9%。截至 2010 年年底，国内有效发明专利拥有量前 30 名的企业中，属于国家级创新型企业的有十余家。

研院所与企业之间在技术创新领域的脱节依然比较严重，而很多"高、精、尖"仪器设备和其他重要的创新资源没有在企业作为技术创新主体的第一线。为此，要面向企业开放高校和科研院所科技资源。《科学技术进步法》第46条规定："利用财政性资金设立的科学技术研究开发机构，应当建立有利于科学技术资源共享的机制，促进科学技术资源的有效利用。"该规定有利于整合技术创新资源，提高创新资源的利用效能，促进创新资源面向企业开放。

国际科技资源也是我国企业技术创新需要重视利用的创新资源。在利用国际科技资源方面，通常需要通过企业与国外企业或科研机构的国际科技合作计划加以实现。企业可以通过该计划有目的地引进关键技术和关键零部件，以及相关的知识产权，在引进消化吸收的基础上实施再创新，有条件的大企业还可以通过实施"走出去"战略，与国外企业、研究开发机构等联合建立研究开发中心和产业化平台，建构一批国际科技合作基地。这方面，我国一些外向型企业已取得了初步经验。例如，为了充分利用国际科技资源，华为公司在国外建立了一批研究开发基地。与国外机构的合作和建立海外研究开发基地，可以及时了解与掌握相关领域技术发展动态和市场行情，提升在国外市场的竞争力。同时，企业在进行国际科技合作时，重视利用国外企业和科研机构的人才、技术和品牌资源以及管理经验也非常重要。

第十，引导企业、高校和科研院所之间建立产学研技术创新体系和产业技术创新战略联盟，整合技术创新力量，推动技术创新整体水平的提高。

产学研技术创新体系是我国实施创新型国家战略的重要内容和方式。在产学研技术创新体系中，企业、高校和科研院所之间发挥各自的优势，取长补短，能够更好地整合创新资源，特别是在重大技术改造、集成创新和重大项目攻关方面产学研技术创新体系的优势更加明显。在产学研技术创新体系中，如何促进高校以及应用开发类科研院所的技术创新成果向企业流动，以及相应的技术创新人才向企业流动，也是值得重视的问题。

第十一，建立技术创新中的军民结合机制。

随着我国企业体制改革和国家建设的需要，技术创新中的军民结合越来越重要。这是因为，一些军用技术具有巨大的民用市场，很多民用技术也可以用于军用，通过强化军民两用技术研究开发和集成，建构军民技术互相转移的平台，可以更大程度地实现技术在国民经济和国防安全中的作用。为此，需要对我国国防科技工业进行改革，实现军民融合，保障最尖端的技术在国防中及时得到运用，同时国防技术中具有民用市场的技术则可以在确保技术保密的条件下通过一定途径民用化。

2. 企业内部自身技术创新体系与机制的建立

就企业自身而言，促进其技术创新能力提高更需要利用多方面的资源和力量。《科学技术进步法》第 33 条明确规定，"国家鼓励企业增加研究开发和技术创新的投入，自主确立研究开发课题，开展技术创新活动。"具体地说，以下几方面值得重视。

第一，强化企业的创新意识和创新理念，提高技术创新的认识水平。

创新是企业的立足之本，发展之源。创新意识则是企业开展创新活动的动力源和基础。只有创新意识强的企业才会真正重视创新工作和技术创新活动。企业创新包含了丰富的内容，而不限于研究开发和发明创造，如经营理念创新、技术创新、组织创新、管理创新，其中技术创新则是企业创新的核心。企业技术创新意识应侧重于创造观念、消费者观念、市场观念、权变观念以及发展观念等。例如，德国西门子公司的技术创新观念中就重视以大众的利益为前提，以消费者的需要为指针，以市场为导向，以开发一流技术为目标，在极高的创新理念下，西门子公司技术创新活动卓著成效。又如，德国宝马公司的创新管理独具特色，而这与其创新理念和创新意识直接有关。该公司除了被本国评为"最具创新能力的公司"，还在2002 年被美国产品开发与管理协会（PDMA）授予"杰出创新企业奖"（OCI）。在该奖项提出的几个条件中，"独特的创新特性和概念"就是其中之一。宝马公司极强的创新理念和创新意识反映在其管理高层的重要活动中，如该公司在制定生产经营战略时将创新作为核心内容予以关注，在管理高层会议上，主要的议题就是产品、服务、技术等方面的创新问题。

第二，建立企业自身的研究开发创新平台，提高企业研究开发水平。

为加强企业研究开发，需要积极构建创新平台。企业创新平台也就是企业建立的研究开发中心、技术中心、工程中心、技术研究院等创新平台。这方面，很多自主创新成功的企业提供了大量的经验。例如，湖南中联重科建立了企业国家重点实验室、国家级企业技术中心、国家混凝土技术研究中心和博士后工作站等一级创新平台，集中于关键性的共性技术研究，以取得拥有自主知识产权的关键技术和设计规范为目标；其工程起重机械、混凝土机械、环卫机械等众多产品协同开发的二级创新平台则是在一级创新平台基础上进行转化实施或继续研究开发新的项目，新产品后续的实验、验证和制造等环节主要在这一平台上完成。

发达国家企业也高度重视研究开发平台建设。以日本企业为例，大企业都设立了中央研究所，其下属的各个分厂也都设有研究机构。即使是中小企业，一般也设立了自己的研究开发中心或者与其他几个企业一起联合设立研究开发中心。据《日刊工业新闻》调查，早在 1984 年后日本有 25%的企业新设立了研究所，平均每个企业拥有 4 个研究所，研究开发人员 900

人。● 为提高企业研究开发水平，企业需要逐步创造条件建立研究开发机构，完善研究开发平台，为技术创新提供坚实的基础。

第三，加大对企业研究开发的投入。

从国家层面看，一个国家的研究开发强度及其水平直接影响其创新模式，企业研究开发投入和研究开发活动对国家整个创新模式的发展都具有重大影响。研究开发对企业来说更具有现实价值，是企业从事创新活动的重要保障和形式。当然，由于研究开发是一种探索性活动，其本身具有一定的风险性和难度，特别是重大的高新技术研究开发活动更是如此。企业要根据市场需要和创新资源配置状况，选准合适的研究开发路线和方式，加强研究与开发管理工作，制定与实施研究开发战略。同时，企业在认识上应充分尊重研究开发的规律，不能急于求成，因为研究开发投资回报具有一定的滞后性，难以立即见到效果。

研究开发是企业发展的永恒主题，其对企业的极端重要意义还体现于它是企业获取和保持市场竞争力的重要途径。企业研究开发决策考虑的是研究开发成功的可能性以及获得自主知识产权的情况。现实中，企业已成为研究开发最重要的主体，所占研究开发经费也最大，在很大程度上是出于市场竞争的需要。技术研究开发和应用也应以市场为导向，尽量减少创新成果的产业化应用周期和时间。在现代企业制度下，企业是市场经济中自负盈亏、自主经营和自我发展的经济主体，为了生存与发展，必然会面临激烈的市场竞争，而提高竞争力的重要方面是在产品质量、成本、规格、品种、服务等方面占据优势，研究开发活动则是获得这些优势的基本手段，因而市场竞争的需要会迫使企业投入研究开发资金进行技术上的突破和创新。发达国家企业研究开发投入量大，这与其获得市场竞争优势是一致的。据统计，在全球研究开发投入中，美国、日本和欧盟等发达国家占到了86%。发达国家企业高度重视研究开发活动，这方面事例不胜枚举。以化妆品业巨头欧莱雅公司为例，公司确立了"不断研究，不断革新"的创新原则。公司每年安排了当年销售额3%的经费用于科技开发与创新，每年开发的新品种约2 000个，适应了化妆品紧跟时尚潮流的特点。随着消费时尚的变化和公司全球化业务的推进，公司还十分重视本土化的研究开发，在世界各地建立了实验室，聘用本地人才参与开发，取得了很大成功。● 研究开发虽然是由承担研究开发企业付出投资、承担风险的活动，而且其收益存在很大的不确定性，但其外部效应则可能是巨大的。研究开发成果本身具有非排他性特征。为了激励企业从事研究开发活动，必须充分保障其从事

● 赵晶媛. 技术创新管理 [M]. 北京：机械工业出版社，2010：30.
● 包晓闻，刘昆山. 企业核心竞争力经典案例：欧盟篇 [M]. 北京：经济管理出版社，2005：49.

研究开发的利益。如前所述，我国企业研究开发存在投入不足的问题。研究开发投入是企业提高研究开发、技术创新能力的物质保障，因而我国企业应随着经济实力的提升而逐渐增加对研究开发的投入规模和强度。

第四，实施技术创新战略，建立企业技术创新的内在机制，完善企业创新体系建设，增强技术创新的系统规划和谋划。

企业实施技术创新战略，建构技术创新体系，可以使研究开发活动步入规范化轨道，并启动研究开发战略，提高研究开发的层次和水平。例如，中煤集团大屯公司重视技术创新战略的构建，建立了多层次的技术创新体系：以技术委员会为决策层，以专家委员会为咨询层，以技术中心为管理层，以技术中心各研究所与其他研究院所、高等院校共建研究开发机构为研究开发层，以基层科研单位为应用转化层的集技术研究开发、项目管理、专利管理、成果转化为一体的格局。❶

建立和完善企业技术创新机制与体系，是提高企业技术创新能力的根本保障。考察国内外企业的经验和做法，企业技术创新活动是在有效的企业创新机制运行之下完成的。2006 年 4 月 27 日，宝钢第三届技术创新大会颁布的《技术创新体系发展纲要》就是体现。该《纲要》确立了"以研究院为主体的产销研和产学研紧密结合的研究开发体系；以工程项目为载体的生产、研究开发、设计和装备四位一体的工程集成体系；以生产现场为重点的、以稳定提高和精益运营为特征的持续改进体系"的技术创新体系。❷ 华为公司是我国电子信息行业的龙头企业，是将技术创新与知识产权战略有机结合的典范，其利用技术创新和知识产权战略建构激励创新和保护创新成果的机制，取得了巨大成效。海尔公司的技术创新体系则包括三个方面：技术创新的组织体系、产品开发过程管理体系和技术创新激励机制。其中，技术创新组织体系由海尔内部的三元化研发组织体系和外围创新网络组成，保障了企业研发资源在中短期项目上的合理配置。产品开发过程体系则由科研进度保障体系、开发质量保障体系和设计目标优化体系构成，对所有开发项目实行严格的过程控制。技术创新激励机制则立足于"竞争上岗、三工轮换"的科技用工制度、绩效联酬的分配制度和专项奖励制度。在海尔公司的技术创新体系中，建立专门的技术研究机构和建立国际技术联盟、实施技术创新国际化战略也是其中十分重要的特点。❸

企业技术创新作为一个系统建设工程，在企业研究开发、生产经营、市场营销活动中具有统领地位。企业的上述活动都需要具体融入技术创新

---

❶ 李馥友. 中煤集团大屯公司专利战略的探讨与实践 [J]. 中国煤炭，2010（2）：17.

❷ 付江，汪正洁. 二次创新与知识产权保护——谈宝钢的技术创新实践 [J]. 中国发明与专利，2008（7）：55.

❸ 陈昌柏. 自主知识产权管理 [M]. 北京：知识产权出版社，2006：166-167.

的需求，特别是在制定企业科技开发、创新战略、生产经营战略时，应以技术创新为指针，系统谋划企业技术创新。同时，企业需要从战略高度认识技术创新的重要性，启动技术创新战略，对技术创新活动进行总体性谋划。这里的技术创新战略，是企业在对其面临的创新内部环境和外部条件进行充分考虑的前提下，为实现技术创新的目的而作出的具有全局性和长远性的总体性谋划，是对企业的技术创新方针、创新模式、创新资源配置、创新活动所作出的总体部署。技术创新战略可以按不同标准进行分类。如国外学者弗里曼按照创新时机和创新程度，将其分为进攻型战略、防御型战略、模仿性战略、传统型战略和机会型战略。国内学者一般将其分为技术领先战略、技术引进战略、模仿创新战略、细分市场战略等。有关这些战略的运行模式和环境，本书将在第 3 章结合企业知识产权战略运用加以研讨。

为实施技术创新战略，首先，要求企业应在分析其面临的外部环境和自身内部条件的基础上，进行科学的技术创新决策，包括选择正确的技术创新路线和方式，选择合适的创新项目和时机。其次，企业应选择合适的创新组织形式，以充分利用企业内部创新资源和外部有利条件。再次，为保障技术创新成功，企业需要重点对创新的人力资源、物质资源、财力资源、管理资源进行保障和分配，否则技术创新活动将难以为继。以创新资金为例，企业自有资金、风险投资基金以及财政信贷资金乃至以合作创新形式减轻创新资金压力等都是企业筹措创新资金的方式。其中，风险投资具有分散企业创新风险、缓解创新资金不足等优点，如何建立企业风险投资运行机制，包括企业与风险投资协作的动力机制，是解决我国企业技术创新的重大问题，当然这已不限于企业内部创新机制的完善了。

第五，加强企业技术创新管理，建立激励企业持续技术创新的长效机制。

企业技术创新管理是与技术创新一脉相承的过程，离开有效的技术创新管理，企业技术创新活动就会受到极大的限制，甚至导致技术创新活动的失败。技术创新管理是在外部创新环境和内部条件下创新主体组织创新要素、配置创新资源、实施创新行为的过程。这里的环境主要是外部的创新环境和创新政策，内部条件包括企业创新战略、创新能力、创新文化、创新模式和创新方法等。技术创新管理的重要目的是有效配置和利用创新资源，提高创新效率，增加产品的科技含量和高附加值，最终提高企业经济效益。

关于技术创新管理的内涵，尚未有统一的观点。不过，从熊彼特关于技术创新是生产要素与生产条件的新组合等观点出发，可以认为它是将新产品、新工艺、新方法、新知识等引入生产过程并实现生产要素的新组合，最终在市场上获得成功的过程。从前述关于技术创新的一种分类看，技术创新管理可以分为产品创新管理和工艺创新管理。技术创新管理服务于企业生产经营总目标，是将创新的知识和技术与企业生产要素进行有机组合，满足市场需要的经济、技术过程。由于技术创新的综合性、复杂性，技术创新管理也涉及丰富的内容，不过大体上可以将其分为技术创新的决策管理、资源管理、风险管理、制度管理、过程管理、营销管理以及创新文化管理等内容。从技术创新管理基本范式的演进看，经历了个体创新管理、组合创新管理到全面创新管理的发展阶段。❶ 其中，组合创新管理是技术创新管理发展中的重要理论，它重视技术创新的综合性、集成化和动态化特点，认为组合创新经过了四个逐渐深入的阶段，即产品的组合创新、技术创新的组合、技术创新与文化创新和战略创新等不同创新的组合，以及基于核心能力的组合创新等。其中涉及的组合关系有：产品创新与工艺创新的协调、重大创新与渐进创新的协调、创新的显性效益与隐性效益的协调、技术创新用途组织文化创新的协调以及企业内部独立创新与外部组织合作创新的协调等。❷ 技术创新管理强调管理的全过程性、动态性和开放性，旨在为技术创新活动提供良好的管理职能保障。技术创新管理属于创新管理的范畴，它是对创新活动的管理，包括创新活动的计划、组织、指挥、协调、控制等活动。企业创新管理的重要目标是提高创新管理能力，推进创新活动。

　　技术创新之所以受到创新管理的指引，是因为企业技术创新涉及企业研究开发、生产制造和市场营销等多方面内容，与企业制度、组织构建及外部环境适应机制都具有密切联系，而并非孤立进行。丰田、宝马、大众等汽车公司的创新管理模式为我国企业开展技术创新活动提供了值得借鉴的经验，即重视创新的管理，将技术创新活动看成是一个动态的、与外界保持密切联系的管理过程，在创新管理的每一阶段都确保技术创新沿着正确的方向推进。反观我国企业，对技术创新管理总体上不够重视，在任命制领导体制下，企业领导存在短期行为思想，重视抓生产任务和利益指标的完成，对事关企业长远发展和战略竞争能力提高的技术创新活动重视不够，反映了我国企业长期以来"重生产、轻管理"的缺陷。当然，随着我国自主创新战略的推行，越来越多的企业开始重视通过加强创新管理以提高创新能力。例如，武汉重型机床集团公司提出了"中国装备、装备中国"的口号，建立了涵盖创新管理、技术转移、成果转化和激励创造等方面的创新激励机制。该公司的创新管理机制实现了战略管理层和管理操作层的有机结合，该机制的运行提高了公司的创新效率，如该公司 2009 年新产品

❶ 赵晶媛. 技术创新管理［M］. 北京：机械工业出版社，2010：16-17，20-21.
❷ 赵晶媛. 技术创新管理［M］. 北京：机械工业出版社，2010：20.

产值占总产值的比重已超过 45%。

企业技术创新管理是一个内在的创新管理系统和体系，它立足于企业制度创新，以技术创新为内核，以管理和组织创新为保障的创新机制和体制的综合，而不单纯是对创新成果的管理。以制度创新为例，建立现代企业制度是在市场经济条件下我国企业发展的必由之路，为此旧有体制的不相适应的方面必须进行改革，以适应技术创新的要求。再有，企业技术创新管理也需要以管理创新为依托，通过对技术创新管理规律的把握，找到适合于企业技术创新的管理模式。

第六，以市场需求为导向，实现技术创新与市场需求、充分满足消费者需要的有机结合。

如前所述，技术创新具有很强的市场性，这一特点要求企业在进行技术创新活动时，应当紧密结合市场需求，以充分满足消费者需要为目的，甚至在一定的情况下，以技术创新驱动市场，创造新的市场需求，提升消费者新的市场需求空间。许多企业的实践经验都证明了技术创新与市场需求结合的重要性和产生的重要作用。

第七，建立激励企业广大职工投身于技术创新活动的机制，强化企业技术创新的群众基础，发挥企业职工在技术创新中的主人翁作用。

为实现这个目标，需要建立企业的创新文化，纳入广义的知识产权文化范畴，也需要群策群力，发挥企业广大职工从事群众性技术创新活动的积极性，如发明创造、提供合理化建议、技术攻关、技术革新等。同时，提高企业职工的科技素质和创新能力是提高企业技术创新群众基础的实质内容。根据《国家技术创新工程总体实施方案》的要求，要"把增强职工创新意识和创新能力与提高职工技能水平结合起来，建设一支知识型、技术型、创新型高素质职工队伍"。为实现这一目的，需要企业实施创新人才战略，建立以人为本的价值观，充分尊重和保护企业员工的创新成果权益。在这方面，国外跨国公司值得借鉴的经验较多。例如，诺基亚公司将"尊重个人"作为企业文化内容之一。该公司还提出了"拥有进取成就感"的价值观，鼓励员工追求创新和卓越，在实现个人价值的同时为公司创造更多的财富，这些措施极大地鼓励了员工从事技术创新工作的积极性，推动了企业的发展。就我国企业而言，整体上在重视员工投身于创新活动方面还做得不够，主要体现为创新业绩在职工收入中的影响不大。在民营企业，这一问题表现尤为突出。例如，2007年《职工民营企业自主创新与竞争力报告》显示，民营企业缺乏人力资源战略规划，用人观念落后，科技人员收入与其贡献相差较大。因此，将职工对企业创新的贡献纳入分配要素是值得重视的问题。

第八，强化企业技术信息服务。

企业技术信息服务是保障实施企业信息化战略的一部分，对于企业充分利用专利等技术信息和市场信息，指导技术研究开发活动和创新成果的市场化、产业化具有重要意义。技术信息服务具有开发性，企业需要开展与高校、科研机构之间的技术交流与合作，合理配置技术资源。在信息网络时代，企业技术信息服务还需要特别重视利用信息网络快捷、方便地进行技术信息的交流，完善网络服务系统。总体上，企业技术信息服务应重视企业内部之间、企业与外部之间保持信息畅通，形成信息传播便捷、更新及时的技术信息服务网络。

第九，整合科技与创新资源，加强企业与高校和科研院所之间在技术服务上的联动和合作，建构产学研一体化的技术创新服务体系。

在可能的情况下，企业可以与相关部门共建数据库，发布行业和国际市场动态相关信息，实现企业和行业内部信息共享。同时，通过与高校和科研院所之间建立产学研一体化的技术创新体系，可以加快推进企业技术创新水平。图 1-3 直观地反映了加强技术创新活动，提高技术创新能力的基本途径。

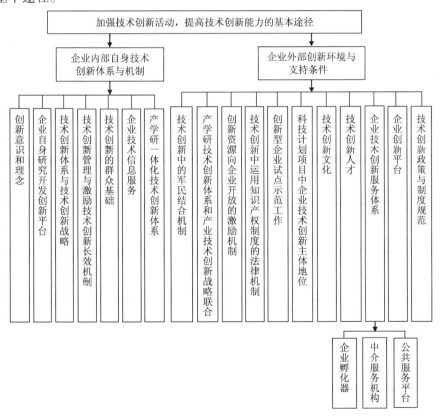

图 1-3　加强技术创新活动，提高技术创新能力的基本途径

（三）中小企业技术创新体系的完善

中小企业在任何一个国家，特别是在发展中国家的经济社会生活中占据十分重要的地位。例如，美国 40%～50% 的 GDP 来自于中小企业，在日本这一比例为 50% 以上，在德国则为 75%。中小企业因为企业规模小，资金、技术能力和市场能力均有限，但数量众多，对国家经济发展影响甚大，因而很多国家和地区对中小企业知识产权与技术创新问题建立了专门的促进政策和制度，对中小企业在融资方面给予了积极的政策性支持。例如，西班牙以税收优惠的形式对中小企业融资进行支持。为支持中小企业解决知识产权确权、维持等方面的费用，西班牙多个政府部门为中小企业知识产权申请和确权提供经费，实行了专门的知识产权援助计划，通过工业技术发展中心为中小企业海外专利申请提供低息贷款，为海外专利商标申请提供补贴。爱尔兰企业局为中小企业提供个性化服务的方式是为中小企业知识产权与发明创新者提供支持，包括向企业提供如何保护发明、如何利用知识产权融资以及如何运用知识产权进行市场经营和产业化发展的专业知识。❶ 国际上也有专门的机构支持中小企业知识产权与技术创新活动。例如，世界知识产权组织（WIPO）国际局设立了"中小企业处"，其主要宗旨就是帮助中小企业有效地、广泛地运用知识产权制度来提高企业的技术创新能力。中小企业处与世界各国政府和非政府组织合作，通过宣传培训、"米兰行动计划"等手段，为推动各国中小企业运用知识产权制度推动技术创新工作提出政策建议和意见，推动中小企业运用知识产权信息特别是专利技术信息，促进中小企业技术能力提高起到了积极的作用。

我国中小企业数量巨大，经济总量占 GDP 一半以上，在国民经济中的地位亦举足轻重。但是，中小企业总体的知识产权工作和技术创新状况不尽如人意。我国中小企业整体上科技创新能力尽管较弱，但其对技术发明和新产品贡献仍然很大，提高我国中小企业技术能力值得重视。为此需要通过立法规范、政策引导和支持等途径提升中小企业技术创新水平。❷

中小企业在创新型人才培养和人才队伍建设方面也存在一定的特色。根据国家发展和改革委员会等机构制定的《关于支持中小企业技术创新的若干政策》（发改企业〔2007〕2797 号）的规定，需要在以下几个方面着力：一是鼓励中小企业加大职工岗位技能培训和技术人才培

---

❶ 董涛. 知识产权与中小企业创新问题研究［J］. 科技管理研究，2009（8）：527.
❷ 《科学技术进步法》第 16 条第 2 款、第 37 条，《国家技术创新工程总体实施方案》、《关于支持中小企业技术创新的若干政策》（国家发改委等）、《关于加快促进"专精特新"中小企业创新驱动、转型发展的意见》（上海市）等的规定。

养；二是建立人才培养机制，如有条件的中小企业可以与高校和科研院所建立人才培养的合作机制，实现定向培养；三是建立创新人才激励机制。中小企业创新型人才激励机制需要将创新型人才的考核与待遇、福利相结合。

企业知识产权战略属于企业战略范畴，而企业战略对企业发展具有极端重要的意义。在当代，知识产权在全球范围内地位的急剧提升使得其越来越具有战略意蕴，成为知识经济凸显和经济全球化时代的重要的战略性资源和获得创新优势的基础，并且日益成为企业的重要生产要素。所谓知识经济，就是以知识为基础、以知识产权为核心资源和生产要素的新型经济模式。在知识经济中，物质资源和劳动力资源的重要性已让位于知识资源。知识产权的数量和质量成为一个国家和地区经济实力的重要标志。就企业而言，知识产权也越来越具有战略意义，以致制定和实施企业知识产权战略成为企业获取竞争优势的高级形式。本章将在研究企业知识产权战略基本原理基础之上，评估我国企业知识产权战略现状，进而提出推进我国企业知识产权战略实施的对策。

一、企业知识产权战略的概念

（一）知识产权战略的概念

一般认为，知识产权战略是运用知识产权制度的功能和特点谋求获取最佳市场竞争地位的总体性谋划。❶ 它是对一个国家知识产权制度的战略性运用，用以促进国家经济社会发展的战略模式。在知识产权制度越来越重要的国内外环境下，从战略高度运用知识产权，实施知识产权战略越来越成为一个国家和地区经济发展战略的重要形式。知识产权战略属于竞争战略的范畴，它是市场经济主体实施竞争行为的高级形式和较高的境界。随着知识产权制度在一个国家经济社会发

---

❶ 吴汉东. 中国企业知识产权的战略框架［J］. 法人，2008（Z1）：40-41.

展中地位的日益提高，知识产权战略也与国家经济发展、科技进步和综合竞争实力的提高日益相关，这就使得知识产权制度在一个国家的运行被提高到战略高度，同时也使得知识产权战略具备了国家战略的禀赋，在国家整体战略中占有越来越重要的地位。

在现代社会，知识产权战略是依托于知识产权制度的以知识创新、技术创新为内核的谋求最佳经济效益的战略形式。通过对知识产权战略的产生和发展历史进行考察，可以看出，知识产权战略源于公司战略，在相当长的时间内，它甚至是被作为公司的商业秘密来认识的。当然，即使在当前很多制定与实施了知识产权战略的企业中，其知识产权战略确实也是被作为商业秘密看待的。不过这只是企业知识产权战略的一个侧面，其真正用意是服务于企业战略，为提高企业市场竞争力而运作。在国家层面上，知识产权战略是一种国家战略，是提高国家整体的竞争能力和核心竞争力的政策工具，如国务院 2008 年 6 月 5 日颁布的《国家知识产权战略纲要》（国发〔2008〕18 号）就是如此。它是将知识产权从单纯的法律范畴和法律保护问题上升到关系国家大政方针的战略层面，以此实现国家科技、经济和社会发展，提高国家技术和市场竞争力的国家战略。

（二）企业知识产权战略的概念

企业知识产权战略显然属于知识产权战略的范畴，它是企业利用知识产权制度，为获取与保持市场竞争优势并遏制竞争对手，获取最佳经济社会效益的总体性谋划。❶ 企业知识产权战略是企业的竞争战略，是企业提升创新能力的重要保障，属于知识产权战略和企业战略的交叉部分。企业知识产权战略这一概念是在知识产权日益成为企业重要的生产要素和无形资产，日益成为企业参与市场竞争、求得生存和发展的背景下被提出来的。纳雷安安（V. K. Narayanan）提出的知识产权战略选择机制理论认为，企业为获得与保持市场竞争优势需要采取诸如技术标准制定、技术创新合作等市场措施，而这应与专利、商标或商业秘密等法律策略联系。❷ 这一观点扩大了企业知识产权战略概念的内涵。企业知识产权战略还具有综合性的特点。例如，Arahi. H（ナラヤナン）研究了日本获专利最多的前 10 家跨国企业，在此基础上认为知识产权战略体系包含了技术战略、信息战略、组织战略、知识资产经营战略、国际化发展战略、诉讼和风融险管理战略，

---

❶ 冯晓青. 企业知识产权战略［M］. 3 版. 北京：知识产权出版社，2008：11-12.

❷ V. K. NARAYANAN. Managing Technology and Innovation for Competitive Advantage［M］. Englewood Cliffs: Prentice-Hall, 2000.

是一个综合动态的体系。❶

　　企业知识产权战略强调其目的是获取市场竞争优势，这种优势是企业取得市场竞争地位的标志。为取得这种优势和地位，企业知识产权战略强调充分利用知识产权制度的功能和特点谋求获取更多的资源和优势。企业知识产权战略本质上是企业对知识产权法律及其制度的综合运用和战略性运作，是企业将知识产权制度的特点、技术特点、市场经营特点和商业化经营模式的有机结合，也是企业以技术开发和创新、品牌支撑为核心，获得竞争优势的动态运行过程。它同时也是现代企业知识管理的主要形式。❷一般地说，当知识产权的创造、运用、保护和管理成为企业获得市场竞争力的重要手段和来源时，知识产权战略在企业中的实施具有更现实意义。从战略的角度看，企业知识产权的价值在于将其作为一种战略性资产，服务于企业总体战略，以实现获取市场竞争优势为目标。

　　企业知识产权战略是国家知识产权战略体系中的重要组成部分，与国家知识产权战略的实施具有密切联系。例如，《日本知识产权战略大纲》中的很多内容就涉及对企业知识产权战略的规范，以此推进国家知识产权战略，如要求企业"应有全球性竞争意识，并从战略的高度制定相应的对策"，"战略性地利用知识产权"，"将知识产权经营战略化"等。《国家知识产权战略纲要》也有一些内容涉及企业知识产权战略问题。

二、企业知识产权战略的重要意义与作用

　　在当今我国国家知识产权战略大力推进的形势下，企业知识产权战略具有特别重要的意义和价值。企业知识产权战略是落实和实现国家知识产权战略的基本形式和重要内容，离开企业知识产权战略的有效实施，国家知识产权战略最终将无法实现其目的。以下将在讨论我国实施知识产权战略的必然性和重要意义基础上探讨企业知识产权战略的重要意义与作用。

（一）我国实施知识产权战略的背景与重要意义

1. 我国实施知识产权战略的必然性

　　从近年美国、日本、韩国的经验看，实施国家知识产权战略是其经济发展战略的重要内涵。特别是美国，很早就重视运用知识产权制度促进国家创新和经济发展。其在政府工作报告中曾指出"从美国立国基础看，保

---

　　❶ ARAHI, H. The Facts behind Japan's Technology Explosion [J]. Managing Intellectual Property, 2000(5): 19-21.

　　❷ 冯晓青. 企业知识产权战略 [M]. 3 版. 北京：知识产权出版社，2008：17.

护知识产权始终是国家创新的支柱"。美国在 20 世纪 80 年代启动了国家知识产权战略，并取得了巨大成功。当然，这有其特定的历史背景。那就是 20 世纪 80 年代以来美国遇到了日、欧和新兴工业化国家的有力竞争，曾出现研究开发经费减少、贸易赤字增加的困境，而美国认为必须发挥其占优势的科技、人才优势，强化知识产权在国家战略中的作用才能走出困境。为此，美国将知识产权战略提升到国家战略层次，率先启动国家知识产权战略。在 2002 年，美国又制定了《21 世纪专利战略发展纲要》（*Patent Strategy Development Outline in the 21st Century*），提出要依靠知识产权保护美国经济。近年又出台《引领全球知识产权保护与政策——2007~2012 年战略计划》（*Leading Global Intellectual Property Protection and Policies-from 2007 to 2012 Strategic Plan*），表明其推动国际知识产权保护的立场和观点。美国知识产权战略以强化知识产权法律制度，充分保护其技术和产品优势，推动实现美国全球经济战略为指针。从其知识产权战略和知识产权制度的嬗变来看，美国知识产权战略的制定和推行促进了其知识产权制度的演变，即从弱保护到强保护、从选择保护到全面保护的过程，而变化的根源则取决于美国技术创新能力和科技经济实力的不断提高。美国知识产权战略实施的几个核心内容是：在国内层面，通过完善知识产权制度促进创新成果的知识产权保护与市场竞争之间的协调，以促进知识的创新、扩散、转移、应用和价值实现为重点，在充分利用知识产权制度激励创新的同时，防止知识产权过度保护等造成对市场竞争秩序的破坏；在国际层面，牢牢控制国际知识产权制度制定与修改的主动权，以在最大程度上维护美国的国家和企业利益，极力推动知识产权国际保护水平的不断提高；在知识产权战略运作上，以提升企业在国内外市场的知识产权制度运用能力为核心，确保国家和企业在国际知识产权竞争中取得战略优势；在知识产权制度与政策上则体现为，由注重保护到在保护基础上向激励扩散和应用方向转变，通过改革司法制度，完善促进技术创新的知识产权法律制度，理顺创新者对创新成果的利益关系，实现激励技术创新的目标。

很多学者研究美国的政治经济科技问题时发现，美国科技经济的发展壮大与其知识产权制度的建立和完善密不可分，在 21 世纪知识产权的作用还会加大。正如有研究成果指出："通过分析知识产权在美国经济增长中的历史作用，我们可以发现创造能力和适应能力不仅一直是美国经济的推动力量，而且将来它们仍继续扮演这一角色。这种历史的考察可以使我们得出一个基本的结论：在下个世纪，美国的经济增长和竞争力很大程度上是由以下因素决定的，即美国在多大程度上能够创造、拥有、维持并保护它

的知识产权。"❶

日本在第二次世界大战后长期实行技术立国战略，并较早重视利用知识产权战略推动技术发展。这源于在 20 世纪 50 年代后日本企业受到欧美企业的知识产权战略进攻，从而认识到实施知识产权防御战略以攻为守的重要性。日本通商产业省❷在 1999 年成立了专家委员会，专门研究如何通过实施知识产权战略提高企业的国际竞争力的问题。随着经济转型，进入 21 世纪后日本即启动了知识产权立国战略，并正在持续推进过程中。日本政府在 2002 年颁发了《知识产权战略大纲》，在 2004 年制定《知识产权战略推进计划》，采取了一系列推进知识产权战略的措施。日本政府启动知识产权战略有其深刻的原因，这就是随着 20 世纪 90 年代以来日本经济的持续低迷，日本政府逐渐认识到随着网络信息社会的形成和知识经济的凸显，国家竞争力的提升和增长的动力更多地来自于技术创新，鼓励和发展具有持续创新能力和活力的产业才是经济增长的关键。基于知识产权作为国家战略性资源和创新成果的重要性，启动知识产权立国战略势在必行。正是在这种背景下，日本小泉内阁提出了日本知识产权战略的设想，试图以建立国家知识产权战略体系、实施知识产权国家战略来摆脱日本经济的困境。日本知识产权战略分为创造战略、保护战略、应用战略和人才战略四个部分。

上述美国、日本的国家知识产权战略为我国知识产权战略的启动和实施提供了借鉴经验。如前所述，在当代知识产权制度日益重要的环境下，知识产权制度运行已上升为国家战略层面，知识产权在一个国家中已取得战略地位。因此，知识产权战略需要提高到国家战略的高度，服从于国家整体战略需求。

在我国，政府层面首次提出国家知识产权战略是于 2004 年我国中长期科技发展规划制定过程中，提出了实施国家知识产权战略的思想，并认为实施国家知识产权发展战略是要通过加快推进知识产权事业的发展来促进国家总体目标的实现。❸ 实施国家知识产权战略也是我国经济、科技和社会发展，特别是产业结构调整和经济战略转型的必然要求。改革开放三十多年以来，我国一直保持着经济的高速发展，创造了世界经济发展史上的奇迹。然而，未来经济的发展主要不能再建立在高消耗、高污染和大量初级产品、劳动密集型经济的基础之上。随着我国加入世界贸易组织（WTO），我国出现了国内市场国际化和国际市场全球化的新局面，关税壁垒逐步让

❶ 布鲁斯·A. 莱曼. 知识产权：美国在 21 世纪的竞争优势［G］//戴尔·尼夫，等. 知识对经济的影响力. 邸东辉，范建军，译. 北京：新华出版社，1999：93.

❷ 2001 年改编为经济产业省.

❸ 张志成. 知识产权战略研究［M］. 科学出版社，2009：187-188.

位于以知识产权为核心的技术壁垒，我国技术和市场遇到了前所未有的知识产权壁垒。特别是我国很多企业缺乏知识产权战略意识和经验，对待知识产权问题还停留在保护层面。加之我国对外技术依存度仍很高，通过加强知识产权制度建设，启动知识产权战略，提高我国和企业的核心竞争力，是新形势下我国经济和社会发展的必然选择。实施国家知识产权战略，就是要以建立和完善知识产权制度为基础，通过激励知识产权创造，促进知识产权在我国的有效保护、管理和运营，大幅度提高我国自主知识产权的数量和质量，提高我国企事业单位战略性地运作知识产权的水平，提升我国的核心竞争力。我国知识产权战略的制定和实施，是实现我国经济社会发展战略转型、提高我国综合国力的需要，也反映了当代知识产权保护日益战略化的客观现实。

2. 我国实施知识产权战略的重要意义

实施我国知识产权战略的重要意义可以从以下几方面加以认识：

第一，实施知识产权战略是我国建立健全社会主义市场经济体制的重要保障。

知识产权战略是以知识产权法律制度为基础，在战略层面上运作知识产权的战略形式。其中知识产权制度是我国社会主义市场经济法律体系的重要组成部分，它为公平合理地保护知识产权人的利益，调整知识产权人与社会公众利益关系，实现知识产权保护与竞争政策的平衡，规范社会主义市场经济秩序，提供了重要的法律保障。知识产权法律制度作用和功能的发挥则需要充分有效地运用该制度。实施知识产权战略就是更好地运用知识产权法律制度的作用和功能，以此谋求更有利的市场竞争地位的战略形式。

第二，实施知识产权战略是实现我国建设创新型国家目标的重要途径。

提高自主创新能力，是实现创新型国家的根本，而实施知识产权战略对于自主创新能力的提高具有极端重要的意义。这是因为提高自主创新能力要求改变经济增长方式，逐步通过拥有更多的核心技术和知名品牌获得经济社会发展，要求重视和加大知识资源的开发和运用。知识产权制度则是一种促进知识资源创造和有效分配、运用的法律制度，而"知识产权战略是自主创新的环境保障，国家知识产权战略的核心是完善知识产权制度"，❶ 通过实施知识产权战略，可以调动知识创造的积极性，为知识创新提供良好的外部环境，对于促进我国自主创新能力的提高具有极端重要的作用。

第三，实施知识产权战略是提高我国核心竞争力的必要措施。

---

❶ 引自全国人大常委会路甬祥副委员长在"2009 年中国知识产权高层论坛"上发表的讲话。

当前，随着经济全球化和知识经济的凸显，知识产权作为一种战略性资源在一个国家和地区中的地位越来越高，既成为国家间竞争的重要领域，又是一个国家核心竞争力和经济科技实力的重要象征，如当今世界科技经济强国无不是知识产权强国。我国未来经济社会发展需要走创新型国家之路，通过实施知识产权战略能激发市场经济主体获取更多自主知识产权，提高国家核心竞争力。

（二）我国企业知识产权战略实施的重要意义与作用

我国企业大力实施知识产权战略，具有极端重要的意义和作用。具体地说，其主要体现于以下几方面。

1. 贯彻落实国家知识产权战略

企业是市场经济主体，企业竞争力在很大程度上决定国家的竞争力，是国家竞争力的重要标志。随着知识经济的凸显和科学技术的迅猛发展，知识产权越来越成为国家重要的无形财富和战略资源。正如英国政府的一份白皮书指出："竞争的胜负取决于我们能否充分利用自己独特的、有价值的和竞争对手难以模仿的资产，而这些资产就是我们所拥有的知识产权。"❶ 企业知识产权战略实施情况如何，不仅对其本身创新能力提高具有决定性意义，而且也在很大程度上决定了国家的核心竞争力。当今西方发达国家都是以其强大的企业作为立国之本的，其企业将对知识产权的创造、运用、保护和管理提升到战略的高度。知识产权战略则是充分发挥知识产权制度在企业中的作用和功能，谋求最大限度地获取有利市场地位的总体性谋划。在国家知识产权战略体系中，企业既是国家知识产权战略实施的关键主体，在国家知识产权战略体系中占据核心地位，在知识产权战略体系中具有不可替代性。甚至可以认为，"企业知识产权战略是国家知识产权战略在微观层面的最为重要的组成部分。"❷ 离开企业知识产权战略，国家知识产权战略将失去依托，并且国家知识产权战略的目标和价值实现最终需要通过企业予以实现。因此，从企业知识产权战略与国家知识产权战略的关系，可以认识其重要意义和作用。

事实上，从《国家知识产权战略纲要》的内容看，实现国家知识产权战略的目标，在相当多的方面需要企业去落实。例如，在近期战略目标方面，《纲要》指出"企业知识产权管理制度进一步健全，对知识产权领域的投入大幅度增加，运用知识产权参与市场竞争的能力明显提升。形成一批拥有知名品牌和核心知识产权，熟练运用知识产权制度的优势企业"；在战

❶ 吴汉东. 国家软实力建设中的知识产权问题研究 [J]. 知识产权, 2011 (1)：4.
❷ 吴汉东. 中国企业知识产权的战略构架 [J]. 法人, 2008 (Z1)：40.

略重点之"促进知识产权创造与运用"方面，提出要"推动企业成为知识产权创造和运用的主体。促进自主创新成果的知识产权化、商品化、产业化，引导企业采取知识产权转让、许可、质押等方式实现知识产权的市场价值"，体现了企业是技术创新主体的思想；在战略措施之"提升知识产权创造能力"方面，指出要"建立以企业为主体、市场为导向、产学研相结合的自主知识产权创造体系。引导企业在研究开发立项及开展经营活动前进行知识产权信息检索。支持企业通过原始创新、集成创新和引进消化吸收再创新，形成自主知识产权，提高把创新成果转变为知识产权的能力。支持企业等市场主体在境外取得知识产权。引导企业改进竞争模式，加强技术创新，提高产品质量和服务质量，支持企业打造知名品牌"；在战略措施之"鼓励知识产权转化应用"方面，指出要"引导支持创新要素向企业集聚，促进高等学校、科研院所的创新成果向企业转移，推动企业知识产权的应用和产业化，缩短产业化周期。深入开展各类知识产权试点、示范工作，全面提升知识产权运用能力和应对知识产权竞争的能力。"此外，在其他一些方面，如各项知识产权的创造、运用、保护与管理，以及知识产权文化建设等方面，企业在实现《国家知识产权战略纲要》的目的方面也具有不可替代的重要作用。这些内容无不反映了企业作为我国市场经济主体和技术创新主体，对于推动和落实国家知识产权战略具有特殊地位。因此，从这个意义上讲，企业知识产权战略的制定与实施是落实国家知识产权战略的重要保障。

值得注意的是，企业知识产权战略在国家知识产权战略体系中的重要地位这一事实并不能否认国家知识产权战略对于企业知识产权战略的指导和引导作用，企业知识产权战略也需要受到政府的指导和政策支持。在企业知识产权战略中，企业是主体和核心，也需要得到政府部门的扶持和引导。当然，也不能因此否认企业知识产权战略的独立性，甚至否认企业要有自己的知识产权战略，否则将误入歧途，对企业知识产权战略的推行有害。

2. 确保企业获得市场竞争优势、赢得市场竞争主动权

"竞争优势"这一概念最初于 1939 年由经济学家张伯伦（E. H. Chamberlin）提出，后来该概念被引入战略管理领域。企业知识产权战略也与竞争优势特别是市场竞争优势直接相关。赢得市场竞争优势是企业战略的根本目标，也是企业知识产权战略追求的最高境界。例如，德国企业界确立的知识产权战略目标就是利用专利和其他占优势的知识产权独占技术和产品市场，提高企业产品在国外市场的占有率，以使企业产品在国内外市场占据竞争优势。又根据美国管理学家迈克尔·波特（Michael E. Porter）的竞争优势理论，一个国家昌盛的原因在于其在国际市场上具有竞争优势，

而这种优势依赖于国家主导产业的竞争优势，而国家主导产业的竞争优势则源于企业具有创新机制而提高了效率。❶ 波特的国家竞争优势理论立足于企业和行业的竞争优势，具体来说，包括生产要素、国内需求、相关支撑产业、企业战略结构和竞争、政府的作用以及机会。波特的上述观点是对竞争优势来源挖掘的体现，属于企业竞争优势的所谓"外生理论"范畴，与企业竞争优势的"内生理论"不同。❷ 竞争优势外生理论主张，产业吸引力与企业在市场中的位势作为企业市场竞争优势的重要来源，通过实施新技术、新产品开发的产品差异化战略、扩大生产规模的低成本战略以及目标集中战略等模式来提高行业壁垒，获得市场竞争优势。事实上，企业战略模式与特定的经济时代和环境息息相关。例如，在 20 世纪 70 年代前的规模经济时代，企业更关注市场份额和产品价格，拥有市场份额和较低的产品价格就能占据市场竞争优势。在 20 世纪七八十年代，波特提出的上述竞争战略模式亦尚未将知识产权战略纳入重要位置。

传统观念认为，价格和质量是决定产品竞争力的关键因素。随着技术竞争的加剧以及知识产权在企业竞争中的作用日益提高，产品竞争力的决定因素日益复杂，单纯依靠价格和质量难以取得竞争优势，而还需要依靠产品的设计、性能、技术和品牌等诸多因素。再从企业竞争优势的发展趋势看，获取企业市场竞争优势是一个渐进的过程，即从低层次市场竞争优势向高层次市场竞争优势转变，其中低层次竞争优势主要依赖于劳动力成本、廉价的原材料以及使用竞争者的技术、设备、方法等赢得市场份额，不是一种具有可持续性和稳定的竞争优势，其主要采取的是成本优势战略，获得市场竞争优势的广度和深度都有限。我国传统的企业竞争优势大体可以概括如此。高层次市场竞争优势则是通过技术、品牌和客户关系积累，以积累高附加值无形资产价值为特点的企业竞争模式，如专利技术竞争就属于高层次市场竞争范畴。在这种模式中，企业知识产权战略的作用极其重要，它可以充分利用知识产权制度的特点，将知识产权制度的法律属性与企业市场经营管理高度结合，获取市场竞争优势。通过实施企业知识产权战略，可以培育并提高企业核心能力，包括企业核心技术能力、核心组织能力和核心市场能力等方面，从而赢得市场竞争优势。也正是因为企业知识产权战略对于企业获取市场竞争优势具有重要作用，越来越多的企业已将其作为企业发展战略的重要组成部分，并用于指导企业的技术创新活动。

随着知识经济凸显、技术竞争的激烈和知识产权国际化的深入，企业

---

❶ 迈克尔·波特. 国家竞争优势 [M]. 李明轩，邱如美，译. 北京：华夏出版社，2002：92.
❷ 企业竞争优势的内生理论较有影响的如"资源基础理论"、"企业能力理论"和"知识论"等学说。

的竞争主要体现在技术和市场的竞争，也同时越来越体现在自主知识产权数量和质量的竞争、品牌优势的竞争以及技术创新能力的竞争，其核心则是企业知识产权的竞争。换言之，当代社会企业竞争形式上体现为技术和市场竞争，实质上则体现为知识产权的竞争，对知识产权拥有的数量和质量，成为衡量企业技术能力和市场竞争力的重要标志。获取并利用知识产权已成为企业增强市场竞争力，参与市场竞争并最终获得市场竞争优势的重要手段。正如有专家指出，随着科技发展和经济全球化进程的加速，对知识产权的创造、获取和利用已成为一个企业乃至国家取得优势的关键因素。❶

随着各国、地区之间的经济和技术竞争强度的加大，企业技术创新能力和知识产权在竞争结构中发挥着越来越重要的作用。知识产权和企业自主创新能力也已上升到企业战略资源的程度。自主知识产权是企业获取核心竞争力不可替代的资源和财富。美国加利福尼亚大学伯克利分校蒂斯教授（David Teece）认为，企业生产要素与专有资源结合后形成的组织和管理能力是企业的一种无形资源，需要企业的长期生产经营累积才能实现。企业形成的这种能力能够降低交易费用，是企业获得市场竞争优势的主要来源。这种从企业能力的角度对企业竞争优势的理解，也可以在一定程度上加深知识产权对于企业市场竞争优势的获取至关重要这一观点的认识。

3. 获得"知识产权优势"，提高知识产权能力，进而获得核心竞争力

第一，企业知识产权优势及其意义。

知识产权优势理论是随着知识产权地位的不断提升、知识产权在企业市场竞争和核心竞争力中所发挥的作用越来越大的情况下，出现的一种新型经济增长和发展理论。这一理论的核心是充分利用知识产权制度，将企业的资金、人才、技术、管理等各方面资源进行高度整合，通过有效的知识产权运用，将企业的专利、商标、著作权、商业秘密、品牌等无形资产优势转化为市场竞争优势。知识产权优势是企业将其技术优势、人才优势转化为市场竞争优势的桥梁和关键。有学者将知识产权优势分为硬优势和软优势两类，其中，硬优势体现于在涉及知识产权资源的创造、占有和运营方面的优势，特别是通过掌握高新技术领域和关键技术领域的核心技术，培育自主品牌，以许可、使用、投资和资产重组等形式获取高额垄断利润；软优势体现于运用知识产权法律规则和市场机制优化配置资源，引导和规范市场，激励与保护创新，同时保障知识产权人的权益。无论是硬优势还是软优势，整体上的知识产权优势还可以分为知识产权制度优势、知识产

---

❶ 吴伯明. 实施国家知识产权战略 大力培育中国核心竞争力 ［J］. 中国科技产业，2003（4）：13.

权规则优势、知识产权资源优势和知识产权运营优势等四个方面。❶ 还有学者提出了"垄断优势理论",认为厂商的垄断优势包括先进技术、规模经济、组织管理技能、大规模资本、信息网络优势以及全球性市场营销,其中技术优势被认为是厂商最重要的垄断优势。在知识产权制度下的技术优势就是专利技术优势,因此从这里也可以得出知识产权形成垄断优势的结论。经济合作与发展组织(OECD)则明确指出,发达国家跨国公司最可能利用的是建立在技术、品牌和其他知识产权等资产的所有权基础上的自身特有优势。❷ 该观点虽然是针对跨国公司的,却也导出了知识产权成为企业自身优势的结论。

企业知识产权优势的形成需要知识产权战略的推动,而这一优势形成本身存在内在的缘由,就是知识产权本身是企业重要的生产要素和智力资源,也是企业重要的经济资源。在企业竞争环境下,企业知识产权还是其战略性资源,充分运用知识产权可以放大资产效应,将有形资产与无形资产实现有机组合,提升企业资产价值,为企业取得竞争优势奠定基础,而这一过程也是企业知识产权优势获取和发挥效能的过程。

在当代,企业不仅只是技术创新的主体,而且是国家之间进行经济技术较量和竞争的直接表现形式和平台。以国际上6万多个跨国公司为例,其控制了世界技术转移的90%和投资的80%。❸ 跨国公司的优势最终是通过拥有占优势的专利技术等知识产权表现的。事实上,企业之间的竞争越来越表现为知识产权方面的竞争,是否具有知识产权优势在很大程度上决定了企业核心竞争力和市场竞争优势。这是因为,知识产权越来越成为企业的生产要素,企业自主创新以及运用知识产权的能力和水平直接决定了企业可持续性发展空间。当然,知识产权优势的发挥,本身需要企业强化自主创新能力,并处理好自主创新和自主知识产权的关系。只有这样才能避免创新成果不能及时得到法律能保护的状况,从而充分运用法律和市场手段保护创新成果。在知识产权制度环境下,企业技术创新的核心是将拥有知识产权的创新成果转化为市场竞争优势。

企业知识产权能力则是发挥知识产权优势的根本保障。企业知识产权能力应与企业技术研发及市场拓展能力相适应,建立动态的知识产权管理机制,组合运用知识产权以及营造知识产权文化。❹ 企业知识产权能力可以

❶ 郭民生,郭铮."知识产权优势"理论探析[J].知识产权,2006(2):17-19.

❷ 联合国贸易与发展会议发布的《2006年世界投资报告(中文版)》第35页。

❸ 王健.企业肩负的使命任重道远[N].中国知识产权报,2011-06-24.

❹ 郭秋海.我国知识产权能力建设的几个基本问题[J].科技与法律,2007(5):85-88;李蓉,萧延高,王晓明.全球化背景下我国企业的自主知识产权能力建构分析[J].电子科技大学学报(社会科学版),2007(1):45-49.

从不同角度加以分类。例如，从知识产权战略能力的角度，可以分为知识产权创造能力、知识产权运用能力、知识产权保护能力和知识产权管理能力；从功能划分，可以分为知识产权的进攻能力、知识产权防御能力和动态调节能力等。知识产权能力反映了企业将知识产权资源与其他资源整合，利用知识产权参与市场竞争并获得竞争优势的能力，尤其体现于企业的知识产权战略能力。知识产权能力具有动态性和价值性。其中动态性体现于，企业知识产权能力是在动态发展中形成和变化的，企业保持动态的知识产权能力是提高和维持市场竞争能力的保障；价值性则体现于企业知识产权能力是企业获取最佳经济效益、提高市场竞争能力的能力。从广义上讲，企业知识产权能力属于企业能力的范畴，它应与企业能力发展目标相契合。企业知识产权能力与企业知识产权资源具有关联性，其中后者是前者的基础，前者是运用后者形成市场竞争力的。

第二，企业"核心竞争力"的内涵与构成要素。

企业通过建构知识产权优势进而形成核心竞争力，赢得市场竞争的胜利，是其实施知识产权战略的最终目标。《国家知识产权事业发展"十二五"规划》也提出，应以"增强企业市场竞争力和国家核心竞争力"为目标。这在很多企业制定和实施的知识产权战略中都有体现。例如，伊利集团制定的知识产权战略目标就是，"尊重他人知识产权，创造、保护和运用知识产权，利用知识产权提升企业核心竞争力"。企业知识产权战略本身作为企业整体战略的重要组成部分，是企业获得核心竞争力的关键所在，而企业核心能力则是其赢得市场竞争优势源泉。这里的所谓"核心能力"，是普拉哈拉德（C. K. Prahalad）和哈默尔（Gary Hamel）在《哈佛商业评论》（*Harvard Business Review*）杂志上发表的《公司的核心能力》（*The Core Competence of the Corporation*）一文所提出的概念，认为核心能力是组织中的累积性学识，尤其是针对如何协调不同生产技能和有机结合多种技术流的学识。现代企业开展竞争的几个层次是核心能力层、核心产品层和最终产品层。[1] 根据该文的观点，核心能力是形成核心竞争力的基础，而核心竞争力是指企业各方面技能和运行机制的有机结合，体现于在特定的市场经营环境中企业的竞争能力与竞争优势的合力。核心竞争力是竞争对手难以模仿的、能够对最终产品为顾客带来可感知价值具有重大贡献。[2] 随着企业间竞争的加剧，企业成功不能仅依靠一时的市场策略或偶然的产品开发，而应依靠企业核心竞争力的外在表现。核心竞争力是技术和技能的综合体，是

---

[1] 李伟. 企业发展中的专利：从专利资源到专利能力——基于企业能力理论的视野［J］. 自然辩证法通讯，2008（4）：56.

[2] C. K. PRAHALAD, GARY HAMEL. The Core Competence of the Corporation［J］. Harvord Business Review, 1990, 68(3)：79-87.

竞争能力独树一帜的核心能力，在当前已成为一个企业成功与否的重要标志。❶ 核心竞争力也可以从竞争对手的角度加以理解，即它是相对于竞争对手而具有独到优势的事关企业生存和发展的资源、能力、优势和独特的知识体系。

核心竞争力立足于企业的核心能力，而核心能力被普拉哈拉德和哈默尔认为是为消费者提供某种利益的企业技能与技术之整合，❷ 事实上这一"整合论"反映了将专利技术等知识产权作为企业核心能力构架范畴的思想。核心能力与核心竞争力之间具有密切关系，核心能力涉及企业开发独特产品、研制独特技术、创造独特营销手段等的能力，它本身是企业竞争力的重要组成部分，在企业竞争力中处于核心地位。企业核心能力的形成，是企业整合其内部资源、能力和知识的结果，体现了企业对市场竞争资源的整合能力和运用能力。拥有核心能力的企业能够开发核心产品，防止竞争者模仿和替代，并能够为企业带来巨大的市场价值。提高企业核心竞争力，关键在于提升企业的核心能力。

核心竞争力被认为是企业保持长期竞争优势、获得可持续发展的关键，因而核心竞争力的竞争本身也成为当代企业竞争的重要特色，形成了在技术竞争时代的另一个"核竞争"。例如，根据 1997 年英国经济学家情报社《展望 2010 年》的调查报告，全球 67% 的公司是基于核心竞争力来推动市场竞争，到 2010 年这一比例将达到 85%。❸ 企业核心竞争力概念推动了企业实施战略管理理论的发展，在当代它被广泛用于评价企业的市场竞争力和竞争优势地位。企业核心竞争力关注如何获得企业竞争优势以及如何保持这一优势，重视竞争优势的来源和竞争优势的可持续性。核心竞争力本身是企业市场竞争优势的表现和关键，它的形成是企业充分利用内外部资源的结果。

企业核心竞争力的形成立足于企业的资源和能力及其整合和作用有效的发挥。企业核心竞争力主要包括以下"核心"要素：

一是企业的核心资源优势。这体现在企业的有形资源、无形资源和人力资源及其优化配置。在知识经济时代，企业的人力资源对于其形成核心竞争力具有关键作用。很多具有核心竞争力的跨国公司都是以优秀的人力资源、人力资本为特色的。这里的人力资源，一般意义上是指劳动力投入。

---

❶ 包晓闻，刘昆山. 企业核心竞争力经典案例：美国篇 [M]. 北京：经济管理出版社，2005：1（前言）.

❷ 根据美国麦肯锡咨询公司关于企业核心能力的观点，它是某一组织内部一系列互补的知识和技能的组合，具有使一项或多项关键业务达到行业一流水平的能力。

❸ 包晓闻，刘昆山. 企业核心竞争力经典案例：美国篇 [M]. 北京：经济管理出版社，2005：148-149. 不过，2010 年该比例是否达到 85%，目前还尚未找到进一步的实证分析材料。

不过，从企业拥有核心资源优势的角度看，这里的人力资源更接近于新经济增长理论代表人物保罗·罗默（Paul Romer）所提出的"非技术劳动力之外的人力资本"，而根据芝加哥大学罗伯特·卢卡斯（Robert E. Lucas）的观点，人力资本与有形资本区别则在于它能不断增加边际收益而非递减边际收益，因而它允许经济无限发展。❶ 因此，这里的人力资本更多的是针对拥有专业技术知识的专业人员，特别是技术研究开发人员。当然，企业拥有的各类资源要形成核心竞争力，还需要对其进行优化配置，否则将难以发挥资源优势和作用。

二是核心技术优势及其创新能力。核心技术是企业的"看家本领"和赢得技术竞争、市场竞争优势的战略武器，也是形成核心竞争力的法宝。国外很多跨国公司的竞争优势都是建立在对核心技术的掌控上的。例如，美国杜邦公司拥有在人造橡胶、化学纤维、塑料等三大合成材料的核心技术，借此其在世界化工原料市场独占鳌头。

然而，核心技术的获取绝非轻而易举之事，它需要具有较强的研究开发力量和经济实力，运用正确的创新战略，才能获得。企业获得核心技术也需要逐渐培养技术创新能力，包括技术研究开发能力、技术应用能力、技术转化能力、技术改造能力等。核心技术的开发固然需要付出巨大成本和投资，但企业一旦拥有了核心技术，就能取得核心竞争力。当然，拥有核心技术与核心竞争力还不能画等号，还必须通过企业技术创新活动去实现，因为核心竞争力涉及企业技术优势与组织管理、营销系统的有机结合。

无疑，在技术创新和市场经济环境下，上述核心技术优势及其创新能力很大程度上外化为企业核心产品能力。核心产品是连接企业核心能力与最终产品之间的纽带。纵观众多拥有核心技术和核心竞争力的企业，都是以开发、制造或销售核心产品为重要表现形式的，如英特尔公司的微处理器、夏普公司的液晶显示器、本田公司的发动机等。因此，分析企业核心产品的情况，如核心产品的市场地位、销售规模、市场前景等，可以在一定程度上了解企业的核心竞争力情况。

三是市场营销能力。市场营销是企业实现技术创新战略的关键环节之一，也是企业将其技术优势转化为市场优势，进而形成市场竞争优势的必然之路。企业核心竞争力的形成有赖于构建良好的市场营销网络与体系，有赖于企业具有良好的市场营销能力。市场营销也是本书多次提及的概念，原因是它与技术创新与企业知识产权战略均具有密切联系。由于市场营销涉及企业产品开发、市场决策、产品销售活动，更与市场竞争格局有关，

---

❶ F. M. 谢勒. 技术创新——经济增长的原动力［M］. 姚贤涛，王倩，译. 北京：华夏出版社，2001：42.

企业市场营销能力因此由新产品开发能力、市场决策能力、产品销售能力和产品竞争能力等构成。其中新产品开发能力可以从新产品计划、新产品开发组织、新产品开发成本、新产品开发效果等方面加以评判；市场决策能力可以从对新产品市场空间、产品销售规模、市场竞争结构等方面进行评估；产品销售能力可以从产品的销售渠道、销售规模、销售业绩、销售活动以及销售的组织构架等方面加以分析；产品竞争能力则可以从产品的市场占有率、产品销售增长率、产品利润率、产品结构等方面进行考量。

四是企业核心价值观和企业文化。企业核心竞争力的形成受惠于企业核心价值观和企业文化。企业核心价值观是在企业的长期生产经营中形成的，它是企业的基本精神和共同的价值取向，它对于企业的认同感、归属感和责任感的形成，具有重要的意义。企业核心价值观又与企业独特的企业文化息息相关，独特的企业文化本身形成了竞争对手难以模仿的无形资本。企业文化是企业技术创新、品牌战略、生产经营等承载的无形力量，对于形成企业核心竞争力具有向心力的作用，是支撑企业核心竞争力的灵魂。美国哈佛大学学者约翰·科特（John P. Kotter）和詹姆斯·赫斯克特（James L. Heskett）曾在对数百家企业进行研究的基础上撰著《企业文化和经营业绩》（*Corporate Culture and Performance*）一书，发现企业文化对企业的长期经营业绩有重大影响，它尽管不易改变，但完全可能转化为有利于企业经营业绩增长的企业文化。❶ 企业文化在形成企业核心竞争力方面具有重要作用。通常，可以从企业文化的现状、特点、形成机制及企业战略目标、企业战略和企业内部条件与外部环境等方面加以评判。

五是组织生产要素的能力。企业核心竞争力的形成也有赖于企业具有优势的资源和能力的组合，而这最终体现于以企业战略为指导组织生产要素，生产出具有差异化优势产品的能力。换言之，企业核心竞争力不仅体现于开发出创新性强的核心技术、核心技术产品，而且体现于其独特的组织管理和组织创新能力，离开这一点，企业即使拥有先进的创新成果，也难以形成真正的核心竞争力。普拉哈拉德和哈梅尔指出，从组织的角度看，将公司的技术和生产技能整合成核心竞争力，以使公司能够及时把握不断变化的机遇，是获得真正竞争优势的来源。该观点强调了企业组织生产要素能力的重要性，重视如何将其技术、创新资源与生产技能实现有机组合。从组织管理的一般原理看，组织是进行有效管理的手段，是实现企业特定经营目标的工具。组织管理本身也存在创新的问题，组织创新能够更好地保障实现技术创新目标，如在核心技术开发方面，需要动用大量的人力物力和财力，在资源有限的情况下，如何采取合理、有效的方式组织生产要

❶ 刘平. 企业战略管理——规划理论、流程方法与实践［M］. 北京：清华大学出版社，2010：10.

素，这是与核心技术开发同样重要的问题。

以上这些要素不是孤立的，而在形成企业核心竞争力的过程中相互影响，共同为打造核心竞争力发挥作用。可以看出，企业核心竞争力的形成除了受到技术方面因素的影响外，还受到企业生产经营、组织管理、资源配置、市场营销、品牌建设和企业文化等诸多方面因素影响，是这些因素综合作用的结果。从企业实现核心竞争力的方式看，最重要的是生产核心技术产品。如普拉哈拉德和哈梅尔所指出的一样："为了保住核心竞争力的领先地位，公司都力图使核心产品———一种或者多种核心竞争力的实物体现——在世界上的制造份额达到最大。从事核心产品制造带来的销售收入和市场反馈至少部分地决定了核心竞争力的改进和扩展的速度。"❶

值得注意的是，企业在一定时期取得的核心竞争力具有动态性，而不是一劳永逸的。这是因为，构成上述核心竞争力的因素会随着企业面临的经营环境、行业竞争结构、比较优势和市场需求变化等因素而出现一定的变化。也正因为如此，企业只有不断追求创新，才能获得源源不断的活力，保持来之不易的核心竞争力与竞争优势。

第三，企业知识产权战略构筑知识产权优势与核心竞争力的机理。

随着知识产权进入企业生产要素并成为企业获取利润的重要来源，知识产权在促进企业核心竞争力形成方面所发挥的重要作用日益得到认可。美国麦肯锡咨询公司认为，核心竞争力是指一个组织内部技能和知识的结合，这些技能和知识具有互补性，并能使组织具有优势。离开知识产权，企业实现内部技能和知识结合是不可想象的。从我国有关专家学者的研究看，也可以看出知识产权在企业核心竞争力形成中的关键性作用，甚至将核心竞争力直接等同于知识产权。例如，吴汉东教授指出，无论是技术创新还是商标保护，也无论是高科技领域还是传统产业，企业核心竞争力就是知识产权。❷ 事实上，很多事例均可佐证。例如，企业拥有自主知识产权和核心技术能获得较高的市场占有率和较高利润，因而具有核心竞争力。以我国电脑企业和国外知名企业相比而论，有资料显示，拥有计算机操作系统核心技术的微软公司其税后利润达 40%，拥有电脑 CPU 核心设计制造技术的英特尔公司其税后利润率也达到 20%。而我国很多年产百万台电脑的企业却因缺乏自主知识产权核心技术，税后利润率不足 5%。❸

知识产权之所以成为企业核心竞争力的关键，是因为核心竞争力来源于企业的核心技术、人力资本、良好声誉和组织构架，知识产权则在其中具有关键作用。换言之，离开知识产权，企业核心竞争力将失去依托和基础，变

❶ 包晓闻，刘昆山. 企业核心竞争力经典案例：日韩篇 [M]. 北京：经济管理出版社，2005：155.
❷ 吴汉东. 企业核心竞争力与知识产权 [J]. 中华商标，2007(5)：9-14.
❸ 彭文胜，刘逸星. 企业知识产权战略与实施方案制作指引 [M]. 北京：法律出版社，2009：54.

成无源之水、无本之木。当然，将知识产权等同于企业核心竞争力似乎过于强调了知识产权与核心竞争力的关系，如上所述，核心竞争力的形成受到多方面条件的制约，企业拥有的知识产权也需要通过战略性地运作才能转化为核心竞争力。无论如何，知识产权在企业核心竞争力形成中具有关键性作用，而知识产权有效转化为核心竞争力则需要实施知识产权战略才能实现。具体而言，通过实施知识产权战略将企业知识产权转化为核心竞争力，主要途径与条件有：一是进行知识产权创造，企业获得一定数量和质量的知识产权是通过知识产权形成核心竞争力的基础；二是企业对自身获得的知识产权能够进行有效保护，防止他人擅自模仿；三是知识产权在企业生产经营活动中发挥着关键性作用，企业对其知识产权资产的依赖性很强，但知识产权资产需要和企业有形资产一起综合发挥作用才能实现企业的竞争优势；四是企业对其知识产权能够进行有效的管理和运营。

4. 突破国外跨国公司知识产权封锁，取得市场竞争主动地位

在日益激烈的国际竞争环境中，企业知识产权战略是我国企业突破国外企业知识产权壁垒和技术贸易壁垒，特别是应对国外跨国公司知识产权战略，取得市场竞争主动地位的重要手段。我国企业实施知识产权战略面临的一个十分严峻的问题是，国外跨国公司已经在我国部署了严密的专利网，特别是在我国高新技术发展领域"跑马圈地"，形成了对我国高新技术及其产业发展的专利包围圈，严重制约了我国高新技术及其产业的发展。例如，在计算机、信息通信、航空航天、医药生物等行业，外国公司在我国专利申请量达到60%～90%。不仅如此，国外跨国公司在我国对知识产权进行战略部署有不断加强的态势。以美国IBM公司为例，其明确提出公司知识产权战略就是要"确保其活动的最大自由"，也就是确保其在研究开发、原材料采购、生产加工制造、产品销售等活动中没有阻力。跨国公司实施技术创新战略背后，是以知识产权战略为支撑和指引的，其战略性地运作知识产权，使得技术创新与知识产权战略高度融合，获得了极高的市场占有率。跨国公司实施知识产权战略立足于其全球战略，它通过自身的经济技术优势，力图影响本国的知识产权制度，使其朝着有利于实现其经济利益的方向走。在发展中国家，跨国公司还通过设立相关机构、资助、宣传等多种形式影响东道国知识产权意识和制度，如中国外商投资企业协会优质品牌保护委员会就是一个以推动外商投资企业在中国获得知识产权的有效保护为宗旨的民间机构。

近年来，跨国公司实施知识产权战略的动向具有一些新的特点，主要如下：知识产权战略逐步规范化和完善，知识产权战略运作能力有不断加强之势；知识产权战略在一定程度上表现为战略联盟，"杀伤力"更强；知识产权战略瞄准高新技术领域，以专利战略为核心，商标和商业秘密战略

为两翼，辅之以其他知识产权战略模式，形成了完整、严密的知识产权战略体系；知识产权战略注重与标准化战略和本土化战略相结合，将知识产权和标准紧密地结合在一起，并实施本土化战略，以图获取最大的利益。从国外跨国公司实施知识产权战略的上述特点看，其具有以下一些共同之处：将知识产权视为开展技术和市场竞争并获得竞争优势的工具而从战略高度运作知识产权，具有明确的知识产权战略目标和实施策略，为实施知识产权战略配置了有效的资源和组织构架。

在我国市场上，跨国公司高度重视并娴熟地运用知识产权战略压制我国竞争对手。其基本的手段和策略如下：利用政治经济手段影响我国知识产权制度的进程，为跨国公司在华经营提供有利的法律环境；强化在华知识产权管理和转让，以专利、商标贸易获取利润；推行其拥有知识产权为行业标准以保护其垄断地位；以知识产权诉讼为武器，获取高额侵权赔偿等。❶ 仅以知识产权与标准战略结合和诉讼战略为例，在知识产权与标准战略结合方面，跨国公司在其母国政府帮助下，将知识产权与技术标准、安全标准、环保标准等结合，企图构建非关税壁垒，阻碍我国企业产品进入其国内市场；在知识产权诉讼战略方面，跨国公司除了进行诉讼威胁，逼迫我国企业支付巨额专利许可费外，还通过向我国企业发难，以诉讼手段获取赔偿，跨国公司发动知识产权诉讼的目的远不在于获得赔偿，还有更深层次的战略目的，例如损害竞争对手的信誉，提高自身产品在我国的知名度。

知识产权战略是我国企业建立现代企业制度和参与国际竞争的重要手段，为了应对国外跨国公司的知识产权战略进攻以及技术贸易壁垒，我国企业启动和实施知识产权战略具有紧迫性和重要意义。

5. 推动产业结构调整和经济转型升级，改变经济增长方式

制定和实施企业知识产权战略，还是当前我国推进产业结构调整和经济转型升级，改变经济增长方式的重要手段，对于实现我国经济跨越式发展、建立创新型经济和创新型国家具有重要意义。《国家知识产权事业发展"十二五"规划》也指出："我国经济发展中不平衡、不协调、不可持续问题依然突出，资源环境约束强化，粗放式的经济增长模式难以为继，迫切需要运用知识产权等要素投入，推动我国经济发展走上创新驱动、内生增长的轨道。"经济转型通常涉及资源配置和经济发展方式的重大变化，如发展路径、发展模式和发展要素发生重大转变。经济转型与经济发展模式和发展状态相关联，也可以认为就是从一种经济运行状态向另一种经济运行状态过度或者从一种经济发展模式向另一种经济发展模式转变。经济转型升级则是立足于经济转型，升级经济发展模式，实现经济发展模式由低级

---

❶　张欣欣. 跨国公司知识产权战略的内容及形式分析 [J]. 科学与管理，2008 (5)：75.

向高级运动，如由低效而粗放的粗放型经济向高效的集约型经济转变。

我国改革开放以来经济高速增长举世瞩目，但经济增长在相当大的程度上是建立在高消耗、高污染、低效率和廉价劳动力的基础之上，而不是建立在对核心技术和自主知识产权占有上，主要依靠的是资源消耗、廉价劳动力、土地占用以及一些优惠政策和制度获取竞争优势。这种情形无法获得具有竞争优势的可持续发展。从我国市场要素的禀赋结构看，我国目前仍以劳动密集型为主，而不是资本密集或者技术密集型为主。在中国的市场要素禀赋结构中，劳动力存在过剩现象，导致劳动力价格低廉，当然这种情况近年随着经济转型升级有所改变。不过，整体上我国传统的依靠廉价劳动力和物质资源消耗发展经济的低成本制造模式短期内难以改变。加之我国市场经济体制还未完全确立，市场机制发挥作用的空间受限，结果导致包括国有企业在内的很多企业仍然主要是通过低成本竞争手段获取市场竞争优势，对市场机制不敏感，对市场经济产物的知识产权制度的运用感到生疏。当前我国经济正处于经济转型初期，核心是需要从粗放型向集约型转变，改变主要靠消耗自然资源的生产方式，大幅度加大科技和智力资源参与生产要素，使其成为我国经济发展中最活跃的因素。从发达国家经济发展中诸要素所起的作用，能更好地理解这一点。统计资料表明，发达国家经济增长的75%源于技术进步，只有25%源于原材料、能源和劳动力投入，我国经济社会发展中需要的关键设备和核心技术则大部分依赖于进口。❶

整体上，我国知识产权制度与社会主义市场经济的发展尚未实现有效的结合。知识产权制度的作用在促进我国自主创新、产业结构升级和优化以及创新能力提高方面还没有充分地发挥出来。在和国家经济和科技政策衔接方面，知识产权制度尚存在空隙，特别是在形成激励和保护创新的知识产权政策方面还存在较多问题，知识产权战略实施肩负着促进我国自主创新、产业结构升级和优化以及创新能力提高方面的重任。作为国家知识产权战略的重要组成部分，企业知识产权战略制定与实施对实现我国产业结构调整和经济转型升级的重要作用体现于：利用知识产权制度激励创新和保护创新成果的功能和特点，促进企业创新，逐步从主要依赖模仿和仿制、引进技术的技术发展路径上改变为逐步依靠自主创新，提高创新能力的路径上，以拥有名牌产品和核心技术企业为重点，推进企业集约化经营；将传统的资源、劳动力成本和低价竞争格局改变为主要依靠自主知识产权获得市场竞争力；在经济发展转型中，实现从要素驱动到知识驱动、从资

---

❶ 张真真，林晓言. 知识产权保护与技术创新路径的国际比较 [J]. 中国软科学，2006 (11)：156-160.

源依赖到创新驱动的演进路线，提高企业自主创新能力；充分发挥知识产权的支撑引领作用，切实加快经济发展方式的转变，推进从"中国制造"到"中国智造""中国创造"的转变，培育自主知识产权和自主品牌，提高核心竞争力；强化企业技术创新的主体地位，引导、鼓励创新要素向企业集中，提升产业层次、推动产业结构升级。

6. 发挥知识产权这一无形资源巨大竞争优势的作用：以资源基础理论为视角

资源基础理论是行业结构学派出现之后的一种竞争优势理论，它主张企业运用其有形的和无形的资源可以转化成独特的能力。在传统的经济学理论中，自然资源无论是在农业经济时代还是工业经济时代，都是影响和制约一国经济增长的关键因素。但是，随着科学技术发展，自然资源对于经济发展和增长的影响趋于降低。资源基础理论所及资源也主要不是针对自然资源，它认为企业拥有不同的有形资源和无形资源，这些资源可以构建企业独特的能力，企业的资源和独特能力则形成了企业竞争优势的基础。资源基础理论强调企业对资源的配置及其与外部环境的协调在实现企业战略方面的关键作用。

资源基础理论主张，企业是资源和能力的结合体，企业资源和能力都是形成企业竞争力的来源。企业的竞争力取决于其能够获取和控制的异质性资源，这种异质性资源是企业参与并获取市场竞争优势的重要基础和保障。普拉哈德等人认为，资源是战略分析的基本单位，而企业竞争优势直接来源于其异质性的资源。❶ 企业的所谓异质性资源，是极其稀缺的、具有价值的难以被竞争对手模仿和替代的资源，这种资源具有持续性和竞争性。换言之，企业拥有独特的资源和能力是其获得长久竞争力的源泉，当企业获得了他人难以复制和替代的有价值资源时就能够获得市场竞争优势。资源基础理论并不否认企业外部资源和条件的作用，因为企业外部的市场机会、市场结构对企业市场竞争力的提升也会具有积极影响和作用，然而这些外部资源和条件需要通过企业内部资源的整合才能发挥作用。

应当说，资源和能力是两个相互联系又互相区别的概念。企业资源具有一定的流动性，因此它既可以从其内部获取，也可以从外部获取。比较而言，企业能力则难以直接从外部获取，它需要充分利用资源在组织内部培养。企业资源与能力建设具有辩证的关系，企业资源本身并不等于企业能力，但它是构建企业能力的基础和"资本"。从构建企业竞争优势的角度来说，资源与能力均是不可或缺的，两者在形成企业竞争力和竞争优势方面扮演着不同的角色。企业拥有独特的异质性资源固然重要，但企业能力

---

❶ HAMEL G, PRAHALAD C K. Competing for the Future [J]. Harvard Business Review Press, 1994(7): 2-9.

的形成则更在于对资源的有效管理和运作能力。企业资源、能力与竞争能力和竞争优势的关系是，企业资源是企业能力的基础，企业能力是企业竞争力的来源，而企业竞争优势则来源于企业竞争力。资源本身具有静态性，再有价值的资源如果不能被有效管理和利用，也不能为企业带来实际的价值和竞争优势。只有整合企业资源与能力，才能真正形成合力，充分发挥企业异质性资源的竞争优势，提高企业竞争力。这一点从竞争战略的一般原理方面也可以得到理解，即决定竞争胜负的关键的因素并不是各方拥有的资源和力量，而是对这些资源和力量的利用方式，也就是选择何种战略的问题，体现于竞争者的战略能力。从企业技术创新能力的角度看，创新资源以及对创新资源的运营能力是企业技术创新成功的关键要素。只有实现创新资源与对创新资源的运营能力的有效结合，才能发挥创新资源的效能，实现技术创新。从发达国家先进企业的实践看，充分利用企业内部资源，同时重视整合企业外部资源，提升资源配置和利用效能，辅之以适当的市场重组行为，是这些国家运用资源与能力理论获得市场竞争力的重要经验。这里的外部资源整合，常见于企业通过资产收购、兼并重组、合资合作、资本运营等方式加以实现。

资源与能力整合的理论反映了随着市场竞争环境的变化和企业竞争的激烈，企业战略管理理论日益重视企业拥有的异质性资源和动态能力在企业获取市场竞争优势中的重要作用和地位。资源与能力整合的理论可以很好地用于解释本书多处强调企业知识产权创造能力、保护能力、管理能力和运营能力的重要性。知识产权因为具有价值性、稀缺性、难以模仿性和不可替代性等特性而成为企业的异质性资源，这种独特资源要在企业竞争中淋漓尽致地发挥其竞争效能，需要对知识产权实行有效的管理和运营，这也就是制定和实施企业知识产权战略的内在原因之一，因为企业只有战略性地运作其知识产权，才能不断培育其自主知识产权，逐步形成对知识产权的动态开发和运用能力。资源与能力整合理论要求企业不仅应重视通过创新活动获取自主知识产权，形成强大的知识产权战略资源储备，更应培育知识产权的管理能力和运营能力。资源选择机制在资源的获取决策上影响企业产出过程，能力构建机制则在资源配置的诸过程和环节中影响企业的产出，它们共同构成了企业内部生产的过程，而整合资源与能力所形成的企业竞争战略才能够给企业带来独特的竞争优势。❶ 资源与能力整合理论为企业以知识产权战略提升核心竞争力，获取市场竞争优势提供了新的认识视角。

图 2-1 直观地反映了企业知识产权战略的重要意义与作用。

---

❶ 方润生. 资源和能力的整合：一种新的企业竞争优势形成观［J］. 研究与发展管理，2005（6）：21.

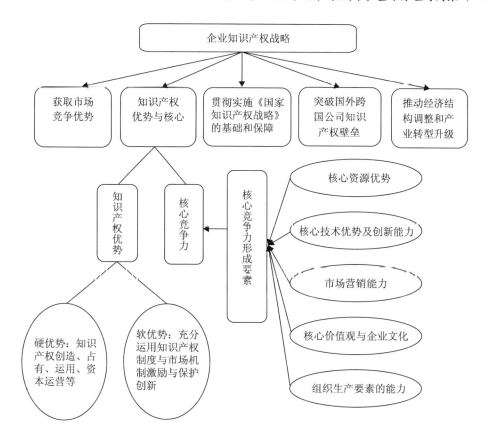

图2-1 企业知识产权战略的重要意义与作用

三、企业知识产权战略的制定、实施与控制

制定企业知识产权战略是企业实施知识产权战略的前提和基础，而实施知识产权战略则是企业知识产权战略最终予以落实的根本保障。就企业知识产权战略而言，两者缺一不可。

（一）企业知识产权战略的制定

企业知识产权战略制定是企业知识产权战略的核心工作，其制定的科学性、针对性和可操作性直接关系到企业知识产权战略工作的成败。企业知识产权战略制定具有一定的程序性和规律性。这可以从战略计划学派的思想中得到启发，就是将企业战略的制定视为实现不同步骤的战略计划的制定过程。企业知识产权战略既属于企业战略的范畴，也属于知识产权战略的范畴，因而需要遵循企业战略与知识产权战略制定的基本规律和要求。一般地说，企业知识产权战略制定应遵循以下原则：一是立足于企业自身资源与能力状况，紧密结合企业面临的外部环境，充分利用企业内部优势和外部环境的机遇，尽量避免或减轻内部劣势或外部环境的威胁；二是充分发挥知识产权制度的功能，这是因为企业知识产权战略是对知识产权制度功能和特性的充分、有效地运用，企业知识产权战略必须在知识产权制度的规范下开展。例如，激励知识创造、保护私有产权、利益调节、促进创新成果的运用就是需要充分考虑的；三是充分将其纳入企业战略范畴，保持与企业总体战略的融合性，这是因为企业知识产权战略属于企业总体战略之子战略，它与企业经营战略、竞争战略、研究开发战略、人才战略、财务战略等一样，都服务于企业总体战略。这一点在国外企业知识产权战略实践中也有充分体现。例如，日本索尼公司在 20 世纪 90 年代以前，其专利战略重点一直是欧洲和美国，亚洲处于第三的位置，到 1994 年时，该公司战略重点转向亚洲。与此相应，该公司专利战略重点也转向亚洲，其在亚洲的专利申请随即大幅度增加，先后超过了美国和欧洲。索尼公司的专利战略服从于公司总体战略和全球化战略需要可见一斑。

根据本书研究和承担企业知识产权战略实战项目的体会，企业知识产权战略制定需要着重解决以下问题：企业知识产权战略立项与计划安排、企业知识产权战略制定班子的建立、企业知识产权战略分析、企业知识产权战略资源保障和战略协同。以下将对这些因素分别进行讨论。

1. 企业知识产权战略立项与计划安排

立项是企业知识产权战略制定的第一步。企业知识产权战略立项可以来自多方面的因素。例如，有的是企业领导者知识产权战略意识较强，在当年的知识产权工作计划或知识产权工作规划中主动提出的；有的是企业参加知识产权战略培训后对企业知识产权战略的认识水平有所提高而提出的；有的是为企业提供知识产权服务的中介公司或专家主动提出并被企业采纳的；也有的是应企业所在行业协会或主管部门的要求或倡导而提出的；还有的是企业在遇到了知识产权方面的严重问题，甚至造成严重损失后发现知识产权战略的重要性后提出的。不论何种来源，企业知识产权战略立项后需要解决以下问题：是自行制定还是准备委托中介公司或者知识产权专家制定；是针对企业整体的知识产权战略还是限于某一类型的知识产权战略，如专利战略或商标战略；如果是集团公司，是就整个集团制定整体的知识产权战略还是仅就其中的子公司、分公司和研究部门制定；如果是国际化企业，是就知识产权国际化战略部分还是整个公司知识产权战略制定。

企业知识产权战略由于关系到企业生存与发展，对提高企业竞争力具有重要作用，在立项时应通过一定的程序加以确立，尽量在企业内部核心领导层和管理层取得共识，以便为以后的知识产权战略实施奠定坚实的基础。如以股份公司形式存在的企业，可以通过董事会确立。立项后，应当制定详细的企业知识产权战略制定工作计划，包括制定工作计划的目标、进程、具体的工作内容和人员安排，以保障制定工作按照时间和进程安排有序推进。如果工作计划不明或者缺乏，就可能造成缺乏时间管理和目标管理概念，效率低下甚至有可能造成制定工作流产的风险。

2. 企业知识产权战略制定班子的建立

企业知识产权战略制定班子是直接负责企业知识产权战略制定的工作机构和人员。通常，制定班子成员来自于有企业内部工作人员或企业委托研究的外部专家或知识产权专业性机构。在确定由企业内部人员制定时，应注意制定班子人员搭配合理，责任和分工明确。一般地说，可以由企业主管知识产权工作的副总担任制定班子（小组）的负责人，吸收企业知识产权管理部门、法务部门、技术研究开发部门、市场营销部门、品牌管理部门等职能部门的专业人员担任成员。在确定专业人员时，应注意其相关的知识结构和实践工作经验，以及团队专业知识结构的搭配，避免一些方面欠缺而另外一些方面集中的现象。

在确定由企业外部的专家或者中介公司负责制定时，则应重点规范好委托研究合同，在合同中明确双方的权利义务、研究内容、时间安排、保密责任等。当然，即使是由企业内部制定，也可以聘请知识产权专家或者中介公司专业人员以知识产权顾问的形式参与企业知识产权战略的制定工作。

3. 企业知识产权战略分析

从战略管理理论看，战略分析是战略制定中的前期工作，旨在分析企业内部条件与外部环境的现状、变化趋势和对企业造成的影响。企业知识产权战略分析是制定企业知识产权战略的前期环节和步骤，也是企业知识产权战略决策的前提，其是否全面、科学、客观直接决定了制定的企业知识产权战略是否具有科学性和实用性。因此，企业对此应予高度重视。根据企业战略管理原理，企业知识产权战略分析应包括以下内容：企业知识产权战略愿景与使命、企业知识产权内外部环境分析与战略目标的确定。把握这些内容，企业可以明确其知识产权战略的方向和目标，充分了解企业内外部知识产权环境的变化及其对自身的影响，并认识到企业现有的资源、能力与知识产权战略的匹配程度，同时也了解企业所有者和利益相关者对企业的预期及其对企业的影响等。

其一，企业知识产权战略愿景和使命。

企业知识产权战略愿景与使命显然是企业愿景和使命的细化及其在知识产权领域的体现，因而需要在企业总体战略确定的企业愿景和使命的指引下，以企业自身资源和能力状况为基础加以确立。

其二，企业知识产权战略环境分析。

企业知识产权战略环境分析的重要性，在理论上可以借助于战略环境学派的观点加以理解。根据战略环境学派的观点，企业为获得生存与发展，必须适应环境，并且在适应环境的过程中找准自己的定位。企业与环境之间具有互动性，其应当对环境的变化作出反应。在制定企业战略时，企业应将环境因素及其变化视为核心的内容加以考量。企业知识产权战略环境分析在一定程度上也可以运用战略认知学派的观点加以理解。根据战略认知学派的观点，认知心理学可以为制定战略弥补非理性思维的缺陷，通过对周边信息、数据的理解，结合来自过去的经验与智慧发挥制定战略的作用。该战略分析的重要性当然还可以通过战略管理的一般原理加以理解，即企业战略的制定需要寻求企业外部环境和内部资源与能力的相互匹配，作为企业战略一部分的知识产权战略当然也不例外，它除了需要在企业整体战略框架下加以构建外，还需要考虑企业面临的具体的实施环境和条件。

企业知识产权战略环境分析具有丰富的内容，它不仅涉及企业过去和现在知识产权方面的情况，还涉及企业生产经营的一般情况。一般而言，这里的环境分析包括企业外部环境分析与内部现状分析两部分，其中前者是存在于企业外部、对企业从事知识产权活动具有影响的环境因素；后者是存在于企业内部、对企业知识产权活动具有影响的资源、能力和组织构建等因素。

外部环境分析主要涉及企业面临的政治法律环境、行业（产业）环境、技术环境、市场环境和社会环境等，其中政治法律环境属于宏观环境，主要针对知识产权方面的政策和制度；行业（产业）环境主要针对行业或产业结构、主要产品、行业战略走向等；知识与技术环境主要针对企业所在技术领域的现状和动态；市场环境主要针对市场竞争结构、主要竞争对手的市场需求等因素；社会环境则主要针对知识产权保护的社会环境，如公众的知识产权保护意识、创新文化等。在外部环境中，知识与技术环境具有独特作用，这是因为知识与技术本身是知识产权的构成的核心要素，知识产权战略是在特定的知识与技术环境下产生的。

内部环境分析则主要涉及企业总体情况和知识产权工作现状。其中，企业总体情况除了解企业的发展脉络、主要产品、技术和研究开发实力、经营管理状况等基本情况以外，还应着重吃透企业战略的情况及其最新动态。因为如前所述，企业知识产权战略服务于企业总体战略，如果不清楚企业战略的现状，就难以使制定出的企业知识产权战略符合企业战略的要求。与企业战略相关的企业内部政策也值得关注，这是因为企业的经营理念、原则、使命、文化、价值取向等通常通过这些政策反映出来。当然，企业资源与能力现状也是企业内部环境分析的重要内容，因为企业资源与能力决定了其实施战略的基本实力，也是其制定与实施知识产权战略的关键因素。对企业知识产权的现状的分析则主要包括以下内容：①企业目前拥有的知识产权的数量、类别与投入，包括专利、商标、著作权、商业秘密等的数量，以及研究开发投入数量及占每年销售额的比重；②企业知识产权制度建设情况，包括目前已制定哪些知识产权制度、这些制度的基本内容和在实践中的执行情况等；③企业知识产权管理机构的建设和知识产权专业人员配置情况，包括企业知识产权管理组织的形式与运行模式、企业知识产权管理专职和兼职人员的数量、分布；④企业知识产权意识和文化情况，包括企业领导和员工的知识产权意识、企业知识产权文化的现状等；⑤企业知识产权运用情况，包括企业自主知识产权产品的销售额，知识产权的自行实施、转让、许可、资本运营等情况；⑥企业知识产权战略制定与实施情况，这一点仅针对已制定并实施过知识产权战略的企业，但其意义是不可忽视的，因为企业知识产权战略选择有一定的延续性，先前的企业知识产权战略对今后的知识产权战略选择具有相当的影响；⑦企业运用知识产权制度的总体能力与水平。总体而言，企业内部环境分析旨在明确企业资源与能力方面的优势与劣势，了解目前企业在市场竞争中具备的优势和不足，特别是了解在知识产权工作方面的特点，以确保制定企业知识产权战略更具有针对性。

其三，企业知识产权战略目标的确定。

如前所述，企业知识产权战略目标不仅是企业知识产权战略构成要素之一，而且是关键要素。企业知识产权战略目标是在对企业知识产权战略进行准确定位的基础之上，依据企业总体战略目标和企业资源与能力状况，并在考虑企业外部环境和竞争形势的情况下，确定可欲的奋斗目标。从企业知识产权战略的不同进程和阶段来看，企业知识产权战略目标可以分为阶段目标和长远目标。其中阶段目标又可以分为近期目标、中期目标。这里的近期目标是一定时期内需要实现的知识产权战略目标，例如 5 年规划目标；长远目标是企业知识产权战略追求的最终目标。原则上说，企业知识产权战略近期目标以储备相当数量和质量的知识产权、形成较强的知识产权意识、建立了与企业总体战略发展相适应的知识产权工作机制，企业知识产权管理机制初步建立等为目的；长远目标以产生了足够数量和质量的知识产权、知识产权成为企业重要生产要素和获取竞争优势的重要保障、企业拥有核心技术和自主品牌、知识产权管理体制和机制健全、知识产权文化氛围浓厚、企业成为自主创新的主体并能够娴熟地运用知识产权制度和规则等提高自身竞争力等为目的。

在实践中，企业知识产权战略目标的实现会受到多种因素的影响，不仅包括公司治理结构等内部条件，也包括外部的社会、文化环境等因素，在确定企业知识产权战略时也需要考虑。公司明确了知识产权战略的目标，制定了企业知识产权战略的短期目标和长期目标，其中短期目标是每年制定年度知识产权战略规划，将知识产权战略贯彻到当年的具体行动；其长期目标则是通过有效的知识产权管理，在公司形成强大的知识产权保护网，有效地防范和规避知识产权风险，使知识产权有效增值。

4. 企业知识产权战略制定的必要性和可行性论证

在当代技术和市场竞争日益激烈的形势下，知识产权战略对企业的重要性越来越大，企业制定知识产权战略的意义和作用毋庸置疑。因此，一般来说，企业制定知识产权战略的必要性是毫无疑义的。即使是基本上缺乏知识产权存量的企业，也有制定知识产权战略的必要性。这是因为，任何企业知识产权的数量和质量的提高均有一个过程，缺乏有效知识产权存量的企业也可以通过制定与实施知识产权战略激励知识产权创造，逐步积累知识产权存量，依靠知识产权发展壮大。当然，针对不同类型和成长阶段的企业，制定知识产权战略的紧迫性程度不一。至于制定企业知识产权战略的可行性分析，主要是企业针对现有情况，从人财物、制度、组织、文化、经验、基础保障等方面分析与评估拟制定的企业知识产权战略实现目标的可行性。可行性分析有利于增强企业制定和实施知识产权战略的信心，其本身也是企业知识产权战略制定工作科学性要求的体现。

5. 企业知识产权战略规划的制定

企业知识产权战略制定的关键是在前期准备、战略分析等基础上拟定知识产权战略规划蓝本。该蓝本内容应充分体现企业知识产权战略的思想、战略原则、战略目标、战略重点、战略措施以及战略保障措施。以战略原则为例，它是企业知识产权战略的工作方针，对于企业知识产权战略的正确和实施具有重要指引作用。❶ 企业知识产权战略规划是企业制定知识产权战略并形成规划文本的过程，具有相对的静态性。企业知识产权战略规划是站在战略

---

❶ 为真实地了解我国企业技术创新和知识产权战略制定与实施情况，笔者利用在 2008 年开始主持一项中央特大企业知识产权战略规划制定的机会，与其他相关人员一道对某集团公司及其下属子公司、分公司、研究院所的创新和知识产权情况进行了为期数个月的调查和研究，取得了一些第一手的数据和资料，为本书提供了难得的实证分析素材。本次调查分三阶段进行。第一阶段是调查部分企业以下涉及创新和知识产权问题：企业实施"走出去"战略遇到哪些知识产权问题，用何种方式解决；企业发生过哪些知识产权纠纷，纠纷处理的过程或结果；作为研究开发单位在知识产权运用方面如何协调运行；如何在研发生产中挖掘技术形成专利保护；企业专利实施产业化过程中，存在哪些问题；从哪方面完善知识产权政策法规建设等。第二阶段调查关注的问题是：企业在引进、消化和吸收再创新技术或装备中，知识产权的意识、战略及应对措施等。第三阶段调查重点关注的问题是：知识产权的创造与运用如何结合，知识产权评估应如何进行；研发单位与产业化单位如何进行利益分配；利益分配的方式在财务上如何体现；科研转化为生产力过程中的知识产权保护和管理需要在体制和机制上解决哪些问题等。为便于阐述，本书中称为"本调查"。笔者为本调查负责人，但其他成员也有贡献，特此说明。本调查中，某企业提出的知识产权战略工作方针是：（1）尊重其他公司的权利；（2）确保本企业的生存与发展不受他人干扰；（3）利用知识产权维护和扩大市场；（4）进一步优化生产技术指标，提高工作效率；（5）科技工作保障在引进消化吸收国外先进技术的基础上进行再创新、以形成自主知识产权为目的，在高起点上创新以实现技术跨越性发展。该企业明确的知识产权战略方针有力地推动了其知识产权知识产权战略的制定与实施。

高度规划企业知识产权工作，其重要意义与作用在于指明企业知识产权目标和方向，为企业知识产权工作的整体运作与系统化建设提供行动指南，使企业知识产权战略措施和各项工作落到实处，同时也保障企业知识产权工作实现可持续发展，为运用知识产权制度提高企业竞争力创造良好条件。

作为全面展示企业知识产权战略目标、内容、实施步骤、策略的规划，其总的做法是立足于企业内外部环境，充分利用外部环境的机会和内部环境的优势，避免外部环境的威胁和内部环境中的劣势，规划企业知识产权战略需要实现的近期目标和远景目标以及实现这些目标的方法和途径等。企业知识产权战略规划是企业知识产权战略愿景和使命转化为具体的、具有可操作性和实用性的知识产权战略实施方案的过程。

企业知识产权战略规划是企业对当前和未来一定时期知识产权的获取、运用、保护和管理方面的总体规划，为企业知识产权工作既提供宏观方面的战略指导，也提供微观方面的策略。企业知识产权战略主要是对企业未来知识产权工作的整体谋划，而不限于对过去知识产权工作情况的总结，因此也可以从知识产权战略规划的角度加以认识。企业知识产权战略规划以企业知识产权整体保护战略为核心，以提高企业知识产权能力、发挥知识产权制度保护与激励创造的功能和特点在企业中的运用为目的。

6. 企业知识产权战略资源保障与战略协同

企业知识产权战略制定工作也需要一定的人财物资源，企业应进行专门的安排。例如，有的企业是通过年度计划的形式在企业中设立专项资金，有的企业是在立项后专门拨付经费解决。战略协同方面主要体现于，企业上下应对企业知识产权战略制定工作达成共识，如通过对员工的动员和宣传培训，使其了解知识产权战略制定对本企业的重要性。另外，企业的各职能部门和机构应互相配合和支持，避免相互拆台，这一点也很重要。在实践中，有的企业不同部门不愿配合，以致阻碍了企业知识产权战略制定工作的推进，此种情况应当改进。

（二）企业知识产权战略的实施

企业知识产权战略实施是企业知识产权战略的主要内容之一，是对知识产权进行战略性的运作，在企业知识产权战略体系中处于关键环节。企业实施知识产权战略，也就是将知识产权战略方案付诸行动，保障企业知识产权战略沿着既定的目标前进。从理论上说，企业知识产权战略制定后，也必须通过有效的实施才能实现其战略目标，否则将失去意义。以我国通信领域著名企业中兴公司为例，该公司高度重视企业知识产权战略的制定与实施。根据现有成果对其经验的介绍，该公司知识产权战略实施具有层次性。其中第一层级为防御型战略，其战略重点是更多地储备知识产权，加强知识产权布局，谋求在知识产权数量和质量方面的提升，形成与竞争对手知识产权抗衡的资源优势，也就是以知识产权创造战略为核心。第二层级则为知识产权竞争战略，战略重点是充分利用和强化知识产权的竞争优势，使知识产权成为公司市场竞争的有力武器。第三层级为知识产权经营化战略，战略重点是强化知识产权经营管理，整合知识产权资源，促进知识产权商品化和资本化。由此可见，该公司知识产权战略体现了对知识产权创造、运营的强调，以及利用知识产权获取市场竞争优势的追求。❶

（三）企业知识产权战略的控制

企业战略管理理论认为，企业战略包含了战略分析、制定战略、实施战略和对战略实施过程的控制以及对战略管理实施效果的评价与反馈。战略管理强调战略的动态性、全面性和过程性，具有动态管理和全面管理的性质。从企业知识产权战略管理的过程看，企业知识产权战略分析、战略形成、战略实施、战略控制与战略修正（变革）是企业知识产权战略管理过程的基本环节。其中，企业知识产权战略分析是企业制定知识产权战略的前期工作，战略形成以制定出企业知识产权战略规划为标志，战略实施以落实企业知识产权战略措施、实现企业知识产权战略目标为宗旨。企业知识产权战略控制是在整个知识产权战略的制定与实施期间，为了保障企业知识产权战略能够顺利实现，而对企业知识产权战略的进程进行评估、分析，在肯定知识产权战略实施成绩的同时，针对发现的问题进行反馈和改进。

企业知识产权战略控制是企业知识产权战略实施过程中的重要内容，它以企业知识产权战略目标为标准，贯穿于企业知识产权战略实施的整个过程。企业知识产权战略控制主要目的在于使知识产权战略实施符合企业知识产权战略的总体目标，解决实施中存在的问题。企业知识产权战略控制的基本手段是以企业知识信息系统为基础，通过一定的信息反馈，评判知识产权战略进程与战略目标和内外部环境的适应性。

为实施企业知识产权战略控制，一般需要重视以下问题：一是制定评估企业知识产权战略实施的绩效标准和指标体系，以便为评估企业知识产权战略实施绩效提供基本的标准；二是考察和评估企业知识产权战略实际工作业绩；三是对企业知识产权战略实施的现行情况进行评估，找出存在的问题、成因，并提出解决对策。

图 2-2 直观地反映了企业知识产权战略制定、实施与控制。

---

❶ 杨新华. 我国企业知识产权管理现状与发展浅析 [J]. 中国发明与专利，2011（6）：35-36.

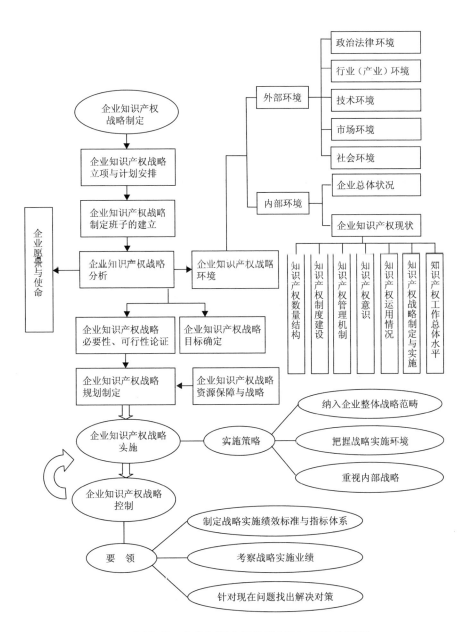

图 2-2　企业知识产权战略制定、实施与控制

四、我国企业知识产权战略现状与对策研究

我国企业经历了一个曲折发展的过程，这与我国经济体制改革和经济社会发展的情况息息相关。改革开放前长期的计划经济体制的约束加之知识产权法律制度的空缺，使我国企业长期缺乏竞争意识和创新观念。后来随着社会主义市场经济体制的逐步建立、知识产权制度完善，以及国际知识产权保护的加强，我国企业开始逐步重视运用知识产权制度激励和保护创新，推动技术创新活动。特别是随着国家知识产权战略工程的推进，我国企业也开始逐步从战略高度认识和管理知识产权，一些企业特别是国资委下中央特大企业率先制定知识产权战略，促进了企业知识产权战略的发展。当前我国企业具有制定和实施知识产权战略的政策优势和良好的外部环境，但也存在一些不利因素。就企业整体而言，知识产权战略制定与实施情况也不容乐观，存在的问题很多。对我国企业知识产权战略现状、问题进行探讨，并提出相应对策，有利于改善我国企业知识产权战略状况，提高我国企业知识产权战略运作能力。

为从宏观上了解我国企业知识产权战略实施现状，本节先概要分析我国国家、地区（区域）、行业和企业知识产权战略实施存在的问题与面临的困境，在此基础上以进行战略分析的常用方法——SWOT 分析为工具，探讨我国企业知识产权战略实施中存在的问题，并在此基础上寻求解决的策略。

（一）国家、地区、行业和企业知识产权战略实施遇到的问题与挑战

1. 国家知识产权战略实施中遇到的问题和挑战

自 2008 年 6 月《国家知识产权战略纲要》颁布实施以来，取得了巨大的社会反响，并在创新型国家建设以及转变经济发展方式中发挥了重要作用。在推进国家知识产权战略的过程中，当前突出问题是意识薄弱；在经济、科技和外贸领域中知识产权管理和建立知识产权制度等方面还有欠缺；多数行业的核心技术和关键设备依靠国外；❶ 国家知识产权战略也存在政策重点偏离的缺陷与政府执行配套措施的不足等。这些问题对中国实施知识产权战略的阻碍是长期的、深远的。

首先，知识产权战略意识较差。❷ 同时，"受实用主义倾向的影响，中国把生产型出口仅仅限定在实物领域，在文化产业发展深度不够，仅仅停

---

❶ 梅术文，林凯川. 国家知识产权战略实施策略与绩效评价 [J]. 国际学术动态，2010（1）：9.

❷ 顾华详. 论实施国家知识产权战略的若干问题 [J]. 湖南财政经济学院学报，2012（3）：6.

留在表面的商业化。"❶ 这一观念影响到知识产权战略实施的积极性。

其次，经济、科技和外贸领域中知识产权管理和知识产权制度缺失。中国关于知识产权的法律与政策包括知识产权专门立法、知识产权配套法律规范与国家技术发展、产业化政策等，其特点是规范粗略、原则性强，这是法律政策制定过程中利益诉求无法全面实现的综合产物，是中庸之举。这更要求在相关领域和产业内细化知识产权管理制度，为实践操作提供更加明确、更加翔实的指导。

再次，外贸中的国家知识产权战略欠缺。有资料显示，目前中国拥有自有品牌的外贸企业仅占外贸企业总数的 20% 左右，自有品牌产品出口额仅占到出口总额的 11% 左右。调研公司尼尔森和《亚太风云》（Campaign Asia-Pacific）杂志发布的报告显示，中国内地没有任何一家企业跻身 2012 年度亚洲市场最具价值品牌 100 强之列。❷ 在知识产权越来越重要的今天，参与国际竞争必须依靠品牌与技术，而对外贸易中的知识产权弱势则无疑会削弱中国企业的国际市场地位。随着中国经济转型升级，高投入、高消耗的外贸增长方式已经走到了尽头，在外贸中大力实施国家知识产权战略是实现要素驱动向创新驱动转变的必由之路。❸

最后，政府在国家知识产权战略正确实施中发挥关键作用，但是政府的定位与运作经验都不足。经济学从多个视角描述了政府的定位与权力界限。"要有效实施国家知识产权战略，必须正确发挥政府作用，把政府的宏观调控与市场的价值规律有机结合，从而充分发挥企业的自主创新能力，激发全社会所有创新主体的创新活力，提高自主创新能力，增强我国国家竞争力。"❹ 中国正处于深化经济体制改革的重要时期，政府权力与市场"无形之手"的配置还不尽合理，这表现在知识产权授权机制、评价机制的行政干预性。在这一大背景下，国家知识产权战略实施过程中的行政色彩过浓，各项工作与任务容易被异化为行政考核指标，不利于运用市场规则促进知识产权商业化。❺

2. 地区知识产权战略实施中遇到的问题和挑战

随着国家知识产权战略的迅速推进，中国各地相继制定了区域性的知

❶ 董佳. 论金砖四国知识产权战略 [D]. 吉林：吉林大学，2011：122.

❷ 徐元. 当前我国实施外贸领域国家知识产权战略的思考 [J]. 国际贸易，2013（4）：27-28.

❸ 有关中国外贸领域知识产权战略实施对策，参见：徐元. 当前我国实施外贸领域国家知识产权战略的思考 [J]. 国际贸易，2013（4）：27-30.

❹ 乔永忠，葛雅兰. 论政府在国家知识产权战略实施过程中的作用 [J]. 探索，2008（5）：85.

❺ 国家知识产权战略实施中存在的问题和挑战，还可从以下三点得到理解：从国际上看，中国面临着进一步提高知识产权保护标准的压力；从国内看，知识产权整体发展水平仍然不高，难以有效支撑经济创新发展的矛盾仍然突出；近年来，在知识产权领域，新现象、新问题层出不穷。参见：张志成. 对制定和实施国家知识产权战略的思考 [J]. 科技促进发展，2012（7）：13.

识产权战略。经济发达地区甚至更早地制定与实施了知识产权战略。地区（区域）知识产权战略是在特定地区范围内制定与实施的知识产权战略形式，其主要内容与任务是制定本地区（区域）知识产权战略及其实施方案，利用知识产权制度推动本地区（区域）经济、科技、文化发展，提高地区（区域）综合竞争力，为国家知识产权制度在本地区（区域）的有效推行提供政策性、制度性保障。❶

在总体定位上，区域知识产权战略是在国家知识产权战略与企业知识产权战略之间一个启下承上的连接点，是一种中观性质的知识产权战略。❷区域知识产权战略在贯彻落实国家战略的时候要结合自身实际，发挥比较优势，合理部署，为区域内的企业开展知识产权战略提供策略指引与政策导引。但是，中国的实际运行状况不甚理想，影响了中观政策的实效。

首先，区域知识产权战略是中观的，应当细化宏观的国家战略，但是区域知识产权战略的内容通常是照搬国家知识产权战略，造成中观不"中"，缺乏针对性。在理论上说，政府在区域知识产权战略实施中同时扮演了战略制定者和实施者推动的重要角色，地方政府通常会根据国家知识产权战略来制定地方知识产权战略纲要或国家知识产权战略实施指导性意见。❸ 但是实际上却并非如此。以湖北省为例，其《知识产权战略纲要》的指导思想、战略目标、战略重点等内容除了参考了国家的武汉城市圈、鄂西生态文化旅游圈和湖北长江经济带经济建设政策外，基本内容来源于国家知识产权战略。❹ 这类战略缺乏区域特色，也缺乏更具有针对性的周密部署，在一定意义上是宏观政策的翻版。

其次，区域知识产权战略的关键问题是区域协同，而现有的知识产权战略无法充分体现配置资源要素的政策作用。"区域知识产权战略实施过程中，各资源要素和组织要素之间彼此存在利益关联关系和匹配关系，它们相互作用，影响着区域知识产权战略实施的协同进程和最终效果。"❺ 在制定区域战略时，最重要的是要充分布局各类资源，包括区域内的、不同区域之间的各类创新主体、创新资源与创新能力，弥补区域内的不足，减少主体独立运行引发的高成本、高风险等。从部分地方知识产权战略的内容看，很少有地方专门组织协同资源。而且，知识产权战略具有科技文化属

❶ 冯晓青. 企业知识产权战略［M］. 3 版. 北京：知识产权出版社，2008：25.
❷ 金明浩. 区域知识产权战略实施协同机制体系构建及其实现路径［J］. 南京理工大学学报（社会科学版），2013（2）：50.
❸ 金明浩. 区域知识产权战略实施协同机制体系构建及其实现路径［J］. 南京理工大学学报（社会科学版），2013（2）：51.
❹ 该信息来源于《湖北日报》，2010-08-25。
❺ 金明浩. 区域知识产权战略实施协同机制体系构建及其实现路径［J］. 南京理工大学学报（社会科学版），2013（2）：51.

性，应当考虑一个地方的科技政策、文化政策。区域知识产权战略在制定和实施时对此则考虑不够。

3. 行业知识产权战略实施中遇到的问题和挑战

行业知识产权战略与产业竞争优势直接相关。它是针对特定行业制定与实施的，其主要内容和任务是研究如何通过在本行业内制定与实施知识产权战略提高行业知识产权创造、运营、保护和管理能力，提高行业整体的技术创新能力和核心竞争力，有效应对行业内外知识产权挑战与风险。中国行业知识产权战略是相关职能部门的工作重点，通过引导产业界重视技术，能够大幅度提高知识产权能力。但是，中国的行业知识产权战略的理论探讨比较薄弱，行业的特殊性也增加了战略实施的困难，这使得行业知识产权战略实施面临着巨大挑战。

行业知识产权战略实施的困难与挑战既有共性，又有个性。有些行业专利数量低、创新能力不足，比如纺织机械行业存在国内纺织专利申请的数量低、国内纺织企业创新能力尚显不足，或者国外纺织机厂商的专利投诉增多等挑战。❶ 在实践中，由于行业特性和知识产权状况的差异，行业知识产权战略的主要内容很难遵循统一的模式。❷ 这是行业知识产权战略的个性特征。行业知识产权战略实施面临的挑战与风险有如下几个方面：

首先，行业整体对知识产权战略的认识存在较大差异。中国首个国家级行业知识产权战略试点——铁路行业知识产权战略于 2008 年 6 月 30 日开始启动。铁道部、科学技术部和国家知识产权合作制定《铁路行业知识产权战略纲要》，这表明行业知识产权战略制定还处于初步阶段。不同行业的技术发展阶段不同，行业对知识产权的重视程度不同，知识产权战略的实施也存在巨大差异。

其次，协调机制存在欠缺。通常而言，行业内部既存在竞争，又存在共同利益。在知识产权战略层面开展协调，要充分考虑运行机制与参与组织。同一行业内部，不同企业之间的实际情况不同，由主导企业制定的行业战略就不是"放之四海而皆准"的真理，这就使得行业内部的企业各自为政，至少在差别较大的企业之间如此。行业内的协调部门不具有管理权，只能通过建议形式指导企业，运行机制不畅通，问题处理就不会及时有效。比如，中国铁路行业内及时反馈和处理相关知识产权问题的管理组织还不健全。❸

最后，行业协会贯彻落实知识产权政策不力。知识产权政策包括创造、

---

❶　王皓. 纺织机械行业知识产权战略初析 [J]. 知识产权, 2004 (5)：20-21.

❷　詹映. 行业知识产权战略基本问题探析 [J]. 湖湘论坛, 2009 (6)：14.

❸　周志伟, 肖海. 论中国铁路行业知识产权战略 [J]. 重庆交通大学学报（社科版）, 2012 (2)：28.

运用、保护与管理等内容。在现有成果保护与管理上，行业协会并没有发挥组织作用。行业内的知识产权竞争常常非常激烈，涉及知识产权的纠纷，可以由行业协会出面协调，但是除了温州烟具协会等少数案例外，很少有行业协会代表企业进行维权，这就减弱了行业协会的积极作用，也使得人们无遵照行业战略的动力。❶

基于行业知识产权战略实施的问题，中国需要强化行业协会在推进行业知识产权战略制定与实施中的地位与作用，加强行业内部知识产权战略实施的协调，并注意资源配置与整合，在区域知识产权战略和企业知识产权战略之间搭建平台，将提高行业竞争力作为重要目标。

4. 企业知识产权战略面临的问题与挑战

企业知识产权战略是一个国家或地区知识产权战略体系的重要组成部分，也是最终实现国家、地区、行业知识产权战略的基础和保障。❷中国很多企业缺乏知识产权战略规划，知识产权战略经验不足。这决定了以企业为主体的中国自主创新与知识产权战略实施面临着很大的挑战。具体而言，中国企业知识产权战略实施面临的问题与挑战主要如下。

其一，企业自身的知识产权意识不强，影响了整个战略体系的实际效果。企业制定与实施知识产权战略是提高自身竞争优势的重要保障。我国企业在运用知识产权提升自身优势，提高管理水平方面明显不足。国资委在一项对2 716家企业的知识产权问题调查中，发现只有347家企业制订了知识产权战略或规划，所占比例不到13%，制订专门应用规划的更少。即便是在制定了知识产权成果应用规划的企业中，大多数也没有将专利战略、商标战略与企业发展战略紧密地结合起来。❸科学技术部火炬中心在2011年对全国57个高新技术开发区的1 991家企业进行了调查，另调查1 038家非高新技术企业。在1 991家高新技术企业中，制定了5年知识产权战略计划的企业仅占12.7%，制定了1年知识产权工作计划的占18.9%，比例很低。❹这种情形使得知识产权在企业中作用的发挥受到了极大限制，既没有发挥知识产权的功用，合理整合自身资源优势，也没有长远谋划与系统运用。

此外，从企业对知识产权战略内涵和重点的认识，也能够在一定程度上反映企业知识产权战略状况。例如，在"本调查"关于"企业对知识产

❶ 杨勇. 行会组织在构建行业知识产权战略体系中的作用［J］. 产业与科技论坛，2008（9）：166-167.

❷ 冯晓青. 国家知识产权战略视野下我国企业知识产权战略实施研究［J］. 湖南大学学报（社会科学版），2010（1）：17.

❸ 冯晓青. 企业知识产权战略［M］. 3版. 北京：知识产权出版社，2008：25.

❹ 唐恒，付丽颖，冯楚建. 高新技术企业知识产权管理与绩效分析［J］. 中国科技论坛，2011（5）：83.

权战略内涵的认识"中，选择知识产权申请或者说主要是专利的申请，以及知识产权管理占多数，选择"战略规划"或者"创造应用"的只占少数。这说明，被调查企业对知识产权战略的全面认识还存在一定的问题。

图 2-3 直观地反映了企业对知识产权战略内涵和重点的认识。

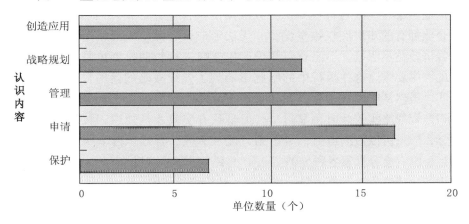

图 2-3 企业对知识产权战略内涵和重点的认识

其二，企业知识产权战略与宏观知识产权战略的衔接不畅。从体系角度看，企业知识产权战略是将国家、地区与行业知识产权战略落到实处的关键，只有企业结合自身优势充分运用战略思维提高知识产权的整体水平，后者的实现才会成为有源活水。造成微观与宏观、中观衔接不畅的原因包括：一是企业的知识产权战略意识欠缺，无法落实衔接；二是企业知识产权战略规划粗糙，无法有效对接。虽然国资委在《国家知识产权战略纲要》出台后的近 1 年时间时通知 53 家大型中央企业和其他具备条件的中央企业要在 2009 年底前制定并开始实施本企业知识产权战略，努力打造一批拥有自主知识产权和知名品牌、熟练运用知识产权制度、国际竞争力较强的大公司大集团。❶ 但是从实际效果看，即便是一些制定企业知识产权战略的企业也没有充分领会宏观与中观知识产权战略的意图，而是缺乏针对性与指导性，变成了落实知识产权政策的传声筒，而不是执行人。❷ 企业知识产权战略是一个体系性战略，只有充分利用保障其实施的包括各种政策体系在内的软硬件体系，才能使其发挥最大效益。❸ 简单地重复政策对此无益。如此一来，企业知识产权战略规划与实际执行就会脱节，宏观性就会抹杀企业执行知识产权的动力，也会由于企业自由裁量范围过大而影响实施效果。

---

❶ 温源. 央企全面实施企业知识产权战略［N］. 光明日报，2009-05-01.

❷ 笔者在主持国有大型企业集团、科研院所的知识产权战略规划研究中曾接触到一些示范单位的知识产权战略，其内容长篇累牍地照搬国家知识产权战略的情况比较明显。

❸ 陈伟. 企业知识产权战略实施保障体系研究［J］. 经济纵横，2007（12）.

因此，中国企业知识产权战略加强战略协同非常重要。❶

其三，企业在执行各层次的知识产权战略中均存在难度。企业对充分发掘知识产权市场竞争力等方面的认识欠缺，认为制定知识产权战略单纯是为了应付上级主管单位的检查，获得知识产权管理方面的良好影响印象。这造成国家、地区与行业知识产权战略的推行徒具形式。当然，中国大部分企业拥有的知识产权数量偏少，无法形成聚合效应，战略运用知识产权的经济效益不明显，不愿意对知识产权战略进行长期投资也是执行难度增大的一个要素。这些执行中的问题影响到了各级战略的落实，造成其有名无实。虽然从阶段性来看，在知识产权战略意识普遍匮乏的条件下，追求知识产权战略实效为时稍显过早，但是只有实效才是知识产权战略追求的目标，数量可以短期提高，质量则只能在有效、合理、科学执行的过程中产生。唯有充分探索各种实现路径，总结经验，及时推广，才能真正形成知识产权战略质量示范优势，贯彻落实知识产权战略。

其四，企业知识产权战略实施面临严峻国际竞争形势。随着经济全球化和国内市场的国际化，中国企业即使是在本土也遇到了国外跨国公司的激烈竞争。目前，跨国公司在中国已经设置了严密的知识产权封锁线，对中国企业技术创新和产业发展构成了严峻挑战。例如，中国国际化企业在进军美国市场时，竞争对手利用知识产权盾牌阻击中国竞争对手，导致我国企业在美国遭遇337调查变得越来越严重。近几年来，中国企业面临的337调查的情况变得每况愈下。在2002～2010年，中国企业在美国遭受337调查的案件年均增长18%，对中国企业造成了巨大的市场压力和经济损失。❷ 中国企业缺乏核心技术，对国外技术依存度高，受到国外先进技术出口政策和关键技术控制的制约较大，也是制约其知识产权战略实施的重要瓶颈。❸ 核心技术和相关知识产权是联系在一起的，由于缺乏核心技术，国外企业核心技术所有人如果以知识产权加以严格控制，甚至实施以拒绝许可等形式的知识产权滥用行为，❹ 中国企业实施自主创新战略将遇到更多的挑战。

❶ 于丽艳，吴正刚，程晓多. 基于运作过程的企业知识产权战略协同研究 [J]. 管理现代化，2012（5）：84-86.

❷ 向征，顾晓燕. 美国对华337调查的发展趋势及中国战略性新兴产业的对策研究 [J]. 科技管理研究，2012（24）：144-145.

❸ 李盾. 自主创新战略下我国技术对外依存度的现状、成因及对策 [J]. 国际贸易问题，2009（9）：26-27.

❹ 高兰英. 在华跨国公司滥用知识产权的反垄断法规制问题研究 [J]. 湖南社会科学，2011（2）：79-82；洪静. 在华跨国公司滥用知识产权表现及对策 [J]. 国际商务研究，2007（5）：25-29.

（二）我国企业知识产权战略的 SWOT 分析

SWOT 分析，即探讨企业内部环境中的优势、劣势以及企业外部环境中的机会和威胁。企业内部环境是企业可以控制或改变的环境，但在短期内企业不一定能够改变或控制；企业外部环境则是企业无法控制的，但对企业竞争战略的实施具有极大影响。根据国外战略管理学派中设计学派的观点，企业战略是使组织自身的条件与所处环境的机会相适应；根据战略学派中定位学派的观点，形成竞争战略的实质是将一个公司与其环境建立联系。"国外战略管理理论中的环境学派即将战略环境作为战略形成的中心角色，认为组织必须适应环境力量。"❶ 以下在上述分析基础上，就我国企业知识产权战略的情况置于企业内部条件和外部环境中予以探讨。

1. 我国企业知识产权战略的优势

当前，我国企业制定和实施知识产权战略具有一系列的优势和有利条件，这些优势和条件成为推进我国企业知识产权战略的重要因素。具体而言，主要有如下优势。

一是随着企业经济实力的不断壮大，企业投入研究开发、自主创新的经费不断增多，目前已成为我国研究开发投入的主体。研究开发是创新的重要来源，企业则是研究开发重要主体与技术创新的主体。研究开发实力是创造知识产权的基础和"资本"。

《科学技术进步法》第 9 条明确了科学技术研究开发经费保障的多元化机制。根据对近年来我国研究开发经费统计，我国研究开发经费一直处于增长态势。根据 2009 年 9 月 17 日国务院新闻办发布的消息，在 2008 年研究开发支出中，企业占 3 380 亿元，占全社会研究开发投入总量的 70% 以上。我国企业已成为研究开发经费的最大来源，也是研究开发活动的主要执行部门，特别是在研究开发活动中的主体地位已经确立。❷ 根据经济合作与发展组织公布的《主要科学技术指标 2008》的统计，我国研究与开发经费在发展中国家中处于首位，在世界上排第 4 位。❸ 这些数据说明我国企业研究开发的费用逐步增加，特别是在全国研究开发投入中比重不断增加，已成为研究开发经费的主体和创新主体。该数据同时也反映了在我国研究开发经费结构中，已经摆脱了过去主要依靠政府和政府拨款的模式，转化为以企业为主体的多元化机制。

---

❶ 冯晓青. 企业知识产权战略 [M]. 3 版. 北京：知识产权出版社，2008：44.

❷ 杨晨，张涛. 基于价值的企业知识产权创新研究 [J]. 科学管理研究，2007（1）：25-26.

❸ 根据《国家创新指数 2013》提供的数据，我国 2013 年研发经费达到 10 298.4 亿元，稳居世界第 3 位，占全球份额由 2000 年的 1.7% 迅速提高到 11.7%。[EB/OL]. [2014-04-03]. http://www.hn.xinhuanet.com/2014-03/31/c_ 1110018134.htm.

二是企业积累了相当数量和质量的专利权、商标权等知识产权，成为制定和实施知识产权战略的基础。企业知识产权的确权，已成为在新的环境下实现创新和发展的基本形式。知识产权确权是指创造出来符合知识产权法律制度的知识创新成果后，按照知识产权法律规定的条件和程序申请并获得知识产权的形式和过程，核心是知识产权的获取以及相应地受到法律保护。企业技术创新中的知识产权确权管理，最重要的是技术清仓问题，即评估和确定企业研究开发成果哪些是值得申请专利的，哪些值得采取以商业秘密等形式加以保护。

其一，企业专利确权。专利申请量是国际上通行的评价一个国家和企业技术创新能力的重要指标，或者说一个国家或地区的专利申请量在一定程度上反映了该国家或企业的经济技术实力。在国家统计局关于企业技术创新产出能力指标体系中，专利申请量也是重要的评价指标。我国企业对专利确权的重要性也越来越重视，企业作为市场经济中创新主体地位逐步得到巩固。例如，根据《国家创新指数 2013》报告，当年我国"企业发明专利申请量达到 17.6 万件，万名就业人员发明专利拥有量达到 29.2 件，分别比 2000 年增长 21 倍和 9 倍"。❶

在专利国际申请方面，我国企业也逐步成了专利申请主体。以 2007 年为例，在来自国内的发明专利申请中，国内企业占据 70%。根据世界知识产权组织的数据显示："2013 年中国的国际专利申请量首次超过 2 万件，达到创纪录的 21 516 件；申请量占全球申请总量的比重也首次超过 10%，达到创纪录的 10.5%。2013 年中国的国际专利申请量比 2012 年增长了 15.6%，中国申请量仅次于美国和日本，成为《专利合作条约》体系中的第三大用户。"❷ 在国际专利申请中，我国企业仍然是最重要的主体。仍以 2013 年为例，我国有 4 家公司挤进国际专利申请人的前 50 名，比 2012 年增加了一倍，其中，中兴通讯公司和华为技术有限公司分别以 2 309 件和 2 094 件的申请量，居全球申请人之第二名和第三名。我国国际专利申请近年增长迅速的原因，主要来自于企业进行国际化经营和竞争的客观需要以及国家相关政策的支持。以前者为例，随着我国企业进入国际市场以及产品升级换代，取得国际专利的必要性越来越大；就后者而言，国家有关向国外申请专利的资助政策，如 2009 年财政部颁发的《资助向国外申请专利专项资金管理暂行办法》（财建〔2012〕147 号），对于鼓励企业向国外申请专利也起到了积极的作用。

此外，考察一下我国产业结构与专利申请的关系，还可以发现我国在传统

---

❶ [EB/OL]. [2014 - 04 - 03]. http://www.ce.cn/cysc/newmain/yc/jsxw/201404/01/t20140401_2579204.shtml.

❷ [EB/OL]. [2014 - 04 - 01]. http://finance.ifeng.com/a/20140315/11896309_0.shtml.

制造业的专利申请在经过了较高速度增长后，逐渐慢于高新技术领域专利申请的现象。❶ 这从一个侧面揭示了专利保护对产业升级的保障作用，也间接反映了我国专利保护对促进高新技术及其产业发展的激励作用在加强。

其二，企业商标确权。企业商标确权是企业申请商标注册并取得商标专用权的法律行为，是企业获得商标专用权的基本途径。商标确权对企业来说具有多方面意义。例如，商标确权是企业凭借商标确立商品声誉和厂商信誉的基本方式，是企业实施名牌和驰名商标战略，提高市场占有份额和竞争力的重要基础。截至 2010 年，我国商标注册累计申请 829.5 万件，累计注册量为 562.8 万件，有效注册商标量为 460.4 万件。❷ 目前我国商标注册申请和授权数量均居世界首位。

三是伴随着我国改革开放政策的推行，相当一部分企业通过合资合作等形式引进外资、先进技术和管理经验，提高了自身的技术水平和管理水平，为制定与实施知识产权战略创造了条件。由于外方高度重视知识产权战略问题，在长期的合资合作或进行技术贸易等其他形式的合作中，中方企业也培养了一批掌握先进技术和管理经验的专业人才队伍，对企业知识产权战略有了一定的认识。

四是一些企业近年来受到国外跨国公司知识产权战略进攻，尽管为解决知识产权纠纷付出了不少代价，但也从中吸取了经验教训，为自身以后以及其他企业重视知识产权战略运作提供了素材和范例，有利于我国企业在知识产权国际竞争中提高应对跨国公司知识产权战略进攻的能力。

五是一些知识产权意识和经济技术实力较强的企业，经过多年的发展，逐步积累了战略性运作知识产权的经验，为我国其他企业制定与实施知识产权战略树立了榜样，有利于发挥标杆效应，推动我国企业知识产权战略整体水平的提高。例如，华为、中兴、海尔、联想、方正等公司在知识产权战略方面的经验就值得其他企业借鉴。

2. 我国企业知识产权战略的劣势

《国家知识产权事业发展"十一五"规划》指出，新形势下我国知识产权工作面临诸多考验，主要是"知识产权制度建设对科学发展的时代要求因应不足；产学研用结合的知识产权机制尚不协同，知识产权运营能力较弱；知识产权保护体制机制不健全，执法力度仍显不足；知识产权服务体系建设和人才培养能力与经济社会发展需求存在较大差距，全社会知识产权意识不强"。我国企业知识产权战略总体状况不佳，主要体现于以下方面。

一是企业知识产权意识包括战略意识缺乏。

---

❶　王燕玲. 基于专利分析的我国低技术制造业技术创新特征研究 [J]. 统计研究，2011 (4)：61.
❷　刘洋. 试析国家知识产权战略实施中的基本矛盾 [J]. 知识产权，2011 (2)：49.

　　知识产权战略意识是知识产权意识范畴中较高层次的观念形态，其基础则是一般的知识产权法律意识。本书在 2008~2010 年进行的关于企业知识产权战略调查和实证分析表明，一些企业基本的知识产权法律意识和知识缺乏，很难构建知识产权战略意识。如针对一项关于民营企业的知识产权状况调查表明，有的企业认为，只要是自己独立开发出来的，就当然地对开发成果享有专有的权利；有的企业认为，只要将研究开发成果以论文形式发表或者通过了技术鉴定，就享有对成果的专有权利。这些错误认识直接导致其技术成果产权的缺失。还有些企业既不重视创造和保护自身的知识产权，而且由于知识产权意识淡薄也不尊重他人的知识产权，以致屡屡出现侵犯他人知识产权的现象和事件。总体上，我国企业重有形资产、轻无形资产的观念较重。如就知识产权意识中的专利意识而言，很多企业成果观念重、专利意识差，热衷于申报科技奖励和进行科技成果鉴定，以致创新成果出来后丧失获得专利权的机会。

　　二是知识产权战略经验缺乏，特别是尚未实现与企业整体战略和技术创新战略的有机结合。

　　我国目前仍然有大量的企业对知识产权对其自身的作用、知识产权战略实施的重要意义认识不清，也缺乏实施知识产权战略的经验，企业知识产权战略实施仍处于初期阶段。相对于国外跨国公司而言，我国企业不仅表现为知识产权战略经验缺乏，而且表现为尚未将知识产权战略与企业整体战略和技术创新战略有效地结合起来。具体表现于，很多企业没有从战略高度管理其知识产权，建立与企业发展、企业战略相适应的知识产权战略体系，缺乏将知识产权战略融于企业整体战略和技术创新战略的意识和经验，也缺乏知识产权战略规划的系统化建设。例如，甘肃省的一项调查显示，被调查企业约有 70% 表示近 5 年没有制定企业专利战略管理的规划。由于缺乏整体的战略规划，该省企业普遍存在专利拥有量低、专利转化效率低和研究开发中心研发效率低的问题。❶

　　三是企业知识产权战略实施的保障体系不健全，甚至严重缺乏。

　　首先，企业知识产权管理机制不够完善。企业知识产权战略保障体系缺乏主要体现于此，如缺乏知识产权管理机构和人员、知识产权管理制度不够完善等。对此，本书将在后续有关章节中再探讨，此不赘述。

　　其次，促进企业自主创新的激励机制不够健全。激励机制是通过制度赋予创新主体在一定条件下可以获得一定的经济利益或精神利益，以此调动技术创新主体从事技术创新活动的积极性的机制。我国促进自主创新的激励机制不够健全的一个重要表现就是企业特别是大型企业、国有企业创

❶ 刘华. 甘肃省企业专利管理的问题及对策 [J]. 兰州学刊，2011 (6)：207-209.

新动力不够，对从事研究开发创新活动兴趣不大。以研究开发这一主要的创新活动为例，根据国资委的一项调查分析，我国规模以上工业企业中，75%的企业没有研究开发活动，大型国有企业年均专利申请量不足 1 件的有 1 万多家。在现代企业制度没有真正建立起来的情况下，国有企业由于没有市场竞争压力，加之受任职短期行为的影响，不大愿意从事自主创新活动。前述科学技术部火炬中心 2011 年的调查尽管显示高新技术企业对员工建立激励机制的比例较高，达到 91.3%，但奖励形式较为单一且幅度不高，激励效果有限。而非高新技术企业中尚未建立激励机制的企业则占 24.6%，即使是建立了激励机制的企业也存在上述高新技术企业类似的问题。

最后，企业知识产权信息平台缺乏，利用知识产权信息的能力低下。当前知识产权信息化已成为一大趋势，充分利用知识产权信息可以有效地指导企业研究开发和技术创新活动，提高创新起点，优化创新资源配置。但是，调研表明，目前我国企业整体上知识产权信息平台比较缺乏，利用知识产权信息的能力和水平不高，特别是研究开发活动中没有以专利文献情报做指导，造成低水平重复研究现象比较严重。以 2001 年 10 月到 2002 年 4 月国家知识产权局组织八省市知识产权局联合调查 1 245 家工业企业的专利工作情况为例，只有 191 家建立了专利文献库，占有效样本的 17 %。大多数企业没有完整的专利情报系统，企业低水平的重复研究现象严重，不仅浪费了企业宝贵的资源，而且影响了企业的发展。

四是企业技术创新不足，自主创新能力较弱，意识较差，自主创新成果少，特别是缺乏核心技术，对技术引进依赖性较强，而对引进后的消化吸收再创新重视不够。对此前已述及，此不赘述。

五是企业尽管已成为我国专利申请、授权及商标申请注册最重要的主体，但企业之间、地区之间、专利类型之间以及国内外之间存在很大的不均衡性，而且专利授权维持时间较短。

其一，企业专利确权问题。企业尽管业已成为我国专利申请和授权主要的主体，但在专利申请和授权构成上却存在较多问题。商务部的一项调查证实，我国经济总量占世界经济的 4%，但发明专利只占世界的 1.8%。国资委的一项调查则显示，我国国内申请专利的企业只占全部企业的 1%。另有资料统计，我国 99% 的企业没有专利申请，60% 企业缺乏注册商标，其中 70% 的大中型企业和 95% 国有小型企业缺乏专利申请。从笔者调查的情况看，企业缺乏专利申请并非都是因为缺乏研发能力和发明创造，在很多情况下与企业专利意识有较大的关系。以"本调查"为例，山西某公司 2001 年以来累积科研项目立项 102 项，实施 79 项，但独立专利申请仅 15 项，共同专利申请仅 3 项，共计 15 项，仅占科研项目实施数的 18.99%，比例非常低（见图 2-4）。该调查也说明，企业研究开发立项应引入专利战略思维，以促进技术创新与专利战略的高度融合。

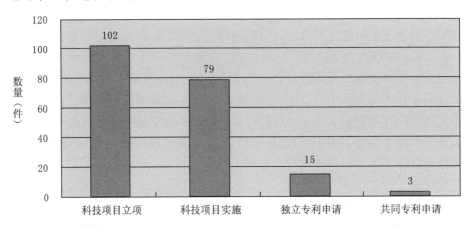

图 2-4　山西某公司科研项目实施数量与专利申请数量对照

在我国，专利保护对象有发明专利、实用新型专利和外观设计专利，其中发明专利最能代表发明创造的技术高度和水平。然而，我国企业专利专利申请多为实用新型和外观设计专利申请。我国企业发明专利申请和授权量较低，在整个发明创造专利申请和授权中比重不高，反映了我国企业整体上技术创新能力不高。❶

专利确权很不均衡，很大部分企业没有专利，关键产业和核心技术领域专利少，这是我国企业专利确权存在的另一个问题。我国企业专利确权不平衡，还表现为经济发达和落后地区之间相差悬殊，而这从一个侧面又反映了地区之间企业创新能力的巨大差异以及专利代表的技术能力和创新能力的意蕴。

我国企业的专利申请无论从总体上看还是从各地区的局部角度看，都存在很大的不平衡现象，这至少说明以下问题：第一，企业科技创新能力、技术研究开发力量存在巨大的差异。企业的发展都有一个从起步到逐渐壮大的过程，而专利申请数量的多寡除了受企业的专利意识外影响，其研究开发能力、资金投入水平以及特定领域技术发展状况，都是重要因素。一般地说，技术研究开发实力和研究开发人才队伍强的企业专利申请总体较高。第二，很多中小企业专利申请多年为零，需要从专利战略意识着手，逐步积累专利，形成竞争优势。如通过南京市秦淮区的调查发现，大多数企业没有申请专利，企业领导人专利意识不强是重要原因，如企业领导人忽视技术创新中贯彻专利战略，推出的新产品缺乏有效的专利保护，以致

---

❶　根据"本调查"，在拥有专利的单位中，实用新型专利占专利申请总量的 59.90%，而发明专利占 37.09%，申请专利的对象主要还是实用新型专利。

被他人模仿而失去法律保护，最终失去市场。第三，有少部分大型企业专利申请量也很少，与其研究开发能力、资金实力不相符，说明在专利申请意识、专利战略方面还存在认识上的问题，需要大力改进。例如，有些企业对专利申请的认识存在偏差，有的只是为了申请项目，有的是为了申报政府奖励，还有的只是为了宣传。

此外，在国际专利申请中，我国企业也存在很大的不均衡性。虽然和国外主要跨国公司相比，像华为、中兴等公司的国际申请量也处于前列，但总体上我国大多数企业很少有国际专利申请。以"本调查"为例，只有郑州某研究院在国外进行过专利申请，申请专利的国家主要集中在美国、加拿大、欧洲和澳大利亚，其余20家被调查对象在国外均未进行过专利申请。

其二，企业商标确权问题。企业商标确权与专利有类似的问题，即存在较大的不均衡性。很多企业不重视商标注册。2007年国家统计局开展了全国首次工业企业创新调查。数据显示，在近30万家规模以上工业企业中，近7.3万家注册了商标，占总数24.4%，拥有自主品牌的10.4万家，占总数的34.8%。在2007年武汉市经济技术开发区对67家企业的调查中，拥有注册商标的企业仅15家，占被调查企业数的22.39%。累计注册商标489件，其中获得驰名商标认定的2件，著名商标认定的6件。即使获得了商标注册，很多企业仍不够重视商标品牌建设。在武汉市的调查中，尽管有少数企业拥有自己的注册商标，但品牌战略意识不强，无论是国有企业、民营企业或外资参股企业，大多没有树立自己的品牌。

六是企业知识产权国际确权境况不容乐观，缺乏知识产权国际化战略，影响了我国企业走向国际市场和开展国际竞争。

知识产权国际确权是我国企业实施知识产权国际化战略的前提和基础，更是企业走出国门，实施国际化经营的法律保障。基于知识产权保护的地域性，一项知识产品需要通过在国外申请专利、商标注册等形式才能在国外获得保护。发达国家企业非常重视在国外的知识产权确权。以日本东芝公司为例，为了确保在美国获得专利权，公司建立了专门的工作日志制度，要求研究开发人员将发明的技术特征和实施方案加以记录，阐明和现有技术的差别，并附上照片和相关的文件资料，经研究开发人员签名后将该资料提交美国法院公证发明日期，以为解决将来纠纷之用。❶

从我国对外贸易发展战略演变的角度看，改革开放以来我国经历了"以市场换技术""科技兴贸"和"自主创新"发展战略的转型。当初"以市场换技术"战略并未收到明显成效，即失去了市场，但却没有因此获

❶ 企业知识产权战略与工作实务编委会. 企业知识产权战略与工作实务 [M]. 北京：经济科学出版社，2007：69.

得核心技术。这是因为，核心技术是外资企业、跨国公司获取市场竞争优势的关键，特别是跨国公司只会向发展中国家转移相对先进的技术，不可能将核心技术一并转移。结果必然是，外资进入我国并占领了我国市场后，我国并未相应地获得核心技术和关键技术，以致造成核心技术空心化问题。"世界工厂"的形成虽然给我国经济社会发展带来了诸多利益，但缺乏科技含量和自主创新，其带来的负面影响也很大。过去主要靠贴牌生产、加工贸易的经济贸易增长模式无法在国际产业价值链中获取较高的价值，无法获取产品、技术、品牌的高额附加值，而只能是获取少量的加工费和劳务费。因此，我国产业结构调整和经济战略转型的问题被提上了日程。这一转型需要与知识产权战略紧密结合起来，在国际贸易中强化我国出口商品自主知识产权含量。应当说，这一要求与加强对我国企业实施知识产权国际化战略是一脉相承的。目前，尽管我国已成为贸易大国，但在出口商品上我国企业产品自主知识产权的含量仍然不高，自主创新对我国出口贸易的影响仍然不大，强化企业知识产权国际化战略仍然任重道远。以高新技术产品出口为例，据统计，2006年我国高技术产值逾4万亿元，出口2万亿元以上，但这些产业产品中很大一部分缺乏自主知识产权。很多企业仍然靠组装、装配、代工和贴牌获取利润，在产业利润链中处于低端，缺乏自主创新和知识产权。正因如此，一些地方知识产权战略对此也专门做了强调，如《广东省知识产权战略纲要》指出：要推动知识产权在对外贸易的研究开发、生产、销售和服务等环节的运用，推动出口结构从传统加工贸易向销售自主品牌产品、品牌输出、知识产权转让、使用许可等高附加值产品和服务转变。

如前所述，在专利国际确权方面，我国企业也是重要的主体。然而，总体上，我国企业国际专利申请量不多，很多企业从未在国外申请过专利。再以对湖南工程机械制造业的一项调查为例，只有三一重工等极少数企业启动了国际申请行动，绝大多数企业没有在国外申请专利。即使是广东省这样的专利大省和企业技术创新领先的省份，其企业国际专利申请也呈不均衡状态。例如，当年华为和中兴两家公司的PCT专利申请量分别占全省同类申请的58.28%和16.2%，占据全省企业PCT专利申请量的一半以上。

我国企业商标国际确权也不容乐观。根据2004年世界品牌实验室公布的"中国500个最有价值的品牌"显示，这些知名品牌中有76%没有在欧盟注册，46%没有在美国注册，50%没有在澳大利亚注册，在加拿大没有注册商标的占54%。这说明我国企业商标国际注册的意识依然较弱。天津市对28家企业集团的调研分析表明，很多企业尽管具有较强的经济实力和市场优势，但对知识产权国际化战略不够重视，即使是国际化企业也是如此。根据统计分析，这些企业在国外申请商标和被授权企业的比例分别为12.62%和6.80%；在国外申请专利和被授权的企业比例分别为 3.88% 和 2.91%，其中天津钢管集团有限公司产量占世界的 9%～11%，占国内市场份额的 36% 左右，但在国外没有专利申请，在国内产品中专利拥有量也只有 1%。❶

七是企业创新成果的产业化、市场化情况不够理想。

创新成果不能仅停留在知识产权确权阶段，确权后的知识产权的产业化、市场化更重要。只有进入产业化、市场化过程，企业技术创新才能真正实现，技术创新与企业知识产权战略也才能有效结合，才能真正提升企业的核心竞争力。有资料证实，我国 80% 的科技成果被束之高阁，专利法实施以来专利技术成果转化率不到 20%。2003 年中国科学技术协会《全国科技工作者状况调查报告》则显示，我国研究开发项目成果的 74.5% 没有转化为产品或者应用于生产。同时，我国企业对知识产权的应用目前还多处于自行利用为主，以知识产权作为竞争手段，进行知识产权经营运作能力还不够。以专利技术为例，调研分析表明，企业通过自行实施的方式实施专利，通过许可、转让形式利用的比例不高。将专利申请作为竞争战略、技术储备战略考虑不多。

3. 我国企业知识产权战略的发展机遇

尽管我国企业知识产权战略本身存在诸多不足和缺陷，但企业外部环境也提供了广阔的空间和发展机遇。主要体现如下。

一是国家知识产权法律制度体系日益完善，知识产权保护水平不断提高，以弘扬创新精神、保护与尊重知识产权为主旨的知识产权文化氛围逐渐加深，为我国企业知识产权战略制定与实施提供了坚实的制度基础。为了适应经济全球化和知识产权国际化的趋势，我国还先后加入或批准了众多知识产权国际条约，使我国知识产权制度与国际接轨。

二是国家正大力推进知识产权战略的实施，并通过试点、示范等活动，为企业知识产权战略的制定与实施提供了指导和范例。目前，国家知识产权局等正在大力推进知识产权战略，并通过一系列试点、示范活动，使一批企业在知识产权战略制定与实施方面积累了较多的经验。相关问题还将在本书第 4 章予以讨论。

三是很多地方政府和一些行业协会制定和实施了地方（区域）、行业知识产权战略，为其所在的企业知识产权战略的制定和推行，提供了很好的指导作用。目前我国很多地区政府主管部门不仅启动了知识产权战略制定与实施工作，而且将企业知识产权战略的推进作为重要内容之一。例如，上海市知识产权局早在 2006 年组织部分技术创新和专利工作开展良好的企

❶ 马虎兆，栾明，贾蓓妮. 天津市企业知识产权现状统计分析及对策研究 [J]. 科技进步与对策，2010（2）：94.

业启动了首批企业专利战略制定工作，共计有 14 家企业参加。

四是国家和地方一些促进企业技术创新和自主创新的政策和制度的制定和实施，为我国企业知识产权战略的制定与实施，特别是为实现企业知识产权战略与技术创新的有效结合，通过企业知识产权战略促进企业技术创新、在技术创新贯彻实施知识产权战略方面发挥了重要的导向和指引作用。本书第 4 章将对此进一步分析。

五是经济转型升级与产业结构调整的内在需求为企业知识产权战略制定与实施提供了强大动力。当前我国正面临经济转型升级和产业结构调整之关键节点，面临如何从劳动密集型转移到技术密集型，从粗犷型经营过渡到集约型经营，从重视传统的劳动力资本、产业资本过渡到重视知识资本的转轨，这一新的形势需要为我国企业制定和实施知识产权战略提供了强大动力源，指明了企业知识产权战略在新形势下的神圣使命。

4. 我国企业知识产权战略面临的外部威胁

《国家知识产权事业发展"十二五"规划》指出："当前全球资源、市场竞争不断加剧……综合国力的竞争日益体现为创新能力的竞争。发达国家进一步强化知识产权保护，竭力将创新优势转化为市场竞争优势，我国面临更多国际挑战和更大外部压力。"我国企业知识产权战略的外部环境既有机遇，也仍然存在一些挑战，具体表现为对企业知识产权战略实施不力的因素、条件和环境。主要体现如下。

一是企业面临国外跨国公司的在国内外市场的激烈竞争，削弱了我国企业的竞争力。如前所述，随着经济全球化和国内市场的国际化，即使是在本土，我国企业也遇到了国外跨国公司的激烈竞争。跨国公司拥有雄厚的经济、技术实力和人才优势，并且在知识产权战略运作上积累了丰富的经验。跨国公司知识产权战略是与其全球竞争战略紧密地结合在一起的，其在国内外市场上以知识产权为壁垒抢夺我国企业市场份额，无疑对我国企业开展市场竞争构成了巨大威胁。我国企业知识产权战略的推进，势必会遭遇到跨国公司特别是在华跨国公司的强烈抵制，竞争也会更加激烈。

二是企业缺乏知识产权战略的社会文化环境。尽管我国知识产权法律制度不断完善，国家知识产权战略也在深入推进，知识产权文化氛围有了很大的改进，但总体上创新意识、知识产权保护意识，特别是知识产权的经营意识、管理意识和战略意识仍然较弱，企业缺乏良好的知识产权战略实施的社会文化环境。

三是企业知识产权保护环境仍不尽如人意。知识产权保护环境直接影响到企业的利益，也影响到企业知识产权战略实施效果。根据调查的结果，我国企业每年遇到了大量知识产权侵权行为和侵权案件，在一定程度上反映了知识产权执法和司法环境不够完善。

　　四是知识产权保护的国际环境对我国企业知识产权战略存在诸多不利因素。这主要体现于我国国际化企业在国外遇到了技术壁垒和知识产权阻击。

　　五是我国企业缺乏核心技术，对国外技术依存度高，但受到国外先进技术出口政策和关键技术控制的制约较大。核心技术和相关的知识产权是联系在一起的，由于缺乏核心技术，国外企业核心技术所有人如果以知识产权加以严格控制，甚至实施以拒绝许可等形式的知识产权滥用行为，我国企业实施自主创新战略将遇到更多的挑战。

　　图 2-5 直观地反映了我国企业知识产权战略的 SWOT 要素。

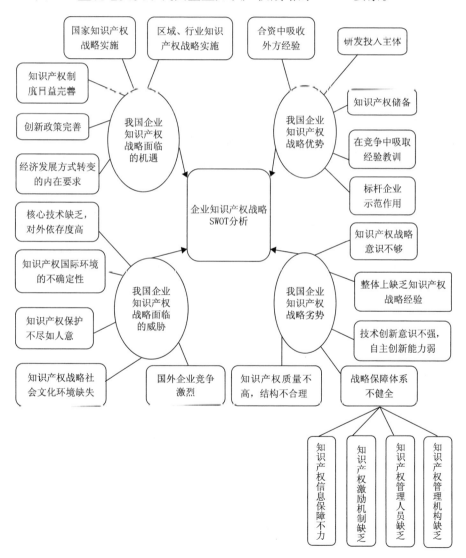

图 2-5　我国企业知识产权战略的 SWOT 分析要素

（三）我国企业知识产权战略实施的完善

美国管理学者波奈玛认为，缺乏有效实施的战略，即使该战略本身是合适的，也会使整个战略失败。合适的战略需要有效的实施才能成功，而且有效的实施还可以挽救不合适的战略或者减少其对企业造成的损害。❶ 从SWOT角度分析，我国企业知识产权战略之完善显然应当"扬长避短"，即充分利用自身优势和外部提供的发展机遇，尽量克服自身的劣势、不足以及外部环境的威胁，而后者应是重点。同时，在此基础上，还需要以企业知识产权战略原理为指导，强化我国企业知识产权战略实施的策略。概而言之，主要完善对策如下。

第一，提高企业知识产权战略意识，营造知识产权文化。

企业知识产权战略意识与知识产权文化的社会环境对于企业知识产权战略的制定与实施具有极大影响和作用，它有利于形成崇尚创新和保护与尊重知识产权的文化氛围，营造良好的知识产权社会环境。这涉及企业内部知识产权战略意识培养和营造良好的知识产文化的社会环境两方面内容。就前者而言，企业主要应通过对知识产权的宣传、培训、教育的方式解决，特别是企业领导层的知识产权意识培养非常重要。企业知识产权战略意识培养与一般的知识产权保护知识的宣传教育不同，它需要与企业总战略、经营发展战略紧密地联系在一起，只有这样才能使企业领导层深刻领会知识产权战略对企业的极端重要性。就后者而言，知识产权文化氛围在全社会的营造是一个巨大的系统工程，它需要通过制度、政策、教育、宣传培训等多种方式加以实现。

企业知识产权文化是人们在知识产权以及相关的活动中产生的对知识产权事务具有重要影响的价值观念等精神现象的总和。知识产权文化和创新文化具有一脉相承的关系，营造知识产权文化关键是崇尚创新精神、尊重知识产权，建构有利于自主创新和形成自主知识产权的氛围，营造良好的知识产权社会环境。企业知识产权文化本身对于企业知识产权战略的制定和实施具有巨大的推动作用，是企业知识产权战略实施的关键。如在日本，企业普遍形成了"专利文化"，高度重视发明创造的专利确权与战略性利用。这种文化为其有效地实施专利战略发挥了十分重要的作用。反观我国很多企业，只重视有形资产，忽视以知识产权为核心的无形资产，没有营造出独特的企业知识产权文化，因此在知识产权战略上出现了很多失误和教训，有的教训非常深刻。因此，根据自身特点，营造独特的企业知识产权文化是实施知识产权战略需要重视的问题。作为企业文化重要组成部

---

❶ 许玉林. 组织设计与管理［M］. 上海：复旦大学出版社，2003：65.

分的知识产权文化，需要与知识产权战略保持一致时才能真正实现推进知识产权战略的作用，其中特别是企业知识产权文化中的核心价值观，需要树立激励和鼓励创新、以创新成果获取市场竞争优势的观念，而不是依赖于模仿、仿制等的观念。

第二，加强企业知识产权战略组织保障体系建设，建立健全促进企业技术创新的激励机制。

根据经济学原理，知识和智力进步促进了财富增长，而在知识的形成中，组织起了重要作用。❶ 国内外企业战略管理研究和企业战略实践均表明，企业战略与其组织结构具有非常密切的关系。美国战略管理专家钱德勒（Alfred D. Chandler，Jr.）在研究美国通用汽车公司、杜邦、新泽西标准石油公司等大公司的基础之上甚至提出了结构服从战略的观点，他在 1962 年出版的《战略与结构：美国工商企业历史的篇章》（*Strategy and Structure：Chapters in the History of American Industrial Enterprise*）一书中，主张公司战略的改变会导致公司组织结构的改变。一般认为，企业制定和实施的战略形式对其组织形式具有重要影响。企业战略的制定不是基于其现有的内部组织结构，而是适应外部环境而产生的。企业需要根据制定的战略来调整原有的组织结构形式。事实上，不同企业具有的不同组织结构形式，如战略经营单位组织结构、职能制组织结构、事业部制组织结构、矩阵制组织结构等，都是与其采用和实施的战略模式相对应的。这些原理同样适用于企业知识产权组织结构与战略关系的调整。建立健全企业知识产权战略保障体系有助于推进知识产权战略工作。

我国企业知识产权战略保障体系仍不够完善，体现为企业知识产权管理制度、管理组织、管理人员、激励机制、信息网络平台等，这些是企业制定与实施知识产权战略的基本保障。因此，完善企业知识产权战略保障体系需要分别在这些方面加以完善。就企业知识产权战略而言，由于其属于企业整体战略的一部分，具有非独立性，支持企业知识产权战略实施的组织结构主要体现为建立适合于本企业知识产权战略环境的组织结构形式。特别是从企业知识产权战略与技术创新的紧密关系的角度看，在上述保障体系中建立促进技术创新的激励机制也很重要。有关问题，本书将在第 5 章专门探讨。

第三，企业知识产权战略的实施应纳入企业整体战略的范畴，获得企业领导层的高度重视，以实现企业战略目标为根本宗旨。

企业知识产权战略的最终目标是为企业战略服务的。因此，其实施应当立足于企业战略，以企业战略确定的原则和目标为基准，充分利用知识

---

❶　马歇尔. 经济学原理（上卷）［M］. 朱志泰，译. 北京：商务印书馆，1981：323.

产权制度的功能和特性，最大限度地服务于企业战略目标。换言之，企业知识产权战略应立足于企业发展全局，进行战略整体规划，不仅在制定企业知识产权战略时应在企业整体发展战略的指导下围绕企业整体战略目标而进行，而且在该战略的实施阶段也应紧紧围绕企业发展战略加以推进。这就要求企业知识产权战略服从于企业经营战略需要，实现两者有机融合。国内外公司在这方面经验值得借鉴。例如，日本佳能公司在 1987 年将专利法务中心改为专利法务总部，后来在 1989 年又改为知识产权法务总部。该公司将知识产权战略与企业经营战略融为一体，加强知识产权法务总部与研究开发部门之间的协作，旨在提供企业竞争力。❶ 又如，中兴公司注重将企业知识产权战略纳入公司总体战略中。实践中，企业知识产权战略的实施通常是通过对知识产权资源的充分利用，与企业其他经营资源紧密结合，实现企业的战略目标。该公司知识产权战略被纳入公司总体的发展战略中，与研究开发和市场开拓有机结合，根据本行业核心技术和配套技术的发展方向和目的，熟悉行业技术标准，在已有知识产权工作成果的基础上，逐步形成"战略—战术—基础业务"三个层面配套的企业知识产权战略，成为支撑公司发展的核心动力之一。❷

除此之外，企业还应高度重视领导层对知识产权战略实施的支持。由于企业知识产权战略服从于企业总体战略，以实现企业总体目标为宗旨，而企业领导最了解企业总体战略，也较为清楚企业内外部资源配置情况，因此在企业知识产权战略实施中企业领导的重视才能从根本上保障其能够实现企业战略总体目标。具体而言，企业领导对知识产权战略实施的支持主要体现于以下几个方面：一是在人财物方面为企业知识产权战略的推行提供保障；二是把握企业知识产权战略方向，使其始终服务于企业总体战略目标；三是协调企业内部各职能部门和机构在实施知识产权战略中承担的职责；四是为企业知识产权战略实施营造良好的文化氛围，如构筑共同愿景，激发员工创造热情；五是对企业知识产权战略的组织和管理，优化配置企业知识产权资源，促使知识产权资源的有效利用。

第四，把握知识产权战略实施环境，根据环境的变化及时进行调整，使知识产权战略措施有的放矢。

《孙子兵法》第五篇《势篇》云："故善战者，求之于势，不责于人，故能择人而任势。任势者，其战人也，如转木石。之性，安则静，危则动，方则止，圆则行。故善战人之势，如转圆石于千仞之山者，势也。"其核心思想是，需要考虑和借用外部的环境与态势，以获得自身的有利竞争地位。

---

❶ 汪琦鹰，杨岩. 企业知识产权管理实务［M］. 北京：中国法制出版社，2009：33.

❷ 企业知识产权战略与工作实务编委会. 企业知识产权战略与工作实务［M］. 北京：经济科学出版社，2007：39.

通常说的借势、造势等，都体现了对外部力量和环境的重视。《孙子兵法》第六篇《虚实篇》指出："故兵无常势，水无常形，能因敌变化而取胜者，谓之神"；第七篇《军争篇》云："故兵以诈立，以利动，以分和为变者也"，"故夜战多火鼓，昼战多旌旗，所以变人之耳目也。"这一兵法观点深刻地体现了以变应变、适应环境变化的重要性。在现代企业战略中，适应环境变化以求得生存和发展是其中一个重要内容，尤其反映在钱德勒、安德鲁斯（Andrews）、安索夫（H. Igor Ansoff）等提出的早期企业战略理论中。例如，安索夫提出的组织与环境及战略之间的相互协调和相互适应，强调战略管理的核心是改变组织内部的资源配置及其行动方式，以实现与环境的相互作用过程。

企业知识产权战略是在一定的战略环境下制定和实施的，该实施环境是一个开放的系统，本身具有动态性。这是因为，企业面临的技术和市场以及竞争对手的情况总是处于变化之中。因此，把握企业知识产权战略的实施环境具有重要意义。为保持与环境的高度适应性，企业知识产权战略实施需要随着环境的变化而及时进行调整。为准确把握企业知识产权战略实施环境，可以运用 SWOT 等分析方法，明确企业自身的优势和不足，以及外部环境提供的机会和威胁，进而决定企业知识产权战略的战略重点、战略目标、战略定位和战略实施方案、战略实施策略等。在明确企业面临的环境时，重点需要明确企业的内部资源和能力状况。

此外，企业除把握环境与变化外，还应及时进行知识产权战略实施监控和反馈，并调整战略方向。企业知识产权战略实施的监控和反馈在性质上属于企业战略评估与控制的子系统，也是企业知识产权战略系统的重要环节和企业知识产权战略管理过程的最后环节。企业知识产权战略实施监控和反馈的基本目的是纠正企业知识产权战略实施过程中发生的偏差，保障企业知识产权战略沿着正确的方向前进。所适用的基本原则有适应知识产权战略方向原则、抓住战略重点原则、避免追求短期目标原则和自我控制原则等。值得一提的是，根据战略实施的权变原则，当企业知识产权战略实施所依赖的企业内外部环境发生了巨大变化而使得既定战略目标无法实现时，就需要对既定战略进行重大调整。权变原则应贯穿于企业知识产权战略管理的全过程，以使企业知识产权战略的实施具有适应外部环境的高度的灵活性。

第五，重视企业内部各职能部门与事业部的战略协调，构建体系化的战略实施机制。

根据企业战略管理原理，实施企业战略要求与其相适应的组织结构。可以认为战略管理的本质是组织对其环境的适应过程以及相应的组织内部结构化的过程。企业知识产权战略作为企业战略管理范畴，也需要相适应的组织保障与协调，尤为重要的是在一定的组织构架下建立企业组织内部协调的机制。企业知识产权战略与企业的各职能部门都具有密切联系，战略目标也需要分解到各职能部门予以落实。因此，企业知识产权战略实施应重视企业内部各职能部门的战略协调，构建体系化的战略实施机制，优化组织结构，保障企业内部知识产权战略运作的协调一致。

首先，企业应将知识产权战略目标落实到各个职能部门和人员中，建立相关部门的战略协调机制。其中特别需要重视的是企业的研究开发部门、市场营销部门和人力资源部门，以及作为企业知识产权战略实施的日常管理机构的企业知识产权管理部门。企业知识产权战略中的新产品与新技术开发战略，市场竞争战略、激励机制、有效管理机制需要相应地融合到这些部门中去。例如，将企业的研究开发活动与技术创新活动紧密结合，研究开发部门贯彻企业科技创新战略和知识产权战略，研究开发活动始终以知识产权战略做指导；又如，企业知识产权战略融入企业人力资源管理中，将企业技术人员的工资、晋级、考核与知识产权创造水平联系起来，以此激励企业科技创新；再如，将企业知识产权战略与品牌建设和市场营销结合，促使企业品牌管理部门或市场营销部门以知识产权战略为指导，培植企业品牌，提高市场开拓能力和竞争力。

其次，在企业各职能部门知识产权战略协调中，企业知识产权管理部门应发挥独特作用，加强对内外部环境变化的监控，并将这些信息反馈到企业相关职能部门和人员中，同时应主动保持与各职能部门的联系，指导各职能部门履行知识产权战略职责。通过实证研究和笔者的调查发现，在企业知识产权战略实施中，有的企业由于相关职能部门对知识产权战略的目的不够清晰，认为与其关系不大，从而不大愿意配合和参与，导致知识产权战略实施受阻，这从反面说明了企业知识产权战略实施中加强职能部门协调的重要性。

最后，还应充分重视企业内各个职能部门制定的其他战略与企业知识产权战略之间的协调性。企业知识产权战略的实施有赖于企业各个部门的员工的努力，上述战略协调是保障企业知识产权战略在企业各部门落实的重要条件。实践中，存在企业职能部门出于部门利益而与企业其他战略不一致，从而导致企业整体利益受损的情况。例如，合成纤维品牌产品与低质量的折扣服装产品混合的销售策略，就影响了合成纤维品牌战略的推行。

第六，适应知识产权保护国际化规则，提高国际市场竞争中的知识产权战略运用能力。

当前，知识产权保护国际化趋向越来越明显，而且具有全球化倾向，其中全球化倾向是近年来发达国家一直鼓吹和倡导的。我国加入世界贸易组织以后，必须履行保护水平高、保护范围广的《与贸易有关的知识产权协定》（TRIPs 协定），因此我国知识产权保护制度需要在新的知识产权国际保护环境下运转。就企业而言，则需要尽快适应知识产权保护国际规则，将知识产权作为开展市场经营活动，特别是走出国门，实施国际化战略的重要手段。

我国企业在与国外跨国公司知识产权战略竞争时，以下几点值得高度注意和重视：第一，在与国外跨国公司开展技术合作和其他方面战略性合作时，应高度重视自身知识产权权益的维护和保护。以前我国企业与国外跨国公司进行技术合作时，由于对知识产权问题不熟悉、知识产权意识淡薄等原因，合作合同对合作开发的技术知识产权及相关权利的约定非常不利于中方企业，导致我国企业失去市场但没有真正获得核心技术。第二，我国企业在与国外跨国公司合作时，应防止重要品牌流失或被淡化。第三，对国外跨国公司通过限制许可、拒绝许可、知识产权连同有形财产捆绑销售等涉及知识产权滥用行为予以警惕，必要时提起反垄断诉讼和不正当竞争之诉，以遏制其在中国市场的不正当竞争行为，保护我国企业利益。

本章研究的主题是技术创新与知识产权制度、知识产权战略的相互关系及其内在融合机制，将研究技术创新与知识产权制度和知识产权战略的关系，揭示技术创新过程中形成知识产权的内在机理及其制度保障，剖析技术创新过程与知识产权的创造、运用、保护和管理过程的协同性，并探讨知识产权战略对企业培育自主创新能力的内在作用机理与策略。其核心问题是通过厘清技术创新与知识产权制度、企业知识产权战略之内在联系，解释它们之间内在融合的机理、形式和重要意义。通过本章的探讨可知，技术创新与知识产权战略融合的基础是技术创新与知识产权制度之间存在相辅相成的内在联系。融合的基本形式，一则体现于在技术创新活动中引入知识产权战略，并通过日常的企业知识产权管理活动加以落实，二则体现于企业知识产权战略的制定与实施应当以实现技术创新作为重要目标。通过本章的研究还可以看到，技术创新与企业知识产权战略的融合具有十分重要的意义，它对于我国企业重视知识产权确权和保护，重视以知识产权战略指导技术创新活动，提高企业知识产权战略运用能力和技术创新能力，均具有极为重要的意义与作用。

一、技术创新与知识产权制度的关系

（一）技术创新与制度创新

根据新经济增长理论，一个国家的技术进步和知识创新对于其经济增长具有核心驱动作用。新增长理论的贡献是，"改变了我们关于增长途径和公共政策的思维方式。如果技术水平不同是导致各国生活水平差异的主要原因，且假定技术是一个可以重生出来的要素，那么关于经济增长的政策就应该着重研究：国家怎样才能提高技术水平。"❶ 该理论属于制度经济学范畴，将知识作为生产要素纳入经济增长理论模型中，认为在经济活动中投入知识这一生产要素能够取得经济效益。新经济增长理论强调知识和技术对经济增长的特殊贡献和作用，因而它与当前凸显的"以知识为基础"的知识经济一脉相承，甚至如经济合作与发展组织（OECD）报告所说，这一新的经济形态即知识经济。

　　新经济增长理论与新古典增长模型不同之处在于，它不是将技术变革作为外生变量，而是将其作为内生变量。根据该理论代表人物保罗·罗默（Paul Romer）的观点，经济增长的源泉来自于技术进步，在经济增长模型中应重点考虑资本、非技术劳动力、人力资本和新思想等四个生产要素。❷美国经济学家萨缪尔森（Samuelson, P. A.）概括该经济理论的要点是："在投入既定条件下，技术变革能够使产出增加，因而是国民经济增长的关键因素。新增长理论试图揭示产生技术变革的过程，这种理论强调技术变革是一种容易引起严重市场不灵的产出，因为技术是一种公共品，创造成本昂贵而复制却很低廉。政府正在不断地加大力度来保障那些研究新技术的知识产权。"❸ 从新经济增长理论，可以在一定程度上理解技术进步、技术创新与知识产权在经济社会发展中的重要作用。

　　在经济学上，技术创新和制度创新是创新的基本形式，都是社会经济主体选择适应性行为的产物，它们共同对经济增长和发展起到关键作用。其中，制度创新侧重于制定一定的规则，采取法律的、经济的手段激励创新，促进创新的发展。制度创新中的"制度"，根据新制度经济学派舒尔茨（Theodore Schultz）的观点，它是一种涉及社会、政治、经济行为的行为规则；❹又根据德国学者柯武刚（Wolfgang Kasper）和史漫飞（Manfred E. Streit）的见解，制度是由人制定的规则，旨在抑制人们在交往中可能出现的任意行为和机会主义行为。❺ 在新制度经济学中，制度创新被视为"制度变迁"，包括以下几项内容：一种特定组织的行为的变化；一种特定组织和其所处环境

❶ 保罗·萨缪尔森、威廉·诺德豪斯. 宏观经济学 [M]. 16 版. 萧琛，等，译. 北京：华夏出版社，1999：176.
❷ 保罗·萨缪尔森提出的经济增长的四个因素也具有类似之处，他认为这四个因素包括人力资源、自然资源、资本和技术。
❸ 保罗·萨缪尔森、威廉·诺德豪斯. 宏观经济学 [M]. 16 版. 萧琛，等，译. 北京：华夏出版社，1999：176.
❹ T. W. 舒尔茨. 制度与人的经济价值的不断提高 [G] // R. 科斯，A. 阿尔钦，D. 诺斯，等. 财产权利与制度变迁——产权学派与新制度学派译文集. 胡庄君，陈剑波，邱继成，等，译. 上海：上海三联书店，上海人民出版社，1994：253.
❺ 柯武刚，史漫飞. 制度经济学：社会秩序与公共政策 [M]. 韩朝华，译. 北京：商务印书馆，2000：32.

相互关系的变化；在一种组织的环境中支配行为与相互关系的规则的变化。❶ 制度创新的理论则源于美国经济学家兰斯·戴维斯（L. E. Davis）、道格拉斯·诺斯（Douglass C. North）在 1971 年出版的《制度变革与美国经济增长》（*Institutional Change and American Economic Growth*）提出的观点。新制度经济学将制度纳入经济学的研究范畴，并将其视为内在的经济变量以考察其对经济行为包括技术创新的影响，使其在当代的西方经济学中占据重要地位。

关于制度创新和技术创新之间的关系，经济学家和其他学科学者存在不同的观点，如凡勃伦（Veblen, T. B.）、阿里斯（Clarence Ayres）等传统制度经济学家主张的"技术决定论"，诺斯等新制度经济学家主张的"制度决定论"，拉坦的"互不决定论"，以及马克思主义政治经济学"辩证关系论"。❷ 例如，诺贝尔经济学奖得主诺斯认为，促进经济增长的决定性因素是建立一种刺激创新和提供适当的个人激励的产权制度。他指出："产业革命不是世界经济增长的原因，经济增长的关键在于制度因素，特别是确立财产所有权的制度。因此，必须设立有效的产权制度，使个人的收益率与社会收益率接近于相等以刺激和促进人们去从事适合于社会需要的活动"；"如果没有制度因素的保证和对个人经常的刺激，私人的产业及其收入就没有保障，近代工业就不可能发展起来。"❸ 诺斯与托马斯（Robert Paul Thomas）在《西方世界的兴起》（*The Rise of The Western Word*）一书中则指出：一个有效率的组织在西欧的发展是西方世界兴起的原因所在。18 世纪以来西欧国家之所以出现了经济迅速发展和人均收入迅速增加的局面，是由于这些国家具有更有效率的组织和保障个人财产安全的法律体系，这种比较完善的经济组织是中世纪以来将近一千年长期演变的结果。他们认为，有效率的组织需要在制度上作出安排并确立所有权，以便造成一种刺激，将个人的努力变成私人收益率接近社会收益率的活动。❹ 应当说，辩证关系论更能理清揭示出两者的内在联系。

制度创新和技术创新两者存在十分密切的联系，具有相互依赖的关系，都是社会经济发展的重要驱动力和稀缺资源，经历了从外生变量到内生变量的演化过程。不过，从生产力决定生产关系、经济基础决定上层建筑的

❶ V. W. 拉坦. 诱致性制度变迁理论 [G] // R. 科斯, A. 阿尔钦, D. 诺斯, 等. 财产权利与制度变迁——产权学派与新制度学派译文集. 胡庄君, 陈剑波, 邱继成, 等, 译. 上海：上海三联书店, 上海人民出版社, 1994: 329.

❷ 尹作亮, 袁涌波. 知识产权与技术创新的作用机制研究 [J]. 科技进步与对策, 2007 (5).

❸ 柳适, 等. 诺贝尔经济学奖得主讲演集（1969~1997）[M]. 呼和浩特：内蒙古人民出版社, 1998: 534.

❹ 道格拉斯·诺斯, 罗伯特·托马斯. 西方世界的兴起 [M]. 厉以平, 蔡磊, 译. 北京：华夏出版社, 1999: 5.

马克思主义原理来说，技术创新应当是处于主导作用的，它最终不能由制度创新所决定，但制度创新依然对技术创新具有巨大的促进或者阻碍作用，对技术创新的影响十分巨大。换言之，技术创新对制度创新具有决定性作用，制度创新则反过来影响技术创新，要么起到促进作用，要么起到阻碍作用。制度创新只有符合技术创新的要求，才能极大地促进而不是阻碍技术创新的发展。因此，如果现有的制度不适合于技术创新，就需要以"制度变迁"或者说制度创新的形式予以改革，重新调整涉及技术创新的利益关系。

　　研究制度创新与技术创新之间的关系，就是要摸索出适应技术创新需要的制度创新的模式和路径。这一点也为本书研究提供了重要的思路和原则。本书提出的建立技术创新与企业知识产权战略融合的法律运行机制，主要就是以企业技术创新为目标，在将知识产权战略融入技术创新全过程的基础上构建服务于技术创新的法律运行机制，特别是促进和保障技术创新的激励机制、创造机制、保护机制、利益协调机制、商业化运行机制等。当然，这里的法律运行机制不限于知识产权法律制度在企业中的运行，也包括确立企业技术创新主体地位、促进企业技术创新的企业制度与企业法律制度运行，涉及企业制度创新和企业法律制度创新等内容。以企业制度为例，由于我国企业管理体制改革之后，很多企业仍然没有建立现代企业制度，企业制度牵涉的产权结构、产权制度及其组织形式，企业内部组织、制度与规范，企业经营管理机制以及政企关系等仍然存在较多的问题。例如，在确立不同所有制企业平等地位、建立明确的企业产权制度方面，就是如此。不过，基于研究内容和目的，本书的重点仍然是针对知识产权制度及其战略运行与企业技术创新的关系，在此基础上深入探讨相关的法律运行机制。而且，从技术创新的微观层面看，技术创新中本身存在制度管理和制度创新问题，且它们是技术创新成功的制度保障。例如，技术创新的各个阶段和环节都需要有相应的操作制度和规程，以实现对创新的激励和创新成果与市场的嫁接；又如，技术创新过程涉及多种创新行为主体之间的资源分配和利益协调，需要相关的制度和规程加以约束，以调动各创新主体的积极性；再如，在当今的开放式创新环境下技术创新活动还涉及企业内外部关系的协调，需要有相应的制度如组织制度、分配制度、产权制度、激励制度、人力资源制度等予以保障。当然，在研究技术创新与制度创新关系时，一般是从上述宏观层面讨论的。

　　图 3-1 直观地反映了企业制度创新内涵。

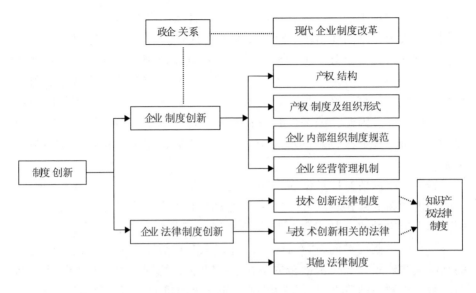

图 3-1　企业制度创新内涵

（二）制度创新中的知识产权制度

知识产权制度属于制度创新的范畴，它是激励创新和保护创新成果基本的法律制度。根据产权经济学的观点，产权保护制度的建立和完善是经济史中的结构和变迁的主要表现形式。在产权经济学上，知识产权属于产权的范畴，知识产权制度则属于产权制度的范畴。知识产权制度界定了知识产品所有者与知识产品之间的归属关系，以便其能够在行使权利的基础上既能弥补知识创造的成本，也能获得必要的利益。从产权理论的角度看，产权的基本功能是激励和约束，前者主要通过产权界定来确定产权使用人的活动空间，为人们获取预期收益提供激励，后者主要通过产权制度的内部约束和外部监督，保障产权的行使不损害他人的利益。知识产权制度是一种以建立和完善知识产权法律为基础与核心，激励知识创造、鼓励与促进知识创造成果广泛传播与利用、协调知识创造成果利益关系的法律制度。知识产权制度是市场经济的产物，直接为市场经济服务。从促进技术创新的角度看，知识产权制度是基于市场经济中的创新实践而产生的一种保护和调整知识财产的法律制度，是激励自主创新、保护创新成果、促进知识生产、协调利益关系的重要的法律制度。换言之，知识产权制度立足于市场经济土壤，调整创新成果和知识财产的归属、使用和利益分配，是市场经济条件下保障创新成果参与生产要素分配的基本形式。知识产权制度源于市场经济，以对知识成果产权界定和有效保护为基本形式。知识产权制度既重视保护创新成果和创新利益，也重视创新成果的转化和扩散及其相应的利益分配。从国家创新系统的角度看，知识产权制度也是一个国家创新系统中的重要组成部分，甚至是核心组成部分。知识产权制度运行于国家创新系统的各个环节和部分中，成为保障国家创新系统正常运转的法律机制。

从经济学理论看，知识产权制度建立的合理性在于知识产权保护的知识产品的非竞争性、非排他性以及知识的外溢性特征。在缺乏对知识产权保护的情况下，知识产品一旦被公开，他人可以自由使用而不用承担开发知识产品的成本。换言之，知识产品这类公共产品存在的外部性使得市场失败成为现实，因为知识产品的生产者需要承担创造的成本和风险，而一旦知识产品流入市场，市场中的任何人却不用承担这些成本和风险，便可以坐享其成。虽然从静态的角度看，将知识产品置于不受法律保护的公共产品地位可以最大限度地、最快地实现技术和信息的扩散，但由于这一不受限制的扩散行为将极大地损害创新者的经济利益，这必将损害知识产品投资者和创造者投身知识创造的积极性。为了鼓励和保护知识创新，通过法律手段赋予知识创造者对其知识产品的专有控制权因而具有必要性。制度经济学中的产权安排和产权结构理论也可以用于理解知识产权制度的合理性。例如，产权学派创始人科斯（Ronald H. Coase）探讨了私有产权环境下产权配置与安排对市场经济主体交易成本的影响，得出的结论是：产权制度安排与资源配置的使用效率直接相关，而保护私人财产权的知识产权制度由于能够优化知识资源配置的使用效率而具有合理性。当然，经济学上对知识产权制度始终也存在争论，其中一个重要问题就是多大程度的保护范围才有利于激励创新和促进创新成果的流动。发达国家一些学者从产业组织理论出发，运用实证研究方法试图揭示知识产权保护强度的变化对一国创新的影响，但得出的结论也不尽相同。

知识产权制度的本质是赋予知识产权人对其知识创造成果以垄断性的专有权利，以此激励其从事发明创造、创作等知识创造的积极性，为从事创新活动和对创新活动的投资提供了巨大的激励。知识产权制度运行的基本模式是，确认知识产权的归属，赋予知识产权人对知识产权享有的专有权利，以此促进经济发展、科技和文化进步。同时，它通过一系列制度设计和安排，协调知识产权人利益与社会公众的利益，促进知识创造成果的充分运用和转化，维护市场机制的正常运转。知识产权制度的宗旨具有双重性，即保护知识产权人的利益与在促进知识创造和传播基础上的社会公共利益。上述通过保护知识产权来促进知识的创造和传播，从而促进社会进步和发展这一知识产权法宗旨的实现，需要通过一系列机制予以实现，包括激励机制、保障机制、调节机制、平衡机制等。激励机制是知识产权法的基本机制，因为知识产权法的立足点在于赋予知识产权人在一定期限内对知识产品享有专有权，以此激励知识产权人以及潜在的创造者创造出更多更好的无形财富。这种专有性具体体现于禁止他人擅自使用知识产权人的知识产品，并在制度设计上不允许有两个或者两个以上同一属性的知识产权并存。❶ 保障机制也是知识产权法的重要机制，整个知识产权法就是立足于对知识产权进行保护（障）的法律，即规范知识产品使用行为、保障围绕知识产品而产生的权利义务的实现。就调节机制而言，知识产权法与其他任何法律一样，以调整一定的社会关系为己任。它调整的是围绕知识产品的生产、传播、使用、保护而产生的各种社会关系，本质上则是一种利益关系。❷

知识产权制度本身是人类的一项伟大的制度性发明，是制度创新的结果。在市场经济中，知识产权制度是法律、技术和经济高度结合的产物，与市场经济、技术创新具有内在联系。认识技术创新与知识产权制度的关系，特别是技术创新过程中形成知识产权的内在机理，需要首先明确知识产权与创新之间的关系。由于知识产权本身是创新成果的产权化，而在知识产权制度下，创新成果又需要借助于知识产权的保护实现其价值，这就使得知识产权与创新之间建立了非常密切的联系。根据前文的论述，创新在很大程度上是市场经济主体基于竞争的需要而实施的行为，市场经济发展就是在创新与竞争环境下发展的。创新行为本身具有探索性、风险性、不确定性，并需要付出相当多的人力物力和财力。为激励创新，需要建立保护创新的法律制度，其中对创新成果调整和保护的主要制度就是知识产权制度。知识产权制度可以保障创新者获得创新收益，同时也要防止其成为创新者获取市场垄断性收益的工具，这样就需要遏制因为创新而产生垄断的危险，与知识产权制度相关的反垄断制度应运而生。在各国调整创新与知识产权保护的实践中，是通过建立保护创新与限制垄断、知识产权制度与竞争政策的平衡来实现的。上述"创新"在一般意义上包括了制度创新、技术创新、管理创新等内涵，而这里主要是针对技术创新而言的。知识产权制度被认为是促进技术创新法律保障制度的基础性法律制度。这是因为，技术创新的法律保障制度虽然涉及诸多法律制度，但由于知识产权制度与技术发明、创新成果的保护具有最密切的联系，技术创新法律保障制度的核心就应当是知识产权制度。知识产权制度为技术创新提供法律保障，体现为一方面通过制度激励形式促进了技术创新活动，并保护技术创新活动中取得的创新成果，另一方面为参与技术创新活动的各个主体和因素提供良好的法律环境，使其在技术创新价值链中各得其所，充分实现其

---

❶ 吴汉东. 知识产权制度基础理论研究 [M]. 北京：知识产权出版社，2009：16.
❷ 冯晓青. 知识产权法利益平衡理论 [M]. 北京：中国政法大学出版社，2006：3（前言）.

价值，发挥相应的作用。进而言之，知识产权制度与技术创新之间存在内在联动关系，两者共同作用于企业。在这一联动机制中，以创新与知识产权政策为重要内容的环境要素是两者共同的外部环境。作为技术创新主体的企业与环境要素发生联系，并利用知识产权制度的功能和特点实现技术创新的目的。实际上，上述联动关系还可以借用物理学中的"耦合"概念加以理解。所谓耦合，是指两个或两个以上的系统或运动方式之间通过各种相互作用而彼此影响以至联合起来的现象，是在各子系统间的良性互动下，相互依赖、相互协调、相互促进的动态关联关系。❶ 知识产权制度与技术创新之间就存在这种耦合关系。

（三）知识产权制度与技术创新的内在关系

知识产权制度实际上是技术创新的激励、保护与利益调整的法律制度。在企业技术创新政策体系中，为企业组织创新和调整创新活动的法律规范体系从制度保障和制度激励层面保障了技术创新活动的运转，其中知识产权制度具有独特功效。知识产权制度是促进企业技术创新的法律机制，它既是国家创新体系的法律保障，也是企业技术创新政策体系的重要内容，更是国家推进技术创新的核心政策与有效机制。知识产权制度与技术创新的内在联系，或者说知识产权制度作用于技术创新的法律机制可以概括为：它是激励知识创新和创造的内在动力机制、产权确认和保障机制、涉及创新活动创新成果的利益协调机制、促进成果扩散的商业化机制、创新型人才的激励机制以及优化配置创新资源机制。

技术创新属于知识产权创新的范畴，是为产出技术的研究开发、使用技术的生产和运用技术获得利润的经营等活动，知识产权制度是包括调节技术创新在内的知识创新活动中有关方（包括国家、公众、知识创新者及其单位、知识传播者和应用者等）利益的制度。对知识创新活动的利益调节是知识创新和知识产权制度的本质联系。❷ 知识产权制度与技术创新的本质联系或者说内在联系，关键是对技术创新活动及其成果而产生的利益关系的调整。这是因为，知识产权制度本质上是一种法律制度，而法律以调整主体之间的权利义务关系为内容，这种权利义务关系表现为现实中的利益关系。

知识产权制度对技术创新的作用或者说其作用于技术创新的法律机制，具体体现如下。

第一，激励知识创新和知识创造，为技术创新源头提供源源不断的智

❶ 武文仁. 基于耦合机理分析的企业知识产权管理对策研究［J］. 经济研究导刊, 2011 (1)：205.
❷ 引自本书作为课题成果的评审专家的观点。

力资源和财产，为技术创新提供内在动力机制。

推动技术发展的主要力量是有利于创新的制度安排。❶ 根据制度经济学理论，制度性因素和技术性因素一样都是经济增长的重要因素。其中，激励技术创新的制度对于促进经济增长具有关键作用。一项资源实现其价值需要满足边界清晰和产权明确等条件。制度经济学家诺斯曾指出：人类在过去不断发展新技术，但速度非常慢，并且时断时续，主要原因在于发展新技术的刺激偶尔才发生。一般而言，技术都可以毫无代价地被别人模仿，也不需要付给发明者或者创新者以任何报酬，技术变革缓慢的主要原因在于直到晚近未能创新一整套所有权。❷ 诺斯还认为，制度创新和技术创新在世界经济发展过程中是相互促进的，两者之间有较强的相互依赖性。技术变迁与制度变迁成为社会经济演进的核心，呈现出路线依赖性特征。❸ 如前所述，知识产权制度属于制度创新的范畴，是一种激励创新的法律机制，其主要目的是保护知识创新者对知识利用的专有性控制，并试图建构知识共享和知识垄断之间的平衡机制。通过赋予和确认私权，知识产权制度激励和保护创新者的创新。运用知识产权制度，可以激励知识创新和知识创造，为技术创新源头提供源源不断的智力资源和财产。知识产权制度为企业技术创新提供了一种内在的激励机制和动力源，有利于加速技术创新的进程，对技术创新的发展和实现具有巨大的推动作用。这种激励机制和动力源主要是通过对技术创新主体的内在作用机制实现的。在技术创新主体中，有企业领导层面的决策者、技术人员、管理人员和其他人员，他们在技术创新价值链中发挥着不同的作用。从心理学的角度研究，创新价值观念、内心激励、工作满意程度和成就欲望等是构成技术创新主体动力源的关键因素。知识产权制度则以垄断性利益获取为激励要素，为激励技术创新主体投入创新活动提供了内在动机。❹ 这种动机指引的对象不仅表现于正在进行技术创新活动中的人，也表现于尚未参与技术创新活动的主体，以及对创新活动进行投资的主体。技术创新活动本身具有较高的风险性、不确定性，但企业的投入却较高。如果企业不能从技术创新活动中获得必要的回报，企业从事技术创新的积极性就会受到打击。知识产权制度则因其赋予知识产权人对其创新成果以专有使用的权利，能够激励技术创新的投入。

---

❶ 吴敬琏. 制度高于技术 [J]. 中国中小企业，2001（5）：12.

❷ 林艳. 论技术创新与知识产权相互作用研究 [J]. 经济师，2008（10）：61.

❸ 道格拉斯·C. 诺思. 制度、制度变迁与经济绩效 [M]. 刘守英，译. 北京：生活·读书·新知三联书店，1994：138.

❹ 当然，技术创新的激励机制，本身是一个开放的系统。在这一系统中，与技术创新有关的一些因素也会对创新主体技术创新决策和创新活动形成动力机制因素，如技术发展空间、市场需求、政府出台的相关激励政策以及产学研环境下技术发展机会等。

　　美国法律经济学家波斯纳（Richard A. Posner）指出：当厂商预见到不能补偿其成本时，从一开始就不会从事发明；若其不能收获，他就不会播种。而且，在一个没有专利的世界中，发明活动也会严重地偏向于可能被保密的发明，正像完全无财产权可能会使生产偏向预先投资最小化的产品。❶ 正是基于知识产权制度激励机制的作用，需要对保护知识产权提出要求。2009 年 9 月 10 日，时任国务院总理温家宝在出席世界经济论坛第三届新领军者年会时指出："保护知识产权是激励创新、推动发展的必然要求。保护知识产权，就是保护创新的原动力。"在技术创新体系中，激励机制也同样是其中的关键性内容，因为创新成果的产生离不开创新主体实施技术发明等创新行为，而创新效率的提高直接与人们从事创新的动力机制有关。如果不能调动人们从事创新的积极性，技术创新的效率就将降低。在经济学上，技术创新本身的动力机制来源于创新成果商业化带来的利润。企业在技术创新中需要投入生产要素，企业如何从技术创新活动中收回成本并获得必要的利润，这需要建立一种长效的保障机制。知识产权制度则正是一种激励创新的法律制度。事实上，关于知识产权制度对创新的激励功能和作用，国内外均进行过大量的实证研究，证明该功能和作用是积极的。

　　第二，知识产权制度有利于降低交易费用，减少创新活动中的不确定因素，促进技术创新资源的优化配置，提高技术创新效率，加快技术创新进程。

　　从经济学的角度看，任何交易都存在一定的实在交易成本或者说交易费用，交易成本是影响交易成败的重要因素。技术创新活动涉及企业内外部诸多利益主体的利益关系，也相应地存在大量的交易关系。知识产权制度可以调整创新活动各参与者的行为合理预期，在法律上对创新行为及其结果予以掌控，从而有效地降低成本，提高交易效率，促成交易成功。知识产权制度还有利于降低创新行为中的不确定性，因为它通过法律规则和原则建立了创新活动领域的社会经济秩序，为提高创新效率奠定了制度基础。正如吴汉东教授指出的：完善的知识产权制度为科技创新提供激励机制，能够保持创新工作的良性循环，为创新提供智力资源，并且实现创新资源的有效配置。它是实现创新成果产业化的关键因素，能够有效地保护科技创新成果，从而创造一个公平有序的创新环境。❷

　　应当说，知识产权制度在提高技术创新效率方面，很重要的一点在于其特有的促进公开的制度机制。促进公开是知识产权制度的基本功能，特别是其中的专利制度，更是"以垄断换取公开"的法律机制和科学技术管

❶ 理查德·波斯纳. 法律的经济分析（上）［M］. 蒋兆康，译. 北京：中国大百科全书出版社，1997：47.
❷ 吴汉东. 发扬自主创新精神加快知识产权建设［N］. 光明日报，2005-12-19.

理制度。专利制度要求申请专利的发明创造应达到"充分公开"的程度，充分公开是技术产权化的先决条件。从人类技术史的角度看，在缺乏专利制度的漫长岁月，技术发明者为了维持其发明的垄断优势，只能通过商业秘密保密的办法来保护自己的创新成果。技术保密固然可以在一定程度上保护技术发明人的利益，但也因其造成了技术扩散的障碍而不利于技术流动、技术传播与利用。专利制度作为促进技术创新和技术进步的法律制度与政策工具，其特有的促进发明公开机制则可以保障技术扩散和传播。尽管专利制度的垄断性特征使得专利技术不能被自由扩散和利用，而且因为提高了模仿成本而在一定程度上抑制了技术扩散，在技术创新主体与知识产权人不一致时这种情况更加明显，但是与缺乏专利制度时的技术保密相比，专利制度的公开功能仍然能更好地促进技术扩散。埃德温·曼斯菲尔德（Edwin Mansfield）在 1981 年进行的有关实证研究也证明了这一点。该研究涉及对有关电子、机械工业化学、制药中的模仿成本和模仿时间等方面的研究，结果发现在缺乏专利保护的情况下很多技术创新成果将不会付诸实施，其后果之一则是进一步影响技术扩散。❶

技术信息的公开，大大促进了知识和信息的扩大程度和范围，便于人们及时获得启发，在现有技术的基础上做出更好的发明创造。再从企业技术创新的角度看，专利信息公开，还大大有利于技术转移和技术的产业化、商业化，因为它增强了技术的透明度，便于专利技术的供需方联络并实现技术交易。同时，知识产权制度还通过其特有的对专有权利的确认机制，避免重复性劳动，大大减少了重复性创造性活动的概率，促使人们在现有成果的基础上不断创新，这就有利于优化配置技术创新资源，提高创新效率和加快创新进程。

第三，知识产权制度通过其独特的利益协调、利益调节机制，特别是其中的利益平衡机制，能够妥善处理知识创造和创新中的利益关系，尤其是知识产权人的利益与社会公共利益之间的关系，使其各得其所，从而最大限度地发挥知识产权制度的效能，推进创新活动。

知识产权制度本身也是一种利益平衡机制，甚至可以此建立知识产权法的利益平衡理论。根据该理论，知识产权人的利益和公共利益之间的平衡，是知识产权法中永恒的主题，也是知识产权法极为重要的价值目标。❷知识产权法要同时实现保护私人权利和保护社会公共利益以促进社会进步的目标，需要调整好知识产权人和社会公众之间的利益关系，以保障技术、思想和信息的及时广泛传播和利用，促进经济的发展和科学、文化事业的

❶ EDWIN MANSFIELD, MARK SCHWARTZ, SAMULE WANGER. Imitation Costs and Patents: An Empirical Study [J]. The Economic Journal, 1981(91)：907-918.

❷ 冯晓青. 知识产权法利益平衡理论 [M]. 北京：中国政法大学出版社，2006：362.

繁荣。知识产权法的目标功能是协调围绕知识产品而产生的利益冲突，均衡各方面的利益关系，使之处于系统优化状态。知识产权法同时承担着保护知识产权人的私人利益和维护在一般的社会公众利益基础之上更广泛的公共利益的双重目标，两者并行不悖。❶就对技术创新的促进而言，知识产权制度的利益平衡机制能够协调技术创新活动中的利益关系，避免和及时解决在技术创新活动中的矛盾和冲突，保障技术创新的正常进行。同时，这种利益协调机制也是一种利益分配机制，因为知识产权保护的是一种利益关系，知识产权制度界定了创新者和创新成果之间的产权关系。企业技术创新活动中的创新收益分配立足于创新中的产权要素，知识产权制度通过对利益关系的调整，则为技术创新收益分配提供了直接依据，如职务技术成果的产权归属就是一例。

第四，知识产权制度使技术创新成果权利化，它通过保护创新成果不被他人擅自使用，打击侵权行为，为技术创新提供了公平竞争的环境和良好的法律保障，保障新技术产品安全开发，使技术创新能够朝着既定的目标和路线进行，也激发了在更高层面上的技术竞争，促进了技术进步和创新。

知识产权制度是一种立足于保护知识产权人利益的法律制度，同时也是维护技术创新公平竞争秩序、鼓励有效竞争、禁止不正当竞争的法律武器。知识产权制度并不是要限制竞争，而是要通过赋予知识产权人对其知识产权的专有性的权利去占领市场、控制市场，从而激励在更高层次的竞争。有的学者甚至认为，鼓励创新并不是知识产权制度的本质特征，知识产权制度的本质恰恰是激励竞争和保护垄断，只是在这一基础上客观上起到了鼓励创新的作用。❷

知识产权制度对技术创新者既有自我保护作用，又有占领市场和保护市场的作用。技术创新产生成果尽管是一种私人产品，其本身也具有很强的公共产品属性，特别是非竞争性、非排他性，其所有人很难依靠自身的力量垄断该产品实现的利益，也就是具有经济学上的公共物品及其外部性特征。如果不建立一定的制度，阻止他人随意对创新者的创新成果进行利用和传播，就会造成创新者连成本都不能收回的境地，造成"搭便车"横行的局面。知识产权制度则通过赋予技术创新企业以合法的垄断权来禁止创新成果被他人随意模仿，这一方面大大降低了创新活动的外部性，为创新活动提供了适当的激励；另一方面则建立了技术创新活动基本的公平竞争秩序，排除和禁止"搭便车"等不正当竞争行为，这就为技术创新提供

❶ 冯晓青. 知识产权法利益平衡理论［M］. 北京：中国政法大学出版社，2006：85.
❷ 马维野. 专利是创新型企业最有价值的知识产权［J］. 中国发明与专利，2011（4）：24.

了公平竞争的环境和良好的法律保障,有利于维护企业进行技术创新活动的公平竞争秩序,使技术创新能够朝着既定的目标和路线进行。知识产权制度本身包含了鼓励在技术创新基础上公平竞争的内涵,通过专利法、商标法、著作权法等专门法律制度建立了技术、商品流通和文化市场领域公平竞争秩序。换而言之,知识产权制度使创新者得到法律保护,并且能够独占创新的收益,禁止他人模仿和搭便车行为,减少了创新过程中的外部性,成为激励创新的重要机制。

知识产权制度在形式上看似乎限制了竞争,因为未经权利人同意他人不得为生产经营目的使用其知识产品,从实质上看则在技术创新的更高层次上促进了竞争。仍以专利制度为例,专利制度赋予发明创造者对专利技术的垄断权而必然限制新技术成果的自由使用,限制竞争者对专利技术的模仿,但其特有的以垄断换公开的机制却又传播和扩散了技术,使最新的技术信息被他人分享,同时激发了在现有专利技术上更高水平的技术竞争,由此推动了技术方面的有效竞争。事实上,包括专利制度在内的知识产权制度本身既具有促进竞争的目标,也具有促进竞争的机制。由于知识产权制度赋予了知识产权人对其知识产品以专有权利,禁止他人对创新成果的剽窃、复制、仿冒以及其他形式的侵权行为,他人就只能"另辟蹊径",千方百计地在现有技术上予以改进和突破,从而扩大了创新的领域和范围,推动了技术进步。这一现象被有的学者称为知识产权制度激励后续创新的"压迫机制"。也就是由于他人知识产权的存在,后来者为避免侵权而不得不进行再创造,这种再创造往往是对在先成果缺陷的克服。❶ 知识产权制度还规定了权利保护受时间限制,这就使得其不能凭借已获得的知识产权一劳永逸,而是需要持续不断地进行创新才能保持与巩固其现有的市场竞争优势。在缺乏知识产权制度时,企业的创新成果得不到充分保护,"搭便车"等不正当竞争行为将横行,企业投入创新的成本将不能收回,更谈不上获取丰厚的利润。缺乏知识产权制度保障的技术创新还会造成对创新投资环境恶化的风险,使投资商不愿意对技术创新活动进行投资。

企业技术创新成果也需要知识产权的有效保护,知识产权保护是技术创新成果权利化、商品化和资本化的法律基础,知识产权本身则是技术创新成果权利化和法律化的体现,是保护企业创新成果和创新优势的重要法律机制。从技术创新与知识产权制度的关系看,技术创新成果不仅需要及时进行知识产权确权,而且需要在知识产权保护制度下减少或者避免知识产权侵权造成的损失和市场风险。缺乏知识产权制度支撑的技术创新活动

---

❶ 朱谢群. 我国知识产权发展战略与实施的法律问题研究 [M]. 北京:中国人民大学出版社,2008:78.

将会造成技术创新主体利益的巨大损失，甚至无法收回创新的成本。这是因为，技术创新存在诸多技术和市场风险，并且技术创新活动本身需要大量人财物投入，缺乏知识产权保护的技术创新使得技术创新获取商业利益具有极大的不确定性。知识产权制度保障了技术创新的可持续发展，技术创新制度则为知识产权制度的发展创造了条件。知识产权制度通过对创新成果的保护，促进了自主知识产权的形成，使企业能够将其拥有的技术优势转化为市场优势和竞争优势，从而提高自身的竞争能力。这也同时能够激发在更高层面上的技术竞争和创新，从而促进了技术进一步创新。特别是模仿创新，它同样也受到知识产权的保护。在我国企业广泛存在模仿创新的条件下，知识产权制度能够使模仿创新者与自主创新者进行公平竞争，促进创新资源的优化和创新投入，使模仿创新和自主创新都能够在知识产权制度的支撑下发展。

同时，由于技术创新能够给技术创新主体带来市场竞争优势和超额利润，知识产权制度也能够激发技术创新主体在现有竞争态势下开展有效竞争，加剧了企业技术创新的竞争，形成你追我赶的公平竞争形势，最终促进并形成了技术创新。尽管知识产权制度是一种以赋予知识产权人以垄断性的专有权利的法律制度，是一种排除他人竞争的法律制度，但它是以有限的限制竞争来达到更大程度的增进有效竞争的法律制度。知识产权制度本身具有确立公平竞争秩序，增进有效竞争的功能。充分利用知识产权制度，可以建构良好的促进技术创新的秩序。此外，作为一种法律制度，知识产权制度还通过其追究侵权责任的法律机制，确保技术创新活动的合法性和正当性，阻遏知识产权侵权行为；在缺乏知识产权制度时，企业将难以形成自主创新的环境。❶

第五，知识产权制度有力地促进了创新成果的商业化和产业化，促进了创新成果的扩散，使技术创新的最终实现。

创新成果商业化和产业化是技术创新过程的终点，也是新的技术创新的起点。在这一过程中，知识产权制度具有重要的推进作用。这是因为，知识产权制度本身是市场经济的产物，按照市场经济规则运作，保护和鼓励新技术、新产品的市场化、商业化是其重要出发点和目的。因此，该制度的有效运用，能直接促进技术创新活动，加快技术创新进程。换言之，在知识产权制度中存在促进商业化的机制和功能，❷ 主要体现为知识产权制

---

❶ 2011 年 5 月 25 日欧盟委员会发布的新的知识产权保护战略蓝图，以期通过修改知识产权相关政策，实现激励和提升欧洲创新和创造水平的目的。该知识产权保护战略强调在知识产权合理保护的前提下创新才能得到必要的投资。这一新知识产权战略蓝图也体现了知识产权保护制度对创新的保护和促进功能与作用。

❷ 冯晓青. 知识产权法利益平衡理论［M］. 北京：中国政法大学出版社，2006：119-123.

度对知识产权人的激励来自于对知识产权付诸商业化利用的收益中。商业化激励使知识产权制度和技术创新之间建立了内在的联系。

实践中，知识产权制度的运行效果被视为一个国家和地区技术创新能力的关键指标。知识产权制度立足于市场经济土壤，它不仅隐含了对创新活动的激励机制，还隐含了对创新成果商业化的激励机制。知识产权制度隐含的促进知识创新成果商业化机制鼓励知识产权人和其他主体依法传播和使用知识成果，从而实现了技术创新的良性循环。易言之，知识产权制度的本质是通过赋予知识产品以私人性质的产权，它通过市场的方式由私人而非政府提供知识产品这一公共产品，市场方式则强调知识产品适应市场需要，并且在市场中实现其价值。以专利法为例，专利权人获取利益主要建立在技术发明的商业化后，而不是技术发明完成之际，这一机制为鼓励专利权人商业性转化其发明创造提供了激励，也为避免只重视成果的鉴定和评奖等科技成果管理模式创造了条件。早在 1980 年，国外学者费雷德里克·M. 斯盖尔（Frederic M. Scherer）指出：尽管专利制度的最主要目标是促进发明，但同时也促进了发明的开发及其商业化应用，而且有利于信息扩散。❶

知识产权制度对技术创新的促进，还体现于其特有的对创新成果扩散、传播和运用机制上。从表面上看，知识产权是一种抑制竞争、阻碍创新成果传播的法律机制，因为它赋予知识产权人对他人随意使用、传播其知识创新成果的禁止权；然而，实质上，知识产权制度通过其特有的"权利保护"与"权利限制"的对价机制以及权利义务关系协调的利益平衡机制在更大程度上促进了竞争，促进了创新成果的扩散，从而有利于技术创新。这里的"权利限制"，主要是指对知识产权人专有权利行使的限制。知识产权限制在总体上是实现知识产权法利益平衡的基本机制，"其功能在于通过对专有权的适当限制，保障社会公众对知识产品的必要接近、合理分享，从而平衡知识产权人和社会公众利益的关系。知识产权法不是立足于知识产品保护的静态归属，而是在确认知识产品创造者对知识产品占有与支配的同时，保障知识财富的最佳动态利用。为此，惟有给予权利限制才能实现这一目的"；❷ "知识产权限制实质上是对因知识产品而产生的利益的限制。知识产权限制有不同的表现。根据权利的特征，可分为基于知识产品流通的限制、基于知识产品使用的限制、基于先使用权的限制和基于公有素材的限制等。"❸ 知识产权权利限制制度解决了信息产权理论上的一个悖

❶ FREDERIC M. SCHERER. Industrial Market, Structure and Economic Performance [M]. Chicago: Rand Meally, 1980: 410.

❷ 吴汉东，胡开忠. 无形财产权制度研究 [M]. 北京：法律出版社，2005：112-122.

❸ 冯晓青. 知识产权法利益平衡理论 [M]. 北京：中国政法大学出版社，2006：553.

论，即"没有合法的垄断就不会有足够的信息被产生出来，但有了合法的垄断又不会使足够的信息被使用"，促进了创新成果的传播和利用，为技术创新的扩散提供了法律制度基础。

第六，知识产权制度还通过为企业技术创新人才培养提供良好的法律环境而促进企业技术创新。

创新型人才是企业从事技术创新活动的人力资本和最为重要的创新资源，所谓"科技创新，人才为本"。创新型人才在企业技术创新体系中占据极端重要的地位，它是企业形成技术研究开发能力、科技创新能力的根本。知识产权制度基于其对创新投资者、创新成果所有者和使用者之间的利益关系的调整，以鼓励和保护创新及创新成果的传播和利用为宗旨，为企业创新型人才的培养提供了良好的法律环境。换言之，知识产权制度对创新成果的利益调整的意义不仅体现于发挥前述知识产权制度的效能，推进创新活动，还体现于为企业培养创新型人才创造了良好的法律环境，因为通过调整技术创新过程中的利益关系，特别是创新成果的归属和利益分配关系，有利于激发创新型人才投入技术创新活动的积极性和创造性，从而为培养企业创新型人才创造了良好条件。

以上就是知识产权制度对技术创新的重要作用机制。这种机制是以利益调节这一本质联系为纽带的，反映了知识产权制度作为一种重要的法律制度的现实。同时，在研究技术创新与知识产权制度之间的内在联系时，还应进一步认识到技术创新对知识产权制度产生和发展的重要作用。从知识产权制度发展的角度看，它本身是技术发展的产物。技术创新活动产生越来越多的创新成果，从而不断扩大了知识产权保护的客体范围。知识产权制度的发展史，也就是一部知识产权客体的扩展史。技术创新还促进了知识产权制度不断变革，这源于技术创新为知识产权产品的产品化、市场化、商业化提供了不断扩展的舞台，使得受保护的权利不断扩大。与此相应，对知识产权的限制也不断扩大，知识产权制度就是在权利扩展和权利保护之间实现动态的平衡。可以预料，随着科学技术的迅猛发展，技术创新对知识产权制度的影响也会加深。

总体来说，知识产权制度本身是一种鼓励创新和保护创新成果、调节围绕创新活动和创新成果利益关系的重要法律制度，创新本身则推动着企业核心竞争力的不断提高。知识产权制度是国家支撑创新体系和制度体系的根本，它为我国创新型国家建设提供了强大的支撑。自主创新更是和知识产权制度不可分离，离开知识产权的确权和保护，自主创新实际上不可能实现。当前，技术创新、制度创新、管理创新以及知识产权制度资源的优化配置和安排等构成了我国建设创新型国家的重要内涵。特别是企业技术创新和知识产权之间具有内在的联系，知识产权本身是技术创新过程的产物，知识产权制度则通过作用于技术创新的主体和实施环境，对技术创新发生重要的内在激励作用。从企业自主知识产权成长系统来看，"企业自主知识产权成长系统内各子系统之间的协同作用是一种组织创新，技术研究开发子系统内部各要素之间的协同作用是一种技术创新，管理调控子系统内部各要素之间的协同作用是一种管理创新。"❶ 组织创新、管理创新当然也是形成企业自主知识产权的重要因素，但它们是通过融入技术创新活动中而发挥作用的。

图 3-2 直观地反映了知识产权制度作用于技术创新的法律机制。

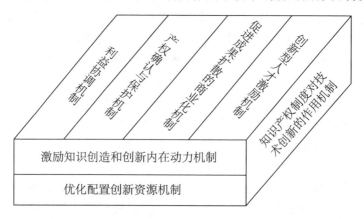

图 3-2　知识产权制度作用于技术创新的法律机制

（四）知识产权制度与技术创新内在联系的形成机制

前文详细探讨了知识产权制度对技术创新的重要作用。这实际上反映了知识产权制度与技术创新之间具有十分密切的关系。从知识产权制度的历史渊源看，它随着技术创新的产生而诞生，并随着技术创新的发展而不断变革与发展。知识产权制度与技术创新之间存在良性互动的关系，即知识产权制度保护和激励技术创新，调整围绕创新活动而产生的利益关系，加快了技术创新速度，技术创新的发展和变革则促进了知识产权制度的完善。当然，在不同发展阶段，知识产权制度与技术创新的关系呈现一定的区别性特征，两者的重要性也不同。以下将在阐述"与技术创新有关的知识产权"的基础上，揭示技术创新过程中形成知识产权的内在机理及其制度保障，以及技术创新过程与知识产权的创造、运用、保护和管理过程的协同性等方面阐述知识产权制度与技术创新的密切联系，并以"模仿"和"知识产权保护强度"两个热门问题为考察点，对知识产权制度与技术创新

---

❶　方琳瑜，宋伟，彭小宝. 我国中小企业自主知识产权成长的自组织机制研究 [J]. 科学学与科学技术管理，2008（9）：7.

之间的关系进行微观分析。

1. "与技术创新有关的知识产权"

从一般意义上说，知识产权是民事主体依法对创造性智力成果和工商业标记享有的专有权利，包括专利权、著作权、商标权等权利。知识产权是在科学、技术、文化、艺术、工商业等领域内，民事主体对其创造性智力成果和工商业标记而依法享有的专有权利。这一概念表明了知识产权的以下内涵：第一，知识产权涉及科学、技术、文化、艺术及工商业等领域；第二，知识产权是基于创造性智力成果和工商业标记的权利；第三，知识产权依法产生，由一定民事主体依法享有，并非所有创造性智力成果和工商业标志都受知识产权保护。❶ 显然，知识产权是一类民事权利的统称，而非一种非常具体的、特定的民事权利。知识产权也被视为一种无形财产权。

如下部分探讨的，企业技术创新过程中具有形成知识产权的内在机理，本书与研究技术创新与知识产权问题关系其他学者一样，一般是在"知识产权"这一统称的基础上探讨知识产权与技术创新的关系和各种相关问题的，❷ 只是专门探讨或特别强调某一个知识产权问题时才将"知识产权"改为"专利权"或"著作权"。❸事实上，由于企业技术创新活动涉及的知识产权既可以包括专利权、著作权、商标权，也可以包括商业秘密和其他知识产权，而且在技术创新中这些不同类型的知识产权的取得、运用、保护和管理具有很多共同点，因此，并不需要凡是在讨论企业技术创新与知识产权关系时都需要指明涉及什么类型的知识产权。不过本书有必要在本部分就"与技术创新有关的知识产权以及与知识产权有关的技术创新问题时为何很少涉及"商业秘密"以及"著作权"，❹ 进行简要阐明：

诚然，企业技术创新难以包含所有类型知识产权。事实上，企业其他活动、过程也何尝不是如此。但是，就知识产权的基本类型而言（专利权、著作权、商标权，商业秘密等），企业技术创新活动是可以都包含的，如研发涉及技术发明，可以申请专利，也可以作为技术秘密保密，而研发的图表、资料、软件等可以作为著作权保护，研发产品投入市场，可以事先申请注册商标。因此，所谓"与技术创新有关的知识产权"这个提法必要性

---

❶ 冯晓青，杨利华. 知识产权法学 [M]. 北京：中国大百科全书出版社，2010：4.

❷ 周寄中，等. 技术创新与知识产权联动 [M]. 北京：科学出版社，2009；张平. 技术创新中的知识产权保护评价（实证分析与理论研讨）[M]. 北京：知识产权出版社，2004；刘月娥. 知识产权保护与技术创新 [M]. 北京：知识产权出版社，2002. 至于研究性论文更多，如截至2013年7月4日，中国期刊网数据库上同时以"技术创新"和"知识产权"作为篇名的共有488篇。

❸ 王九云. 技术创新过程中著作权的战略与保护策略选择 [J]. 学习与探索，2004（3）：74-76；冯晓青. 企业技术创新中的专利战略研究 [J]. 渝州大学学报（社会科学版），2002（2）：8-12.

❹ 如在中国期刊网中，同时以"技术创新"和"商业秘密"作为标题的论文尚没有；同时以"技术创新"和"著作权"作为标题的论文仅3篇。

不是很大。现有成果为何少见专门针对"商业秘密""著作权""商标权"这类专门的知识产权探讨企业技术创新问题，本书认为绝非是因为企业技术创新活动中不涉及这类知识产权，而恰恰是因为它们在技术创新活动中是大量出现的、完全可以包含在一般意义上的"知识产权"范畴的。原因很简单，技术创新活动以研究开发为基础，而研究开发成果在申请专利之前无不表现为技术秘密形式，即使申请专利，也可以保留部分作为技术秘密受到法律保护。❶ 同时，研究开发必然附随相应的技术图纸、资料、软件等，这些都可以成为受著作权保护的对象。❷ 由此可见，在研究知识产权与技术创新关系问题时，在一般性阐明两者的关系时，使用作为类称的"知识产权"是没有什么问题的。❸ 这不仅为当下大量关于企业技术创新与知识产权关系方面的论著所充分证明，而且符合技术创新知识产权的实际情况。当然，在涉及技术创新而需要明确具体的知识产权时，本书认为还是需要专门指明的。例如，本书对有关专利信息、专利战略、商标保护等方面的探讨即是如此。

2. 技术创新过程中形成知识产权的内在机理及其制度保障以及两者的协同性

在企业技术创新过程中存在形成知识产权的内在机理和制度保障。知识产权作用于技术创新全过程，无论是从研究开发到创新成果的产生以及创新成果的商业化和产业化，知识产权制度都发挥其独特的作用。以专利制度为例，世界知识产权组织认为，其对技术创新具有以下五个方面的作用：调动企业从事研究开发的积极性；确保新技术成功应用于产业环境；

❶ 从我国企业实践看，由于缺乏商业秘密保密意识和管理制度，在技术创新过程中因为商业秘密流失已给企业造成了巨大损失。如根据"本调查"的企业，没有进行密级确定并采取保密措施的占60%，进行了密级确定并采取保密措施的占40%。由于半数以上被调查企业对商业秘密没有采取适当措施，调查中反映企业因此遭受了不小损失。2007年国家统计局开展的"全国首次工业企业创新调查"则显示，在近30万家规模以上工业企业中在2004～2007年间，对技术秘密进行内部保护的仅6.2万家，仅占20.7%。因此，企业加强商业秘密战略保护和管理十分紧迫的现实意义。在涉及知识产权问题的技术创新中，自然不可能不包括商业秘密。

❷ 相对于其他知识产权问题，企业著作权管理对企业生产经营的影响没有那么直接，但这并不意味着企业著作权管理不重要。特别是对那些版权产业的企业来说，企业著作权管理在知识产权管理中占据主导地位，如计算机软件公司、数据库公司、唱片公司、图书发行公司以及众多的商业性网站等，涉及大量的享有著作权作品的创作、传播和利用，其著作权管理水平在很大程度上决定了企业经营管理水平和公司战略目标的实现。即使不是这些以著作权见长的企业，一般企业在技术创新活动中也会伴随着研究开发等活动而产生大量的受著作权保护的作品。

❸ "商标权"也是与企业技术创新密切相关的知识产权，因为技术创新不仅意味着研究开发、获得创新成果等，更意味着创新成果的市场实现，而产品走向市场通常需要凭借商标的识别作用。特别是就商标战略与技术创新而言，两者也是具有十分密切的联系。一方面，在企业技术创新活动中，企业商标（品牌）价值伴随着创新产品在市场上的流通而不断提升；另一方面，随着企业商标（品牌）价值的提升，企业市场竞争能力扩大，企业技术创新凭借优势品牌能够获取更大的市场竞争优势。

促进新技术扩散；为制定技术发展规划和战略提供依据；为吸引外资和引进技术提供制度化的结构。❶由于知识产权制度与技术创新之间存在上述密切关系，企业需要充分发挥知识产权制度的作用，促进技术创新和竞争能力的提高。正如《科学技术进步法》第 38 条所规定的，"企业应当不断提高运用、保护和管理知识产权的能力，增强自主创新能力和市场竞争能力。"

技术创新过程中形成知识产权的内在机理及其制度保障以及两者的协同性，可以从以下几点加以理解。

第一，知识产权的产生以进行创新为基本手段，以获得创新性成果为标志。对特定的企业来说，其获取知识产权尽管可以通过转让的途径实现，但该知识产权终究有创造源头，而其离不开创新活动。企业通过投入大量的人财物资源进行创新活动取得了相应的创新成果后，需要将其转化为受法律保护的知识产权，否则将难以实现对该创新成果的合法垄断和占有。在企业技术创新活动的每一阶段都可能形成创新成果，需要相应地获得知识产权。从理论上说，知识产权制度是一种激励创新、保护创新成果的法律制度和产权管理制度，专利法对获得专利的新颖性、创造性和实用性的要求，著作权法对作品独创性的要求等都典型地体现了知识产权制度对创新的鼓励，而知识产权制度不允许仿冒、仿制、假冒、剽窃、抄袭则反映了对创新成果的保护。知识产权制度以鼓励与保护创新成果为宗旨，这使得其在社会经济生活中具有充分的正当性。

第二，技术创新是知识产权的源泉，技术创新过程体现了知识产权的产生、运用和保护的过程。就技术创新主体企业而言，技术创新是企业获得知识产权的基本前提，技术创新过程也就是知识产权的创造、运用和保护的过程，这一过程具体涉及研究开发活动、创新成果的知识产权确权、知识产权的产品化、市场化过程。缺乏自主创新，企业就难以获得自主知识产权，技术创新成为企业获得知识产权的重要源泉，也是企业获得知识产权的重要方式与前提，同时还是知识产权制度内涵和外延不断拓展的基础与动力。这主要表现为很多新的技术发明如集成电路布图设计、数据库、生物科技产品、植物新品种、计算机软件等都是技术创新的结果，在技术创新引领下的这些技术发明不断拓展知识产权制度的范围。技术创新在知识产权的价值创造、价值形成和价值实现中都具有前提和基础性作用，而在知识产权制度下，技术创新也表现为知识产权这一法定的专有权利的确立和运行过程。技术创新过程本身也是保护知识产权的过程，其每一个阶

---

❶ 刘良灿，张同建. 知识产权战略与自主技术创新的联动效应研究——基于我国产业集群升级的视角［J］. 特区经济，2011（7）：249.

段都离不开知识产权保护。换言之，知识产权贯穿于技术创新的全过程。技术创新作为一种经济技术活动，其活动的结果是形成创新成果并通过商业化、产业化形式实现创新成果的价值。但创新成果本身是具有非竞争性和非排他性的公共产品，在创新的成果缺乏知识产权保护的情况下，技术创新者难以从其创新活动中获取创新的收益。因此，技术创新成果需要赋予知识产权，以知识产权的独占保障创新者的收益，知识产权制度为技术创新活动能够提供坚实的法律保障。甚至可以认为，创新者对创新收益的获取和创新成果的独占比创新活动本身更具有现实意义。

技术创新过程与知识产权产生、运用与保护的一致性也要求企业应尽量将通过创新投入和技术研究开发实践中获取的创新成果及时转化为知识产权，纳入知识产权保护体系。虽然技术创新活动不一定能够形成与获得自主知识产权，但在缺乏技术创新特别是自主创新活动时，企业很难形成自主知识产权。

第三，知识产权制度特有的激励创新和保护创新成果的功能和作用能够有力地激发创新，促进创新成果的产生，并使创新主体获得必要的投资回报和效益。正是因为前述知识产权制度具有激励创新和保护创新成果的功能和作用，充分发挥知识产权制度的作用，实施知识产权战略，提升我国自主创新能力已成为我国重要的国策。在知识产权制度的调整下，技术创新活动更符合创新的规律和要求，也使技术创新更具专业性和科学性。也就是说，知识产权制度成为企业技术创新的重要动力，而这种动力之源则是知识产权制度特有的激励机制和保护机制，特别是知识产权制度的保护机制成为激励企业从事创新行为和技术创新活动的重要动力源。知识产权制度通过其特有的以利益为核心的激励创新的机制保障了创新主体对其创新成果的垄断性收益。它使创新主体形成了一个创新—高额投资回报—再创新—再高额投资回报的技术创新良性循环机制，❶ 这样将使技术创新在更高层次上进行。

第四，知识产权不仅是创新成果的保护手段，也是评价技术创新是否成功，以及创新效益的重要评价指标，特别是评价自主创新的重要指标。知识产权是创新成果的产权化，是技术创新成果权利化和法律化的体现。技术创新活动形成创新成果后，需要进一步对其进行知识产权确权，以形成知识产权保护，使企业技术优势转变为产品优势和市场优势。同时，技术创新活动是否成功、创新的成效如何，知识产权是一个极其重要的评价指标，在自主创新中知识产权更是具有基础性作用。这从本书对相关问题

---

❶ 周寄中，张黎，汤超颖. 知识产权与技术创新：联动与效应分析 [J]. 研究与发展管理，2006（5）：108.

的研究中可以充分地理解这点。

第五，如前所述，技术创新对知识产权的制度创新具有重要影响。知识产权制度本身是市场经济发展的产物，属于制度创新的范畴。知识产权制度本身也是随着技术创新的发展而发展，知识产权制度本身的创新也深受技术创新的影响。从知识产权制度的历史发展来看，技术创新的广度和深度在很大程度上决定了知识产权制度变革范围。同时，知识产权制度对技术创新也具有重要的保障和推动作用。知识产权制度对技术创新的范围和边界进行了限定，它通过对创新的激励、技术创新成果的保护和市场化激励反作用于技术创新，促进技术创新的实现。从促进技术创新层面看，知识产权制度应符合技术创新规律和内在要求，重视对创新成果的转化。在当前我国知识产权制度运行中，除了对知识产权的保护不足的情况存在外，促进知识产权成果产业化的机制不够健全也是其中的关键问题，如知识产权交易、知识产权中介机制、知识产权融资机制、产学研知识产权转化机制等。

3. 知识产权制度运用于技术创新全过程的必要性与实施方式

企业为何需要将知识产权制度运用于技术创新全过程，可以从以下几方面得到理解。

第一，知识产权制度是一种重要的法律保护制度和利益调节机制，其运用首选体现为对技术创新成果的保护。如前所述，技术创新是企业以商业化为目的的完整的经济技术过程。技术创新是企业参与市场竞争的内在需要，通过市场竞争企业希望获得垄断优势，长时间保持获取超额利润的能力，而这些离不开知识产权制度的内在作用，这种作用的发挥则是企业充分运用知识产权制度保护功能的体现。以产品技术创新为例，首先，需要在市场调查和技术分析的基础上，结合企业的生产经营战略，提出开发产品的设想和可行性研究报告。从知识产权意义上说，这些设想和可行性研究报告可以受到商业秘密、著作权等的保护，因而企业应注意采取保密措施。接着是进行研究开发，产生出研究开发成果。在研究开发过程中也需要随时关注技术和市场的变化，运用专利信息战略指导研究开发活动。研究开发成果出来后，应当采取一定的法律保护手段，特别是进行知识产权确权。亦即，技术创新的成果需要及时获得知识产权的保护，以弥补因为技术创新活动的不确定性而带来的风险成本，并获得必要的利益，知识产权保护构成了企业从事技术创新活动的内在动力。新技术产品经试制成功，则在投入市场前和投入市场后应防范法律风险特别是知识产权法律风险，以避免侵犯他人知识产权或者自身知识产权被他人侵害。显然，技术创新的全过程都离不开知识产权保护机制的作用。运用知识产权保护机制事实上还起到了调节技术创新活动、分配创新资源的内在功效，因为以研究开发为重要内容和环节的技术创新活动，在知识产权保护体制下应防止落入侵权境地，从而使创新者在确定研究开发方案、进行研究开发活动、取得研究开发成果时应充分考虑知识产权保护因素，以避免侵权，保护技术创新成果。

第二，技术创新过程本身作为知识产权创造的过程，在技术创新全过程中会涉及或产生诸多符合知识产权法律保护条件的创新成果，这些成果自然需要企业按照知识产权法律的规定及时确权，典型的如专利申请、技术秘密保密等。由于在技术创新全过程中都可能存在知识产权的产生条件，企业在技术创新中对知识产权制度的运用就不可能只是其中的一个阶段或者环节。而且，在企业技术创新、知识产权创造的过程中，始终受到知识产权制度的激励机制的引导，如何充分运用知识产权制度激励、鼓励创造的机制促进技术创新，也是技术创新与知识产权研究领域的重要课题。

第三，技术创新过程也是知识产权的运用过程。这体现为，在技术创新各个环节和阶段中都可能产生符合法律规定的创新成果，为实现最大化的价值，这些创新成果不仅需要以知识产权形式赋权，而且需要充分利用。知识产权制度建立的授权许可使用制度、法定许可使用制度、强制许可使用制度，以及侵权例外制度，有利于及时、充分、有效地利用知识产权，发挥知识产权的效能、实现知识产权资产的保值与增值。在技术创新全过程中，都存在运用知识产权的空间和机会。例如，在研究开发之初，企业可以采取合作开发、委托开发，受让专利技术和技术秘密等形式进行创新活动；在研究开发过程中，对取得的部分技术成果，可以转让专利申请权，以获得技术收益；在研究开发完成后，企业对取得的知识产权可以通过许可、转让、投资、质押融资、证券化、信托等形式利用。❶

第四，技术创新过程也同时是企业知识产权全过程管理过程。知识产权制度运用于企业技术创新全过程在企业知识产权管理上表现为企业知识产权全过程管理。企业知识产权全过程管理意味着在技术创新的各个阶段和环节都存在知识产权管理问题，企业知识产权管理❷贯穿于企业的产品开发、市场营销、市场竞争的全过程。从企业知识产权管理的内容看，可以分为对知识产权的计划、组织、安排、执行与控制等活动，涉及研究开发、创新成果转化、市场开发、规模经营等内容；按照管理措施，可分为企业知识产权的产权管理、经营管理、法制管理和产业化管理等内容。此外，按照知识产权所处的环境，则可以分为内部管理与外部管理，其中前者涉及企业内部知识产权机构的运行及其与其他部门的交互作用，后者涉及企

---

❶ 本书第 6 章将专题研究。

❷ 有关企业知识产权管理的系统研究，见本书第 8 章。

业之间就知识产权发生的交互作用，如知识产权许可与被许可、了解其他公司的知识产权等。❶ 由此可以看出，全过程管理是企业技术创新中知识产权管理的基本原则。企业知识产权全过程管理，就是要根据企业知识产权管理的规律和要求，将知识产权管理工作纳入系统化建设范畴，从知识产权的创造源头到研究开发、知识产权确权、知识产权保护和运用全过程、全方位的系统化管理活动，是企业知识产权管理的高级形式和内在要求。❷ 企业知识产权管理"应当贯穿于一个经济实体产生、发展的各个阶段和技术创新、生产、经营等各个环节"。❸

4. 知识产权制度与技术创新之内在联系：以"模仿"和"知识产权保护强度"为考察视角

首先，先看模仿、知识产权保护强度与技术创新的关系。

知识产权制度授予知识产权人的知识产权是一种专有权，技术创新主体能够凭借这一专有权控制市场，从而获取创新的收益。知识产权制度的实施能够减少技术创新的溢出效应，使一部分技术创新的社会收益转化为创新主体的私人收益。当知识产权保护水平较高时，知识产权人能够凭借知识产权的垄断性获取较多的垄断性利益，技术创新的外溢性程度相应降低，知识产权制度能有力地促进技术创新主体从事技术创新活动。此时，技术创新者能够通过对技术创新成果的私人性质的独占获取市场竞争的优势。但是，当知识产权保护的强度较弱时，技术创新外溢性程度加强，知识产权人难以禁止他人的模仿行为，技术创新主体从事技术创新活动的动力就会受到影响。

从理论上讲，知识产权制度抑制了创新模仿行为，但其抑制的程度和范围则取决于知识产权保护的强度。在知识产权保护强度与模仿之间存在极强的相关性。就发展中国家而言，加强知识产权保护有利于调动本土企业从事研究开发的积极性，从而有利于提高本土企业的创新能力，但同时也相应地增加了技术模仿的成本。❹ 有研究证实，技术模仿国家在技术水平发展到一定阶段后存在技术创新的可能性。一种观点主张，发展中国家由于加强知识产权保护增加了模仿成本而不利于其技术进步。❺ 还有研究通过

❶ 李平，萧延高. 产业创新与知识产权战略——关于深圳实践的深层分析 [M]. 北京：科学出版社，2008：30.（该分类来自于国外学者罗伯特 H. 皮特科恩斯的观点。）

❷ 基于企业知识产权全程管理的重要性，本书其他部分（特别是第 8 章）还将专题研究。

❸ 李文鹣，梅姝娥，谢刚. 以竞争优势为目标的企业知识产权管理 [J]. 科技管理研究，2008（3）：225.

❹ GLASS A J. Intellectual Property Protection and International Technology Diffusion [R]. Working Paper, Economics Department Texas A&M, 2004.

❺ HELPMAN E. Innovation, Imitation, and Intellectual Property Rights [J]. Econometrica, 1993（61）：1247-1280.

建构动态均衡框架发现，"弱的知识产权保护和高模仿率能够使得最初知识薄弱的地区迅速缝合知识缺口并转为技术创新，到那时这样的地区自然会激发加强知识产权保护的动机。"❶ 从人类知识和学习的角度来说，模仿是人类知识进步的阶梯，人类是在模仿、学习中获得知识并不断演进的。在市场经济社会，特别是知识产权制度出现后，对知识及其传播、利用的自由与知识产权的私权性发生了冲突，知识产权制度试图通过建立专有权利保护与权利限制、专有权利与公共领域、私权与公共利益的对价和平衡机制解决知识产权人的私权保护与公众对知识和信息的社会需求之间的矛盾。这种平衡始终具有动态性，并且深受一国经济和科技发展水平的影响。一般而言，发达国家经济和科技发展水平较高，与此相适应的是较高的知识产权保护水平，发展中国家则相反，主张较低的知识产权保护水平。从最理想的角度讲，一国知识产权保护水平应由其经济和科技文化水平所决定，并且随着该水平的提升而逐渐提高知识产权保护水平，这就是所谓"知识产权保护发展阶段论"。在第二次世界大战后几十年中，较宽松的知识产权国际保护使得一些国家比较容易贯彻这一点，如日本和韩国在 20 世纪 90 年代以前凭借国际上相对宽松的知识产权保护环境，以较低的知识产权保护水平助推其国内企业模仿西方国家的先进技术，实现了技术跨越式发展。这也能够解释上述实证研究得出的模仿到一定阶段后引发知识产权保护需求的结论，因为在模仿过度的国家和地区，无法成长自主创新的空间，率先创新者意识的觉醒以及知识产权制度的国际化的蔓延，使得借助于知识产权制度遏制无序的模仿成为必要和可能。从发展中国家的情况看，整体上采取的是模仿创新的战略，在对发达国家的创新成果进行模仿的同时，也并非不存在国内的自主研究开发。发展中国家的知识产权保护的强度对于模仿和自主研究开发自然存在显著的影响，在知识产权保护强度较低时模仿的环境比较宽松，因而有利于模仿，而在知识产权保护强度提高时，对企业的自主研究开发将起到积极的引导作用。随着发展中国家经济社会以及国际知识产权保护的发展，知识产权保护水平越来越有提高的趋势，发展中国家的模仿也逐步让位于自主创新发展模式。我国近年来的经济社会发展与创新政策的演变就体现了这一点。从包括我国在内的发展中国家的角度看，研究知识产权保护问题需要将其与国家自主创新能力的培育联系在一起，探讨知识产权保护强度对发展中国家经济和科技发展的影响。

当然，上述"知识产权保护发展阶段论"在知识产权保护水平越来越高的国际保护环境中几乎不存在适用空间。在众所周知的世界贸易组织新

---

❶ 汪海粟，韩刚. 知识产权保护与技术创新关联研究述评［J］. 经济社会体制比较，2007 (4)：153.

体制下，TRIPs 协定提供的高标准、高水平的知识产权保护切断了发展中国家根据自身经济、科技和文化水平决定相适应的知识产权保护水平的政策空间，也打乱了发展中国家知识产权保护与技术创新的发展节奏，使其在知识产权保护水平上不能遵循从模仿到弱保护再到强保护的过程。当初包括中国在内的发展中国家之所以接受 TRIPs 协定的内容，是出于获得市场准入和先进技术的考量，特别是发展中国家的廉价工业品和原材料对发达国家的市场依赖性较强，对发达国家的技术转让和直接投资的依赖性也较强，为了获得更大的国家利益，发展中国家不得不在知识产权保护方面做出重大让步。这种新的国际知识产权保护的格局使得发展中国家模仿发达国家的技术受到了更加严格的限制。

　　不过，即使是在现行比较严密的知识产权制度环境中，技术、文化等领域的模仿仍具有普遍性。原因主要有：第一，知识产权制度不宜也无法完全禁止模仿，知识产权制度禁止的模仿属于复制、仿制、剽窃、抄袭等缺乏创新的"照葫芦画瓢"的行为，却不能禁止在模仿的基础上有所创新、有所发展的模仿创新的行为。不同的知识产权法律禁止模仿的着力点不同，如著作权法不禁止对他人思想和观点的利用，限于禁止对作品思想表达的抄袭，专利法禁止的是照搬受专利保护的技术方案，不禁止绕过专利权利要求保护范围的技术方案。知识产权制度对模仿的禁止也与其保护力度有关，如前所述，知识产权的弱保护自然会对模仿形成比较宽松的环境，反之亦然。第二，与创新者竞争相比，模仿者也有其竞争优势，如不用承担高额的开发费用和承担开发失败的风险，创新的不确定性较小，而创新者则面临较高的创新成本、创新的不确定和高风险性等问题。与模仿者相比，在不考虑知识产权保护的情况下，其从事创新的动力之一是抢占技术和市场先机，获得超额市场利润。甚至在有的情况下，当模仿者从竞争者创新溢出效应中获得的收益大于创新者获得的利润时，创新者研究开发投入的动力就更容易受到影响。从实际情况看，当发明出现后，越是具有市场价值的技术越是容易被模仿。埃德温·曼斯菲尔德、马克·斯瓦茨（Mark Swartz）与萨姆·瓦格勒等进行的一项研究表明，在 48 项样本中，申请专利的占 70%，但获得模仿许可的只 1 项，其中有 60% 的创新在 4 年内被无偿模仿。

　　理查德·卢因（Richard Lewin）等人在 1986 年的一项调查则发现，即使是申请了专利的创新成果，在 3 年或几年内，在 129 个行业的创新中都被模仿了。❶ 当然，如上所述，在知识产权制度下并不是要禁止模

---

❶ 杨武，王玲. 知识产权保护下的技术创新者与模仿者竞争模型研究 [J]. 科研管理，2006（4）：49.

仿，禁止的是带有侵权性质的公然仿制、复制、抄袭等缺乏任何创新或独创性的行为。不过，实践中的大量的案例还证实，由于知识产权保护强度不够或者实践中知识产权保护不力等因素，存在模仿者后来居上，将创新者淘汰出市场的现象。如 CT 扫描仪、Bowmar 公司的袖珍计算器、施乐公司在计算机鼠标、图标等一些关键产品上的发明创造。在这些案例中，有不少是经济实力较强的大公司模仿小公司的创新成果迅速占领市场，并遏制了小公司的技术创新。这些事例也证明了适当的知识产权保护对保护企业技术创新的极端重要性。

上述知识产权保护强度体现的是一定的知识产权保护水平，强度大小与对模仿禁止的程度和范围直接相关。现有关于创新企业与模仿企业收益关系的研究成果也认为，企业模仿创新技术的成本越低，对创新企业的收益影响也越大。如果大多数创新收益都让模仿企业所占有，那么企业做出先导性发明创新的意愿将大为降低甚至丧失。这样，在现代科学技术研究规模越来越大，研究开发费用越来越高的情况下，企业的创新成果如不受到专利保护，将会极大地遏制其从事发明创造的积极性。[1] 上述观点表明，一定的知识产权保护强度和保护水平才能够避免模仿者夺取超过创新者创新成果实现的利益，否则将极大地抑制创新者的创新活动和投资者对创新活动的投资。知识产权保护强度与模仿、自主创新之间的关系如图 3-3 所示。

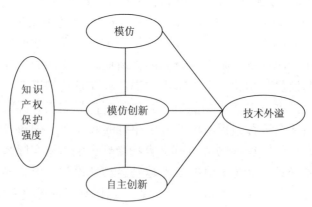

图 3-3　知识产权保护强度与模仿、自主创新之间的关系

其次，知识产权保护强度对发展中国家技术创新、自主创新的影响。

关于知识产权制度促进技术创新问题，在经济和科技发达的国家与落后国家存在一定差别。一般认为，在发达国家，知识产权制度对技术创新

---

[1]　周寄中，张黎，汤超颖. 知识产权与技术创新：联动与效应分析 [J]. 研究与发展管理，2006（5）：111.

的促进更为明显，知识产权制度表现出与技术创新更强的适应性，而在发展中国家特别是市场机制很不成熟的国家，知识产权制度促进技术创新的空间有限，在创新成本、创新激励等方面都受到较大制约。这当然与发展中国家知识产权制度发展的特点有关，如发展中国家知识产权制度的建立与发展在很大程度上具有外生性而非内生性，其知识产权保护水平经历从模仿到创新、从弱保护到强保护的过程，在很大程度上是由于由发达国家主导的国际知识产权制度所推动的，而且基于经济、科技和文化实力的巨大差距，发展中国家的知识产权总量远比发达国家要少。

国内相关研究建立的理论模型表明，知识产权制度能否促进技术创新，与其保护水平有直接关系，当知识产权保护水平高于某一临界值时，提高该国的知识产权保护水平会降低该国的技术创新水平。反过来，当该国知识产权保护水平低于某一临界值时，提高该国知识产权保护水平，会提高技术创新水平。另外，知识产权制度的质量和经济发展的速度对技术创新都有重要影响。在经济发展水平不高或者技术能力不强时，随着 GDP 增加会降低知识产权保护水平；当人均 GDP 超过一定临界值后，知识产权保护力度会随着经济发展水平的提高而提高。❶ 这一结论表明，为使知识产权制度促进国家的技术创新，需要确定适当、合理的保护水平。

从知识产权的经济学角度分析，也可以解释适当的知识产权保护强度才能适应技术创新的需要。技术创新活动本身具有外溢性，这是由于技术创新成果的非竞争性和非排他性特点所决定的。技术创新的外溢性，是指技术创新活动能够给他人带来一定的利益，但创新主体却不能获得必要的补偿，从而使得创新主体获得的个人利益小于技术创新活动带来的社会效益。技术创新的外溢性与知识产权保护的强度存在密切联系。立足于知识产权保护的知识产权制度是协调知识产权人利益与社会公众利益，保护技术创新成果，保障技术创新的私人收益率与社会收益率接近的保护创新成果的法律制度。为激励技术创新，显然需要保障创新者必要的私人收益率，为确保这种私人收益率，促使创新的外部性内部化，知识产权制度应运而生。换言之，知识产权制度将技术创新的外溢效应内在化为知识产权的市场交易中，提高了技术创新活动的私人收益率，并借助知识产权制度安排的微观机制调节技术创新活动的经济利益，促进技术知识的创造和有效扩散，从而对技术创新活动产生了极大的激励作用。❷

从经济学的分支福利经济学的角度，也可以理解适度的知识产权保护水平与技术创新的匹配性。根据福利经济学的观点，提高知识产权保护的

❶ 余长林，王瑞芳. 发展中国家的知识产权保护与技术创新：只是线性关系吗？[J]. 当代经济科学，2009（3）：99.

❷ 尹作亮，袁涌波. 知识产权与技术创新的作用机制研究 [J]. 科技进步与对策，2007（5）：10.

强度意味着知识产权人从消费者那里获得更多的利益，创新产生的社会福利的一部分让渡于知识产权人，或者说社会福利受到一定的损失。但另一方面，它会相应地提高知识产权人的私人收益率，从而相应地增加其从事创新的动力，促进技术创新，提高创新能力，总体上却会增加社会福利。当然，这里的消费者和社会福利损失与创新者的收益增加及其带来的创新动力的增强，是建立在一定的知识产权保护水平上的，并不是保护水平越高总体的社会福利水平也越高。

可以进一步探讨的是知识产权保护强度对企业自主创新行为和能力培养也有十分重要的影响。有学者认为自主创新能力是一个综合性概念，包括创新的投入能力、创新的扩散应用能力和创新产出能力等内容，由自我研究开发形成的自主创新能力和技术引进产生的自主创新能力两部分形成，并研究了企业自主创新投入能力、自主创新扩散应用能力和自主创新产出能力与知识产权保护强度之间内在联系。该文得出的结论是，知识产权保护强度与自我研究开发投入成正相关的关系，认为"较优的高知识产权保护强度对应于较强的自主创新能力基础，较优的低知识产权保护强度对应于较小的自主创新能力基础"。进而根据该结论，认为由于我国自主研究开发投入和自主创新能力基础与发达国家相比有一定的距离，因此适应我国自主创新能力建设的较优知识产权保护强度不能过高。但由于国际知识产权保护强度日益提高，我国应加大自我研究开发投入，通过逐步提高知识产权保护强度激励自我研究开发投入特别是企业的投入，同时也应重视技术引进途径提高我国自主创新能力。❶ 本书赞同知识产权保护强度与企业自主创新能力之间关系的结论，在一定的知识产权保护强度下，知识产权保护激励创新的作用体现为企业增加对自我研究开发的投入以及对自主创新扩散应用的发展，当知识产权保护强度较高时，这种激励作用将会增大。

在当前知识产权国际化环境下，知识产权保护能够促进发展中国家本土企业创新能力的提高，而且随着提高研究开发投入的强度，发展中国家本土企业也增强了吸收国际技术溢出的能力，可以形成技术创新的良性循环。值得注意的是，在当代关于发展中国家知识产权保护问题的研究中，有相当多的观点认为发展中国家加强知识产权保护不利于自身发展。例如，有观点主张在静态意义上，知识产权保护会强化发达国家企业的市场力，降低发展中国家的福利水平，而在动态意义上加强知识产权保护则会减缓发达国家的创新速度。❷ 应当说，不能笼统地认为加强知识产权保护对发展

---

❶ 宋河发、穆荣平. 知识产权保护强度与我国自主创新能力建设研究 [J]. 科学学与科学技术管理, 2006 (3)：102.

❷ DEARDORFF A V. Welfare Effects of Global Patent Protection [J]. Economica, 1992(59)：35-51; HELPMAN E. Innovation, Imitation and Intellectual Property Rights [J]. Economica, 1993(61)：1247-1280.

中国家经济发展只有不利影响，而应当辩证地分析。发达国家为了在发展中国家寻求投资与开拓市场，无疑希望发展中国家加强知识产权保护。发展中国家加强知识产权保护则有利于为吸引发达国家的投资和技术输出提供良好的法律环境和制度保障，从而有利于发达国家的创新成果向发展中国家转移，有利于发展中国家引进先进技术和分享国际技术外溢效果。相反，降低知识产权保护水平则会使发达国家对发展中国家实施技术封锁，不利于世界整体技术水平的提高。我国改革开放以来，知识产权制度不断健全，知识产权保护水平不断提高，也极大地促进了外国直接投资与国际技术交流，其对我国经济和科技文化发展的重要作用是毋庸置疑的。

现在的问题是，我国目前的经济技术发展水平决定的理想的知识产权保护水平，与当前我国加入国际知识产权保护体系环境下所应承担的较高水准的知识产权保护水平有一定的差距。换言之，与技术创新能力相适应的最理想的知识产权保护水平在当代国际化的知识产权环境下很难实现，这是因为当前包括我国在内的很多国家加入了世界贸易组织，TRIPs 协定提供的高标准、高水平的知识产权保护，使很多发展中国家难以按照本国经济、科技实际发展水平制定保护水平较低的知识产权立法。为了充分发挥知识产权制度促进技术创新和经济社会发展的作用，需要在遵循国际义务的基础上，既要防止知识产权的保护不足，也需要防止对知识产权的过度保护，其中特别重要的是建立与知识产权保护制度相匹配的反垄断制度，防止知识产权的滥用和垄断，避免知识产权不适当保护成为阻碍技术创新的工具。同时，也要注重利用国际知识产权制度中的一些选择性条款和预留的灵活空间保护我国企业的创新。例如，专利法关于实验性使用的例外规定，在日本等国家受到高度重视，成为保护企业创新活动的重要规范，这些国家企业善于运用该原则在现有发明和专利的基础上从事新的发明创造活动。但是，我国无论是在学术研究还是司法实践中对这一规定及其对创新的意义均缺乏足够的重视。应当说，这也是研究技术创新与知识产权战略问题时需要关注的地方。

图 3-4 直观地反映了技术创新与知识产权的密切关系。

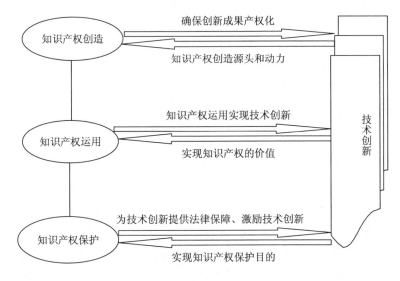

图 3-4　技术创新与知识产权的密切关系

二、技术创新与企业知识产权战略的互动关系

（一）技术创新与企业知识产权战略关系的总体认识

研究技术创新与知识产权战略之间的关系，首先需要明确前述技术创新与知识产权制度之间的本质联系，"只有看到这种本质联系，才能在全面分析我国技术创新与知识产权战略的关联时更加深刻、更加全面"。❶ 如前所述，这种本质联系的核心就是知识产权制度对创新活动及其成果利益关系的调整。研究企业技术创新与知识产权战略之间的互动关系，旨在建立两者之间融合的运行机制，以便更好地发挥我国知识产权制度的作用，更好地促进我国技术创新，加快我国建设创新型国家的步伐。因此，厘清知识产权战略实施与技术创新战略之间的内在协调机理，是非常有必要的。

从技术与战略的关系看，在技术创新管理的战略分析学派提出了技术组合与战略运用的关系。例如，柏格曼（Burgelman）多次强调技术与战略整合的重要性，并认为是一个动态的过程。哈里斯（Harris）、肖尔（Shaw）、萨姆斯（Somers）则强调技术组合的重要性及其与竞争战略关系的重要性，强调制定战略时应分析传统的组合规划矩阵与技术组合矩阵的

---

❶ 引自本书作为课题成果的评审专家观点。

联系，以便做出更准确的决策。❶ 基于战略分析的技术创新管理的观点对于研究技术创新与企业知识产权战略互动关系具有一定的启发意义。

技术创新与企业知识产权战略之间存在十分密切的联系，两者有必要实现高度的融合，而其融合法律机制的建设，需要以市场为导向，通过国家、地区及企业等层面的知识产权制度保障，促进技术创新与企业知识产权战略的有效运用，实现技术创新与知识产权战略实施的良性互动。"企业的技术创新成果需要知识产权战略来加以保护，知识产权战略是保证技术创新成果权利化、资本化、商品化和市场化的基本前提之一。技术创新成果需要知识产权战略的保护，知识产权战略的完善又反过来大大激励和推动了技术创新，成为企业技术创新促进产品更新换代和社会进步的关键。"❷ 从提高企业技术创新能力的角度来说，研究开发创新能力及市场创新能力具有关键性的意义，其中"研究开发创新能力能促进企业创意及特质资源优势向产品差异优势转化，并决定着名牌产品的价值创造；市场创新能力可促进企业产品差异优势向市场竞争优势转化，决定着名牌产品市场价值的实现"。❸ 显然，提高这两方面能力都与实施企业知识产权战略有关。

企业技术创新中融入知识产权战略，是以知识产权战略引导企业技术创新活动，站在知识产权战略的高度指导企业技术创新活动，不仅使企业技术创新活动成为知识产权的取得、运用、保护和管理的过程，而且使技术创新本身接受知识产权的有效管理，从而使技术创新与企业知识产权战略殊途同归，共同为提升企业核心竞争力与市场竞争力服务。"知识产权战略贯穿于企业技术创新活动的整个过程，并应不断地随着内外部环境的变化而做出适应性的调整，更好地发挥知识产权战略在技术创新中的作用，保证企业技术创新机制能够适应千变万化的市场竞争环境。"❹ 为保障企业技术创新融入知识产权战略，需要建立相关的制度机制和保障机制，其中主要是制定促进企业技术创新的企业知识产权管理制度并加以落实，同时充分利用知识产权制度的激励机制促进企业技术创新活动。

知识产权战略实施和技术创新战略之间具有十分密切的关系，而不是彼此分离的，知识产权战略贯穿于企业技术创新的全过程，无论是创新成果的构思、技术方案设计、创新成果的产权化和产品化，以及创新成果的市场化和对创新成果的保护等，都是知识产权战略运行的环节和内容，两

❶ 赵晶媛. 技术创新管理 [M]. 北京：机械工业出版社，2010：21.

❷ 郑文哲，陈双双. 集群演变过程中企业技术创新战略与知识产权战略匹配研究——以温州市低压电器集群为例 [J]. 金华职业技术学院学报，2008（5）：22.

❸ 黄永春，杨晨. 企业自主知识产权名牌的竞争效应的理论分析 [J]. 科技管理研究，2007（7）：144-146.

❹ 李克林，李伟明，薛勇. 基于知识产权战略的常州企业技术创新机制研究 [J]. 江苏科技信息，2010（11）：12-13.

者之间是一种良性互动的关系。❶ 在推进我国知识产权战略实施时，需要保持与技术创新战略的良性互动。这种良性互动体现于两者既具有高度的一致性，也具有相辅相成的关系。它们都是实现我国经济社会发展，特别是技术跨越和经济战略转型的重要手段。技术创新与知识产权战略的互动的内在机制，一方面要求企业将技术创新置于知识产权战略环境中，在技术创新中充分运用知识产权保护制度的激励创造和调整利益的功能，实现创新成果的产业化。这就要求技术创新中应以企业知识产权战略加以指引，将技术创新过程演变为企业知识产权战略实施的过程。另一方面，要求在实施知识产权战略中重视技术创新，以激励创新、提高创新的社会效能，同时应尊重技术创新活动本身活动的客观规律。

知识产权战略与技术创新战略的互动关系要求两者协同发展，在知识产权战略中确立技术创新目标，通过知识产权战略促进技术创新的发展，建立支撑技术创新的知识产权战略模式。另外，技术创新与知识产权战略的互动关系还体现为知识产权战略应因技术创新的不同定位和环境而实行动态化管理，建立适应技术创新的动态调节机制，这与前述企业知识产权战略柔性的原理是一致的。具体地说，是企业因应技术创新而实行知识产权战略转换策略。所谓战略转换，是基于战略环境和企业生产经营范围、竞争态势等的变化而对企业战略做出的适应性调整。战略转化反映了企业战略对环境的开放性和适应性。企业知识产权战略转化属于企业战略转化的范畴和企业业务层战略范畴。它是由于企业内外部环境变化，特别是因技术创新环境和资源配置情况发生重大改变，而进行的转换，如由防御型专利战略转换为进攻型专利战略就是一种重要的战略转换形式。企业知识产权战略转换的发生，技术创新是其内在激发因素，这是因为技术的发展变化导致企业技术战略定位发生重大改变，而这对于企业的竞争结构也将产生决定性的影响，在技术和竞争结构产生重大变化的情况下，企业知识产权战略必须及时实现战略转型，否则将被市场淘汰或者丧失市场机会。技术变化本身则对技术创新的市场环境产生决定性影响，因为技术变化特别是重大的技术革新或进步往往意味着诞生一个新甚至全新的消费市场。新的消费市场一旦形成，将带来巨大的市场效益，技术创新环境自然也将发生巨大变化。适应这一环境变化而实施知识产权战略转换就是必然选择。例如，当传统成像技术被数码技术替代时，包括柯达公司等在内的公司放弃传统的胶卷业务，转向新兴的数码技术产品的开发和应用，在这种情况下这些公司的专利战略显然需要转向对新兴数码技术和产品专利的争夺，否则将被市场淘汰。在 21 世纪刚刚到来时，柯达公司却陷入了所谓的"数

---

❶ 冯晓青. 技术创新与知识产权战略及其法律保障体系［J］. 知识产权，2012（2）：3-4.

字迷失"，经营出现全面危机。原因就在于，公司没有及时因数字技术变化导致的顾客需求变化而进行战略调整，而是仍然固守传统胶片优势和市场垄断地位，一时错过了发展机遇。公司在 2003 年 9 月 26 日不得不宣布进行战略调整和转变，不再固守传统的胶片业务，而是全面向数码产品转移。不过，由于错过了最佳时机，在新的竞争环境下柯达公司仍然出现了经营危机。类似的还如柯尼卡、美能达公司等也由于未能及时进行战略转型呈现被动局面。

可以认为，技术创新不仅是实施企业知识产权战略变换策略的动力源，而且它本身也促进了企业知识产权战略转换态势的发展。原因在于，企业技术创新能力有一个逐步提高的过程，随着技术创新能力的提高，企业创新的方式和实施知识产权战略的层次也将不断提高。例如，企业由模仿创新到自主创新的转变是技术创新能力提高的过程，随着这一创新态势的变化，服务于技术创新的知识产权战略也应适时变化，如由跟进、防御型知识产权战略发展到进攻型知识产权战略。

（二）技术创新成为企业知识产权战略的重要目标

根据新经济增长理论的代表人物保罗·罗默（Paul Romer）的观点，企业享有的知识具有递增收益。从知识产权的角度看，它可以表现为获取知识产权的垄断性收益。通过将知识产权获取的垄断收益进一步投入技术创新活动后可以实现企业的可持续发展。技术创新与知识产权战略的互动关系的一个重要方面即表现为技术创新成为知识产权战略的重要目标，缺乏技术创新知识产权战略将失去动力和基础。

知识产权是技术创新成果产权化的产物，它对技术创新和技术创新的扩散均有重要影响，其直接来源正是技术创新。在技术创新活动中，首先是企业通过制定研究开发计划，根据市场需要和技术发展动态，在研究开发基础上产生了技术发明等智力成果，借此可以申请专利并获得专利权，也可以获得商业秘密保护，对其形成的作品则可以获得著作权保护。当技术创新成果上市后则可以通过注册商标或申请外观设计专利，对新技术、新产品实施知识产权保护。通过知识产权的保护，企业技术创新成果能够获取必要的利益，反过来用于进一步的技术创新活动，从而在创新活动—知识产权保护—创新收益—进一步的创新活动之间形成良性循环，使技术创新活动朝着更高的方向前进。事实上，技术创新过程本身就是新技术、新产品的产生和相应的商业化过程，在这一过程中伴随着知识产权的创造、运用、保护和管理的内容，也就是知识产权战略各环节在技术创新过程中得以体现。没有技术创新，企业知识产权战略很难落到实处。因此，技术创新构成了企业知识产权战略的重要目标。

将技术创新纳入知识产权战略的重要目标，有利于实现技术创新与企业知识产权战略的高度融合，形成以知识产权战略为导向的技术创新活动。具体地说，在技术创新活动中以知识产权的创造、运用、保护和管理以及品牌的塑造为内容，这样就可以避免使技术创新活动成为纯粹的创新活动本身，而使其成为知识产权的创造、运用、保护和管理过程，成为知识产权战略实施的过程；而且，可以使知识产权保护不仅成为保护技术创新成果的重要方式，还该成为促进技术创新的手段。换言之，企业知识产权战略作为一种竞争战略，以提高企业知识产权创造、运营、保护和管理能力为基础，最终目标则是提高企业竞争能力，促进企业技术创新和可持续发展。

上述企业知识产权战略与技术创新之间存在密切联系、技术创新成为知识产权战略的重要目标还表明，企业知识产权战略实施需要以技术创新战略为指引，在技术创新战略下实施知识产权战略。企业技术创新战略的失误将连累企业知识产权战略实施的效果，甚至变得不可行。这是因为，企业的技术创新能力是企业可持续发展能力，企业技术创新战略与知识产权战略均服务于企业整体战略，为获取市场竞争地位服务，如果离开技术创新战略的指引，企业知识产权战略将失去方向。因此，企业知识产权战略应当以技术创新作为重要的目标。

上述技术创新成为企业知识产权战略的重要目标，还可以从企业知识产权战略实施对象的角度加以理解。企业从事技术创新活动的重要动力来自于新技术、新产品生产销售给企业带来的高额利润和利益。如前所述，技术创新本身具有系统性和过程性，它包括新技术、新产品、新工艺的课题立项、研究开发、知识产权产品化和生产制造、市场营销等诸多环节。按照有的学者的说法，形成了技术创新链，而正是技术创新链为企业知识产权战略实施提供了对象。❶

（三）实施知识产权战略成为企业技术创新的重要保障

实施知识产权战略是利用知识产权的制度功能和保护手段，激励知识创造，协调知识产权人和社会公众的利益关系，以有效管理为基本手段，充分利用知识产权法律上的独占性特征、经济上的无形资源秉性以及管理上的战略性特质，最大限度地实现知识产权的经济价值和社会价值，提高市场经济主体的市场竞争能力。实施知识产权战略可以从国家层面、区域（地区）层面、行业层面和企业层面等不同角度加以认识。在知识产权战略体系中，无论处于上述何种层面，实施知识产权战略的关键都是需要提升

---

❶ 华鹰，华劼. 企业技术创新与知识产权战略互动关系研究［J］. 中国科技论坛，2011（2）：55.

运用知识产权制度的能力和水平，在有效保护知识产权的基础上，进行战略性的运作，最大限度地利用知识产权制度的功能和作用。就知识产权战略实施对技术创新战略的推进作用而言，主要是以知识产权战略为导向推进企业技术创新，建立以知识产权战略为导向的技术创新运行机制。换言之，如果技术创新中缺乏知识产权战略的考量，企业技术创新工作将变得盲目而失去保障，也将失去运用知识产权这一获取市场垄断利益的手段。发挥知识产权战略对技术创新的重要作用的核心则是充分发挥知识产权制度的功能和特性对于技术创新的积极作用。因此，明确知识产权战略对技术创新和技术创新战略的影响和作用具有重要意义。

　　前文探讨了知识产权制度促进技术创新的基本功能和作用。从这里可以看出，知识产权制度有利于优化配置企业创新资源，与企业技术创新、自主创新具有相互融合和协同发展的功效，对企业技术创新活动及其相关的竞争行为影响直接。然而，制度毕竟具有静态性，制度作用的发挥需要充分、有效地运用，这就要求企业在追求生存和发展，取得市场竞争优势的过程中应重视知识产权制度的有效运用与技术创新的协同发展和相互匹配。尽管知识产权制度作为一种激励创新与保护创新成果、调整相关利益关系的法律制度，在促进企业技术创新方面具有独特功效和使命，这一功能的实现却需要以有效的知识产权战略为后盾，需要实施知识产权战略为技术创新提供平台。"企业知识产权战略的核心就是要鼓励技术创新，打造以知识产权为主的核心竞争力，以取得竞争优势。"❶ 知识产权制度与技术创新的密切关系也要求，在技术创新中应贯彻知识产权战略导向，知识产权战略成为实现技术创新目标的重要推手，对我国技术创新战略的推进具有重要作用。

　　知识产权战略实施的核心是要如何最大限度地发挥我国知识产权制度的功能和作用。知识产权战略与知识产权制度之间具有内在的密切联系，知识产权制度显然是知识产权战略的基础，它规定了知识产权战略的实质内容和性质，离开知识产权制度去谈知识产权战略无异于空中楼阁。同时，如上所述，知识产权制度本身具有静态性，它需要经过有效地运作才能发挥上述独特的功能和作用，知识产权战略就是在知识产权制度规范下对知识产权制度的有效运用和实施。知识产权战略本身是一个系统工程，它立足于知识产权保护，但又不是为保护而保护，而是从创造源头到管理、保护和市场运作的一体化模式，正如《国家知识产权战略纲要》所指引的，需要"激励创造、有效运用、依法保护、科学管理"。为最大程度发挥知识产权制度促进企业技术创新的功能和作用，

---

❶ 毛金生. 企业知识产权战略指南 ［M］. 北京：知识产权出版社，2010：2（前言）.

企业需要根据自身的创新模式和流程构建促进知识产权资源有效配置的知识产权保护机制，建立有利于促进企业技术创新的知识产权战略，以获取知识产权竞争优势。在企业实践中，知识产权战略对其发展的巨大作用关键就在于提高企业的技术创新能力。图3-5直观地反映了技术创新与知识产权战略内在融合机制。

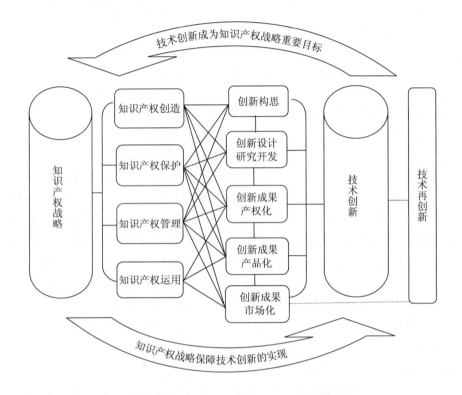

图 3-5　技术创新与知识产权战略内在融合机制

（四）知识产权战略对于企业自主创新能力培育的形成机制

1. 知识产权战略对于企业培育自主创新能力的内在作用机理（一）：一般原理

知识产权战略与企业培育自主创新能力之间存在内在的联系，揭示其内在作用机理，有利于深刻认识在企业实现提高自主创新能力目标中充分运用知识产权战略的重要性。

企业自主创新能力的提高是其实现技术创新战略的基本形式，而这需要利用多方面条件和措施加以培育。在这些条件和措施中，企业知识产权战略具有独特的功能和作用，它是企业培育自主创新能力的重要法律机制和管理手段。为此，企业需要将知识产权纳入技术创新的各个环节，在技术创新的全过程中强化知识产权的创造、运用、保护和管理，并以落实知识产权制度、充分利用知识产权制度激励创新和保护创新成果的内在机制为主线，制定技术创新与企业知识产权战略有效融合的方针和政策，推进企业创新与知识产权战略思维、知识产权战略实施同步发展。

企业实施知识产权战略是培育其自主创新能力，形成核心竞争力的重要手段，对于企业自主创新能力的提高具有决定性意义。其基本的原理和运作机理是：知识产权资源是企业的一种生产要素，对企业生产经营活动具有直接的作用。在知识产权制度的激励之下，企业将其人力资源、知识资源和技术资源投入生产经营活动，与企业的有形资源嫁接，形成企业资源的最佳组合，逐步建构企业的核心竞争力，提高了企业自主创新能力。在知识产权战略指引下，企业对各种有形和无形资源进行整合、应用，并通过制度构建、组织行为和管理创新，能够将知识资源优势转变为市场竞争优势，特别是将创新成果本身的技术优势转化为对市场的垄断性控制优势。相反，如果企业技术创新活动中缺乏知识产权战略指引，就难以将创新成果及时转化为对市场的控制权。

进一步说，通过实施企业知识产权战略培育企业自主创新能力，需要提高企业知识产权的综合能力，包括企业知识产权的创造能力、运用能力、保护能力、管理能力，以及综合运用知识产权资源和企业有形资源组合的能力。在企业自主创新能力中，知识产权是其中的核心要素，离开知识产权的企业自主创新能力是不可想象的。在实证研究中，企业知识产权战略对企业自主创新能力提高的促进作用，可以用一些指标加以评估，大体上可以分为企业知识产权投入指标、企业知识产权产出指标、企业知识产权价值指标等类型。其中，知识产权的投入指标反映了企业对研究开发等创新成果的投入情况，包括研究开发人员和经费投入、研究开发经费占 GDP 比重等因素，知识产权产出指标在数量上包括专利申请量、每万人就业人员中的专利申请量；在质量上包括专利授权量和授权率、发明专利授权量和授权率；在知识产权价值类上包括运营类和效益类，其中运营类通过技术市场成交合同金额体现，效益类通过高技术产业规模以上企业增加值、规模以上工业企业增加值中高技术产业份额，以及高技术产品出口额等体现。有关问题，还将在后文论述。

通过实施知识产权战略，培育企业自主创新能力，主要是通过以下方式实现的：

第一，知识产权战略的本质是对知识产权制度的功能和特性的有效运用，知识产权制度立足于充分保护知识产权人的专有权利，在市场经济和竞争环境下其实质是保护权利人享有的市场控制权和对市场份额的独占权。通过实施知识产权战略，有效激励企业从事自主创新的积极性，并以保护为手段获取创新成果的利益。换言之，知识产权战略实施以强有力的知识产权保护为基本手段。

第二，实施知识产权战略可以建立企业区别于竞争对手的独特优势，即建立差异化优势。建立差异化优势是竞争战略的重要形式。企业以知识产权战略为指引适时开发适销对路的新技术、新产品，可以取得相对于竞争对手的竞争优势。具体而言，企业通过实施知识产权战略，可以实现其资源和能力的有效组合，有效开发和利用知识资源，实现最佳能力组合下的企业利益最大化。

第三，通过将知识产权战略作用于技术创新链（技术创新全过程），提高企业运用知识产权的能力，进而提升企业自主创新能力。以研究开发为例，它是技术创新链中的核心环节，也是企业获取自主知识产权的关键和基本步骤，因为在通常情况下只有进行研究开发，获取新技术、新产品、新工艺，才能形成核心技术和自主知识产权，进而培养自主创新能力。在这一阶段，知识产权战略发挥的空间很大，如企业有效地运用专利情报信息战略、专利调查战略、商业秘密战略，可以极大地促进企业研究开发活动，保证创新活动的高起点，加快创新进程。又如，在创新成果的转化和产品化、商品化阶段，企业充分利用技术转移战略、专利技术标准化战略和品牌战略，有助于创新产品的迅速占领市场，从而提高企业自主创新能力。

2. 知识产权战略对于企业自主创新能力培育的机制（二）：基于价值和价值链理论的分析

其一，价值理论视角。

在企业管理创新中，有一种新的管理理念即价值创新理念，它是指企业的本质是为顾客创造有别于竞争对手的价值以求得企业的发展。价值创新理念关注的是顾客消费价值，而不是如何打败竞争对手，与传统的竞争战略以战胜竞争对手为目标迥然不同。价值创新概念和理论对于企业市场营销和知识产权战略均具有重要理论意义。从市场营销的角度看，价值创新理论拓宽了人们对市场空间的内涵。传统市场营销将市场定义为满足特定产品或服务的顾客群，而提供同类产品或服务并满足同类需求的企业群构成一个行业。价值创新则将市场理解为实现同一利益的顾客群，为这些市场提供同一利益的顾客群则为行业。价值创新中的市场概念和行业的范围大于传统市场营销中的相应概念，考虑了市场外的潜在顾客和行业外存在的潜在的机会。在这一理念指导下，竞争观念也发生变化，不是以占领特定市场中的较高份额为目的，而是以发现新的市场需求、扩大现有市场需求甚至创造新的市场需求来获取竞争优势，即所谓"因其不争，故天下

莫能与争"。❶

　　在传统企业竞争理论中，企业获得竞争优势的基本手段是采取低成本、改进产品质量、提高产品技术水平等形式实现。波特竞争优势理论中的成本领先战略、差异化战略等就是如此。这种战略形式在当前及未来依然是基本的竞争形式。然而，随着知识经济凸显，消费者需求和品位的提升，企业通过技术创新活动创造新的市场需求、开拓新的市场，实现顾客新的消费价值，完全是可能的。事实上，价值创新存在于技术发展的每一阶段，只不过在知识经济条件下发展空间更大，因为技术特别是重大技术进步往往意味着形成一个新的市场，技术的引领者将收获"第一桶金"，这也是经济学家在研究专利制度的存废问题时提到的领先开发占领新市场的效应。价值创新概念打破了企业竞争完全建立在打败竞争对手的传统观念，认为企业也可以通过为顾客创造更多的价值来实现其战略目标，以创造顾客需求、使顾客满意作为基本出发点。在这方面，诺基亚公司的"顾客满意"价值观值得一提。该公司在将产品推向市场前，非常重视产品满足顾客的程度。为此，公司高度重视走在他人和市场的前面，在英国设立了市场调查部门，收集位于世界各国的市场部门乃至顾客的意见和建议，并将信息反馈给研究开发部门，保障开发的产品与消费者市场需求的一致性。

　　价值创新理论与知识经济时代的内源增长理论相匹配，它强调以实现顾客利益为上，以创造新的市场需求为驱动力，获得市场竞争力。价值创新理论也与当代企业营销理论和经营理念相契合，因为当代企业营销理论和经营理念更重视产品、市场与消费者的紧密关系，认为满足顾客需要，为顾客提供更多的消费价值，加强企业与消费者之间的沟通，了解其生理、心理和物质需要，建立追求共同利益的企业与顾客之间的关系，是实现企业使命和愿景的关键。

　　价值创新理论可以从营销学家菲利普·科特勒（Philip Kotler）关于企业营销能力层次的原理中得到启发。显然，价值创新理念位于创造性营销这一层次。它不限于在已有市场和竞争对手争夺市场份额，而是既为现有顾客创造更多的消费价值，也为潜在顾客创造未来需求的消费价值。❷ 企业价值创新战略基点和核心是顾客，以追求努力创造针对现有技术、产品、服务更高的消费价值作为目标。实际上，价值创新理论的合理性还可以从企业使命定位的角度加以理解。企业使命是企业生产经营总体价值观、总体目标与方向，反映了与其他企业在战略目标上的差异性。不过，尽管不同的企业使命不同，但在更好地满足顾客需要这一点上，应当是共同的。

❶ 包晓闻，刘昆山. 企业核心竞争力经典案例：美国篇［M］. 北京：经济管理出版社，2005：120-121.
❷ 包晓闻，刘昆山. 企业核心竞争力经典案例：美国篇［M］. 北京：经济管理出版社，2005：121.

管理学家彼得·德鲁克（Peter F. Drucker）指出，企业存在的目的在于创造顾客，只有顾客才能被赋予企业存在的意义。顾客是企业生存的基础和理由。❶ 这就不难理解，很多企业在确定自身愿景和使命时，愿意打"顾客牌"。例如，美国电报公司将企业使命定义为提供沟通工具和服务。由于更好地满足顾客需要成为企业愿景与使命，为顾客创造更多好的消费价值的价值创新理论就自然具有其合理性。

从深层次分析，价值创新理念与企业自主创新、开发新技术和新产品以开拓新的市场，具有内在的联系。在现代社会，随着技术发展和人们的消费时尚变化，市场需求也不断升级，这也为以市场为导向的企业提供了商机。特别是在现代激烈的市场竞争环境下，企业现有的市场空间和容量终归有限，而社会发展与消费者需求能力的提高则为新技术、新产品市场的开拓本身提供了强大的动力，企业摆脱被动地适应现有市场需要的路径，不断发现并占领新的市场，满足顾客新的消费需求，成为新形势下企业获取竞争优势的法宝。很多企业的实践也表明，不断追求卓越，锐意创新，创造新的市场，从市场导向转向引领和驱动市场需求，是企业获得长足发展的重要经验。离开企业的自主创新，实现以新技术、新产品为基础的价值创新是难以想象的。仅以日本"朝日啤酒"为例，该公司与"麒麟"竞争之所以获胜，与其采取的价值创新战略有关。在啤酒领域，消费者时尚、喜好变化无不影响着市场走向。该公司敏锐地捕捉到啤酒消费者的时尚心理，以技术研究开发为先导，开发了"醇而桑"的朝日生啤酒，成就了世界第三大啤酒品牌"舒波乐"，推出了"干啤"新概念。公司价值创新战略的成功却得益于其背后的核心技术开发的支撑，否则很容易被竞争对手模仿而难以获得长久的市场竞争优势。❷

将价值创新理念和理论引入企业知识产权管理和战略领域，也具有特别重要的价值，即要实行企业知识产权的价值管理和价值战略。知识产权的价值管理和价值战略同样适用于分析和理解企业自主创新能力的培育机制。在当前我国企业知识产权工作中，忽视知识产权的价值和价值管理，是一个值得高度注意的问题。这一问题的深层次原因是看不到知识产权在企业经营管理中的价值和实现价值的方式，其结果往往表现为对企业知识产权工作重视不够，在知识产权的运营中造成知识产权的流失。当然，随着知识产权价值在企业自主创新能力培育中作用的日益凸显，对这一问题的模糊认识逐渐得到改善。

---

❶ 刘平. 企业战略管理——规划理论、流程、方法与实践 ［M］. 北京：清华大学出版社，2010：129.

❷ 包晓闻，刘昆山. 企业核心竞争力经典案例：日韩篇 ［M］. 北京：经济管理出版社，2005：117-118.

　　在企业知识产权管理和战略中，引入价值理念，建构知识产权价值管理和战略模式，对于实现企业知识产权价值增值和变现，提高其核心竞争力具有重要作用。所谓企业知识产权价值管理，是为实现企业知识产权中动态价值增值最大化目的，有效促进知识产权价值创造与价值实现，通过知识产权的合理流动与扩散，对知识产权各项价值进行的管理。它既是企业知识产权管理的一部分，也涉及企业知识产权创造、保护、运营的各个层面。企业知识产权价值管理旨在企业知识产权价值战略规划指导下，立足于知识产权价值创造，以知识产权价值评价与运营为手段，以知识产权价值实现为目的，增强企业竞争实力。它是在价值理念指引下，运用专门的管理方法，建立有利于知识产权产生、流动和产出的机制，促进企业内部各管理层的管理理念、管理方法、管理行为、管理决策致力于企业知识产权价值最大化。❶ 企业知识产权价值管理首要的是需要确立知识产权价值理念，将知识产权视为一种能够为企业创造和带来巨大经济价值的无形财富和资源，并且是实现企业价值最大化的根本手段。价值理念下的企业知识产权管理应当将企业知识产权管理的基本目标定位于最大限度地实现知识产权的价值，即追求知识产权价值的最大化。在这一理念和目标的指引下，企业在知识产权经营管理、战略规划和绩效指标考核中都应引入知识产权价值指标，以实现知识产权价值最大化为目标。知识产权价值理念也要求企业将知识产权价值管理纳入企业知识产权管理体系和战略规划中，充分评估实现知识产权价值在管理目标需要的资源和能力，整合企业的知识和技术能力，适应外部市场环境和客户需求的变化，并且需要辩证地分析企业知识产权风险和利益的关系，重点保障知识产权价值实现的环节和领域。

　　企业知识产权价值管理本身也是一个内在完整的体系，它需要在树立知识产权价值理念的基础上，依据企业的资源和核心能力，进行合理的知识产权战略定位，同时辅以知识产权的有效组织管理，建立企业知识产权管理组织，以知识产权价值创造、价值选择和价值实现、价值维护作为价值管理内容，为顾客创造不同于竞争对手的差异性价值，从而赢得市场竞争优势。

　　从以上论述可以看出，企业知识产权价值管理的目标同时也是提高企业自主创新能力，实现技术创新的过程。这是因为，企业自主创新能力提高的关键是知识创新，没有创新自然谈不上企业自主创新问题，而企业知识创新正是企业知识产权价值管理的重心和关键。企业知识产权价值管理首要的也是获取知识产权，实现知识产权的价值创造。同时，企业知识产

　　❶ 冯晓青. 企业知识产权战略［M］. 3 版. 北京：知识产权出版社，2008：433.

权价值管理也是通过运用知识产权获取经济效益和社会效益的过程，涉及知识产权的利用方式、企业创新资源和知识产权资源的优化配置及其与外部环境的适应等内容。事实上，这些都存在对知识产权的战略性运用。例如，在价值创造阶段，对创新资源的占有、保护方式和保护时机的确定等具有很强的战略考量。可见，从知识产权价值理论出发，也可以认识知识产权战略对培育企业自主创新能力的内在机理。

其二，价值链理论视角。

知识产权战略对于企业自主创新能力培育的机制，还可以通过价值链理论加以理解。价值链的概念和理论首先由美国哈佛大学教授迈克尔·波特著述的《国家竞争优势》（*The Competitive Advantage of Nations*）一书提出，该理论被用于分析企业如何建立自己的竞争优势。价值链理论将企业的各种活动看成是为其创造价值的环节。根据波特的价值链模型，企业的基本活动可以分为产前产后勤务、生产运作、市场销售、售后服务等，企业辅助活动则包括企业基础职能、财务、技术开发、采购等支持性活动。所谓价值链，是指企业以及企业之间从事产品生产或者服务过程中所出现的价值增值过程。企业在生产、制造、销售、售后服务等过程中，存在一系列相互联系的作业过程，形成所谓作业链。作业链过程除了涉及生产、销售产品外，也是一个价值创造、价值形成和价值增值的过程。根据价值链理论，企业是通过若干价值活动来实现整体价值增值，从而获得市场竞争优势的。企业竞争战略的本质也在于为企业创造超过成本的价值。价值活动是企业价值链中能够为企业创造价值的活动，是企业从事的物质上和技术上的活动，这些活动之间既相互区别又相互联系。在企业价值链中企业的各类活动都能为实现企业价值发挥作用，但也存在具有优势的关键价值环节。进而言之，价值链理论将企业一系列相互联系、相互依存的活动及其相互之间的内在联系看成是为企业创造价值的活动，它将企业生产经营诸活动视为一个价值系统，在该价值系统中企业通过各项创造价值的活动及其相互之间的内在联系获得了一定的优势和利益。

波特的价值链理论主要是从企业内部的实物价值变动和转化的角度加以研究的，随着价值创新管理理念的提出，企业价值链活动的目的增进了为顾客创造价值的内涵，从而使企业价值链理论更加丰富。而且，随着知识产权作为一种经济资源、经营资源和战略性资源在实现企业战略方面的作用日益提升，知识产权在企业价值链中的作用日益突出。在波特的价值链理论中，技术开发只是被作为一种辅助活动，没有强调知识和信息创造与利用方面的作用。在新的竞争环境下，企业价值链中知识、信息、技术所发挥的作用越来越大，以致人们试图提出新的企业价值链模型，甚至提出了知识价值链模型，通过构建知识投入、知识活动和知识产出价值模型，

揭示知识的增值过程。❶

　　知识产权价值链的概念确实可以从价值创造和价值增值层面揭示企业知识产权管理活动的过程，以及企业自主创新能力的培育过程。知识产权可以广泛运用于企业价值链涉及的各种活动中，以价值链理论为指导，知识产权价值链包含于企业知识产权管理的全过程。根据上述知识产权价值链模型，这一过程贯彻于产生价值的基本活动，包括知识产权信息收集、知识产权开发、知识产权产品化、知识产权市场化和知识产权服务，辅助活动则涉及知识产权机构和制度、知识产权队伍建设以及知识产权保护。知识产权价值链是由一系列产生价值的环节和过程连接在一起的具有内在联系的价值活动，除了企业内部运作的价值链体系外，还包括企业与外部环境适应产生的价值活动，因此这一价值链是一个开放的系统。如果结合开放式创新概念和理论，可以更好地对此加以认识：

　　根据开放式创新理论，企业在创新活动中应当充分利用内部和外部的创新资源，将这两部分资源有机地结合在一起，并建立企业内部的分享机制。开放式创新理论的提出反映了企业外部环境对其自主创新的影响，强调企业外部资源在企业技术创新过程中的重要性。在开放式创新条件下，企业内部资源和创新思想可以通过外部途径和系统实现，建立企业内外部资源和能力共享的开放式创新平台。开放式创新强调对创新广度、范围、创新手段、创新强度或深度的研究，❷ 将创新置于开放式环境下，提高了创新的层次和品位。随着外部创新环境的变化，国外企业很重视开放式创新的运作。例如，日本 NEC 公司建立了开放式创新工作场，试图整合企业内部的创新与外部经营模式。反观我国企业的情况则不容乐观。如前所述，国家统计局曾对全国规模以上工业企业 2004～2006 年的创新活动进行了专门调查，结果发现，企业或企业集团的创新活动一般依赖于自身的创新资源进行的，利用外部资源完成创新活动的现象不够普遍。具体而言，在规模以上工业企业中由企业独立完成的产品创新与工艺创新项目的比例分别为 76.3% 和 69.9%。知识产权价值链也揭示了企业知识产权活动的价值性，即企业知识产权活动需要以实现知识和信息的价值增值，将知识转化为价值为基本目的。如果知识产权管理活动的某一环节不产生价值，那么这一环节就会变得没有意义。

　　企业知识产权价值链揭示了知识产权价值活动形成的过程和建构企业知识产权优势的基础。它将企业知识产权诸活动看成是创造价值和实现价值增值的手段，并将企业的知识产权优势及其相关的市场竞争优势的获取

❶ 李长玲. 知识价值链模型及其分析［J］. 现代情报. 2005（7）：31-33.
❷ 罗珉. 战略选择论的起源、发展与复杂性范式［J］. 外国经济与管理, 2006（1）.

与企业知识产权相关活动紧密地联系起来。企业知识产权价值链理论弥补了当前对企业知识产权管理研究缺乏的不足，有利于从知识资产自身形成过程价值创造、价值实现和价值选择系统化的流程式管理。从企业知识产权价值链的内涵出发，结合企业价值链的一般原理，企业知识产权价值链具有以下特点：一是它立足于知识产权在研究开发、生产制造、市场营销等过程中的运作流程，反映了知识创新和管理创新在企业生产经营与市场营销活动中价值创造和实现的过程。二是企业知识产权价值链侧重于为消费者创造不同于竞争对手的独特价值，与企业传统的价值创新相比，更符合企业的价值创新理念和规律，因为它主要是在以市场为导向、满足消费者需要的基础上，为消费者创造独特价值。这种独特价值往往能形成企业产品的高附加值，而这种高附加值需要通过企业实施知识创新、管理创新以及技术创新活动才能实现。三是企业知识产权价值链以知识产权价值为手段，侧重分析产生企业知识产权价值的各个环节、阶段及其相互关系，厘清知识产权价值链中基本活动和辅助活动及其关系，借以揭示企业知识产权价值流转过程，指导企业在其自身关键知识产权价值链上重点保障资源的配置和利用。四是企业知识产权价值链以提升企业知识产权优势，进而转化成市场竞争优势为目的和归宿。如前所述，竞争战略是保障企业生产低于成本而获取利润的战略，企业知识产权价值链就是要研究如何借助于价值创新、创新管理与防范风险等手段，实现企业有别于竞争对手的差异化价值，从而赢得市场竞争优势。

知识产权价值链理论同样可以用于解释和揭示企业自主创新能力的培育过程和内在机理。从企业价值链的角度看，企业自主创新能力的提高体现于企业从事技术经济行为中的价值活动。企业为提高自主创新能力，就需要不断提高其价值链的各个环节中的创新能力。企业知识产权价值链本质上是进行技术创新、自主创新的过程，换言之，企业技术创新、自主创新也就是企业追求知识产权价值创造、价值增值和变现的过程。在企业技术创新的每一个环节，都存在为知识产权价值链创造价值的作用，而且这些不同的环节相互之间具有内在联系，它们共同组成了企业知识产权价值链的一个有机的整体，在实现企业知识产权价值创造、价值转移、价值实现等方面各自发挥着独特的作用。具体地说，知识产权信息收集是知识产权价值链基本活动的基础和第一步，它主要为企业研究开发选题以及确定具体的研究开发方案提供决策依据和启发，该步骤本身属于企业知识产权信息网络的范畴，在开放式创新的环境下，它更多地需要研究外部的知识产权信息。"知识产权开发"，或者说是知识产权创造与确权，它是形成企业知识产权的关键环节和基本形式，从知识产权价值链角度看则是形成知识产权价值的基本前提和保障，因为它也是后续的知识产权价值链运动的基础和前提——没有知识产权的价值创造和确权，知识产权的产品化和市场化以及知识产权服务将难以实现。基于此，知识产权价值链应着力于知识产权创造和确权这一环节。当然，从企业技术创新的过程和知识产权价值链的整体来说，知识产权创造本身不等于企业知识产权价值的全部，也不等于完成了企业技术创新。换言之，企业后续的知识产权产品化、市场化以及相应的知识产权服务才是企业获得的创新成果、最终实现价值变现的途径和方式。从知识产权价值链可以清楚地看出，企业技术创新、自主创新过程也就是企业获取知识产权价值的手段和过程，是企业追求知识产权的价值运动，直至价值最终实现并转化为市场竞争优势的过程。

应当说，上述企业价值链中培育和形成企业自主创新能力，对不同的企业来说运作机制和着力重点有所不同，即不同企业在价值链活动中的不同环节实现的企业价值并非一样。根据价值链理论，企业价值链不同环节对不同企业的产生价值的能力不一，企业需要重视价值链中某些战略性环节，以便重点在这一基础上培养企业的核心能力。换言之，企业在追求提升核心能力、运用价值链理论指导企业生产经营活动中，应注意将核心能力培养与企业经营战略选择有机结合。就知识产权价值链而言，原则上说，企业应根据自身的技术和市场地位，找准实现价值链战略环节上的优势，以便实施重点突破，获得市场竞争优势。例如，对于技术研究开发力量雄厚的企业，应将研究开发活动作为形成核心价值、提高竞争能力的关键环节，并在价值链运动中融进技术创新活动规律，将研究开发、产品制造和市场营销结为一体，合理安排企业研究开发资源和产供销活动，最终以获取核心技术提升企业核心竞争力。

上述价值链理论中抓住价值链中的战略环境，实现与企业经营战略选择的有机结合，已被很多企业的实践所证实。例如，微软公司利用与 IBM 公司合作开发软件产品的"借鸡生蛋"策略就体现了这一点。20 世纪 80 年代初，计算机产业市场中的微型电脑还未受到广泛关注，但后来的市场证明，微型电脑在全球具有巨大的市场。在 20 世纪 80 年代微软公司成立之初就将其目标市场锁定为为个人电脑用户提供软件需求，并利用 IBM 采纳其最初开发的软件系统成功获得了对行业标准的领导地位。微软公司的技术研究开发方向显然与其正确的经营战略决策一致，从上述知识产权价值链的角度看确实给人以启发。相反，IBM 公司尽管在 20 世纪 80 年代初就是电脑巨头，但由于长期忽视对微型电脑的研究和开发，以致在微处理器与操作系统这两项核心技术研究开发方面落后。尽管后来认识到微型电脑的巨大市场，并决定投身于这方面开发，但由于在软件核心技术方面没有占优势，最终使得微软成为计算机操作系统领域的霸主。美国英特尔公司发展史上的三次战略转型，也是价值链战略与企业经营战略正确选择结合的结果。英特尔公司是世界上最大的半导体芯片制造商，公司在 1982 年最早研制出负责个人电脑基本运作的 80286 微处理器，到 1984 年时已成为全球微处理器的主要生产者。1985 年，公司实现了第一次战略转型，放弃以前 10 多年一直主营的存储器生产，专向刚刚兴起的 CPU 领域。20 世纪 90 年代以来，信息网络时代新形势使公司专向新兴的通信和多媒体技术领域，推出"奔腾"系列微处理器，实现了企业第二次战略转型。到 1997 年，英特尔公司开始实施第三次战略转型，实施由产品供应商向世界领袖和领导潮流转变。❶ 微软公司和英特尔公司的成功经验均可从知识产权价值链的形成和运作方面加以理解。如前所述，知识产权价值链的运动过程是企业技术创新、自主创新的过程，其中技术的开发和突破是知识产权价值链的关键环节。以英特尔公司为例，当初在第一次战略转型之际，曾面临企业经营的绝境，在那时公司受到日本半导体工业技术和低价竞争策略的严重挑战，以致到 1985 年其出现连续 6 个月的亏损。在危急关头，公司总裁安德鲁·葛洛夫（Andrew S. Grove）做出了一个重大的经营决策，即放弃存储器生产，全力转向对微处理器的开发，终于获得了巨大成功。这说明了价值链战略环节与企业正确的经营决策对接的重要性。

上文的论述主要侧重于企业知识产权管理与知识产权价值链及技术创新的关系。由于企业知识产权管理是实施知识产权战略的基本活动和保障，而且其本身需要受企业知识产权战略的指引和指导，上述知识产权价值链活动过程也是一个在企业知识产权战略指导下的知识产权价值运动变化的过程，其根本目的是通过获取知识产权的经济价值而最终获得市场竞争优势。在上述每一个步骤和环节中，为了更加充分地实现知识产权的附加价值，都需要战略性地运作知识产权，在知识产权管理中引入知识产权战略思维，如知识产权的市场化就涉及很多策略因素，实施知识产权运营战略能够很好地保障知识产权价值的最大化，从而能够获取最佳的经济效益，形成企业获取经济价值的持续竞争能力。

图 3-6 直观地反映了知识产权战略作用于企业自主创新能力培养的机制。

❶ 包晓闻，刘昆山. 企业核心竞争力经典案例：美国篇［M］. 北京：经济管理出版社，2005：1–11，42–43.

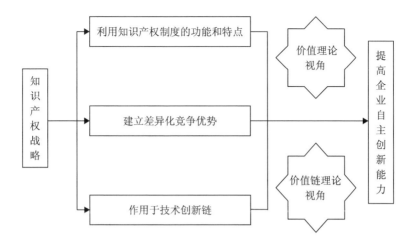

图 3-6　知识产权战略作用于企业自主创新能力培养的机制

3. 运用知识产权战略培育企业自主创新能力的策略

通过实施知识产权战略培育企业自主创新能力，是当前我国企业提升自主创新能力的重要手段和保障。企业以知识产权战略培育自主创新能力、推进技术创新主要有如下策略。

第一，将知识产权工作纳入企业技术创新活动的全过程。根据前文的论述，企业技术创新与知识产权的密切联系直接体现为，创新活动是知识产权的重要源泉，创新成果是知识产权的重要载体，而创新成果进入市场的产业化、商业化则是知识产权价值最终实现的主要体现。为了通过实施知识产权战略促进企业自主创新能力的培育，企业需要在技术创新工作中完善企业知识产权运行机制，包括知识产权机构、人员和制度建设，培养企业知识产权文化。同时，将企业知识产权工作纳入技术创新体系，在技术创新战略推进中协调统一。特别是要在企业技术创新的各个环节，如立项、研究开发、成果的产权化、产权化后成果的市场运作以及与企业市场开拓和经营中相关的各个环节中，将企业的知识产权工作视为培育自主创新能力和构建企业技术创新机制的保障措施。基于上述问题的重要性，本书第 6 章还将进行详细讨论。

第二，在企业实施技术创新战略和创新成果产业化活动中，制定知识产权年度工作计划、中长期规划和知识产权战略规划，通过知识产权计划规划和战略实施方案确保技术创新的成功。知识产权工作计划、规划以及知识产权战略规划，是落实知识产权基本事务和实施知识产权战略的具体体现，需要与企业技术创新战略实施以及创新成果产业化活动相匹配，以使企业知识产权工作融入企业技术创新的实践中，与企业技术创新同步进行。

第三，企业在实施重大技术改造和升级项目、重大新技术和新产品研究开发项目时，尤其需要将知识产权工作融入从立项到研究开发和创新成果产业化的各个环节，启动该项目的专利等知识产权战略的研究，从知识产权战略方面提出可行性分析报告，防止在知识产权方面出现重大瑕疵，保障研究的高起点和前瞻性。同时，通过将知识产权指标纳入创新研究体系，激励企业在重大项目领域及时进行知识产权确权，形成更多的核心技术和关键技术自主知识产权，提高企业核心竞争力。

第四，建立企业研究开发中心和主要基地，例如技术中心、中试基地、重点实验室和产学研联合研究开发中心、工程中心等，这些机构是企业实施自主创新战略，实现科技创新和技术跨越的主力军。企业在针对这些技术研究开发主体制定和实施科技创新计划时，应当有相应的知识产权制度和策略保障，如针对科技创新活动制定知识产权战略管理办法和实施方案，并落实专人负责，力图使知识产权工作融入研究开发主体和人员的研究开发、生产经营管理和产业化全过程。

第五，推动企业拥有知识产权的创新成果的产业化和商品化，立足于企业重点发展领域和具有较高技术含量与市场前景的自主知识产权项目，推动企业技术创新。在这方面，主要是实施知识产权运营战略，促进企业技术创新的市场实现。基于这一问题的重要性，本书还将专门探讨。

4. 知识产权战略作用于企业技术创新决策机制的机理

首先，技术创新决策机制基本考量因素。

技术创新决策机制是技术创新体系的重要组成部分，也是技术创新战略的关键环节。科学合理的技术创新决策机制有助于技术创新的顺利实现。在技术创新决策机制中，是否进行某一技术创新活动、确立技术创新目标、选择技术创新战略模式和路径，以及获得创新成果后的市场营销模式和策略选择等，都是技术创新决策的内容。

技术创新决策机制是一个综合性的决策系统，它以提高企业技术创新能力、实现技术创新目标为总目的。从上述目的出发，技术创新决策机制的基本考量因素有：

一是企业的总体经营目标和总体战略。由于企业技术创新服从于企业总体经营目标和总体战略，企业总体经营目标和总体战略显然是技术创新决策首先需要考虑的因素。当然，由于企业总体经营目标和总体战略又建立在企业使命和发展目标上，在进行技术创新决策考量时，也需要结合企业使命和发展目标加以分析。

二是企业经济实力和创新资源配置情况。企业的经济实力在很大程度上决定了能够采取的技术创新模式和战略选择方向，因此在技术创新决策机制中应给予重视。同时，创新资源配置是技术创新的基础性条件，尤其是研究开发人员、创新管理人员等创新人力资源和有形资产和无形资产等资源的情况，直接影响技术创新活动的能力范围和成效，因此也需要认真考虑。

三是企业的技术实力。企业现有的技术实力是进行技术创新的技术基础，也是技术创新决策中决定采取的研究开发方向和创新战略模式的重要因素。从技术创新的角度分析，企业研究开发方向和战略选择除了现有技术积累和储备以外，还必须考虑创新技术与现有技术的匹配、嫁接，以保持技术创新的连续性。此外，技术创新是在一个高度竞争的市场环境中，竞争者的竞争性技术的情况及其变化趋势、消费者对新产品的敏感程度和市场接受程度等都是影响技术创新决策的技术性因素。如果技术创新涉及新的未知领域，如实行突破式创新战略，则还存在更大的风险和成本，如新技术开发的高风险和不确定性、新技术与现有技术的匹配程度等。

四是企业面临的外部环境。作为技术创新战略选择的重要内容，企业面临的外部环境显然也是必要考虑的重要因素。这一环境本身具有比较复杂的内容，不过最相关的还是国家相关政策和法律、技术竞争结构和产业竞争环境等。就国家相关政策和法律而言，主要又是国家涉及技术创新方面的政策和制度。一般地说，这些政策和制度为企业技术创新活动提供了制度激励机制和外部制度环境，有利于技术创新的实现。在技术竞争结构方面，主要是分析和评估企业涉足相关技术领域的技术动态、竞争者结构和创新技术的发展空间，以保障技术创新活动与现有技术发展动态的适应性。再有是就产业竞争环境而言，根据波特教授的观点，需要考虑产业竞争状态下的几个因素，即产业现有企业间的竞争、潜在进入者的威胁、替代品威胁和供应方和需求方的讨价还价的能力等。

此外，在进行技术创新决策时，企业所处的成长阶段也是决策因素之一。一般地说，企业在初创阶段多以技术引进和模仿创新作为基本的创新模式，在发展到一定阶段后则逐步加大自主创新的分量，直至实现以自主创新为主的模式。

其次，知识产权战略指引下的技术创新决策。

现有研究成果指出，技术创新的决策机制是由包括决策者、决策信息、决策模式和决策程序等在内的若干系统构成的。其中决策者通常就是企业的领导层，决策信息是进行决策前获取的与决策有关的信息，决策模式是决策过程中的运行原则、思路和运行方式，决策程序则与技术创新的过程相关。同时，认为现有技术创新决策机制主要有技术导向决策机制和市场导向决策机制，前者适用于技术上领先、具有较强自主研究开发和技术推广实力的企业，这些企业往往以自主创新为创新的主要方式，希望以自身的创新技术优势和创新成果的市场化推广获取竞争优势；后者立足于以市场需求拉动技术创新，将产品、技术的市场需求作为是否进行特定领域技术创新的决策因素，市场需求的变化也会在很大程度上影响决策者的后续技术创新行为。在知识产权战略环境下，既需要考虑技术因素，也需要考虑市场因素，在技术创新决策中全面介入知识产权战略。❶

本书认为，上述观点对于重视技术创新决策活动全过程中介入知识产权战略，实现技术创新与企业知识产权战略融合具有重要意义。实际上，从决策的角度看，企业技术创新过程也就是一系列有关技术创新重大问题的决策过程，具体的技术创新都是在做出决策后进行的，决策的科学、合理与否，对技术创新活动相应环节的成效具有重要影响。知识产权战略指引的企业技术创新决策，能够克服上述仅仅基于技术导向或市场导向的技术创新决策的局限性，综合考虑技术导向和市场导向，适时根据技术和市场情况的变化进行技术创新活动。具体地说，知识产权战略指引的技术创新决策，主要包含以下内容：

一是创新技术研究立项的决策。在知识产权战略指引下，企业对创新活动的科学、合理决策因素是创新活动能够顺利进行的保障。如果投入创新资源和人力资源的创新成果不能获取专利等知识产权保护，创新活动就可能陷入低水平的重复，应予以避免。在知识产权战略指引下，创新技术的立项需要在充分占有信息和分析技术情报的基础之上进行决策。拟立项的创新课题在技术上应具有先进性，在未来产品市场上应具有应用前景。

二是创新模式的决策。不同企业的技术和经济实力的差异决定了在选择何种创新模式时，应根据自身技术创新需要达到的目的，选择合适的技术创新模式。在知识产权战略指引下，企业可以根据知识产权战略定位选择具体的技术创新模式。例如，实施进攻型专利战略的企业显然应以突破性创新作为创新的模式，以取得一批具有原创性和重要技术进步的先进技术为基本创新目标，在技术创新活动中需要充分运用基本专利战略、外围专利战略、技术标准战略等专利战略形式；实施防御型专利战略的企业则以实现渐进性创新为意旨，以实施二次创新、引进消化吸收再创新等形式为主，在技术创新活动中充分运用文献公开战略、模仿创新战略等战略形式。

三是实施创新的机制决策。一般地说，企业技术创新可以采取自主创新和合作创新等创新机制。技术先进、经济实力强的企业可以以自主创新为主，通过自主创新取得自主知识产权，从而赢得市场垄断优势。对于技术上不占优势、创新资源不足的企业，实施合作创新是一种适宜的选择。

❶ 罗建华，刘粤军. 基于知识产权战略的企业技术创新决策机制研究 [J]. 商业研究，2010 (5)：89-92.

合作创新也就是联合创新，它能够整合创新资源、取长补短，实现创新的突破。不过，产学研相结合的合作创新中由于创新成果的产权关系很难分配，技术创新成果和知识产权权益之间的冲突致使合作难以继续，这样权属不清的技术创新成果就无法转化为现实生产力进而应用到生产生活实践中。❶ 当然，自主创新的企业也可以在适当的条件下采取合作创新的策略。

四是创新成果的市场化模式决策。创新成果出来后，通过产品化过程，最终需要进入市场，实现创新成果的市场化和商业化。不同的市场化模式对于创新成果的实现具有不同效果，这就需要进行合理决策。企业可以通过自行实施、转让、许可、投资入股等多种形式实现创新成果的市场化，具体选择何种市场化模式，需要结合技术自身的技术优势和市场优势、竞争对手状况、市场动态等多种因素加以决策。

总的来说，企业技术创新决策过程贯彻实施知识产权战略，能够保障技术创新决策的科学性和合理性，使技术创新活动能够与知识产权战略实现高度的结合，从而在知识产权战略的指引和指导下，提高技术创新效率和企业的竞争能力。

5. 知识产权战略对企业技术创新资源配置的作用机制

资源配置是经济学中的基本问题，研究的是如何以有限的资源或者以同样的资源实现更大的经济效益。资源存在稀缺性是确立产权的法律经济学依据。为获得资源的最佳利用效果，经济学上提出了资源优化配置的问题。就企业技术创新而言，资源的优化配置具有重要意义，因为一个企业无论具有多强的经济实力，可以获得和支配的技术创新资源仍然是有限的。企业技术创新资源配置并不是一个简单的资金和人力分配的问题，而是具有战略意蕴的布局。在知识产权制度实施环境下，企业技术创新的资源配置需要融入知识产权战略考量，以知识产权战略为指导建立企业技术创新资源的合理的投入机制，优化技术创新资源配置，以充分发挥技术创新资源在企业技术创新活动中的作用。

在知识产权战略引领下，企业技术创新资源配置高度重视资源配置的战略性和前瞻性，重视不同创新模式和创新环境下选择合适的资源投入和利用方式与策略。具体地说，主要有以下几个值得重视的地方。

第一，运用知识产权战略指导资源投入和使用。企业技术创新资源可以分为资金、人力资源、生产设备等"硬件"性质的资源和已获得知识产权资源、信息网络、企业文化等无形资源。企业技术创新资源配置需要实现有形资源和无形资源的高度嫁接。就无形资源而言，在技术创新活动中

---

❶ 赵志强，杨建飞. 我国企业技术创新的知识产权制度完善［J］. 郑州航空工业管理学院学报，2013（2）：71.

尤其需要通过专利组合、专利与商标、品牌和标准等结合的形式整合无形资源，形成合力，实现技术方面的突破。

第二，建立与创新模式相匹配的技术创新资源配置机制。例如，在自主创新模式中，企业需要投入较多的资金、人力和物力用于研究开发和创新成果的推广应用。这类创新模式，对技术创新投入资源数量和强度要求很高，其知识产权战略实施的重点是采取突破式创新，建立核心技术优势。在引进消化吸收再创新模式中，企业自主创新资源的配置需要充分考虑引进技术的先进性、市场前景和在引进技术基础上实施二次创新的可能性。知识产权战略引领的引进消化吸收再创新需要对在企业技术引进消化吸收的基础上进行再创新的空间和前景，通过实施知识产权战略规划，确定技术突破的重点和难点。在资金的分配和使用上，需要克服很长时期以来我国企业只重视引进成套设备和相关技术，而忽视引进后对设备和技术进行消化的弊端。进行引进消化吸收再创新工程之始即应进行知识产权战略考量，以其指导技术引进消化吸收再创新活动。在合作创新模式中，企业技术创新资源配置涉及与合作伙伴的关系，则需要重视相互之间资源配置的互补性。

图3-7直观地反映了企业技术创新决策机制考量因素及企业知识产权战略指引下技术创新决策内容。

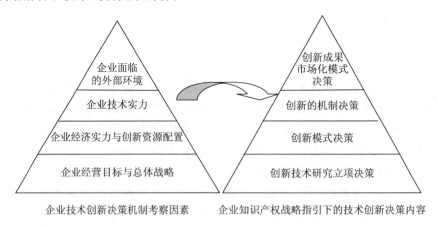

企业技术创新决策机制考察因素　　企业知识产权战略指引下的技术创新决策内容

**图3-7　企业技术创新决策机制考量因素及
企业知识产权战略指引下技术创新决策内容**

6. 知识产权战略对企业实现技术跨越的发生机制

企业技术跨越是指技术落后的企业经过技术研究开发和竞争，在新一代技术发展早期取得新技术领域主动权和控制权，从而取得市场竞争优势、实现技术跨越式发展的技术创新模式。对于后进国家来说，技术跨越是其赶超先进国家的重要途径。对于技术落后者而言，技术跨越则是其赶超技术领先者的重要方式，是后发国家实现"后发优势"❶采取的重要战略形式，因而有后发国家"跳蛙策略"之说。

技术跨越这一概念首先是由荷兰学者吕克·苏特（Luc Soete）在 1985 年提出的，❷基本内涵是越过技术发展路径的一些阶段，直接进入更高一级技术发展阶段。显然，技术跨越是相对于技术的常规发展而言的。国外对技术跨越的研究认为，技术跨越是技术上落后的国家通过技术引进和自主研究开发赶超先进国家的过程。从技术跨越的规律看，技术跨越既可以是通过专利竞赛等形式按照现有技术发展的范式和特点，实现技术的追赶，也可以是在一个全新的技术领域实现率先占领技术市场，获得市场先机和技术制高点。国外研究认为，技术跨越过程包括技术扫描、选择技术跨越点、积累技术创新成果、实施临界点突破和技术跨越后续工作等。❸在企业发展史上，很多企业技术跨越实现了自身的长足发展和壮大。例如，日本企业在第二次世界大战的废墟上实现了对欧美技术赶超，与其实施在引进消化吸收的基础上实施技术跨越战略有很大的关系。随着日本经济技术实力的强大，日本企业越来越重视在更高层次上的技术竞争和技术跨越。以复印机为例，该项技术本身是美国施乐公司发明和占主导的技术，但日本佳能公司在施乐公司的基础发明上实施了技术突破，获得了新的复印机技术，最终成为世界闻名的复印机和相关技术领域的跨国公司。

我国对技术跨越的研究主要自 1999 年 8 月 20 日"加强技术创新，发展高科技，实现产业化"大会提出，"跨越式发展"战略以后而逐渐深入。技术跨越对我国企业发展来说也具有重要意义。如前所述，技术创新有渐进式创新与突破式创新之分；相应地，技术跨越也可以分为基于渐进式创新的技术跨越和基于突破式创新的技术跨越。由于渐进式创新成为我国企业技术创新的基本战略模式，基于渐进式创新的技术跨越也具有重要地位。不过，随着技术竞争越发变得激烈，这一类型技术跨越受到的限制越来越大。基于突破式创新的技术跨越则能够在我国企业技术落后的情况下实现局部突破，为企业的大发展带来新的机遇。例如，20 世纪 90 年代初王选教授发明的汉字激光照排系统跳过了分别在日本和美国流行的第二代光机式照排机与第三代阴极射线管式照排机，而直接进入第四代激光照排，这就是突破式技术跨越的典型例子。我国企业既可以通过模仿创新，引进消化

❶　这里的"后发优势"，是美国经济历史学家格申克龙提出的概念，它针对的是工业化领先者在某些技术方面被后进者赶上的情形。在一般意义上，它是后发国家实施技术跨越战略的产物。

❷　LUC SOETE. International Diffusion of Technology, Industrial Development and Technological Leap-frogging [J]. World Development, 1985, 13(3): 409-422.

❸　KEUN LEE, CHAISUNG LIM. Technological Regimes, Catching-up and Leapfrogging: Findings from the Korean industries [J]. Research Policy, 2001, 30(3): 459-483.

吸收、反向工程等形式实现技术跨越，也可以通过对现有技术领域的突破实现技术跨越，从而赢得跨越式发展。

技术跨越被认为是企业技术创新的高级形态，是企业为实现技术能力和最终产品跨越式发展的目标而选择的途径，以及对技术能力、组织机构等相关重要资源进行的分配与整合。● 企业技术跨越本身是一个系统，这一系统中的关键因素有企业的技术基础、资源禀赋、市场需求、创新型人才以及产业链的状况，其中创新型人才和资源禀赋是企业进行技术跨越的保障，企业技术基础是技术跨越的立足点和选择技术跨越模式的重要参数，市场需求是企业技术跨越的动力和最终依归，产业链是技术跨越的依托。从企业能力的角度看，企业技术跨越的关键因素则为技术能力和市场能力，其中技术能力可以理解为"主导技术跨越的技术动力"，市场能力可以理解为"主导技术跨越的市场引力"，而技术能力跨越是实现技术跨越的前提，市场能力跨越是实现技术跨越的体现。❷ 当然，技术能力与市场能力本身都具有丰富的内涵，其形成受到多方面因素的影响。企业技术能力的培育是其在技术变革过程中通过学习、研究以及研究开发实践活动而逐渐积累的。企业技术能力跨越是技术跨越的关键，根据现有研究成果，它包括关键技术跨越、产品平台跨越和工艺水平跨越等方面的内容，其中关键技术跨越体现为此类技术在数量和质量上的跃进，产品平台跨越包括产品开发速度和新产品数量的跳跃式提升，工艺水平跨越包括产品品质跳跃式提升。市场能力跨越则是技术跨越实现的重要标志，包括市场空间跨越和营销水平跨越，其中市场空间跨越包括产品市场占有率和销售额跳跃式提升，营销水平跨越包括消费者忠诚度和品牌等级跳跃式提升等。❸

我国企业技术跨越战略需要与技术创新和知识产权战略的运用紧密结合。就前者而言，需要重视对他人技术的研究，根据自身的研究开发资源和实现技术跨越的成本和收益的评估，确定需要采取的知识产权战略模式，主要是模仿创新、引进消化创新战略。就后者而言，更需要加大自主创新力度，保障技术创新资源的充分利用，实施开拓性知识产权战略。同时，在取得技术突破后，还存在对技术跨越成果的巩固和发展问题。这种巩固与发展，同样离不开知识产权战略的运用。具体而言，有以下两点值得重视：一是对取得的技术跨越成果及时进行知识产权确权，而以何种形式确权则本身存在很多策略性因素需要考虑，如申请专利的时机与选择、商业

● 吴晓波，胡保亮，蔡荃. 运用信息技术能力获取竞争优势的框架与路径研究［J］. 科研管理，2006（5）：53-58.

❷ 朱国军，杨晨，周海林，杜婉燕. 市场与技术耦合视角下的企业技术跨越内涵及测度［J］. 科技管理研究，2008（5）：9.

❸ 朱国军，杨晨. 专利运营能力支撑技术跨越研究［M］. 北京：电子工业出版社，2009：38.

秘密保密范围的确定；二是针对竞争对手的专利竞赛，需要适时加大研究开发费用力度和研究开发人员力量，巩固已经取得的突破性成果，开发外围专利。

（五）企业知识产权战略及技术创新模式选择

1. 不同技术创新背景下企业知识产权战略模式

企业知识产权战略模式大体上有进攻型知识产权战略、防御型知识产权战略和攻防兼备型知识产权战略等形式。企业选择何种知识产权战略模式，受到技术创新的内外部条件和环境的影响。反过来，企业选择与技术创新特点相适应的知识产权战略模式，才能更好地促进技术创新。大体上，可以从企业内部条件和环境以及外部条件和环境两方面加以分析。

就企业内部条件与环境而言，企业本身的技术研究开发能力、创新资源数量和结构、创新管理能力、市场营销能力等是决定企业本身技术创新能力的基本要素。一般而言，技术创新能力强的企业应实行进攻型知识产权战略，这类企业以开发核心技术和培植高信誉品牌作为基本目的，以此获取市场竞争优势。技术创新能力弱的企业自然应以防御性知识产权战略为基本的战略形式，这类企业可能创新资本不足、研究开发力量不强或创新管理能力差，通常以模仿创新、二次创新为突破口和基础，逐渐积累技术资本和实力，适时实现技术跨越。有些企业技术创新能力不强，但在创新理念、市场营销和创新组织方面具有一定优势和特色，则可以实行攻守兼备型知识产权战略，在市场细分战略指导下实现局部突破，逐步培养核心技术。企业实力和组织构架决定的企业战略模式也是选择知识产权战略模式的重要因素，而这与上述企业技术创新是相辅相成的关系。例如，技术领先、具有强大经济实力的企业采取领先型战略模式，在知识产权战略模式上显然应以进攻型知识产权战略为主；而那些模仿、跟随型企业缺乏核心技术、研究开发能力不强的企业，应以防御型知识产权战略为主导。至于企业产品的特性与知识产权战略模式的关系则需要具体分析。企业产品特性涉及产品在技术上的先进性和在市场上是否容易被模仿。有观点认为技术先进但不容易被模仿的技术宜采用进攻型知识产权战略，而产品属于低端且容易被模仿时应实行防御型知识产权战略。❶ 实际上，产品特性可以在一定程度上决定知识产权战略实施策略，如容易被模仿的技术不宜实施商业秘密保护模式，而应采取专利战略手段，但这并不是选择进攻型或者防御型知识产权战略的问题，因此严格地说产品特点更多的是影响企业

❶ 周英男，杜鸿雁. 企业技术创新过程中的知识产权战略选择模型 [J]. 科学学研究，2007 (S2)：456.

知识产权战略的实施策略，而不是在进攻型与防御型战略之间做出选择。

企业外部条件与环境也是决定其选择知识产权战略模式的重要考量。例如，企业面临的市场竞争结构对其开展技术创新活动具有重要影响。当企业处于市场竞争结构的优势地位甚至垄断地位时，自然应以进攻型知识产权战略为主。当前很多跨国公司都是在相关技术领域占据优势地位的大型企业，实施进攻型知识产权战略是其知识产权战略的基本特点，而我国大量中小企业在市场竞争结构中处于劣势地位，面对跨国公司的知识产权战略进攻，只能以防御型知识产权战略为主。

上述对企业技术创新环境的内外部条件的考量反映了企业知识产权战略选择应符合自身条件。

2. 知识产权战略模式导向下的技术创新模式选择与创新战略

除了上述根据企业内外部条件和环境确定企业知识产权战略模式以外，我们还可以从企业知识产权战略模式出发研究技术创新模式。从理论上说，企业技术创新并无固定模式，但特定企业的技术经济实力及其面临的环境，以及企业选取的知识产权战略定位，能够为确定理想的技术创新模式提供决策依据，而在特定的知识产权战略模式下，也存在相应的企业技术创新模式。如有学者的研究发现，无论是自主创新还是模仿创新，企业选择特定的创新模式和特定国家或地区知识产权保护程度相关。在一定的知识产权保护状况下，企业会基于对劳动力投入和自身创新资源状况在自主创新与模仿创新中做出选择。❶ 当然，如上所述，企业知识产权战略模式选择本身需要基于技术创新目标和企业经济技术实力而确定。不过，正如以上研究表明，技术创新与企业知识产权战略之间具有十分密切的联系，在企业技术创新的不同阶段和环节中需要以知识产权战略指导技术创新活动，例如专利情报战略、专利申请战略、创新成果产品化阶段的品牌战略、对竞争对手采取专利对策等。

从企业技术发展战略的角度看，企业需要考虑很多因素以便进行战略因素的选择和决策。有学者认为，其主要内容有："战略目标（领先者、追随者或模仿者）、技术来源（自主开发、技术转移或合作开发）、技术创新方式（产品创新或工艺创新）、技术变化程度（重大创新或渐进创新）、核心技术优势扩张方式（垂直一体化和多元化）、效益实现方式（出售新产品或转让新技术）"，并认为基于企业技术发展目标，企业应优先对战略目标、技术来源和技术变化程度做出选择，而"战略目标与技术来源的不同很大程度上决定了技术变化程度的差异"，进而指出企业技术发展战略大致有以下七种类型："率先型技术发展战略、追随型技术发展战略、吸纳型技

---

❶ 杨朝峰. 企业技术创新模式的选择［J］. 管理学报, 2008（6）: 833.

术发展战略、合作型技术发展战略、创新孵化型技术发展战略、能力移植型技术发展战略、产业协作型技术发展战略。"❶ 本书认为，根据企业资源和能力情况以及企业技术战略目标和技术来源等情况，企业技术发展战略确实可以分为诸如上述不同形式。不过，大体上，仍然可以在技术领先战略与技术跟随战略两大类型中展开讨论。

基于前述企业知识产权战略的基本分类，以下分别对进攻型知识产权战略和防御型知识产权战略导向下的企业技术创新模式选择进行探讨。需要指出，一个企业在选择一种创新主导模式的同时，也可以兼顾其他模式和几种模式的组合，这应根据企业发展状况而定。❷

3　企业进攻型知识产权战略导向下的原始创新与集成创新及其技术领先战略

自主创新分为原始创新、集成创新和引进消化吸收再创新等。提高企业原始创新、集成创新和引进消化吸收再创新的能力，是提高我国企业自主创新能力的基本途径。这三种创新模式各有其特点和规律，企业需要根据其自身的特点予以选择。一般地说，实施进攻型知识产权战略的企业的技术较强的经济技术实力，特别是自主开发知识产权的能力，如国外跨国公司、我国行业领域中的一些龙头企业，以及在细分市场具有优势的企业。与进攻型知识产权战略相应，这些企业一般在原始创新、集成创新方面获得突破。

所谓原始创新，它是基于基础研究和重要技术变革而进行的创新活动，是通过理论研究和科学实验探索事物的运动规律、现象结构和相互关系的过程，或者将科学理论创造性地运用于解决国家经济社会发展的重大问题的过程。原始创新是我国实现经济社会发展实现跨越式发展，大幅度提高自主创新能力的关键，是我国自主创新战略的核心。原始创新被认为是一种根本性的创新和最具智慧的创新，它对于国家科技进步和社会发展具有重大意义。与此同时，原始创新也具有巨大的风险性、高难度性和探索性特征。集成创新则是通过对现有的技术创新资源、管理资源和现有技术的系统整合、优化配置而形成的创新，是融合多种创新手段，有效集成不同创新主体的创新资源、创新能力、创新成果，形成新的技术优势的创新模式。集成创新可以形成具有竞争力的产品和产业，对于实现重大科技成果的产业化和商业化，实现产业技术的升级换代，具有重要意义。我国在2006 年"十一五"科技攻关计划中就提出了"突出集成创新"的创新思路。

---

❶ 陈红运，张文德. 基于专利情报分析的企业技术发展战略［J］. 情报理论与实践，2011（3）：23.
❷ 吕玉辉. 企业技术创新的模式及战略机会选择［J］. 商业时代，2006（35）：31.

　　显然，与进攻型知识产权战略对应的上述企业技术创新的原始创新、集成创新模式相呼应，在技术创新战略上应实行"技术领先战略"。所谓企业技术领先战略，是在企业"市场领先战略"的指导之下，以主动开发具有领先性的先导技术、关键技术、核心技术、基础技术为目标，力图凭借领先的技术占领市场和控制市场以获取高额垄断利润的技术创新战略模式。从我国自主创新战略的内涵看，企业技术领先战略担负着开路先锋的重要地位，因为我国的自主创新战略强调在原始创新、集成创新和引进消化吸收再创新基础上，实现对关键领域，重大关键技术、共性技术、前沿技术和基础研究的突破，取得一大批在世界上具有影响的科技成果。

　　以华为公司为例，华为公司的自主知识创新非常注重与自身实际的结合。在不同阶段，华为公司采取不同的技术发展战略，并考虑发展前景：1988~1991 年的知识引进阶段；1992~1999 年的模仿性创造阶段；2000~2002 年的企业内自主创造阶段；2004~2009 年的向内外互动式创造过渡阶段。❶ 从第三个阶段开始，华为公司就开始注重资源的整合与高效运用。华为公司在知识创新上走出了一条整合企业和全社会技术创新资源，重视利用国际科技资源为企业技术创新服务的道路。随着开放式创新的发展，公司日益重视在开放式基础上的自主创新。公司知识产权部部长丁建新认为，自主创新应该是在开放式创新基础上的再创新，而不是封闭的自主创新。❷ 公司具有强大的研究开发力量和较深厚的技术储备。公司知识产权战略的重要特点是在通信技术局部领域实行进攻型知识产权战略，力图取得一批核心技术的突破，在相关核心领域积累自主知识产权，保持参与国内外市场竞争的知识产权战略和创新能力。与此相对应的是公司实施技术领先战略。华为公司为了使其专利发挥最大效益，实施了专利组合战略。专利组合能够很好地用于实施专利竞争的差异化战略，形成专利集群优势，增加产品的高附加值和市场溢价。在与竞争对手较量中，华为公司采取了重点突破式的专利集中战略，将创新资源重点集中于特定核心技术领域，尤其是在交换机领域实行核心技术突破，并且通过有效的技术创新活动，使该领域的突破成为公司获取利润的主要来源。这种在他人现有技术基础上实行的模块化创新策略取得了成功。华为公司在相关技术的局部领域取得了突破，实现了技术跨越目标，其对专利组合战略的运用就是一个重要的经验。❸ 华为公司更是注重突破专利丛林，实施核心技术突围，赢得市场竞争

---

❶　王培林. 对华为知识创新过程的理性分析［J］. 科技进步与对策, 2010（17）：120.

❷　丁建新. 华为的开放式创新和知识产权价值观［J］. 中国发明与专利, 2012（4）：87.

❸　公司将上述做法和经验称为"压强突破"，体现了将有限的资源集中于局部领域的核心技术突破，在与国外大公司抗争中获得局部技术优势的战略考量。

的主动权。公司确立了实施核心技术突围的专利战略方针，❶ 在世界电信市场与跨国公司展开了全面竞争。核心技术开发使公司在国内外取得了大量专利，也获得了巨大经济效益。这一尝试让中国企业初步尝到了利用专利获取利益的甜头。华为公司通过将技术标准与知识产权的结合，推进创新成果纳入标准，并灵活运用知识产权保护国际规则解决知识产权问题，取得了一批核心技术的突破，成为中国企业自主创新与知识产权战略的表率。

　　再以鞍钢集团公司为例，其具有较雄厚的知识产权开发力量和知识产权积累。公司在"鞍山式含碳酸盐赤铁矿石高效浮选技术研究"等众多研究开发项目上取得了重大技术突破。与公司经济技术实力和知识产权积累相适应，公司高度重视科技创新与知识产权的紧密结合，以通过实施自主创新和知识产权战略，提高核心竞争力。公司在技术战略上，相应地也实行了战略转型，即从核心技术的跟随者向领跑者转移，实施技术领先战略。为此，公司认为需要大力加强创新型企业建设，提高自主创新能力，为成为具有国际竞争力的钢铁企业集团提供有力支撑。

　　当代，随着社会分工的广泛和技术竞争的激烈化，实施技术领先战略的技术通常只是在特定的细分技术中独占鳌头，确立差异化的竞争优势，因此这一创新战略与企业实行产品差异化战略具有一致性。例如，"液晶王"夏普公司就是如此。与产品差异化战略相结合的技术领先战略存在一些优点，如在特定的产品细分市场赢得消费者的忠诚度，既有利于创立品牌，又有利于获得丰厚的市场回报。当然，企业实施技术领先战略也需要克服一系列的风险，包括研究开发等技术方面的风险、新产品市场风险以及竞争对手联合抵制的风险等。同时，还需要承担创新失败的高风险，因此实行技术领先战略的企业通常是具有雄厚的研究开发和经济实力的企业。在企业实践中，实行技术领先的企业通常是以进攻型知识产权战略为指导，以开发核心技术、关键技术为立足点，以取得核心技术、关键技术知识产权为基础，对相关技术和产品市场进行严格控制，并通过许可、转让、投资等活动及时转化知识产权，形成现实的生产力，在必要的情况下也可以通过合作创新等形式最大限度地获取技术竞争优势。

---

　　❶　通过对华为公司 1991~2008 年专利技术 IPC 总体分布状况的研究可以发现，华为专利 IPC 分布为 1 816 个类目，华为的专利技术分布不够均衡，其中一个绝对重心技术、带领四个次级重心技术，构成华为专利技术的战略重点，华为专利技术呈现的是单核技术创新的锥形布局。这些专利布局是华为公司在充分利用包括思科在内的竞争对手的信息情报的基础上有意为之，具有战略性与前瞻性。参见：宋天华，于光，石春生. 中外两家通信设备企业技术创新布局比较研究——基于思科与华为的 DII 专利分析 [J]. 情报杂志，2010（7）：65-69.

4. 企业防御型知识产权战略导向下的模仿创新、引进消化吸收再创新模式及其战略

其一，模仿创新。

与进攻型知识产权战略相对应，实施防御型知识产权战略的企业一般缺乏强劲的技术开发能力和资金实力，缺乏开具有发自主知识产权的核心技术的能力和实力，这类企业应主要选择模仿创新、二次创新模式，特别是以引进消化吸收再创新为特色的创新模式。模仿创新是创新者在对已有技术进行模仿的基础之上实现创新的形式。模仿创新和自主创新相对应，它首先不是立足于自身独立的研究开发活动，而是针对他人已有的技术进行学习、模仿，然后予以改进。模仿创新被认为是一种学习性创新，是在模仿他人现有技术基础上所进行的创新。模仿创新不追求率先发明新技术，开辟新市场，而是做新技术、新市场的学习者和追随者，及时研究、吸收和借鉴自主创新者的创新成果。模仿创新是我国企业实施技术创新战略的重要形式，这是因为我国企业整体上自主创新能力不足，尤其表现为缺乏核心技术和自主知识产权。

"模仿是竞争的生命线"，这是西方一个著名的法谚语。在发展中国家，模仿创新具有更大的适应性，是发展中国家获得发达国家先进技术，实行技术追赶和跨越的捷径和重要途径。这是因为，发展中国家技术开发能力不足、技术水平较低，模仿发达国家的先进技术能够较快地实现技术追赶。模仿创新本身具有一些优势，如投资较少，不需要支出巨额的研究开发经费，创新风险也较低。同时，模仿创新大大加快了技术扩散的进程和范围，加速了企业技术知识和技术能力的积累，也利于尽快缩小发展中国家和发达国家之间的技术差距，提高发展中国家企业技术能力。国外研究表明，在知识产权保护水平不高、保护力度不够的情况下，较之于自主创新，发展中国家企业模仿发达国家先进技术更划算。[1] 当然，如本书所述及的，随着发展中国家知识产权保护水平的提高，发展中国家对创新的需求会不断提升。

模仿创新是我国企业实施技术创新战略的一种重要形式，这是因为我国企业整体上自主创新能力不足，尤其表现为缺乏核心技术和自主知识产权，这在前面已有述及。在实践中，我国企业大都实行的也是模仿创新，这自然与我国企业总体的创新能力不强的现状有关。由于知识本身的非竞争性和非排他性，企业实施模仿创新的成本较低。像我国的中关村科技园区，企业通过引进技术和模仿创新就取得了较大的成绩。在创新实践中，

[1] ROBERTO MAZZOLENI, RICHARD R NELSON. The Benefits and Costs of Strong Patent Protection: A Contribution to the Current Debate [J]. Research Policy, 1998, 27(3): 273-284.

技术引进是模仿创新的重要来源，不过单纯的技术引进决不等于模仿创新。技术引进固然有其诸多优点，如避免技术研究开发风险，不用承担技术研究开发成本，通过技术引进获得学习他人技术的机会，并培养创新人才，但单纯的引进也存在较多缺陷，如挤占我国有限的科技投入和人才资源，特别是外资企业引进技术后在我国实施本土化生产经营，会挤占我国本土企业的市场份额。为实现在技术引进的基础上的模仿创新，需要对引进的技术进行严格把关，引进具有市场和经济技术价值且不存在法律风险的技术，以此实现在引进消化吸收的基础上进行再创新。

在重视模仿创新的情况下，我国企业同样需要重视模仿创新中的知识产权保护策略和对策。模仿创新与知识产权保护之间存在密切联系，知识产权保护对模仿创新显然具有制约作用，因为它限制了知识的外溢效应，使模仿创新的企业借助于知识的外部性实施低成本创新存在障碍。同时，模仿本身有可能对技术创新企业构成损害，限制模仿将相应地扩大技术创新企业的产品市场。在模仿缺乏任何原创性的情况下，甚至可能构成仿冒和剽窃。模仿创新则远不限于单纯的仿造，而是在学习、借鉴的基础上有所发展和改进，对被模仿的对象进行研究与思考，结合创新目的进行改进和发展。模仿创新实则是一种创造性模仿而不是单纯的仿制，在模仿创新中也有创新性成果产生，这种创新性成果也是一种创新成果，属于创新的范畴，这是它与单纯模仿的根本区别。单纯模仿并不是模仿创新，模仿创新则在模仿基础上还包括了创新的成分，通常是以现有技术为对象和基础，投入一定的研究开发经费和人员，从事创新活动，是一种渐进型创新行为。由此可见，模仿创新不会构成知识产权侵权行为；不仅如此，模仿创新取得的创新成果同样可以获得知识产权保护，不允许他人非法模仿。因此，知识产权制度对于企业开展模仿创新活动还有保护作用。从知识产权战略的角度看，企业模仿创新需要从战略高度出发，实施模仿创新战略。例如，针对他人的专利技术，在难以从正面突破权利要求的限制时，可以采取绕过障碍专利的战略，开发出不抵触的技术。

即使在技术创新能力较强的发达国家，模仿创新也得到了充分重视。有研究认为，目前国际上技术创新活动有从原始创新转向非突破式创新和在现有技术基础上的模仿创新转变的趋向，在很多高新技术领域表现尤其明显。实证研究也表明，模仿创新具有较大的成功率，甚至高达 87.5%。国内学者则证实，在世界技术进步历史上，后起的模仿创新者而非最初的原发创新者成为该领域的市场领导者。美国、日本、韩国等在发展的早期都是被大量的模仿创新所推进的。❶ 例如，韩国三星公司在早期就以技术模

---

❶ 赵晶媛. 技术创新管理［M］. 北京：机械工业出版社，2010：172.

仿为主，为尽快缩短与技术领先者的差距，实施了模仿创新与技术追赶战略。日本佳能公司对美国施乐公司复印机技术实施的模仿创新型战略也具有典型性，给人以启发。

复印机由美国施乐公司在 1959 年发明。该发明具有基础发明的性质，意义十分重大。施乐公司具有很强的知识产权保护意识，为了防止该技术被他人模仿、引进或抄袭，施乐公司进行了严密的专利保护，先后就"静电复印专利技术"申请了包括基本专利和外围专利在内的 500 多项专利，可谓"铜墙铁壁"。公司凭借该发明和严密的专利保护，在 20 世纪六七十年代成为相关市场的垄断者。然而，技术总是不断完善的，特别是一项重大的基础性质的发明投入市场后，难免在技术、市场价格或使用方式等方面存在问题，特别是在满足消费者需要方面存在很多值得改进之处。施乐公司的静电复印机也不例外。尽管其为先导性发明，但该技术产品在市场中也存在诸多不足，如容积很大、价格昂贵、消费者使用不便，以及由于集中复印带来的保密性问题等缺陷。日本佳能公司决心对施乐公司的静电复印机技术实施模仿创新战略，也就是针对施乐公司的复印机存在的缺陷和不足，提出改进方案。佳能公司的改进复印机的思路是小型化，价格便宜，移动方便。施乐公司的复印机技术毕竟领先，为了防止在佳能公司开发小型复印机并投放市场后迅速被施乐公司赶超而陷入被动局面，佳能公司联合日本东芝、美能达、理光等厂商，决定以向其提供许可证的方式分散研究开发成本。这种"联合制敌"的策略取得了很大成功，开发的小型复印机很快占领了市场，施乐公司难以抵御由十几家日本厂商构成的"分散复印概念"联盟。小型复印机市场后来牢牢地被佳能公司所占有。据资料统计，佳能公司小型复印机占全球市场 30%，而复印机、打印机等办公设备已占公司收入的 77%。从佳能公司总体的研究开发和专利申请情况看，在其拥有的 7.4 万个美国专利中，更多地集中于产品设计和局部技术升级之上的模仿创新。❶ 佳能公司上述模仿创新战略确实给人以启发，至少有两点：一是面对竞争对手领先专利技术，甚至具有重大变革意义的划时代技术，仍然能够找准技术空隙，以模仿创新实现局部突破，甚至针对细分市场取得重大突破；二是模仿创新本身具有很强的战略性，不是简单的在原始创新的基础上加以改进，还必须结合企业的合作创新、市场战略等加以推进，否则可能在取得创新成果后被技术领先的竞争对手很快超越。

基于模仿创新的重要性，我国从促进企业技术创新的角度看，需要制定有利于模仿创新的知识产权策略和对策，引导企业开展创新性模仿，防

---

❶ 包晓闻，刘昆山. 企业核心竞争力经典案例：日韩篇［M］. 北京：经济管理出版社，2005：92—93.

止单纯仿制之类的不正当模仿。通常需要重视以下几点：一是对失效专利、保护期限届满的专利的充分利用，这样可以节省经营成本；二是在不受专利保护地域范围内使用他人的专利，这样可以利用专利权的地域性免费使用他人的专利；三是在实施模仿创新战略时，充分利用专利文献和情报具有特别重要的意义，因为专利文献蕴含了丰富的技术信息、法律信息和经济信息，是企业进行技术研究开发取之不尽用之不竭的资源，企业针对已有的专利技术的技术要点、剩余技术空间、发展趋势等的把握，可以在已有技术基础上实施再创新；四是实施模仿创新的企业对于在模仿创新基础上产生的创新成果应及时采取知识产权确权措施，防止知识产权流失。

如前所述，模仿创新相对于自主创新具有一定的优势，如可以节省研究开发费用，避免新技术、新产品开发的技术风险和市场风险。但也应当认识到，模仿创新毕竟不是创新的高级形式，一个国家和企业的成长和壮大，最终需要以核心技术为支撑，光靠模仿创新无法形成创新者的竞争优势。实施模仿创新战略的企业最终也需要向原始创新和集成创新等自主创新形式迈进。因此，模仿创新在一个国家的创新体系中通常是作为一个中间的过渡过程，模仿创新者最终需要在技术积累的基础上，实现技术跨越式发展。也即在模仿创新的基础之上积累技术，通过模仿创新提高自身自主创新能力——模仿创新成为自主创新的过渡和桥梁。事实上，国内外企业很多实例也证明了这一点。例如，前述韩国三星公司在发展早期以模仿创新为主，随着公司技术和经济实力的增强，公司深刻地认识到不能单纯依靠技术模仿，必须不断创新，追求卓越，终于取得了一系列核心技术突破。

其二，引进消化吸收再创新。

引进消化吸收再创新属于二次创新的范畴，与上述模仿创新也有十分密切的关系，但两者并不等同。它是在引进他人先进技术的基础上，经过后续的消化和创新实现的创新模式。引进消化吸收再创新也是一个自主创新的过程。正因如此，《科学技术进步法》第 33 条第 2 款规定，"国家鼓励企业对引进技术进行消化、吸收和再创新。"引进消化吸收再创新不能仅停留在引进消化吸收阶段，还应过渡到"再创新"阶段。这种再创新是一种二次创新，通过二次创新实现企业长足发展。这种创新模式是一种递进的创新模式，故称"二次创新"。二次创新对于经济与技术实力不够强大的国家和企业来说具有独特价值，因为它可以在他人技术基础上直接创新，减少了创新的成本、不确定性和风险性，能够在较短的时间内获得先进技术，节省研究开发时间和费用，在一定程度上实现对先进技术的追赶。二次创新对于技术力量不够强的企业尤其重要。在实践中，二次创新是和引进技术策略结合在一起的。引进消化吸收再创新重点关注引进技术的可实施性及其与企业现有技术和产品的匹配，特别是就实施知识产权储备战略的企业来说，更应关注引进技术与技术创新方向的融合。

引进消化吸收再创新的基础是"引进"，其中技术引进是主要形式。和自主创新技术相比，企业引进技术可以节省研究开发成本，避免重复研究和重复投资。有资料证实，引进专利技术的成本约占新技术研究开发成本的1/3。引进技术可以帮助企业进行技术方面的学习和改进，在此基础上进行消化吸收和再创新。在实践中，利用外商直接投资的形式引进国外先进技术，并对引进的技术进行消化吸收，实现对引进技术的再创新，是包括我国在内的发展中国家实现技术创新的重要形式。

在我国，相当时间内引进技术将是我国技术供给的一个重要方面。如前所述，我国企业在引进、消化、吸收再创新中存在重引进、轻消化和消化后的再创新现象，对引进消化吸收再创新这一技术创新模式重视不够。而且，在创新资金分配上也存在不合理现象。除此之外，还存在以下问题制度关注。

第一个问题是，对引进的设备和技术缺乏充分的可行性研究，特别是如何与企业现有的技术、设备、生产条件、工艺条件、操作规程的兼容和配套等问题缺乏深入的研究，结果造成引进后"水土不服"现象。为此，企业在进行技术引进活动时，应注重引进技术的适用性，加强对引进技术的可行性研究，综合考虑拟引进技术的先进性、适应性和与本企业现有技术和设备的匹配性，并从本企业拥有的资源、技术能力、资金实力、配套设备和支撑条件等方面全面加以衡量。

第二个问题是，企业对引进后的先进技术设备、技术使用效率低下，浪费严重。企业引进的国外技术和成套设备具有一定的先进性，但由于企业对引进后的消化、吸收和再创新不够重视，加之配套资金不足，往往造成对引进的技术、设备缺乏技术特点、功能、结构、操作流程和技术维护等问题缺乏深入了解，一旦出现某方面问题就感到束手无策，以致造成设备的闲置和浪费。

第三个问题是，企业对设备和技术引进，缺乏在知识产权方面的认真考察，以致造成技术先进性没有得到保障、知识产权权属状况不明、缺乏配套的商业秘密引进等问题，造成引进后的技术和设备缺乏先进性或存在知识产权瑕疵，达不到引进消化吸收再创新的目标。为此，我国企业需要克服盲目依赖技术和设备进口的现象，在引进技术和设备中实施消化吸收模仿创新策略，通过消化吸收实现自主创新，形成自主知识产权。❶ 换言之，技术引进自然是引进消化吸收再创新的第一步，但仅靠引进却不能形成企业的技术能力和创新能力，而必

❶ 倪颂文. 借鉴美国专利制度　促进企业自主创新 [J]. 湖北行政学院学报, 2007 (5)；曹滢，刘晓莉. 我国研发投入跨越 3 000 亿内资企业创新力仍弱 [N]. 经济参考报, 2007-03-06.

须在引进技术的基础上强化技术能力学习，增强企业自主创新的内生性。

　　第四个问题是，引进技术和设备的企业对采购国内同类产品缺乏信心，担心技术不够成熟而不敢购买，宁愿花高价钱进口国外成熟产品。

　　当然，我国一些企业在引进消化吸收再创新方面也提供了宝贵经验，值得其他企业借鉴。例如，宝钢在技术创新方面，注重在引进消化吸收的基础上的自主创新。公司在无缝钢管工程攻关、电厂轻油枪结焦等技术方面就是体现。二次创新使宝钢获得了大量具有自主知识产权的技术，如公司自 2000 年来每年专利申请量以 20% 的速度递增。在获得了相当的技术储备后，公司还向国内大型钢铁公司和部分国家输出技术，成功实现了专利回输战略。又如，河南安彩集团有限公司是国家重点高新技术企业，是目前我国生产规模最大的彩色显示器生产基地。该公司非常重视自主创新，特别是在处理引进技术与消化吸收再创新关系方面，高度重视引进技术后的二次创新。公司提出了"消化吸收视同科研、创新视同发明"的激励机制。其对引进日本 NEC 公司技术和设备的改造和创新就是典型例证。公司在彩玻一期建设工程中引进了日本 NEC 公司全套技术和设备，但外方为延缓公司掌握技术的时间，在工程建设中设置了很多技术障碍，一度使公司面临破产的境地。公司深刻认识到没有自主创新的技术受制于人的被动局面，于是决心实施二次创新突破，解决了"屏锥周边设定公差错位"等系列技术难题，获得双压 21 英寸屏成功，后来又在引进磨具的基础上开发了填补国内空白的东芝 221 英寸彩玻。公司几乎对所有引进的技术、设备都进行改进、改造和创新。❶ 公司对引进技术的二次创新取得了很大的成效，缩短了与国外竞争对手的技术差距，取得了一批具有自主知识产权的核心价值，特别是在 CRT 专利方面在国内领先。还如，中国石油勘探开发研究院在国外先进设备和技术基础上，有目的地进行改进和二次开发，形成了一系列新技术成果，如储油岩油气组分定量分析方法还获得了国家专利金奖，该技术大大提高了油气的发现率，摆脱了对国外技术的依赖，取得了很好的经济和社会效益。

　　针对我国企业在技术引进方面的得失，在实行引进消化吸收再创新战略时，重点应提升技术引进的层次，"从单纯依靠设备引进和改造向更多地通过购买专利、聘请国外研发人员、购买样品、购买图纸及技术资料、战略联盟等'消化吸收型'和'合作型'技术引进方式升级"。❷ 同时，应形成引进与模仿创新的良性循环，提高引进技术的再创新能力。

　　针对我国企业实行引进消化吸收再创新战略存在的知识产权问题，解

---

❶　李培林. 企业知识产权战略理论与实践探索［M］. 北京：知识产权出版社，2010：247-248.
❷　贺俊，吕铁. 正确理解中国的自主创新［N］. 中国经济时报，2011-06-09.

决的根本对策是：一是对引进技术的知识产权状况进行全面的了解和把握，防止出现知识产权风险和瑕疵；二是重视对引进技术的先进性和成熟程度的审查，防止引进落后技术；三是对引进后的技术，应重视消化、吸收和再创新，特别是与引进企业已有的知识产权的匹配和整合，对引进的技术进行改进，及时进行知识产权确权。

此外，企业引进消化吸收再创新模式的运用，除了企业自身强化对引进技术的学习和研究外，政府制定与实施相关政策与制度也非常重要，特别是与引进消化吸收再创新相关的产业政策、行业发展规划和财政、税收支持政策等，有利于企业在引进技术的基础之上实施二次创新。在这方面，国外也有经验可资借鉴。以韩国为例，现代集团在20世纪60年代开始组装福特汽车，70年代则开始注重本国设计的汽车，通过派出工程师到5个国家26个企业进行技术学习，在70年代即开发出第一款国产汽车。韩国政府制定的汽车国产化政策和相应的措施，有力地推动了本国汽车工业的国产化。1991年以后，现代汽车全面进入自主开发阶段，总产能已达到1 500万辆。同时，政府制定对技术和设备引进的监管制度，建立引进技术和设备的评估、考核指标，敦促引进技术和设备的企业加强对技术和设备引进的科学论证和有效管理，改革相关的财务管理制度，在政策导向上支持企业对引进技术和设备的消化、吸收与再创新，也是非常重要的措施和对策。

其三，模仿创新与引进消化吸收再创新模式下的企业技术战略。

上述与防御型知识产权战略模式相对应的企业模仿创新和引进消化吸收再创新（二次创新），❶ 从企业创新战略的角度看，主要是实施技术模仿创新战略和技术跟随战略。就技术模仿创新战略而言，它是指企业不进行独立研究开发，而是以现有的领先技术做标杆，通过对现有先进技术的研究、解剖、分析，找准现有技术的空白点及其技术产品市场化缺陷，开发出更实用、更受消费者欢迎的技术产品。前面提到的佳能公司对施乐公司复印机技术的模仿创新就典型地体现了对模仿创新战略的运用。与技术领先战略相比，模仿创新战略的优点是研究开发成本不高，避免了研究开发投入高而产生研究开发失败以及被他人实施技术跨越的风险，而且更容易实现产品的市场化，因而对于我国众多研究开发和资金实力不够的中小企业来说不失为一种较好的创新战略模式。企业实施模仿创新战略，可以学习和模仿先进技术所有者的创新思想、技术思路和创新行为，在他人先进技术基础上有所发展，特别是可以通过反向工程等手段破译先进技术要点，

---

❶ 从上述研究可知，模仿创新与引进消化吸收再创新之间既有区别，也存在密切的联系。首先，两者并不等同，内涵不一，模仿创新适用于后者，但并不限于此；其次，两者也有十分密切的联系，这就是在引进消化吸收再创新中，模仿创新有很大的适用空间。

为我所用，提高自身技术水平。模仿创新战略也是一种技术追赶战略，对于我国大量的中小企业和经济落后地区企业确实是一条比较现实的创新战略，也是加快先进技术在国内扩散的重要机制。因此，它也是我国企业需要重视的创新战略。基于企业模仿创新战略的重要性，适合于实施这一战略的广大企业需要大幅度提高模仿创新能力，包括对先进技术的技术和市场前景的敏锐捕捉能力、对先进技术的学习能力、吸收能力和改进能力等。另外，从技术创新的角度看，模仿创新能力还必须包括模仿产品的市场营销能力，以便在与先进技术所有者新技术产品市场竞争中取得优势。当然，毕竟模仿创新在一般情况下难以产生具有先导性的核心技术，在有些情况下模仿创新还会遭遇到领先企业的有力遏制，因此从国家整个创新战略来说它不是主要的创新战略模式。

就技术跟随战略而言，其实是与模仿创新相关联的创新战略模式，它是指企业经过对技术和市场调查，选择本行业内具有领先技术的企业作为跟随目标，针对其领先技术及其市场化产品，在产品性能、质量、适用范围等方面做出一些改进，从而在一定程度上实现对领先技术的追赶的目标，在领先技术开拓的市场中获取一席之地。企业技术追随战略同样可以避免技术领先战略模式下高额的技术研究开发投入和风险，而借助于现有技术和市场实现企业经营目的。当然，与模仿创新战略一样，实施技术追随战略也有很多局限性，难以获得领先技术及其对技术和市场占领的先发优势。因此，它也更多地适合于行业内处于弱势的中小企业和刚刚起步的企业。

5. 混合型知识产权战略导向下企业创新模式及其战略

混合型知识产权战略，即前述攻守兼备型知识产权战略。有些企业有一定的技术基础和经济实力，或者具有较强的市场开拓能力，但核心技术开发能力不强，这些企业总体上仍然有较强的市场竞争能力。在混合型知识产权战略指引下，这些企业除了对产品、工艺等实施模仿创新战略外，可以在具有细分市场优势领域或者技术基础较强的领域实施核心技术突破，提高自主创新能力。也就是说，可以实施细分市场战略，以取得在特定消费群体中的市场竞争优势。

实施外围技术突破，也是在混合型知识产权战略导向下我国企业和产业可以采取的技术战略形式。以我国 LED 产业为例，其在全球产业中份额很低，如 2010 年外延片及芯片产值 40 亿元，占全球市场份额不足 4%，而同年日本 LED 芯片销售额为 33 亿美元，占全球份额的 45%。该领域的关键技术、核心技术几乎被欧美企业所垄断，而且这些技术集中于 LED 产业链中的上游。就我国 LED 产业发展而言，上游专利技术壁垒无疑是一个重要的障碍。但是，我国 LED 产业在下游技术领域，特别是在产业链的封装环节拥有较多的技术积累，并且拥有较高的产能。仍以 2010 年为例，当年我国 LED 制造的产值为 310 亿元，其中封装环节产值 270 亿元，产能可占全球的 80% 以上。在上述背景下，我国 LED 产业要实现突围，发展下游专利技术，特别是利用封装环节的专利技术储备展开与 LED 巨头的谈判，谋求获取交叉许可是一种比较现实的途径。当然，建立产业技术战略联盟，瞄准 LED 上游核心技术，实现技术跨越也不是不可能的。

此外，这些企业还可以采取合作创新的形式实施技术突破，以弥补自身技术开发能力不足的缺陷。当然，合作创新也适合于前述企业知识产权战略模式。

6. 中小企业知识产权战略与创新模式的特殊性

就中小企业而言，总体上，其经济技术基础较差，技术和市场开拓能力有限，这决定了大量中小企业一般应选择模仿创新的创新模式。通过模仿创新，中小企业可以跟随市场上的先进技术和核心技术，在此基础上实现某些方面的突破，获得一定的市场竞争地位。这类企业通常也就是技术跟随型企业。前文的分析表明，知识产权保护强度直接影响技术模仿者的模仿空间，随着知识产权保护的加强，中小企业这类总体上的技术跟随型企业获取技术的成本日益提高，模仿创新的难度加大，因此也需要采取"曲线救国"的方式，例如在产品的外包装装潢、外观设计专利和实用新型专利、商标与品牌方面取得突破。当然，中小企业以模仿创新为主，并非没有自己的优势，如技术模仿具有降低投资和技术及市场风险的后发优势，随着技术和市场行情的变化，其也可以利用积累的技术基础适时进行技术创新，形成自己的技术优势。国内外很多实力强的大企业，以前从不知名的小公司成长起来的历程，都可以得到验证。另外，中小企业的创新模式，也并非全部都需要以模仿创新作为主导的创新模式。根据经济合作与发展组织发布的一份报告《通过技术创新提升中小企业竞争力》（*Enhancing the Competitiveness of SMEs through Innovation*）的观点，中小企业可以分为率先创新型、创新跟随型和模仿后创新型等三种类型。其中率先创新型约占中小企业总量的 1%~3%，这类企业具有开发新产品并率先进入市场的能力；技术跟随型中小企业占 80%~85%，这类企业多实施技术引进模式，跟随技术变化，自身技术创新能力较低；模仿后创新型企业约占总量的 10%~15%，这里企业有一定自主研究开发能力，在购买市场上先进技术基础上实施二次创新。❶

❶ OECD. Enhancing the Competitiveness of SMEs through Innovation: Background Report for the OECD [C]. Conference on Enhancing the Competitiveness of SMEs in the Global Economy: Strategies and Policies.

7. 企业知识产权战略模式与创新模式的内在关联性

上述技术创新环境下的企业知识产权战略模式以及企业知识产权战略指引下的企业创新模式的研究表明，企业知识产权战略选择模式与企业创新模式之间是内在的相辅相成的关系。企业知识产权战略选择需要立足于企业特定的创新环境，企业创新模式选择则应立足于企业经济技术实力和技术开发能力，以实现企业战略为目的，以企业知识产权战略为指引。同时，企业创新模式与知识产权战略一样，并不是一成不变的，它需要根据企业发展方向及时实施变换策略。例如企业长期实施模仿创新战略积累了较雄厚的经济技术基础后，就可以及时实施战略转型，以核心技术突破为目的，实施自主创新战略。从理论上讲，企业创新模式有一个由低到高的渐进过程，通常模仿创新是企业自主创新的前奏，是企业实施技术创新战略的基点，它能够为企业后来的自主创新奠定基础。企业在模仿创新的基础上，经过一定时期的技术积累，需要逐渐步入原始创新、集成创新等自主创新模式中。当然，企业不同形式的创新模式并不是相互排斥的，而是有机结合的，因为即使在自主创新阶段，企业也需要模仿创新等创新模式的补充，原因是任何企业不可能在一定的技术领域占尽所有优势，总有所不足。一般来讲，企业都有一定的技术创新能力，而这构成了企业实施知识产权战略的基本条件。企业在选择一定的创新模式后，选择适当的知识产权战略模式可以指导和引导企业进一步的技术创新活动，推动企业技术创新能力的提高。

企业选择何种创新形式，取决于自身的经济技术实力和面临的外部技术、市场环境。无论选择何种创新模式，企业需要结合所处行业的竞争结构和创新环境，以知识产权战略指导创新活动，以知识产权战略引导企业技术创新，将知识产权战略与企业技术创新有机结合起来。例如，德阳市二重集团公司是一个重装企业。该公司重视引进、消化、吸收再创新的战略和知识产权战略。公司将企业知识产权工作纳入了自身科学发展的主要内容，制定实施了引进消化吸收再创新战略，将技术创新与知识产权战略紧密结合起来，在重装行业中取得了共性和关键技术领域自足自主知识产权，得以在世界重装制造业中占有一席之地。

图 3-8 直观地反映了知识产权战略指引下的技术创新战略模式。

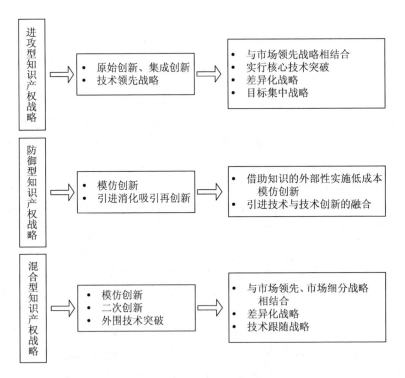

图 3-8　知识产权战略指引下的技术创新战略模式

下　篇

技术创新与企业知识产权战略
——法律运行机制

一、需要着重解决的问题

实施知识产权战略与技术创新之间具有良性互动关系，特别是实施知识产权战略对企业技术创新具有良好的促进作用。推进我国企业实施知识产权战略和技术创新，关键是要建构两者有效融合的机制。本书认为，实施企业知识产权战略与技术创新融合，建立一体化的法律运行机制，需要着重解决以下问题。

（一）政策和制度

就企业而言，实施知识产权战略与技术创新战略都是为实现提高企业市场竞争能力的目的。不仅两者缺一不可，而且需要战略性地运用知识产权制度来加强技术创新工作，提高拥有的自主知识产权的数量和质量。由于政策具有导向性和指导性，制度具有极强的规范性和指引性，从政策和制度层面强化技术创新与知识产权战略实施的融合，并制定一系列对策和措施加以保障，具有十分重要的意义。事实上，我国不同层面、不同部门颁发或公开的一些政策、制度，对于促进上述两者的融合确实发挥了重要作用。例如，党的十六届四中全会通过的《中共中央关于加强党的执政能力建设的决定》指出，"要提高自主创新能力，保护知识产权"。我国政府越来越认识到技术创新对提升我国综合国力的重要意义，并启动了国家创新工程。该创新工程高度强调了技术创新的重要性。建立以企业为主体、市场为导向和产学研相结合的技术创新体系，是我国国家创新战略的重要目标。而为实现这一战略目标，有效地实施知识产权战略和技术创新战略的融合是重要的手段和保障。

以下主要从国家层面，对近年来我国颁行的一些促进技术创新与企业知识产权战略的典型性政策指导意见和规范加以梳理与评价。

第一，《国家技术创新工程总体实施方案》。

2009年6月2日，科学技术部、财政部、教育部、国资委、中华全国总工会、国家开发银行联合发布了《国家技术创新工程总体实施方案》（国科发政〔2009〕269号）。它是我国实施技术创新战略和技术创新工程的总体蓝图，从宏观、全局、总体的角度勾勒了我国推进创新型国家建设、提升以企业技术创新能力为核心的国家整体创新能力的总体构想，对于指导我国企业技术创新工作、实施我国技术创新战略具有重要的指导作用。

第二，《关于实施科技规划纲要增强自主创新能力的决定》。

2006年1月26日，中共中央、国务院颁布了《关于实施科技规划纲要增强自主创新能力的决定》（中发〔2006〕4号）。决定的一个重要内容是高度强调了提高企业自主创新能力、确立企业技术创新地位的重要作用。《决定》指出：增强自主创新能力，关键是强化企业在技术创新中的主体地位，建立以企业为主体、市场为导向、产学研相结合的技术创新体系。采取更加有力的措施，营造更加良好的环境，使企业真正成为研究开发投入的主体、技术创新活动的主体和创新成果应用的主体。

第三，《全国企事业单位知识产权示范创建单位创建工作方案》。

《全国企事业单位知识产权示范创建单位创建工作方案》（国知发管字〔2007〕72号）是国家知识产权局为指导首批知识产权示范创建单位的创建工作而颁布的部门规章。根据该《方案》的规定，企事业单位知识产权示范创建工作的内容包括建立健全和完善知识产权制度，将知识产权工作融入企业管理全过程，实现知识产权工作全面规范化，强化知识产权管理能力建设，形成本企业参与国内外市场竞争需要的知识产权管理体制和机制，制定实施知识产权战略，提升知识产权创造和运用能力，加强知识产权保护能力建设等。另外，该《方案》还提出了开展知识产权示范创建的支持措施和组织措施。

第四，《国家科技重大专项知识产权管理暂行规定》。

2010年8月，科学技术部颁发了《国家科技重大专项知识产权管理暂行规定》（国科发专〔2010〕264号）。该《规定》是调整我国重大科技专项知识产权管理问题的基本规范，从科技计划立项、管理机制、管理手段、权属分配和产业化实施等多方面规范了重大科技专项涉及的知识产权问题，有利于在重大科技专项中充分重视知识产权的创造、管理、保护，并推进知识产权的运营。

第五，《关于促进自主创新成果产业化的若干政策》。

2008 年 12 月 15 日，国务院办公厅转发了国家发展和改革委员会等九部门《关于促进自主创新成果产业化的若干政策》（国办发〔2008〕128 号）。从培育企业自主创新成果产业化能力、大力推动自主创新成果的转移、加大自主创新成果产业化投融资支持力度、营造有利于自主创新成果产业化的良好环境、切实做好组织协调工作等方面做了具体要求。从自主创新成果产权化、产业化、市场环境和法制环境、组织协同等多方面提出了推进我国技术创新的问题，是我国关于技术创新与知识产权建设比较系统的政策性文件。

第六，《关于加强中央企业知识产权工作的指导意见》。

2009 年，国资委颁发了《关于加强中央企业知识产权工作的指导意见》（国资发法规〔2009〕100 号）。尽管该《指导意见》是针对中央企业的，但其对其他企业技术创新与知识产权工作同样具有指导意义。该指导意见要求中央企业全面实施企业知识产权战略，提高企业自主创新能力，坚持企业知识产权工作与企业改革、机制创新相结合，与结构调整、产业升级相结合，与企业开拓市场、经营发展相结合，与技术创新、提升自主开发能力相结合。该指导性意见对我国中央企业充分利用知识产权制度，强化自主创新，提高创新能力，有效实施知识产权战略将起到积极的推动作用。

第七，《关于加快培育和发展战略性新兴产业的决定》。

2010 年，国务院发布了《关于加快培育和发展战略性新兴产业的决定》（国发〔2010〕32 号）。该《决定》认为，发展战略型新兴产业是走有中国特色新型工业化道路，调整经济结构，转变经济增长发展方式的重要举措。战略性新兴产业发展的科学依据在于巨大的市场需求、良好的经济技术效益和产业群的崛起等，其基础仍然是强化企业的创新主体地位，建立产学研一体化的技术创新体系，其核心和重点则是实施关键核心技术的突破，获取自主知识产权。该《决定》对于规划和发展我国战略性新兴产业，提高我国产业竞争力和自主创新型能力，实现经济发展方式的改变等都具有深远影响。

第八，《关于加强国家科技计划知识产权管理工作的规定》。

2003 年，科学技术部发布了《关于加强国家科技计划知识产权管理工作的规定》（国科发政字〔2003〕94 号）。规定了国家科技计划项目的申请、立项、执行、验收以及监督管理中应有明确的知识产权目标，在科技计划管理中应有知识产权的取得、保护和应用的内容。该《规定》对于强化知识产权的管理和保护，提高自主知识产权的创造和运用能力，特别是实现技术创新与知识产权战略的有机结合，在科技创新、技术创新中推进知识产权战略，具有重要意义。

第九，《关于支持中小企业技术创新的若干政策》。

2007 年 10 月 23 日，国家发展和改革委员会、教育部、科学技术部、财政部、国家知识产权局等联合颁行的《关于支持中小企业技术创新的若干政策》（发改企业〔2007〕2797 号）提出，支持中小企业技术创新的政策如下：一是激励企业自主创新，二是加强投融资对技术创新的支持，三是建立技术创新服务体系，四是健全保障措施。上述《政策》专门针对我国中小企业技术创新的发展和完善，从激励机制、金融支持、服务体系和组织者保障等方面做了比较全面的规定，为促进我国中小企业技术创新提供了清晰的愿景和行动计划，对我国中小企业技术创新活动具有重要的指导意义，对我国一般企业实施技术创新活动也具有参考借鉴价值。

第十，《国家产业技术政策》。

2009 年 5 月 15 日，工信部、科学技术部、财政部和国家税务总局联合发布了《国家产业技术政策》（工信部联科〔2009〕232 号）。该《政策》分为以下七章：发展目标；构建和完善技术创新体系，推动产业技术升级；发挥企业主体作用，促进产业技术研究开发与创新；健全法律法规体系，加强规划和政策的引导；构建技术标准体系，实施知识产权战略；广泛开展国际合作与交流，强化技术引进消化再创新；健全产业技术服务体系，实施创新人才战略。上述规定为我国产业技术政策制定和发展提供了一个总体蓝图，其基本特点是立足于企业自主创新和技术创新，以制度和政策规范为基础，以知识产权保护为法律手段，以产业技术服务体系和创新人才建设为保障，以提高我国产业技术能力为根本宗旨，对于指导我国产业技术发展、提升我国产业技术能力，具有重要的意义和作用。

值得注意的是，近年来我国地方政府颁布、制定的一些涉及知识产权战略与技术创新的政策也体现了以知识产权战略和技术创新战略合力推进企业和地方经济跨越式发展的思路和目标。

不过，整体上，我国企业技术创新中忽视知识产权战略的运用，或者知识产权战略实施中缺乏对技术创新的足够重视，是共性问题。今后需要在政策和制度层面大力加强技术创新与知识产权战略实施的融合。

（二）技术创新目标

技术创新本身是一个经济和社会过程，强调创新成果的市场化、产业化和商业化，认为只有这样才能真正实现技术创新的目的。实施知识产权战略也是一个系统过程，在内容上包含促进知识产权创造、加强知识产权保护和管理，以及重视知识产权的应用。知识产权的应用与技术创新之间具有高度的交叉关系，在一般情况下，知识产权进入了市场化、产业化和商业化，才称得上是知识产权的应用。当然，也有一些情况不以此为准，例如从竞争战略的角度，出于阻遏他人实施专利技术目的，不一定需要自己或许可他人实施该专利。不过，这不会影响知识产权应用于技术创新的高度重合性和相关性。同时，知识产权战略实施的其他环节也与技术创新战略之间具有紧密联系，如知识产权创造既是知识产权战略实施的源头和资本，也是技术创新的源头和基础；知识产权保护是智力成果产权化和成为市场经济主体战略性无形资源的根本保障，也是技术创新的基本法律保护形式；知识产权管理则是运用知识产权获取收益的基本手段和技术创新经济价值实现的保障。基于知识产权战略实施与技术创新之间的这种联系，在企业知识产权战略实施中应当有明确的技术创新目标。

（三）知识产权战略理念、思路和策略的融入

如前所述，技术创新作为一个系统的经济和社会过程，大体包括新技术、新产品或新工艺设计的立项，研究与开发，研究成果产权化，以及产权化后的知识产权产品的商业化、产业化、市场化等不同阶段。这些不同阶段都涉及知识产权战略实施的理念、思路和策略问题，需要很好地引入包括专利、著作权、商业秘密等知识产权在内的战略形式，以最大限度地从技术、法律和管理层面推进技术创新工作，实现技术创新目标。企业应以市场为导向，在技术创新的不同阶段均引入知识产权战略。

企业知识产权战略不是孤立地对技术创新发挥作用的，它需要以完善的政策、技术和市场环境为依托，贯穿于企业技术开发、产品研制和产业化的全过程，贯穿于企业科技创新、生产经营和服务全过程，其基础是知识产权的形成和界定，这体现在整个技术创新过程中。如前所述，技术创新的不同过程和环节中都可能形成知识产权。以下以知识产权战略中的专利战略、著作权战略和商业秘密战略为例，并以专利战略为重点，立足于企业技术创新全过程，探讨技术创新与知识产权战略融合的法律运行机制。

企业专利战略是企业利用专利制度提供的法律保护和专利信息谋求获取技术竞争优势的总体性谋划。专利战略与技术创新相互作用，具有一致的目标。专利战略的实施需要在技术创新全过程中予以落实，即从企业新技术与新产品立项和决策、技术和产品开发计划的实施到创新成果的市场化全过程中运用专利战略予以指引和指导。在技术创新中融入

专利战略理念、思路和策略，可以很好地以专利战略指导企业技术创新活动。像日本夏普公司的核心技术开发与专利战略的紧密结合，就为我国企业实施以专利战略为指导的技术开发，实现技术创新与专利战略的有机结合，提供了范例。该公司拥有液晶显示核心技术。公司将技术开发活动与企业专利活动紧密结合，在技术开发中引入专利战略理念，实现技术开发与专利战略的"有机互动"。该公司还专门成立了独立于知识产权部的一个由数十人组成的"专利战略小组"的组织，该组织与技术开发活动保持着动态联系，如技术开发小组确定的研究课题，会得到专利战略小组从专利申请、授权、市场前景等方面的意见，以指导后续技术开发活动，调整技术研究开发方向。夏普公司技术开发部门与专利战略小组配合默契，使得技术开发活动与公司专利技术保护、获取市场竞争优势有效结合，从而保障了公司技术创新，为提高公司竞争能力奠定了坚实基础。

以下将具体以技术创新的各个环节和过程为基础，分析专利等知识产权战略的指引下技术创新与知识产权战略融合的法律运行机制。

1. 立项阶段

技术创新的源头是智力成果创造，而这离不开基本的立项。立项阶段具体又可以分解为选题的调查与确立、可行性研究以及正式立项等。

首先，选题的调查与确立：专利文献与信息分析。

在项目立项前的选题阶段，企业应立足于市场经济主体自身的内部条件和外部环境，进行必要的市场调查，同时需要进行基本的专利情报信息分析。美国经济学家梅耶斯和马威斯曾研究了157个创新案例，结果发现有98项创新构思是被企业外部信息源所激发的，也有不少创新构思甚至全部来自于企业外部的构思。❶ 这里的企业外部信息的获取，就技术信息而言，离不开专利信息战略的实施，而且该战略形式在技术创新的整个阶段都具有重要价值，甚至可以认为专利信息战略是伴随技术创新的动态战略。企业专利信息战略包含专利信息调查、专利文献与信息分析、专利信息网络服务、专利信息数据库建设、专利信息管理制度等内容。专利信息战略在企业技术创新全过程的实施体现了专利制度下的技术扩散机制中专利制度信息功能的重要性。从工业化国家的经验看，这些国家无不将对专利文献纳入信息的战略性利用伴随技术创新的全过程。专利信息战略的核心是专利信息分析，即对专利说明书、权利要求书和其他大量的专利信息进行分析、加工和整理，并采取科学的统计方法研究出具有竞争情报功能的结论和规律。

❶ 赵晶媛. 技术创新管理［M］. 北京：机械工业出版社，2010：90.

其次，立项选题涉及的知识产权问题。

立项选题确定后，应对相关的知识产权问题做出安排。科学技术部《关于加强国家科技计划知识产权管理工作的规定》（国科发政字〔2003〕94 号）第 4 条规定："申请国家科技计划项目应当在项目建议书中写明项目拟达到的知识产权目标，包括通过研究开发所能获取的知识产权的类型、数量及其获得的阶段，并附知识产权检索分析依据。"在立项选题阶段，还涉及著作权保护问题，因为对相关技术和市场情况提出的分析报告，对自身和竞争对手分析的成果都属于著作权法意义上的享有著作权的作品。由于这些智力成果还具有实用性和竞争价值，在没有公开的条件下还可以构成商业秘密，受到反不正当竞争法的保护。

再次，可行性研究。

一旦选题确立，则应进行可行性研究，以便进行研究开发决策，制定出具体的研究开发计划。例如，日本三菱公司在研究开发管理中，确定了研究开发立项的严格程序，其中重点是可行性研究。公司的研究开发工作由研究所负责。研究开发项目立项有以下四个环节：首先在每年夏天由各工厂或研究所提出提案，两者所占比例大体相当。其次，每年 9 月份，研究所对提案进行可行性方面的评估。再次，每年 12 月左右，经评估认为不具有可行性的提案，申请人可以申请复核。最后，通过可行性评估的提案，经工厂厂长和研究所所长同意后，予以正式立项。❶

可行性研究的主要内容之一也是专利信息分析，通过专利信息分析获取相关的技术、经济和法律信息，进而结合技术创新目标确定技术方案、关键技术、技术创新点及其效果。可行性研究阶段提出的可行性论证报告应明确相关的知识产权目标和指标。《国家科技重大专项知识产权管理暂行规定》（国科发专〔2010〕264 号）第 11 条规定：项目（课题）申报单位提交申请材料时，应提交本领域核心技术知识产权状况分析，内容包括分析的目标、检索方式和路径、知识产权现状和主要权利人分布、本单位相关的知识产权状况、项目（课题）的主要知识产权目标和风险应对策略及其对产业的影响等。在可行性研究中，有必要建立企业专利技术评估机制，这样可以为企业考虑是否值得予以立项、是否值得投入研究开发资金和人力资源提供决策依据。其中，除了专利信息分析外，市场分析也是必要的。这是因为研究开发开发应面向市场需求，否则即使研究开发本身在技术上具有创新性、先进性，但由于市场需求不大，难以实现技术创新目的。故在可行性研究中，应引入市场分析，以保障企业研究开发决策牢固地建立在满足市场需要的基础之

---

❶ 毛金生. 企业知识产权战略指南 [M]. 北京：知识产权出版社，2010：32.

上。为此，企业研究开发部门和技术决策部门应当与市场营销部门进行沟通，营销部门可以根据对市场动态的把握向研究开发部门提出意见，这样可以更好地根据市场需要来确定企业的研究开发方向和选题。

最后，正式立项。

在企业研究开发项目可行性研究的基础之上，应制定项目研究可行性报告。可行性报告应明确目标专利技术检索与分析的情况和结果，载明在研究开发阶段可以获得的知识产权情况，如通过研究开发获得的知识产权的数量、类型、技术含量以及获得知识产权的大致过程，并应明确企业可能采取的知识产权保护措施和制度。可行性报告出台后，则应对此进行评审，形成可行性研究评审报告，该报告应对拟定的技术研究开发项目的创新和突破点及其产生的知识产权情况、技术开发路线、未来技术成果及其知识产权以及知识产权风险防范等问题做出评估。可行性论证报告通过以后即可正式立项。

2. 技术方案阶段

在技术方案阶段，知识产权战略实施与技术创新战略融合则体现为将知识产权目标融入技术方案，提出明确的知识产权数量和类型目标，以及相应的知识产权保护模式。在此阶段，企业制定和实施的技术方案本身可以作为享有著作权的作品以及商业秘密加以保护。

我国现行关于科技计划项目中知识产权保护问题的规范性文件对科技计划方案的制定和实施都有对知识产权数量和质量目标的规定。例如，《关于加强国家科技计划知识产权管理工作的规定》（国科发政字〔2003〕94 号）、科学技术部 2003 年《关于加强国家科技计划知识产权管理工作的规定》。尽管这些规定是直接针对科技计划项目中实现知识产权目标、落实知识产权保护的问题，其对于规范企业在技术创新活动各个环节重视知识产权问题仍具有指导意义。

应当说，在我国现有大量的技术创新活动过程中，技术方案缺乏知识产权目标从而导致后续技术创新活动偏离知识产权战略思维、忽视知识产权确权和保护的问题是非常严重的。以我国药品专利保护为例，从1993 年到 1999 年，我国制药行业取得的科技成果 1 168 项，但只有 32 项专利申请。可能最有代表性的事例之一是国家"863 计划"实施后，产生了大量的科研成果，如 1997 年在生物、信息、能源等领域取得的成果 1 250 项，发表论文 2 万多篇，但当时申请的专利才 242 项。由于忽视技术方案阶段的知识产权目标，也会对本阶段产生的知识产权不够重视。

3. 研究开发阶段

技术方案一旦确定，则进入研究开发阶段。研究开发阶段是技术创新的实质性阶段和技术创新理论向实践进发的基本途径，也是知识产权创造的关键环节。在此阶段，随着研究开发进程的深入，企业需要随时渗入知识产权保护。像微软公司近年对知识产权管理进行重大改革，其中一个重要特点就是将知识产权创造纳入产品开发流程中，也就是在产品的开发中不断加强对知识产权的保护。❶ 同时，由于技术发展及其相应法律状况变化的动态性，为保持研究开发的前沿性，本阶段专利情报战略和信息分析仍然具有重要地位。企业利用专利信息和情报，可以启迪研究开发思路、启发研究开发人员的创造性思维，借鉴现有技术经验，推进创新进程；通过专利信息跟踪和研究，指导和调整研究开发方向与思路，形成新的技术解决方案，提高技术创新的起点与水平。

从技术创新的过程看，企业研究开发活动不仅需要融入专利信息战略，而且需要紧密结合市场信息，跟踪市场情况的变化，以市场需求指导研究开发活动。这方面国内外企业均有值得借鉴的经验。以联想集团公司为例，公司重视专利开发以产品为中心、产品以市场需求为导向，逐步形成研究开发—专利申请—市场开拓的良性循环。联想公司具有清晰的研究开发思路，即不能为技术而技术，技术优势转化为产品优势需能满足市场需求，通过获利为下一轮技术研究开发与产品提升提供资金支持。中兴通讯公司则将满足市场需求作为技术创新的基本原则。中兴公司将研究开发立足于市场。具体做法是，由研究开发人员和市场人员共同组成项目小组，使研究开发的产品有经营要求，直接与市场挂钩。中兴通讯还要求研究开发人员要花一半时间去接触市场，将研究开发平台牢牢地根植于市场前沿。❷ 再以芬兰诺基亚公司为例，公司高度重视研究开发与市场之间的互动关系，将研究开发与市场对接。公司的研究开发人员与生产、制造、采购、市场营销等部门都保持密切的联系，这些相关部门的人员从所在部门的角度对研究开发活动提出意见，并反馈给研究开发人员，从而使研究开发人员的研究开发活动具有较强的市场适应性。可见，成功企业的市场调查与评价活动在研究开发阶段花费了一定时间，而这对于企业研究开发与市场需求相衔接，保障未来的研究开发成果适应市场需要具有重要意义。

企业在研究开发阶段会形成一些创新成果，对这些成果需要及时采取保护措施。例如，研究开发阶段形成的图纸、资料、研究开发计划、以一定载体形式记载的技术构思、实验数据、电子文档等均属于商业秘密的保密范围，也属于可以受到著作权法保护的作品。事实上，不局限

---

❶ 尹生. 微软如何"捍卫"知识产权 [J]. 中国企业家，2006（9）：100-102.
❷ 冯晓青. 企业知识产权战略 [M]. 3 版. 北京：知识产权出版社，2008：188.

于研究开发阶段，在技术创新每一阶段都涉及对相应的创新成果的保密问题，需要纳入商业秘密保护。中国石油天然气管道局在这方面提供的经验就值得借鉴。其针对科技计划项目实施知识产权的全过程管理，在项目执行的各阶段均要求参与项目管理、研究开发、验收和成果鉴定的人员保守秘密。对研究开发阶段形成的阶段性创新成果，则应根据情况决定是否提前申请专利，而不是要等到系列技术开发完成后再申请专利，以免耽误申请专利的时机。这是因为，各国专利法一般实行先申请原则，在本企业研究开发过程中完全有可能存在他人申请同样专利的情形。由此可见，在企业研究开发阶段，实施专利信息与情报战略、专利申请战略、著作权保护战略、商业秘密保护战略等都是必要的。

4. 研究开发成果的确权、验收和应用阶段

第一，技术成果报告的撰写。

研究开发阶段完成后，进入研究开发成果的确权、验收和应用阶段。在研究开发成果确权阶段，应对取得的研究开发成果进行总结，提交研究开发成果报告或称之为技术成果报告，并移交项目研究开发过程中全部技术资料。研究开发成果报告应当载明研究开发项目名称、项目负责人和主要成员、研究开发起止时间、研究开发取得的成果、研究开发过程及其取得成果的知识产权归属问题。

第二，技术成果的知识产权确权。

《科学技术进步法》第 38 条规定："国家依法保护企业研究开发所取得的知识产权。"研究开发阶段取得的研究开发成果是自主知识产权的源泉，但这些创新成果本身并不等于知识产权，而需要通过适当的知识产权确权才能实现。换言之，研究开发阶段产生的技术成果，即使具有很强的创新性，由于尚没有实现产权化，而不能由技术优势本身转化为市场竞争优势。在知识产权制度下，企业在研究开发基础上产生的技术成果实现产权化、法律化的基本形式是通过一定的法律形式转化为知识产权，只有及时转化为知识产权，企业研究开发成果也才能真正获得对技术和市场的控制。

在技术成果的知识产权确权阶段，需要充分引入知识产权保护战略。需要关注的问题主要有：确定需要保护的客体；选择保护的方式；根据企业外部法律状况和面临的技术和市场风险选择保护机制或保护机制的组合；选择确权的时间；选择确权的地域范围；注意确权的技巧和策略。这里不妨以企业专利确权为例阐述企业技术创新中专利申请的目的及其战略内涵。1993 年，国外学者阿伦德尔（Arundel）对英、德、意企业专利申请动机的一项调查显示，在调查所列重要程度中，保护创新成果不被模仿居首位。其次是改善企业谈判地位和防止第三者的侵权诉讼。接着是增加许可收入、

进入国外市场和评估内部研究开发生产力。调查还发现，在产品创新与工艺创新中，上述动机在产品创新中表现得更重要。

在当代随着技术竞争日益激烈，企业主要通过研究开发活动获得创新成果，然后将其申请专利的行为不仅仅是简单的专利确权行为，还具有很强的战略考量。企业专利申请行为服务于其更广泛的战略目的，它使得在技术竞争越演越烈、知识产权战略成为企业竞争的基本形式的今天，企业专利申请行为承载着更多的专利制度的战略功能。在专利战略对企业日益重要的环境下，企业专利申请和专利利用的战略价值日益提升，它使得企业专利申请行为更加服务于企业战略，旨在为企业带来更大的战略利益。

第三，技术成果知识产权确权后的产业化应用。

研究开发活动取得的技术成果或者创新成果，经过知识产权确权，最终目的则是实现产业化应用，以及时实现成果向生产力转化，实现企业技术创新目标。从技术创新的角度看，研究开发成果在通过验收后，最重要的是推动其产业化、商业化。当然，从知识产权战略的角度来说，有的成果获取知识产权的目的并非为了在实践中被运用，从而进入商业化运作阶段，而可能主要是取得竞争优势，阻止他人使用。以专利为例，有些价值较高的专利，专利权人申请专利的主要目的并不在于直接利用该发明去获取利益，而是形成专利壁垒，排除竞争对手在相关技术和产品市场的竞争，更多地获取市场竞争价值。当然，从一般意义上说，更多地需要通过商业化活动才能实现其价值。因此，技术创新与知识产权战略实施的融合，在研究开发成果产业化、商业化阶段最具有实质性的意义和价值。

图 4-1 直观地反映了企业技术创新各阶段与知识产权战略融合机制。

然而，企业研究开发成果产业化、商业化不佳恰恰是我国技术创新、知识产权战略实施"结合部"的一大软肋。根据前述对 2 716 家企业的知识产权问题调查，在技术转移、知识产权应用方面，问卷显示，2000 年以来授权专利的实施率在 30% 以下的企业占 52.4%，82% 的企业未开展过专利许可贸易，79.2% 的企业未进行过专有技术贸易，88.5% 的企业未进行过商标许可贸易。如何通过完善制度和优化实施环境推进知识产权的运用，强化技术创新，确实是值得重视的问题。

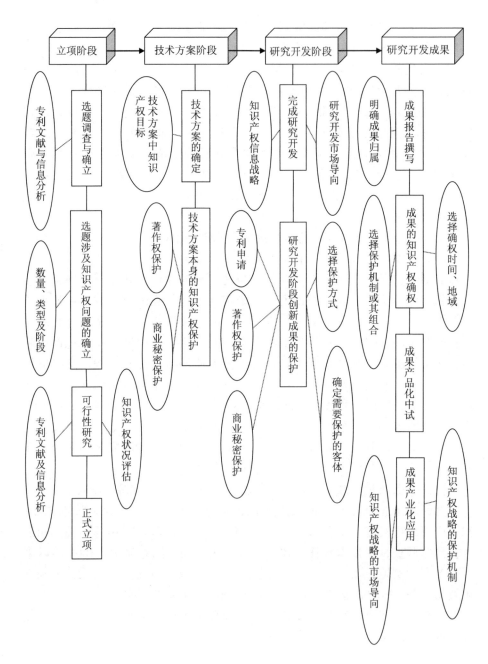

图 4-1　企业技术创新各阶段与知识产权战略融合机制

二、技术创新与企业知识产权战略实施的协同建设

如前所述，知识产权战略实施是一个系统工程，也是知识产权创造、

运用、保护和管理的动态过程，从层次上来说包含国家、区域（地区）、行业和企业层面。技术创新也是一个庞大的系统，在国家层面上是国家创新体系，在区域层面上则为区域创新体系，在企业层面体现为技术创新体系。技术创新与知识产权战略实施的密切联系和作用的协同发挥，需要良好的组织协同。为此需要充分发挥企业、政府、行业协会等主体在推进知识产权战略实施和技术创新中的功能，发挥其主体地位作用。

（一）企　　业

如前所述，企业既是自主知识产权创造的重要主体，也是技术创新的主体；既是落实国家知识产权战略的基础，也是最终实现技术创新的支撑。尽管我国目前有部分企业在知识产权战略实施方面积累了比较丰富的经验，如海尔、华为、联想等大企业，但整体上企业知识产权战略运作能力和经验还非常有限。企业整体上缺乏核心技术，自主知识产权明显不足，技术创新能力不强。在我国企业面临熟谙知识产权战略的国外企业知识产权战略进攻的环境下，唯有奋起直追，充分意识到其作为技术创新主体的重要地位，大力培育我国企业知识产权战略意识和运作能力，将知识产权战略实施与技术创新活动紧密融合，才能改变这种不利局面。

（二）政　　府

当前，我国政府行政管理体制的改革为政府强化在指导和引导技术创新与企业知识产权战略方面发挥作用创造了更好条件。党的七届二中全会通过的《关于深化行政管理体制改革的意见》（中发〔2008〕5 号）明确要求：转变政府职能，逐步实现从资源配置型政府向行政法制型政府转变，从经济建设型政府向公共服务型政府转变，强调政府应履行的经济社会管理的职能是经济调整、市场监督、社会管理和公共服务。在推动技术创新与知识产权战略实施中，政府部门的职责是实施区域（地区）知识产权战略和区域创新战略，并实现两者高度的融合。

区域知识产权战略需要通过区域创新与知识产权政策予以落实，需要政府发挥技术创新与知识产权战略实施推进中的保障作用。例如，北京市实行了中关村国家自主创新示范区知识产权推进工程，实施知识产权"引优扶强"等计划。天津市为推进滨海新区建设，出台了滨海新区知识产权战略实施方案，重点突破关键技术和共性技术，加快主导产业和战略性新兴产业发展。湖南长株潭城市群知识产权示范工程的启动则在于打造知识产权示范区和先导区。在区域（地区）知识产权战略实施和技术创新战略当中，各级政府既是战略的制定者和领导者，也是推动区域知识产权战略实施和区域创新的主要力量。各级政府的作用主要体现于以下几方面：

一是从政策和制度层面保障知识产权战略实施和技术创新战略的推进。这些政策和制度有的是直接针对知识产权方面的政策和制度，有的则是从财政、税收、投资、贸易、文化教育等方面加以构建的，总体上旨在建构完整系统的推进知识产权战略实施的知识产权公共政策。目前，我国很多省市已制定实施了本地区的知识产权战略，并已取得了明显的成效，但整体上区域知识产权战略实施仍然没有很好地结合技术创新战略，特别是促进技术创新与知识产权战略实施融合的机制尚未建立。

二是培育区域知识产权文化和创新文化，营造尊重和保护知识产权、崇尚创新的良好氛围。这些措施实际上构成了推进区域知识产权战略实施和创新战略的软环境。

三是为企业实施知识产权战略和技术创新活动提供保障措施和公共服务平台。我国区域知识产权战略实施最终需要企事业单位承担，但政府提供基本的保障措施和公共服务平台也具有非常重要的意义。例如，中小企业是我国技术创新的重要主体，但通常规模小，技术创新能力弱，自主知识产权意识和数量不强。中小企业特别需要政府在投融资、创新环境和公共信息服务平台建设方面给予更多的帮助。

四是政府主管部门特别是知识产权行政管理部门通过制定知识产权工作计划和方案指导企业推进知识产权战略和技术创新活动，特别是引导企业将知识产权工作与技术创新紧密地结合起来。例如，青岛市知识产权局提出的 2008~2012 年全市知识产权工作总体思路突出了企业在自主创新和实施知识产权战略中的主体地位，强调了以创新为核心的自主知识产权实施战略，在推进技术创新与企业知识产权战略方面具有一定的启发意义。

（三）行业协会及其他组织

研究表明，企业所在的行业不同对研究开发和技术创新活动影响不同。以研究开发为例，与中小企业相比，大中型企业更愿意实行持续的研究开发活动。行业协会是我国行业实施知识产权战略的基本主体和重要支撑。发挥行业协会在知识产权战略实施和技术创新中的作用，就是要根据行业特点和市场环境，整合行业内的创新资源，推进行业技术创新及其知识产权战略运用。行业知识产权战略本身则起到了衔接区域知识产权战略和企业知识产权战略的作用。为强化行业协会在知识产权保护和技术创新方面的作用，需要政府部门加强对行业协会知识产权保护和管理工作的指导和协调。

行业协会在增进技术创新与知识产权战略融合方面的作用和手段主要有：

其一，推进行业制定行业知识产权战略和技术创新战略，指导行业知识产权创造、运用、管理和保护。行业知识产权战略的特点是聚集同一领域企业，研究共性的知识产权战略、品牌战略和技术创新战略，为提高行业在整个产业中的竞争力和核心竞争力服务。

其二，整合行业内的知识资源，形成以行业骨干企业、名牌产品为龙头的企业集群，建立集约型企业，推进自主创新能力的大幅度提高。

其三，推进行业标准化建设，力图建立知识产权战略与标准化战略相结合的运行机制，提高行业在国内外市场竞争的能力。

其四，通过发挥行业协会在促进自律、知识产权宣传培训、经验交流与合作方面的作用，促进行业知识产权保护的社会化水平的提高。

其五，针对共同行业内企业可能或者已经遇到的知识产权风险，建立行业知识产权风险预警机和应急机制，提升行业抗击知识产权风险的能力。这方面特别体现于我国一些外向型企业涉及的行业。如在近些年应对美国337调查的案件中，行业协会发挥了很大的作用。

其六，通过建立和完善行业知识产权保护联盟与技术联盟，实现技术创新与知识产权战略实施的有效结合。

除行业协会外，其他一些团体、民间机构在推进知识产权战略实施与技术创新战略融合方面也发挥了一定作用。

（四）高新技术产业园区和试点示范企业等

《国家知识产权战略纲要》在战略措施之"鼓励知识产权转化应用"部分指出，要"深入开展各类知识产权试点、示范工作，全面提升知识产权运用能力和应对知识产权竞争的能力"。通过园区建设、试点示范、优势企业培育等形式，促进技术创新与企业知识产权战略水平的提高，是近年来我国在技术创新与知识产权战略实施方面采取的重要措施，现已取得了一定成绩，值得在总结经验的基础上加以完善。

1. 高新技术产业园区知识产权试点示范建设

高新技术产业园区建设是我国近年来促进企业自主创新，大力发展高新技术，推动经济社会发展的重要模式。高新技术产业园区企业具有研究开发能力较强，自主知识产权开发基础好等优势。迄今为止，我国已经批准和运行了一批高新技术产业区，在促进自主创新和知识产权保护方面取得了很大成绩。在园区知识产权试点工作的基础上，一些园区进入了知识产权示范单位创建的行列。如北京中关村科技园区是我国著名的高新技术产业区，有中国的"硅谷"之称。2009年3月13日，国务院批准在中关村科技园区设立国家自主创示范园区，旨在使其在成为全球具有影响力的科技创新中心。在新的形势下，科技园区更加需要实施以知识产权为导向的科技创新和技术创新政策，充分发挥知识产权制度的激励作用和利益调节作用，通过创新制度、管理和体制，进一步营造创新氛围和知识产权文化，高度融合技术创新战略与知识产权战略，培育更多具有自主知识产权和品牌的技术创新企业，为成为全球科技创新重要阵地而努力。

2. 试点示范企业和优势企业培育工程

知识产权试点示范企业工作的开展，可以为我国企业进行技术创新和知识产权战略工作提供经验，并具有推广价值。近年来，国家知识产权局和地方各级知识产权局等制定了一些关于知识产权试点和示范企业的政策性文件，并组织实施了若干批知识产权试点示范企业开展试点或示范工作，取得了明显成效。据统计，截至 2010 年底，国家级试点、示范创建单位和示范单位分别为 1 065 家、216 家和 58 家，省级试点企业超过 10 000 家、示范企业超过 1 000 家。

为推动企事业单位知识产权示范工作的开展，发挥知识产权制度在企事业知识产权示范创建单位技术创新中的重要作用，国家知识产权局还同时制定了《全国企事业单位知识产权示范创建单位创建工作方案》。试点、示范和知识产权优势工程培育等手段促进了技术创新与企业知识产权战略融合，提升了企业技术创新能力和知识产权战略运作水平。

优势企业培育工程是和知识产权试点示范企业创建相结合的促进技术创新与企业知识产权战略融合的方式和手段。《国家知识产权事业"十二五"规划》确立了"知识产权优势企业培育工程"这一专项任务。知识产权优势企业培育工程立足于知识产权试点和示范工作。根据近年国家知识产权局对知识产权工作规划的安排，知识产权优势企业培育工作需要"实行企业自愿与政府引导鼓励相结合的原则进行，培育和认定一批国家和地方自主知识产权优势企业，对优势企业进行重点扶持，充分发挥其在行业、产业和区域创新发展中的引领作用"。知识产权优势企业培育工程不仅在国家层面得到了充分重视，而且在地方各级政府层面也作为加强地方知识产权工作、实施知识产权战略的重要内容体现出来了。

3. 知识产权试点示范园区建设

知识产权试点示范园区建设是近年由国家知识产权局大力推进的促进高新技术产业及其产业化、提高企业创新能力和知识产权战略运作能力的举措。据统计，自 2002 年国家知识产权试点示范园区建设开展以来，全国拥有近 50 家试点示范园区。以湖南省知识产权工作试点园区建设为例，首批确定的园区有长沙国家生物产业基地、湘潭市九华示范区、株洲国家高新区田心高科技工业园等 9 个园区。知识产权试点示范园区的建设情况，在促进园区企业加快技术创新步伐，实现自主创新。

图 4-2 直观地反映了技术创新与企业知识产权战略实施协同建设的

内容。

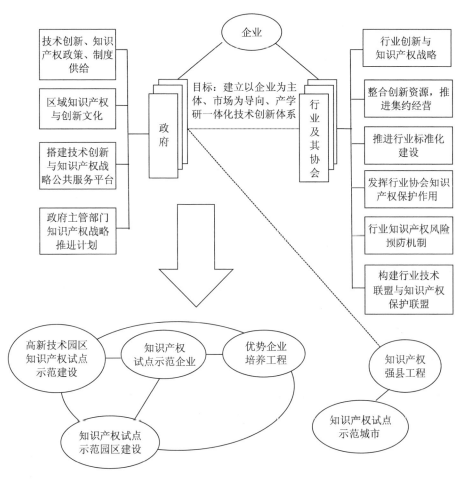

图4-2　技术创新与企业知识产权战略实施协同建设

（五）产学研一体化技术创新体系的作用机制

1. 产学研一体化技术创新体系的作用机制及其实现

产学研是利用企业和大学、科研机构各自的资源、技术和人才优势实现技术创新的良好形式，是产业界与学术界为共同进行技术创新活动、实现特定技术成果转化而建立的创新模式。产学研打破了地区、部门和行业的界限，是一个综合性的创新系统工程。产学研是一种基于市场机制建立的技术创新联盟，有利于促进科技成果及时转化为生产力，有利于创新要素向企业聚集，实现知识产权的产品化和产业化。产学研被证明是一种很成功的技术创新体制和运行模式，如美国著名的硅谷就是以产学研形式进行合作创新获得成功的典型例子。国外为促进产学研活动,甚至制定了专门的法律加以保障。例如,韩国制定了《工业、教育产学联盟促进法》。

在现行我国的科研和创新体制下,产学研尤其具有现实意义。以研究开发为例,目前我国企业整体上研究开发能力较弱,大学和科研机构则基于国家和地区科技创新项目获得了大量的研究开发资源,特别是在研究开发人才方面,大学和科研机构聚集了大量创新人才。然而,技术创新活动最终需要步入产业化和商业化运作,大学和研究结果本身既缺乏技术对研究开发成果实施大规模商业化和产业化的动力,也缺乏技术创新的实施环境。通过产学研合作,则可以使企业提高研究开发能力,提高创新能力。就政府层面而言,其掌握了创新的人力资源分配和相当一部分资金,为促进产学研结合,需要在政策层面引导企业和大学与科研院所建立产学研合作,促进企业技术创新能力的提升。例如,在由国家财政支持的科技计划项目指南和立项上,对于商业化倾向明显的项目,应当鼓励企业、高校和科研院所联合承担。对于产学研项目,可以设立联合招标制度。再从我国企业当前面临的国内外市场竞争形势看,为提高我国企业的市场竞争力,建立产学研组织,实现核心技术的突破具有很强的现实意义。

构建以企业为主体、市场为导向、产学研一体化的技术创新体系,是近年来国家促进自主创新、提高技术创新能力,强化知识产权战略实施的重要目标和机制。如同企业是技术创新的主体一样,企业也是产学研中最重要的主体。从我国产学研技术创新体系的建立与发展情况看,20 世纪 80 年代到 90 年代中期是我国产学研结合技术创新体系建立的初期,这种模式主要由各级政府推动,以企业与高校合作为主体,但无论是在合作方式、合作内容还是水平上都处于较低的层次。20 世纪 90 年代后期至今则是产学研技术创新体系的发展阶段。这一时期出台了不少鼓励建立以企业为主体、产学研相结合技术创新体系的政策和制度。从产学研相结合技术创新体系的构建形式看,主要如企业和高校、科研院所之间进行合作研究开发,企业与大学或科研院所联合成立实验室、研究中心、中试基地联合开发关键技术,以及由大学或科研院所或技术人员以技术入股的形式联合成立企业等形式进行。

国外的产学研实践也表明,企业是产学研技术创新体系中的关键主体。例如,英国产学研技术创新体系的重要特点就是大力支持中小企业发展,通过政策安排鼓励企业投资于高新技术领域。产学研一体化技术创新体系具有开放性和系统性,是实现知识产权战略实施与技术创新战略融合的理想模式。其基本的作用机制是,充分发挥企业技术创新主体的能动性,在技术创新全过程中融入知识产权战略思维和策略,使技术创新成果和知识产权保持高度的互动性,以知识产权战略指导技术创新性活动,最终实现自主知识产权与技术创新能力同步提升。

产学研一体化技术创新体系的构建是企业成功实现在技术创新与知识产权战略融合的基础上最大限度地提高企业竞争力的方式之一。《国家知识产权事业发展"十二五"规划》也提出，要"构建产学研用相结合的知识产权创造与运营体系"。据本书调查现有产学研一体化建设的情况以及上述政策性规定，提出构建产学研一体化技术创新体系的内容和策略。

第一，探讨多种促进产学研合作的有效形式，建构产学研创新战略联盟。企业可以和高等院校、科研院所联合，利用各自的优势和资源，联合建立研究院、研究开发中心和博士后工作站等形式构筑产学研创新基地和实体；通过合作开发、委托开发、知识产权转让与许可、共建专利池等多种形式组建产学研技术创新战略联盟；对产业、行业关键技术、核心技术、共性技术联合攻关，联合申报国家重大科技专项项目和其他重要技术研究开发项目，在若干关键技术和核心技术领域取得突破，拥有一批自主知识产权，提高企业和产业竞争力；企业可以场地、资金、设备和部分技术为要素，高校和科研院所以人才、技术和智力支持为要素，通过合资、合作、联营、入股等多种形式整合技术创新资源，将知识产权作为无形资产纳入股份，建设实体性的产学研技术创新机制。

从产学研实践看，很多实例证明确实可以实现优势互补，联合攻关，实现技术突破。有学者针对国内外大公司合作研究发现，三星公司很重视与大学之间的联合研究开发、与大学与科研院所之间建立合作创新网络，取得了明显成效。❶

第二，创建和加强产学研成果转化基地建设。实践证明，产学研成果转化基地是产学研技术创新体系运行的重要保障，通过构建与运行产学研成果转化平台，能够使产学研成果及时得到改进、完善，更好地适应市场需要。例如，共性产业技术创新基地建设，可以带动企业的工程研究开发、信息交流、产品分析检测以及人才培养；立足于高新技术产业的高校科技园建设培植为产学研成果的中试和孵化基地。还如，建立大中型企业中试基地，采用试点和示范等形式，通过与高校和科研所所的深度合作，在技术装备、技术工艺和系列新产品等方面能够为企业提供全方位支持。

第三，政府从政策和制度上加强对产学研的组织和引导，支持企业与国家和地区科技计划项目嫁接，在企业提出研究开发课题基础上，组织高校和科研院所联合攻关；对地区重点产业和共性关键技术项目，政府委托企业、高校和科研院所联合攻关。近年来，我国以国家重大科技专项等形

❶　栾春娟，侯海燕. 国内外主要公司专利发明合作的计量与比较——以数字信息传输技术领域为例［J］. 技术与创新管理，2009（3）：284.

式体现的国家科技计划越来越重视吸引企业参与，加大企业承担的分量，提高企业参与的层次。这种做法和政策导向值得充分肯定。今后，需要吸引更多的企业参与具有市场前景的科技计划项目，在产学研一体化技术创新模式下，由企业牵头完成科技计划项目的研究成果的产品化与产业化。同时，政府相关部门加强对产学研活动中的协调与合作，建立由科技、教育、金融、人力资源、经济等部门参与的产学研协调与合作机制。政府在制定和实施科技计划项目时，适当向产学研项目倾斜，也有利于产学研技术创新活动。另外，政府也有必要通过政策和制度，引导民间资金和风险投资，以入股、合资、合作等形式建立产学研科技成果孵化器，以联营、兼并、重组等形式发展孵化器。

第四，重视服务于产学研的科技服务和创新平台建设。在政府支持下，建立和完善科技基础平台，包括科技信息服务平台、技术研究院、科技开发中心、重点实验室等，建立和完善创新公共服务平台等，为企业参与产学研技术创新活动提供良好的基础和保障。

第五，重视制约和妨碍产学研合作创新中不利因素，探讨解决这些问题的对策。产学研尽管是一种比较理想的技术创新模式，但由于其涉及不同的创新主体，而这些主体由于在创新理念、对创新成果追求的目的上存在差异以及信息沟通障碍等原因，产学研合作创新也存在很多影响合作创新活动的因素。关于这一问题，国内外学者均有相关研究成果，值得借鉴。以企业与高校之间的合作为例，两者对创新理念和创新成果追求的差异可能导致产学研障碍。例如，珐雄拉尔（Fassin Yves）认为，大学更关注知识进步与新的发明，而企业则更关注新技术发明的应用及其效益。[1] 迪尔登恩克（Van Dierdonck R.）与迪巴凯兰（Debackere K.）主张，掌握企业与大学之间的合作有相互不理解的文化障碍、协议或者政策不清晰的制度障碍以及创新项目实施过程中运营障碍等因素。[2] 国内学者则总结了产学研合作创新中存在的障碍，主要因素有："由于缺乏信息、科技成果不成熟等造成企业难以从合作中获得研究成果，对技术创新存在认识上的差异、目标和职责差异，技术需求与供给不匹配，利益分配不合理，信息不对称和沟通困难，合作形式单一，资金不足，协调不利，文化存在差异，环境支持度低（如风险投资和中介

[1] FASSIN YVES. The Strategic Role of University-Industry Liaison Offices [J]. Journal of Research Administration, 2000(2): 142-160.

[2] R. VAN DIERDONCK, K. DEBACKERE. Academic Entrepreneurship at Belgium University [J]. R&D Management, 1988(4): 341-353.

服务发展滞后），知识产权保护意识淡薄等"。❶ 上述因素确实是产学研合作创新中遇到的常见障碍。为推动产学研合作创新的顺利进行，需要采取有效措施加以解决。本书认为，主要应重视以下对策：

（1）统一认识，增加企业、大学、科研院所等产学研创新主体对创新理念和创新成果价值取向的共识，特别是大学和科研院所应改变过去那种只注重发表文章、进行鉴定和申报奖励的观念，树立创新成果的产品化、市场化和产业化意识。

（2）改善产学研合作创新组织构架，建立与外部环境保持足够弹性同时与内部各创新主体之间保持信息畅通和相互交流机制的创新组织。产学研通常是在一定的合作创新组织体组织和运转下进行的，该组织内部需要建立相互信任和交流机制，增强各创新主体的信任感，杜绝机会主义行为。该组织也需要与外部技术环境、市场环境保持足够的开放性。

（3）选择适当的产学研伙伴。研究证实，不同的产学研伙伴，合作成功的情形不同，如美国费雷德曼（Joseph Friedman）和希尔贝迈恩（Jonathan Silberman）依据美国大学技术转移管理协会对技术许可活动的调查发现，与该机构合作越多的大学其与企业合作创新的成功率也越高。❷ 原因应当是，有过合作创新的经验有助于增进对合作的了解，减少相关摩擦。

（4）建立健全产学研合作合同制度，合理规范产学研创新中各方的权利义务关系。产学研合作中的技术创新，需要以合同和合作协议的形式明确各方的权利义务关系，严密而合理的合作协议有助于避免合作各方在后续创新活动中产生利益之争或其他纠纷。

第六，重视产学研环境下企业创新成果的产权界定和分配。在产学研模式中，政府提供政策和制度安排，建立鼓励产学研的制度。在西方国家，政府也通过各种形式支持产学研合作。企业则高度重视产学研在技术创新和知识产权战略实施中的作用。例如，德国企业通过开展产学研活动，大大促成了知识产权成果的应用和产业化。企业立足于技术创新发展的需要，在招聘科技人员和建立技术机构时，重视吸纳高校和科研机构的人才。例如，在高校、研究机构设立实验室和研究中心，并提供科研项目和研究经费，实施关键技术、核心技术突破。企业对于具有市场潜力的科研机构取得的专利技术成果，及时以通过购买后者许可的形式直接用于生产经营，将技术成果尽快转化为生产力，在企业内部和企业与研究机构之间建立了

---

❶ 董静，苟燕楠，吴晓薇. 我国产学研合作创新中的知识产权障碍———基于企业视角的实证研究［J］. 科学学与科学技术管理，2008（7）：20-21.

❷ JOSEPH FRIEDMAN, JONATHAN SILBERMAN. University Ttechnology Transfer: Do Incentives, Management, and Location Matters［J］. The Journal of Technology Transfer, 2003, 28(1): 17-30.

研究开发与产业化的良性循环机制。❶ 产学研合作提高了创新资源的利用效能，促进了人力资本、资金和技术的有效嫁接，整体上提高了技术创新的水平。国外有学者对澳大利亚 1990～1995 年创新型企业和大学之间进行产学研合作的情况进行调查表明，在产学研合作中企业获取了大学的人力资本，有利于整合发挥人力资本优势。❷

在产学研模式下，企业能够比较方便地获取研究开发资源，特别是与大学和科研院所之间进行合作。一般地说，企业从事创新行为受到自身研究开发资源及其强度、企业规模、企业发展阶段、企业技术人才和实力等多方面因素的制约，也受到企业技术创新的国家政策、特定时期的产业技术发展水平和趋势、市场结构和对创新保护法制环境的影响。产学研模式可以利用企业的自身资源和外部资源与环境，降低创新的风险，分摊创新成本，提高创新效率。在产学研模式下，企业需要本着利益共享、风险共担的原则，联合开发新技术、新产品。

产学研环境下，企业与高校和科研院所之间就技术创新风险承担和利益分配，需要通过明确的契约加以约定。产学研合作技术创新中，不同的合作模式存在不同的利益分享机制。通常，在企业出资，高校或科研院所以技术入股投资或者以技术人员的人力资本投入企业的模式中，需要约定技术所占股份的比例和技术权属的担保。在企业委托高校或者科研院所进行研究，由企业出资，高校或科研院所进行研究开发活动的情况下，企业可约定研究开发的成果产权属于企业。在企业与高校、科研院所联合建立实验室、技术中心的情况下，也需要对研究开发的风险、费用分担和研究人员的职务发明创造等问题做出约定。

在产学研环境下，合作研究开发中风险防范与利益分配是比较重要的一个课题，需要认真研究。合作研究开发需要合作各方以各自的相关知识和创新成果投入，以便在特定范围内形成一个知识和信息共享的领域。在合作研究开发中，各方基于投入的知识和信息被泄密的顾虑，可能不愿提供自身核心技术。为此，需要重视对合作研究开发中知识产权风险的防范管理，建立合作研究开发领域中的知识产权保护体系，以便各方放心地将具有互补性的知识和信息投入合作研究开发中，取得合作研究开发的预期效果。

2. 产业技术创新战略联盟：产学研技术创新一体化机制的有效模式

要深入理解产业技术创新战略联盟，首先要对其内涵、目标与重要意义进行分析。

---

❶ 杜芸，赵顺龙. 美日德企业知识产权管理制度比较 [J]. 科技管理研究，2010 (17)：162.

❷ SCHARTINGER D, SCHIBANY A, GASSLER H. Interactive Relations Between Universities and Firms: Empirical Evidence for Australia [J]. The Journal of Technology Transfer, 2001, 26(3)：255-268.

产业技术创新战略联盟属于技术创新组织的范畴，而在广义上又属于技术创新的组织管理范畴。所谓技术创新的组织管理，包括了对创新活动的组织以及组织创新两方面的含义，其中前者是指对创新活动的计划、安排、决策、协调、监督与控制等活动，是技术创新活动管理的重要内容；后者则涉及技术创新组织构架的改革和完善。本部分所论产业技术战略联盟就属于组织创新的范畴。技术创新的组织管理旨在有效配置技术创新资源，充分发挥技术创新资源的效能，优化技术创新组织结构，最终实现技术创新的目的。与在创新成果的基础上产生新技术产品相比，组织创新的重要意义更体现于技术创新的"柔"的一面，它涉及通过设置特定的技术创新组织和资源配置模式，实现对技术创新活动的组织管理，以便不仅使技术创新资源在组织体内被有效利用，而且更有利于形成创新模式，适应环境变化，加快创新成果的产生和转化为现实生产力的步伐。国外有实证研究表明，技术创新的组织管理事关技术创新的成败。如在美国，80%以上的创新失败都是由于对创新过程组织不当而造成的。

产业技术创新战略联盟是经过实践证明具有效率的、企业以集群的形式实施技术创新的组织形式。例如，2005 年，由信息产业部软件与集成电路促进中心（CSIP）、中芯国际、神州龙芯、大唐微电子等八家单位组成的"中国硅知识产权产业联盟"，旨在通过产业战略联盟的形式推进我国硅产业的发展。2007 年 6 月，我国四大产业技术创新战略联盟在北京成立，包括钢铁可循环流程技术创新战略联盟、煤炭开发利用技术创新战略联盟、新一代煤（化工）产业技术创新战略联盟以及农业装备产业技术创新战略联盟共同组成国家四大产业技术创新战略联盟。作为"联盟"，技术创新战略具有参与主体的多样性和多元性。由于战略联盟通常是在一定的产业环境下进行的，是在特定产业或产业间形成技术创新合作组织，以提升产业核心竞争力和技术创新能力为重要宗旨，我国近几年颁发的有关促进技术创新战略联盟的部门规章和政策性文件就主要是从规范产业技术创新战略联盟的角度作出规定的。这方面主要有：《关于推动产业技术创新战略联盟构建的指导意见》（国科发政〔2008〕770 号）、《国家科技计划支持产业技术创新战略联盟暂行规定》（国科发计〔2008〕338 号）、《关于推动产业技术创新战略联盟构建与发展的实施办法（试行）》（国科发政〔2009〕648 号）。此外，《国家技术创新工程总体实施方案》（国科发政〔2009〕269 号）、《国务院关于加快培育和发展战略性新兴产业的决定》（国发〔2010〕32 号）等也涉及产业技术创新战略联盟的构建等问题。这里首先需要明确的是产业技术创新战略联盟与企业技术创新及实施知识产权战略之间的关系。本书认为，产业技术创新战略联盟和企业技术创新及实施知识产权战略之间具有十分密切的关系，主要体现为，产业技术创新战略联盟是以企业为纽带和核心的，产业技术创新战略联盟立足于企业技术创新，离开这一点，产业技术创新战略联盟将失去基础和前提。同时，产业技术创新战略联盟不过是以联盟的形式在产业环境下实施技术创新的组织形式，产业技术创新战略联盟实施技术创新同样需要在知识产权战略的指引和指导下适时对创新成果进行知识产权确权和科学管理，及时将创新成果纳入产业化轨道。另外，与企业单个的技术创新不同，产业技术创新战略联盟还涉及产业内不同创新主体之间就未来创新成果归属和利益分配的约定、对创新成果的保密，以及创新成果产业化、市场化风险的分摊等问题，直接涉及知识产权问题。因此，对产业技术创新战略联盟问题的研究也是必要的。

产业技术创造战略联盟的构建，对于提高我国企业的技术能力，促进我国产业整体技术创新能力的提高，推进我国产业结构转型和升级，具有重要作用。一是通过联盟整合创新资源，发挥各自的优势和特长，解决单一企业面临的资源短缺问题。例如，通过联盟增加研究开发经费投入。二是聚合创新力量和资源，实施产业核心技术突破，打破外国公司对核心技术的垄断。例如我国以电子百强企业为代表的本土龙头企业组成的产业技术创新战略联盟，取得了显著的成效。其中华为在 3G 领域取得突破，掌握了从系统、终端到芯片设计的成套技术，并在二十多个国家和地区获得了丰厚的商业价值。电子百强企业组建的产业联盟还在介入芯片等上游专利技术领域的研究开发，共同对付跨国公司的专利遏制战略，厦华开发出"炎黄一号"和高清电视显示器控制芯片，海信开发出"信芯"视频处理芯片，海尔推出数字电视"中国芯"，长虹也推出"虹芯"一至四号。❶ 三是强化了专利积累，为构建专利池，实施产业技术标准奠定基础，从而为提高产业在国际竞争中的市场竞争力创造了条件。

在明确产业技术创新战略联盟的目标和意义之后，需要对其构建与运行策略进行分析。

根据前述规范，从促进技术创新与企业知识产权战略实施的角度看，产业技术创新战略联盟的构建与发展需要重视以下几个问题：

第一，从政策和制度上加强对产业技术创新战略联盟的规范和引导，探索产业技术创新战略联盟建构和发展的有效方式和措施。上述规范无疑为我国产业技术创新战略联盟的建设提供了规范和指导，但由于产业发展、技术创新的动态性以及市场竞争环境的变化，政策和制度规范也需要与时俱进。加之现有规范总体上仍稍显原则和抽象，需要在总结经验的基础之上逐步完善。

第二，立足于企业构建产业技术创新战略联盟。产业技术创新战略联

---

❶ 申其辉. 以产业联盟提升企业的专利竞争力 [J]. 中国科技投资，2008（2）: 31.

盟之所以需要以企业为主体，是因为企业是技术创新的主体，在国家创新系统中处于主体地位，产业技术创新战略联盟所产生的技术成果，最终也需要通过企业进入产业化和市场化运作。从高校和科研院所的角度来看，正因为其本身缺乏技术创新的产业化、市场化机制，需要通过与企业联手，以战略联盟的形式开展合作，实现产业领域核心技术的突破和创新，从而实现各方之间有所互补、利益共享的结果。

第三，产业技术创新战略联盟的构建应遵循市场经济规律，符合国家产业政策和提升我国核心竞争力、建设创新型国家的目标和要求。同时，应充分重视政府在推动产业技术创新战略联盟运转中的作用，包括政府制定和实施促进产业技术创新战略联盟发展的制度和办法，发挥政府引导和指导作用，建立有利于产业技术创新战略联盟发展的政策和法律环境，对产业技术创新战略联盟技术创新活动从创新环境、制度规范、财政税收政策、产业化实施配套建设等方面提供支持和条件。

第四，建立支持产业技术创新战略联盟的财政、税收和资金支持制度。与企业对技术、市场、资金、人才和资源的需求一样，产业技术创新战略联盟的运转也需要这些因素的投入。

第五，产业技术创新战略联盟的建构和运转，应高度重视其中的包括知识产权法律制度在内的诸多法律问题，建构充分、有效的法律运行机制，全程保障产业技术创新战略联盟在法律保障之下稳步发展。从国外构建战略联盟的经验看，制定与实施比较完善的法律制度具有重要作用。美国在1984 年就颁布了《国家合作研究法》（*National Cooperative Research Act*），旨在促进"在有相似技术需求的公司之间进行合作研究与开发"。除了前述的完善相关政策外，还需要建构促进我国产业技术创新战略联盟专门的法律制度及其具体的实施办法。具体地说，至少应涉及以下问题。

一方面，在成立产业技术创新战略联盟方面，由于其属于松散型的合作创新组织，需要通过具有法律效力的联盟契约形式确定参与联盟各方的权利与义务关系，既对联盟各方的行为进行约束，也对其利益予以保障和体现。由于该联盟是基于技术创新而构建的，联盟契约应当有明确的技术创新目标和任务。这也是该联盟契约区别于其他契约的不同特点。

值得注意的是，基于合作创新的性质，产业技术战略联盟需要克服知识产权风险。合作创新意味着在一定程度上相互分享对方的知识、信息和资源，为避免将自身的核心技术和知识暴露给其他成员，创新成员可能不大愿意将其与其他成员共享，这样就会影响到合作机会和合作成功。因此，上述以具有法律效力的联盟契约的形式明确双方权利义务关系，这一点十分重要。

另一方面，在产业技术创新战略联盟构建和运转中涉及知识产权问题方面，除了总体上需要以知识产权战略为指导，从技术方案立项、研究开发、产权确认到创新成果的产业化过程中实施知识产权的全过程管理，以及营造产业技术创新战略联盟知识产权文化氛围以外，还应注意以下几个问题。

第一，在创建产业技术创新战略联盟方面，除了满足上述几项原则以外，还应从满足和适应产业发展需求出发，有利于引导创新要素向企业聚集，有利于形成和掌握核心技术与自主知识产权，提升以知识产权为重要内涵的核心竞争力，同时也应有利于促进产业技术创新链的形成以及重点产业、支柱产业的发展。

第二，在审查联盟成立的条件上，除了审查参与主体具有独立法人资格、建立有效的组织机构和经费管理制度以外，还应着重审查是否建立创新成果知识产权利益分享和保障机制。《关于推动产业技术创新战略联盟构建与发展的实施办法（试行）》（国科发政〔2009〕648号）规定，"联盟研究开发项目产生的成果和知识产权应事先通过协议明确权利归属、许可使用和转化收益分配的办法，要强化违约责任追究，保护联盟成员的合法权益。"

第三，在产业技术创新战略联盟承担国家科技计划项目时，应依照《科学技术进步法》《关于国家科研计划项目研究成果知识产权管理的若干规定》（国办发〔2002〕30号）等的规定，明确对国家科技计划形成的知识产权的权属和实施的权利与义务。

第四，通过产业技术创新战略联盟试点，总结实践经验，是促进产业技术创新战略联盟发展的重要途径。与企业知识产权战略试点、示范工作类似，产业技术创新战略联盟试点工作有利于以点带面、总结产业技术创新战略联盟实践经验并加以推广。

第五，为促进产业技术创新战略联盟健康发展，在国家和地方科技计划和重大科技创新项目中需要重视产业技术创新战略联盟作为承担主体。

第六，重视产业技术创新战略联盟体制机制创新与资源配置的结合。产业技术创新战略联盟的运转需要大量资金投入，为此应通过多种途径保障产业技术创新战略联盟资金和融资。

同时，产业技术创新战略联盟体制创新也很重要，体制创新的目的是要提高战略联盟的组织绩效，改善联盟的治理机构，加强联盟内企业的组织协同性，提高联盟企业整体竞争力。为此，联盟内企业应在共同的战略利益指引下从过去单纯的竞争关系中上升为合作共赢的关系，联盟内企业尽量避免"窝里斗"的无效或低效竞争行为。联盟相关的政府主管部门加强对联盟的指导和监管，有利于协调联盟企业的利益关系，完善联盟治理结构。

第七，发挥地方和行业协会在促进产业技术创新战略联盟发展的作用。《产业技术创新战略联盟实施办法》（国科发政〔2009〕648 号）第 29 条、第 32 条分别要求各地方和行业协会，"紧紧围绕本地经济发展规划确定的支柱产业，突出区域经济发展和产业特色，运用市场机制推动本地区重点领域联盟的构建"；"各有关行业协会围绕本行业的重大技术创新需求，充分发挥组织协调、沟通联络、咨询服务等作用，推动本行业重点领域联盟的构建。"

图 4-3 直观地反映了产学研一体化技术创新机制构建的内容。

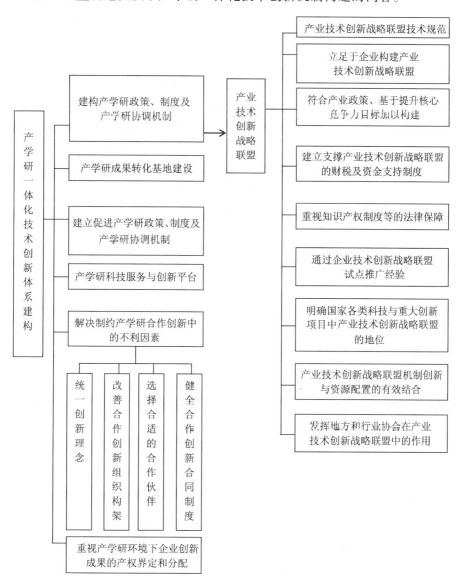

图 4-3　产学研一体化技术创新机制构建

知识产权制度本身既是一种促进创新的机制，也是一种激励机制，是保护和激励企业技术创新的基本法律制度和有效机制。但这种激励机制在企业中的体现和发挥作用还需要企业有相应的激励知识创造的制度和机制加以保障。2010 年 9 月 22 日，时任国务院总理温家宝在纽约与美国企业、金融界和学术界著名人士座谈中指出：加强知识产权保护，需要从完善制度、奖励创新和加强道德素质教养方面入手。为此，企业需要建立激发科技人员以研究新技术和新产品并形成自主知识产权为目标的激励机制，并同时制定和实施企业的发明创造者、实施者、拥有者对企业贡献的奖励措施和收益分配的奖励政策。

企业通过实施知识产权战略，将推动企业科技创新和原创性发明，以促进自主知识产权数量和质量的提高作为重要目的，以知识产权的创造和保护作为技术创新的保障。运用知识产权战略促进我国技术创新，需要在技术创新活动中融入知识产权的战略思维，建立促进技术创新的内在激励机制。

一、企业科技成果管理与知识产权管理融合的模式及其构建

（一）建立促进企业科技成果管理与知识产权管理有效结合的机制

企业科技成果管理与专利等知识产权管理相结合，是其实现技术创新与知识产权战略融合的基本保障和常态。为此，需要建立以自主创新为目标导向的运行机制。整体上，企业在科技计划立项、科技计划项目招标、科技成果鉴定、科技计划项目验收、高新技术产品认定等方面应将知识产权作为

重要的指标纳入到评价体系中，使企业科技成果管理活动中高度融入知识产权的要素。

　　企业在加强科技成果管理与知识产权管理有效结合方面，需要以技术创新为纽带，以提高企业持续创新能力和技术创新水平为指针，最大限度地利用知识产权制度的激励、调整利益功能和规范、指引作用，调整企业技术创新活动中涉及的各种利益关系，规范企业科技成果管理行为，深化企业技术创新的内涵。同时，运用知识产权制度，强化知识产权部署，提高自主知识产权数量和质量，促进企业科技成果及时转化及其产业化，提升综合创新能力。实践证明，企业实施有效的知识产权管理策略，可以大幅度提高其技术能力、创新能力和市场开拓能力。企业通过有计划地对创新资源的安排、整合，以及对创新成果的组织、协调和控制，可以激励创新、实现核心技术的突破。

　　企业为实现科技成果管理与知识产权管理、创新管理的有效结合，需要将知识产权管理纳入科技计划管理的全过程，而不仅是对科技成果的知识产权确权的问题。从宏观上说，需要改革现行科技管理制度和科技成果鉴定制度，将知识产权因素纳入科技成果管理体系，将知识产权管理纳入科技管理体系，将科技创新成果与市场要素和资本要素融合，实现企业的市场价值。例如，在科技行政管理部门和科技鉴定部门针对科技成果评审和鉴定时，要求科技成果完成者提供完整的知识产权评估报告，在可能的情况下先申请专利再对科技成果进行申报和鉴定。具体地说，需要重视以下对策。

　　第一，提高知识产权管理在企业技术创新中的地位，建立企业科技创新中的知识产权目标导向和管理，强化企业领导层的知识产权管理意识。在知识产权制度环境下，企业技术创新本身也是知识产权的创造、运用、保护和管理过程，提高知识产权管理在技术创新中的地位必然会促进企业科技成果管理与知识产权管理很好地融合。具体言之，提高知识产权管理在技术创新中地位需要重视以下对策：将知识产权管理工作纳入企业技术创新活动各个环节，促进企业知识产权工作与技术创新活动紧密结合，将专利申请与授权、专利实施效益、知识产权制度建立健全情况作为评估企业技术创新工作绩效的重要考核指标，可以在技术创新中充分发挥知识产权制度的作用，加快企业技术创新进程。强化企业领导层的知识产权管理意识，淡化成果管理意识，也会促使企业在技术创新中将知识产权管理放在企业工作中的重要位置，有利于提高企业知识产权管理水平，推进技术创新工作的开展。

　　第二，重视企业知识产权全过程管理。知识产权全过程管理是和技术创新环节和过程一脉相承的管理模式，它要求项目从可行性分析、立项、到产品的研制和市场营销、市场推广等各个阶段，融入知识产权管理内容和要求，将企业技术创新管理控制流程分解到对应的知识产权管理的各个要点和环节，建立基于企业知识产权目标管理的绩效考核平台，提高企业知识产权管理水平。换言之，知识产权全过程管理要求企业将知识产权管理融入企业创新全过程，对企业知识产权创造、保护、利用实施全过程控制，以实现企业创新目标。知识产权全过程管理也可以说是一种流程化管理，它要求企业遵循技术创新规律，围绕企业知识产权创造、保护与运用流程，以建立健全企业内部知识产权管理制度为依托，实施有效的知识产权管理。基于企业知识产权全过程管理的重要性，本书第8章还将继续予以探讨。

第三，针对企业技术发展的不同阶段采取相应的知识产权管理策略。企业的技术进步和创新能力有一个渐进提高的过程，在企业创新能力的不同阶段，企业采取的知识产权管理策略应具有针对性。在企业起步阶段，以技术引进和实行模仿创新战略为主。此时知识产权管理的重点是逐步建立起企业知识产权管理体系，在管理内容上则以商业秘密为主，通常是对改进的新产品、新工艺商业秘密的保护和管理。在企业取得了一定的技术能力，积累了一定数量的知识产权后，则需要将知识产权管理的重点转变为积累具有核心竞争优势的专利技术和具有高信誉的品牌，同时逐步建立自己的企业技术标准，一方面巩固技术创新成果，另一方面为实施知识产权标准化战略奠定基础。在企业具备相当雄厚的经济技术实力后，知识产权管理的重点是整合现有知识产权资源，实行知识产权组合管理策略，提高知识产权的运营效能，实施技术标准战略，提高企业整体的知识产权保护和运用能力，实际上是进入知识产权战略管理层次。

第四，建立企业科技成果与知识产权管理一体化管理模式。加强科技管理尤其是科技成果管理中的知识产权管理，实现科技成果管理与知识产权管理的有机融合。为此，企业应实施知识产权管理和科技成果管理相结合的领导负责制和部门分工负责制，在企业开展研究开发和创新活动时探索知识产权保护的日常管理模式。企业也应将知识产权作为科技创新成果的重要组成部分，在确定企业重大技术项目、重大科技专项、科技计划专题时，从战略高度管理知识产权问题，对有关项目的知识产权状况进行分析和评估，通过利用知识产权情报信息资源，选择具有开发和市场前景的产业化路径，避免低水平的重复研究。

第五，强化企业知识管理，建立企业知识管理系统，实现企业科技成果管理与知识产权管理的有效融合。企业知识管理属于知识管理范畴，而知识管理是与知识产权管理和科技管理既有联系又有区别的概念。知识管理涉及知识的创造、知识获取、知识利用与传播的过程，旨在增强组织的绩效。知识管理可以从狭义和广义的角度加以理解。狭义的知识管理主要是指涉及知识产权创新、知识开发、知识获取、知识利用与传播的活动，即是针对知识本身的管理活动。广义的知识管理则除对知识本身的管理活动外，还包括关于知识管理理念、思想、方法、原理、理论等内容。与知识产权管理体系一样，知识管理也是一个内在的有机体系，包括组织的知识，知识的创造、获取、储存、使用、传播、利用系统以及支撑知识管理系统的条件和环境，这些条件和环境既涉及组织的资源禀赋，也涉及与外部环境协调的调节机制。知识管理与知识产权管理虽然在管理对象和客体上，前者侧重于隐性知识，后者侧重于显性知识，但由于知识管理主要针对的是知识的创新、知识的传播和利用问题，知识管理战略也主要涉及知识创新战略、知识利用战略和知识保护战略，它们都离不开对知识的产权归属和产权保护问题，否则将因为产权不明，造成知识的过分外溢而无法激励组织对知识创造的投入，从而影响知识的产出和知识效能的提高。基于此，企业应将知识产权作为知识管理的重要内容，在建构企业知识体系和网络时，应将知识的产权化、保护以及如何通过知识活动为企业创造价值作为重要内容。另外，由于企业知识创造、知识开发和创新往往涉及其科技创新活动，企业知识管理也有利于提高其科技创新水平。由上述可见，企业知识管理对于推进企业科技成果管理和知识产权管理均具有重要作用，强化企业知识管理因而也是实现企业科技成果管理与知识产权管理融合的重要手段和途径。❶

第六，对现行的科技成果管理特别是奖励政策和制度进行适当改革，逐步减少由政府部门对专利技术成果的奖励，以市场激励机制逐步替代政府科技政策奖励，建立有利于创新和保护科技成果的知识产权激励和监督机制。这有利于提升科技成果管理中的知识产权管理空间，建立知识产权导向的利益机制，改变应用开发类科技成果片面追求奖励的倾向。❷

第七，企业在制定和实施技术创新战略，实施知识产权管理活动、建立知识产权管理制度时，应将获取自主知识产权、提高自主创新能力作为研究开发和技术创新的重要目标和内容。特别是企业的技术开发中心、重点实验室等部门，需要在技术创新活动中将自主知识产权数量和质量指标进行量化，并层层落实。

第八，企业在制定科技计划项目、重大专项攻关项目和创新战略规划，

---

❶　从企业知识产权战略的角度看，有的学者甚至将知识管理性视为企业知识产权战略的目标，认为企业知识产权战略实施的关键在于"建立和完善知识管理体系和机制，激励知识创造，利用知识产权制度保护创造性智力成果，推动社会经济的发展"。李培林. 企业知识产权战略理论与实践探索 [M]. 北京：知识产权出版社，2010：49.

❷　梁慧稳. 试论我国科技创新活动中的知识产权管理 [J]. 科技管理研究，2006 (10)：32.

以及申报科技成果和鉴定新技术与新产品时，应事先进行专利文献和情报检索，提交相关知识产权方面的报告，并以知识产权数量和质量作为项目成果验收的重要依据。通常，企业科技计划项目应通过独立的知识产权中介机构对项目技术领域的知识产权状况进行评估、提供知识产权评估报告，并在企业科技计划项目实施中保持对知识产权信息及时跟踪和反馈。对于完成的科技开发成果，应及时采取合适的知识产权保护方式，使科技开发成果及时形成知识产权。同时，将获取自主知识产权作为企业科技计划立项和项目成果验收与成果奖励的重要指标和依据。

第九，企业对其研究开发成果进行鉴定和申报科技成果奖励，对于符合专利申请条件的，应在进行鉴定和发表论文之前，在评估申请专利必要性的前提下及时申请专利，如果根据企业经营战略需要认为该研究开发成果值得向国外申请专利，则应考虑向国外申请。根据《关于加强与科技有关的知识产权保护和管理工作的若干意见》（国科发政字〔2000〕569号）的要求，企业需要将知识产权管理纳入科技成果管理体系，提升科技成果的法律内涵和市场外延。与科技成果鉴定社会化和市场化趋势相呼应。企业对科技成果提交鉴定之前，需要提交完整准确的知识产权报告。如果成果需要申请专利，还需要在申请专利后再申请鉴定。

第十，建立有利于企业科技创新和知识产权保护的考核评价指标体系。例如，将获得和实施知识产权的情况作为企业科技人员的晋级、晋职、加薪、获取特殊荣誉的重要考核评价指标，将自主知识产权数量和质量纳入企业科技开发人员业绩考核的重要指标，将自主知识产权数量和质量以及企业知识产权管理制度的建立和完善程度作为企业科技成果管理人员和知识产权管理人员业绩考核的重要指标和依据。这一措施有利于将企业科技奖励政策与面向市场经济的知识产权制度结合，将企业科技创新引入市场轨道。通过在企业的科技奖励制度、科技计划和科技成果中引入专利考核指标，有利于贯彻企业科技创新、科技奖励制度中的知识产权导向和市场导向，实现企业技术创新与知识产权制度运用的高度融合。

第十一，企业以资金、技术、品牌等投入要素对外进行合资、合作事宜时，应对相关的知识产权进行考察和评估，并对合资、合作中涉及的知识产权权属问题进行约定，同时防范知识产权风险。企业在实施引进消化吸收再创新战略时，对引进项目的管理应充分重视知识产权权属、法律状况和产业化应用问题。在符合国家有关技术进出口政策和管理制度的前提下，应对引进项目中涉及的知识产权问题，特别是技术引进项目涉及专利的问题，从权属到专利保护期限、保护地域等法律状况和市场价值进行充分的了解与审查。

（二）引进技术管理理念和方法

知识产权管理属于技术管理创新的重要组成部分。从技术管理的角度，也可以在一定程度上理解企业知识产权管理与科技成果管理实现融合，从而在实践中实现技术创新与企业知识产权战略的有效结合，共同为提高企业自主创新能力和知识产权战略水平服务。

企业技术管理，是指企业对技术研究开发、技术战略规划、技术扩散、技术经营等事宜进行的有组织的计划、指导、协调、控制等活动过程。根据现有研究成果，技术管理涉及技术能力发展规划、识别关键核心技术及其发展领域，确定技术获取的路径与方式，以及建立制度机制以引导和协调技术发展的方向，并建立控制措施。❶ 技术管理是企业管理的重要内容，与知识产权管理一样具有较强的战略性。从战略管理的层面讲，企业技术管理需要紧密立足于企业内部自身的资源、技术储备和技术人才，保持与企业外部技术环境和市场竞争结构的高度适应性，而不能仅局限于企业内部技术的积累。

从国外研究看，技术管理研究的对象、方向和重点处于不断变化之中。根据国外刊物《科研政策》（*Research Policy*）的总结，技术管理研究方向主要涉及技术战略、国家创新政策的研究政策、全球化和全球研究开发网络、技术革新演化经济学、计量经济学的运用与技术经济学等内容。还有学者认为，近年来技术管理的研究内容经历了研究开发管理、技术转移、技术创新、技术战略与科技创业等五个阶段，研究内容有不断深化之势，并且基本上涵盖了企业管理全过程。❷ 国外对企业技术管理研究的深入，反映了科学技术的日新月异，技术因素作为一种生产要素在企业管理和生产经营中的重要地位，需要从战略和企业整体发展的高度系统研究技术管理问题。前述技术创新理论虽然揭示了技术作为内生变量在企业生产经营中的重要作用，但企业技术管理不限于技术创新研究，而是还包括了从技术战略高度研究战略技术规划与转移、技术战略创新等问题。因此，我国过去对技术管理的研究局限于技术创新，需要拓展研究视野。

同时，为实现企业科技成果管理与知识产权管理有效结合，融入企业技术管理思维与战略是十分必要的。这是因为，企业知识产权管理与技术管理在内容上存在高度交叉与复合。如技术管理涉及的研究开发管理显然与企业知识产权创造方面的管理直接相关，将技术管理与知识产权管理相

---

❶ 鲍艳利，华荷锋. 技术管理及其对我国企业知识产权管理的启示［J］. 科技管理研究，2011（9）：165.

❷ 鲍艳利，华荷锋. 技术管理及其对我国企业知识产权管理的启示［J］. 科技管理研究，2011（9）：166.

结合，可以使企业研究开发活动始终面向市场第一线，以市场为导向指导企业研究开发活动。同时，在开放式创新环境下，企业知识产权创造的形式多样化，并不局限于完全的自我研究开发，研究开发可以采取更加灵活的形式。又如技术管理的战略性反映了企业的技术战略观，它要求企业从战略高度落实技术规划和技术路线，将企业创新活动、技术创新目标与其生产经营战略紧密结合，置于企业整体战略之中；而企业知识产权管理也具有战略性，企业知识产权战略管理是其发展的最高境界，在战略管理层面企业技术管理与知识产权管理实现了殊途同归的效果，即从战略全局出发管理企业技术资源、强化技术储备和知识产权创造，提升企业竞争力。还如技术管理中的技术规划和技术转移也与知识产权管理内容直接相关，通过落实技术规划，企业可以对技术的立项、研究开发和发展进行系统梳理、组织、安排，而这对于企业专利管理具有直接作用和效果。至于技术转移更是企业实现其知识产权价值、提升技术影响力和竞争力的重要手段。由此可见，在实现企业科技成果管理与知识产权管理相结合方面，引入技术管理理念和方法是有益的。

二、促进企业知识创造以及创新成果转化的制度激励机制

（一）以知识产权为导向的激励机制的建立

激励机制与相应的激励理论是经济学、管理学、组织行为学乃至法学等学科的研究对象。如在管理学中，提出社会系统理论的巴纳德（Barnard, C. I.）在 1938 年的《经理人员的职能》（*The Function of the Executive*）一书中指出，激励个人协作的动机有自我保存与自我满足的利己动机，而主观诱因与客观诱因则是产生这些动机的要素。管理学中的综合激励理论、期望效价理论等则提出了过程激励理论，研究人的行为动机与行为目标选择的关系，认为人们预期其行为有助于达到某种目标时才会被充分地激发，从而采取行动以实现这一目标。后来在 20 世纪 60 年代以波特和劳勒为代表的期望理论则指出，激励力量受制于多方面因素，包括特定事项的成功、取得的报酬以及相关影响的认识和评价。在经济学上，激励机制和激励理论以理性经济人为出发点，以获得最大化利润或最佳效应为目标。❶

如前所述，知识产权制度本身是一种激励机制，这种激励机制要充分发挥作用，必须实行知识产权制度创新，建立有利于知识产权创造、创新成果转化和价值实现的机制。从制度激励的层面来说，我国长期以来实行

---

❶ 王淑芳. 企业的研究开发问题研究 [M]. 北京: 北京师范大学出版社, 2010: 337-349.

的是科技奖励政策。科技奖励政策固然有其历史渊源，但在当前知识产权激励制度之下，其存在的空间受到限制，应更多地向知识产权制度倾斜，以知识产权制度激励企业知识创造和创新成果的转化。这是因为，科技奖励与知识产权制度激励本质上是两种完全不同的制度，前者不是根据市场而是根据国家科技计划从事科研活动，获得科技成果后不具有产业化和商业化导向与激励因素。知识产权制度则隐含着激励创新成果产业化、商业化的导向和机制，而企业技术成果的产业化和商业化正是其进行技术创新的根本目的。从理论上看，科技奖励制度属于由政府主导型的制度，知识产权制度则属于以确认私权的方式避免使知识产品成为公共物品的制度。随着我国知识产权制度的建立和逐步完善，科技奖励制度需要更多地与知识产权制度嫁接、融合，将科技奖励制度中突出知识产权导向，实现科技奖励制度与知识产权制度的有效融合。事实上，我国目前的科技奖励评价体系中已经体现了在科技成果奖励中对自主知识产权激励的重视。例如，强调"国家技术发明奖突出原始创新，拥有自主知识产权，强调实施后取得的效益；国家科学技术进步奖以推动高新技术研究和培育高新技术产业生长点为导向，促进产业化"。

事实上，建立以知识产权为导向的促进企业知识创造以及创新成果转化的制度激励机制，本质上是一种以产权激励制度为基础和核心的激励模式和机制。包括知识产权在内的产权激励已被认为是激发市场经济主体从事创造性活动的基础性制度。有效的产权制度能够为各利益主体权利、义务与责任的确立形成明确的预期，避免创造性活动中负外部性的产生，为利益主体从事研究开发等相关活动提供保障。因此，为促进我国技术创新与企业知识产权战略实施，建立将知识产权要素参与分配的技术创新激励机制，改革现行科技成果评价体系，建立科学的促进技术创新的评价指标体系，具有重要作用。

（二）促进技术创新与企业知识产权战略实施的激励机制

1. 企业技术创新的利益激励机制

技术创新中的知识产权关系及其利益机制需要从技术的变化、法律的界定与经济收益的分配角度确定。因此，在分析技术创新过程中产权的形成、分类、界定与产权的利益分配机制时需要采用技术、经济与法律综合分析的方法。[1] 利益关系反映了知识产权制度背后的利益平衡，利益激励机制是知识产权制度的重要机制。根据上述综合方法的观点，对于技术创新与企业知识产权战略融合的利益机制的研究，也可以从技术、经济和法律

---

[1]　杨武. 基于开放式创新的知识产权管理理论研究［J］. 科学学研究，2006（2）：312.

方面进行研究。

企业技术创新的利益激励机制既属于创新机制范畴，也属于一般的激励机制范畴。为明确企业技术创新利益机制的内涵，有必要先对激励机制和创新激励机制的基本精神予以把握。激励机制是通过一定的方式方法调动激励活动的各要素在相关活动中充分发挥其积极性、潜力和创造力，以实现特定目的的有机联系的模式。从心理学的角度看，激励是发挥人的潜能和聪明才智，促使人们的行为朝着预定目标前进的根本动力。研究表明，激励措施能够大幅度提高人的潜能。就创新激励机制而言，它是通过一定的激励手段提高创新主体从事新技术、新产品、新工艺、新方法等创新活动的机制。创新激励机制是以利益激励为核心的，通常包括建立科学合理的创新绩效考核评价体系，并采取合理的激励措施和策略。当然，除了直接的利益激励以外，企业为创新主体创造良好的工作环境和学习、研究氛围，树立激励创新的创新文化和价值观，也是很重要的。

企业技术创新和实施知识产权战略的重要性决定了有必要建立促进技术创新与企业知识产权战略的激励机制。知识产权制度本身的激励机制则是建立这一激励机制的内在制度安排，因为知识产权制度赋予创新者一定期限的专有权利，并可以产品边际成本以上的价格销售产品，以补偿研究开发投资并获得必要的利益，这样就能激励研究开发以及相关的技术创新，从而促进技术创新的开展。事实上，企业技术创新本身存在的内在动力机制是构建技术创新与企业知识产权战略激励机制的内在基础，明确这一点，有利于理解促进技术创新与企业知识产权战略实施的激励政策。

关于创新活动的动力，西方产业组织理论有两种不同的观点，一种观点认为决定创新活动速率和方向的主要动力是市场需求，另外一种观点则认为创新活动的推动力主要来自于科学知识和技术能力。这两种观点可以分别称之为"需求拉动说""技术推动假说"。❶ 其中需求拉动说主张用户的市场需求是创新活动的动力源，技术推动假说主张以一定的科学知识和技术储备、技术能力为基础产生的新技术、新产品、新工艺、新材料、新设备等能够较快地转化为生产力，实现研究开发、成果转化与市场开拓三位一体。实际上，以创新活动中的研究开发为例，就企业而言，创新活动的动力在很大程度还来自于获取利润的可能性。由于研究开发面临高风险和不确定性，并需要付出巨大投资，如果研究开发的社会收益率预期很高，技术对经济很重要，而投资者的预期收益率小于社会平均收益率、投资于研究开发还不如一般的行业时，投资于研究开发活动的动力就会极低。❷ 也

❶ 文豪. 市场需求对知识产权创新激励效应的影响 [J]. 经济社会体制比较, 2009 (4)：180.
❷ 乔治·泰奇. 研究与开发政策的经济学 [M]. 苏俊, 柏杰, 译. 北京：清华大学出版社, 2002：98.

就是说，像研究开发一类的创新活动，只有当预期的投资收益率高于社会平均收益率时才会产生强大的对研究开发投资的动机。

企业技术创新之所以可以成为企业的自觉行动，是因为它受到企业内部动力机制牵引和外部环境影响。这两方面因素相互影响、相互作用，构成了企业技术创新的动力机制。企业技术创新是以技术发明为基础，以技术产品化、市场化为手段实现经济利益的过程。企业技术创新活动一方面满足了社会需要，另一方面也实现了自身的利润并因此而获得一定的市场竞争优势。以技术创新活动中的研究开发为例，企业从事研究开发的直接动力一般来自于基于获取创新成果可以获得市场竞争优势、获取更多利润的信念。这种对利益的追求和实现成了技术创新的利益驱动机制，与企业作为追求经济利益的市场经济主体的定位相吻合。换言之，企业技术创新内在推动力来自于企业利用创新资源和创新能力对经济利益的追求，创新者的创新动机来源于创新产品对其带来的利润的驱动。其实，熊彼特很早就发现了这一点，他认为企业追求超额利润与企业家精神是企业从事创新的基本动力。

在知识产权制度下企业技术创新的动力机制，主要来自于对创新成果的知识产权保护产生的垄断性利益。这种动力驱动，在本质上则来自于市场竞争。知识产权制度下对企业知识产权开发活动的作用机制包括技术创新竞争机制、技术创新合作机制、技术创新扩散机制和技术标准化机制等四个方面。❶ 就外部环境而言，企业技术创新也可以基于市场需求拉动、技术机会、市场竞争力以及政府引导和鼓励技术创新的政策和制度而进行。例如，市场需求的旺盛为企业进行某方面的技术创新提供了外部动力，拥有先进技术而获得市场竞争力的理念和经验也为激发企业技术创新活动提供了动力。政府有关促进企业技术创新的政策以及奖励制度也有利于营造技术创新的社会环境，而且有利于指导企业技术创新活动，从而对企业技术创新政策和战略具有积极的推动作用。市场竞争力的存在也是企业投身于技术创新活动的重要动机，因为竞争会造成一种压力，使企业产生一种生存危机感和危机意识，迫使企业开发出超过竞争对手的技术和产品，以赢得竞争优势。例如，美国思科公司并不明确承认专利激励创新的功能，而是认为专利赢得了创新并保护了创新，促使其从事创新的动机则是竞争的存在。不过，正如哲学上的外因通过内因起作用，外部环境影响最终需要转化为企业技术创新的内部动力机制。内部动力机制实则为利益激励机制，亦即创新者的创新投入大小与其获取的利益直接挂钩并且成正相关时，

---

❶ 尹作亮，袁涌波. 知识产权与技术创新的作用机制研究［J］. 科技进步与对策，2007（5）：10-12.

企业从事技术创新的积极性才会较高。当然，企业技术创新尽管属于企业个体的行为，却仍然会产生巨大的社会利益。为了维护技术创新的社会效果，需要实现技术创新的私人收益率与社会收益率的平衡。

以上探讨的企业技术创新内在动力机制和外部环境影响，最终效果被整合为企业技术创新的利益激励机制。这种机制具有两方面含义，一则它是一种激励机制，属于制度安排的范畴；二则它是一种以利益为导向的激励机制，即企业技术创新追求经济效益的最大化，是对创新利润最大化的追求，为企业愿意冒着创新失败的风险从事技术创新活动提供了动力源泉。技术创新的利益激励机制运行方面，需要注意奖励的幅度、范围和强度与技术创新成果的重要性及其实现的利益挂钩，避免付出很多、收益却得不到足够回报的现象，同时还应建立保障机制，即保障奖励措施能够得到落实。在现实中，有些企业尽管建立了基于技术创新的激励机制，但没有真正落实，结果反而挫伤了员工从事技术创新的积极性。此外，技术创新利益激励机制是在一个开放的创新环境中发挥作用，受到多方面制度因素、体制因素、创新观念和社会环境制约的，是这些因素综合作用的结果。因此，应注意调动各方面的因素，才能落到实处。不过，总的看来，技术创新利益激励机制的构建包含了科技成果管理模式中的奖励方式以及产权制度中的产权激励机制，尤其是知识产权制度的激励机制，并且在产权激励机制发挥作用方面，主要是引入知识产权管理模式。随着技术创新与知识产权战略的融合，应建立产权特别是知识产权激励机制导向，因为只有在产权激励机制和模式下，才会更关注技术创新成果与市场运营的契合，引导企业创新活动与市场紧密结合。

事实上，关于企业技术创新利益激励机制的建立和运行，可以根据企业行为诱致性变迁和强制性变迁理论加以理解。企业诱致性变迁是指企业受到巨大利益诱导的情况下产生的自发性行为的变化；强制性变迁则是基于政府制定的强制性规范而发生的变化。诱致性变迁对于企业来说有一个学习、接受和适应的过程，技术创新的驱动来自于企业从技术创新中获取的独特利益，这种利益可能是巨大的，成为促使企业投入技术创新的巨大动力。不过，对我国企业来说，技术创新方面的诱致性变迁具有缓慢性，很多企业尚未实现技术创新诱致性变迁行为，这与企业对技术创新的认识和技术创新能力建设等有直接关系。

另外，企业技术创新利益激励机制还可以从以人为本的人本管理原理加以理解。人本管理原则要求"以人为本"，充分发挥人的潜能和聪明才智。从人本管理的角度理解"管理"的概念，则不是简单的通过一定的组织进行的计划、组织、指挥、控制、协调等活动，而是如何通过发挥每个人的优势更好地完成组织的使命和赋予自身的职责。这与《资治通鉴》中所说的"为治之要，莫先于人"有异曲同工之妙。人本管理将激发人的创造性、主动性和积极性，维护员工的利益放在首位，以人力资源有效管理为核心，以建立一定的激励机制为基础和保障。在技术创新方面，人本管理注重发挥员工从事知识创造和创新成果转化的潜能和积极性，通过设计合理的薪酬和业绩考核制度，激励员工为实现企业技术创新目的而努力奋斗。国外跨国公司对运用人本管理激发员工从事创新工作非常重视。如英国马狮集团、日本松下公司等的做法值得关注。以松下公司为例，其高度重视员工参与企业技术创新工作，甚至将企业称为"集合智慧的全员经营"。公司将员工视为企业的主人翁，重视物质和精神的奖励，如在物质奖励与报酬方面采取按照工作能力确定报酬的新工资制度，并不断提高收入水平，在精神奖励方面通过充分肯定成绩和适当的职位提升等措施激发员工对企业的忠诚度。❶

总体上，企业技术创新激励机制有效运行，需要在落实企业真正成为技术创新主体的前提之下，保障企业能够通过技术创新获得相应的经济利益，包括企业内部对创新者个人的分配激励制度以及外部制度、体制和政策环境的改善。具体地说，主要涉及以下内容。

就完善企业内部机制而言，应建立合理的创新收益分配制度，并予以落实。创新收益分配制度是调动企业科技人员、创新管理人员等员工积极投身于技术创新活动的重要激励机制和保障。企业可以通过多种形式予以落实，对此本书有关部分还将探讨。

就建立促进企业技术创新的外部激励机制来说，则主要应重视以下问题。

一是政府为企业技术创新提供政策和制度供给，建立激励技术创新的政策、制度和文化观念。政府激励技术创新政策和制度的内容丰富，涉及对创新成果的保护政策、鼓励创新政策和引导性政策等。例如，本书分析的国家和地方政府出台的一些基于技术创新和知识产权保护政策就涉及创新资源投入和保障政策、创新成果的保护和奖励政策、引导技术创新主体积极投身于创新活动的政策等内容。应当说，在外部激励机制方面，政府出台有效的政策和制度意义非常重要。这些政策和制度尤其反映在政府颁行的促进技术创新和知识产权战略方面的规范性文件中。

二是完善对企业技术创新成果保护的产权界定和激励制度。这方面的重点自然是知识产权保护制度。本书的研究表明，企业技术创新的各个阶段，都需要对相应的创新成果予以知识产权保护。知识产权制度本身确实

---

❶　包晓闻，刘昆山. 企业核心竞争力经典案例：日韩篇 [M]. 北京：经济管理出版社，2005：20-32.

蕴含了激励创新的机制，它使技术创新者能够独占创新收益，为技术创新的良性循环创造条件。我国企业也越来越认识到知识产权创造对其发展壮大的重要性，如在 2008 年 11 月组织的一次针对上海生物医药企业的知识产权问题的调查中，关于"企业对知识产权的态度"这一问题，高达 97.6% 的企业认为企业应不断地创造知识产权，积极开展知识产权工作。从发达国家企业对知识产权权属管理的情况看，企业非常重视对员工完成的智力创造成果的产权界定，员工在进入企业时要与企业签订合同，明确属于企业所有的发明创造范围，合同在员工离开企业一定时期内仍然有效。企业章程、有关规章制度中也有一些内容涉及发明等智力创造权益的归属。如日本三菱公司、富士通公司、日立公司、美国 IBM 公司等大公司都通过签约或者制定社规的办法明确知识产权归公司所有。富士通公司要求员工在从事与公司业务有关的发明活动时所产生的发明，以及与研究计划有关的专利和实用新型等权利都应转让给企业。IBM 各子公司与总公司要签署"综合技术协助契约"，规定总公司替子公司支付研究开发费用，但子公司研究开发成果，其知识产权必须转移给总公司所有。IBM 与员工签订有"有关机密、发明及作品的协议"，规定员工只要是从公司内部取得的机密信息或者是以前的员工完成的发明、作品中采用的信息，或者是执行职务而产生的研究成果，这些成果的知识产权应当转移给公司所有。IBM 对总公司和子公司之间在知识产权归属上有明确的政策和规定。其一般的管理模式是由总公司集中管理来自各子公司的知识产权，然后通过再授权的形式将专利技术、商标等使用权重新提供给各子公司使用，各子公司对总公司知识产权的使用并不是免费的，而是仍需要交纳一定使用费。这样，IBM 所有的知识产权，不仅有来自于员工转来的，也有来自于全球各子公司转来的。又如，华为公司在 1995 年制定了《华为公司科研成果奖励条例》，确立了专利申请奖、初审合格奖、专利授权奖、专利实施奖等奖励类型。按照规章制度的规定，华为公司采用的激励手段包括组织权力和经济利益两种，对于符合奖励条件的有贡献的员工，华为公司为其提供个人发展的机会与在公司担任领导职务的权力，而经济利益主要包括奖金、加薪或者股份。当然，产权激励制度还不限于单纯的对创新成果的保护，而且包括了创新者投入的人力资本能够与物质资本嫁接，转化为股权、期权等，获取股权、期权收益。这就需要通过企业内部对创新者的创新收益建立科学合理的分配机制。

三是完善有利于技术创新的市场结构和市场经济体制，完善资本市场，为企业技术创新提供良好的市场环境。市场结构问题本质上是市场中各个企业之间的竞争关系问题。❶ 从经济学的观点看，市场结构包括完全竞争市

---

❶ 纪玉山，曹志强，等. 现代技术创新经济学［M］. 长春：长春出版社，2001：28.

场、完全垄断市场、垄断竞争市场和寡头垄断市场等类型，其中完全竞争市场是古典经济学和新古典经济学的一个重要假设，在现实中因为交易成本等因素的存在而难以出现，完全垄断市场也因为现代企业竞争激烈而难以产生。至于寡头垄断市场则因为现代反垄断法的建立与完善而同样难以产生。因此，垄断与竞争并存的所谓垄断竞争市场则是现代市场结构中的基本形式。从技术创新的角度研究市场结构，就是要建立适应于技术创新的市场结构。市场结构直接影响市场竞争，促进企业技术创新的市场结构应当是保障创新者能够基于创新成果获得垄断利益，为此需要完善我国市场经济体制，建立现代企业制度，消除计划经济残余，改变技术创新的行政命令式现象，使企业真正成为技术创新的创造主体、组织主体和收益分配主体。以收益分配主体为例，过去由于产权归属不明，企业技术创新收益没有得到必要的保障。当前，我国正在逐步建立和完善社会主义市场经济体制，该体制建立的一个重要内容就是适应企业技术创新的需要。从促进技术创新的角度看，资本市场的完善也十分重要。《科学技术进步法》第35 条也规定，"国家完善资本市场，建立健全促进自主创新的机制，支持符合条件的高新技术企业利用资本市场推动自身发展。"完善的资本市场，能够为企业技术创新所需要的大量资金提供良好的外部市场环境。当前，我国资本市场发育不够健全，资本市场层次单一，迫切需要完善我国资本市场结构。为此，国务院颁发的《实施〈国家中长期科学和技术发展规划纲要〉（2006—2020 年）若干配套政策》（国发〔2006〕6 号，以下简称《配套政策》）根据上述规定做了如下补充："建立支持自主创新的多层次资本市场，大力推进中小企业板制度创新，加快科技型中小企业上市进程，适时推出创业板，启动中关村科技园区未上市高新技术企业进入证券公司代办系统进行股份转让试点工作，并逐步扩大试点范围。"

2. 促进我国技术创新与企业知识产权战略实施的激励措施

技术创新和知识产权利益激励机制的内在特征是，促进我国技术创新与企业知识产权战略实施的激励措施应以利益激励为导向，充分发挥技术创新和知识产权制度的利益激励功能。原则上，一方面要通过实施企业知识产权战略和推进技术创新工作，保障技术创新者能够收回技术创新成本并获取必要的利润；另一方面，保障参与技术创新者基于对技术创新的贡献而获得必要的报酬、奖励与荣誉，建立企业技术创新人员知识和技术要素参与分配的收益分配机制。

总体而言，我国企业促进技术创新的动力机制仍然没有充分地发挥作用。这其中既有前述企业尚未真正成为市场经济主体和技术创新主体的原因，也有企业外部创新环境不够完善的原因，特别是政府的技术创新政策和制度、企业创新资源配置的财政税收制度和风险投资制度不健全、产学研体系不完善、对创新成果的知识产权保护不到位，以及尚未完全形成企业家成长的制度环境等原因。以国有企业为例，《科学技术进步法》第39条规定："国有企业应当建立健全有利于技术创新的分配制度，完善激励约束机制。国有企业负责人对企业的技术进步负责。对国有企业负责人的业绩考核，应当将企业的创新投入、创新能力建设、创新成效等情况纳入考核的范围。"但是，国有企业长期以来缺乏技术创新的内在动力机制，因为是否进行技术创新、如何进行技术创新以及技术创新能否成功与企业领导者关系不大。在实践中，国有企业对企业领导人的业绩考核对上述规定的落实不足。企业领导不愿意投入较多的资金和力量用于具有风险性和不确定性的技术创新活动，国有企业采取任命的领导体制和技术创新的利益分配机制不明等是其中的重要原因。当然，这种情况已有所改善。为加强对中央国有企业技术创新能力建设，国资委加强了对企业领导人任期考核中科技创新投入的考核。例如，科技投入增长率和技术投入比率分别被纳入科技型企业、设计类企业以及部分工商企业的年度考核和任期考核指标。《中央企业负责人经营业绩考核暂行办法》（国资委令第30号）也优化了中央企业领导人的业绩考核指标，以促进其加强对企业的自主创新工作的重视。

除了企业自身从微观层面建立激励机制以外，各级政府主管部门出台和实施激励技术创新与自主知识产权融合的政策非常重要。前国家知识产权局局长田力普指出：政府有必要加强对知识产权的组织建设，积极融造良好的政策环境和有效的激励机制，保护和鼓励发明人、科技人员从事发明创造活动的积极性。❶ 2009年国资委发布的《关于加强中央企业知识产权工作的指导意见》（国资发法规〔2009〕100号）则指出，要"建立健全对自主创新的激励机制，探索知识产权的收益分配制度，在知识产权转让、转化获得收益时，对职务发明人与团队及其他作出重要贡献人员依法予以适当奖励和报酬"。事实上，考察我国促进技术创新的基本法律制度以及近些年来我国很多省市知识产权行政管理部门或者其会同有关部门制定实施的鼓励技术创新和实施知识产权战略的政策性文件，可以发现有不少共同的值得总结的经验。本书认为，以下一些方面值得重视。

第一，企业与政府设立专项资金促进知识产权创造，鼓励企业、科研院所与高校建立知识产权专项资金，重点支持具有较高原创性和产业化应用前景的技术开发和改造项目。根据前述科学技术部火炬中心调查，专项资金成为企业鼓励员工技术创新的最主要机制，所占比例高达68.2%；其

---

❶ 上海市知识产权局. 探索制定知识产权发展战略　为上海"科教兴市"作出更大贡献[C]. 2004年1月13~15日全国专利工作会议.

次为岗位津贴奖励，所占比例为 41.6%；科技项目承包所占比例为 24.9%；成果收益分享所占比例为 22.9%；有偿技术服务所占比例为 11.1%；技术股权所占比例为 9.6%；有 170 家企业没有激励机制，所占比例为 8.7%。❶

第二，建立激励企业知识产权创造的机制，为企业研究开发提供财政税收优惠支持，并对企业知识产权确权给予资助机会。《科学技术进步法》第 33 条第 3 款规定，"企业开发新技术、新产品、新工艺发生的研究开发费用可以按照国家有关规定，税前列支并加计扣除，企业科学技术研究开发仪器、设备可以加速折旧。"关于促进技术创新的有关财政税收政策与制度，本书第 7 章将进一步进行探讨。

此外，对企业知识产权确权给予资助机会、对取得的知识产权实行一定奖励政策也是行之有效的手段。例如，兑现国家知识产权法律和政策对知识产权创造者的奖励措施，改进对企业知识产权创造者的奖励模式，探索股权期权激励等方式。又如，对企业当年实际产生的研究开发经费全额计入管理费用。对企业技术进出口涉及知识产权购买的支出，享受规定的税收优惠政策。通过自主知识产权产品政府采购机制，加大企业对具有自主知识产权产品和技术的投入，如通过对企业具有自主知识产权的重要设备、装备和产品的政府收购政策，鼓励企业加强对核心技术开发的投入。还如，政府通过政策鼓励企业加大研究开发投入。

至于设立专利申请资助专项资金、给予企业授权专利资助也是近几年来很多地方政府开展的一项工作。通过专利申请资助和给予授权专利资助，企业可以减轻一定的经济压力，从而在一定程度上激发研究开发和申请专利的热情。政府专利申请与授权资助制度本身具有重要的政策导向作用，也就是通过重奖发明创造者达到激励发明创造，促进对专利技术研究开发投资。

第三，拓宽企业技术创新的融资手段和方式，政府制定鼓励和引导各类风险投资基金、社会闲散资金等投入具有市场价值和技术发展前景的研究开发项目。《科学技术进步法》第 34 条、第 35 条规定体现了国家对企业技术创新的政策性金融的支持，有利于鼓励和促进企业的技术创新和技术进步。为贯彻上述规定，《配套政策》规定政策性金融机构应重点支持国家重大科技专项、国家重大科技产业化项目的规模化融资和科技成果转化项目。应鼓励有关部门和地方政府设立创业风险投资引导基金，引导社会资金流向创业风险投资企业，引导创业风险投资企业投资处于种子期和起步期的创业企业。当然，这些规定关键在于落实。从实际情况看，我国国家

---

❶ 赵旭，付丽颖，唐恒. 高新技术企业知识产权管理现状与对策——基于国家高新区知识产权调查［J］. 科技管理研究，2011（18）：108.

开发银行、银监会、中国进出口银行等相关部门已制定了相关的细则性规定。财政部会同科学技术部也制定了规范参股、跟进投资、风险补助等形式进行创业投资的实施细则，旨在促进创业投资机构对初创期科技型中小企业的投资。

第四，政府在安排科技经费中，对于专利技术特别是发明专利技术应重点支持，包括对技术含量高的专利技术的开发和产业化应用，乃至专利技术产品出口等，同等条件下给予重点扶持。对于企业重大技术改造、产品转型升级项目，政府应重点支持符合我国产业结构调整方向、拥有自主知识产权的项目。政府在支持高新技术及其产业化重点项目资金支持时，应对那些技术含量高、市场潜力大且拥有自主知识产权的项目予以重点支持，促进尽快实现商品化和产业化。

第五，从政府奖励政策层面强化对我国《专利法》《专利法实施细则》关于职务发明创造奖酬的规定，以及《促进科学技术成果转化法》关于职务科技成果转让、实施中对完成该项科技成果及其转化作出重要贡献的人员给予奖励。同时，根据各地经济社会发展的情况可适当提高奖酬标准。为激励企业落实对科技人员的奖酬规定，政策上应允许将该奖励和报酬纳入企业的成本中。根据《专利法》《专利法实施细则》规定，被授予专利权的企业可以与发明人或者设计人约定奖励、报酬的方式和数额。企业给予发明人或者设计人的奖励、报酬，按照国家有关财务、会计制度的规定进行处理。

第六，政府在涉及高科技成果转化、设立高新技术企业、推荐国家和省市级新产品和技术创新项目，以及建立专利技术孵化基地、示范园区和遴选专利技术产业化项目时，将产品和技术的专利等知识产权状况作为享受优惠政策、获得立项等方面的重要决定因素。通过一系列融入知识产权指标和考量因素的促进技术创新的政策，可以从政策导向上促使企业重视将技术创新活动中融入专利等知识产权目标，实现企业创新活动与知识产权法律机制的良性运作。

第七，建立知识产权奖励制度，在政府制定的企业科技成果奖励体系中充分体现知识产权方面的贡献。对于企业技术创新中知识产权创造、管理、保护和管理等任一方面具有突出贡献的人员，给予物质和精神奖励，如对专利技术实施中作出重要贡献的研究开发团队和经营管理人员给予重奖。为了鼓励企业及其科技开发人员通过从事技术创新活动获得知识产权，政府可通过建立科技成果管理与知识产权管理一体化的机制，在企业进行试验开发和应用研究开发等创新活动时，将拥有自主知识产权的数量和质量以及在产业竞争中的地位作为重要的参照因素考虑；在当前的科技成果评审和奖励制度中引入知识产权评价指标，例如针对企业和个人提出的新技术、新产品、科学技术进步奖励等申请，将被评项目的知识产权确权状况特别是专利申请和实施状况作为重要参数。最根本的则需要考虑对科技管理体制和科技创新体制进行改革，合理调整和规定职务技术成果和非职务技术成果的界限，完善关于科技成果和知识产权归属的现有政策和制度，充分保障企业科技人员在从事知识和技术创新活动中应享有的权利。

第八，建立鼓励企业将知识和技术作为生产要素参与分配的激励机制，对创新成果予以奖励，调动企业员工从事创造性活动的积极性和主动性，切实维护其合法权益。如上所述，对企业的职务发明创造而言，企业和从事发明创造活动的发明人或设计人均享有相应的权利。除了可以获得专利的职务发明创造以外，对于一般意义上的技术成果，企业还需要根据《著作权法》《计算机软件保护条例》《合同法》《植物新品种保护条例》等法律法规的规定，在界定职务与非职务技术成果的基础之上，既保障企业对职务技术成果的使用权、转让权和受益权，也要保障非职务技术成果完成人、使用人的利益。此外，企业为落实将知识和技术作为生产要素参与分配的激励机制，需要进一步贯彻执行国家法律法规规定的奖励政策。例如，《促进科技成果转化法》和国务院办公厅转发的《关于促进科技成果转化的若干规定》均规定了促进科技成果转化的奖励措施，需要企业予以贯彻执行。❶

第九，将企业科技人员从事科技开发、技术创新活动取得的专利等知识产权情况纳入专业技术人员的职称评定系统，改革现行的专业技术职务任职资格制度，也是通过知识产权制度激励知识产权确权的重要方式。

第十，政府制定科技创新激励计划和创新激励工程，落实专项经费，实现对重大产业技术的突破。从政府政策和制度层面以及由政府提供科技创新经费的角度来说，有必要通过制定科技创新激励计划，启动创新激励工程，落实专项经费等形式激励和推进创新活动。我国实行的"863 计划"等即有类似特点。从国外来看，2011 年 7 月欧盟发布的欧盟史上规模最庞大的科技创新激励计划就具有实施重点产业技术突破，强化重大技术产业化应用的目的。事实上，欧盟在一些本不占优势的技术领域和产业竞争领域，通过政府政策倾斜和经费保障，最终取得了竞争优势。例如，手机通信技术本由美国开发，无论是技术还是产业竞争方面美国都占优势，但欧盟国家通过政府大规模介入支持网络基础设施建设，最终确立了手机通信

---

❶　"本调查"有关企业的政策和制度就体现了激励机制和政策的落实。例如，大部分单位在年度绩效考核中纳入了专利申请量、授权量和专利实施指标，并且是按月考核兑现，年终进行总评。有的企业制定了专门的专利奖励办法，对于发明人或者设计人在专利确权的不同环节（专利申请、受理、授权）都给予一定的奖励。如果专利被实施或者被转让，发明人或者设计人也可以获得一笔奖励。在有的企业中，给予一次性物质奖励或者是按照一定比例从公司实施该技术的实际收效中提取报酬。

相关技术和产业竞争优势，像诺基亚、西门子、爱立信、飞利浦、阿尔卡特等移动技术公司的兴起就是典型例子。

（三）企业知识创造激励机制之构建

如前所述，知识产权制度本身是一种保护和激励知识创造的激励机制。企业实施技术创新与知识产权战略的有机结合，应当在促进知识创造源头上充分利用知识产权制度的激励机制。例如，在专利制度上存在一个根据古典经济学家分析的"回报预期"，这一预期能够激发研究开发人员投身于创新活动、企业投入研究开发资源支撑创新行为，如何充分发挥专利制度的激励功能就成为技术创新、促进知识创造的重要问题。

企业知识创造是产生知识产权的源泉，是进行科技创新、实现技术跨越、获得核心技术的关键。具体地说，它包括知识获取与知识创新两种方式，其中知识获取是"确定组织外部环境的知识并将其转移到组织内部，使之成为组织所用的知识过程；知识创新是指组织在已有知识资源基础上开发、产生新知识的过程"。● 基于激励机制的重要作用，企业在促进知识创造方面也应建立一整套以利益为核心的机制。

行之有效的激励机制是调动企业员工从事知识创造、珍惜和爱护企业知识产权等无形资产的重要制度机制。这种激励机制的建立需要规范企业与员工特别是科技人员之间的权利义务关系，完善奖酬制度，建立企业技术创新、鼓励发明创造的激励机制包括知识产权要素参与分配的技术创新激励机制，并创建体现知识创新价值的考核指标体系。本书认为，主要应重视以下策略。

其一，树立以人为本的理念，重视知识资本在企业发展中的作用，建立企业激励创新型人才的机制。

从人力资源理论来看，促进技术创新与企业知识产权战略实施的激励措施之所以具有重要性，就在于企业的人力资本是企业最重要的生产要素之一。它既是企业实施研究开发、生产制造和市场营销活动的主体，也是其整合资源和管理其他生产要素，实现最佳经济效益的基础。提高人力资本在企业活动中的重要作用，无疑需要充分调动员工的积极性和创造性，充分激发其献身于企业工作的活力。以保障员工经济利益和精神利益为核心内容的激励措施自然是激发人力资本活力，推进企业创新的重要因素和措施。特别是联系到现在的信息社会和知识经济时代，知识资本在人力资本中的地位和作用越来越大，知识资本与传统资本的重要区别在于它与人本身融为一体，主要体

● 李伟，陈青蓝. 基于知识产权能力的企业专利综合评价指标体系 ［J］. 科技管理研究，2011（12）：148.

现为人的经验、技能、智慧和掌握特定的专长、知识及能力。在知识经济条件下，企业激发和发挥人力资本的效能，能够更好地在以人为本理念的指导下，充分发挥知识资本推进技术创新和知识产权战略的作用。当然，知识本身并不能实现企业生产要素功能，而必须将其产权化和资本化，成为知识资本，进而作为生产要素功能在企业生产经营中发挥独特的作用。事实上，借鉴日本知识产权战略的经验，知识产权创造战略除了包括大学与科研院所知识产权创造，企业的知识产权创造、取得与管理以外，还包括创造性人才的培养。培养创造性人才是促进企业知识创造的前提，因为创造性人才是从事知识创造的主体。

其二，建立与健全企业创新制度并予以兑现，充分激发创新型人才从事知识创造的活力和潜力。

企业内部建立激励创新的奖励机制十分重要。从国外企业的经验看，发达国家企业一般都建立了比较完善的激励企业技术人员从事技术研究开发的制度。如美国 IBM 公司建立了完善的激励员工创新的机制。公司设立了累计积分奖励制：发明人在申请专利后可以获得一定的积分，其中发明专利积分为 3 点。当累积积分达到 12 点时，发明人可以获得 3 600 美元的业绩奖。其企业技术与制造部副总裁杜诺佛指出：公司在专利技术上连续多年保持领先优势，公司掌握先进技术是稳居市场领导地位的关键。这也证明了公司在 10 年前决定维持在业界最充分的研究开发投入，并建立真正重视与激励创新的文化是正确的策略。❶ 日本企业针对专利申请和获得专利权也规定了详细的奖励制度。从我国企业的情况看，一些企业设立了类似的激励知识创造的奖励制度，其中不乏通过建立和完善企业内部的激励创新的制度而促进了企业知识产权创造和技术能力的提高，取得了较好的成效。例如，华为公司重视制度激励措施，颁布了《科研成果奖励条例》《专利创新鼓励办法》等制度，以此奖励和鼓励员工投身于企业研究开发与技术创新活动。公司还重视对员工从事发明活动进行精神奖励，将发明人的专利证书纳入基地数据中心大厅的"专利墙"，激发了研究开发人员投入研究开发的热情；再如，长沙中联重工科技发展股份有限公司以知识产权不同类别、专利授权的不同阶段、专利实施效益为基础建立了多层次的激励机制，效果明显。

不过，总体上我国企业在建立激励创新的机制方面仍然存在较大问题。根据 2011 年通过评审的中国科学技术法学会和江苏省知识产权研究中心开展的"国家高新区知识产权状况调查研究"课题提供的数据，只有 22.1%

---

❶ 跨国企业的专利谋略［EB/OL］.［2011-12-12］. http://libdaily.mofcom.gov.cn/show.asp?id=33347.

的被调查企业建立了创新成果的利益分享和激励机制；高达 76.2% 的企业认为，企业投入技术创新和知识产权保护的动力来自于技术开发项目的财政补贴。这一方面固然说明国家和地方政府促进企业技术开发和科技创新的相关财政税收政策确实发挥了激励作用，但也同时说明很多企业从事技术创新活动并没有成为其内在的需求，反映了企业内部激励创新动力机制不完善的现实。

其三，在确立知识创造的产权归属时，应本着最大限度地调动创造者积极性，充分保障创造者的合法权益的原则，落实利用财政性资金设立的科学技术基金项目或者科学技术计划项目所形成的知识产权的实施，并认真兑现职务发明创造的"一奖两酬"制度。

根据《科学技术进步法》第 20 条规定，企业作为项目承担单位使用国有资金或者使用国家财政性资金资助的进行科技创新，在此基础上形成的科技创新成果及其知识产权，除非涉及国家安全、国家利益或者重大公共利益，应由企业享有。企业对其取得的知识产权除自身实施外，还可以以许可、转让、质押融资、作价入股等形式利用并取得收益。企业在与高校、科研院所等单位进行合作创新时，可以通过合同约定知识产权的归属。

我国企业实践中对法定的"一奖两酬"落实不足。例如，企业缺乏对酬金标准的细化确认，以致在职务发明专利实施后职务发明创造者不能获得足够的酬金，一些企业领导在认识上存在误区，连法定的基本奖金也不予兑现。加之现行有关职务发明创造法律制度没有规定企业不履行法定义务的责任，企业缺乏相应的约束机制，职务发明创造激励制度的作用和功能没有很好地发挥作用。甘肃省一项针对 60 多个国有大中型企业和民营高科技企业的调查显示，被调查企业中有 60% 没有履行对职务发明创造的奖励。在对企业职务发明创造进行奖励方面的主要问题有：一是难以激励普通员工参与研究开发；二是没有给研究开发人员提供必要的科研资源与条件；三是缺乏鼓励员工从事发明创造的规章制度；四是提供的奖励过少，仅具有象征性。[1] 与此相对应，发达国家企业对员工取得的职务专利成果通常都有一套完整的激励政策和措施，不仅包括物质奖励，还包括精神奖励，如美国 IBM 公司的"专利墙"、日本三菱公司"优秀发明表彰"等，对激励企业员工投身于技术研究开发活动发挥了重要作用。为此，我国不仅应在法律制度层面完善职务发明专利奖酬制度，而且还应在企业层面建立激励职务发明创造的制度和机制，注重对职务发明创造中职务发明人的利益的保护和调整，以调动职务发明人从事职务发明的积极性。特别是应严格履行《专利法》《专利法实施细则》等法

---

[1] 刘华. 甘肃省企业专利管理的问题及对策 [J]. 兰州学刊，2011（6）：208.

律法规和地方科技创新与知识产权奖励政策规定，兑现企业科技创新人员关于职务发明创造、植物新品种、集成电路布图设计成果中发明人、设计人、育种人等应获得的奖励和报酬。

其四，营造企业创新的氛围和文化。

企业技术创新是一个具有风险性和探索性的经济技术过程，为实现技术创新目标，需要建立有效的激励知识创新的机制，这一点是毋庸置疑的。除了充分运用知识产权制度激励机制以外，还需要营造一个有利于创新的外部环境，营造有利于企业创新的氛围也非常重要。

图 5-1 直观地反映了从外部和内部促进技术创新与企业知识产权战略实施的激励机制的内容。

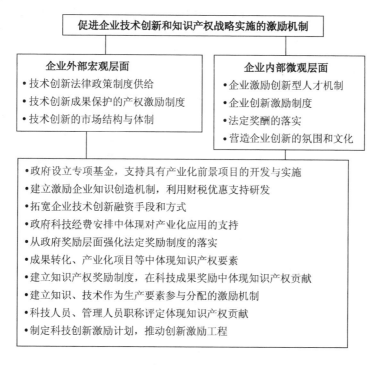

图 5-1　促进技术创新与企业知识产权战略实施的激励机制

（四）促进企业创新成果转化的制度激励机制

1. 企业创新成果转化及其制度激励机制建构的重要性

企业创新成果转化直接关系到企业技术创新能够实现，因此它也是技术创新与企业知识产权战略有效结合的关键。这里所说的创新成果，基本上等同于《促进科学技术成果转化法》所说的"科技成果"，因此从以下对科技成果转化含义的界定上也基本上能明确企业创新成果转化的含义。科技成果转化，"是指为提高生产力水平而对科学研究与技术开发所产生的具有实用价值的科技成果所进行的后续试验、开发、应用、推广直至形成新产品、新工艺、新材料，发展新产业等活动"。❶ 又根据《科学技术进步法》第 1 条规定，我国科技政策的重要目标是促进科技成果转化，即促进科学技术成果向现实生产力转化。该法第 4 条则规定，国家鼓励科学技术研究开发，推动应用科学技术改造传统产业、发展高新技术产业和社会事业。该规定体现了鼓励从事科学技术研究开发，促进科技成果转化的意旨。科技成果转化的重要意义在于，科技成果由潜在的生产力转化为现实的生产力，是科学技术研究开发的归宿和意义所在，而只有对科技成果进行转化才能实现这一目的。从企业技术创新的角度讲，科技成果转化也是企业实现技术创新目的的基本途径。基于此，企业促进科技成果转化需要加强企业领导层的科技成果转化意识，将企业科技开发与技术创新战略思维联系在一起。同时，科技成果转化涉及诸多知识产权问题。《促进科学技术成果转化法》第 3 条明确规定，"科技成果转化中的知识产权受法律保护"。企业科技成果转化的核心是知识产权的产品化、市场化和产业化应用，将知识产权转化为生产力，提高知识产权的产业化应用水平和研究开发投入产出的效率。它强调企业知识产权成果的应用、产品化和产业化。因此，从企业知识产权战略的角度看，科技成果转化是实施企业知识产权战略的重要形式和保障。

从技术竞争力强的国家的经验来看，企业创新成果或者说科技成果转化渠道畅通、政策制度激励效果强、转化成效大，是其拥有较靠前的国际竞争力排名的重要原因。以《2007~2008 全球竞争力报告》（The Global Competitiveness Report 2007–2008）为例，排名靠前的国家，其不仅具有很强的科研力量和研究开发能力，而且具有健全的激励创新和创新成果转化的制度与促进创新成果的开放式创新机制。以全球竞争力排名第一的美国为例，建立了促进创新的要素市场和以创新成果转化的产学研一体化创新体系是其重要经验。根据世界银行统计，我国科技成果和专利的转化率较低，其中科技成果转化率只有 15%，专利实施率为 25%，❷ 与发达国家科技成果及专利技术 70% 转化率的数据相差很大。

企业创新成果转化有多重形式。根据《促进科学技术成果转化法》第 9 条规定，科技成果持有者可以采用下列方式进行科技成果转化：自行投资实施转化；向他人转让该科技成果；许可他人使用该科技成果；以该科技

---

❶ 当然，严格地说，两者还是存在区别的。为阐述方便，以下并未严格区分。

❷ 当然，就不同企业来说，专利实施率可能存在较大差别。例如，根据"本调查"的数据，在 2001 年以来本单位授权专利实施率的调查中，有 11 家对该项调查进行答复，有 2 家的专利实施率小于 30%，有 2 家专利实施率为 30%~50%，有 6 家专利实施率为 50%~80%，有 1 家为 80% 以上。

成果作为合作条件，与他人共同实施转化；以该科技成果作价投资，折算股份或者出资比例。企业创新成果转化尽管形式多样，但无论上述哪种形式，都存在较多的问题，直接后果是我国企业难以使知识产权本身的优势转化为市场竞争优势。应当说，企业创新成果转化不畅，效率不高的原因是多方面的。大致说来，以下几点值得关注：一是创新成果在技术上不够成熟，离成果的产业化应用还有一段距离。例如，创新成果尚未完全经过实验室、中试、产业化和市场化阶段，还没有成为在市场上被接受的新产品。一些成果尚没有完成小试、中试和产品定型，很难在较短的时间内形成现实的生产力。二是企业创新成果在技术上本身没有多大问题，但由于在研究开发阶段对技术的市场前景关注不够或判断失误，结果导致创新成果产品化后，因为成本太高或消费者群体太窄而难以在市场中立足。三是企业对创新成果产业化缺乏足够的资金保障，导致创新成果的产业化生产出现困境。四是对专利技术而言，一些实际上具有重要市场或竞争价值的专利因为需要缴纳年费而被企业放弃，致使专利技术还未来得及转化就被进入公有领域。这一现象在高校、科研院所的情况更为突出，当初申请专利就存在为申请而申请的目的，申请获得专利权以后即束之高阁，形成所谓"沉睡专利"。据调查，这类闲置专利的比例相当大。为此，我国企业需要克服这些问题，大力加强创新成果的转化工作。五是当前对创新成果转化的评价指标仍缺乏权威的可以量化的指标体系。对此，目前学界在加强研究，如有的研究成果提出了技术开发能力、科技成果转化能力和科技成果转化直接效果等评价指标。

　　当然，值得肯定的是，从总体上看，相较于高校和科研院所等其他科技创新主体，我国企业仍然是科技成果的主要完成者和转化的主力。仅以 2006 年调查的数据为例，当年我国企业完成的科技成果分布情况如下：企业完成 11 918 件，占总数 33 644 件的 35%；研究机构和高等学校所占比重分别为 19% 和 21%。从科技成果的结构看，基础理论成果 2 107 项，占登记成果总数的 6.3%；应用技术成果 30 103 项，占 89.5%；软科学成果 14 34 项，占 4.3%。这一情况说明，企业成为科技成果的最主要贡献人，而且这些科技成果中大部分为应用技术成果。再从科技成果转化的情况看，当年全国技术市场成交的 205 845 件合同中，有 159 470 件属于企业购买，占 77%；在 1 818 亿元的成交合同总金额中，企业购买的合同金额就达到 1 525 亿元，占 84%。❶ 创新成果转化的主力之所以是企业，是因为与高校和科研院所相比，企业在从事创新活动之初即有较强的市场导向，创新成果产生后也会

---

　　❶ 查道林. 三大国家科技创新主体 R&D 活动专利技术产出的比较 [J]. 统计与决策，2009 （6）：90.

更注重及时转化问题。

事实上，创新成果在进行有效的知识产权确权的基础上，其转化本身也是实施企业知识产权战略的实质性内容。也只有实现创新成果的转化，才能实现无形财富的变现，反哺企业的研究开发活动。从技术创新的角度看，创新成果转化比起创新成果产生具有更现实的意义。在我国企业知识产权工作实践中，存在的一个重要问题就是相较于知识产权确权，企业对知识产权成果的转化不够重视，尚未建立良好的成果转化机制，更未将成果转化上升为国家技术和产业政策的重要组成部分。由于企业创新成果转化还涉及创新成果供应者、使用者、投资者、中介机构等主体之间复杂的利益关系，对这些利益关系的协调不顺也是影响企业创新成果转化不畅的原因之一。由此可见，创新成果的转化成了企业实施技术创新战略与知识产权战略的对接平台和共同基础，这也为技术创新与企业知识产权战略的融合奠定了坚实基础，两者可谓殊途同归。

为了促进企业创新成果及时、有效地转化，也需要充分利用知识产权制度激励产业化、商业化机制，同时配套采取一系列政策和制度加以落实，建立与健全促进企业自主创新和成果转化的激励、约束机制与制度。就知识产权制度而言，其本身除具有激励知识创造的内在机制和功能以外，还存在促进产业化、商业化机制的作用。这是因为，知识产权制度运行的基本模式是通过授予知识产权人以专有的权利来控制市场，但知识产权人未来获得的实际利益和份额则依赖于其拥有的知识产权在市场中被认可和推广的程度和范围。换言之，只有将知识产权充分地运作于市场中，使其产业化和商业化，知识产权人才能真正实现经济和社会效益。作为一个"理性经济人"，知识产权人为了在法律保护期限内利用其专有权利获取收益，自然会想方设法谋求知识产权商业价值的最大化。至于现实生活中大量的知识产权并没有实现或者没有充分地实现其经济社会价值，是因为知识产权产业化、商业化渠道不畅，或者创新成果市场成熟度不高等多种原因。就企业而言，同样需要充分利用知识产权制度激励创新成果产业化、商业化机制，将创新成果的转化纳入企业创新战略和政策的高度。

企业科技成果特别是高新技术成果转化是企业落实技术创新战略与知识产权战略，实现两者上述殊途同归——提升创新能力和核心竞争力，获得市场竞争优势的桥梁和重要途径，其本身也是知识产权价值的重要体现和反映，因为企业开发的科技成果本身无论具有多高的技术含量和多强的市场竞争力，如果不通过在知识产权确权的基础之上积极实现转化，就有可能失去市场价值和社会价值。促进科技成果及时转化本身是落实我国科教兴国战略和建设创新型国家的重要体现。从这里也可以更好地理解颁行《促进科学技术成果转化法》的重要意义。科学技术部和地方各级政府在近些年出台的一些部门规章以及政策性文件中，就有相当一部分内容直接或者间接涉及科技成果转化的问题。在高新技术领域，科技成果转化更具有现实意义。因此，探讨企业科技成果特别是高新技术成果转化机制和策略，具有重要意义。

2. 国外经验借鉴：美国《拜杜法案》及其启示

美国的《拜杜法案》（Bayh–Dole Act）是促进产学研结合著名的法律规范，该法在 1980 年通过、1984 年修改，并被纳入《美国专利法》第 18 章，标题是联邦资助所完成的发明的专利权。《拜杜法案》的产生有其特有的历史背景，这就是在其产生之前，美国法律规定由政府资助的研究项目产生的专利权，属于政府所有。截至 1980 年，联邦政府获得了 28 万件专利，但由于缺乏商业化的动力和条件，结果被转移到工业界进行商业化活动的专利不足 5%。正是在这种情况下，美国国会参议员佰茨·拜赫（Birch Bayh）和罗伯特·杜尔（Robert Dole）提出了《拜杜法案》。

《拜杜法案》的初衷就是要改变由联邦政府资助项目产生的发明专利权的归属，激励私人部门和机构对发明创造进行商业化，促进发明创造的及时转化。该法案规定，由联邦政府资助的项目以及联邦政府合同下的科研项目，其产生的知识产权属于大学、非营利组织和小企业。受政府资助的单位在取得研究开发成果后，有义务及时披露该成果，其有权决定是否保留对发明的所有权。一旦选择保留对发明的所有权，该单位即负有申请专利、报告实施情况、将获得收益用于分配给发明人及用于教育、科研的义务，以及优先发展美国产业的权利和义务。

《拜杜法案》区分了企业应缴纳的专利许可费和企业资助的研究经费，后者不能用于与前者相抵。《拜杜法案》明确了在产学研模式特别是在获得联邦政府资助条件下获得的知识产权的归属，为政府、研究机构和企业之间实现合作，加快技术创新进程，实现科技成果的及时转化提供了强大动力，是促进产学研结合的有效制度激励机制。也就是说，法案为产学研模式的技术创新提供了制度性激励，推动了技术创新的步伐。在司法实践中，美国法院也根据该法案的规定保护了发明人的权益。例如，在 2011 年的斯坦福大学诉罗氏分子系统案中，美国联邦最高法院判决认为在承接项目的研究机构未与发明人签署明确的转让协议时，发明人即有权获得技术创新的所有权，也即确认了发明人拥有基于联邦经费产生的科技成果所有权。

除《拜杜法案》以外，美国相关的法案还有《联邦技术转移法》（Federal Technology Transfer Act，1986）、《技术创新法》（Stevenson–Wydlel Technology Innovation Act，1980）、《技术转移商业化法》（Technology Transfer Commercialization Act，2000）等。其中，《联邦技术转移法》规定了联邦实验室在技术转移方面的职责和任务，对职务发明人的权益做了明确保障，允许其提取不低于 15% 的专利费收入；《联邦技术转移法》规定了建构技术转移机构、实施技术转移方式等方面的制度，如规定国家实验室应建立开发和技术应用办公室；《技术转移商业化法》则对归属于联邦政府的技术成果的运用程序进行了简化。这些法案反映了美国政府为促进科技创新成果的及时转化、知识产权的产品化和市场化所作的制度建设方面的努力。该法案对于改革我国由政府资助的发明创造专利权的归属具有重要的借鉴意义。

《拜杜法案》出台后，不仅在全美影响甚大，而且对其他国家的技术创新、促进科技成果转化方面的立法也产生了重要影响。仅以日韩为例，日本在 1999 年颁布了《产业活力再生特别措施法》，规定一项由民间企业赞助的在政府实验室或日本国立大学予以实施而产生的知识产权归属于赞助企业。该法被称为日本版的《拜杜法案》，其特点在于激励企业对大学或者政府实验室的投资，通过产学研联合形式实现技术开发的突破，为政府、大学和企业共同致力于创新成果的商业化应用提供制度激励，也为民间企业从产学研合作中获得生存与发展提供了制度保障和机会。又如，韩国通过修改法律规定，由国家投资产生的知识产权可以通过合同约定归属于私人研究机构，如果主要的研究机构放弃该知识产权的话，则可以由研究者享有。这一规定也是通过以产权激励的形式鼓励研究机构和研究者个人从事研究开发活动以及相应的成果转化活动。

3. 以科技成果为核心的企业创新成果转化的实现途径

以下根据《促进科学技术成果转化法》规定的精神，在借鉴国外经验和我国现有做法的基础之上，对企业科技成果特别是高新技术成果转化机制和策略进行分析和研究。

第一，完善促进技术创新和成果转化的法律制度建设，建立健全创新成果转化的法律保障体系。如上所述，我国制定了专门的《促进科学技术成果转化法》，这是促进我国科技成果转化方面的基础性法律。但是，目前在这方面还缺乏完整、系统的法律体系，需要借鉴国外经验加以完善。例如，美国为促进技术创新和科技成果转化，颁行了《技术转移商业化法案》（Technology Transfer Commercialization Act，2000）、《联邦技术转移法》（Federal Technology Transfer Act，1986）、《小企业创新发展法》（Small Business Innovation Development Act，1982）、《斯蒂文森-怀德勒技术创新法》（Stevenson-weidele technology innovation Act，1980）等法律，旨在促进技术转移、利用和推广，加速科技成果转化，提高技术创新效率。韩国则颁行了《发明促进法》、《研究开发促进法》、《技术转让促进法》等法律，以加快技术创新步伐，促进创新成果转化。

第二，政府从宏观层面为企业技术成果转化提供政策支持和指导，建立促进科技成果特别是高新技术成果转化的制度。2011 年初我国正式发布的《国民经济和社会发展第十二个五年规划纲要》在第 4 篇第 15 章关于培育壮大高科技服务业中明确提出了积极发展检验检测、知识产权和科技成果转化等科技支撑服务，这是我国首次在国家规划纲要中明确纳入包括科技成果转化在内的知识产权服务，有利于指引和规范企业技术成果的及时转化。

事实上，近年来我国各级政府和主管部门的政策性规范中越来越重视企业创新成果的转化问题，甚至有相当全面、系统的规定，如《上海市促进高新技术成果转化的若干规定》（沪府发〔2004〕52 号）。这些政策性规定无疑有利于指导和引导企业有效地实施科技成果转化。不过，现有规定仍然比较抽象和原则，需要结合各地的实际情况加以完善。整体上，需要制定有利于企业专利技术产业化、商业化发展的优惠政策和制度，为企业技术创新提供政策支持。在政策和制度制定的内容方面，应突出企业为科技成果转化平台的主体，重视知识产权向企业流动，侧重于为企业提供科技成果转化的制度完善机制。

第三，由政府出面建立科技成果转化项目认定制度，特别是对高新技术企业而言，其研究开发成果很多是基于特定项目而取得的，通过确立转化项目，可以有的放矢、有针对性地予以保障项目的转化。以上海市为例，根据《上海市促进高新技术成果转化的若干规定》（沪府发〔2004〕52 号），该市实行高新技术企业认定制度，设有高新技术企业认定办公室。同时，还建立高新技术成果转化项目认定制度，设立上海市高新技术成果转化服务中心，涉及软件、创新药物、集成电路、获得科技型中小企业技术创新资金资助的项目等。上海市的做法值得借鉴，这样可以保证高新技术成果转化项目的规范性。

第四，改革政府各类科技计划涉及知识产权的管理制度和办法，强化公共科技资源的利用效能和扩散，建立责权利相结合的知识产权管理制度，促进转化应用。同时，针对一些应用性课题缺乏与市场需求结合的现象，改进课题申报制度，特别是国家各类科技计划项目、国家重大专项等由政府出资的重要项目，需要重视纳入企业参与，避免产学研脱钩、申请者为申请课题而申请的学术浮躁现象。

第五，建立多层次的促进企业科技成果转化和产学研一体化的激励机制，重视企业知识、技术因素和管理因素参与利益分配，同时采取股权激励、期权激励或奖励等多种形式激励科技成果转化。在实践中，企业可以加强与高校和科研院所的合作，实行优势互补，共同推进科技成果的转化。建立促进科技成果转化的利益分配机制以激励企业创新成果转化，是行之有效的办法。采取股权激励等多种形式鼓励企业创新成果转化也是一种重要的措施。

激励企业创新成果转化的重要内容之一是调动企业技术研究人员实施成果转化的积极性。因此，应合理调整企业与科技人员在从事科技成果转化中产生的权利与义务关系，在不损害企业利益的前提下充分保障企业科技人员实施技术发明和科技成果转化产生的效益。例如，根据企业科技成果的不同转化方式，企业可以约定成果完成人可以获得的股权或收益，或者一定数额的奖励。

此外，将企业科技人员实施知识产权获得的积极效益或社会效益情况，作为企业科技人员专业技术职务任职资格评审的重要参照，也有利于调动企业科技人员从事科技创新成果转化的积极性。

第六，政府设立必要的促进企业创新成果产业化的基金，引导具有产业化前景的企业进行创新成果产品化和产业化，设立专项转化资金、风险基金、贷款贴息、融资担保等多种形式为企业科技成果转化提供资金和融资保障。从发达国家的经验看，为促进企业创新成果及时转化为生产力，其建立了企业科技创新的资金资助制度和政策。以美国为例，政府采用的资金资助措施有财政低息贷款、财政专项补贴、政府财政担保等。日本则由其工业所有权技术情报馆利用政府提供的资金加速其委托项目知识产权的流通。《促进科学技术成果转化法》第24条规定："国家鼓励设立科技成果转化基金或者风险基金，其资金来源由国家、地方、企业、事业单位以及其他组织或者个人提供，用于支持高投入、高风险、高产出的科技成果的转化，加速重大科技成果的产业化。科技成果转化基金和风险基金的设立及其资金使用，依照国家有关规定执行。"目前我国一些地方已据此设立了相关的基金。例如，广东省设立了创业投资引导基金，起步规模近10亿元，同时还设立了风险投资基金。江苏省和湖北省分别设立了中小企业信用担保机构专项补助资金和创业投资引导基金。

从政府支持企业科技成果转化的角度看，在有关科技计划、科技攻关项目和重大技术改造、产业升级等项目计划中，由政府设立财政专项资金给予扶持具有必要性。通过扩大专利产业化资金投入规模，为专利产业化发展提供资金保障。

同时，在融资担保方面，可以为企业科技成果特别是高新技术成果转化提供一定的优惠和便利，以保障企业科技成果及时转化，并以转化的效益偿还担保资金，形成良性循环。政府有关部门通过制定和实施配套政策，也是非常重要的。例如，政府采购活动中，对企业拥有自主知识产权的产品优先采购；对企业具有自主知识产权的创新项目和成果，银行等金融部门采取有效措施积极促进创新成果的产业化、商业化，同时探讨金融模式创新，为企业创新成果转化提供足够的资金支持；对于企业重大专项、重大科技计划项目，以及重大技术研究开发基地，政府在资金扶持和项目安排等方面给予积极支持。

第七，建立和完善促进企业科技成果转化的中介机构，为企业科技成果转化搭建平台。科技成果转化平台建设是促进企业科技成果转化的重要舞台，其中促进科技成果转化的中介机构和技术市场建设也很重要。中介机构能够发挥机构专业人员信息灵通、业务水平较高、实践经验丰富的优点，在产学研平台中为实现科技成果的商业化转化搭建桥梁；技术市场则能够为技术交易各方提供交易，促进科技成果及时转化。目前，我国已有一些这类机构和技术市场，但需要进一步予以规范。有关科技成果转化平台建设，本书还将在其他部分予以讨论。

第八，建立和完善促进企业科技成果转化的孵化机制与信息网络，加快企业创新成果及时转化和创新成果信息传播。就孵化机制而言，目前我国一些地方积累了相当的经验。例如，在北京中关村科技园区，孵化器的建设促进了园区高新技术成果的成熟和及时转化。上海建立了科技企业孵化器指导委员会和不同类型的孵化基地，旨在通过完善科技成果孵化机制提升成果转化、投融资和中介等培育企业的服务功能。图 5-2 直观地反映了企业创新成果转化的实现机制的内容。

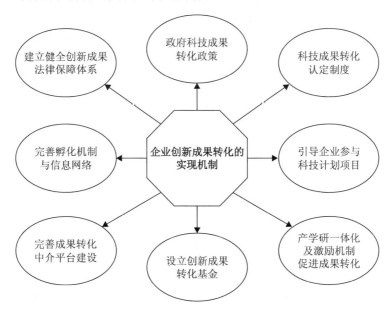

图 5-2　企业创新成果转化的实现机制

技术创新与企业知识产权战略融合，需要在知识产权制度规范下，充分运营知识产权，最大限度地发挥知识产权的资产价值，实现知识产权的经济社会效益。技术创新与企业知识产权战略实施，也需要建立一定的考核评价标准，这些标准是衡量技术创新与企业知识产权战略实施绩效的基本手段，从两者融合的角度看则需要建立一些共性的指标体系。同时，为保障技术创新与企业知识产权战略的有效推进，需要构建企业知识产权产业化转化平台、信息网络平台，建立企业知识产权风险防范、预警与应急机制以及企业重大经济活动知识产权审议机制，确保知识产权制度在企业中安全而有效地运行。在当前技术标准与知识产权高度捆绑的情况下，还需要重视两者与技术标准战略的融合。本章将对这些问题予以深入探讨，旨在构建知识产权运营研究技术创新与企业知识产权战略有效结合的法律运行机制。

一、权利运营机制

《国家知识产权战略纲要》在"战略重点"部分指出，要"促进知识产权创造和运用"，"推动企业成为知识产权创造和运用的主体。促进自主创新成果的知识产权化、商品化、产业化，引导企业采取知识产权转让、许可、质押等方式实现知识产权的市场价值。"这一规定体现了对企业技术创新中知识产权战略的权利运营机制的充分运用。实际上，知识产权的价值在于对知识产权资产的动态性利用。技术创新与企业知识产权战略融合要求以实现知识产权资产价值最大化为目的，以发挥知识产权这一独占性产权功能为手段，建立知识产权资产有效利用与市场嫁接的权利运营机制。企业知识产权权利运营机制的核心是盘活知识产权资产，充分利用知识产权在促进企业生产经营和提高市场竞争力方面的重要作用，其中企业的知识产权实施或市场运营是企业将科技成果转化为生产力，实现知识产权开发的投资回报和企业经济效益的重要途径，也是企业技术创新战略的重要支撑。

企业知识产权的权利运营机制要求充分运用知识产权制度的功能和特点，不仅重视知识产权的确权和运用，而且重视企业运用知识产权带来的市场效应，重视知识产权对企业财富增长、经济效益提高的作用机制和运营模式。企业知识产权权利运营机制的重要性还体现于，在当代激烈的技术竞争和市场竞争背景下，企业之间的竞争也表现为获得技术方面的竞争与利用技术方面的竞争。竞争制胜的关键则在于技术的利用及其带来的经济效益和竞争优势，而这离不开有效的权利运营，核心则是知识产权运营。因此，技术创新与企业知识产权战略融合的权利运营机制的主要内容是培育和提升知识产权运营能力，有效开展知识产权运营活动。为此，需要在全面把握知识产权运营及其能力培育问题的基础之上，解决知识产权资产的价值评估问题，以自行实施、许可、转让、资本运营等多种形式开展知识产权运营活动。

（一）知识产权运营及其能力提升

企业知识产权权利运营机制以企业制定和实施知识产权运营战略为核心，将其纳入知识产权运营战略范畴，有利于企业基于市场环境、技术环境和社会环境的变化，灵活地选择知识产权实施策略，通过知识产权有效运营实现企业知识产权的增值。应当说，企业知识产权运营能力与知识产权创造能力一样，均是企业"知识产权能力"的重要内容。其中知识产权运营能力可以界定为，企业管理者在获取、运用专利技术等知识产权的过程中进行综合性管理和系统化谋划的知识与技能的总称。[1] 比较而言，企业知识产权创造能力受到企业技术能力、创新人力资本等多方面因素的制约，而运营能力则具有更多的策略性，企业可以在现有环境下创造知识产权的运营条件。就政府而言，需要从政策层面鼓励和引导企业知识产权的资本运营活动，如鼓励风险投资机构和金融机构加大对专利技术转化和产业化的资金保障，加大对创新型企业股份制改造的步伐，充分显示知识产权的价值。对拥有自主知识产权的企业通过创业板上市或在境内外上市积极给予支持。同时，鼓励民间资本和外资以合作、联营、独资、参股、特许经营等方式，投身于具有自主知识产权企业的资本运营当中。企业知识产权

---

❶　朱国军，杨晨. 企业专利运营能力的演化轨迹研究［J］. 科学学与科学技术管理，2008（7）：180.

运营是企业利用知识产权获取经济收益的活动，从企业内部来说，应在财务会计制度上加以反映。为全面反映企业知识产权运营的效果，还需要建立企业成本会计制度，在财务上设立独立的账户，记载知识产权运营的成本与收益，以此评价企业知识产权运营绩效。在一般的知识产权理念上，企业则应从通常的以鼓励知识产权创造为主转移到鼓励知识产权创造和促进知识产权运营相结合，大幅度提高自身知识产权运营能力。

知识产权运营不同于知识产权的保护和管理，它是企业利用知识产权创造价值，实现知识产权保值增值的过程，是企业在分析面临的技术环境、市场环境和社会环境的基础上，充分利用企业内部的人力资源、财务资源和外部市场资源，谋求知识产权资产增值与价值实现的方式。企业知识产权运营的核心是利用知识资产生产具有高附加值的产品，同时充分运用知识产权的资产运营功能，通过许可、转让、投资入股、证券化、资产重组、兼并收购等多种形式和手段发挥知识资产的竞争和经济效能，提高企业的市场竞争力。由于知识产权运营具有高度的战略性，企业知识产权运营战略被视为企业知识产权战略的重要内容和重要环节，企业知识产权运营管理也成为企业知识产权管理的重要内容之一。

企业知识产权运营贯穿于企业研究开发、生产制造、市场营销和技术创新的全过程，从战略高度重视企业知识产权运营问题，可以有效地将企业知识产权运营纳入企业经营管理范畴，实现科技与经济的有效结合，充分发挥知识产权作为企业重要的经济资源和战略性资源在企业发展中的重要作用。企业知识产权运营是企业有形资源与专利技术、商业秘密、商标、著作权等知识产权类无形资产有效嫁接，在技术市场、产品市场和资本市场实现知识产权的价值增值过程。企业知识产权运营以知识产权的商业化、知识产权资本化运营等作为重要形式，大体上可以分为在物质生产中的运用与非物质产品中的应用两类。前者一般是专利技术或专有技术以产品化、商品化形式实现其价值，后者是以知识产权本身为基本产品的形式进行的知识产权经营。

企业知识产权运营能力是实现知识产权资产价值的能力，以知识产权产品化、市场化、商业化、资本化等形式具体运营，以知识产权许可、转让，知识产权投资、知识产权收购、知识产权资产重组等形式提高知识产权资产的配置效率和利用水平。企业知识产权运营能力针对不同的知识产权具有不同特点，如专利运营能力主要涉及专利信息运用能力和专利权运用能力，商标运营能力主要涉及商标经营能力。无论何种类型的知识产权，提升企业知识产权运营能力都需要在诸多方面予以推进，包括技术创新能力、资本运营能力、市场营销能力、资源配置能力等。企业技术创新能力的提高，是企业知识产权运营能力的催化剂；资本运营能力的提升则有利于企业通过收购、兼并、持股、控股等形式提升企业知识产权的存量，利用资本要素扩展知识产权；提高市场营销能力则是企业拓展产品或服务市场，获取较大市场份额的重要因素，对于企业知识产权运营能力的提升也具有重要意义；资源配置能力提升则有利于保障企业资源优势和效率。从前述企业知识产权价值链原理看，企业知识产权运营的基本活动包括知识产权的获取与知识产权的运用，辅助活动则主要是企业知识产权的有效管理。企业知识产权运营实现企业价值需要借助于知识产权管理辅助活动，以知识产权获取和运用为基本环节，形成一个促使知识产权价值增值的合力。具体地说，通过企业知识产权获取，企业的研究开发资源、市场资源和管理资源转化为法律垄断资源和技术优势；通过知识产权的运用实现企业的技术优势向市场竞争优势转变；通过知识产权有效管理实现企业的资源与技术优势和市场优势的有效组合和协同，同时实现知识产权管理的效能。

　　前面的研究揭示了企业通过实施知识产权战略培育企业自主创新能力的机理与路径。实际上，企业自主创新与知识产权战略实施之间存在很强的互动关系，包括企业知识产权运营能力在内的知识产权能力的培养也渗透于企业自主创新过程中。换言之，企业实施自主创新战略的各个环节和过程中，如研究开发的立项、研究开发活动和研究开发成果的产品化、商业化活动等，都是培养企业知识产权能力的渠道和空间。例如，如前所分析的，在研究开发的立项可行性论证和立项阶段，企业需要高度重视专利文献与信息的利用和研究问题，企业对专利文献和信息的检索分析能力就成为本阶段企业知识产权能力培育的"试验田"。通过将专利文献与信息检索分析与企业创新目标紧密结合，企业可以提高自身的专利信息运用能力。除此之外，企业还可以培养对技术的决策能力。在研究开发阶段，企业最重要的目标是充分运用现有的创新资源和人力资本，获得预期的创新成果。该目标的实现受到企业研究开发投入经费、研究开发人员、成果创新性程度、研究开发管理等因素的影响，涉及企业的诸多能力，如技术开发能力、技术管理能力、信息追踪能力，而知识产权创造能力则是其中的关键因素。企业知识产权创造能力可以通过研究开发活动得以提升，企业可以通过选择创新模式、研究开发路径、对创新成果的保密等方式促使创新成果的诞生并取得自主知识产权。在创新成果的产品化和商业化阶段，企业知识产权能力的主要体现为运营能力，因而它也是培育企业知识产权运营能力的关键环节。知识产权运营能力无疑需要通过知识产权运营实践加以提升。当然，由于知识产权战略诸环节的内在联系，知识产权运营的培育并不是孤立进行的。例如知识产权运营立足于知识产权的保护，企业知识产权保护能力和水平直接决定了知识产权运营的状况。企业知识产权保护能力影响企业技术创新各个阶段的知识产权状况，对技术创新商业化阶段的知识产权运营状况和运营能力自然也具有重要影响。总的来说，企业知识产权运营能力的提升和运营活动的开展需要将其置于技术创新和创新体系建设过程中，将技术创新活动与知识产权保护和市场营销紧密结合。海尔公司在这方面就提供了值得借鉴的经验。公司确立了立足于消费者需求的"市场、技术、知识产权"三位一体的技术创新模式，将技术创新过程看成是市场化、法律化和知识产权运营过程的统一，主张在技术创新过程中以知识产权的严密保护为手段，提高企业知识产权的运营管理水平，并通过知识产权的运营实现企业技术创新。

企业知识产权运营战略侧重于知识产权价值的最大化，实现企业价值创新，为企业带来尽量大的经济效益，其主要目的是通过战略性的运营知识产权为企业带来更多的利润。因此，企业知识产权运营战略更关注知识产权的产品化、市场化运营和商业价值实现，关注获得最大化的经济利益。企业知识产权运营直接关系到企业实现知识产权的经济价值和效益，而企业知识产权创造只是为知识产权资源的获取奠定了基础，并不是最终目的，企业只有通过对已经获得的知识产权资源进行有效的整合和运用，才能发挥知识资产的价值，使知识产权真正成为企业的重要的生产要素。这样，知识产权运营战略与企业战略和企业技术创新具有更直接的关系，因为它是企业实现知识产权价值创新的最终环节。实施该战略主要是选择适合于企业知识产权产品化、市场化和产业化的模式，针对不同类型和不同特点的知识产权采取相应的知识产权转化政策，同时应紧密联系企业拥有的生产经营资源和内外部环境，及时采取应对策略。

（二）知识产权资产评估

企业知识产权评估属于资产评估、无形资产评估的范畴。2001 年 7 月 23 日，财政部发布《资产评估准则 无形资产》（财会〔2001〕1051 号），其中涉及的可辨认无形资产评估包括专利权、专有技术、商标权、特许权等知识产权的评估，有利于促进我国知识产权评估工作的规范化和制度化。

知识产权资产评估在技术创新与企业知识产权战略实施，特别是促进两者融合方面具有重要意义，这是因为技术创新与企业知识产权战略均要求技术成果的商品化、商业化、产业化，其关键内容是知识产权的交易。而要促进知识产权的交易，必须首先明确知识产权的价值，否则就不能在知识产权人和使用者之间确定合理的预期，实现知识产权的价值变现或价值流转。正因为知识产权价值具有重要性，《国家知识产权战略纲要》在"战略措施"部分也提出应建立企业知识产权资产评估制度。从宏观上说，企业知识产权资产评估是落实国家知识产权战略，促进知识产权成果的商品化和产业化关键环节之一。具体地说，企业知识产权资产评估的重要意义还体现于：一是充分保护作为知识产权人的企业的合法权益。我国企业过去因为忽视知识产权的价值以及价值评估问题，往往在进行相关技术经济活动时遗漏了知识产权问题，特别是在进行企业资产重组、并购、清算、合资合作等事宜时，没有将其具有重大经济技术价值的知识产权评估作价，以致造成了无形资产的巨大流失。通过知识产权资产评估，企业清楚地知道其知识产权蕴含的巨大价值，有利于防范无形资产流失，保护自身权益；二是有利于企业运营知识产权的能力和水平。企业知识产权资产评估是其以知识产权入股、质押融资、证券化等资本形式运作知识产权的重要基础，通过评估企业知识产权资产，有利于企业从资本运营角度高度重视自身知识产权的价值，提高企业知识产权资本运作能力；三是企业知识产权资产评估有利于知识产权创造和技术的扩散，加速技术创新进程。这是因为，企业知识产权资产评估使企业对其知识产权成果的价值具有稳定的预期，这就有利于加大对相关知识产权领域的投资并促进技术创新进程；另外，企业知识产权资产评估有利于企业将知识产权纳入生产要素，对于加快产业结构升级和优化，提高智力资源的利用效能，对建立现代企业制度也具有不可忽视的意义。

深化对包括企业知识产权在内的知识产权资产评估工作，应重视以下问题：

其一，从政策和制度层面上，加快对知识产权资产评估准则和指导意见的制定和发布工作，切实指导和引导知识产权资产评估工作的深入。例如，研究制定和发布知识产权资产评估准则和专利资产评估指导意见。

其二，深入推进已经实施的国家和地方知识产权资产评估推进工程。据统计，2010 年国家知识产权局牵头组织了 17 个省（市、区）、8 个中心城市开展了地方性知识产权资产评估推进工程，取得了良好效果，需要进一步总结经验。

其三，重视巩固和加强已经开展的知识产权资产评估数据信息化建设，加快信息化建设步伐。例如，增加对知识产权资产评估数据信息系统建设工作的投入。

其四，加强对知识产权资产评估的研究和人才培养。作为无形资产评估关键部分的知识产权资产评估具有较大的难度，目前知识产权评估经验尚不够丰富，专业评估人员缺乏，需要大力加强对知识产权资产评估的研究和专业人员的培养。例如，加强对知识产权评估执业人员的专业培训，以及对国外知识产权资产评估工作的经验借鉴。

（三）自　行　实　施

企业知识产权的实施是企业将其知识产权投入到生产经营实践中，使之产品化，并通过市场运营途径实现商业化的过程。自行实施反映了企业实现知识产权制度"企业内化"的意旨。这里的企业内化是指企业通过学习、行为反馈和社会影响，从"自然人"变为"法律人"，从而自觉运用知识产权制度促进其进行技术创新、发展和保护自身权益的过程与活动。❶

企业知识产权实施无疑是实现技术创新的重要方面。企业实施知识产权有不同方式，原则上讲，企业需要针对不同知识产权所要求的实施条件采取不同的实施方式。一般地说，企业实施知识产权应重视以下几点：一是瞄准市场需求，根据市场需要确定实施方式；二是投入必要的实施经费；三是对实施知识产权的效益和前景进行科学预测，同时对实施风险和障碍进行评估，以取得较好的经济效益。

为做好企业知识产权实施工作，需要进行必要的市场调查，了解相关技术和市场领域知识产权获取和利用情况，以及实施效果，评估知识产权实施的外部环境有利和不利的方面，在此基础上确定本企业可以利用的知识产权类型和数量。在决定实施知识产权时，争取外部力量的支持也非常重要，如在经费安排方面，除了本企业自留资金外，还应争取贷款担保和风险投资基金的支持。从国外企业的经验看，主要有：调动员工重视知识产权利用的积极性，使其能够全方位参与利用自主知识产权；选择利用合作伙伴、利用方式并创造利用条件；制定有利于知识产权实施的战略，确保所获得的经济效益最大化并具有可持续性；避免或减少利用中的风险；在利用知识产权中强化知识产权保护和管理。❷ 可见，企业知识产权实施也颇具战略韵味。

自行实施知识产权是企业自己对知识产权的利用，通常是将知识产权产品化、市场化和产业化，并取得经济效益。自行实施的优点是可以凭借法律赋予知识产权人的垄断权，获取市场竞争优势。具有较好的实施条件并能有效地将研究开发的产品推向市场的企业，需要重视自行实施策略。不过，自行实施存在一定条件的限制，在有些情况下企业无法或者不必要自行实施，而需要通过转让或者许可等形式利用其知识产权。

就知识产权实施的具体内容而言，不同的知识产权类型具有不同的特点。以专利实施为例，它是企业将专利技术投入生产经营实践并取得经济效益的过程，是反映企业技术进步的重要指标，也称为专利技术的产业化实施。专利实施是专利制度的内在要求，因为专利制度功能和特性的发挥需要将创新成果转化为市场优势和竞争优势。而专利实施是企业实现专利技术价值，将科技成果转化为生产力、将企业技术创新潜力转化为知识产

---

❶ 陈家宏. 专利制度企业内化的意义及实现路径 [J]. 知识产权，2008 (3)：36.

❷ 王九云. 论企业如何有效利用在技术创新中取得的自主知识产权 [J]. 科技与法律，2001 (2)：34-40.

权资源优势的重要途径。专利实施还是企业技术扩散、技术转移的基本形式，对于企业自主创新、提高创新能力具有重要作用和影响。与其他形式的实施相比，企业专利的自行实施还有利于获取较高的经济效益，并通过实施使专利技术更加成熟，为相关的技术改造和革新创造新的机会。2011年国家知识产权局和国资委联合进行的"中央企业知识产权专项调查"显示，在中央企业拥有的 75 896 件专利中，专利实施率为 85.9%，其中自行实施投入生产的占 66.8%。这说明专利技术的自行实施在中央专利实施结构中占主导地位。

　　企业专利实施也受到多种因素的影响，其中既有企业内部原因，也有企业外部实施环境的原因。根据国外学者的研究，在宏观环境方面，政治环境、经济发展水准和法律传统既是影响专利保护水平的重要因素，也是影响专利实施的重要因素。有研究认为企业的研究开发水平、市场环境特征以及国际协作是影响专利保护和实施水平的重要因素。[1] 还有研究认为，企业专利技术实施的关键因素有：专利技术本身、专利技术产业化过程（商品化、企业化、产品化）中的时间、费用（成本因素），以及风险、专利技术产业化的产出效益因素、环境支撑因素、市场因素等，而专利技术的数量、质量和结构决定着产业化发展的方向，成为产业化实施的基础和源泉。[2] 这说明，企业专利实施情况受到企业内外环境多方面因素的影响，而政府扶持、专利本身的状况与企业生产经营状况是影响较大的因素。一般而言，企业专利实施重视技术的成熟度和市场适应性，在实践中由于专利技术不够成熟、市场环境发生变化或者缺乏实施环境等原因，企业对其专利难以自行实施，此时就需要考虑以下述许可、转让等形式实施其专利。

　　在实践中，我国企业存在专利实施率不高的问题。前述对 2 716 家企业调查显示，2000 年以来企业专利的实施率有一半以上小于 30%。造成我国专利技术产业化实施情况不佳、专利实施率较低的原因很多，如有些专利技术本身不够成熟，甚至缺乏实用性，尤其在没有经过实用性审查的实用新型专利中偏多；有些专利技术与市场脱节，专利产品的市场容量有限；企业缺乏实施专利技术的资金；企业整合专利技术资源的能力不够等。此外，企业实施专利技术的积极性不高，也是一个重要原因。具体而言，造成企业实施专利技术积极性不高的原因有多种，如我国国有企业实行任期制，而专利技术将在实施一段时间内才见效益，短期行为观念导致对专利技术实施不够关心。再如，专利技术实施本身存在较多的风险也增加了企业实施专利技术的畏难情绪。这些风险既可以来自于技术方面，也可以来自于市场方面或者经营活

❶ 王黎萤，陈劲. 企业专利实施现状及影响因素分析——基于浙江的实证研究 [J]. 科学学与科学技术管理，2009（12）：149.
❷ 毛金生. 企业知识产权战略指南 [M]. 北京：知识产权出版社，2010：73.

动方面。例如，在专利技术实施过程中，出现了更先进的新的专利技术，导致专利技术使用价值贬值；又如，专利技术实施受市场供求关系、专利技术产品的市场容量、营销手段和网络等因素的影响。

如何提高专利实施率是研究企业专利战略和技术创新问题需要高度重视的问题。本书认为，主要应从以下方面加以推进：

一是提高企业专利意识，包括企业专利实施意识。浙江省的一项调研分析表明，在 1 889 个样本企业授权专利中，已实施的专利有 1 736 件，实施率达到 91.90%，调查认为专利实施率高的原因除了政策环境与市场经济体制完善外，企业专利意识也是很重要的驱动因素。调查显示，863 家企业有 96% 的企业认为专利实施可以提升企业竞争力，92% 的企业认同专利实施可以提高企业知名度，83% 认为专利实施对企业发展推动力较大，82% 的企业认为专利实施可以为企业带来利润。❶

二是政府主管部门从政策和制度上指导、引导企业加强企业专利实施工作。近年来，政府相关部门制定了一系列政策支持科技成果转化和专利技术实施工作，启动了全国及技术产业化示范工程、国家专利产业化工程试点等，这些工作的关键在于具体落实。地方政府也制定了相关的政策，如浙江省出台了《关于加强专利工作 促进技术创新的意见》（浙政发〔2001〕45 号）。就政府从制度和政策支持而言，通过构建产学研平台实施专利技术也是一个重要方面。

三是政府通过建立专项专利实施资金，对产业化前景良好的专利技术给予重点支持。这方面一些地方提供了有益的经验。例如，四川省 2011 年颁布了《四川省专利实施与促进专项资金管理办法》，扩大了资金扶持的对象，并对重点扶持对象做了专门规定。

四是企业加大研究开发投入，建立专利实施基金，建设实验室和中试基地，提高专利实施能力。研究开发投入与专利实施的关系体现于足够的研究开发投入可以保障申请与获得专利权的技术更为成熟，提高专利本身的质量，为专利实施打下牢固的基础。

五是逐步健全我国专利技术市场。专利技术市场是企业实施专利的重要桥梁，健全技术市场也有利于专利实施。我国目前专利技术市场很不成熟，成交数量和成交额都有限，需要完善专利技术市场的制度建设和运营环境，为专利技术的适时转化搭建平台。

六是将企业专利实施纳入企业整体战略、企业技术创新战略范畴，提高专利实施在企业技术创新中的地位，落实专利实施的具体措施。企业专

---

❶ 王黎萤，陈劲. 企业专利实施现状及影响因素分析——基于浙江的实证研究［J］. 科学学与科学技术管理，2009（12）：150.

利实施涉及研究开发、产品制造和生产、市场经营全过程，与企业诸多部门密切相关。将专利实施工作纳入企业整体战略和技术创新战略有利于在推进技术创新过程中加速企业技术改造和产品结构升级调整，提高企业专利产品实施率。同时，落实企业专利实施措施也十分必要，这已为企业的实践所证实。如 2008 年 11 月针对上海生物医药企业知识产权问题的一项调查的结果显示，采取了专利实施措施的企业的专利实施绩效明显好于没有采取专利实施措施的企业。其中，企业采取专利实施措施主要有成立专门的专利实施部门或确定专人负责、对促进企业专利实施有贡献人员予以奖励，以及寻求政府政策与资金方面的支持等。

七是引进开发式创新理念，通过引进外部技术、生产设备，实现与本企业专利技术的嫁接，取长补短，促使企业专利得到有效利用。在有的情况下，企业专利实施存在技术和设备配套的障碍，为此企业可以通过购买、引进技术和设备的形式实施专利技术组合战略，推动企业专利的实施。2004 年 5 月，河南安彩集团有限公司以 4 990 万美元购买了美国康宁公司 9 条大屏幕玻壳生产线，通过实施自己的专利技术顺利投产，成为世界规模最大的玻壳制造企业，就是其中一例。

八是加强对企业专利实施的可行性研究，加强对企业专利实施的科学论证，为专利实施创造现实条件。如前所述，企业专利实施受多方面条件影响和限制。仅就专利技术本身来说，其技术上是否成熟、是否具有可靠性和先进性，其法律状况如何、是否存在实施的法律风险等都是在可行性研究中必须考虑的重点问题。此外，专利实施的目的是要面向市场需求获取实施效益，因此市场动态和需求分析也是不可缺少的内容。在可行性研究的基础上，企业需要制作可行性研究报告，供企业决策部门参考。一旦确定实施目标专利，企业应在人员、实施经费、资源配置和管理机制上做好准备。

九是制订企业专利实施计划，建立激励企业专利实施的激励机制和考核评估机制。企业在制订年度专利计划时，专利技术和专利产品的实施应作为重点内容纳入。专利实施计划应考虑落实计划的具体措施和资源配置。同时，为了加强专利实施工作，企业在相关的激励机制和考核评价机制中应有专利实施的指标，特别是对企业直接负责专利实施的工作部门和人员应建立健全这一机制。如将专利技术产业化实施的成效，纳入技术人员、营销人员和有关技术管理人员的考核范围，建立反映专利技术实施效果的考核评价指标体系，有利于促进企业专利技术的实施。

十是对中小企业实施专利采取特殊的扶持政策。我国中小企业数量庞大，但总体上技术研究开发能力较弱，专利数量有限。不过，对于大量的实用性专利技术，中小企业具有巨大的应用前景。为此，可借鉴日本、韩国等国家对中小企业的特殊扶持政策，为中小企业实施他人专利提供便利。

日本特许厅和通产省采取了行政措施要求大企业无偿许可中小企业利用其处于"休眠"的专利和周边专利，促进了专利技术的有效实施。当然，具体在我国如何实施类似的政策，还需要理顺企业之间、企业与政府之间的关系，建立特别的运作机制。如将中小企业纳入产业振兴计划并有重点地加以实施。

再以商标实施（商标使用）为例。在学理上，商标实施一般是指企业对商标的自行使用。从商标战略的角度看，这里首先涉及企业商标化决策的问题，核心又是企业商标注册的问题。一般地说，企业应进行商标注册，以此打造企业商品商誉和商业信誉，将企业的各种优势转化为品牌优势和市场竞争优势，也为企业实施驰名商标战略奠定基础。企业及时进行商标注册还是实施商标延伸战略、扩大生产经营规模，实施商标资产经营战略的重要前提。根据笔者调查，我国企业在商标使用方面存在的问题除了商标注册意识不够强以外，商标使用本身也存在诸多问题，特别是将商标使用上升到战略的高度很不够。具体地说以下是常见的需要克服的问题：一是企业没有及时申请注册商标，导致具有一定知名度的未注册商标被他人抢注，给企业造成了无形资产的流失；二是企业对注册商标的使用和宣传不当，造成广告资源的浪费；三是企业将其具有一定市场价值的注册商标闲置不用，造成商标资源浪费，或造成连续 3 年不使用而被撤销的风险；四是企业缺乏对其注册商标战略性使用的知识或经验，商标使用方式单一，没有根据自身经营战略需要选择相应的使用战略模式等。为克服这些问题，企业需要加强对商标自行使用的战略意识。除了按照法律法规的要求使用以外，还应讲究使用艺术和策略，特别是应将商标的使用和企业生产经营活动紧密联系起来，通过实施商标使用战略促进企业品牌信誉的积累，提高企业的市场竞争力。如以广告使用中对商标的宣传策略而论，企业应在广告宣传中突出使用商标，以宣传商标的核心价值为重要基点。再以商标的日常管理而论，企业应建立商标使用制度，对注册和未注册商标标识的印制、出入库、废次商标的处理实施严格把关，建立商标使用档案，实施商标使用的动态化管理，这样可以充分发挥企业商标在生产经营活动中的作用。

关于企业商标使用，除了上述基本的使用要领外，还具有很强的策略性和技巧性，需要从使用战略的高度加以认识。❶ 尽管商标本身不涉及企业

---

❶ 国内外很多成功企业善于利用商标战略。例如，海尔公司的品牌理念是"先卖信誉后卖产品"。从 20 世纪 80 年代的"名牌战略"、90 年代的"多元化战略"到"国际化战略"，海尔品牌的运营逐渐取得成功。形成信誉后，海尔公司又利用商标申请先行战略，开拓产品市场。海尔的中外文和图形商标已在 100 多个国家和地区申请了 2 000 多个商标。即使是在尚未开展商务活动的国家和地区，海尔公司也仍然坚持商标申请先行策略，旨在使其成为一个真正意义上的全球化的知名品牌。海尔品牌培育的成功是理念先导、管理护航、投入保障的结果。参见：杨建莹. 从海尔品牌看海尔的国际化成功——访海尔研究专家孙健教授 ［N］. 金融时报，2004–01–16.

技术因素，但由于它负载了企业产品的声誉，对于企业产品市场营销具有极大的作用，直接影响到企业技术创新最终能否在市场上实现。企业商标使用与技术创新与企业知识产权战略之间就均具有十分密切的联系。例如，企业为在同类产品细分市场占据优势，可以实行同类产品多品牌战略，如宝洁公司在洗发水商品上分别使用"潘婷""海飞丝"和"飘柔"，获得了巨大成功。

（四）知识产权许可

知识产权许可属于许可证贸易范畴，是知识产权权利人将其知识产权在一定时间内授权被许可人行使，并由被许可人向其支付许可使用费的法律形式。知识产权许可是企业技术扩散、技术交易、技术转移和技术贸易的重要方式，对于企业技术创新具有重要意义，也是企业实施知识产权许可战略的表现。通过知识产权许可，企业可以分担研究开发投入，及时收回研究开发成本，增加企业利润，对于降低企业成本具有重要意义。对于被许可人而言，知识产权许可还是获取先进技术，并以此开拓新的市场，获取巨大市场利润的重要手段。韩国三星公司推向市场的三星手机就是一例。在20世纪90年代模拟技术占主导，但公司敏锐地发现数字技术的巨大前景，于是通过以资本换专利技术的策略获得了当时没有被市场看好的CDMA技术的使用权，实现了该技术的商业化。到2003年时三星公司Anycall手机销售量已飙升至全球第二位。

当前，知识产权许可已成为实力雄厚的企业获取利润的重要形式，以专利许可为重要内容的知识产权许可也已成为知识产权战略的重要内容。特别是在发达国家，很多企业形成了技术创新良性循环发展模式："研究开发投资→知识产权→知识产权许可收入和产业竞争优势→进一步研究开发投资"，其技术创新和知识产权优势日趋巩固。[1] 例如，以专利许可为核心的技术许可战略是IBM公司知识产权战略的重要内容。该公司以密集的专利为基础，逐步形成了以专利许可为主要内容的专利运营模式，即在大量申请并获得专利的基础之上构建严密的基本专利加外围专利网，形成专利技术壁垒，灵活运用进攻型专利战略和防御型专利战略。由于专利战略与技术标准战略的关联性，该公司专利许可战略通常还是与技术标准战略结合在一起的。

知识产权许可收入是企业从事技术创新活动结出的果实，反映了企业知识产权的动态利用水准和价值实现状况。知识产权许可目前也已成为发达国家企业实施知识产权战略的重要形式，它使这些企业的知识产权管理

❶ 尹作亮，袁涌波. 知识产权与技术创新的作用机制研究［J］. 科技进步与对策，2007（5）：11.

部门由成本结构转型为利润中心。知识产权许可对拥有知识产权的企业和被许可的企业来说各有益处：对许可企业来说，实现了知识产权资产的价值，加快了技术创新扩散的速度，缩短了企业营利周期；对被许可的企业来说，则以许可费用为代价获取了先进技术，有利于在引进技术的基础上实现二次创新。

　　基于经济技术实力的巨大差异，知识产权许可在全球分布很不均衡。我国企业知识产权许可的情况则不够理想。国资委 2005 年所进行的一项调研显示，82% 的企业没有开展过专利许可贸易，79.2% 的企业没有开展过专有技术的许可贸易，88.5% 的企业没有开展过商标许可贸易，89% 的企业没有开展过著作权贸易。❶ 同时，随着经济发展和技术创新的需要，我国对外获取知识产权许可的费用大幅度增长。以前在技术引进上侧重于硬件引进，现在则逐步过渡到硬件与专利技术、技术秘密等软件相结合的道路上来。从对 1997~2008 年我国向国外支付的专利使用费和特许费的变化可以看出，我国对外支付的专利技术使用费和特许费逐年增加，贸易逆差在扩大，而不是缩小。我国企业支付给国外的专利许可费和特许费大部分被跨国公司占有，跨国公司通过专利许可等形式收取费用的方法很多，总体上包括直接收费和间接收费两种方式。近些年来，外国在华实施知识产权许可战略，获取了巨额收益。以 1997~2009 年为例，专利使用费和特许费为 577 亿美元、15.25 亿美元，而外国在这方面的贸易逆差很大，如 2006~2009 年这两项逆差高达 347.28 亿美元。在专有技术入门费和特许费以及品牌特许经营费用方面，外国企业也支付了不菲的费用。这在一定程度上也说明我国通过强化技术创新和知识产权战略，增强自主知识产权的数量和质量的重要性。

　　知识产权许可以许可使用合同作为基础，在合同中需要对被许可使用的知识产权的名称、许可使用的权利、许可使用的范围和期间、许可使用费以及其他必要内容加以约定。当企业作为被许可方时，尤其应注意通过许可获得知识产权在技术、法律和市场上的风险，以保障以许可费为代价获得的知识产权的价值。一般地说，作为许可方的企业在进行知识产权许可时，应考虑以下因素：一是能否扩大本企业在相关产业中的技术优势和市场优势；二是该许可对本企业自身是否具有不利的竞争形势；三是该许可能否给本企业带来经济效益；四是该许可是否存在法律风险，如本企业只是共有知识产权人之一，在许可时需要遵循共有知识产权许可的法律规范。从企业有关实践看，科学合理的知识产权许可确实能够为企业发展和

---

❶ 李金. 知识产权——我国企业的软肋及其改进的路径 [J]. 世界贸易组织动态与研究，2008（10）：27.

市场拓展带来多方面的效益。以河南宇通公司为例，公司在实施国际化战略时重视输出技术和品牌。例如，公司在 2005 年进入古巴市场时，技术和品牌许可同时进行，要求古巴厂商进口的运通客车使用宇通商标，并支付技术和知识产权费用，既扩大了国际市场份额，也通过技术和品牌许可时实现了经济效益，提高了企业竞争实力。

被许可方在考虑以许可方式获得他人的技术时，则应分析以下因素：该项知识产权是否为避免在技术研究开发或技术创新活动中可能被己方侵害而必须购买的；该项知识产权是否为本企业开拓新市场、进入新的领域所需要的；该项知识产权是否能为企业带来一定的经济效益或竞争优势；该项知识产权能否与企业现有知识产权进行匹配，为企业实行知识产权组合战略创造更好的条件；该项知识产权是否是企业提高技术创新能力，提高企业竞争力所需的等。

在评估以上因素后，作为被许可人的企业还应注意以下诸多法律和相关问题。

其一，对拟获得的知识产权的权属、市场竞争力和经济效益等要素进行评估。以专利技术许可为例，专利技术许可属于技术贸易行为，被许可方应仔细评判：在权属问题上，许可方是否为真正的专利权人，或者为共同专利权人。如果是共同专利权人，那么仅一个共有人许可还不足以产生合法许可的效力；在市场竞争力方面，该专利是否存在同类替代技术，是否具有较强的技术含量而具有较强的市场竞争力；在经济效益方面，该专利技术是否通过在本企业的使用而产生降低成本、提高生产效率、节省能源等方面的经济效益。另外，还应考虑该专利技术本身在技术上的成熟度，是否有可能被他人请求宣告无效等问题。就引进技术而言，更需要注意被引进技术的权属问题。在有些实例中，外方提供一个很长的专利清单，中方由于没有进行专利文献检索与分析，而事实上清单中的很多"专利"要么过期，要么还是在申请之中的，要么是共有的，结果不仅导致多付了很多不该付的外汇，还埋下了法律隐患。

其二，获得该知识产权后，企业是否具有配套的适应能力。企业通过许可形式获取他人的知识产权，主要目的是投身于自身生产经营活动，因此应关注企业相应的配套适应能力。

其三，获得该知识产权后，是否能同时取得相关的隐性知识或技术秘密。在实践中，有些被许可人由于没有获得相应的隐性知识、技术秘密而直接影响了被许可使用的知识产权的使用效益，尤其在专利技术许可中表现明显。因此，应注意在获得许可使用权时，对配套的隐性知识和技术秘密的获取。事实上，在当前国际技术许可证贸易中，据统计有 80% 左右都是以专利技术外加技术秘密许可证贸易形式实现的。原因在于，单纯的专利技术转让可能无法实现最佳的经济效益，从而无法真正掌握被许可的专利技术。

（五）知识产权转让

知识产权转让是知识产权人以出让其知识产权为代价获取转让价金的法律行为。知识产权转让对知识产权人和受让人而言均具有独特的价值：就转让人而言，可以从转让行为中获得一次性收益，收回知识产权开发的投资，并获取预期利润。就受让人而言则可以在不用付出开发知识产权的投资和承担开发风险的情况下直接获取他人的知识产权，并且可以利用受让的知识产权占领市场。例如，美国贝尔公司发明半导体技术后，索尼公司创始人盛田昭夫最早在报纸上获得了这一信息。当时美国人认为半导体的工业化应用为时尚早。盛田昭夫则认为该项技术具有巨大的市场，遂购买该专利。在现有技术基础上，公司率先推出了晶体管收音机，带来了巨大的市场效益。

不过，知识产权转让对双方而言都存在一定的风险。转让人的风险在于可能为自己树立了一个强劲的竞争对手，丢掉了可以垄断的市场，美国早年转让电视机技术给日本就是一例。受让人的风险则在于通过受让获得的技术存在法律瑕疵或者失去应用价值。因此，无论就知识产权人还是受让人而言，知识产权转让活动均需进行从战略角度进行通盘考虑，综合评估转让的方式、对象、价值、风险等问题。事实上，知识产权转让已成为当前跨国公司的一种知识产权战略形式。跨国公司通常以知识产权保护战略为先锋，在技术和产品的产生和发展初期自己生产产品，以获取技术成长阶段的垄断利润。待该技术发展到一定时期被其他很多企业掌握后，即实施专利转让战略，向他人转让其专利技术，而在转让行为本身中，跨国公司也高度重视转让的策略性，如将技术分成不同类型，关键技术、核心技术绝不转让，以保持技术领先。

与企业知识产权许可一样，知识产权转让也需要对拟受让的知识产权进行全面考察。以企业受让某项专利权为例，首先应对该专利权涉及的技术和市场价值进行评判，防止花费巨资购买落后技术，过去我国很多企业在这方面存在不少教训；其次，应对该专利权的法律状况进行全面了解，在进行相关专利分析（必要时涉及同族专利）的基础上，明确该专利的权利保护范围和地域范围、权属、剩余有效期限、发放许可证的情况，以防止其在法律上的任何瑕疵；最后是进行防范专利侵权的调查分析，防止行使购买的专利权而侵害他人的专利权，为此需要明确该专利权的性质，如是否为从属专利、共有专利。

（六）知识产权资本运营

知识产权资本运营是知识产权的资本化运作，包括知识产权融资质押、知识产权证券化、知识产权投资入股、知识产权信托等形式，涉及将知识产权作为投资工具和融资工具两方面内容。以下将在进行总体研究基础上分别予以探讨。

1. 企业知识产权资本运营概览

首先，对企业知识产权资本运营的理论依据进行解读。

从生产经营到有形资本经营再到无形资本经营，这可谓现代企业生产经营方式的重要发展趋向。知识产权的资本运营体现了知识产权作为一种重要的生产要素在企业生产经营中的作用。在企业传统的生产经营模式中，企业生产、销售适应市场需要的产品并获取利润，逐渐发展壮大。随着资本市场的发育和现代企业制度的建立，以资本为核心，通过资产重组、兼并、收购、控股、参股等形式实现企业的规模扩张，成为企业发展战略的重要内容。在知识产权制度日益完善的环境下，以知识产权为内核的无形资本经营变得越来越重要，且日益普遍。企业在实施知识产权战略、加强知识产权管理中将技术创新与拥有的无形资产资本化运作结合起来，越来越成为一种经营模式。知识产权资本经营是企业生产经营的高级形式，它能够实现企业有形资本和无形资本的充分嫁接，通过无形资产盘活有形资产，提高企业资产使用效能和竞争力。

知识产权资本属于知识资本的范畴。所谓知识资本，管理学上认为包括人力资本、关系资本和结构资本。其中人力资本主要涉及人力资源，在知识资本中又是指以知识和智慧为基础的劳动力资源；关系资本是指企业与供应商、客户、产业界建立的关系及其网络；结构资本则包括创新资本和流程资本，前者包括专利、著作权、商标权以及知识库，后者包括工作、工艺流程和商业秘密等，与传统资本一起构成了企业资本。狭义的知识资本则可理解为以知识、技能、才智和经验等形式存在并难以被复制、模仿和计量的具有资产价值的资本。随着知识经济的凸显，知识资本在企业发展中的地位和作用日益突出。知识资本概念的提出反映了当代企业生产经营理念的重要变化，由过去只重视物质资本和货币资本等传统资本转向到重视知识资本这一无形资源的获取和运营。韩国三星公司的崛起就是典型例证。该公司在发展的早期重视规模、传统资本和数量的扩张，而研究开发投入和产品技术含量不高，知识资本既未受到重视，其在企业资本结构中比例也不高。李健熙执掌三星公司后，高度重视知识资本在形成企业竞争力中的重要作用。为此，他大刀阔斧地对企业产业结构进行了重大改组，以提高产品的技术含量为目标，将原先的臃肿而庞大但技术含量低的产业结构整合为电子、机械、化工和金融四个部门，瞄准高新技术发展防线和高端人才，建立了与知识资本运营相适应的新型产业结构。这一重大战略改组，为公司后来成就为大型跨国企业奠定了坚实的基础。无疑，三星公司知识资本理念的引入，有利于企业重视自身的知识资源，以人为本，发挥员工的聪明才智，提高知识资本的效能，优化企业资本结构，为迈向知识型企业奠定基础。

其次，企业知识产权资本运营的意义分析。

企业知识产权资本运营通常是以专利权、商标权等进行投资的形式出现的。从知识产权战略的角度看，知识产权投资战略构成了其重要内容。所谓企业知识产权投资，是企业将其知识产权投入入股企业，入股企业则提供实物、货币等资本共同经营的模式。企业知识产权投资是知识产权与资本有效嫁接的法律形式，实现了企业知识产权要素与其他生产要素的结合，对于促成知识产权尽快转化为生产力，加快企业创新成果的转化，提高企业经济效益具有重要的作用。企业通过以知识产权出资，获得了入股企业的股东身份和未来的股权收益。对于资金不足但拥有潜在市场知识产权的企业来说，以知识产权投资入股不失为一种现实的选择。企业知识产权投资对被投资的企业来说也具有独特价值，如在不用支付资金的情况下获得投资企业的知识产权的所有权或使用权，以具有市场竞争力的知识产权开拓市场，从而有利于尽快取得市场竞争优势。知识产权投资是企业生产经营的高级形式，是企业拥有技术和知识产权竞争优势的体现，也是一种创新型生产模式。在股权制度下，这种投资还具有激励作用，可以更好地利用专利等知识产权服务于企业生产经营活动。

总的来说，知识产权资本经营对于实现企业生产经营战略，盘活知识产权类无形资产，提高企业竞争力具有重要作用。例如，通过知识产权资本经营，可以取得投资回报，优化融资渠道，提高企业的资信和担保能力，同时也可通过具有一定声誉的知识产权开拓市场。当然，知识产权资本运营也有一定的局限性和风险，例如知识产权价值处于一定的变动状态，在知识产权不同运营阶段具有不同价值，而且其价值本身难以精确评估，再加上知识产权的法律状况也存在一定的不稳定性，以及投入运营的知识产权存在侵权或者被侵权的风险，这些都增加了知识产权资本运营的困难。不过，整体上，知识产权资本运营仍然是技术创新与企业知识产权战略实施的重要形式。

再次，我国企业知识产权资本运营的现状分析。

知识产权资本经营又被称为知识产权的资本化，从我国企业目前的实践看，知识产权资本经营情况不大理想，发展空间很大，主要表现为：

一是企业知识产权资本经营意识比较单薄，对知识产权的认识还停留在"保护"层面，从经营管理的角度认识和运作知识产权的经验不足。

二是企业知识产权资本经营程度不高，很多调查表明企业主要是通过自行实施知识产权取得经济效益，大多数企业对知识产权没有进行资本化运作和价值化管理的实践，基本上仍然停留在保护层面，更缺乏充分有效运营知识产权资本的经验。例如，中华全国工商业联合会经济部、中国社会科学院知识产权中心及上海市华诚律师事务所专门针对民营企业进行的一项知识产权调查表明，企业中将知识产权作为资本和量化处理的多为大型企业，中小企业偏少，对于专利和科技成果，选择自行产业化的企业405家，占样本数的75.7%。与此相对照的是，目前很多跨国公司的知识产权资本经营已成为一种重要的营利模式。像IBM等国际跨国公司都将知识产权当成一种重要的资本进行经营并取得了丰厚的经济效益。

三是知识产权仍未完全成为企业独立的生产要素，成为真正意义上的资本，而是从属于资本，造成了知识产权资本化的困境。这一情况尤其在20世纪90年代中期以前更加明显。目前对企业知识产权成为独立的资本在理论和制度上没有疑问，但在实践中仍存在一定障碍，例如知识产权融资质押的情况很不理想，反映了人们对于知识产权这一无形资产价值不稳定性的担忧。

四是企业知识产权资本经营形式比较单一，目前多集中于以知识产权向目标公司出资，其他形式的利用比较欠缺。

五是我国促进企业知识产权资本经营的制度不够健全，在实践中缺乏畅通的知识产权资本经营运行机制。

最后，完善我国企业知识产权资本运营的对策分析。

以知识产权投资为例，企业知识产权资本运营应确定适宜的投资环境与范围，积极防范知识产权投资风险。从规范与制度层面看，应当进一步完善我国关于企业知识产权投资的法律与政策。就前者而言，主要应对企业知识产权投资以适当定位。知识产权投资与企业货币和实物资本投资各有千秋，针对不同类型和优势的企业应适当考虑投资公司的选择和投资比例。站在被投资企业的角度看，应当对入股投资的知识产权的市场价值和竞争潜力给予充分的评估，特别是就高科技企业而言，知识产权的高技术含量和市场前景非常重要，知识产权所占投资资本的比例可以适当提高。防范知识产权风险也是企业知识产权投资中的要务。正如前文指出，知识产权资本运营有一定的局限性，在知识产权投资中，应注意防止出现知识产权的法律风险、技术风险和市场风险。在法律风险防范方面，应明确拟投资的知识产权的权属关系，防止知识产权权属不明现象；在技术风险防范方面，应防止因为替代技术的出现使出资的知识产权贬值现象；在市场风险防范方面，则应注意拟投资知识产权产品化后的市场前景，充分评估知识产权产品的市场容量和产品竞争力。在政策与制度建设方面,目前我国涉及知识产权投资的规范比较零散,缺乏比较全面、系统的规定,操作性较强的指导性规则也缺位,今后需要在总结现有经验的基础上加以完善。

2. 企业知识产权质押融资

知识产权融资是运用知识产权资产筹措资金的经济活动,是盘活知识产权的价值、实现知识产权的价值变现的重要形式。通常,知识产权的融资形式有知识产权质押融资、知识产权证券化、风险资本与投资等形式。

首先,我国企业知识产权质押融资的重要意义与相关法律政策。

企业知识产权质押融资是企业以知识产权这一无形资产筹措资金,解决资金不足问题的重要手段,它不仅是企业的一种担保手段,而且是企业传统融资手段的发展。它指的是债务人或者第三人以其特定的知识产权向债权人出质,用以担保债权的实现,当债权没有如期履行时,债务人或者第三人以其被质押的知识产权以拍卖、变卖等形式优先受偿的贷款融资形式。知识产权质押融资有利于企业以自身具有优势和特色的知识产权为基础,实现知识产权的价值变现,争取更多的资金为开展技术创新和产品更新换代服务,提高知识产权的运用能力,加速自主知识产权的开发和自主品牌的打造,为产业升级和结构调整提供保障。对金融机构而言,企业知识产权质押融资开拓了银行的金融业务,与银行的市场化运行机制相符合。

正因为如此,我国法律法规和政策对企业知识产权质押融资给予了明确肯定。我国企业知识产权质押融资在很大程度上也是由政府主导实施的。以下列举的是一些有代表性的方面:1995 年实施的《担保法》规定,依法可以转让的商标专用权、专利权和著作权中的财产权可以质押。2006 年,《国家中长期科学和技术发展规划纲要(2006—2020 年)》(国发〔2005〕44 号)以及配套的政策提出要鼓励金融机构开展知识产权质押贷款业务。2007 年 2 月,中国银行业监督管理委员会发布《关于商业银行改善和加强对高新技术企业金融服务的指导意见》(银监发〔2006〕94 号)、《支持国家重大科技项目的政策性金融政策的实施细则》(银监发〔2006〕95 号),明确了高新技术企业的股票、股权、知识产权等无形资产可以作为抵押物申请流动资金贷款。2008 年 7 月 1 日颁布、同年 10 月 1 日实施的《科学技术进步法》(主席令第 82 号)明确规定,国家鼓励金融机构开展知识产权质押业务,鼓励和引导金融机构在信贷等方面支持科学技术应用和高新技术产业发展,鼓励保险机构根据高新技术产业发展的需要开发保险品种。政策性金融机构应当在其业务范围内,为科学技术应用和高新技术产业发展优先提供金融服务。

上述有关知识产权质押融资的规定为我国开展知识产权质押融资活动提供了制度保障。基于知识产权质押的重要性,近些年来国家知识产权局一直在通过研讨、试点示范、政策和制度完善等形式推动此项工作。例如，2006年9月，由央行和银监会牵头在湖南湘潭召开了首届全国知识产权质押融资研讨会，提出要在全国范围内大力推动知识产权质押融资业务；2008年，国家知识产权局在全国范围内开展了知识产权质押融资试点工作，探讨知识产权质押融资的价值评估、风险控制和创新融资机制。

其次，我国企业知识产权质押融资的现状与问题。

在企业知识产权质押融资系统中，企业和银行分别是系统的需求方和供求方，政府和中介机构也是系统中的重要变量。就银行而言，其发放知识产权质押贷款的目的是为了获得贷款收益，但也面临来自贷款风险的威胁，因而其希望在能够接受的知识产权风险范围内发放贷款。企业则希望通过知识产权质押尽快获取生产经营需要的资金。

我国开展较早的知识产权质押融资业务是1999年陕西工行忻州分行批准沂州市云重制药厂200万元的商标专用权质押贷款。2005年湖南湘潭金艺包装厂、特种电缆厂和德仕实业三家企业与银行达成的1 600万元专利权质押贷款也是在国内较大的一笔知识产权质押贷款业务。从目前的实践看，我国企业知识产权质押融资主要有以下几种模式：一是政府创造环境推动型。在这一模式中，批准企业知识产权质押贷款的银行承担全部风险，政府的主要职责是为银行推荐优质的科技型中小企业，供银行遴选。该模式的市场化程度最高，但由于政府并不提供资金，银行开展这类业务的积极性不高。二是政府补贴融资成本型。在这一模式中，政府为获得质押贷款的企业提供贷款贴息，如按照一定比例承担企业当年应支付的利息，贷款风险则由商业性担保公司承担。三是政府出资承担风险型。在这一模式中，以政府为背景的中介机构为引导银行贷款而承担了担保职责。这种模式以上海浦东新区为代表，该区生产力促进中心和试点银行成功地进行了100多家科技型中小企业的知识产权质押融资贷款。四是政府行政推动型。在这一模式中，知识产权质押融资行为服从于政府指令，企业与银行业分别由政府指定。❶ 这些模式在近年交通银行的"展业通模式"、国家开发银行的"天津模式"、商标权质押贷款的"湘潭模式"等中都得到了体现。

调查发现，我国企业知识产权质押融资状况不够理想。原因是多方面的，具体而言主要有以下几点。

第一，知识产权是无形资产，其价值评估不易，加之我国无形资产评估体系和制度不够完善、知识产权价值本身具有不确定性的特点，对知识产权质押融资的价值不易掌握。这可以说是知识产权质押融资和房屋等其

---

❶ 陆铭，尤建新. 地方政府支持科技型中小企业知识产权质押融资研究［J］. 科技进步与对策，2011（16）：94.

他有形财产抵押融资不大相同之处。知识产权价值评估本身反映了知识产权具有资产属性和财产价值。我国目前对于无形资产价值评估工作尽管积累了一定经验，但在知识产权价值评估方面，还没有形成一套完整和成熟的评估规则、程序和制度。专业性的、水平比较高的知识产权评估机构很少，即使是经济较为发达的地区这类机构也少见。实践中知识产权价值评估随意性很大，不能真实反映被评估的知识产权价值。金融机构专业人员则由于缺乏对知识产权价值的了解，难以与评估机构就知识产权的评估价格进行有效的沟通。而且，知识产权评估价值是知识产权的市场价值，该价值与质押企业的生产经营状况、市场上替代品的有无及数量、知识产权保护状况等都直接相关，这些因素使得被质押的知识产权的价值本身具有较强的不确定性，增加了知识产权价值评估的难度。2006 年财政部和国家知识产权局联合发布《关于加强知识产权资产评估管理工作若干问题的通知》（财企〔2006〕109 号），有利于推动企业知识产权价值评估工作，但囿于知识产权评估专业人员的缺乏、权威评估机构缺失以及评估市场的混乱等问题，目前我国知识产权价值评估工作状况不佳。

第二，现行关于知识产权质押融资的法律法规和规章制度不够完善，缺乏严密、完整的操作程序和规定，影响了企业知识产权质押融资工作的开展。同时，政府财政政策支持力度也不够。主要体现如下：相关制度侧重于知识产权质押融资的程序性规定，对于实体权利的保护、质押融资的知识产权价值实现、相关的权利义务关系调整、出现知识产权权属争议以及知识产权被提前终止等法律风险的解决等问题均无明确或者详细的规定，导致对企业知识产权质押融资的调整不力。例如，现行《中国人民银行法》（主席令第 12 号）、《商业银行法》（主席令第 13 号）、《担保法》（主席令第 50 号）、《中国人民银行贷款通则》（1996 中国人民银行令第 2 号）等对知识产权质押贷款问题都缺乏全面的规定，也缺乏在全国范围内的统一的关于知识产权质押贷款的制度和政策。在知识产权质押贷款操作程序方面也不够完善，影响了金融机构知识产权质押贷款的开展。在政府财政政策支持方面，也存在财政支持力度不够，对知识产权质押融资的推动作用有限等问题。这些问题涉及资本市场建设、利率调整和优惠、信用担保体系建设和金融服务等多个方面。

第三，银行习惯于对有形资产的抵押贷款，更重视借款人的现金流量和信用状况，看不到知识产权质押价值，因而对知识产权质押融资兴趣不大。同时，银行对出质的知识产权的风险防范缺乏信心，也影响了其办理企业知识产权质押融资的积极性。对银行来说，与有形资产相比，知识产权质押融资确实具有一定的风险。概而言之，这些风险如下：（1）知识产权权属纠纷或者权利不稳定、被终止的风险，即被质押的知识产权的出质人可能与他人有权属纠纷，或者该知识产权因被宣告无效、被撤销、注销等原因而终止，这些法律风险的存在将危及银行回收贷款。（2）知识产权价值质权贬损的价值风险，在知识产权被出质后，出质人为了最大化地利用其知识产权，有可能以许可、转让等形式处置该知识产权，从而可能导致该知识产权质权价值的下降，损害贷款银行的利益。（3）知识产权价值本身贬值的风险。知识产权价值体现于其未来获利能力的前景，受到技术环境和市场环境等多方面因素的影响。例如专利技术可能因为技术的更新换代而大大贬值，专利产品的性能因时间变化而大大贬值。（4）知识产权不能及时变现的风险。有形财产抵押贷款在债务人不履行债务时，可以拍卖、租赁、转让等形式及时补偿贷款，知识产权的价值变现虽然也有诸如交易所挂牌转让、招标、拍卖转让、协议转让等形式，但仍呈现一定的不确定性，它与知识产权的价值评估机制、技术交易市场的活跃程度、知识产权交易平台建设等因素具有关联性。一旦发生不能如期偿还贷款的情况，知识产权不能及时变现，银行收回贷款就可能遇到困难。以知识产权拍卖为例，目前这方面情况不令人满意，这与知识产权拍卖价格难以确定、银行承担拍卖费用等因素有关。也就是说，知识产权质押贷款处置具有一定的难度，这既源于知识产权本身的流动性较差、知识产权质押物处置不易，也源于知识产权评估交易市场的不完善。（5）知识产权收益风险。知识产权的价值主要体现于在企业的经济活动中取得未来收益的能力，而该收益能否实现受被出质的知识产权本身适应市场的情况和收益期限、替代品的状况等多种因素的影响。银行接受知识产权出质关注该知识产权能否形成稳定的正现金流量，以便能及时还贷。如果知识产权收益很小或者短期内难以实现，银行就面临还贷风险。（6）知识产权道德风险。知识产权道德风险体现于知识产权出质人在出质后从事有损于质权人的活动，或者知识产权出质后被侵权，而出质企业也难以有效地进行维权等情形，这也会影响知识产权质押融资活动。

第四，知识产权质押贷款的成本也比较高，而所获得的贷款额度则不高。在贷款成本方面，主要有知识产权评估费用、办理质押登记的费用、中介费用、担保费用等，这些融资费用加起来并不低，有的甚至占到了融资总额的 15%。贷款利率也较高，通常是在贷款利率基准上上浮 20% ~ 30%。此外，贷款额度也有明确限制，如根据交通银行的规定，专利权质押贷款采用综合授信方式，发明专利权授信额度不超过评估值的 25%，实用新型不超过评估值 15%，商标专用权的授信额度不超过评估值的 30%，而且最高贷款额度不超过 1 000 万元，最长期限为 3 年。以北京柯瑞生物医药技术有限公司通过其蛋白多糖生物活性物质发明专利从交通银行北京分行获得了 150 万元贷款，该贷款金额只是专利权评估价值的 25%。这些情况也制约了专利权质押的开展。比较而言，发达国家这方面情况要好。以日本为例，企业知识产权评估价值通常是知识产权质押贷款的依据，贷款金额可以占到该评估价值的一半以上。

第五，知识产权质押贷款手续比较复杂，流程较长，影响了贷款效率。基于知识产权质押贷款本身的风险性，这类贷款的授信程序较为严格，如需要进行知识产权合法性、价值评估和担保审批、审核等程序，耗时较多。

第六，有些企业自身融资条件较差，如没有建立基本的现代企业制度，财务管理不严，拟质押的知识产权存在权属不明等缺陷。有的企业经营情况不佳，特别是难以满足银行贷款"2~3年持续盈利一定额度"的要求。这些情况也影响了企业知识产权质押融资的发展。

总的来说，造成我国企业知识产权质押融资的状况不够理想，既有知识产权资产本身的原因，也有银行和企业认识上的原因，还有政府和银行贷款风险控制与补偿机制不够完善方面的原因。仅以知识产权资产本身的原因而言，知识产权资产评估具有较大的不确定性，其价值实现也存在较大的风险性。这些都是影响知识产权质押融资的原因。

最后，促进我国企业知识产权质押融资的对策。

尽管目前知识产权质押融资遇到了这样那样的问题，但是作为企业融资的一种新形式仍有广阔的前景。基本思路应当是坚持在重视政府引导的同时，强化市场主导机制，而关键问题是如何克服现行困难，建构有效的知识产权质押融资体制。

第一，完善有关知识产权质押融资的政策和制度，在总结现有知识产权质押融资经验基础之上，制定全国性的规范知识产权质押融资的规范性文件。例如，制定统一的《企业知识产权质押贷款管理办法》。这项工作需要在很好地总结各地实施的做法和经验基础上进行，对知识产权质押融资的基本程序、贷款折扣率、贷款年限、贷款额度、风险控制等内容做出明确规定。

第二，完善无形资产交易市场与知识产权评估机制建设。目前我国无形资产交易市场不够健全，交易信息欠缺透明，交易制度不够完善。通过完善无形资产交易制度，可以为知识产权质押融资创造良好条件。发展全国专利技术交易市场，加强专利信息交易的信息化建设，建立全国性的以专利技术为核心的技术市场体系，也有利于完善无形资产交易制度。同时，现有知识产权评估机制不够完善，在评估方法、评估人员和评估制度建设上，均需要大力完善。以评估方法而论，知识产权价值更多地体现于未来市场收益方面，市场法、成本法在知识产权价值评估问题上具有很大的局限性。需要探讨知识产权评估的变量、参数和计算方法。

第三，成立专门的知识产权质押融资担保机构，完善知识产权质押融资的担保机制，探讨保险机制在知识产权质押融资领域的运用。《国家知识产权事业发展"十二五"规划》提出："要引导各类信用担保机构为知识产权交易提供担保服务，探索建立质押融资风险多方分担机制。支持拥有知识产权的企业发行企业债券或者上市融资，规范证券市场中的知识产权审查、追踪、信息披露。"

为建立和健全企业融资担保体系，建立这种企业贷款多方分担风险的机制具有必要性。在知识产权质押融资机制中，在企业不能如期还贷时担保机构代为偿还，然后再向企业追偿。为保障担保公司利益，促进知识产权质押融资成功，需要建立一定的风险基金，以分担风险。据调查，目前一些地方已设立很多民间性质的担保公司，如仅在河南省 2009 年第一季度就有 100 多家担保公司成立。根据现有的做法，在知识产权质押贷款业务中，除资产评估公司、律师事务所等中介机构参与外，担保公司参与也是必要的。担保公司可以延伸知识产权质押融资业务。同时，成立专门的以知识产权质融资为目的的担保公司也值得考虑。如成立专门的科技担保公司，这类公司可由相关科学技术部门和国家高新技术部门设立。为加强这类公司的运作，可以通过担保补贴、补充资本金等多种形式提高这类公司的担保能力。另外，设立再担保机构也是值得考虑的。例如，天津市科委在整合所属科研和服务资源的基础上成立了科技小额贷款担保公司，并出台了科技保险资助政策，以加快以促进自主知识产权资本化为核心的金融创新，为推进企业技术创新提供了资金保障。为支持企业开展知识产权融资，政府可以提供一定的再担保资金，设立风险防范基金，以吸引银行和担保机构资金参与，按照风险合理分担、政策支持与向自主创新倾斜的思路，建立由企业、担保机构、银行和政府合理分摊银行贷款风险的机制。政府还可以与担保公司合作或者直接参与组建担保公司设立担保基金。

就保险机制而言，需要研究企业知识产权质押融资保险产品。通过引入保险机制，使企业、银行和保险公司合理分摊知识产权质押融资风险，加强企业知识产权质押融资活动中银行和保险公司的合作，为企业知识产权质押融资提供保险保障。例如，近年来，北京市科委积极推动企业知识产权质押融资工作，探讨将其引入保险公司业务，通过与平安保险公司合作，设立了律师职业责任风险和评估师责任风险等险种。从现实情况看，我国知识产权质押融资状况不够理想，原因之一就是知识产权权利本身不够稳定，使得银行对知识产权的融资怀有戒心。设立知识产权保险，如知识产权有效险，可以为企业知识产权的及时转化、商业化活动提供保障，分散风险，有利于推进企业技术创新活动。目前，我国保险机构在企业知识产权质押贷款方面发挥的作用很小，与国外保险公司较大程度地介入知识产权质押融资业务有较大的距离。当然，这方面工作也有一些机构走在前面。例如，中关村科技示范园区就引入了知识产权保险机制。中关村知识产权促进局和中国人民财产保险股份有限公司深圳分公司签订了关于专利技术成果转让等方面的保险协议。根据协议约定，知识产权质押贷款也纳入了知识产权保险机制。为促进我国知识产权质押贷款，还可以考虑在知识产权保险机制中引入政策性保险机制。在政策性保险机制中，提供政策性保险服务的保险公司和保险机构是不以营利为目的并体现国家创新政策、产业政策、贸易政策等的机构，这些机构可由国家财政投资设立。

第四，发挥财政杠杆的作用，由政府设立知识产权质押融资专项基金和知识产权质押贷款贴息专项基金，规定申请基金的条件和程序，通过知识产权质押贷款贴息等方式降低企业融资成本，同时出台相应的风险补偿政策，降低银行知识产权质押贷款风险。在申请条件上，可以向中小企业和具有自主知识产权的高新技术企业倾斜。通过这种形式，也可以在一定程度上以政府政策性支持扶持中小企业和高新技术企业发展。地方实施的一些政策对此已有体现。例如，2010 年 6 月，石家庄高新技术开发区出台《石家庄高新技术开发区专利权质押贷款贴息管理暂行办法》。根据该办法的规定，在石家庄高新技术开发区办理工商、税务登记的中小企业在以专利权质押方式获得商业银行贷款并按期正常还本付息后，可以向石家庄高新技术开发区经济科技发展局申请专利权贷款贴息，该贷款贴息所需要的资金由区财政预算安排并由区科技专项资金列支。企业在获得审批后，每年可以获得的最高贴息额度为 20 万元，最高贴息比例为 50%。又如，广州、上海等一些知识产权质押试点城市也开展的知识产权质押贷款贴息和风险补偿等优惠政策。

第五，加强金融机构对企业知识产权质押融资的风险控制，防范各类风险。知识产权由于具有价值不确定和可变性的特点，其价值本身存在权利不稳定的风险，特别是专利技术存在被宣告无效的法律风险和被替代的技术风险，因此加强对企业知识产权质押融资的风险控制很有必要。总体而言，风险控制的原则为"谁的责任由谁承担风险"，同时需要采取多层次、多方面手段，如通过中介机构和担保公司担保、对项目的严格审查和融资后的严格管理等方式加以落实。

第六，加强政府与银行的沟通，针对知识产权质押融资现状，制定和完善企业知识产权质押融资制度，指导企业开展知识产权质押融资活动，在企业与银行之间搭建知识产权融资平台。政府机关与银行等金融机构建立合作关系和信息交流平台，有利于共同开展好企业知识产权质押融资活动。例如，2011 年 6 月，国家知识产权局与交通银行建立了战略合作关系，提出按照"协调对接、整合资源、搭建平台、互动交流、强化保护"的原则开展合作。事实上，近年来我国有些地方已出台了具有较好操作性的规范知识产权质押融资的指导意见，并取得了一定成效。例如，2008 年武汉市政府工作报告将建立知识产权信用担保制度质押制度纳入工作目标。当年，武汉市知识产权局联合财政局制定了《武汉市专利权质押贷款贴息管理暂行办法》（武知发〔2008〕35 号），以帮助企业降低融资成本。2009 年，武汉市知识产权局与中国人民银行武汉分行营管部正式发布《武汉市专利权质押贷款操作指引》（武银营发〔2009〕75 号），对专利权质押贷款的条件、基本业务流程、质押合同内容、合同登记备案以及风险控制办法等都作了明确的阐述，为银行开展专利权质押融资提供了良好的规范和指导。

在由政府牵头搭建企业与银行之间知识产权融资平台方面，一些地方也提供了相关经验。例如，北京市工商行政管理局与交通银行北京市分行、北京银行联合构建了一个商标权质押融资平台。江苏省技术产权交易所与银行开展合作，建立了推荐企业、知识产权资产评估与银行知识产权质押贷款的机制。

第七，推进国家处于信贷主导地位的四大银行深入开展知识产权质押融资活动，研究建立专门的由政府支持的政策性银行的可行性。从目前我国业已开展的知识产权质押贷款情况看，中国银行、工商银行、农业银行、建设银行等四大国有商业银行参与的量反而低于一些股份制银行，此种状况不利于发挥我国国有商业银行在推进企业知识产权质押融资方面的重要作用，需要加以改进。同时，是否可以借鉴其他国家的经验，设立政策性银行支持知识产权质押融资也值得研究。例如，日本政府设立了政策投资银行，开展质押融资业务。日本都市商业银行和地方银行业开展知识产权质押融资业务，但一般是通过与政策投资银行开展业务合作进行的。

第八，积极探索企业知识产权质押融资新形式，促进企业知识产权质押贷款的顺利进行。近年来，随着知识产权在企业生产经营中地位的提升以及国家和地方政府的有力推动，我国企业知识产权质押融资有一定进步，一些地方金融机构和企业联合实践的模式，具有较大的研究价值。例如，引入中介机构承担连带责任的方法解决知识产权质押贷款风险问题，如成都市生产力促进中心负责对中小企业知识产权质押贷款担保。❶ 该中心被建设成成都市知识产权质押融资服务平台，通过该中心设立的 4 000 万元专项担保基金，成都银行则扩大为 1.2 亿元的贷款授信额度，主要为科技型中小企业提供知识产权质押融资贷款。该中心利用了成都市科技创业投资有限公司这一风险投资平台，通过市场化的运作和风险投资管理，为中小企业提供知识产权质押贷款。该模式的主要特点是引入风险投资理念，利用风险投资平台分担风险，被称为"政府引导分担风险型成都模式"。其他一些

❶ 何斌. 中小企业知识产权质押贷款制约因素及解决方案［J］. 金融纵横, 2010 (8): 61.

形式也值得研究。例如，在有的知识产权质押贷款案例中，企业以其商誉和信誉作为强化担保功能的辅助型因素，发挥了积极作用。在珠海商业银行与金山软件股份有限公司和同望科技有限公司软件著作权质押贷款案例中，银行确认两公司具有较高的商誉和信誉，具有还款能力，同意发放贷款。该案例中公司的商誉和信誉对保障知识产权质押贷款的完成发挥了重要作用。又如，在有的知识产权质押贷款案例中，企业主或主要股东被要求与银行签订保证协议，对贷款承担无限责任，如广东发展银行温州分行与庄吉集团、银星集团和高邦集团等企业在贷款融资方面的合作就是如此。无疑现有的一些经验值得总结，在可能的情况下值得加以推广。

在企业知识产权质押融资新形式上，除值得总结现行做法的经验外，积极创新的模式也是值得重视的问题。例如，已有观点提出可以在知识产权产出密集和市场化机制运作良好的地方建立"智慧财产银行"，以企事业单位和个人的知识产权质押贷款为主要业务，以专业化机构推进知识产权运营工作。总体而言，新模式的探讨应重视在自主决策基础上的市场化运作。还有观点提出应重视引入第三方担保机构分散和降低银行参与知识产权质押融资的风险，注重知识产权直接质押和间接质押相结合的方式；同时，灵活运用知识产权质押与实物抵押捆绑相结合的融资方式降低风险。❶

第九，积极开展知识产权质押融资试点工作。目前国家知识产权局已组织开展了几批知识产权质押融资试点工作，需要不断总结经验，并加以推广。从 2008 年开始，国家知识产权局在全国范围内启动了知识产权质押融资试点工作。以 2010 年为例，当年全国试点区知识产权质押贷款余额超过 30 亿元，扶持中小企业近 400 家。例如，江苏省首个知识产权质押融资试点单位无锡市在 2010 年为 6 家科技型中小企业通过专利权质押形式获得了贷款，贷款总额 4 020 万元。无锡市试点经验是，一是选择好试点企业，重点面向技术含量高、市场前景好并符合国家产业政策的科技型中小企业，解决其急需的资金短缺问题；二是选择好试点金融机构，重点选择信贷权相对较高的金融机构；三是努力实现银行与企业之间的合作，建立银行、企业与中介机构之间的合作关系。还值得注意的是"国家知识产权投融资综合试验区"建设。2011 年年初，广东省佛山市南山区在全国率先开展了这一实验性工作，旨在建构良好的吸引知识产权投融资环境，搭建金融机构与知识产权对接的平台，吸引知识产权高端服务机构、投融资机构和知识产权产业化服务项目落户。根据创建工作的要求，到 2013 年该区将于 8 家金融机构建立知识产权投融资战略合作关系，并与 30 家私募创投机构开展合作，覆盖社会投资共计 100 亿元。据介绍，该试验区在建设初期将设立

❶ 陈见丽. 中小型科技企业知识产权质押融资的障碍分析 [J]. 学术交流，2011 (7): 91-94.

知识产权投融资专项基金，用于贷款贴息、风险补偿、创业扶持和投资奖励等事项，并建立知识产权联合交易所和知识产权评估服务与管理中心等中介服务机构。

第十，加强对中小企业知识产权质押融资的政策支持，探索银行等金融机构向中小企业知识产权质押融资倾斜的方式。

因为中小企业普遍缺乏进行研究开发的资金，知识产权质押融资对于中小企业具有特别重要的意义。从国外来看，发达国家十分重视对科技型中小企业的知识产权融资。例如，美国科技型中小企业动产融资占担保融资总量的 85%，其中知识产权融资占动产担保融资的 60%，日本这类企业上述比例分别为 70% 和 50%。我国中小企业动产融资总的比例不足 10%，这说明与国外企业相比差距极大。为此，加强这方面政策支持具有重要意义。2009 年 9 月，国务院公布了《国务院关于进一步促进中小企业发展的若干意见》（国发〔2009〕36 号），提出了以知识产权质押等形式弥补中小企业贷款抵押和质押不足的问题，以及加快技术进步和加强知识产权保护等诸多措施。2009 年 5 月 5 日，中国银行业监督管理委员会、科学技术部联合颁布了《关于进一步加大对科技型中小企业信贷支持的指导意见》（银监发〔2009〕37 号），要 "加强科技资源和金融资源的结合，进一步加大对科技型中小企业信贷支持，缓解科技型中小企业融资困难，促进科技产业的全面可持续发展"。2010 年 8 月，财政部、工业和信息化部、国家知识产权局、中国银行业监督管理委员会等六个部门联合发布了《关于加强知识产权质押融资与评估管理支持中小企业发展的通知》（财企〔2010〕199 号），提出了构建协同推进机制、服务机制创新、风险管理机制完善和管理机制优化等方面的对策与思路。2011 年 6 月 30 日，国家知识产权局与交通银行签署了关于中小企业知识产权金融战略合作协议。

3. 企业知识产权证券化

知识产权证券化，是指发起机构以可预期的实行一定现金流量的知识产权为基础，经过对该基础性资产进行风险、收益与信用等方面进行评估，将基础资产转移给特定的机构，并由该机构发行基于该基础资产产生的现金流量的、可以用于流通的权利凭证，从而获得融资的行为。在金融理论中一般认为，知识产权证券化主要是指 "以知识产权及其衍生的特许使用权为支持，面向资本市场发行证券进行融资的金融交易，并在证券化过程中充分运用结构金融原理对知识产权的收益和风险进行结构性重构，构造资产池，进行必要的信用增级，提高证券信用级别"。❶ 也有观点将其描述为："将知识产权产生的债权利益证券化。发起机构（通常为创新型企业）

---

❶ 仲义. 企业自主知识产权产业化的证券化融资模式［J］. 现代商业，2010（23）：82.

将其拥有的知识产权或其衍生债权（如授权的权利金），移转到特设载体机构（SPV），再由此特设载体以该等资产作担保，经过重新包装、信用评价等，以及信用增强后发行在市场上可流通的证券，借以为发起机构进行融资的金融操作。知识产权资产证券化是金融资本与知识资本的有效结合，是一种以金融技术为基础、以知识产权的信用为担保、以证券化为载体的融资方式。"❶

企业可以通过知识产权证券化等形式实施知识产权的资本运营。与知识产权质押融资一样，知识产权证券化是企业利用知识产权筹措资金，解决技术创新过程中资金短缺问题，加快企业创新成果的转化和应用，提高企业自主创新能力的重要金融手段。知识产权证券化也是充分发挥知识产权杠杆融资作用的重要机制，因为它可以在不丧失知识产权所有权的前提下较快实现企业知识产权的价值。同时，它还是企业分散技术创新风险，降低技术创新成本的重要机制，因为知识产权证券化使作为知识产权人的企业应承担的风险让位于购买证券的投资者，而其知识产权未来的许可使用费得以提前实现。对于中小企业特别是科技型中小企业而言，知识产权证券化具有更现实的意义，这尤其体现于科技型中小企业虽然可能拥有具有竞争力的知识产权，但往往缺乏资金，知识产权证券化则可以解决这类企业的燃眉之急，为其知识产权转化为现实的生产力提供资金保障。

知识产权证券化在我国还是一个比较新鲜的事物，亟须在理论上深入加以研究，认真借鉴国外的先进经验，逐步完善国家政策和制度。根据现有研究成果和国外经验，知识产权证券化制度可以在以下几方面加以完善。

第一，完善知识产权证券化法律制度。制度确认和完善是知识产权证券化的制度保障。为此，在现有知识产权制度框架内，应通过修改和完善立法使专利等知识产权在证券化资产中占有一席之地，为知识产权证券化提供法律依据和基本规范。例如，在知识产权证券化过程中，作为证券化基础资产的知识产权从发起人转移给特设载体机构后，需要在法律中予以明确风险隔离的具体责任。知识产权证券化法律制度还应对可证券化的知识产权的条件进行界定，明确知识产权证券化实施的程序，并与其他有关法律法规的规定相协调。在知识产权登记方面，知识产权的授权登记、质押登记和信托登记等形式具有多头管理的特点，针对知识产权证券化也需要确定相应的登记机构，本着便利、快捷、高效的原则加以建构。同时，对证券化的知识产权的权属、权利利用的收益、风险负担、成本支出、争议解决等问题可以通过规范知识产权证券化合同制度加以完善。

第二，政府加大对知识产权证券化的支持，采用稳步推进的方式加强

---

❶ 王丽丽，张慧敏. 浅议中小企业知识产权证券化融资［J］. 会计之友，2011（6）：105.

我国知识产权证券化建设与市场拓展。可以采取由政府提供信用担保和商业化信用增级的方式加以解决。在知识产权证券化推行的初期阶段，实行政府主导模式，将重点放在由政府提供信用担保。同时，政府需要逐步建立和完善知识产权证券化政策体系，明确知识产权证券化的主管机构，开展知识产权证券化试点、示范工作，推动知识产权证券化工作稳步进行。

第三，由于知识产权证券化除涉及知识产权问题外，还涉及国家财政、税收等制度问题，在推进知识产权证券化问题时应对相应的制度进行改革和完善。例如，对特设载体机构是否需要征收所得税，就是一个需要研究的问题。美国 1997 年财务会计准则委员会明确了税收中性原则，规定计税依据中包括资产证券化带来的任何收益与风险。我国也可以借鉴这一原则，完善现行税收法律制度，以税收优惠支持知识产权证券化的开展。

第四，完善知识产权证券化中介机构服务体系。与知识产权质押融资一样，知识产权证券化中介服务体系也具有重要作用，特别是建立权威的中介服务机构，如特设载体机构的设立就需要进行专门规定。为此，需要通过立法与政策引导这方面中介服务机构的设立，制定相应的规范和标准，促进知识产权证券化中介机构健康发展。

4. 企业知识产权投资

企业知识产权投资或入股，在理论上属于知识产权资本化范畴。它是企业将知识产权作为资本投入，与其他有形和无形资本结合，共负盈亏，共担风险，建立新的经济实体的经济行为运作方式。知识产权投资是将知识产权转化为产业资本的经营形式。企业知识产权投资和知识产权实施、知识产权成果如技术成果商品化等概念既有联系又有区别。知识产权实施是企业直接利用知识产权的行为，在法律上属于行使知识产权专有权利的范畴，知识产权投资则是将知识产权这一法律上的专有权利转化为公司股权和股份，以股权收益取代实施知识产权的经济收益。技术成果商品化则是技术成果所有人以获取经济利益为目的、以市场为媒介，将技术成果的所有权或使用权转移给另一方的经济行为。当然，在理论研究中，也有观点认为将知识产权资本化的概念与商品化的概念相结合，甚至认为这是通常对知识产权资本化的一种更广义的理解。以专利技术资本化为例，该观点认为，专利技术资本化是"专利权人将其知识产权量化为资本进行投资或转让等活动，和其他生产要素一起直接参与到生产、投资和分配等经济活动的全过程中，是将专利权物化为实物财产的重要方式"。❶

企业知识产权出资与前述企业知识产权转让、许可既有联系，又有重要区别。在公司法意义上，企业知识产权出资与其他有形资产出资一样，

---

❶ 云小凤，蒋其发. 企业专利资本化战略［J］. 商场现代化，2008（32）：87.

是对公司的一种投资行为。企业以知识产权出资后，换取的是对公司财产的股权，企业以该股权从公司股份中分红。当公司资不抵债时，公司可以该知识产权作价变卖冲抵公司债务。也就是说，在知识产权投资的情况下，知识产权人成为投资人，而不像知识产权许可或转让一样成为许可人或转让人。在知识产权投资的情况下，出资人可以参与企业生产经营管理以及公司利益分享，也不会失去对出资的知识产权的完全控制，因为在企业终止时，出资人仍然能够根据约定分享出资的知识产权。

关于企业知识产权投资，还有一个值得注意到的问题是将知识产权引入创业投资。创业投资，也即风险投资，《创业投资企业管理暂行办法》❶将其定义为"向创业企业进行股权投资，以其所投资创业企业发育成熟或相对成熟后通过转让股权获得资本增值收益的投资方式"。美国全美创业投资协会则将其定义为"由职业金融家投入到新兴的、迅速发展的、有巨大竞争力的企业中的一种特殊权益资本"。❷ 创业投资与传统投资方式不同，它侧重于对创新企业的培植，而不是传统的资本市场运作，包括长期投资和短期经营贷款等。利用知识产权引入创业投资，是基于创新企业特别是中小型科技型企业往往具有一定数量和质量的知识产权，但面临资金不足的困境。这些企业从事的研究开发和产品创新，具有投资大、风险高，但收益也高的特点，如果能将其拥有的具有一定优势的知识产权引入到创业投资，吸引风险资本金投入，这些企业将获得发展的机遇。我国目前的创业板市场可谓如火如荼，但其知识产权问题却成为一个短板，是值得研究的一个新课题。

5. 企业知识产权信托

企业知识产权信托属于信托的范畴，是企业将知识产权以信托的形式进行管理和运营的模式。具体而言，是指知识产权人基于对受托人的信任和了解，将其知识产权托付给受托人，由其以自己的名义并遵守委托人的意愿为特定目的或者受益人的利益进行的涉及知识产权的管理或者处分行为。在知识产权信托中，信托机构取得了法律上的知识产权，但其所有的知识产权仍为信托财产。与知识产权人能够独立处分的知识产权的区别是，它必须为受益权人的利益而工作。

在传统的信托制度中，没有知识产权信托的空间，因为信托目的是利用专业人士管理专门的财产，如不动产信托、资金信托、基金信托等信托形式，而知识产权的基本内涵涉及知识产权的创造、确权和保护。但是，

❶ 国家发展和改革委员会、科学技术部、财政部、商务部、中国人民银行、国家税务总局、国家工商行政管理总局、中国银行业监督管理委员会、中国证券监督管理委员会、国家外汇管理局令第39号。

❷ 毛金生. 企业知识产权战略指南［M］. 北京：知识产权出版社，2010：90.

随着信托业务的发展和知识产权价值的扩大，知识产权信托制度应运而生。知识产权信托可谓信托业务拓展和知识产权社会功能在当代的急剧扩大和两者互动的产物。为促进社会财富更有效率地利用，信托业务有逐渐扩大之势。同时，随着知识产权制度的发展，通过知识产权的运用实现其价值对于提高企业经济效益和竞争能力变得越来越重要，知识产权运用本身也是知识产权创造和确权的动力与目的。由于知识产权人自身条件的限制，在相当多的情况下难以由其自己实施，知识产权信托便成为促进知识产权运用的一种有效形式。

知识产权信托显然属于信托的范畴。信托制度最初由英国建立，当今则以美国最为发达。从英美知识产权信托制度运行情况看，主要适用于知识产权许可、知识产权证券化和著作权集体管理之中。日本则比较重视在专利领域运用信托制度，特别是针对企业集团的专利资产管理运用信托制度。为促进信托制度引入专利领域，日本还通过修改法律的形式提供制度保障。例如，修改后的《日本信托业法》将信托财产的范围扩展到专利，从而使专利信托具有明确的法律依据；将受托人扩张到企业集团，即允许企业集团设立管理型信托公司，这使得企业集团开展信托业务也具备了合法性。《日本知识产权基本法》也强调要利用信托制度促进知识产权的管理和流通，便于知识产权筹集资金的多元化。

知识产权信托之所以成为企业运营知识产权的一种形式，这是因为它具有在知识产权功能转换的基础上取得最佳效益的特点。通过知识产权信托，企业可以将其知识产权托付给更能发挥该知识产权效能的机构运作，从而取得较好的经济效益。这一点也可以依据新制度经济学的理论进行理解。新制度经济学关注市场交易成本和组织成本，当企业组织成本小于市场交易成本时，企业自行组织生产和管理具有效率；反之，如果市场交易成本大于企业组织成本，则从市场中购买该商品或者服务较理想。❶

从我国的实际情况看，企业专利的实施情况不容乐观，通过信托形式实施专利不失为一种可行的渠道。在实践中，运用知识产权信托较多的是专利信托和著作权信托，商标权信托则较少见。而且，关于商标权能够成为信托对象在理论上也有分歧。从信托立法本意看，难以将商标信托排除于信托范围。从司法实践的角度看，我国已有承认商标权可以被信托的案例，如最高人民法院判决的"TMT"案与厦门市中级人民法院判决的"Laiya"案均确立了商标信托关系的存在。本书认为，承认商标信托关系有利于盘活商标资产，充分发挥商标的价值功能，拓宽企业融资渠道和管理

❶ 袁晓东，李晓桃. 专利信托在企业集团专利管理中的运用 [J]. 科学学与科学技术管理，2009（3）：154.

手段。例如，在资金筹措型商标信托中，企业可以资产证券化手段获取收益。在管理型商标信托中，则可以利用信托手段加强对企业商标的管理。

图6-1直观地反映了企业知识产权权利运作运营机制的内容。

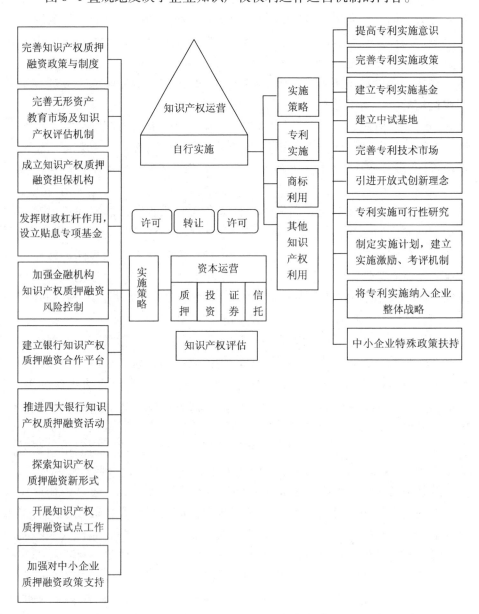

图6-1　企业知识产权权利运营机制

二、考核评价机制

从一般意义上说，企业考核评价机制属于企业绩效管理的范畴。企业绩效管理的目的是发扬以人为本的精神，充分调动企业员工的积极性和主动性，利用企业绩效指标评价员工的行为与其职责和任务完成情况，以奖惩机制调节企业员工的行为，最大限度地实现员工的专长、能力、兴趣与工作职责和任务的契合。建立技术创新与企业知识产权战略融合的考核评价机制，旨在评估技术创新与企业知识产权战略实施绩效，以便更好地开展技术创新与企业知识产权战略工作，提高企业创新效益和知识产权战略能力。

（一）企业知识产权考核评价

企业知识产权考核评价指标是评估企业知识产权工作绩效，包括实施知识产权战略，提高创新能力绩效的评价指标。这些指标涉及企业知识产权工作的各个方面和全过程，包括知识产权确权（知识产权申请和授权）、知识产权保护、知识产权管理和知识产权运营等环节。不同的知识产权考核评价指标具有一定的独立性，但与其他相关指标也有很强的关联性，它们共同组成了对企业知识产权工作的综合考察评价体系，对于评判企业知识产权工作状况和业绩、知识产权战略实施的成效以及企业知识产权整体的实力等具有重要作用。鉴于企业知识产权战略考核评估的独特性和重要性，下文还将另行讨论。

关于知识产权考核评价指标，国外学者提出的专利"内部评价标准理论"有助于理解知识产权本身作为企业考核评价指标的意蕴。2001年，科恩提出了专利的内部标准评价理论，认为专利可以用于评价雇员生产率。如同销售额可以用于考核销售人员的绩效、生产量可以用于考核生产人员绩效，专利量可以用于考核研究开发人员的生产效率。专利作为员工绩效评价工具会增强研究开发人员申请专利的动力，从而提高专利申请强度。[1]这一理论虽然只是针对专利而言的，对于其他知识产权也可同样适用，它揭示了企业知识产权作为员工考核评价指标的产生机理和内在机制。还如国外学者派特尔、派瑞特在1997年提出了企业专有技术能力（专利）问题，他们以专利计量的形式测度企业的核心能力，用专利数据界定专利份额和技术优势。这些观点肯定了专利指标作为考核企业技术研究开发和技

---

[1] 刘林青，谭力文. 国外专利悖论研究综述——从专利竞赛到专利组合竞赛［J］. 外国经济与管理，2005（4）：11.

术创新指标的合理性。应当指出，在我国企业实践中，运用包括专利在内的知识产权指标考核企业技术创新和知识产权绩效的情况并不乐观。例如，针对青岛市企业专利情况的一项调查显示，在 121 家样本企业中仅 29 家企业在绩效考核中纳入了专利指标，只占样本数的 23.97%，69 家没有纳入专利指标，占 55.37%，另有 25 家正在制定相关办法，占样本数的 20.66%。

　　企业知识产权考核评价指标的设置具有重要意义，在设置过程中应注意指标设置的科学性、合理性、可操作性和系统性，以确保真正能够用于考核企业知识产权工作业绩和现状。在这方面，日本特许厅 2004 年发布的《制定知识产权战略指标的中期成果报告》从国家宏观层面的知识产权战略实施情况、优势产业知识产权国际竞争力评价和企业微观层面的知识产权战略指标评价三方面进行了规范。其中，企业层面的指标涉及研究开发投入、专利产出率、研究开发支出、研究开发效率、专利效率等指标，涵盖了技术负责人和知识产权管理人员运用指标。该研究成果对于确立企业知识产权考核评价指标具有一定的启发意义。通常，用于评判企业知识产权工作情况和业绩的指标有知识产权的申请量与授权量、知识产权实施率、知识产权转让、许可收入、知识产权收入占企业的比重等。具体地说，可以从知识产权战略的以下几个环节建立企业知识产权考核评价指标体系。

　　就企业知识产权创造而言，主要涉及以下指标：每年研究开发经费总量；研究开发经费占当年企业销售额的比重；研究开发人员占企业职工总数的比重；平均研究开发周期；国内知识产权年申请量与授权量；国外知识产权年申请量与授权量；知识产权登记数量等。就企业知识产权保护而言，主要涉及知识产权内部保护制度；知识产权侵权纠纷处理；知识产权合同纠纷处理；保密措施；竞业禁止处理等。就企业知识产权管理而言，主要涉及知识产权管理制定情况；知识产权管理人员配备；知识产权管理人员占全部职工人数比重；知识产权信息管理系统建设；专利信息检索、分析与利用情况等。就企业知识产权运营而言，主要涉及知识产权转让数量和金额；知识产权许可数量和金额；知识产权投资数量和金额；专利实施率；知识产权收益占企业当年营业收入的比重；知识产权利润在企业新增利润中的比重等。相对于其他指标，企业知识产权运营管理绩效能够更好地反映其技术创新和实施知识产权战略的情况。这是因为，一方面，运营管理绩效体现了企业实施知识产权战略的经济指标和经济效益，反映了企业运作知识产权而产生的经济效益与对企业发展的影响；另一方面，知识产权运营绩效也能够反映企业创新绩效。它在一定程度揭示了企业研究开发、创新资源配置和创新产生效率。

　　此外，企业知识产权战略制定、实施情况、企业知识产权意识和企业知识产权战略在企业整体战略中地位，以及企业知识产权意识等也是考虑的指标。应特别予以注意的是，由于企业知识产权战略实施的过程性，在对企业知识产权战略进行考核和评价时，以及在重视绩效管理评价时，仍不能忽视知识产权战略制定、战略实施和战略控制的过程。如对企业知识产权战略风险的控制和评价本身也是企业知识产权战略实施的应有之义。

（二）考核评价机制

1. 考核评价指标

企业考核评价与绩效评价通常是两相结合的，它是企业根据其经营战略需要、按照一定的标准和原则设计评价指标，对被评价主体实现企业目标的情况进行评估、判断和作出结论的活动。考核评价指标具有一定的导向性，是对价值导向功能的定性与定量表述。就技术创新与企业知识产权战略融合的考核评价机制而言，可以包含技术创新考核评价指标、知识产权考核评价指标以及技术创新与企业知识产权战略融合中特别需要考察的考核评价指标。实现融合的基础则在于知识产权本身即是对创新成果的权利化，是一种十分重要的创新要素，这一特性决定了知识产权考核指标属于企业技术创新能力指标体系中的重要内容。例如，在20世纪五六十年代，经济学家们以研究开发投入情况，来替代研究开发出来用以评估研究开发的创新绩效，其中研究开发的投入以及从事研究的科学家和工程师的数量还被作为衡量创新投入的指标。但是，自20世纪70年代以来，人们发现这种评估方式忽视了专利制度及其他相关因素的影响。于是专利指标被引入到评价创新绩效，作为衡量企业创新产出的重要指标而被广泛应用。❶

用专利指标评估企业创新活动和创新绩效具有合理性，因为专利与研究开发和技术创新活动存在高度的关联性，专利指标在相当大的程度上能够反映企业研究开发的绩效和创新活动产出的情况。像美国知识产权咨询公司就专门推出了其开发的专利评价指标体系，包括专利数量、当前影响数、专利平均被引用数、技术实力、技术生命周期、科学关联性与科学强度等七项指标。不过，由于上述指标体系涉及企业专利管理和专利保护方面的内容，因而它更适合于评估企业的技术实力。当然，专利指标作为企业创新产出的基本指标，也有一定局限性，如不同的企业在不同地区和不同时间所采取的专利决策模式不同，在企业获得创新成果后是采取专利保护的形式还是采取商业秘密保护形式，取决于企业对模仿的控制能力以及利益最大化考量。不过，由于专利本身是企业创新的成果，企业专利申请和授权情况容易获得，尽管它作为衡量企业创新产出指标存在一定的局限

---

❶ ZVI GRILICHES.Patent Statistics as Economic Indicators: A Survey［J］. Journal of Economic Literature, 1990(28) : 1661-1707.

性，但仍不影响其作为评估和衡量企业创新的关键指标。当然，与技术创新活动相关的还有很多因素，专利指标不能作为反映技术创新的惟一指标，而需要与其他相关指标一起形成综合性的评价技术创新活动的指标体系。另外，在专利申请与授权指标中，国外经济学家更倾向于以前者作为衡量创新的指标。原因在于，专利授权具有不确定性，受到专利审批机关的认知因素影响较大，专利申请指标则更能反映创新的真实水平。❶ 不过，本书认为，专利申请指标是仅以申请的数量统计的指标，毕竟是没有经过审批程序，在为追求数量等目的时，专利申请指标的"水分"更大。相较而言，专利授权指标更能反映一个国家、地区和企业创新的质量。它不仅反映了专利的层次和质量，而且也体现了专利的竞争价值和市场控制水平。如果再加上"有效专利拥有量"，则更能说明创新的维持水平和质量，因为有效专利才能更加真实地反映取得专利权的发明创造受法律保护的状况。实际上，国家知识产权局在 2005 年开始对有效专利指标问题进行研究，到 2007年将其纳入国家知识产权局的统计年报中，到 2009 年国家统计局则将其纳入《国民经济和社会发展统计公报》中用于衡量专利水平的创新指标，到 2010 年该指标首次出现于《中国统计年鉴》中。有效专利拥有量指标的广泛适用，反映了其在我国经济社会发展考核指标中具有重要意义。应当说，专利申请指标、授权指标、有效专利指标均能从不同角度反映企业的创新能力、创新水平和创新质量。值得注意的是，我国"十二五"规划中就明确提出了"每万人口发明专利拥有量 3.3 件"的目标。这是我国首次在国家发展五年规划中写入专利统计指标，其意义不可小视。它将发明专利拥有量纳入国民经济社会发展综合考核评价指标体系，体现了未来经济社会发展更多地依靠创新驱动的深层含义，也反映了今后我国更加注重科技创新投入的产出绩效，对于激励我国自主创新，提高知识产权创造和战略运作能力具有深远意义。

现在，一般认为企业专利技术产出指标是企业技术创新能力的关键指标，也是衡量区域科学发展综合考核指标之一。这类指标可以从专利数量、质量和价值三方面加以衡量。在山西省委、省政府颁发的《关于加强技术创新 发展高科技实现产业化的决定》这一地方政策性文件中，就提出应将专利作为评价技术创新能力的重要指标和内容。2010 年 9 月被纳入国家知识产权工作示范城市的烟台市则一直将鼓励发明创造作为知识产权工作重点之一，近 5 年来一直将专利指标纳入各县区综合考核指标体系。该市知识产权局局长张丛认为，这不仅助推了发明创造工作的开展，而且增进了

❶ MARK GROSHBY.Patents, Innovation and Growth ［J］. Economic Record, 2000(76) : 255–262; GRILICHES ZVI.Patent Statistics as Economic Indicators: A Survey ［J］. Journal of Economic Literature, 1990(28) : 1661–1707.

知识产权与经济社会发展的有机结合。2006 年做出以新型工业化引领经济社会发展决策的湖南省则在 2008 年将专利产出指标纳入了全省新型工业化考核指标。该省地方政府则通过更具体的政策规划加以贯彻。例如，《株洲市加速推进新型工业化考核奖励办法》（株办发〔2008〕6 号）规定，工矿企业专利授权量增长率是县市区科技创新内容之一。特别值得注意的是，在 2005 年国家统计局经济景气检测中心发布的中国企业自主创新能力分析报告中，科技指标中引入了专利指标。在其设定的四个一级创新指标中，技术创新能力产出指标包括，"申请专利数占全国专利申请比例、拥有发明专利数量占全国拥有发明专利量比重、新产品销售收入占产品销售收入比重"等项。❶

　　知识产权作为创新成果的法律化、权利化以及创新要素，是获取市场竞争优势的基本手段，与技术创新具有内在的联系，决定了在考核评价体系上知识产权指标与技术创新指标融合的可能性和必要性。例如，上汽建立专利指标测算模型和指标体系，旨在评估和考察专利对于上海汽车行业发展的贡献水平，这是通过建立知识产权评估指标反映技术创新状况的例证。又如，"专利创新效率指标"是评判专利投入产出效率的重要指标，也是技术创新与企业知识产权战略融合中需要考察的考核评价指标之一。现有研究成果认为，专利创新效率指标可以用投入和产出两个方面指标体系，其中投入指标有宏观环境、研究开发投入、产业倾向和外资因素四个一级指标，产出指标有产出能力、产出质量和产业化水平等一级指标。有关术语的含义是：产业倾向是指衡量专利产出的产业结构；产出质量是指发明专利以及技术市场上成交额情况；产业化水平是指被专利技术应用带动的高新技术发展和出口商品的增长情况。❷ 这一指标可以通过一系列二级指标量化后计算出来。它不仅可以用于衡量企业专利创新效率，而且可以用于比较地区和产业之间专利创新效率。当然，在更大的范围内，我们可以通过一定的指标来评价专利制度运行的创新绩效，也就是在专利制度运行中创新资源的配置和使用效率，具体表现为对创新投入的改进和对创新产出的激励。❸

　　就企业技术创新考核评价指标而言，完善企业技术创新能力考核指标

---

❶ 其他三个一级指标是：潜在技术创新资源指标，包括企业工程技术人员数、企业工业增加值、企业产品销售收入等项；技术创新活动评价指标，包括科技活动经费占产品销售收入比重、研究和试验发展活动经费投入占产品销售收入比重等项；技术创新环境指标，包括财政资金在科技活动经费筹集额中的比重、金融机构贷款在科技活动经费筹集额中的比重等项。参见：黄迎燕，张伟，周湘陵. 上市公司创新能力的专利评价 [J]. 知识产权，2008（4）：46.

❷ 赵惠芳，李伟卫，徐晟，王冲. 我国东中西部地区专利创新效率差异研究 [J]. 中国管理科学，2008（S1）：388.

❸ 赵惠芳，赵肖杭，闫安. 我国专利制度运行的创新绩效评价 [J]. 图书与情报，2010（1）：46.

体系有利于促使企业负责人重视技术创新工作，逐步加大对技术创新的投入，发挥技术创新能力考核对企业行为的导向作用。同时，通过将技术创新能力纳入企业考核评价体系，推动企业从技术创新的全过程加强对技术创新的管理和实施。企业技术创新评估、考核是了解企业技术创新状况的必要途径，也是指引企业从事技术创新活动的风向标，对于企业如期实现技术创新战略具有重要的约束和激励作用。例如，美国联邦实验室将科研人员参加技术转移的情况和业绩作为考核指标。企业需要逐步建立和完善技术创新评估和评价体系，客观地评价和分析企业技术创新活动的现状和绩效，推进企业技术创新活动朝着既定目标迈进。当然，如前所述，这一工作还需要结合我国我国科技管理体制改革，实现科技管理与知识管理的高度融合。为此，需要改革我国科技管理体制，特别是对科技成果的评价、奖励政策与制度，将科技成果获得知识产权的情况作为承担各类科技计划、科研项目、科技专项的重要评价指标，逐步建立科技成果制度与知识产权制度相融合的制度，将科技成果管理的重心转移到对科技创新的知识产权保护上。

前述企业知识产权考核评价，不宜单纯地就知识产权的数量指标考核，而应当结合技术创新与企业知识产权战略实施的情况加以评价。为此，可以将知识产权申请和授权量及其增长率、知识产权运营效益、专利实施率、专利信息利用、专利收益分配等作为评价考核和评价企业技术创新、知识产权工作业绩和市场竞争力的重要指标。另外，从考核关键技术突破和整体效果情况看，关键技术领域我国专利授权率和专利对经济增长的贡献率也是重要的考核指标。对于企业科技人员与知识产权管理人员而言，则需要将知识产权的数量和质量纳入企业研究开发人员的考核评价指标，将知识产权的收益与企业研究开发、市场营销人员的业绩和收入挂钩，以激发其从事知识产权运营的积极性。

前述知识产权考核评价，也需要通过政策、制度等形式加以固定，以为企业知识产权考核评价提供指引和依据。科学技术部《关于加强与科技有关的知识产权保护和管理工作的若干意见》（国科发政字〔2000〕569号）指出："要改变科技奖励以及科技人员职称、职务评定中重视论文发表数量、轻视知识产权的传统观念和模式，将形成并拥有知识产权的数量及其质量作为评定科研机构、高新技术企业和科技人员科研贡献及能力的重要指标之一。"《关于支持中小企业技术创新的若干政策》（发改企业〔2007〕2797号）指出，要"建立健全统计评价制度。国家有关部门要研究建立中小企业技术创新评价指标体系，尽快建立中小企业技术创新统计调查制度，建立中小企业技术创新政策的跟踪测评机制，逐步形成支持中小企业技术创新的科学的政策体系"。一些地方的政策性规范也做出了规定，值得借鉴。

从实践中企业建立技术创新与知识产权战略方面考核评价指标的总体情况看，存在的主要问题有：一是考核评价指标单一，特别是没有将技术创新与知识产权战略实施情况两方面进行有效的结合。例如，一些企业技术创新指标既缺乏以企业总体战略、经营战略目标为衡量杠杆，缺乏战略导向性，也缺乏从知识产权战略目标角度加以评判的内涵。二是考核评价指标过分注重数量指标，忽视指标的质量和效益导向，导致考核评价指标成为片面追求数量，忽视质量内核效益的风向标，使技术创新和知识产权战略实施走向歧途。例如，将科技成果数量、科技论文发表数量、申请专利数量、新产品开发数量作为衡量的主要指标，而对于科技成果、专利技术、新产品取得的经济社会效益没有给予足够的重视，以致形成我国企业科技成果数量越来越多、专利申请数量增长越来越快、新产品数量急剧增长，但企业的核心竞争力却并没有实质性提高的局面。官方和地方政府发布的一些数据也说明了这一点。如国家统计局发布的关于我国企业的科技活动评价指标及其内容就是体现，该评价指标主要采取一定时期新产品销售率、科技论文发表、科技成果数量、专利拥有数等衡量企业的科技创新情况，对定性、质量与效益指标重视不够；三是指标建构缺乏系统性，没有形成体系，特别是对企业外部环境的影响关注不够，而事实上技术创新与企业知识产权战略实施深受企业外部环境的影响，不是单纯企业内部的事情。在构建技术创新与知识产权战略融合的考核评价指标体系方面，显然要注意克服现实中存在的这些问题；四是考核指标缺乏对企业领导的激励与约束。甘肃省一项针对国有大中型企业的调查表明，70% 企业没有将专利工作纳入其领导的工作考核指标体系。这种状况自然不利于企业领导对技术创新和专利战略实施的重视和推动。此外，知识产权价值评价主体缺位也影响了考核评价效果。以一项在 2007 年 6 月至 2008 年 6 月完成的对上海市大中型企业知识产权状况的调研情况分析为例，有 70% 大中型企业其知识产权评价工作由企业财务部门的一般财务人员兼管，而未设立专门的知识产权评价部门评估知识产权价值。其原因则在于要么是成本太高，要么是专业评价人才的欠缺。❶

2. 企业知识产权战略考核评价指标及其评估

目前国内评估知识产权战略实施绩效的方法通常有：国家级地区创新和竞争力评价、知识产权战略评价；企业知识产权价值评估与竞争力；企

---

❶ 康博宇. 政企联动下的大中型企业知识产权发展策略研究——以上海市为例 [J]. 科技管理研究，2009 (5)：81.

业知识产权管理绩效水平评估。❶ 技术创新与企业知识产权战略融合的考核评价在很大的程度上可以通过对企业知识产权战略制定、实施和运行绩效的考核评价加以反映。这是因为企业知识产权战略制定与实施本身反映了技术创新活动的情况和绩效。同时，企业知识产权战略实施也是贯彻落实国家知识产权战略的基础，因为国家知识产权战略最终需要通过作为技术创新的主体和市场主体的企业的实施行为予以落实。因此，以下将重点讨论企业知识产权战略考核评价，在讨论中将兼顾技术创新情况的考核评估。

企业知识产权战略具有的系统性、综合性和动态性要求在确定企业知识产权战略考核评价指标时，应满足以下条件：一是指标的科学性，即能比较客观地反映和揭示企业知识产权战略状况和成效；二是指标的可操作性，即能够比较方便地描述特定变量，便于操作和理解，并具有一定的稳定性和连续性；三是指标的相对独立性和兼容型，即在企业知识产权战略考核评估指标体系中具有相对独立性，同时各个指标之间具有内在的联系，保持兼容性；四是指标的综合性，即能够反映企业知识产权战略的主要特征或全貌，涵盖知识产权活动全过程。

企业知识产权战略考核评估涉及企业知识产权战略制定和实施整个过程，需要对影响和决定企业知识产权战略的重要因素进行分析，以了解企业知识产权战略所取得的成效和存在的问题，以便在进一步推进时予以改进，直至实现企业知识产权战略目标。企业知识产权战略考核评估实际上是以企业知识产权战略的制定、实施和实现预期目标的情况为考察对象，通过一系列指标反映和揭示企业知识产权战略实施绩效，具体又分为企业知识产权创造、知识产权保护、知识产权管理和知识产权运用绩效。进行这一考核评估的主要目的在于，通过及时把握企业知识产权战略实施绩效，了解企业知识产权战略实施现状和存在的问题，提出解决对策，使企业知识产权战略目标能够如期实现，或者及时调整知识产权战略。

企业知识产权战略实施评估则是对企业知识产权战略实施的情况评判和考核。基于企业知识产权战略的复杂性和动态性，企业知识产权战略实施的情况受到多种因素的制约和影响，为评判企业知识产权战略实施情况，有学者选取战略组织和战略的落实为一级指标，分别对应的二级指标是员工对战略的理解、研究开发结构是否适宜、企业内部分工合作；建立相应的组织结构、将实施内容转化为阶段计划、有效分配利用企业资源以及战

---

❶ 洪少枝，尤建新，郑海鳌，邵鲁宁. 高新技术企业知识产权战略评价系统研究 [J]. 管理世界，2011（10）：182-183.

略的动态管理，涵盖了战略发动、战略计划、战略匹配和战略调整等内容。❶ 还有学者将知识产权战略绩效可分为产品经营绩效、技术创新绩效和竞争力绩效。为研究知识产权战略绩效而设置的核心指标是自主创新、知识产权成果获取及产业化实施，一级指标为知识产权创造与获取、知识产权运用、知识产权保护以及知识产权管理，对应的二级指标分别为：投入、产出数量、产出质量、产出效率；布局、自我实施、转让、许可、经济效益，知识产权保护效能、保护保护效率，知识产权管理战略、管理文化、管理组织和人员、管理制度等。在知识产权战略实施评价上，涉及知识产权战略制定评价、战略实施评价和战略效果评价。同时，基于知识产权战略评价的支撑环境是评价工作高效开展的保障和执行系统，还对此进行评估，具体包括战略评价的组织架构、机制、制度设计。另外，由于该研究主要针对的是高新技术企业，还将把风险管理纳入知识产权战略评价的执行体系中。❷

应当说，这些指标基本上反映了企业知识产权战略实施的概貌，体现了企业知识产权战略规划执行的基本情况，可以比较全面地评估企业知识产权战略实施的状况。当然，除了受企业自身战略组织和战略实施影响外，企业知识产权战略实施也与外部市场、技术和政策环境的变化有很大的关系。在针对个案进行评估时，应充分考虑这些外部影响对企业知识产权战略实施的影响和作用。进而言之，企业知识产权战略绩效受制于企业内外部因素的影响，如产业竞争环境、市场结构、企业创新管理和知识产权管理的构架与水平等。

企业知识产权战略绩效是企业实施知识产权战略产生的技术经济效果，特别是对企业经济效益提高、自主创新能力提高和市场竞争优势与能力的提高方面的作用。企业知识产权战略绩效情况对于评估企业知识产权战略目标是否实现、主要指标是否到位，具有重要意义。通过评估企业知识产权战略绩效则可以针对企业知识产权战略实施中的问题加以改进，最终实现企业知识产权战略的目标。由于企业知识产权战略的根本目的是利用知识产权制度的特性和功能谋求最有利的市场竞争地位，获取市场竞争优势，企业知识产权战略绩效的评估指标应围绕企业自主创新能力的提高和市场竞争优势的获取程度来加以确定。显然，这与企业技术创新评价指标具有重合和交叉之处，也反映了企业知识产权战略实施与企业技术创新殊途同

❶ 吴红. 企业知识产权战略评估指标体系的构建 [J]. 科技管理研究，2010（1）：202-204；关永红，李银霞. 论企业知识产权战略实施绩效评估指标体系的构建 [J]：中国集体经济，2011（19）：124-125.
❷ 洪少枝，尤建新，郑海鳌，邵鲁宁. 高新技术企业知识产权战略评价系统研究 [J]：管理世界，2011（10）：182-183.

归的意旨。上述研究成果将企业知识产权战略绩效一级指标分为企业竞争优势、自主创新能力和经济效益指标。分别对应的二级指标为：对企业竞争力的作用、对行业技术结构的影响、产品的领先程度、市场占有率；研究开发强度、研究开发经费占 GDP 比重、专利生产率、科技人员比重、设备水平结构；科技成果增长数、科技成果转化率、新产品贡献率、科技进步贡献率等。本书认为，这些指标大体上能够反映企业知识产权战略绩效，但如果从全面反映企业知识产权战略绩效的角度看，还应增加一些评价指标，如企业知识产权拥有的数量和质量、企业核心技术改善程度，以及企业实施技术创新和知识产权战略内部环境和条件的改善等。进一步说，企业知识产权战略绩效尽管本身受到国家知识产权政策和制度运行效能、产业竞争结构和宏观经济发展水平等多方面因素的影响，其最终仍然体现在知识产权的投入和知识产权产出方面，因此在评估企业知识产权战略绩效时应重视知识产权的数量、质量和价值方面。

关于企业知识产权战略评估指标问题，还值得注意的是国外的一些做法和经验，这些经验可以为我国企业知识产权战略评估指标体系的完善提供借鉴。例如，日本近些年启动了大规模的国家知识产权战略工程，其对企业知识产权战略也给予了足够的重视，知识产权战略评估指标体系也在研究范围之中。日本在 1999 年即以企业知识产权战略为考察和评价的对象，发布了知识产权战略指标报告，设定了系列评价指标和评价层次。日本知识产权管理评估指标在战略性指标方面，指出有经营战略、技术战略、知识产权信息战略、国际战略和法务战略五大类，其中经营战略指标有经营者的知识产权意识和知识产权业务的经济效益；技术战略的指标包括推行独创性技术开发、研究开发中运用知识产权情况；知识产权信息战略指标涉及知识产权信息管理体系健全情况、利用知识产权信息开展研究开发活动等的情况；国际战略指标包括在外国获取战略性专利权的情况、国际化知识产权工作人员培养情况；法务战略指标包括解决纠纷的人才情况和知识产权风险管理情况。❶ 2004 年日本经济产业省产业政策局发布制定知识产权战略指标的中期成果报告，重点将研究开发集约度、人均研究开发费用、研究人员比例、研究开发效率、专利生产率、专利收益率、全要素生产率和人均 GDP 等作为知识产权战略实施的评价指标。❷ 不过，这些指标主要是从行业和产业的角度提出的，对企业知识产权战略实施绩效多侧重于定性指标。另外，《世界竞争力年鉴》对世界上主要国家和地区国际竞争力排名中引用的知识产权指标，也可以给我们一定的启发，其涉及知识产权类

---

❶ 彭文胜，刘逸星. 企业知识产权战略与实施方案制作指引 [M]. 北京：法律出版社，2009：186.

❷ 唐杰，周勇涛. 企业知识产权战略实施绩效评价研究 [J]. 情报杂志，2009 (7)：55.

的指标包括专利授予量、有效专利量、专利生产率、海外专利申请量、知
识产权保护程度等。这些因素既然在评判一个国家或地区国际竞争力方面
被考虑，在评判企业知识产权战略绩效时也可以纳入考虑范围。

三、标准化战略

《科学技术进步法》第 26 条规定："国家推动科学技术研究开发与产
品、服务标准制定相结合；引导科学技术研究开发机构、高等学校、企业
共同推进国家重大技术创新产品、服务标准的研究、制定和依法采用。"
《国家知识产权战略纲要》在"专项任务"中指出，要"制定和完善与标准
有关的政策，规范将专利纳入标准的行为。支持企业、行业组织积极参与
国际标准的制定"。2009 年国务院国有资产监督管理委员会发布的《关于加
强中央企业知识产权工作的指导意见》（国资发法规〔2009〕100 号）则指
出，中央企业要打造成为具有国际竞争力强的大公司大集团，应当重视获
取国际标准的话语权。在加速知识产权成果产业化的同时，应当重视将重
大专利技术成果纳入技术标准工作，争取将企业标准上升为行业标准和国
家标准。同时，应加强国际交流与合作，主动参与国际行业标准的制订，
努力将我国优势领域拥有自主知识产权的核心技术上升为国际标准，谋求
企业更大发展空间。对于中央企业来说，在技术创新中加强标准化建设，
应当为其他企业树立表率。

企业技术创新、知识产权战略及标准化战略三者之间相互存在密切联
系，三者之间有必要实现高度融合。"技术创新促进技术标准战略和知识产
权战略的相互融合，技术标准战略和知识产权战略的融合对技术创新具有
双刃剑作用。三者只有协同发展，才能实现良性循环，共同提高技术创新
主体的核心竞争力……市场导向、标准先行、利益平衡是技术标准、知识
产权和技术创新三者协同的关键"；"企业作为技术创新的主体，在提高自
身的竞争力的过程中，必须关注技术标准战略、知识产权战略与技术创新
的协同发展。"❶ 企业的标准化水平对技术创新具有重要影响。在企业标准
化建设上应当重视技术创新导向和知识产权导向，尽量将企业自主创新成
果转化为技术标准。

（一）内在机理与实践

在标准制胜时代，企业技术创新纳入标准化战略的重要性和内在机理

❶ 王黎萤，陈劲，等. 技术标准战略、知识产权战略与技术创新协同发展关系研究［J］. 世
界标准信息，2005（5）：8.

在于技术创新与标准之间的密切联系。技术创新作为推动技术发展的根本因素，与技术标准之间是一种相辅相成、相互影响的协同关系。技术创新是技术标准的形成基础，技术标准的产生、发展均依赖于技术创新，技术创新能够促使技术标准不断更新换代。换言之，技术创新作为技术发展的重要因素，它为技术标准的形成奠定了技术基础。技术创新是技术标准的依托，其推动了技术标准的发展。同时，标准对技术创新也有重要影响。标准对技术创新具有经济作用。这一作用体现于标准为企业技术创新活动提供了通用性的技术规范，为整合技术创新资源提供了条件。同时，正如下面将要阐述的一样，在知识产权战略与标准战略融合的环境下，形成标准还成为企业技术创新的内在动力因素，有助于鼓励企业投入技术创新活动并取得较高水平的创新成果。技术标准作为科学技术发展水平的重要体现，它为企业开展自主创新活动提供了技术规范和重要技术支撑。而技术标准的传播、应用与推广在保障技术标准拥有者获得巨额利润的同时也加深了技术创新。企业在进行创新活动特别是原始创新时，可以通过构建技术标准强化对创新成果的保护，并利用标准的普遍适应性推广新技术成果，从而为创新活动的良性循环奠定基础。

实际上，在当代科学技术飞速发展和国内外市场竞争日益激烈的环境下，企业标准与知识产权战略的融合具有必然性，形成了所谓"技术专利化、专利标准化、标准垄断化"的趋向。一方面，技术标准体现了某一科学技术领域的技术水平，而专利技术代表了某一技术领域的先进性，技术标准本身也难以逾越专利等知识产权问题。近年来国际标准化组织的一项重要工作就是如何在标准制定与知识产权保护方面进行有效的协调，如建立协商机制，明确纳入标准的知识产权人的权利与义务；另一方面，市场竞争的激烈也激励企业将其知识产权实现标准化，通过将企业自身的专利技术等知识产权标准化，企业就可以凭借知识产权的专有性在更大的程度和范围内占据市场竞争优势，形成一定范围的对市场和技术的垄断。所谓"得标准者得天下"，现实中围绕标准的控制与反控制之间的纠纷也通过专利等知识产权充分体现出来了。特别是跨国公司善于将专利与技术标准紧密融合，它们在积极追逐对国际技术标准的主导权的同时，高度重视将专利技术纳入标准，在制定标准中充分吸收拥有专利权的技术，甚至将标准直接建立在相关专利技术上，实现了专利政策与标准政策的融合，旨在获取垄断性利益。发达国家企业十分重视利用其在技术优势和市场优势，制定有利于自身的标准体系或者形成事实标准，企图使发展中国家企业遵从其标准体系，从而获得最大限度的垄断性利益。有资料统计，目前专利技术标准已占世界技术标准组织所有标准量的99.8%，而这些标准绝大多数被发达国家所垄断。发达国家企业将专利技术引入标准后，试图通过标准的推广应用和专利技术的垄断性获取比单纯的专利技术更大的垄断性效益，因为标准的推广也同时实现了专利的出售或许可。除了将专利技术引入标准，基于专利技术的标准战略还包括建立专利联盟制定和推行标准等形式。跨国公司通过将专利技术引入标准领域，建立国际标准、区域性标准或产业联盟标准。通过联盟形式，跨国公司能够在更大程度和范围上实现对专利技术的垄断，例如跨国公司实现市场准入控制，以许可授权方式排挤竞争对手，一致对外，旨在实现最佳利益。无疑，在当代国内外竞争环境下标准的专利化和专利的标准化将成为企业竞争的新形式和内容。特别是在科学技术迅猛发展、高新技术不断涌现的环境下，专利和技术标准的结合已成为一种必然趋势。高科技发展依赖于创新的技术和专利权保护，标准的开放性、普遍性和专利的垄断性使得高新技术发展离不开标准的普及，而专利权向标准靠拢则实现了技术的制高点，两者互为影响，推动着高新技术及其产业的发展。专利与标准相结合被认为是企业实施知识产权战略的最高境界和层次，而两者的叠加对于标准的使用者来说则无异于沉重的负担。从国家技术创新体系来说，只有掌握了技术标准，才能摆脱对他人技术标准的依赖，实现技术创新目的。在这方面，我国移动通信发展就是很好的例子。在移动通信第一代、第二代发展中，我国缺乏自己的技术标准，只能跟随他人技术标准，为此付出了巨额的专利许可费。在第三代移动通信（3G）发展中，为了摆脱被动局面，我国研制了中国电信领域第一个具有自主知识产权的国际标准即 TD-SC-DMA 标准，具有非常深远的战略意义。

技术标准与知识产权战略的融合，在世界贸易组织新体制下，逐渐被演化成实行贸易壁垒的一种新形式，需要引起我国企业高度警惕。随着世界贸易组织体制的建立，关税壁垒逐渐淡出市场，发达国家却大大强化了以技术标准为基础的非关税壁垒。有研究认为，当前国家之间在世界贸易组织体制下设置的合法贸易壁垒多数涉及技术标准。美国商务部统计，大约有80%的世界贸易商品受到技术法规和标准的影响。技术标准作为非关税壁垒和产业壁垒的重要手段，对我国产品的出口也造成了巨大妨碍。根据中国科技促进发展研究中心联合组织的一次调查，近几年我国有60%出口企业受国外技术壁垒制约，技术壁垒给我国企业带来的损失巨大，每年超过450亿美元。❶ 由此可见，在新的国际竞争环境下技术标准的战略意义更大，它已成为一个国家及其企业争夺国际市场，谋取竞争优势的法宝。在科学技术日新月异，知识产权国际化趋势不断增强的当今，技术标准则是与专利技术融合在一起的，为了突破发达国家设置的重重技术壁垒，我

---

❶　蔡富有，杜基尔，等. 建设创新型国家与知识产权战略［M］. 北京：中国经济出版社，2008：344.

国企业惟一出路是强化企业的自主创新，实行技术创新与标准化战略、标准化战略与知识产权战略的融合。

（二）标准化战略的实施策略

标准是企业进入市场需要遵循的标准，它对一个国家经济发展和产业竞争力的提高具有重要意义。企业标准化战略是技术创新与企业知识产权战略结合的新形式和更高境界，技术创新推动了标准在市场中的应用和推广，促进了标准的发展。标准化战略也是企业实施其创新成果产业化的重要手段。

在企业技术创新、知识产权战略融合方面，知识产权与标准的结合是新竞争环境下出现的重要形式。企业实施标准化战略，需要将自身具有的自主知识产权与标准结合。拥有自主知识产权是企业建立知识产权战略与标准战略结合的基本前提，在此前提之下再考虑标准设立的目标，如建立行业标准、国家标准抑或国际标准。为此，需要关注本企业所在行业相关技术标准的国内外发展状况，明确自身在技术标准竞争中的现有地位，积极参与国内和国际技术标准的制定和进展，力争使自己的知识产权特别是专利技术纳入国家或国际标准体系，为企业发展创造更大的空间。《全国专利事业发展战略（2011—2020 年）》指出，要"鼓励和支持企业将我国优势领域拥有专利权的核心技术和关键技术上升为国家标准和国际标准"。

将知识产权与标准战略融合，在技术创新与企业知识产权战略推进中融进标准战略，是近些年来国外跨国公司常用的策略，值得我国企业借鉴。例如，20 世纪 80 年代末以来，通信技术领域标准之战愈演愈烈。美国高通公司为打败 TDMA 和 GSM 标准，着力发展 CDMA 标准。为此，公司首先在技术上进行了突破，通过选准开发方向，成功开发了 CDMSA 技术，并通过商业化运作，将其纳入通信领域的重要标准，从而掌握了通信行业的主导权，获取了丰厚的利益。其重要经验就是通过创新活动，开发自主知识产权，将自主知识产权与技术标准有效结合，从而使具有自主知识产权的技术上升为标准。

我国技术创新与企业知识产权战略融合中的标准化战略，需要逐渐准备条件，其中关键是准确定位标准战略，整合企业研究开发资源、核心技术和市场资源，充分考虑企业创建标准的核心技术能力、产品市场营销能力和市场占有率。同时，可以采取以下策略。

第一，在技术创新、知识产权战略实施中，重视标准战略的引入，将技术创新战略、知识产权战略和标准战略三者有机地结合起来。2011 年全国标准化工作的工作安排与推进就体现了加强这三者融合的用意。该年标准化工作的重点是大力推进标准与技术创新和知识产权的良性互动，加大对具有创新价值的技术标准的制定力度，重视标准与产业技术研究开发的衔接，推动具有自主知识产权的技术上升为标准，促进创新成果的及时转化与商业化应用。同时，在标准战略定位上，支持企业采用和制定行业标准、国家标准与国际标准。企业需要加强对技术标准的研究，树立标准意识，健全标准机构。

第二，企业应将创新成果及时进行知识产权的确权，为标准战略中融入知识产权战略奠定基础。同时，标准战略与技术创新又存在密切联系性，因为无论是企业法定标准还是事实标准，都是以产品、技术在市场中的高占有率、影响力为基础的。标准的形成是技术创新与知识产权战略融合的自然的"果实"。为此，需要在创新成果产权化后，进一步推动产权化后的技术成果的产业化、商业化，而这又为进一步的技术创新和知识产权战略实施创造了良好条件，形成良性循环。在这里，创新成果的取得仍然是第一位的，因为它能够为促进产业技术发展和企业技术标准体系的建设提供技术支持。以上海电气科学研究所（集团）有限公司为例，该公司开发的现场总线电器专利技术标准化就具有一定的代表性。公司注重核心技术开发，实施以基本专利战略外加外围专利战略部署防御型专利的专利战略形式。在构筑专利网的基础上，公司以标准宣传推出示范工程，并配合标准组成知识产权保护网，形成了包括标准、通信协议、协议芯片等多项核心技术在内在系统，获得专利 18 项，制定国家标准、行业标准 3 项，投放市场即取得了很好的经济效益。❶

第三，就企业而言，还需要大力争取政府和行业协会的政策和其他方面的支持。从政府加强对企业技术标准建设支持的角度看，政府主管部门应制定政策以加强对企业标准化建设的指导和协调，特别是对重点领域的技术标准和重要技术标准，应给予重点支持。政府在构建国家技术标准体系的过程中，应重视支持企业在技术创新的基础之上形成自身的技术标准，加速国外先进的技术标准向国内技术标准转化的进程。

另外，行业协会的作用不可忽视，如就中小企业而言，《关于支持中小企业技术创新的若干政策》（发改企业〔2007〕2797 号）规定："鼓励行业协会为中小企业提供标准化知识培训，加强对中小企业申请行业标准制订的指导和服务，对涉及跨行业的技术标准制订，要做好组织协调工作，简化手续，提供便利服务。"近年来，我国相当一部分行业在推进产业标准，建构产业标准技术联盟，扶持企业标准化建设方面发挥了重要作用。

第四，企业应积极参与制定地方标准、行业标准、国家标准乃至国际

---

❶ 上海电气科学研究所（集团）有限公司. 实施知识产权战略构建创新型企业集团［J］. 上海企业，2006（5）：21.

标准,争取在标准领域的话语权,贯彻"技术专利化、专利标准化、标准国际化"思路,启动自主专利等知识产权技术标准的培育工程,促进技术标准与知识产权的有机结合,推进将自主知识产权形成技术标准,提升技术标准中企业自身拥有的知识产权的含金量。其中,就国际技术标准而言,过去我国企业在这方面意识不够,尤其需要加强。据统计,目前全球大约1.6万项国际标准中,我国参与制定的比例不到2%,其中99.8%是由以美国为主体的国外机构所制定的,提高我国企业在制定国际标准中话语权就变得十分重要。当然,采取"走出去"战略,我国也有一些企业提供了经验。例如,华为公司参与了数十个国际标准组织,成为3GPP、TD-SCDMA联盟等国际标准组织成员,并担任3GPPSA5主席、ITU-T SG11组副主席、RAN2/CT1副主席、ITU-R WP8F技术组主席等职务,进入国际标准的专利有数百件。公司还参加了国内行业的标准化组织,在推动通信技术标准国际化方面发挥了重要作用。又如,海尔公司标准化工作是以技术领先为基础的。一般而言,专利技术上升为标准,需要技术领先并获得了较大的市场成功。在海尔公司取得创新技术突破,并在产品中广泛运用后,其技术上升为标准的条件就成熟了。2008年,海尔集团的"防电墙"技术已经成为国际标准。随后,海尔公司的电热水器出口量增至40万台,集中在独联体、亚非等地。❶ 中国企业的技术标准成为国际标准的,海尔是家电行业的第一家,这既是对海尔公司专利管理与技术研发的肯定,又是海尔公司发展壮大的实证。

我国有关政策也主张重视参与国际标准的制定。例如,前述《配套政策》在提出的创造和保护知识产权的措施中,指出支持积极参与制定国际标准,推动以我为主形成技术标准,引导产学研联合研制技术标准,促使标准与科研、开发、设计、制造相结合。企业应积极参加国际技术标准的制定工作,促进企业自身标准上升为国际标准。企业积极参加国际技术标准的制定,是最终通过标准制胜、获取国际竞争优势的保障。为此需要在政策和制度层面给予大力支持,使我国企业技术标准上升为国际标准,这些政策和制度应当在导向上鼓励和促进我国企业技术标准上升为国际技术标准;在措施上则应为企业技术标准上升为国际技术标准提供便利途径,积极支持在国际技术标准组织中争取话语权。同时,政府主管部门、企业和行业协会加强对国外技术法规、国际技术标准的研究,特别是那些对我国重大产业技术进步具有重要影响的国外技术法规、国际技术标准的研究并提出对策。这也是有的放矢、防止国外技术壁垒对我国企业和产业国际竞争市场形成阻碍的重要对策。

---

❶ 刘珊云. 海尔防电墙技术纳入国际标准 [N]. 京华时报, 2008-01-09.

　　第五，企业需要加强对技术标准的利用，建立企业技术标准中的知识产权管理制度和体系。标准的通用性为产业技术发展奠定了技术基础。企业通过积极利用技术标准，有利于促进其技术创新能力的提高，优化调整产业结构。强化对具有自主知识产权的技术标准的推广和应用，可以实现对行业制高点的占领。同时，建立企业技术标准中的知识产权管理制度和体系，将标准管理与知识产权管理结合起来，从制度层面保障技术标准建设与知识产权管理和战略的融合，也是非常必要的。

　　第六，通过组建技术标准战略联盟形式实现对重要技术标准研制和推广应用的突破。成立技术标准战略联盟是当代标准竞争的重要组织形式。这一联盟可将创新主体的专利引入到技术标准中，建构技术进入壁垒，实现企业之间创新资源优势互补。跨国公司就善于以技术标准战略联盟形式实现标准和专利战略的融合，最大限度地发挥技术集群和专利组合优势。在实践中，通常实行专利池战略，建构跨国公司的专利联盟，在其内部实行交叉许可，共同对外，形成一股强大的合力，产生单个企业无法获得的集群效应。基于这一特点，专利池战略也被称为专利联盟战略。根据美国专利商标局专利集中授权白皮书所下的定义，专利池是指两个以上专利权人签订协议，并以此将其拥有的一个以上专利许可给其中一人或第三人。专利池通常有两种形式，一是普通型专利池，二是技术标准专利池。前者是将特定产业的必要专利纳入专利池中，在制定技术标准时将这些专利技术纳入到技术标准之中，这种标准具有较大的权威性，推广力很强；后者也称为技术前段控制型专利池，是不同企业组成技术联盟基础上，将各自核心专利组建专利池，以此为基础形成技术标准，通过政府、标准化组织采纳为法定标准或者由行业内部接纳为事实标准。❶ 专利池中的专利则有互补性专利、互斥性专利和替代性专利之分。其中，互补性专利是指由不同专利权人拥有的专利之间在技术上具有相辅相成的关系，彼此组合或结合能够使专利技术发挥更大的价值；互斥性专利是针对发明创造持续的研究开发，后续研究开发需要在基础研究开发上进行，基础研究开发产生的专利会对后续研究开发成果产生的专利构成制约，如从属专利与基础专利之间的关系；替代性专利实质上是具有竞争关系的专利，因为在市场上其功能和性质接近，可以互相替代。上述三类专利对纳入专利池中的各方专利权人来说，各得其所，因此均是专利池中常见的专利权形式。

　　在具体适用上，企业应根据自己的技术和资金实力确定应当采取的策略。例如，就拥有很强的专利组合、自主研究开发力量特别强的企业来说，可以

---

❶ 华鹰. 企业技术创新中的技术标准战略——以专利与技术标准相结合为视角［J］. 中国科技论坛，2009（10）：42.

以自主技术标准战略为主。现实中一些实力雄厚的企业构筑事实标准的例子就是体现。这些企业可以通过并购企业，以获取被并购企业的核心知识产权，形成新的专利组合等形式建构技术标准。就有一定经济技术实力但缺乏基本专利的企业来说，可以选取与自身创新资源匹配的企业或研究机构合作，共同开发技术标准，实现基本专利方面的突破，并构建技术标准。对实力比较强、在行业中处于优势地位的企业，可以在行业标准战略中起到领头羊作用，以自主研究开发的技术为基础，通过合作开发的形式，形成联盟内专利组合，形成行业技术标准。这一模式对于我国企业应对跨国公司的市场和技术挑战，能够起到有力的遏制作用。至于一些经济技术实力明显不足的企业，通过采取直接加入相关技术标准联盟的形式，能够比较顺利地进入市场，对于我国众多的中小企业来说不失为一种可行的办法。

第七，政府通过政策鼓励企业参与标准建设。例如，2010 年 6 月，河北省廊坊市高新技术开发区管委会出台《关于鼓励科技自主创新的意见》（潍高管发〔2011〕7 号）。该意见提出了鼓励企业参与标准建设的政策，即对被批准发布为国际、国家和行业标准的起草单位分别一次性给予 100 万元、50 万元、20 万元的补助。

第八，企业在推进技术创新与标准化战略时，应遵守标准制定的基本规范，并充分考虑标准的市场适应性。专利技术纳入标准有一定条件限制，企业在推进技术创新与标准化战略时应注意这一点，例如将专利技术写入标准限于必要专利。国家质量监督检验检疫总局发布的《标准中规范技术性要素内容的确定方法》（GB-T 1.2-2002）规定了标准提案工作小组与制定标准各方申报的与技术方案有关的知识产权，涉及专利权许可的协调问题。同时，企业制定的技术标准应考虑市场适应性。过去曾发生过因为标准未被市场接受而导致技术创新失败的例子。如 20 世纪 70 年代日本高清晰度彩电标准制定就是如此。由于该标准的彩电价格过高，消费者难以接受，自 20 世纪 90 年代以来推行高清晰度数字电视标准后，最终失去了市场。美国"铱"星公司低轨道卫星网络系统开发的失败也是一个反面例子。

图 6-2 直观地反映了企业技术创新、知识产权战略与标准化战略融合的运行机制的内容。

图 6-2　企业技术创新、知识产权战略与标准化战略融合的运行机制

四、风险防范、预警与应急机制以及重大经济活动知识产权审议机制

（一）风险防范机制

美国通用电气公司原总裁杰克·韦尔奇（Jack Welch）在回答自己最担心的问题时指出："其实并不是业务使我担心，而是有什么人做了从法律上看非常愚蠢的事而给公司的声誉带来污点并使公司毁于一旦。"❶ 知识产权风险防范机制建立的目的也在于为企业技术创新活动保驾护航，抵御和防止损害技术创新活动和创新成效的知识产权风险出现。

1. 企业技术创新面临的风险

"风险"在通常的意义上是指人们在社会生活中遇到的危险，存在于社会生活中的各个领域。风险可以从损失与不确定性等层面加以认识。风险实际发生后，会对社会生活主体产生一定的损失，因此风险意味着存在未来损失的可能性。由于实践中存在的风险既可能发生，也可能不发生，因此风险也意味着不确定性问题。综合看来，损失可能性与不确定性是风险的基本特征。

就企业技术创新而言，从研究开发的立项到创新成果的产生直至创新成果在市场上的实现都面临着一系列的风险，它是一项高收益与高风险并存的经济技术活动。基于对风险的不同层面的理解，技术创新风险也可以从不同角度加以认识。例如，从风险来源的角度看，它是指由于外部环境的不确定性、项目本身的难度和复杂性以及企业自身能力的有限性导致的企业技术创新活动终止、撤销、失败或达不到预期的经济技术指标的可能性；从风险因素来看，它是企业由于在技术、市场、资金、财务、法律、法规等范畴存在不确定性因素而导致创新失败的可能性；从技术创新过程看，它是技术创新某一环节或过程中出现问题而导致创新失败的可能性。❷ 总的来说，技术创新风险是企业基于内外部环境的制约和创新活动一系列不确定因素而导致创新活动出现困境甚至失败的各种可能性及其后果。

企业技术创新风险既包括研究开发的风险和技术本身的风险，也包括市场风险、政策风险、法律风险、财务风险、生产风险、管理风险、信用风险等风险。其中，研究开发风险首先来自于对研究开发决策的风险。由于研究开发本身具有探索性质，对一个特定领域的研究开发活动不一定能够获得成功。除了研究开活动本身具有的探索性、不确定性特征导致技术

---

❶ 马元锋. 现代企业技术研发中的专利法律风险与防范 [J]. 南都学坛，2008（4）：118.

❷ 赵晶媛. 技术创新管理 [M]. 北京：机械工业出版社，2010：107-108.

创新难以获得成功外，由于对研究开发立项和研究思路把握不准，缺乏足够的信息和情报支持，以致研究开发决策发生重大失误，也是研究开发出现风险的主要原因。因此，研究开发决策的正确对于避免研究开发风险具有关键意义。一个好的研究开发决策应当是在充分占有技术和市场信息的基础上，紧跟消费需求，果断做出选择的过程。其中，及时进行战略转型，调整研究开发方向，就是一些大企业成功的重要经验。

战略转型反映了企业适应技术、市场、消费者偏好等的变化，重新整合资源与能力，调整企业战略目标，抢占新的市场空间的战略思想，它是抓住战略机遇、防范风险的重大决策。许多实例说明，企业抓住机遇，及时进行战略转型，是实现企业大发展的重要经验。相反，那些错失战略发展机遇的企业可能面临一蹶不振，甚至破产的危机。近年来，很多企业针对迅猛发展的数字与网络革命而及时实施战略转型，取得了显著成效。例如，日本东芝公司是传统家电国际化大企业。在 20 世纪末数字技术革命来临之际，公司即果断地预见到未来 10 年内信息技术产业的巨大前景，遂决定实行经营战略的重大改革，将以前实行的传统的多元化战略改为重点向移动通信、网络、电脑、软件和半导体等信息技术领域进行投资的战略。据资料统计，到 2001 年时，公司收入中传统家电仅占 10%，而信息产业收入占到了 70%，半导体芯片的制造则仅列于英特尔之后。❶

至于与研究开发活动相关的技术风险则是不言自明的。因为研究开发作为科技创新活动，充满了对未知不确定技术主题的探索性，尽管很多创新日新月异，但研究开发失败的例子比比皆是。当然，广义上的技术风险不限于研究开发本身中的技术风险。大体说来，技术创新中的技术风险包括：一是研究开发决策失误导致的研究开发思路和方向发生重大错误，例如在半导体技术竞争领域，苏联选用了锗而不是硅作为材料，结果无法获得竞争优势；又如，有的企业为追赶竞争对手而在明知对手已经具备明显优势的情况下投入巨资进行技术开发，结果发现与竞争对手的差距越来越大，最后不得不全面放弃，如跨国公司在与我国方正公司争夺汉字激光照排系统技术方面就存在这一情况。二是企业在技术尚未完全成熟的情况下盲目上马，结果导致创新项目无法实现产业化生产。在实践中，很多创新项目尚未经过小试、中试和产品定型阶段就迅速组织产品市场，建立生产线，结果失败的例子很多。三是技术竞争的激烈导致替代技术、更先进技术的产品化、市场化，挤占了企业创新成果的产业化发展市场空间。实践中，经常存在当创新项目尚未投产甚至刚刚完成时，市场上已出现了更先进的新技术产品的情况，此时企业技术创新活动将面临严重的市场考验。

❶ 包晓闻，刘昆山. 企业核心竞争力经典案例：日韩篇 [M]. 北京：经济管理出版社，2005：42.

技术创新中的技术风险还体现于创新成果在市场化运用中出现的一系列技术风险，如研究开发的成果不够成熟，还需要进行中间试验或试生产，而中间试验或试生产的成功率并不高。又如，有些创新成果的产品化和市场化需要配套的技术和设备，但一时难以研制出来，这也会导致创新成果市场化出现困境。

除了研发决策和研发本身存在的技术风险问题外，市场风险、政策与法律风险等风险也是技术创新中常见的风险。其中市场风险可以是，市场环境急剧变化，消费者偏好出现了重要转折点，现行技术创新很难在新的市场中实现。例如，随着 20 世纪 90 年代以来数字和网络技术的飞速发展，数码相机逐渐取代了传统的依靠胶卷冲洗照片的相机，像柯达、宝丽来等由于没有及时适应消费者市场的巨大变化而仍仍致力于传统技术的开发，结果错失良机，就是一例。市场风险还体现于市场竞争结构的变化，竞争者的加入无疑会对企业市场竞争产生极大影响，竞争者的替代性产品会占据创新产品的市场。在很多情况下，尽管企业研究开发活动本身取得了成功，且依法进行了法律确权，但由于创新产品进入市场受到竞争者的强力阻止，创新产品的经济社会价值也会受到极大影响。另外，市场的不确定性也是出现市场风险的重要原因。市场瞬息万变，市场容量、消费者需求及其偏好、新产品和替代品的介入以及消费者的反应敏感度等都随着市场变化而具有不确定性，这些都可能导致市场风险的出现。对于国际化企业而言，市场风险还特别地体现于防范进出口国家知识产权法律风险。这类企业由于其产品和技术主要面向国际市场，因此需要对其产品和技术涉及的相关知识产权问题进行调查和了解。例如，美国 IBM 公司在其产品出口到目标市场国前，有一个专门针对目标市场国家专利、商标情况的详细调查程序，旨在防止产品在目标市场销售侵犯他人知识产权，保障该产品的销售畅行无阻。

政策风险主要涉及国家的创新政策和其他相关政策变化给企业研究开发和技术创新活动带来的不确定性。例如，涉及国家能源、环保技术方面的技术创新活动深受国家能源和环保方面的政策和制度的影响。如果企业立项的这方面技术与国家新的政策不符，就会遇到失败的风险。

法律风险也存在于技术创新的各个过程中，是技术创新活动中面临的主要风险之一。法律风险存在的内在原因之一是研究开发活动及其创新成果的外部性，特别是知识外溢和市场外溢现象难以避免，而这又是由于创新产品本身具有非竞争性和非排他性的公共产品特性所决定的。以知识外溢而论，当知识或技术流出或者流向竞争对手而缺乏相应的收益，就会产生知识外溢现象；再以市场外溢而言，当知识或技术从研究开发主体流向其他经济主体而没有补偿或者没有足够补偿时，或者当新的或者改进的产品或服务所增加的价值没有完全体现新旧版本之间的差额价值时，就会存在市场外溢现象。❶ 外溢现象反映了研究开发成果的收益率小于社会收益率，需要法律对其进行调整，以使研究开发投资者的私人收益率与社会收益率接近。法律风险也在于他人对研究开发成果的搭便车行为和控制自然的知识和市场外溢行为。当然，有关权属、确权和后续开发等中也存在法律风险，尤其是知识产权法律风险，这将在以下一部分进行探讨。

财务风险是企业技术创新某一环节或阶段中出现资金短缺而导致创新活动迟滞甚至被迫停顿的可能性。技术创新活动需要较大的资金支持，如果资金不能及时到位，就可能出现财务风险。

生产风险是企业技术创新过程中，由于现有材料、设备、工艺、配套支持条件、专业技术人员等无法满足规模化生产的要求而造成生产能力不足、生产周期过长、产品质量不到位等缺陷。

信用风险通常存在于企业合作创新中，是由于合作方信用缺失导致合作创新无法维系，从而使创新失败的风险。

当然，从技术创新全过程看，对企业技术创新风险的分析还可以进行阶段划分。不过，目前国内外学者的划分并不统一。例如，我国有些学者将技术创新风险分为技术阶段风险、市场阶段风险和政策阶段风险，有的学者认为划分为决策阶段风险、技术阶段风险、生产阶段风险和市场阶段风险，西方学者则通常将其划分为技术阶段风险和市场阶段风险。本书比较赞同上述四阶段风险的分类。具体而言，决策阶段风险主要来自于：（1）技术调查、技术评价与预测；（2）市场调查、市场评价与预测；（3）可行性研究及其评估；（4）项目确定与研究开发技术的制定。在上述环节都可能因为对技术、市场动态和环境把握不周或不准而影响研究开发决策。技术阶段风险主要体现于：（1）研究开发方向和内容的把握；（2）技术创新点的确定；（3）新产品、新工艺的开发；（4）新产品的试制；（5）中间试验与产品定型等。在这些环节中，因为研究开发活动本身的风险性、不确定性，以及企业创新组织、资源配置和技术开发能力情况等都会对创新活动的成败产生极大影响。这些风险尤其表现为创新技术的可行性和先进性、中试风险等。生产阶段风险则体现于：（1）试产与小批量生产；（2）企业的生产制造能力；（3）配套技术和设备；（4）新产品质量保障体系等。市场阶段风险则体现于新产品市场营销活动中出现的替代品的威胁、新技术产品引入、消费者偏好变化等，与前述市场风险含义大致相同，尤其反映于市场需求满足、市场竞争和市场消费结构等因素方面。

针对技术创新中出现的上述风险，无疑需要加强对技术创新的风险管

❶ 王淑芳. 企业的研究开发问题研究［M］. 北京：北京师范大学出版社，2010：166-167.

理和风险防范。基本的对策如下。

第一，强化技术创新活动中的风险及风险防范意识，增强企业对技术创新中存在风险的危机感，防止企业错过风险防范的时机。

第二，制定企业内部制度，明确研究开发项目负责人及其岗位责任，以及研究开发人员在研究开发过程中的职责、权利与义务，明确研究开发团队的使命，增强企业研究开发团队的责任心。以海尔公司为例，根据该公司提供的经验材料，公司对于新投资项目的投资和论证，无论是决策者还是普通工作人员都需要从本职工作出发从多个角度考虑知识产权问题。如项目涉及的新技术是否存在在先专利保护，就相关经营领域和地区注册的商标是否有效和全面，对竞争对手的竞争行为采取的相应对策等。在项目的前期论证中充分考虑知识产权问题，便于避免侵权、形成全面的保护范围，保障项目按照计划实施。在公司的物资供应人员与他人签订零部件协议时，则主动掌握厂家在专利侵权检索基础上的工作，并在协议中限定侵权行为和由此带来的经济赔偿。还如在涉及定牌生产和委托开发产品时，通过合同审核以及专利申请权的购买与转让，将企业技术资产以法律形式确定下来，从而将企业整体技术发展纳入法律防范领域。❶ 通过在日常工作中强化知识产权管理，知识产权保护意识被纳入员工的日常工作准则和日常行为中，大大推进了知识产权工作在企业的具体落实。

第三，建立企业技术创新风险防范的预警与应急机制，本书对此还将专门进行研究。

第四，对技术创新各环节和阶段可能存在的技术风险、市场风险、法律风险、信用风险等进行监控、预测与分析，及时采取防范措施。

第五，对已经出现的风险及时提出解决对策并予以落实，总结经验教训。

第六，建立技术档案制度。主要是建立研究开发过程中详细的研究开发和实验记录，建立技术档案。例如，前面提到的美国企业的发明呈报制度就很有特色。美国企业一般要求研究开发人员进行实验记录，并要求日证签名。在实验记录基础上，研究开发人员需要填写发明呈报表，向公司报告技术发明的情况。发明呈报表是研究开发人员对技术发明及其价值的总结，有利于企业加强对技术创新过程等的监控。

2. 企业技术创新中面临的知识产权法律风险防范

企业技术创新中可能涉及诸多知识产权法律风险，对这种风险的预防和解决，需要融入知识产权战略思维并将知识产权战略贯彻于技术创新的

❶ 海尔公司. 知识产权是市场竞争中的坚盾和利刃——谈知识产权对海尔企业发展的作用 [J]. 知识产权, 2001 (1): 7.

全过程，否则单纯的技术创新活动很难避免知识产权法律风险的发生，发生后也难以及时采取有效的措施加以解决。为此，首先需要研究企业技术创新中面临的知识产权法律风险的表现和内容。应当说，这方面法律风险防范意识在一定程度上体现了企业的风险与忧患意识。危机感和忧患意识甚至被视为企业成功的重要原因之一。像美国英特尔公司前总裁兼首席执行官安德鲁·格洛夫（Andrew Grove）就指出，"只有具有忧患意识，企业才能永存。"

企业技术创新中面临的知识产权法律风险是多方面的，大体可以归结为以下几方面：一是研究开发阶段以及后续技术创新阶段取得的商业秘密有被泄密的风险；二是研究开发中由于没有进行充分的技术情报检索和分析，从而导致研究开发成果侵犯他人专利权或者与他人已申请专利的技术相冲突的风险；三是在合作研究开发中，由于对研究开发成果约定权属不明从而导致成果流失的风险；四是技术创新活动中由于关注市场动向不够，使研究开发成果在投入生产后不久即被他人新技术产品替代的风险。

就第一项风险而言，它是企业技术创新活动中非常普遍的风险，可以存在于技术创新的各个阶段中。如在研究开发阶段，由于成果难以符合专利法对专利保护的要求，但仍具有一定的实用性，符合商业秘密的特征，由于研究开发人员意识和管理等方面的原因，可能忽视了对这部分商业秘密的保护。又如在研究开发阶段，虽然开发的成果具有专利性，但由于保密不当，研究开发成果被泄露，造成商业秘密的流失和专利申请权的丧失。在申请专利阶段，由于对"充分公开"的"度"把握不准，本不需要公开的技术要点被公开，丧失了对专利技术辅之以一定的商业秘密保护的机会。至于提出专利申请并并公告后，最终并没有获得专利权而导致的技术公开，则是选择专利保护形式带来的一种副产品。在合作研究开发中，也时常因为合作各方需要提供一定的自身商业秘密和共享技术而存在泄露商业秘密的情形。另外，合作研究开发中企业技术创新活动需要以签订和履行协议的形式进行，在合同谈判以及履行合同过程中都可能因一方不履行保密义务而导致商业秘密被泄露。至于企业技术创新中员工的流动，也很容易导致商业秘密的泄密和流失。为此，需要在技术创新活动全过程中实施商业秘密保护战略，构建企业商业秘密保护制度、强化企业领导和与员工的商业秘密保护意识，建立健全企业商业秘密管理体制和具体措施。具体而言体现为进行保密控制，如对研究开发全过程实施保密控制，防范商业秘密侵权事件发生；需要采取专门的保密措施，包括针对企业内部研究开发、管理、安保等接触商业秘密的个人，也包括针对在研究开发过程中来企业进行业务谈判、学习、交流的外部人员采取保密措施。

就第二项风险而言，实践中因缺乏对专利等情报信息的仔细检索和分析而导致研究开发出来的成果与他人的专利权或者与他人专利申请的技术内容相冲突的现象并不罕见。解决的基本对策当然是在技术创新特别是研究开发中实施专利情报战略、专利信息战略，在研究开发之初即应引入专利战略思维，保障研究开发方案的新颖性。

就第三项风险而言，关键是完善合作研究开发中的合同制度，在不违反法律强制性规定的前提下，尽量保障企业对合作研究开发成果的权利。大体上，应重视以下内容。

第一，在合作创新组织内建立健全知识产权管理制度，将知识产权贯穿于合作创新全过程。这有利于防止合作创新中知识产权的流失和侵害他人知识产权的事件发生。该制度与企业内部知识产权管理制度的区别在于规范因合作创新产生的创新成果的知识产权问题。

第二，以有效的协议约束，明确合作创新中创新成果的产权归属和使用方式、范围。例如，对合作各方投入的技术以及合作创新中产生的创新成果，预先在合作创新协议中加以明确。以前者为例，协议可以限定企业按照协议要求提供相关技术的使用方式和范围，不得向第三者扩散和泄露，特别是对属于商业秘密的技术成果而言，还应订立专门保密条款。

第三，明确合作创新中创新成果的利益分配和风险分担原则，如在利益分配上按照各创新主体投入的人力资本、资金和责任风险确定合作各方收益的比例或权重。

第四，建立合作创新组织体内的自律和他律机制，在合作创新组织体内建立保护和尊重知识产权的良好氛围。这方面需要重视合作创新组织内知识产权意识的培养，加强对合作体内组织领导者、技术人员、管理人员知识产权意识普及。

第五，建立防范合作创新中知识产权风险的专门组织和监控机制等，如派专人负责合作创新中的知识产权管理和保护问题，跟踪合作创新在创新成果流向，实施创新成果的动态管理，对创新活动中出现的知识产权隐患及时排除，对出现的知识产权问题及时解决。同时，对合作创新中可能存在的知识产权风险，实行定期检查制度，对出现的问题及时加以解决。

就第四项风险而言，应重视技术创新活动面向市场的需要，市场是衡量技术创新的重要标准。技术创新的需求本身来源于市场，能否最终成功也需要接受市场的检验，贴近市场需求的技术创新才是有生命力的。事实上，这一点与知识产权战略是殊途同归的，因为知识产权战略强调对市场的占领和控制。由此可见在技术创新中融合知识产权战略重要性之一斑。

（二）知识产权预警与应急机制构建

知识产权预警与应急机制是企业危机管理的重要环节。《国家知识产权事业发展"十二五"规划》中提出,"要加强对战略性新兴产业发展的知识产权分析预警工作,完善推广分析预警工作标准与操作指南,引导分析预警服务市场化。选择若干需求较为突出的重点地区、重点行业,开展知识产权分析预警和审议试点工作,推动建立重大经济活动知识产权审议机制。"建立这一机制的目的和任务是要进行日常监控,捕捉关于知识产权危机的信息并尽心及时地分析、研究和处理,当发现一些指标达到预警系统的临界值时则通过预警系统发布,启动应急预案,以防患于未然,保障企业技术创新的正常进行。一般而言,构建企业技术创新中知识产权预警与应急机制,包括以下几方面的事务:一是建立知识产权预警指标体系,根据这些指标体系的指引,收集相关的危机信息。企业技术创新中出现知识产权危机的情况有多种,如国际化企业面临的东道国知识产权制度与政策的重大变动、与本企业技术开发模式类似的典型知识产权纠纷案件、竞争对手针对知识产权问题向本企业展开法律行动的迹象、特定技术领域专利申请情况的急剧变化等。二是知识产权危机信息识别。当监测到与本企业有关的知识产权危机信息时,需要对这些信息进行鉴别,评估发生危机的可能性、条件与后果以及本企业对不同危机的风险控制程度和需要付出的成本。三是发布知识产权危机的警情通报。当知识产权危机信息接近企业设定的警度指标时,企业知识产权预警与应急管理部门应及时发布知识产权警情通报。四是知识产权危机的应急处理。当实际落入危机警度指标确定的范围时,企业应立即启动知识产权危机管理,采取应急措施,如成立知识产权危机处理应急小组,了解危机发生的情况和变化趋势,制定应急预案并逐一加以落实。五是知识产权危机预警与应急处理的总结。在对业已发生的知识产权危机进行应急处理的基础上,总结经验教训,评估处理的效果,以便为以后处理类似问题提供经验。

为构建企业技术创新中知识产权预警与应急机制,政府、行业协会或企业可以采取以下措施。

第一,应加强知识产权预警与应急处理的意识,从思想上增加对建立知识产权预警与应急机制重要性的认识。

第二,政府、行业协会建立知识产权预警应急机制、纠纷解决机制,定期发布行业专利竞争态势预警分析报告,对企业出现的知识产权突发事件及时帮助处理。《国家知识产权战略纲要》在"战略措施"部分明确要求,"建立知识产权预警应急机制。发布重点领域的知识产权发展态势报告,对可能发生的涉及面广、影响大的知识产权纠纷、争端和突发事件,制订预案,妥善应对,控制和减轻损害。"2011年国家科学技术部发布的《国家"十二五"科学和技术发展规划》也指出,需要加强国家重大关键技术领域专利态势分析和预警,引导重点领域形成基础性专利。自2008年以来国家知识产权局牵头组织开展了高铁、煤液化、大飞机等涉及国家重大技术项目和国家重点产业的专利分析与预警工作，对于防范风险，提高决策的科学性等起到了重要作用。北京市知识产权局通过建立知识产权预警，协助企业处理知识产权突发事件，取得了积极效果。当北京企业在德国汉诺威遭遇专利门事件时，北京市知识产权局及时向北京市人民政府报告，并通过联合其他政府部门设立了北京市企业海外知识产权预警和应急专项资金，为出口企业及时处理专利突发事件提供资金保障。

第三，政府、行业协会制定海外知识产权维权机制，针对国外重点国家、地区或可能发生的重大知识产权风险（如"337调查"），制定防范与应急对策。同时，针对国外知识产权壁垒、技术壁垒的形成特点，制定应对、突破国外知识产权壁垒、技术壁垒的应对策略。针对本地区企业国际化市场的情况，以国际知识产权规则为指导，结合贸易国家知识产权法律和政策以及本地区产业政策，及时发布重点领域、国家的专利信息和专利发展态势报告。

第四，政府、行业协会、企业在可能的条件下建立高效运转的专利和其他知识产权信息数据库，应企业的要求提供特定项目专利信息跟踪服务报告，为企业技术创新活动提供信息支持。例如，大连市政府和企业在这方面就提供了经验。根据该市知识产权局提供的材料，围绕创建国家知识产权示范城市建设，推动"兴企强企"工程，重视企业技术创新中的专利预警机制的建立和完善。该市企业大连光洋科技开发公司和大连重工-起重集团建设了数控技术和制造业专业化专利数据库，服务了企业技术开发、新产品研制的专利分析和预警，取得了良好效果。

第五，政府和行业协会帮助企业建立与其自身技术创新特点相适应的知识产权预警与应急机制。企业知识产权预警与应急机制是企业有效防范知识产权风险、防止知识产权流失，积极应对技术和市场环境变化，保障企业技术创新活动顺利进行的运行机制。其作用具体体现于：避免和减少侵犯他人知识产权的现象和事件发生，减少企业损失；提高企业处理知识产权突发事件的意识和能力，及时、有效地解决知识产权纠纷；利用知识产权信息网络指导企业技术创新活动，防止企业研究开发活动和创新成果产品化、市场化过程中陷入他人知识产权陷阱，提高市场竞争力。企业知识产权预警与应急机制包括企业知识产权预警信息的收集与检测、知识产权信息的分析和预警论证、企业知识产权预警与应急机制的构建。基于此，企业知识产权预警与应急机制的构建，应重视以下内容。

一是建立和完善企业竞争情报系统。企业竞争情报系统是企业实施知识产权战略和技术创新战略的基础保障，也是企业信息化建设和知识管理的重要内容。企业竞争情报的重要功能之一是危机预警功能。在企业竞争情报系统中，以竞争情报为依托，通过对企业面临的技术环境、市场环境和社会环境动态变化的监视和把握，对影响企业技术创新活动的变化因素进行分析和研究，及时反馈给企业相关部门和人员。

二是建立企业适应外部环境的知识产权预警信息采集机制。这里的知识产权信息包括但不限于知识产权侵权信息，如知识产权被他人侵害的信息以及侵犯他人知识产权的信息。除了这些信息外，为保持对外部信息监察的动态性，需要收集国内外相关主体的知识产权申请和授权情况、技术发展态势、核心技术专利申请动态、地区分布，以及当前国家科技、经贸、投资等领域活动中与知识产权相关的信息和国际动态。企业应利用多种形式采集知识产权预警信息，包括政府部门的知识产权公共信息服务平台、中介机构的商业性平台以及企业内部建设的专门性的知识产权预警信息平台。其中企业内部的信息平台可以置于企业情报信息网络之中或专门的知识产权预警与应急机制平台之中。除了采集渠道和信息跟踪保障外，信息采集机制还应确保信息采集的及时性、真实性和全面性，在可能的情况下可以建立知识产权预警信息数据库，便于规范化管理。

三是建立企业知识产权预警信息的分析和发布平台。知识产权预警信息收集只是预警与应急机制建设的基础性部分，最终需要对收集的信息进行及时的分析，并在适当的范围内发布才能实现预警与应急的目的。

四是建立企业知识产权信息预警的跟踪与反馈系统。企业知识产权信息预警与应急是一个动态的、长期的过程，预警与应急机制应保持高度的开放性、动态性和对信息捕捉的灵敏性，这就离不开建立与完善企业知识产权信息预警的跟踪与反馈系统，以便对企业经常遇到的重大知识产权法律风险、纠纷以及突发事件，结合企业知识产权外部环境，制定预案，及时处理。❶

五是预警应突出重点，对重点产业和支柱行业重点对待。预警突出重点体现于对重点产品、核心技术和关键技术，主要竞争对手动向和国内外主要市场给予重点关注。从产业和行业的角度看，重点产业和支柱行业的知识产权状况对于产业和行业内企业知识产权风险防范与解决具有重要意义，因此也需要重点予以保障。

六是发挥知识产权专家的参谋咨询作用，设立相关常设机构开展对企业技术创新中知识产权预警与应急机制的研究。例如，2008 年 4 月 1 日成

---

❶ "本调查"反映的情况也证实企业加强知识产权信息预警的跟踪与反馈系统的迫切性。在"本调查"涉及的 21 家单位中，只有 2 家建立了本行业个性化的专利数据库并时常更新，2 家建立了竞争对手的专利申请、技术发展和商业计划的跟踪机制，3 家建立了监控企业知识产权，及时发现侵权和被侵权行为的机制，2 家建立了监控他人专利申请和商标登记，预防对企业的在先权利造成侵害的机制，其余单位均没有知识产权的跟踪、预警与监控机制。

都市出台了《关于加强知识产权管理和保护工作的若干意见》（成办发〔2008〕28 号），提出了研究制定知识产权保护预警和专家会商制度。

（三）重大经济活动知识产权审议机制

建立重大经济活动知识产权审议机制是防范知识产权法律风险，对与知识产权有关的实务进行科学决策的重要保障。基于建立该机制的重要性，我国一些重要的政策性规范和文件明确予以规定。❶重大经济活动知识产权审议机制需要政府在制定和实施有关技术创新、科技计划和发展规划以及对重大事项进行决策时，考虑知识产权状况和需求，对与知识产权有关的事项进行全面、科学的评估和可行性分析，必要时进行跟踪预警。对于以国有资产、政府财政性资金投资支持的经费较大的或者对当地经济社会发展具有重大影响的事项，如重大引进项目、核心与关键技术转让、重大建设项目、重点项目技术改造、重大科技项目及其产业化项目、重点装备的进出口、涉及国家利益并具有自主知识产权的企业并购和技术交易等重大经济技术活动，需要引入重大经济活动知识产权审议机制，有关当事方应进行知识产权评估与可行性分析，防范重大知识产权风险与瑕疵，避免造成重大损失。到 2010 年 8 月底，北京、天津、河北、江苏、贵州、陕西、青海等 23 个省（区、市）颁发的知识产权战略纲要或者在知识产权战略实施意见中要求建立和规范经济活动中的知识产权审议制度。❷ 例如，2011 年 9 月广东省政府出台《关于贯彻落实国务院部署较快培育和发展战略性新兴产业的意见》（粤府〔2011〕87 号），明确指出要探索实施重大项目的知识产权审议制度。《山东省知识产权促进条例》从地方立法的角度明确提出了应建立重大经济活动知识产权审议机制。

重大经济活动知识产权审议机制的内容主要有：

第一，针对重大经济活动，如重大引进项目、重点装备出口等，需要对其知识产权问题进行评估和分析，特别是从知识产权方面入手分析其可行性。其中可行性分析涉及以下内容：该重大经济活动涉及的知识产权的主体、归属、数量、技术先进性和运营情况；重大经济活动预期产生的知识产权的数量和归属；重大经济活动项目现有知识产权的法律状况和稳定性；重大经济活动项目中他人知识产权可能产生的障碍与突破障碍的可能性分析。例如，上汽建立了专门的专利特别审查机制，以防止在企业的重要经济活动如企业并购和技术贸易中丧失自主知识产权或引进没有价值

---

❶ 《国家中长期科学和技术发展规划纲要（2006—2020 年）》《国家知识产权战略纲要》《国家"十二五"科学和技术发展规划》等。

❷ 专家全面解读专利战略七大关键词［EB/OL］.［2013-06-20］. http://www.sipo.gov.cn/sipo2008/mtjj/2010/201011/t20101118_ 548839.html.

的专利。

第二，对由政府投资的关系社会经济发展的重大项目，在项目的立项阶段，必须根据国家有关规定和项目的实际情况，对其涉及的知识产权问题进行审查论证。项目论证除有关部门主管领导和项目负责的技术专家外，还应有知识产权专家参与，有关政府主管部门则应重点做好审查论证的计划安排、指导和监督工作，防止在重大项目立项阶段出现知识产权方面的重大瑕疵。

第三，对已经立项的涉及重大经济活动的重大项目，需要在项目的实施过程中针对其中的知识产权问题进行跟踪，将知识产权作为项目完成情况和结果的重要考核指标，强化知识产权考核评估的作用，将自主知识产权拥有的数量和质量作为评估项目成果鉴定、科技奖励、新产品和名牌产品认定的重要依据。

开展重大经济科技活动中知识产权评议试点与示范工作，总结试点示范工作经验并加以推广，是推进重大经济科技活动知识产权审议机制的重要手段。重大经济科技活动中知识产权评议试点与示范工作具有实验性、实战性和推广效应，它对于防范知识产权风险，防止知识产权流失和提高重大经济科技活动的实施效率具有重要意义，也有利于提高重大经济科技活动决策的科学性和优化管理水平，以创新驱动促进经济增长。

五、知识产权服务体系建设：以产业化转化平台及运作机制为重点的考察

（一）企业知识产权服务体系构建

前面多次提到了加强企业知识产权服务的问题，指出它是企业实施技术创新和知识产权战略的重要保障。从知识产权制度运转层面考察，知识产权服务体系的建立和完善，对于企业提高技术创新能力，加强对知识产权的战略运作，确实具有重要作用。我国"十二五"规划首次将知识产权服务纳入国家规划纲要当中，体现了国家对知识产权服务业的重视，也反映了知识产权服务业在国民经济和社会发展中地位的提高。以下将从我国知识产权服务平台建设的现状出发，探讨企业知识产权服务体系面临的问题，在此基础上结合我国近年来关于促进知识产权服务业发展的政策和制度规范，提出完善基于促进我国技术创新与企业知识产权战略的知识产权服务体系的观点和思路，并以技术创新与企业知识产权战略融合的产业化转化平台及运作机制为重点加以研究。至于知识产权数据平台和数据库建设等知识产权信息平台建设，在广义上也属于知识产权服务体系的范畴，不过由于其具有一定的特殊性，将在下一节中专题研究。

1. 我国知识产权服务体系建设现状与问题

我国知识产权服务体系主要是基于技术创新与企业知识产权战略实施需要而构建的。当然，也有一些知识产权服务内容具有更加丰富的内容。从我国目前知识产权服务体系的情况看，整体上已经初步建立起了知识产权服务体系，为技术创新与企业知识产权战略实施活动提供了大量的知识产权服务，是企业开展技术创新和知识产权活动的重要辅助力量。目前，我国知识产权服务机构和组织拥有一定规模，服务内容较广，如从事专利代理、商标代理、知识产权情报信息分析与利用、知识产权资产评估与质押融资、知识产权培训、知识产权咨询等服务。知识产权服务模式也不断创新、服务内容逐渐增多，为新形势下企业管理变革和知识产权需求发挥了积极作用，如知识产权托管、知识产权一站式服务、知识产权交易中心与展示平台建构等。此外，在我国"十二五"规划大力强调发展服务业的坏境下，知识产权服务体系建设和服务业发展也是我国现代服务业的重要组成部分，对于第三产业发展也具有重要意义。

从基于促进技术创新与企业知识产权战略实施的角度看，我国知识产权服务体系仍存在不少问题需要克服，相关制度和体制需要完善。具体而言，主要有：

一是有关知识产权服务的政策和制度仍然不够完善，缺乏统一规定或者规定欠缺。知识产权服务政策和制度是构建我国知识产权服务体系，提高服务水平的规范基础。但目前我国知识产权服务政策和制度层面存在较多空白点和不足之处，如关于知识产权服务的市场准入和管理体制、知识产权专业服务人员的职称结构、知识产权司法鉴定程序以及与知识产权有关的无形资产管理制度和相关立法均较为欠缺。现行相关政策和制度主要体现在：《国家知识产权战略纲要》明确提到要发展知识产权中介服务；国家发展和改革委员会在《关于当前推进高技术服务业发展有关工作的通知》（发改办高技〔2010〕1093 号）第一次将知识产权服务纳入重点培育的高技术服务行业；在《高技术服务发展战略研究》首次将知识产权服务纳入高技术服务的独立分类中；国家发展和改革委员会还牵头制定了《加快发展高技术服务业的指导意见》（国办发〔2011〕58 号），将知识产权服务作为重点发展领域。不过，总体上，我国对知识产权服务体系建设缺乏系统完整的规范，需要大力加强。

二是尚未构建体系完整、内容丰富、组织架构严密的知识产权服务体系，缺乏高效运转的知识产权公共服务平台。目前我国知识产权服务机构尽管数量不少，且有不断增长之势。但缺乏整体的规划和思路，地区之间不平衡现象严重，管理体系和组织协调方面亦存在问题，影响了知识产权服务质量的提高。同时，也比较缺乏高效运转的知识产权公共服务平台，区域性和面向企业提供专题服务的知识产权公共服务平台更为缺乏。

三是知识产权服务机构存在规模小、服务范围单一、功能较弱、综合职能不强等问题。同时，知识产权服务机构不仅存在地区分布不平衡，而且在业务范围上结构不大合理。大多数知识产权服务机构从事一般性的知识产权咨询、代理服务，企业急需的高端方面的业务，如适应技术创新和知识产权战略的知识产权价值评估、知识产权战略规划、知识产权战略顾问等新型业务难以开展，服务领域空白点较多。

四是知识产权服务机构与企业之间缺乏有效的信息沟通，尚未形成有效的知识产权信息需求环境。实践中通常表现为，一方面，企业急需的知识产权服务找不到合适的知识产权服务机构；另一方面，知识产权服务机构因客户需求不足而发展艰难。也就是说，知识产权服务体系运转方面信息不对称现象较为突出。

五是整体上来看，知识产权服务人员素质有待提高。尽管目前我国知识产权服务人员规模不断扩大、素质在不断提高，但与知识产权服务要求的复合型人才相比仍存在较大差距，在知识产权服务范围和内容上，主要集中于专利和商标代理等法律事务上，而企业需要的知识产权管理和战略咨询、策划、评估交易服务、信息情报分析等方面则比较缺乏。另外，具有较大规模和经济实力的国际化的知识产权服务机构更是凤毛麟角，这种情况不利于为我国企业开展国际化经营活动和应对国际知识产权壁垒提供良好的服务。

六是与知识产权服务相关的服务机制不够健全，影响了知识产权服务的效率和工作的推动。如本书指出的，知识产权质押融资与知识产权价值评估问题息息相关，但由于我国知识产权价值评估机制不够健全，评估标准和评估机构本身均存在较多问题，直接影响了知识产权质押融资业务的拓展。此外，知识产权服务业发展离不开政府的大力引导和支持，但目前政府在这方面的工作仍然比较有限。

七是知识产权服务市场不够规范，信誉不高。❶ 很多知识产权服务机构缺乏信用管理，服务意识和服务的主动性不够，而且存在为争夺案源而进行压价等不正当竞争现象。

此外，知识产权服务体系建设存在很大的地区差别，特别是西部地区因为经济和发展相对落后，知识产权服务体系建设也影响滞后。例如，广

❶ 科学技术部火炬高技术产业开发中心调查表明，我国的知识产权中介机构严重缺乏，人员素质也难以满足相应需求，无法对企业知识产权工作提供具体全面的指导，33.5%调查企业对目前的知识产权中介服务机构的服务能力感觉一般或非常不满意，需要提供更加全面和专业的知识产权服务。参见：唐恒，付丽颖，冯楚建. 高新技术企业知识产权管理与绩效分析［J］. 中国科技论坛，2011（5）：84.

西全区仅9家知识产权代理机构，仍有9个城市尚未设立专利代理机构。

2. 完善基于促进技术创新与企业知识产权战略融合的我国知识产权服务体系建设的思路

针对我国知识产权服务业存在的上述问题，并总结现有经验，从促进我国技术创新与企业知识产权战略的角度看，主要应从以下方面加以完善。

第一，完善我国知识产权服务体系和服务业的政策和制度，加强政府主管部门对知识产权服务业的引导和指导。从国外经验看，知识产权政策和制度是促进知识产权公共服务的重要制度保障。我国这方面政策和制度主要应解决以下问题：（1）研究制定统一的促进知识产权服务体系完善和服务业发展的规划、政策和制度。例如，制定知识产权服务业"十二五"规划、提出统一的知识产权服务业发展规划和战略，为我国知识产权服务业发展勾勒蓝图，有利于从战略上促进我国知识产权服务业的发展。（2）建立与知识产权服务业有关的相关政策、法规协调机制。例如，在知识产权服务机构工商注册、税收优惠、银行贷款等方面实行统一的政策，防止政策之间的不衔接。（3）建立知识产权服务业的地区协调机制，促进知识产权服务业的地区平衡和协调。（4）建立政府支持和引导知识产权服务业发展的体制机制，改变知识产权服务等同于知识产权代理的狭隘观念，适应市场需要拓宽知识产权服务范围。以宁波市为例，该市为促进知识产权服务业发展，逐步建立健全了知识产权服务政策体系。近年来，该市先后颁布了《宁波市知识产权人才培养规划（2009—2015年）》《宁波市专利资助管理暂行办法》（甬科知〔2009〕14号，甬财政教〔2009〕206号）、《宁波市技术交易中介和发明专利代理经费补助暂行办法》（甬科计〔2007〕145号）、《宁波市专利服务援助暂行办法》（甬科知〔2004〕79号）等政策性规定和文件，为宁波市知识产权服务体系的建立和完善提供了重要的政策支持。

第二，建立激励知识产权服务人员的制度机制。知识产权服务从业人员的素质是提高我国整体的知识产权服务水平的根本保障。为此，需要研究和制定激励知识产权服务人员安心从事知识产权服务工作的职业资格、资格审查、职称考试、登记注册等制度，激励知识产权服务人员提高工作效率，吸引热爱知识产权服务工作并具有相关专业背景的人员加入知识产权服务行业队伍，加强知识产权服务人才队伍建设。例如，目前正在讨论和实施的知识产权服务从业人员所谓"五师"队伍，包括企业知识产权（专利）管理工程师、专利代理师、无形资产评估师、知识产权司法鉴定师和知识产权信息检索与战略预警分析师等就是体现。

第三，完善知识产权服务机构，打造一批服务质量高、业务水平精湛的高水平知识产权服务机构，重点扶持一批提供高端知识产权服务的知识产权服务机构，为促进我国战略性新型产业、重大技术领域和关键设备与重大技术专项知识产权服务工作，以及建立国际性的知识产权服务机构创造条件。知识产权服务机构的健全还应注意专业结构布局的均衡和合理，如知识产权法律服务、知识产权代理与评估、知识产权交易与运用、知识产权信息服务、知识产权援助等均应合理布局，以防畸轻畸重现象。

第四，建立和完善由政府支持与引导的知识产权公共服务平台建设。知识产权公共服务平台建设具有高度的公益性，它既是政府宣传知识产权意识、传播知识产权信息、弘扬知识产权文化的重要平台，也是企业提高知识产权保护和管理水平，提高自主创新能力的重要外部支持条件。这方面，我国一些地方积累了一定的经验，很值得总结。仍以宁波市为例，该市在 2010 年 11 月开通了宁波市知识产权服务平台，是在原来的专利预警服务平台的基础上由市科技信息研究院等整合相关资源而成。该平台具有综合性和集成性，具有专利检索、统计分析、专利在线预警、特色专利库定制、企业知识产权信息管理等方面的功能，可以为企业和政府管理部门提供专利预警、专利信息分析与检索、专利年费计算提醒等功能。这类平台建设无疑是企业开展知识产权管理和战略实施的福音，今后需要在平台的服务内容、服务功能和特色方面加以完善。

第五，努力探讨创新知识产权服务模式，适应技术创新与企业知识产权战略实施的需要。随着我国经济社会发展，技术创新与企业知识产权战略实施对知识产权服务的需求也不断提升，为此知识产权服务业应与时俱进，不断探索和完善服务方式和模式。例如，当前急需要加强对知识产权托管、知识产权战略规划、知识产权情报信息及预警机制建设、知识产权转化平台建设、无形资产评估等方面的服务，知识产权服务行业应对这些内容给予高度重视。

第六，加强政府为企业提供给知识产权服务的职能，不断创新政府对企业知识产权服务模式。政府将知识产权工作纳入国民经济和社会发展规划，建立知识产权工作机制，对企业知识产权问题进行专家咨询性质的指导，并出具建设性的意见，对于提高企业知识产权意识，系统规划其知识产权工作，提高知识产权管理水平意义很大。我国第一个知识产权综合性地方性法规《山东省知识产权促进条例》（山东省人民代表大会常务委员会公告第 46 号）明确规定了建立这项知识产权法律援助制度，设立专项基金用于知识产权创造、运用、保护与管理。据悉，我国目前建立的知识产权援助中心有 40 家以上，不过这些援助中心服务的内容较少涉及企业知识产权保护和管理的内容。通过健全知识产权援助中心，重视对企业特别是中小企业提供的知识产权援助，包括知识产权保护和管理方面的援助，有利于及时解决企业知识产权保护和管理中的问题，促进企业技术创新。

第七，完善知识产权服务业的考核评估机制，加强行业知识产权服务机构的自律机制建设。针对目前我国知识产权服务行业存在的恶性竞争、违规服务等不良问题，以及知识产权服务机构缺乏行业自律机制的现实，需要加强对知识产权服务机构的监督管理，同时建立知识产权服务的考核评价机制和行业自律机制，督促知识产权服务沿着法制化、规范化轨道进行。特别是在行业协会层面，需要大力加强专业性的行业协会对知识产权服务业的指导和规范，除了建立行业自律机制以外，还要建立行业服务标准、服务流程和质量监督管理机制。这对于促进知识产权服务业发展具有重要作用。

第八，改革知识产权人才培养体制和模式，大力培养从事知识产权服务的复合型人才。目前我国知识产权人才培养偏重于法律人才。知识产权法律人才固然特别需要，但知识产权专业性服务的需求具有多层次性，特别是从促进技术创新和知识产权战略实施的要求出发，我国亟需大量知识产权技术性人才和管理性人才。为此，需要对当前我国知识产权专业教育进行一定的改革，重视知识产权管理、知识产权技术性人才的培养以及精通知识产权法律、管理并具有技术背景的复合型人才的培养，以便为知识产权服务市场输送多方面知识产权专业人才。除了专业学历教育培养知识产权服务人才外，继续教育、短期培训等也是重要形式。总体上，在知识产权服务人才培养方面，需要建立与知识产权产业化发展和市场需要相适应的知识产权服务人才开发机制。

（二）产业化转化平台及运作机制

保护创新与促进运用相结合，是技术创新与企业知识产权战略融合的重要理念。例如，《广东省知识产权战略纲要》指出，要"坚持在加强保护中推动运用，在推动运用中加强保护，正确处理保护知识产权和维护公众利益的关系，实现保护有力、运用有效、发展有序"。产业化转化平台建设是技术创新与企业知识产权战略融合的实战平台，它要求企业提高技术创新主体意识，以市场为导向，有效整合资本与技术要素，发挥市场和管理机制的作用，创新企业管理体制和机制，推进科技成果转化。产业化转化平台无疑也是促进知识产权实施、运用的桥梁和手段。❶

西方产业投资人士一般认为企业穿越"死亡谷"和"达尔文海"❷是项目成功必须经过的路径。这一观点显示出产业化阶段和环节对企业成功

---

❶ 我国企业知识产权实施的总体情况不容乐观，这更凸显了知识产权产业化转化平台构建的必要性和紧迫性。当然，知识产权实施率不够高、实施情况不够理想原因很多，需要对症下药。以"本调查"为例，笔者设计的问卷中有一道题是关于"本企业专利实施存在的问题"。结果有64%的被调查主体都认为是专利本身不够成熟，亦即专利本身的价值不大，可利用水平不高。

❷ 即产品在投入生产以后直至实现大规模产业化以前的鸿沟。

的极端重要性。就我国知识产权产业化情况而言，情况却不大乐观。如据测算，我国 2009 年授权专利进入产业化阶段的比例只有 40%，其中企业产业化比例相对于高校和科研单位较高，占 51.8%，但仍然有近半没有被利用。产业化发展则需要以产业化转化平台作支撑。对我国促进技术创新的产业化平台建设情况的调研表明，近年来我国各级政府大力推进技术成果产业化平台建设，在国家和地方层面均设立了一些技术交易、转化平台，取得了一些成效。但是，仍然存在较多的问题。主要体现于：一是信息不对称现象比较严重，以专利技术为核心的技术成果交易在供需方之间缺乏有效的信息沟通和交流机制；二是技术成果转化交易平台在规模和成交业绩方面发挥作用有限；三是对专利等技术转移的价值评估缺乏完善的机制，影响了技术成果交易的完成。

保护创新与促进运用的结合，需要建构技术创新与企业知识产权战略融合的产业化转化平台运作机制，有必要先厘清企业技术创新扩散机制与企业知识产权战略的作用机制。

1. 企业技术创新扩散机制及企业知识产权战略的作用机制

企业技术创新扩散是企业通过技术创新产生的创新成果转化的重要形式，既是企业实现创新成果社会价值和经济效益的重要保障，也是技术创新的最终归属。根据熊彼特的观点，企业技术创新扩散的本质是模仿。技术创新意味着新思想诞生后，经过创新活动产生了新技术、新产品，这种新技术、新产品在市场上推广和运用能够为企业带来巨大经济效益，提高劳动生产率。技术创新成果产生的市场效应为其他企业广泛采用新技术、新产品提供了巨大的激励，这将促使其他企业也加入到创新成果运用行列，有利于促进相关产业和行业的发展。如前所述，技术创新与技术成果的首次商业化相联系，这一过程伴随着技术创新的扩散。技术创新扩散过程也是企业技术创新成果产品化、商品化和产业化直至出现技术衰退导致技术被替代的过程。

在知识产权制度环境下，企业技术创新扩散与知识产权战略实施之间具有内在联系。这是因为，知识产权制度下的技术创新通常表现为企业对获得了知识产权的创新成果的研究开发、产品化和市场化过程。当创新成果获得后，企业需要从技术、市场和经济层面充分评估创新成果的价值，整合创新资源，实现对知识产权价值的充分运用。

事实上，技术创新具有外溢性或者溢出效应，具体包括创新技术的溢出效应、创新市场的溢出效应和创新利益的溢出效应。❶ 创新技术的溢出效

---

❶ 申韬，王慧娟，岳桂宁. 基于知识产权战略的企业技术创新扩散机制——以广西企业为例 [J]. 企业技术开发，2010（3）：106.

应体现于创新的技术通过一定形式如技术的公开、技术转让、许可和技术会议等形式，其核心是"技术溢出"。前文也提及技术溢出、技术外溢，这是 20 世纪 60 年代初开始进行讨论的一个重要概念，指的是技术的所有者在利用技术的过程中对技术信息的部分泄露，技术信息接受者在不需要支付对价的情况下获得技术溢价的技术经济现象。该概念首先出现于分析外国直接投资的福利效应时被提出，将其作为外国直接投资的一种副产品。例如，木下裕子（Kinoshita Yuko）指出，外国直接投资对东道国技术溢出效应包括传播效应、竞争效应、联系效应和培训效应等。角格（Kok-ko）认为，技术溢出效应包括示范、模仿与传播，以及竞争，其中前者是技术信息的增函数，后者取决于跨国公司和东道主企业的市场特征及其相互影响。❶ 可以认为，技术溢出的结果是产生外溢效应，或者说技术溢出效应，其基本内涵是因为技术所有者有意或者无意的技术转让、使用、传播行为导致技术信息和知识的非自愿扩散，使得技术在一定的地区、行业、企业扩散，客观上促进了技术信息的传播、交流。技术溢出对于企业发展和地区经济增长的重要性不可忽视，它不会出现古典经济学模型所预测的投资边际收益递减的现象，相反，可以出现投资边际效益递增的现象。技术溢出反映了经济行为的外部性，其存在的内在基础在于知识和技术本身具有非竞争性和非排他性的公共产品的属性。从经济学理论看，技术发明本身具有一定的公共性，这一属性使得发明人既不能全部独占其新技术、新知识，也难以禁止其扩散和传播。技术溢出存在多种形式，如跨国公司在投资国家和地区设立的国际技术溢出，国内行业之间、企业之间的技术溢出等。以跨国公司的技术溢出为例，跨国公司在东道国投资设厂、进行技术研究开发，并聘用东道国员工，其掌握的先进知识、技术和管理创新中的技术信息都有可能产生技术外溢。事实上，这一问题已经引起其高度重视，它们一般不大愿意将核心技术研究开发机构设置在东道国，这正是出于防止技术外溢的考量。

技术溢出对创新企业和获得溢出效应的企业各自有益。对创新企业而言，可以通过技术溢出扩散技术，实现创新技术的价值。当然，由于溢出效应产生的个人利益小于社会利益、创新企业不能获得创新的全部利益，因而在一定程度上会影响创新投入和创新活动。特别是创新者的竞争对手无偿获得技术溢出效应，会在一定程度上削弱创新者的竞争力，减少其研究开发投资的动力。获得溢出效应的企业，可以充分利用技术创新的这一特点吸收新的技术成果，加快技术创新的扩散，提高技术创新能力。

---

❶ 张传杰，乔永忠. 跨国公司对我国企业技术溢出的滞后效应研究——基于行业专利产出面板数据模型的分析 [J]. 科学学研究，2011（2）：215.

技术溢出与技术创新的扩散直接相关。在技术创新者采取不扩散技术创新成果战略的条件下，技术溢出受到限制，但同时也影响到技术创新价值的最大化。在知识产权战略实施环境下，技术创新的扩散受到技术创新竞争的制约和影响，而这也会相应地影响到技术创新的溢出效应。同时，在知识产权战略实施环境下，获得创新成果的企业一般希望抑制技术外溢，限制技术扩散，以最大限度获取垄断市场的利益；技术创新的扩散本身有利于技术价值的实现。因此，建构在知识产权有效保护之下的企业技术创新扩散机制是值得研究的课题。为此，需要重视运用企业知识产权战略建立技术扩散体系，运用知识产权制度调节技术溢出，既充分保障技术权益，又促进技术和知识信息的扩散，提高技术创新能力。

关于技术溢出，还值得探讨的是其与技术相似度的关联性。"技术相似性"较早由国外学者格瑞力契斯（Griliches Z）提出，他从研究技术溢出问题出发，认为企业之间技术相似性的程度和技术外溢的效用之间有很强的正相关联系。❶ 后来又有学者进一步发展了这一概念，如谢斐提出了衡量技术位置相似度的概念，即两者研究开发领域共通性的技术相似度。认为技术相似度与研究开发领域共通性呈正相关关系，技术相似度越高，对企业外溢技术池中共享的知识也越多。❷ 从产业技术集群的角度看，把握技术相似性与企业技术溢出之间的关系，也有助于企业实施适当的技术创新和知识产权战略模式，特别是有助于企业技术创新模式和技术发展战略选择。例如，处于同一个产业技术集群内的企业，其技术相似性程度高，企业为了在产业内取得技术和市场优势，争相开发新技术和新产品，企业之间的技术竞争也较为激烈。处于不同产业技术集群的企业，由于企业产品和市场定位、消费群体等存在较大的差异，企业之间的竞争相对较弱，但同时也说明这些企业之间技术有较大程度的互补性，因此，技术外溢对这些企业的正面影响较大。

2. 企业技术创新服务平台建设

企业技术创新服务平台是支撑企业技术创新的基础性环境和条件。企业技术创新服务平台的构建，应重点突出创新资源的整合、信息共享和服务功能的提升。根据《国家技术创新工程总体实施方案》（国科发政〔2009〕269号）的要求，技术创新服务平台建设要按照"面向产业、需求导向；创新机制、盘活存量；政府引导、多方参与；明确权益、协同发展"

❶ ZVI GRILICHES.The Search for R&D Spillovers［J］. The Scandinavian Journal of Economics, 1992 (94) : 29-47; NBER Working Paper, No.w3768.

❷ JAFFEE A, TRAJTENBERG M. International Knowledge Flows: Evidence From Patent Citations ［J］. NBER Working Paper, 1998; 转引自：张曦，王贤文，刘则渊，等. 基于专利计量的企业技术相似性网络测度研究［J］. 情报杂志，2011 (1) : 90.

的原则，构建面向重点产业振兴和战略性产业发展的技术创新服务平台。所谓"面向产业、需求导向"是指以产业需求为指针，以市场需求作为技术创新的原动力，在产业和市场需求大环境下找准企业技术创新的思路和方向；"创新机制、盘活存量"，是指需要探索技术创新的有效模式、方式和创新成果产业化的运行机制，充分利用现有创新资源和条件，优化资源配置；"政府引导、多方参与"，是指应发挥政府在建构和发展企业技术创新服务平台方面的政策和制度规范、引导和指导作用，同时吸收不同的技术创新主体和相关单位参与，提高整体的技术创新效率；"明确权益、协同发展"，是指围绕企业技术创新服务平台不同利益主体之间的权利义务关系应当以契约或其他形式加以界定，使参与技术创新的不同主体的利益各得其所，实现合作共赢目标。

企业技术创新服务平台是一个开放的系统，它是整合了不同技术创新资源和对象的创新平台，不仅需要立足于企业的参与，而且需要吸收与依托高校、科研院所、产业技术创新战略联盟、科技中介机构等部门的合作与联动。只有这样，才能充分发挥各自的资源、人才和技术优势，提升创新资源的整合能力，提高企业技术创新服务平台的规模和运行效率。

企业技术创新服务平台建设涉及多方面内容，包括资源配置、人才队伍建设、信息支持、制度规范、创新成果推广等。在资源配置方面，应注意软硬件建设和必要的经费保障；在人才队伍建设方面，应注意提高企业技术创新服务平台队伍的专业化水平，开展必要的专业培训活动；在信息支持方面，主要建立专门的或综合性的信息情报支持系统和信息网络服务平台，形成知识共享和信息便捷交流的机制；制度规范中则主要建章立制，加强服务平台建设的规范化管理，并建立激励机制和绩效评价机制，分工负责；创新成果的推广则是企业技术创新服务平台最终归属和目的，在平台建设中需要重视先进适用的新技术、新产品的推广和应用，对产业共性关键技术采取联合攻关手段，充分发挥专制院所、大型骨干企业等在企业技术创新服务平台建设中的重要作用。

目前，国家知识产权局和地方各级知识产权局正在推进的企业专利工作服务平台，也可以纳入上述企业技术创新服务平台建设的范畴。因为企业专利技术服务平台建设和专利技术的利用，最终需要与企业自主创新和实施知识产权战略融合，培育专利技术等知识产权优势企业。为建立企业专利工作长效机制，现在已建立了上百家企业专利工作站，这些工作站的建设和发展需要建立工作站的运行机制，强化其与企业的交流和互动。

3. 企业专利技术等知识产权产业化转化平台建设

企业专利技术等知识产权产业化转化平台建设是我国近年来从政策和制度上力推的实现技术创新与知识产权战略融合，促进技术创新的重要举措。例如，国家知识产权局正在全面深化实施"全国专利技术展示交易平台计划"。根据该计划，在全国很多城市和地区建立专利技术展示交易中心，并建设网络化的展示交易平台，以加快技术成果的商品化、产业化和商业化。据统计，截至 2010 年，国家知识产权局批准设立的国家专利技术展示平台 43 家，覆盖全国 27 个省区市。

知识产权产业化平台建设无疑需要政府有关主管部门出台对专利等知识产权产业化政策。如《全国专利事业发展战略（2011—2020 年）》提出了"进一步明确专利管理部门及相关部门推进专利技术产业化政策"，"加强专利技术转化平台建设"以及"深入推进国家专利产业化基地建设"，为专利技术产业化平台建设提供了指针。目前我国一些地方制定了促进专利等知识产权的产业化政策，并取得了一定成效。例如，福建省出台了《专利技术实施与产业化计划项目管理办法》，江西省实施了《江西省专利实施资助项目管理暂行办法》。根据国内已有经验总结，我国企业知识产权产业化转化平台建设需要重视以下几方面工作。

第一，立足于服务企业技术创新目的，依托地方区域经济和特色产业，充分利用国内外有效的专利等知识产权资源和信息，以企业为主体建构专利技术等知识产权产业化转化平台和产业服务平台。该平台强调服务型和示范推广性，以促进专利等知识产权的交易、产业化、有效实施为基本导向，并兼顾科技企业的孵化创业。

第二，总结现有的科技园、高新技术产业园、大学科技园、科技企业孵化器基地等从事知识产权产业转化平台建设的经验，加强相关的政策引导和制度规范，形成科技园、产业园和孵化基地良好的知识产权成果转化意识和氛围，加强对其知识产权管理和战略指引，以此带动园区内企业及其他企业知识产权转化能力的提高。其中，尤其需要注意：一是建立完整、系统的知识产权产业化服务平台网络和体系，整合区域范围内专利技术孵化基点，协调组织管理模式，在科技、财税、贸易等政策和制度中体现对专利技术孵化和知识产权产业化政策的支持和扶持；二是建立专利技术孵化与知识产权服务相结合的运行机制，针对专利技术孵化和知识产权产业化转化中存在的知识产权需求，特别是知识产权信息服务、知识产权评估作价、知识产权融资质押等，引入市场模式，有针对性地开展知识产权服务，促进知识产权产业化转化和知识产权服务体系的完善；三是建立专利技术孵化与产业化转化紧密结合的模式，以产业化转化指导专利技术孵化工程。

第三，建立和完善国家和地方知识产权产业化试点基地，开展重大知识产权产业化试点工作，积累经验并加以推广。目前我国已启动了 4 批国家专利产业化试点基地和首批国家自主知识产权产业化试点基地。据统计，截至 2010 年年底，我国建立的国家专业产业化试点基地有 22 个，建立国家自主知识产权产业化基地 2 家。在重大知识产权产业化试点方面，可以根据地区经济社会发展规划和要求，选择具有重大产业化价值的知识产权项目开展产业化试点工作，在政策环境和资金等方面给予重点扶持。例如，天津市启动的重大发明专利运用类试点工作，主要通过政策和资金支持以及配套服务等推进重要专利发明的产业化进程，取得了明显成效，如首批试点的 16 家企业的专利产品销售收入 6.9 亿元。

第四，重视知识产权产业化转化平台建设中的数据库建设和服务工作。企业知识产权产业化转化平台建设和知识产权信息服务平台建设是一脉相承的关系，后者对前者具有支撑和信息保障作用。例如，根据知识产权产业化转化平台建设的需要，立足于企业、行业和产业发展特点，建立专题性的知识产权信息数据库和检索分析系统，提高知识产权产业化转化的信息化水平。在这方面，可以扶持相关的知识产权中介服务机构投身于知识产权信息化建设，形成有利于企业技术创新的知识产权服务产业。

第五，适当借鉴大学和研究机构在知识产权交易平台建设方面的经验。我国一些高校和科研院所在探索知识产权交易平台建设方面也积累了一定的经验。以中国科学院上海生命研究院为例，其科研成果转化模式就具有特色。该院成立了专业性的技术转移平台，即知识产权与技术转移中心。根据该院提供的经验材料，其运作特点是：（1）参照国际上科技创新成果转化的模式，建立了科技创新成果转化、企业合作和知识产权管理方面的规章制度与工作流程；（2）建立了专利技术成果转化的流程，包括"发明→评估→增值→专利→发展→市场→许可/转让→谈判→合同"等步骤，以实现专利技术商业化为目的，在确保专利质量的前提下实施全过程管理，使知识产权管理制度和专利技术交易管理为研究院技术转移平台运作发挥保障职能。

另外，从国外的经验看，企业与政府联手，"接管"高校和科研机构不具备产业化条件或者难以产业化的专利，除了产学研合作形式以外，通过购买专利和支持正在进行的研究项目，也是一种做法。例如，韩国政府从2009 年开始设立了分别由政府和私人机构出资共计 200 亿韩元（约合人民币 1.2 亿元）的专利基金。通过政府与企业联手，企业从大学和研究机构购买专利或者对在研的项目给予支持，以促进大学和研究机构专利技术的实施，并起到防止高价值专利流失海外的作用。

4. 企业知识产权交易平台建设

企业知识产权交易平台是技术创新与企业知识产权战略融合的产业化转化平台方面重要的运作机制，它对于企业有效配置技术创新资源，促进知识产权的流转，实现知识产权的经济和社会效益具有重要意义。知识产权交易平台属于知识产权公共服务平台的范畴，以促进知识产权交易和转移、实现科技成果及时转化为生产力为要旨。它体现了以市场化形式将知识产权转变为可以交换、流转的产品，实现创新成果及时转化，加快科技成果产业化进程的用意。发达国家对此都给予足够的重视。例如，2011年2月，欧盟委员会展开了对知识产权增值工具的研究，其中包括建构欧洲知识产权市场交易平台。该研究着眼于在根据会计和审计评估无形资产的基础上，研究发挥知识产权资金杠杆作用和获取更多的知识产权附加值的可能性，促进欧洲知识产权许可、转让等交易。

在知识产权交易平台建设中，专利技术交易平台建设尤为重要，而这也是近年来国家知识产权局和地方各级知识产权局着力推进的重要措施。例如，国家知识产权局颁发了《全国专利技术展示交易平台计划》，力图以抓好专利技术展示为核心的专利技术交易平台建设，并重视平台建设的信息化和网络化，扩大平台的辐射力和覆盖面，提高平台的影响力。此类平台建设的根本宗旨即是促进专利技术成果及时产业化和商品化，真正实现技术创新。据统计，截至2010年年底，我国已建立了41家国家专利技术展示交易中心。

根据我国一些地方促进企业知识产权交易平台建设的经验，为提高平台的影响、促使更多的专利技术等知识产权及时进入商业化渠道，最终实现技术创新，需要在以下一些方面着力。

第一，加强对知识产权交易平台市场宣传力度，培养知识产权交易平台建设人才。只有更多的相关人员获悉知识产权交易平台信息，才能促使更多的知识产权信息在交易平台被利用。同时，培育知识产权交易平台建设人才也是加强知识产权交易平台建设的重要保障。因此，应组织实施知识产权交易平台建设专项人才培训计划。

第二，政府主管部门特别是知识产权局需要加强对知识产权交易平台的支持、引导，完善知识产权交易制度，完善各种行之有效的知识产权交易模式和机制，并保障必要的运营经费。目前已经建立的如国家技术转移中心、一些城市的技术转移中心以及一些知识产权和科技服务中介机构进行的知识产权交易服务在促进企业知识产权交易方面发挥了积极的作用，需要进一步加强。以知识产权和科技中介机构为例，需要通过政策加以引导和扶植，将其打造成服务于企业知识产权交易和其他业务的具有规模化和专业化特点的技术创新服务平台，成为服务于企业的好帮手。例如，制定和完善知识产权交易平台建设的制度和交易规则，强化对知识产权交易平台运作的考核和监管；在现有专利技术等知识产权交易平台的基础上，完善全国专利展示交易中心、高校专利技术转移中心、知识产权经营公司、知识产权风险投资公司等多层次的知识产权转移模式。以"知识产权经营公司"为例，它是一种新型的通过经营知识产权实现经济效益的公司形式，主要特色是以出售和许可知识产权作为营利模式。以专利经营为代表的知识产权经营公司在国外有一定历史和规模，如仅在美国就有数百家专利经营公司，这些公司都有相当数量的专利作为经营的资本。又如，韩国国家知识产权局决定设立 200 亿韩元的发明基金，到 2015 年时将该基金规模扩充至 5 000 亿韩元，用于组建和运营专利经营公司。❶ 这些做法可以为我国组建知识产权经营管理公司提供经验。

第三，加强对交易平台实施项目的信息反馈，建立合理可行的跟踪机制。企业知识产权通过知识产权交易平台在知识产权人和投资人之间实现对接，以签订和履行合同形式实现知识产权的产业化和商业化，是通过知识产权交易平台实现技术创新与企业知识产权战略融合的基本表现形式。但是，通过知识产权交易平台完成当事人之间的法律手续，只是知识产权产业化、商业化的第一步，后续转化工作情况如何，需要及时进行反馈以更好地实施知识产权产业化。

第四，加强重点平台建设，树立示范典型，积累平台建设经验。目前我国已建立了国家和地方各个层次的知识产权交易平台，特别是以专利技术为核心的技术交易平台。这些交易平台在促进企业技术创新，扶持中小企业发展等方面发挥了重要作用，值得总结经验。以北京中关村自主创新示范园区为例，2009 年在区域平台上建立了中国技术交易所这一在高新技术企业聚居区重点服务于中小企业的技术转移和交易的机构。该交易所开展的业务具有综合性，如专利技术许可、转让、质押融资、投资入股、并购、证券化等，而且在开展这些业务时与知识产权咨询管理、评估公司之间进行深度合作。该平台体现了整合中介机构模式，在 2010 年 8 月驱动了知识产权"一站式服务平台"（IPOS）：整合了众多类型的知识产权中介服务商，如律师事务所、专业咨询和培训机构以及一流的知识产权数据供应商等，旨在为各种类型的企业提供全方位的知识产权服务。中关村的实践证明，知识产权交易平台建设应具有系统性，整合交易平台上的不同资源，形成一个有机协调的知识产权交易平台体系。

第五，探索与创新企业知识产权交易平台的建构模式。知识产权交易平台建设有不同的形式，如技术交易市场、技术转移机构、专利技术交易展示平台、中介公司推出的知识产权交易平台。为了充分发挥知识产权交易平台在推进技术创新和产业化发展方面的作用，可以对现有知识产权交易平台的建设情况进行详细的了解和评估，在此基础上探索多样性、专业化的适合企业技术创新需要的交易平台，如可以产学研形式联合建立知识产权转移机构，为企业和高校、科研院所之间技术的转移和利用搭建共同

---

❶ JOFF WILD. Koreans Plan NPE to Reduce the Country's Huge Patent Licensing Deficit ［J］. Intellectual Asset Management Magazine, 2009(3).

的平台。知识产权交易机构可以公司化形式运作，如可以在评估相关知识产权价值的基础上购买知识产权，然后再转移给企业，或者直接接受知识产权人的委托代理知识产权交易。例如，2011 年成立的天津滨海国际知识产权交易所是我国首家国际知识产权交易所，它是由多家投资机构共同投资成立。该交易所旨在为知识产权以及以知识产权为载体的股权交易提供软硬件设施和技术支持，并提供知识产权价值评估、质押融资、拍卖、托管、认证、鉴证等方面的信息发布和结算业务。该交易所将以知识产权交易为主体，通过多种形式吸收政府引导资金和其他各类资金，为促成知识产权交易提供资金保障。与传统的知识产权交易平台仅仅充当中介角色不同的是，该交易平台还具有资本运作与孵化功能，旨在吸引风险投资和各类海内外资金，促进知识产权的迅速转化和再开发。还比如发展知识产权信托市场也是促进知识产权交易的一种新形式，需要加强研究。特别值得一提的是，目前我国很多地方兴起的以构建和完善专利展会、知识产权交易平台为核心的"知识产权展会经济"是企业知识产权交易平台的重要形式，相关经验值得总结。

图 6-3 直观地反映了技术创新与企业知识产权战略融合的知识产权服务体系构建的内容。

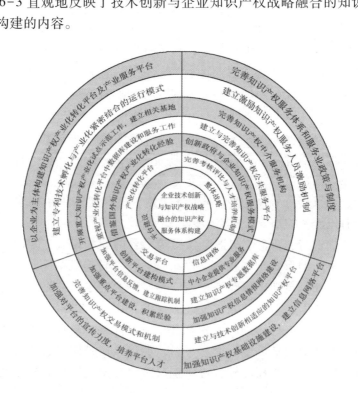

图 6-3 技术创新与企业知识产权战略融合的知识产权服务体系构建

六、企业知识产权信息网络平台建设

（一）知识产权信息网络平台建设的重要性

在当前信息网络社会，知识产权信息网络平台建设是企业信息化建设的重要组成部分，也是企业进行技术创新活动和实施知识产权战略的重要保障。知识产权信息网络平台建设也为技术创新与企业知识产权战略高度融合创造了重要条件。

企业知识产权信息网络平台建设的重要性是由专利等知识产权信息的重要性所决定的。以专利信息为例，它是人类智慧的结晶，是一种非常重要的技术信息、法律信息和经济信息，具有巨大的经济、技术、法律和情报价值，在企业信息系统中占据重要地位。专利信息和专利文献密切相关，是对专利文献经信息化处理后的信息。专利信息对企业实施科技创新战略和知识产权战略具有极端重要的意义。专利信息甚至被认为是企业实现可持续发展的战略性资源。专利信息是企业实施专利信息管理和专利信息战略的基本载体和对象，企业通过实施专利信息管理和专利信息战略，可以有效地指导技术创新活动，防范法律风险，赢得市场竞争优势。

具体而言，专利信息对企业的重要作用体现于：一是提高研究起点，避免重复研究；二是进行技术预测，跟踪技术发展方向，指导技术创新过程；三是防范专利侵权；四是制定与实施科技创新战略与知识产权战略。企业这两种战略的制定与实施，无疑需要以充分占有专利信息为前提。另外，企业利用专利信息还可以查找因故失效的专利，对其免费利用，以节省企业资源。无疑，专利信息对技术创新与企业知识产权战略实施的重要作用决定了建构以专利等知识产权为内容的知识产权信息网络平台的重要性。

正因为企业知识产权信息网络平台建设的重要意义，发达国家企业十分重视企业内部的知识产权信息网建设，以此为企业内部知识管理和技术创新活动提供信息支持。以德国企业为例，企业总部一般设立了知识产权文献与信息数据库，在公司内部实现了知识、信息共享和数据及时交流。我国很多企业在知识产权信息网络平台建设方面也积累了一定的经验。例如，山东兖矿集团有限公司在利用专利信息提高自主创新水平方面的主要做法和经验在于：一是在企业发展决策中运用专利信息提供决策依据。如公司通过对综采放顶煤技术等抓专利信息的分析，为公司选定科技攻关方向、确定优势技术和技术贸易策略提供了重要依据。二是在专利技术转让涉及评估专利的稳定性及专利技术价值时利用专利信息帮助进行决策。三是建立专利预警机制，该机制集专利信息收集、分析、发布和反馈于一体，通过该预警机制及时了解技术发展动态和竞争对手专利分布，避免风险。❶

（二）我国知识产权信息网络平台建设存在的问题

我国在公益性的知识产权信息服务平台建设方面，存在的问题较多，例如"知识产权信息资源建设条块分割，重复建设，没有形成有效的集成和共享机制"，"社会对知识产权信息的重要价值认识不够，运用知识产权信息的能力不强"，"知识产权信息分析利用的服务队伍严重不足"，"现有的知识产权数据库建设和服务网络远不能满足创新活动的需要，公众缺乏获取知识产权信息的权威、高效、便捷的手段"。❷ 我国公共性质的知识产权信息平台建设总体上存在分散而缺乏整体性、缺乏统一制度和规范体系，运作效率不高的弊端。以专利信息数据库为例，目前存在的主要问题是，尽管数据的数量较多，但深度加工不够、数据库资料欠缺完整和规范，检索技术和手段较为落后，不能有效地支撑企业对技术创新和专利战略实施的需要。

我国企业建立专题性质的专利文献数据库的情况也不够理想。国家知识产权局曾对 1 245 家企业知识产权工作状况做过调查，关于企业专利文献数据库建设的问答中，有效回答的有 1 145 家。其中建立了专利文献数据库的企业 191 家，占有效样本的 17%，没有建立专利文献数据库的企业 963 家，占有效样本的 83%。❸ 国资委 2006 年的一项调查显示，中央企业缺乏专利及其文献检索制度的占 47.3%。科学技术部 2011 年的调查显示，尽管只有 6.4% 的高新技术企业在研究开发或者受让技术之前没有进行专利文献检索和信息分析，但进行过检索和信息分析的企业对专利信息的收集和利用程度并不高。

（三）加强我国知识产权信息网络平台建设的思路与对策

上述我国知识产权信息网络平台建设中存在的问题，需要大力改进和完善。改进的基本思路如，提高政府部门、企业和个人对知识产权信息平台建设重要性的认识，以增强利用知识产权信息的意识和能力；增加对知识产权信息服务平台建设的资金投入；整合现有知识产权文献与信息公共平台，创建内容全面、资料权威、更新及时、检索方便快捷的国家知识产

---

❶ 冯兴石. 山东兖矿集团构筑知识产权优势促进企业平稳发展 [J]. 专利工作动态，2010 (20)：30-35.

❷ 《关于提高知识产权信息利用和服务能力 推进知识产权信息服务平台建设的若干意见》（科学技术部国科发政字〔2006〕562 号）。

❸ 张少萱. 中国出口企业专利侵权预警机制的构建与完善 [J]. 对外经贸实务，2009 (11)：91.

权文献及信息数据库平台。❶

具体而言，根据相关政策和一些地方的实施经验，为促进我国企业知识产权战略实施与技术创新，主要应落实以下措施。

1. 加强知识产权方面的基础设施建设，建立健全知识产权信息网络服务平台

总体上，我国目前已建立了覆盖全国的知识产权信息服务平台。以专利信息为例，建立了包括国家专利数据中心、区域专利信息服务中心和地方专利信息中心在内的专利信息服务网络体系。不过，平台建设在制度完善、服务范围、服务效率等方面都有待提高。

首先，应当重视知识产权公共信息平台建设，完善我国知识产权信息公共服务和交流平台。

《国家知识产权事业发展"十二五"规划》中规定，"知识产权信息公共服务工程"是五个"重大工程"建设项目之一。这无疑为我国今后几年知识产权信息公共平台建设指明了方向。重视知识产权公共信息平台的网络化建设，需要建立和完善知识产权公共信息网络。值得注意的是，目前一些地方知识产权战略或政策性文件中已开始重视知识产权公共信息平台建设问题，并予以落实。在国家和地方促进知识产权公共信息平台建设政策指引下，各地知识产权公共信息平台建设已取得一定成效。例如，山东省在济南、青岛等建立了 3 个全领域专利数据库以及数控机床、食品与酒业、农业技术装备、黄金产业等 5 个国家级知识产权信息中心。山东还在济南建立了区域专利信息服务中心。该平台的运转促进了企业专利信息的利用和传播，为企业进行技术创新活动提供了信息支持。

在总结现有经验的基础上，我国需要建立和完善知识产权信息公共服务和交流平台。以专利为例，需要立足于国家专利数据中心的基础数据资源，建立和完善国家专利信息公共服务与交流平台。同时，加强专利信息公共平台的体系化建设和网络化建设，整合全国各地方专利信息平台，提供综合性的专利信息服务。在地方层面，则需要建立立足于地方技术创新和知识产权战略实施的信息服务与交流平台与网络，并本着信息共建、资源共享的原则加以落实。

其次，政府部门指导和推动建立行业性知识产权基础性数据库，提供资金等条件，推动产业集群技术创新。

政府部门指导行业协会和企业建立行业性的知识产权基础性数据库，为企业知识产权战略实施和自主创新能力提高提供基础性的信息化服务，

❶ 2010 年度国家社会科学基金重大项目"国家知识产权文献及信息资料库建设研究"的立项就体现了国家对创建国家知识产权文献及信息数据库建设的重视。

对于推进行业知识产权信息化战略，支持产业结构转型升级和行业重大技术改造等均具有重要作用。针对行业的情况，可以技术领域和产品类别、门类为基准，建立一些特色性质的专利文献数据库。在这方面，日本等国家提供了一些经验，值得参考借鉴。例如，日本专利律师协会建立了"中国知识产权制度文献数据库"，并在主页上刊登在我国从事专利代理业务的人物资料。日本的一些机构也提供相关的知识产权信息，服务于企业海外市场竞争的需要。韩国政府对专利信息化服务提供财政支持和政策指导，其"数据库振兴基金"专门用于资助韩国数据库加工和生产。

我国由国家知识产权局指导和引导的产业专题数据库建设也有了一定规模和成效。例如，在装备制造、钢铁、造船、纺织、石油化工等近 20 个传统产业建立了专题性专利数据库，并且正在建设 7 个战略性新兴产业专题专利数据库。这些专题数据库涵盖了七国两组织和上百个技术门类的全部专利数据资源，采用多级导航结构，对于指导行业内企业的研究开发和创新活动，培育自主知识产权具有深远意义。我国一些地方在政府推动建立行业性知识产权数据库方面也积累了一定的经验。当然，现行专题数据库和信息平台建设还有很多需要克服的问题，如检索专业人员不够，检索本身的便捷性还需要加强。

最后，政府应当扶持建立知识产权信息服务机构，指导知识产权信息传播与利用。

知识产权服务机构介入知识产权信息服务领域具有重要意义，它既为知识产权服务开拓了新的业务增长点，也为企业知识产权信息网络服务平台建设提供了保障。目前我国尽管有一些商业性质的知识产权信息服务公司和机构，但总体上服务水平有限，特别是数据库建设水平有待提高。为此，通过政府引导和扶持建立具有较高服务质量的知识产权信息服务机构，服务于技术创新与企业知识产权战略具有很强的现实意义。

同时，政府引导和指导知识产权信息传播与利用也具有重要意义。目前，国家知识产权局和地方各局在这方面已进行了一些有益的工作，取得了一定成效。例如，国家知识产权局发布了指导性文件，重视专利信息的公共服务工作。2010 年 3 月，国家知识产权局发布了"全国专利信息传播与利用培训指导体系"，着力打造专利信息利用促进、专利信息人才培养和专利信息宏观指导强化三大工程，其目的是提升专利信息传播与利用的政府宏观指导水平，提高专利信息利用能力，促进专利信息服务业的发展，现已取得了一定的成果。

2. 在企业层面，建立与其技术创新特色相适应的知识产权信息平台

其一，企业建立与其技术创新特色相适应的知识产权信息平台的基本内容。

这是企业提高其知识产权管理与运营能力的重要手段。企业知识产权信息平台应根据自身技术创新需要，收集、整理相关的知识产权文献与信息，如知识产权法律法规、部门规章、司法解释、国家关于技术创新与知识产权的政策与制度、专利文献与信息资料的检索与分析，如国内外产品和技术专利的申请、授权、权利要求、技术方案、技术背景、同族专利情况、专利侵权预警信息、主要竞争对数技术和产品专利、商标动态信息、典型案例、国际市场信息等。大体上，企业知识产权信息平台中的内容包括知识产权信息数据库和知识产权文献资料库等，前者主要是知识产权实质信息内容，这些知识产权信息在法律上具有动态变化性；后者主要是收集与知识产权信息相关的文献资料。该信息平台应保持开放性、动态性和信息资料的及时更新。为加强知识产权信息平台的运行，在可能的情况下应引进专门的情报信息人员和网络技术人员对此加以设计和维护。从国外企业的经验看，这些信息数据库和资料库，应和企业内部知识管理系统统筹建设，尽量在企业内部更大范围实现知识和信息的共享。不仅直接服务于企业科技创新活动，而且纳入企业知识管理系统。例如，德国企业一般在总部设有知识产权文献数据库，实现了企业内部知识产权文献与信息的贡献和数据沟通，同时建立企业内部研究开发、市场经营、法律事务和知识产权管理部门沟通机制，实现企业内部知识共享。日本企业则一般在企业总部的知识产权管理部门专门设立了专利等知识产权信息机构，对掌握的知识产权信息进行分类、整理和编辑，然后发送到各个部门。企业还应注意收集和研究竞争对手的专利申请、授权、技术贸易等方面的信息，供企业决策部门参考。

其二，企业专题性知识产权数据库的建设。

企业建立专题性质的内部专利数据库大有发展空间。企业可以收集相关领域的专利信息和其他相关科技信息，保持数据库的及时更新和检索的便捷，为企业科技开发人员等从事技术创新活动提供信息文献和信息支持，促进企业在现有技术成果上实现新的突破。这种专题性质的数据库具有个性化特点，能够根据企业技术战略需要量身定制，节省检索时间，直接服务于企业自主创新活动。例如，海尔公司为提高自身技术创新能力，建立了专利专题数据库。在1988年即建立了专利档案数据库，直接为公司科技开发和产品设计服务。该数据库中收录了1974~1986年世界上125个国家140 000多条主要工业国家关于冰箱的专利文献题录。后来又陆续开发了中国家电专利文献数据库、中国家电专利数据库、中国家电专利信息库等专题性质的企业内部数据库，为公司技术创新提供了巨大的文献与信息保障。❶ 专利情报系统的日益完善使海尔新的专利战略思路——以提高专利申请量为基础，以专利无效手段控制预分市场，指导企业的各项专利工作，推动集团专利战略。在专利情报信息利用战略上，海尔公司的下一步目标是：企业知识产权的中心将目标对准拥有最先进技术发展的大公司、大企业，充分利用专利文献的巨大作用，监控国外大公司的专利技术及其发展动态，同自己的技术开发相结合，赶超世界同行业的先进技术水平。海尔在坚持自主研究开发的前提下，通过追踪和借鉴相关专利情报，在技术开发阶段善于寻找能够形成有效地占领市场的技术方案，以提高整体技术实力。❷ 海尔利用有效的专利情报文献，指导企业的专利技术开发，为公司在选择技术应用、投资决策和确定专利保护方案等方面发挥了重要作用。河南安彩集团有限公司则建立了内部知识产权网站和专利信息数据库，该专利信息数据库收录了自 1985 年以来欧美国家彩色玻璃制造领域在华申请的专利情报。

其三，企业知识产权信息情报网络建设。

为支撑企业知识产权信息服务平台建设，企业建立健全以专利情报信息为核心的知识产权信息情报网络，建立以知识产权信息情报战略为导向的知识产权信息情报体系非常重要。在当代信息化社会，知识产权信息情报应当从战略的高度加以认识，企业也应当在技术创新和知识产权战略实施中高度融入知识产权信息情报战略。如前所述，技术创新与企业知识产权战略运用离不开对专利等知识产权信息情报的掌握与运用。事实上，知识产权信息情报贯穿于技术创新与企业知识产权战略实施的全过程，而且企业知识产权情报信息能力也是评价企业知识产权战略是否成熟的一个参照因素。通过实施企业知识产权情报信息战略，明确企业知识产权情报信息利用和管理的目标，强化知识产权情报信息战略性资源价值，有利于推动企业知识产权信息服务平台建设，使企业知识产权信息情报更好地服务于企业技术创新。

其四，企业知识产权专题数据库和信息平台的一体化建设。

企业知识产权专题数据库和信息平台是相互联系的两个内容，需要将企业知识产权专题数据库开发与信息平台建设特别是信息网络平台建设很好地结合起来，使之产生集合效应，更好地服务于企业知识产权信息战略和技术创新工作。在一体化建设中，还应注意构建企业知识产权信息战略分析系统，加强软硬件建设。为此，在加强数据分析软件开发和利用的同时，需要加强企业内部的数据开发和情报分析人员的培养。

---

❶ 刘月娥. 浅谈知识产权在技术创新中的作用 [J]. 中国高校科技与产业, 2005 (8): 46.
❷ 海尔公司. 知识产权是市场经济中的坚盾和利刃 [J]. 知识产权, 2001 (1): 7.

3. 为中小企业知识产权信息网络平台建设提供专门服务

就中小企业而言，充分运用现代技术加强其信息化建设，建立中小企业信息化公共服务平台，发挥信息技术在推进中小企业技术创新中的作用，对于提高其技术创新能力也具有重要意义。国外对中小企业知识产权信息平台建设即比较重视。例如，日本特许厅为中小企业建立专利技术许可使用数据库和技术交易市场，并通过专利地图等形式为新型企业从事研究开发工作提供指导。为支持中小企业知识产权工作，韩国还在 2006 年成立了"中小企业专利管理支持小组"，对有关中小企业提供专利咨询服务。同时，由于中小企业自身资金和技术实力有限，国家出台制度和措施鼓励信息技术服务商和供应商、中介机构为中小企业提供信息化服务和技术援助也具有重要意义。中小企业一般缺乏建设自身专利数据库的能力，更需要充分利用外部包括免费资源在内的已有专利数据库资源。

图 6-4 直观地反映了技术创新与企业知识产权战略融合的安全保障机制的内容。

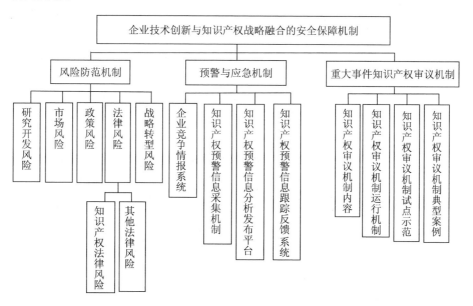

图 6-4　技术创新与企业知识产权战略融合的安全保障机制

构建促进技术创新的法律环境，尤其是知识产权法律环境，是技术创新与企业知识产权战略有机结合的基础。因此，建立和完善我国技术创新法律保障体系，特别是知识产权法律法规体系，制定和实施有利于促进技术创新和知识产权保护的法律与政策体系，完善适应技术创新的市场环境、市场机制与市场法制，具有十分重要的意义。本章将主要从这些方面加以研究，旨在从法律保障体系构建与运行层面，揭示与构建我国技术创新与企业知识产权战略融合的法律运行机制。

一、企业技术创新法律保障体系概论

（一）企业技术创新法律保障体系的基本内涵

技术创新与企业知识产权战略实施，也是国家法律体系在企业微观层面的运转过程。构建和完善企业促进技术创新和知识产权战略融合的法律保障体系及其运行机制，是保障企业技术创新、推进知识产权战略实施的制度环境保障。这里的法律保障体系，当然不限于知识产权法律保护体系，也包括与企业技术创新和知识产权相关的其他重要制度。例如，国家知识产权战略纲要在"战略重点"之"促进知识产权创造与运用"部分指出，要"运用财政、金融、投资、政府采购政策和产业、能源、环境保护政策，引导和支持市场主体创造和运用知识产权"。《全国专利事业发展战略（2011—2020 年）》在"战略重点和保障措施"中也规定，要加强专利行政主管部门与相关部门的协调、合作，充分运用财政、税收、金融等政策，激励更多核心专利的创造与运用。

技术创新之所以需要构建适合其需要的法律保障体系，

是因为如前所述，技术创新本身不仅仅是企业从事研究开发、生产制造的
行为，而且是一个与外部条件和环境息息相关，深受其影响的、具有系统
性和过程性的经济行为，这一经济行为"是在一定制度结构和制度环境下
进行的"，❶ 其中法律制度就是其中非常关键的制度。围绕激励、促进技术
创新的总目标，这些不同的法律制度形成了一个具有内在有机联系的技术
创新法律保障体系。事实上，近年的现有研究成果已经发现了这一点，指
出技术创新需要法律保障，建立符合技术创新需要的法律保障体系是促进
技术创新所必需的，"技术创新法律保障的根本目标是为企业技术创新创造
良好的制度环境，充分调动企业以及其他创新活动主体的创新积极性，并
保障各创新主体的合法权益，以为技术创新提供制度激励"。❷

具体地说，促进技术创新的法律保障体系主要涉及以下内容。

一是技术创新资源配置法律制度。资源配置是企业从事技术创新的基
本前提，它涉及企业人力资源、资金和实物、原材料、设备等有形资源。
企业技术创新资源配置主要应通过企业自身解决，但国家提供促进技术创
新资源配置的法律制度也非常必要，特别是投融资法律制度是解决企业技
术创新资金的重要法律机制。国家有必要建立适应技术创新需要的投融资
制度和相关的财政、税收、保险制度等。与此相应，还应建立针对创新投
融资的法律保障制度，充分保障投资者的利益，协调投资者和创新者的利
益关系，激励投资主体对企业技术创新的投资活动。

二是创新成果法律保护制度。企业通过技术创新活动产生的创新成果
只有获得充分的法律保护，才能充分保障创新者和投资者的合法权益，激
发企业的技术创新活动和投资者对创新活动的投资，进一步推进技术创新，
提高企业创新能力。如前所述，由于创新成果的外部性与公共产品特征，
充分的法律保护是企业收回创新投入成本并获得必要收益的必要保障。建
立保护技术创新成果的法律制度，还具有一个非常重要的特征，它为技术
创新活动提供了强大的动力机制。这是因为法律制度为创新行为提供了合
理预期和利益保障，这必将促使企业积极投身于技术创新活动，通过技术
创新活动获取核心技术和关键技术，赢得市场竞争优势。相反，如果保护
技术创新成果的法律制度不够健全，法律运行机制不畅，如立法存在真空
地带、执法不力、保护水平低，就会挫伤企业投身于创新活动的积极性。

具体来说，保护创新成果的法律制度涉及对创新成果归属、创新活动
中的利益关系调整、侵犯创新成果权益的制裁与规范创新行为与创新成果
使用诸方面，涉及的主要法律则包括知识产权法、合同法、民事侵权法和

---

❶　纪玉山，曹志强，等. 现代技术创新经济学 [M]. 长春：长春出版社，2001：144.

❷　董炳和. 技术创新法律保障制度研究——以知识产权制度为中心进行的考察 [M]. 北京：
知识产权出版社，2006：45.

反不正当竞争法。其中知识产权法是保护技术创新成果的基础性法律，其对技术创新的重要作用包括对创新成果的保护作用，本书前部分已有大量研究，故在此不赘述，只在下面进一步解释其在促进技术创新的法律保障体系中的重要地位。合同法是调整合同关系的基本法律，对技术创新成果的保护主要体现于对各类技术合同权利义务的调整，以及对技术创新各类活动各方当事人之间权利义务的约定，使各方当事人在技术创新活动中的相关权益得到保障。民事侵权法和反不正当竞争法则在知识产权法对知识产权侵权的制裁基础上，进一步加强对创新成果的法律保护。上述对创新成果的法律保障体系，在我国具体体现于《专利法》《商标法》《著作权法》《合同法》《侵权责任法》《反不正当竞争法》等具体的法律中。

三是技术创新成果的转化应用法律制度。如前所述，技术创新成果的转化应用是实现技术创新目的的关键。技术创新作为一种在一定的制度结构和制度环境下进行的经济行为，也需要与其相适应的成果转化应用法律制度。目前我国主要是制定和实施了《科学技术成果转化法》。在促进技术创新成果转化应用法律制度建构上，应重视以下问题：建立激励转化应用的法律机制，其中包括对知识产权制度的优化和完善，如职务发明创造制度，也包括其他相关制度对技术创新成果转化应用的激励，如投融资制度、财政税收制度、政府采购制度等；建立高效运转的技术创新成果转化机制，例如技术市场制度、技术合同审批制度等；建立新技术产品开发和市场化的风险投资机制，以吸引资金投入创新成果的市场化开发。

四是技术创新激励机制与评价考核法律制度。前面的研究表明，激励机制是促进技术创新的动力机制，因此促进技术创新的法律保障体系应以建立激励创新活动、激励对创新活动的投资以及激励创新成果的市场化为重要导向。同时，对技术创新评估考核的法律制度既是检验技术创新活动成效的指针，也起到了敦促企业了解技术创新活动现状，及时进行调整和弥补缺陷的作用。以企业技术创新活动中对创新成果的确权机制为例，将知识产权考核指标纳入技术创新活动中，以取得的知识产权数量和质量作为检验创新活动的重要指标，必将有利于促使企业珍惜对来之不易的创新成果予以知识产权确权，从而为技术创新成果的保护提供坚实的法律基础。

五是服务于技术创新法律制度配套的激励和促进技术创新的政策体系。在我国，各级部门颁行的政策对于法律制度的贯彻和执行，增强法律的可操作性，具有十分重要的意义。与法律的相对稳定性和滞后性相比，政策还具有很强的灵活性，便于根据社会经济条件的变化及时规范和指导各类主体的行为，朝着法律设定的预期目标前进。企业技术创新也不例外，除了需要前述相关的法律保障体系构建外，也应建立适应技术创新法律制度配套的激励和促进技术创新的政策体系。无疑，促进技术创新与企业知识产权战略融合的法律保障体系有效运转，需要在观念、制度本身和构架方面进行创新，形成一个严密的保护和制度运作体系。有些地方的做法就提供了经验。例如，苏州市为创建国家知识产权示范城市，大幅度提升企业自主创新能力，加快企业转变经济发展方式，着力于进行知识产权方面的体系建设，包括完善知识产权政策体系、创新发展知识产权管理体系、深入落实知识产权考核体系、形成知识产权服务体系以及加强知识产权保护等。在法律实施环境方面，建立促进企业技术创新、提升技术创新能力的法律法规体系无疑也非常重要。除了国家层面的立法外，各地方从其自身创新环境出发，制定与实施相应规范性文件，也具有重要意义。例如，郑州市制定了《郑州市专利促进和保护条例》，2009 年 9 月 15 日，郑州市知识产权局又据此制定了该条例的实施方案。条例和实施方案的运作，在加快创新型城市建设，鼓励和激励企业培育自主专利技术，提高区域和企业核心竞争力方面，将发挥积极作用。毋庸置疑，政府制定的各种促进技术创新与企业知识产权战略实施的制度和政策也应是上述法律保障体系运转的重要保障，可以纳入法律保障体系之中。这是因为，相关政策是政府实现宏观调控的重要手段，政府作为企业技术创新的主导，制定有利于创新资源利用和创新要素发挥作用的政策，不仅能为技术创新与企业知识产权战略实施提供方向性、政策性指引，而且可以发挥政府的调控作用，推进企业技术创新。这些政策涉及的内容主要如科技创新政策、投融资政策、科技成果产业化政策等。本部分将以相关立法、政策、制度完善作为探讨的对象。

上述技术创新与企业知识产权战略融合的法律保障体系的建构，还需要企业法律制度创新，其核心是确保企业成为技术创新的主体。企业成为技术创新主体包括体制创新与创新能力两方面条件，体制创新涉及企业内部组织形态和管理体制，创新能力则受到体制、其他经济技术条件的限制。克服旧有体制的缺陷，进行体制创新，为提高企业创新能力提供制度保障，是企业法律制度创新的主要目标。企业法律制度创新的主要内容包括改革政府对企业及其活动的管理模式，为企业制度创新提供法律保障和支持。❶此外，从建立技术创新与企业知识产权战略融合的法律运行机制来说，上述促进技术创新的法律保障体系还需要形成一个有机协调、相互衔接、内在统一的制度与政策规范，以形成促进技术创新的一股合力。

（二）知识产权制度在技术创新法律保障体系中的地位

从促进我国技术创新与企业知识产权战略实施的角度看，促进技术创

---

❶ 董炳和. 技术创新法律保障制度研究——以知识产权制度为中心进行的考察［M］. 北京：知识产权出版社，2006：71.

新的法律保障体系仍然是以建立和完善现代企业技术创新的自主知识产权法律保护制度为核心的。从这一观点看，法律保障体系应围绕激励自主创新而在法律理念创新、法律制度创新和法律实践创新方面着力。具体地说，在理念创新方面，应强化对科技人力资源、知识资本的保护，关注人的主体行为取向，使自主知识产权法律成为体现人本主义法律关怀的权利保障法和行为激励法；在制度创新方面，应着力于建立权利人受惠更多的新规则体系，完善科技成果实施转化与奖励制度、风险投资制度等法律制度的创新；在实践创新方面，应将法律转化为社会全体成员的自觉行动，促成企业法律文化的形成、行政执法保护与司法保护机制的健全及整体水平的提高。❶

上述建立和完善现代企业技术创新的自主知识产权法律保护制度，也反映了知识产权制度在技术创新法律保障体系中的独特地位和关键作用。结合前面的研究，这主要体现为以下几点：第一，企业技术创新尤其需要与其相适应的制度创新，而知识产权制度是激励创新、保护创新成果的基本法律制度，在现代知识产权制度环境下，离开知识产权制度对技术创新的激励和创新成果的保护是不可想象的；第二，知识产权制度是一种非常重要的利益平衡机制和利益调节机制，而企业技术创新活动全过程中涉及错综复杂的利益关系需要协调，特别是创新者与传播者、利用者和公众之间的利益关系，为了实现技术创新的社会目的，既不能过分强调创新成果的公共产品属性而使其成为"大锅饭"的牺牲品，也不能对其予以过度保护而造成对技术进步和创新的阻碍。知识产权制度对创新成果的利益调整能够很好地实现上述目的，它通过权利保护与权利限制、专有权利与公有领域、私有利益与公共利益的调整，以私权保护为核心，有效地协调和平衡围绕创新成果产生的利益关系，对于技术创新的顺利实现具有重要作用；第三，如前文多次指出，创新成果的市场化、商业化是技术创新成果的重要标志，而知识产权制度本身隐含了一种内在的促进创新成果商业化的机制，能够有力地推动和促进创新成果的商业化发展。知识产权制度本身是市场经济的产物，除了人身权利以外，它赋予知识产权人的专有权利以在市场上实现为基本前提，这也是该制度与科技管理、成果管理制度的重要区别，这样就能更好地促使权利人积极将创新成果投入市场，从而有利于实现技术创新。

图 7-1 直观地反映了企业技术创新与知识产权战略融合的法律保障体系的内容。

---

❶ 莫良元. 我国现代企业技术创新的自主知识产权法律保护研究［J］. 技术经济, 2005（9）：47.

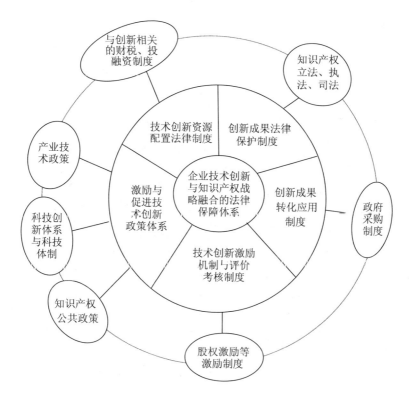

图 7-1　企业技术创新与知识产权战略融合的法律保障体系

二、适应技术创新的知识产权立法、执法与司法制度之完善

知识产权执法与司法、知识产权的有效执行，既是我国整个知识产权保护制度运行的结果和有力保障、优化知识产权保护环境的重要体现，也是在技术创新与企业知识产权战略融合的法律运行机制中法律保障体系运转层面的首要问题。如果知识产权不能有效执行，企业技术创新成果就不能得到有效保护，知识产权制度将不能在保护和鼓励创新方面发挥其应有的作用。

从知识产权战略的角度看，知识产权法律保障是确保知识产权战略实施的重要条件，知识产权战略本身具有很强的法律性，需要在知识产权法律规范下运行。如果知识产权缺乏有效的执行，意味着知识产权不能得到有效保护，知识产权战略实施的效果就会大打折扣。根据调查，目前我国企业保护知识产权创新成果的力度和效果并非乐观。以一项针对深圳市 109

家企业的调查为例，针对知识产权保护力度这一问题，有 53% 企业认为保护力度一般，17% 企业认为保护力度不够，持乐观态度的企业比例为 22%，其中只有一家企业认为保护力度已很强。❶ 因此，强化知识产权执行也是实践的需要。

（一）知识产权立法完善

这里所说的立法完善主要针对保护创新成果、激励创新活动和创新成果转化方面的知识产权法律法规体系的完善。除了专利法、商标法、著作权法等基本的法律以外，国务院部委部门规章、地方性法规和政策等规范性文件也可以纳入广义的立法范畴。从促进技术创新、加快创新成果转化的角度看，完善知识产权立法应侧重于营造自主创新的环境，优化知识产权成果的产权归属关系，特别是职务技术成果与非职务技术成果的划分，促进科技创新与知识产权管理的有效结合。

从我国目前的知识产权立法体系来看，在立法层次上，目前一些重要的制度仍然只能通过行政规章的形式颁布实施，保护力度不够，需要提升立法层次。在立法体系结构上，目前采取的专利、商标、著作权等知识产权的分散式立法模式，缺乏整体的协调。在具体的立法上，从促进企业自主创新和产业发展来看，一些基础性质的法律仍然需要大力完善。这里分别以专利法、商标法和著作权法等法律的进一步完善为例加以探讨。

1. 专利法的完善

就《专利法》而言，我国在 2008 年进行了第三次修改。该次修改的重要特点就在于突出了专利法、专利制度在我国提升创新能力、促进科技成果转化和技术创新方面的重要作用，尤其反映在第 1 条立法宗旨条款之中。应当说，2008 年第三次修改《专利法》突出强调激励创新、提高创新能力的功能和作用，这是极为重要的，它将使我国专利制度更好地发挥在建设创新型国家中的作用。然而，仅从促进技术创新的角度看，该法仍然有进一步完善的必要。以下就是一些值得考虑的方面。❷

第一，如何通过专利法的制度安排，更好地发挥其在促进我国自主创新，提高创新能力，加快企业技术创新进程中的重要作用。如上所述，专利法与激励创新之间具有十分密切的联系。专利法激励创新具有较丰富的内涵，包括鼓励发明创造、激发对发明创造的投资和发明创造成果的商业化等内容。专利法的制度安排应围绕促进我国自主创新，提高创新能力，加快企业技术创新等三个方面发挥其独特的激励作用。就《专利法》而言，

❶ 李平，萧延高. 产业创新与知识产权战略——关于深圳实践的深层分析 [M]. 北京：科学出版社，2008：93.
❷ 本部分适当参考了笔者受国务院法制办专门委托提供的"立法建议"。

中国 2008 年的第三次修改就在于突出专利法、专利制度在中国提升创新能力、促进科技成果转化和技术创新方面的重要作用。❶ 在进一步完善我国专利法时，应体现这一指导思想。

　　第二，改革职务发明创造制度，协调职务发明创造者和单位的利益关系，更好地激励职务发明人从事职务发明的积极性。职务发明创造制度在我国第三次修改专利法的过程中虽然有调整，但最终未做任何变化。实践证明，现行职务发明创造制度仍然存在一些不足，影响了职务发明者从事职务发明创造的积极性。主要问题及对策如下：（1）对职务发明创造的界定过于简略，应将现行《专利法实施细则》关于职务发明创造的规定整合至《专利法》中，并做一定的细化；（2）现行职务发明者的奖励制度中奖励幅度不大，而且没有针对实践中很多企业没有严格履行规定相应的补救措施。❷《专利法》进一步修改时，应当适当提高职务发明创造者的奖励和报酬标准，以更好地激励其从事职务发明创造的积极性。

　　第三，优化专利审批程序，提高专利审批效率。当前随着我国自主创新和知识产权战略的推行，专利申请量剧增，现行《专利法》规定的专利审批程序无法应对专利申请量剧增的现实，无法服务于专利信息化建设与专利国际化趋势。❸ 如何在制度安排上优化专利审批程序，提高专利审批效率变得更加重要。同时，随着专利信息化建设的深入以及专利国际化趋势的加强，专利申请审批制度也需要充分考虑这两个特点。

　　第四，协调专利权人与社会公众之间的利益关系，完善专利权的限制制度。现行《专利法》对权利限制的规定过于简略、抽象，不利于在司法实践中的操作。❹ 专利法与其他知识产权法一样，是一种平衡权利人与社会公众之间利益关系的法律，体现在制度设计与安排上为应恰当地平衡专利保护与权利限制的关系，以一方面充分保护权利人的利益，另一方面也保障社会公众对专利技术的接近和利用。为此，需要对权利限制制度加以改革。

　　第五，促进专利发明创造的推广应用，强化专利发明创造的产业化转

---

　　❶　彭东昱. 专利法第三次修改：实现立法宗旨的转变［J］. 中国人大，2009（1）：37-38；Xiaoqing Feng.The Interaction Between Enhancing the Capacity for Independent Innovation and Patent Protection: A Perspective on the Third Amendment to the Patent Law of the P. R. China［J］. Journal of Technology Law and Policy, 2009:1-129；冯晓青，刘友华. 专利法［M］. 北京：法律出版社，2010：25-33.

　　❷　国家知识产权局条法司. 关于职务发明创造奖酬制度的完善［J］. 电子知识产权，2010（4）：44.

　　❸　中国的专利审查属于行政审批，受制于管理体系、审批程序等。参见：肖兴威. 中国专利审批制度与廉政建设——论中国专利审批制度的廉洁性［J］. 知识产权，2012（11）：3.

　　❹　例如，现行专利法并没有关于先用权和为科学研究与实验性质的使用的完整规定。参见：向凌. 我国专利权限制制度的革新路径——基于比较法的分析［J］. 知识产权，2013（2）：86-87.

化。促进发明创造的推广应用，推动发明创造的商业化，是专利法的重要目的。现行《专利法》在这方面的规定则明显不够，如对专利权质押、专利权投资、证券化等专利权的资本运营问题未作规定，以致只能通过很多部门规章和政策性规定加以体现和落实。❶ 总体上，现行《专利法》对发明创造的专利确权、保护等方面的规定可谓"浓墨重彩"，而对促进专利发明创造的实施和运用方面规定不足，需要在日后的修改中加以完善。

第六，明确专利权的保护范围，完善专利侵权法律制度，充分保障专利权人的合法权益，同时防止专利权滥用行为，以确保专利权的保护与竞争政策的协调。现行《专利法》对专利侵权诉讼之诉前禁令缺乏系统、严密的规定，以致在实践中被相当宽松地适用，从而损害了被告人合法利益而不能获得及时有效补救。关于专利侵权损害赔偿的界定这一在专利侵权损害赔偿领域的关键性问题，现行法规定仍然较为简单，仅提供抽象的原则性规定，以致在司法实践中差异性很大；对于违反专利法的刑事责任问题，现行法规定的范围较窄，没有纳入像英国等国家一样将具有恶意的欺骗专利审批机关的行为。❷ 另外，现行法没有规定专利权滥用问题，为了使专利权的充分、有效保护与竞争法和竞争政策协调，也需要在未来修改专利法时加以明确。❸

2. 商标法的完善

就《商标法》而言，目前第三次修改后的《商标法》已于2013年8月30日颁布，并已于2014年5月1日施行。商标法立足于促进商品流通和公平竞争的市场经济秩序，主要是针对企业商标确权、使用、保护、管理而进行规范，尽管其本身与企业技术能力提高关系不大，但由于其作用于市场经济领域，特别是商品和服务流通领域，对企业创新创新成果的产品化、市场化、商品化和产业化具有极大的影响和作用，因此它与我国企业技术创新能力的提高也息息相关。本书认为，从促进我国企业技术创新和产业发展的角度看，我国商标立法进一步完善应重视以下问题。

第一，进一步明确商标权的私权属性，强化商标权的民事权利性质，淡化商标法的管理职能。商标权是一种民事权利，商标法自然也属于私法范畴，应强调商标权的民事权利性质。但是，《商标法》历经两次修改，仍然在一些规定中未能充分体现商标权的私权属性和商标法的私法性质。例如，《商标法》关于立法宗旨的第1条规定"为了加强商标管理，保护商标

❶ 冯晓青. 我国企业知识产权资本运营策略探讨 [J]. 上海财经大学学报，2012 (6)：45-52.
❷ 冯晓青. 专利法第三次修改述评 [G] //华中法律评论（第5卷）. 武汉：华中科技大学出版社，2010：171-172.
❸ 不过，中国现行专利法在关于强制许可规定中涉及了滥用专利权的强制许可制度。另外，我国《反垄断法》第55条也有规制知识产权滥用的原则性规定。

专用权……"，而不是"为了保护商标专用权，加强商标管理，……"。又如，商标管理的条款在商标法中占据一定位置，商标行政执法有加强的趋向，商标法进一步修改时应淡化行政管理色彩，突出私权保护功能。

第二，提高商标注册的效率，阻止恶意申请、异议，维护商业诚信。近年来我国商标注册申请数量激增，如何设置科学合理的商标注册申请制度变得特别重要。为此，需要优化申请和注册程序，防止恶意申请和异议，提高商标注册效率，维护商业诚信。

第三，完善驰名商标制度，防止驰名商标的异化现象，保障驰名商标制度成为激励企业提高产品和服务质量，树立商标信誉的法律机制。我国驰名商标制度的主要问题在于企业将获得驰名商标作为自身荣誉和广告资源，地方政府则将驰名商标数量作为政绩工程的一部分；同时，驰名商标无论是在行政认定还是司法认定方面都存在较多问题，尤为严重的是弄虚作假，以致造成一些根本不具备驰名商标条件的商标被个案认定为驰名商标，一些企业将其作为实施不正当竞争的合法手段。为此，在进一步修改商标法时应严格限定驰名商标认定条件，建立驰名商标的监督和退出制度，保障驰名商标制度成为激励企业提高产品和服务质量，树立商标信誉的法律机制。

第四，慎重对待"著名商标"制度。在《〈商标法〉第三次修订草案（征求意见稿）》中，曾规定"著名商标"保护制度，即"著名商标的认定和保护按照地方性法规、地方政府规章办理"。这一规定存在极大的不合理性和危害性。主要原因是：（1）我国驰名商标存在严重的异化现象，很多企业将获得驰名商标作为一种荣誉和广告资源，严重背离了驰名商标制度的宗旨。事实上，著名商标存在的问题更多，如各地评选程序和方法不统一，不公正评审现象突出，而且数量庞大，著名商标数量被纳入地方政绩工程的指标，与商标法创立著名和驰名商标制度意旨背道而驰。（2）目前很多地方对著名商标的认定采取一案认定全面有效、一年认定多年适用的原则，与驰名商标的个案认定、被动认定制度不吻合，事实上也不合理，征求意见稿中规定"按照地方性法规、地方政府规章办理"会导致著名商标铺天盖地地认定具有合法性，严重冲击驰名商标制度。基于此，《商标法》原则上不需要专门规定著名商标问题，如果非要规定，则要参照驰名商标制度，建立著名商标的个案认定和被动认定制度。❶

第五，平衡商标权人与社会公众和竞争者的利益，确立商标权限制制度。与现行《专利法》《著作权法》相比，《商标法》对权利限制规定较少。为平衡商标权人与社会公众和竞争者的利益，需要完善商标权限制

---

❶　第三次修改的《商标法》没有对此做出规定。这是很合理的。

制度。

第六，完善商标侵权认定及其法律责任制度。商标侵权认定是追究商标侵权责任的前提。目前我国对这一问题散见于《商标法》《商标法实施条例》和最高人民法院《关于审理商标民事纠纷案件适用法律若干问题的解释》等中，在立法体例上缺乏统一性。除此之外，对商标侵权构成的现行规定存在明显缺陷，需要加以完善。例如，在认定驰名商标侵权方面，现行规定没有对驰名商标的扩大保护规定严格的限制性条件，以致在司法实践中使得驰名商标的扩大保护有滥用的趋向，不利于公平合理地保护当事人的利益。在商标侵权法律责任方面，存在需要完善之处，如商标侵权损害赔偿的界定。

3. 著作权法的完善

《著作权法》第三次修订工作也已启动。与前述专利法、商标法主要作用于物质产业领域有所不同，其更多地作用于文化精神领域，但是，随着科技和经济社会发展，两者的界限逐渐缩小。著作权法对主要以著作权为特色的软件公司等企业的影响和作用更大，随着信息网络的发展对其他企业影响也越来越大。《著作权法》尽管经历了两次修改，但仍具有一定的计划经济的烙印，对数字技术和网络技术迅猛发展的反映不够。从促进企业技术创新的角度看，著作权法的完善应立足于促进我国版权产业的发展。然而，现行立法与其差距较大。本书认为，我国著作权立法进一步完善应重视以下问题。❶

第一，修改的指导思想与基本定位。著作权法是一部典型的平衡著作权人、传播者和使用者之间利益关系的知识产权法。著作权法对"创新"的激励主要体现于对作品独创性要求，禁止非法复制、剽窃、抄袭和仿冒作品的不正当竞争行为。在当代，随着知识产权制度的国际化和信息网络化，著作权法还必须适应国际化和网络化环境。因此，此次著作权法第三次修改的基本指导思想为：一是进一步协调作者和其他著作权人、作品传播者和使用者之间的利益关系，促进著作权人、传播者和使用者之间的利益平衡；二是应与我国加入的有关著作权的国际公约相一致，体现我国对国际公约承诺的义务；三是修改后的著作权法除考虑传统环境外，还应充分考虑网络环境下著作权的保护与限制；四是注重建立体系化的著作权制度，整合现行著作权法律、行政法规、司法解释，并吸收著作权实践中的经验；五是保持开放立法态度，重视对国外立法经验的吸收和借鉴。

在关于著作权立法基本定位问题上，著作权法修改应充分体现激励创新，保障和促进著作权产业发展，适应社会主义市场经济发展需要。我国

---

❶ 本部分适当参考了笔者受国务院法制办专门委托提供的"立法建议"。

著作权法诞生于计划经济土壤中，虽经过两次修改，但一些规定仍然与社会主义市场经济发展需要不相吻合，不利于推进著作权产业发展，因此需要进行相关的修改。

第二，著作权主体与权利归属、客体与权利内容的完善。关于著作权主体，现行《著作权法》确认了法人作者的合法性，而实践中很难将法人作者对应的法人作品与职务作品相区分，是否需要继续保留法人作者的规定，是一个值得研究的问题。在著作权归属问题上，现行《著作权法》对共有著作权缺乏较为详细的规定，是否需要借鉴《专利法》的规定加以明确值得探讨。对于一些作品的著作权归属，如电影作品以及以类似摄制电影的方式创作的作品，现行《著作权法》规定署名权以外的著作权由"制片者"享有，而实践中关于制片者存在不同标准，规定这类作品著作权归属时如何体现现实情况也值得研究。

关于著作权客体，本次修改时是否需要调整，也是一个需要考虑的问题。其中突出的如：一是没有独创新的数据库，是否需要像欧盟规定的一样设立类似于与著作权有关权益的特殊权利；二是对于民间文学艺术作品的著作权保护，是否仍然需要在《著作权法》中加以提及和规定。这需要系统总结近些年对民间文学艺术作品著作权保护探讨的得失，然后加以确定。

关于著作权的内容，本次修改主要应考虑是否需要适当调整，如发达国家著作权法中规定的一些权利，如公共借阅权、追续权等是否需要移植到我国著作权法中。

第三，相关权。相关权又被称为邻接权。现行《著作权法》关于与著作权有关权益制度的完善，至少有以下内容值得探讨：一是，是否需要赋予音像制作者和广播组织以表演权，实践中这两类组织反映强烈，需要加以研究；二是，是否需要对"录像制作者"与"录像制品"重新定位，在一些国际公约和国外著作权法中没有这样的概念，如何对待值得探讨；三是现行规定对于调整著作权人与相关权人的关系是否协调，需要研究。

第四，权利限制与例外制度的完善。现行《著作权法》对著作权限制与例外的规定采用列举式规定，缺乏概括式的规定，而且列举式规定有些存在不够合理之处，需要修改。具体而言，完善的主要问题是：一是补充确定著作权限制与例外的基本原则，以更好地指导著作权司法实践，同时将《著作权法实施条例》中的原则性规定整合到法律中；二是对在新的环境下现行《著作权法》第 22 条规定中一些不够合理、周延的内容进行优化。例如，第 22 条第 1 款第 1 项中"为个人欣赏"目的是否合理，或者是否需要限定条件，值得探讨；该条中规定的私人复制没有明确限定条件，是否需要借鉴国外有 40 多个国家采用的私人复制著作权补偿金制度，这一问题也值得研究。

第五，网络空间著作权制度的完善。网络空间著作权制度是信息网络环境下著作权立法的重要内容。现行《著作权法》对网络环境下著作权制度的规定比较简单且有不合理之处，更多的规定集中于《信息网络传播权保护条例》以及相关的司法解释中。为此，需要考虑以下问题的修改与完善：一是整合现行《著作权法》、《著作权法实施条例》、《信息网络传播权保护条例》和有关司法解释的规定，建立统一的网络空间著作权制度；二是将对技术保护措施和权利管理信息的破解、破坏从著作权侵权行为中分解出来，另行规定为违反著作权法的行为；三是对于网络环境下著作权限制与例外，现行规定较为简单和模糊，如针对上载、数字传输、利用技术手段下载、远程教学中对数字化作品的传播和利用、网络环境下图书馆的公共信息服务等都缺乏系统的规定，需要加以明确。另外，实践中出现了大量的网络空间著作权纠纷案例，需要将司法实践中的经验在立法中反映。同时，近年国外著作权立法也在较大程度上反映了网络空间著作权问题，这些立法经验也值得关注。

第六，著作权侵权及其法律责任规定的完善。现行《著作权法》关于著作权侵权的规定采用列举式，没有提炼出一般的内涵，对著作权侵权行为的列举是否存在问题，也值得研究。主要应研究的问题如：一是增加对侵犯著作权行为的概括式规定，以便于公众理解与司法操作；二是将不宜列入侵犯著作权的行为另外单列为违反著作权法的违法行为，如上述破解技术保护措施和破坏权利管理电子信息的行为；三是是否将严重"剽窃"他人作品的行为纳入到可以承担行政法律责任的侵犯著作权行为中。关于著作权侵权法律责任，需要探讨的则主要如：一是在损害赔偿方面，是否需要将法定赔偿数额增加到 100 万元以下，以体现对著作权保护的加强和增加司法判决的灵活性；二是对诉前禁令的规定是否需要更严格的条件，也值得探讨。

4. 与知识产权有关的竞争法的完善

知识产权立法完善还包括对滥用知识产权行为的有效规制。知识产权滥用行为的产生有多种原因，如知识产权人追求过度的法外利益。立法上对知识产权的过度保护也是重要原因。例如，有观点认为，美国在 20 世纪 80 年代以来专利制度的改革极大地提高了专利权的保护水平，以致造成专利权人权利的过度膨胀，从而产生了专利权滥用的现象蔓延，而这将从根本上阻碍而不是促进创新。在当前的我国知识产权保护中，既存在知识产权保护不足的问题，也存在知识产权保护过度的问题，特别是滥用知识产权问题。这一问题尤其体现于跨国公司在华滥用知识产权，对我国企业构成了不公平竞争。例如，跨国公司滥用市场支配地位，对我国企业实施联合限制竞争行为；跨国公司对我国侵权企业采取放水养鱼策略，在产品市场初期阶段故意放任侵犯知识产权行为，待市场培育出来后即以侵犯知识产权为阻吓，索取高额知识产权费用；将知识产权与有形商品实行捆绑销售，实行价格歧视，以及滥用知识产权比较优势进行知识产权垄断，损害消费者和竞争对手的利益和滥用知识产权诉讼损害我国企业利益等。这类滥用知识产权行为具体表现为，一揽子许可、强制搭售、价格歧视、限制竞争、拒绝许可、索取高额知识产权许可使用费等行为，在反垄断法理论上则可以体现为在相关市场上具有支配地位，滥用市场支配地位，运用反竞争手段获取或强化这种支配地位，在知识产权许可中施加限制竞争条款的行为，以及拒绝交易等。

另外，在国外市场，一些跨国公司为了阻击我国企业打进美国市场，频繁使用美国 337 条款压制我国企业。面对跨国公司知识产权在华滥用知识产权的行为，完善我国规制滥用知识产权行为的制度是一个基本的方面。我国需要通过完善《反垄断法》《反不正当竞争法》以及知识产权专门法律和颁行规制知识产权滥用行为部门规章等形式加以完善。例如，针对跨国公司滥用知识产权的典型形式，如拒绝许可、搭售、限制竞争以及技术标准滥用的知识产权滥用甚至垄断行为，在《反垄断法》中增加可操作性的规定。

上述对知识产权滥用的规制同样成为我国知识产权法律制度需要完善的重要内容。从促进我国企业技术创新的角度讲，就是要通过完善立法避免知识产权保护过度，防止知识产权滥用和垄断行为对我国创新资源、创新环境和创新基础的破坏，公平合理地保护当事人的合法权益。

上述立法完善的要点可以总结为：第一，建立与促进我国自主创新和产业发展相适应的对自主知识产权的立法保护体系；第二，扩大和调整对知识产权的保护范围，为高新技术及其产业化发展提供充分的法律保障；第三，鼓励促进企业技术创新特别是自主创新的制度能够落实，如对职务技术成果和非职务技术成果的调整。

（二）知识产权执法完善

从一般意义上讲，知识产权执法是加强我国知识产权保护，落实国家知识产权战略的重要形式。目前我国知识产权行政执法已取得了较大的成果。当然，我国知识产权行政执法也仍存在较多的问题，如，执法手段不够强，特别是对故意侵权和重复侵权的举证和查处手段有限；执法体系不够完善，执法队伍不够稳定；执法经费投入不足，很多地方财政缺乏专门的知识产权执法经费。另外，在执法意识上也存在一定的问题，这与很长一段时期以来人们对我国知识产权性质执法的必要性和重要性的认识不够有关。

在增进技术创新与企业知识产权战略实施中，总的来说，知识产权执法的完善需要建立有效的行政执法体系和体制，加强对知识产权行政执法队伍的建设，严格执法程序和行为，强化执法手段，提高知识产权行政执法的效率和水平。知识产权行政执法的一个重要方面则是依法调处各类知识产权纠纷案件，及时查处知识产权侵权案件，严厉打击假冒专利、假冒商标、盗版等侵害知识产权的行为，切实保护知识产权人的利益和广大消费者的合法权益。可以采取多种途径、多种方式完善现行知识产权行政执法。具体的对策如下。

第一，完善知识产权行政执法制度和政策指导。关于知识产权行政执法制度，我国知识产权专门法律，如《专利法》《商标法》《著作权法》等都有专门规定。为增强知识产权执法的可操作性，加强对知识产权执法的规范和引导，国家知识产权局制定更具体的部门规章非常必要。近些年来，国家知识产权局已经颁行了一系列相关规定，取得了明显多的成效。例如，为增强对知识产权执法维权的规划，2010 年国家知识产权局发布了《知识产权执法维权专项行动方案》（国知发管字〔2010〕34 号）。同年还出台了《专利行政执法操作指南（示范文本）（试行）》（国知发管字〔2010〕122号），2011 年 2 月 1 日则施行了修订后的《专利行政执法办法》（国家知识产权局令第 60 号）。在地方立法层面，截止到 2010 年 11 月，有 26 个省区市和 11 个城市颁布了专利保护条例等地方性法规，十多个省市知识产权局制定了专利执法办案操作规范。如前所述，2010 年 5 月山东省出台的《山东省知识产权促进条例》（山东省人民代表大会常务委员会公告第 46 号）则是我国第一个地方性的知识产权综合性的工作规范，该条例对知识产权的执法维权、统筹协调等问题作了专门规定。还如，江苏省知识产权局制定了《江苏省专利行政执法规程》。

第二，完善知识产权执法体系，改革知识产权行政管理体制。在知识产权执法行政管理体制中，强化执法职能是改革知识产权行政管理体制的重要方面。这方面一些地方已有初步经验。如设立执法大队、增加执法编制，增加执法人员。

第三，加强知识产权行政执法队伍建设，提高其业务水平。目前我国知识产权行政执法队伍建设逐步完善。据统计，截至 2010 年年底，全国共有 4 100 多人获得了专利行政执法资格。地方知识产权行政执法队伍和工作机制也已建立。

第四，整合行政机关的力量，以知识产权行政管理部门为依托，建立多部门联合的知识产权行政管理统筹协调的联动机制，加大行政执法力度。

在这方面，国家知识产权局已给予了足够的重视，如与公安部联合印发《关于建立协作配合机制共同加强知识产权保护工作的通知》，指导地方知识产权局建立跨部门的执法沟通协作机制。在实践中，一些地方知识产权局与法院等相关部门也建立了合作机制，如武汉市知识产权局与中级人民法院共同出台了《知识产权维权援助司法救济与行政救济对接的暂行规定》（武中法〔2008〕172 号），与武汉市公安局联合出台《关于查处在知识产权违法犯罪案件工作中加强协作配合的通知》（鄂知发〔2003〕32 号）。再如天津市知识产权局与天津市高级人民法院共同建立了知识产权执法协作机制。

第五，总结知识产权执法专项行动经验，提高专项行动效率，完善知识产权执法机制。知识产权执法专项行动是我国近些年来大举进行的知识产权性质保护措施，并已取得了较大成效。值得注意的是，在 2011 年"两会"政府工作报告中，提出要"深入开展打击侵犯知识产权和制售假冒伪劣商品的专项治理行动"。这是我国第一次在政府工作报告中明确以打击侵犯知识产权为主题的专项行动，其意义十分深远。总结现有经验，需要在以下几方面加以推进：第一，健全专项行动工作机制，协调各执法单位之间的关系；第二，加大对知识产权大案要案的查处力度和监督管理；第三，宣传教育与专项行动同步进行，加大对专项行动中典型案例的宣传、报道；第四，积极探讨专项行动创新模式。

（三）知识产权司法完善

知识产权司法保护完善是加强知识产权保护，切实维护当事人合法权益，优化我国知识产权保护环境，维护社会市场秩序的重要保障。司法保护为我国企业自主创新环境提供了良好的保障和制度环境，这至少体现于以下几方面：一是知识产权司法保护领域不断扩大，涵盖了越来越多的创新成果；二是知识产权司法保护方式不断完善，知识产权审判体制改革不断深入；三是知识产权保护水平不断提高，这突出地表现为知识产权民事案件一审结案率的上升、上诉率及二审改判发回率的降低以及诉讼调解案件比例的提高；四是通过知识产权司法保护，有力地维护了当事人的合法权益和社会公共利益。当然，我国仍然存在知识产权司法保护不足的问题，需要加大对知识产权侵权的打击，切实维护知识创造者、权利拥有者的合法权益。

为了落实国家知识产权战略，服务于加强知识产权保护，提高自主创新能力，建设创新型国家的需要，最高人民法院于 2009 年 3 月 23 日发布了《关于贯彻实施国家知识产权战略若干问题的意见》（法发〔2009〕16 号，以下简称《若干意见》）。《若干意见》从以下几方面提出了通过加强知识产权司法保护，完善知识产权司法保护体系，提高知识产权司法保护效率的一系列重要措施和思路，旨在为我国建设创新型国家，提高自主创新能力提供良好的知识产权司法环境。一是充分认识实施国家知识产权战略的重大意义，切实增强人民法院知识产权司法保护的责任感和使命感；二是充分发挥司法保护知识产权的主导作用，切实保障创新型国家建设；三是依法审理好各类知识产权案件，切实加大知识产权司法保护力度；四是完善知识产权审判体制和工作机制，优化审判资源配置；五是加强知识产权司法解释工作，完善知识产权诉讼制度；六是加强知识产权审判队伍建设，提高知识产权司法保护能力。上述《若干意见》是针对实施我国知识产权战略，建设创新型国家而在司法方面提出的系统规划和措施，在一定程度上甚至可以认为是我国"知识产权司法保护战略"。从上述内容可知，完善我国知识产权司法保护以服务于提高我国自主创新能力、建设创新型国家、营造保障自主创新的知识产权司法环境为基本要旨，以加强知识产权司法保护，公平合理地维护当事人合法权益为基础，以改革知识产权审批体制、提高知识产权司法效能为基本手段。毋庸置疑，《若干意见》的实施对于保障我国技术创新与企业知识产权战略实施具有十分重要的意义和作用。

三、与创新政策相关的财政税收、投融资制度完善

创新政策本身是前述国家创新系统中的重要内容，它包括不同层级的部门为激励、鼓励和保障创新、促进创新成果及时转化为生产力而制定、颁布与实施的规范性、指导性文件。创新政策的重要内容是政府的科技创新政策、产学研一体化的技术创新政策等。政府创新政策主要侧重于宏观方面的调控和政策引导，包括制定和实施基本的创新政策、为创新服务的人才激励制度、科技成果评价和管理制度、科技成果转化制度、科技创新资源配置和利用制度，以及保护创新成果的知识产权制度等。在政府的创新政策中，自主创新政策具有独特的地位，因为这事关我国自主创新能力的提高和创新型国家建设目标的实现。由于企业是自主创新的创造和应用主体，创新政策应体现企业在自主创新中的主体地位，以培养一大批拥有自主知识产权的自主创新企业，完善企业自主创新的平台建设和服务网络，激发企业创新活力，提高企业自主创新能力为重要目标。为此，需要针对企业自主创新进行政策激励和一定的政策倾斜，在政府配置创新资源和公共服务体系方面给予自主创新企业作一定的倾斜。由于企业自主创新、技术创新性活动涉及企业内部条件和外部环境，与资源配置和利用、收益分配等都存在密切联系，创新政策需要与国家财政、税收、投融资等制度配套，以达到激励创新和促进创新成果及时转化的目的。事实上，国家相关

政策和制度的调节，是提高国家创新能力的重要机制。国外发达国家的政府都非常重视政策对创新的激励作用。如美国的财政税收激励政策（包括财政补贴、政府采购、税收优惠等）、人才政策（包括人才流动政策、人才吸引政策）、产业政策、科技奖励政策等；日本的产业政策；韩国的科技人才开发政策等。❶ 以美国为例，美国政府在推动企业技术创新中的形式和角色尽管比较隐蔽，但实际上起了重要作用。如通过将研究与实验税收抵免永久化，为私营部门这一创新主体提供良好的创新环境。美国学者弗雷德·布洛克（Fred Block）发表的《逆流而上：一种隐形的发展主义国家在美国的崛起》❷ 文章就指出美国政府在技术创新中的巨大干预作用被隐蔽了。又如在 2011 年巴西第四届工业创新代表大会上，其国家工业联合会在强调知识创新和知识产权保护重要性的同时，指出政府在知识产权创新领域应有所作为。我国的创新政策是由创新资源投入、政府配套政策、创造和保护知识产权、自主创新、引进消化吸收再创新等构成的综合体系，旨在建立有利于创新的政策和制度环境，为提高我国自主创新能力和建设创新型国家服务。

以下即对与创新政策相关的财政税收制度、投融资制度完善加以探讨。

（一）财政税收制度的完善

企业技术创新活动涉及大量的资金使用，国家财政税收、融资制度的完善因而在促进企业技术创新活动方面发挥着重要作用。为促进企业技术创新，政府需要通过各种形式加大对创新投入的支持，为企业筹措资金提供广阔的渠道。同时，通过建立合理的财政税收制度可以减轻企业的负担，优化创新活动的环境。

税收优惠制度体现了对技术创新活动和成果应用的财政支持，也反映了企业技术创新活动的政府激励机制。从政府对技术创新的激励看，它反映了针对技术创新的技术溢出效应，政府试图努力在创新的私人收益率与社会收益率之间达成平衡。政府通过税收优惠等措施为企业技术创新提供激励，这一模式在国外也有一定的历史。例如，在 15 世纪末的欧洲就出现了对发明者优惠的措施。现代意义上的税收优惠和资助制度肇始于 20 世纪 40 年代的加拿大和 20 世纪 60 年代的日本。近些年来，通过税收优惠、资助的手段激励技术创新已成为发达国家一项重要的技术政策措施。通常的税收资助形式有加速折旧、税收减免和税收信贷等。在加速折旧方面，英

❶ 张根明，温秋兴. 企业创新：激励体系与企业创新能力关系研究 ［J］. 科学学与科学技术管理，2010（4）：126-129.

❷ FRED BOOCK. Swimming Against the Current: The Rise of a Hidden Development State in the United States ［J］. Politics & Society, 2008, 36(2)：169-206.

国、爱尔兰、丹麦对研究开发投入的机器、设备和不动产实行 100% 甚至更高的加速折旧率；在税收减免方面，比利时、爱尔兰、澳大利亚等允许企业从应征税收入中扣除 100% 的研究开发投资；税收信贷则与税收减免相似，是将企业研究开发投资从应缴纳的税费中扣除，具体有根据研究开发投资总额按比例扣除、根据不同阶段研究开发投资总量计算税收信贷数额等。❶

我国有关法律法规和政策性文件规定了从事研究开发、技术创新活动应给予税收优惠。例如，《科学技术进步法》第 17 条规定，从事下列活动的，按照国家有关规定享受税收优惠：（1）从事技术开发、技术转让、技术咨询、技术服务；（2）进口国内不能生产或者性能不能满足需要的科学研究或者技术开发用品；（3）为实施国家重大科学技术专项、国家科学技术计划重大项目，进口国内不能生产的关键设备、原材料或者零部件；（4）法律、国家有关规定规定的其他科学研究、技术开发与科学技术应用活动。《国家技术创新总体实施方案》专门就"加大对企业技术创新的金融支持"做出了规定。这些规定，反映了为促进我国企业技术创新与金融创新的融合，需要通过完善财政税收、融资制度，推进企业技术创新活动。

值得注意的是，由于中小企业在技术创新融资活动中处于劣势地位，国家出台专门的政策性文件加以扶持具有很强的现实意义。无疑，对中小企业而言，针对企业技术创新活动制定专门的财政、税收优惠政策，有利于提高其自主创新能力。2007 年 10 月 23 日国家发展和改革委员会、教育部、科学技术部、财政部等联合发布的《关于支持中小企业技术创新的若干政策》即有这方面的规定。对科技企业孵化器、国家大学科技园的税收优惠政策，按照《财政部、国家税务总局关于科技企业孵化器有关税收政策问题的通知》（财税〔2007〕121 号）、《财政部、国家税务总局关于国家大学科技园有关税收政策问题的通知》（财税〔2007〕120 号）的有关规定执行。对单位和个人从事技术转让、技术开发业务和与之相关的技术咨询、技术服务业务取得的收入，依据国家现行政策规定享受有关税收优惠。这些规定旨在减少中小企业的资金压力，加快中小企业技术进步和创新。2010 年 5 月，国务院颁发了《关于鼓励和引导民间投资健康发展的若干意见》。该《意见》强调指出，要推动民营企业的自主创新和转型升级，贯彻落实鼓励企业增加研究开发投入的税收优惠政策，鼓励民营企业增加研究开发投入，掌握拥有自主知识产权的核心技术。这些税收优惠等政策性措施有利于促进民营企业的研究开发。

---

❶ 蔡富有，杜基尔，等. 建设创新型国家与知识产权战略［M］. 北京：中国经济出版社，2008（190）.

　　上述法律和政策性规定采用多种税收优惠的形式促进企业技术创新活动，提高支持技术创新的力度，值得在总结经验的基础上加以完善。从我国现有的关于促进企业自主创新的税收规定来看，整体上具有以下特点和不足：一是税收政策多以部门规章和地方性促进自主创新政策为主，内容比较杂乱，缺乏统一性和系统性；二是税收优惠带有区域性质，重点是高新技术开发区和经济开发区，在区域外的企业则不能享受，可能在事实上造成税负的不平等，甚至被一些不在高新技术产业企业以假注册形式规避税收；三是在税收形式上，是以所得税优惠为主，流转税优惠为辅，结果导致对增值税等现行的流转税的调节力度不大；四是现行政策缺乏对研究开发联盟的税收优惠，不利于鼓励建立产学研一体化的技术创新体系；五是税收优惠政策对技术创新的商品化和产业化支持不够，对于企业在创新的基础上增加的利润所得和开发高新技术产品中的风险承担缺乏足够的重视等。为此，需要针对我国对企业自主创新的优惠政策和制度存在的问题加以完善。主要如下：一是基于现行政策和制度缺乏统一性和系统性，建立统一的、系统的税收优惠政策，在税收优惠重点方面，借鉴发达国家的经验，以激励研究开发和自主创新为主；二是实现由区域税收优惠为主改变为产业优惠为主，以促进税收优惠的公平；三是逐步实行税收优惠由直接为主改为间接为主，这是因为间接优惠的政策导向作用较强，通过建立税基减免、税额减免和优惠税率相结合的税收优惠制度，能更好地促进研究开发活动。❶

　　关于以财政税收等制度支持企业技术创新，特别是自主创新问题，还有一个问题需要引起注意和重视，即我国改革开放以来相当长的时期内为吸引外资而采取的对外资企业推行的一系列税收等方面的优惠政策和制度，客观上确实起到了吸引外资的作用，但也造成了内资企业和外资企业税负不平等甚至差别过大，形成了不公平的超国民待遇，削弱了内资企业的市场竞争力。特别是随着我国加入世界贸易组织，国外在华跨国公司拥有比我国内资企业更多的知识产权资源和实力的情况下，以前对外资企业延续的税收等一系列的优惠政策需要重新进行评估和决定是否延续，否则将加剧内外资企业市场竞争地位的不平等。有成果测算，我国外资企业纳税平均负担率为11%，而内资企业为22%，其中国有大型企业为30%。一系列政策优惠加上我国的廉价资源和广阔市场，跨国公司在华获取了丰厚的利润。如德国大众企业公司在我国市场的产量只占其全球产量的14%，但利润却占了公司总利润的80%；还如美国通用汽车在中国的产量只占其全球

---

❶　王淑芳. 企业的研究开发问题研究［M］. 北京：北京师范大学出版社，2010：474-476.

产量的 3%，但利润却占其全球利润的 25%。❶ 当然，国外跨国公司在华获取的利润比起在其他国家或地区高有很多原因，但税收和其他相关的一系列优惠不能不说是重要原因。我们不能否认税收等优惠政策对吸引外资在华办厂带来的诸多正面效益，但实际上一个国家对外资企业的政策优惠都有其特定的历史条件和环境，现在我国市场环境与竞争结构与改革开放之初不可同日而语，需要充分重视对延续多年的外资企业税收等优惠政策如何进行改革问题。

(二) 投融资制度的完善

在投融资制度完善方面，这里主要侧重于在知识产权金融服务方面的创新和运用投资、金融手段为促进企业自主创新、技术创新活动提供资金保障。企业技术创新离不开足够的资金支持，而企业资金来源的重要途径是投融资渠道。因此建立和完善企业创新资本平台，利用投融资工具为企业自主创新、技术创新提供资金支持，变得十分重要。总体上，政府在制度供给上需要建立促进企业自主创新、技术创新的投融资体制与机制。总结各地区在这方面的经验，基本的政策措施包括：鼓励银行、证券、保险等金融机构加强对创新型企业的金融支持；重视知识产权金融问题，逐步建立知识产权资本运营的机制；改革现有投融资制度，拓宽投融资渠道，引进创业投资基金制度，建立产业基金和资产证券化制度，鼓励单位和个人以参股和融资担保等形式设立创业投资主体；对中小企业投融资采取特殊的扶持政策等。

1. 中小企业投融资制度之完善

融资制度对于中小企业技术创新而言意义更大，因为资金不足是中小企业普遍存在的发展瓶颈。从国外的经验看，一些国家为支持中小企业融资，以支持其技术创新活动，设立了专门的金融机构，如美国设立了社区银行和中小企业投资公司，日本设立了相互银行。从我国的情况看，尽管中小企业为我国经济社会发展做出的贡献巨大，但有资料统计其从金融机构中获得的贷款只占贷款总数的 20%，中小企业贷款难成为制约其从事技术创新活动的一个重大问题。这其中既有银行贷款政策的原因，也有中小企业自身的原因。为此，2007 年 10 月 23 日，国家发展和改革委员会、教育部、科学技术部、财政部等联合发布的《关于支持中小企业技术创新的若干政策》（发改企业〔2007〕2797 号）专门规定了"加强投融资对技术创新的支持"。根据规定，促进中小企业投融资制度完善主要包括以下

---

❶ 杨伟文，朱克丽，姚瑶. 我国企业自主知识产权的发展现状及对策分析——以我国汽车工业知名品牌为例 [J]. 财务与金融，2008（5）：57.

内容。

一是建立鼓励金融机构大力支持中小企业技术创新的机制。在政策上，对于纳入国家和省级各类技术创新技术、高新技术产业化示范工程计划的中小企业技术创新项目，商业银行应按照国家产业政策和银行信贷原则提供信贷支持。在各地科技计划项目等支持中小企业发展的专项资金中对中小企业的贷款应给予一定的贴息补助，同时对信息担保机构给予一定的风险补偿。针对中小企业有关自主知识产权项目、产学研合作项目、科技成果产业化项目、企业信息化项目、品牌建设项目等，相关主管部门应牵线搭桥，建立银企合作关系，支持中小企业创新活动。在政策落实上，可以考虑建立政策性银行，如中小企业发展银行，为中小企业技术创新提供金融支持。还可以考虑成立政策性信用保险公司，鼓励中介机构和民间资本参与，由信用保险公司向担保公司提供贷款，当企业不能及时偿还信用担保公司贷款时，由信用保险公司向担保公司提供保险金，以保障贷款资金的周转和利用。

二是加大对技术创新产品和技术进出口的金融支持。技术创新进出口的信贷支持可以为中小企业技术创新产品的进出口提供资金保障。中小企业自主创新产品的出口需要流动资金贷款时，金融机构根据信贷原则对那些具有还贷能力的企业提供信贷服务。在中小企业进行研究开发活动时，可能会涉及核心技术软件进口和应用创新技术生产设备出口，金融机构可以按照信贷原则给予支持。

三是加强和改善金融服务。金融机构可以结合中小企业的特点对金融产品的创新进行改革。例如，在支付手段和支付结算渠道方面，重视中小企业以票据等支付工具进行结算，积极探索针对中小企业的融资手段的完善；完善对中小企业的信用评价指标和体系建设，组织和研究对中小企业的信息等级评价，重点支持资信好与创新能力强的中小企业的信贷业务，核定相应的授信额度；完善中小企业的信用体系建设，促进各类征信机构发展，为金融机构改善对中小企业技术创新的金融服务提供配套服务。

四是鼓励和引导担保机构对中小企业技术创新提供支持。在中小企业基于技术创新的投融资活动中，担保机构的支持也很重要。为鼓励各类担保机构支持中小企业进行技术创新活动，如中小企业技术创新项目或自主知识产权产业化项目的贷款担保，需要通过税收优惠、风险补偿和奖励等政策引导担保机构积极提供担保。在保费的确定上，对拥有自主知识产权、创新能力较强、技术含量高并易于实现市场化的优质创新项目给予保费优惠。

五是加快发展中小企业投资公司和创业投资企业。创业投资是中小企业发展壮大的手段。通过建立和健全创业投资机制，鼓励设立创业投资引导基金，吸引社会资金流向创业投资企业。同时，鼓励建立中小企业投资公司，从政策规范和风险补偿方面加大对这类企业的支持力度，鼓励其支持中小企业技术创新。

六是鼓励中小企业上市融资。目前我国中小企业创业板上市已积累了一定的经验。通过中小企业创业板制度创新和组织创新，推进拥有自主知识产权的中小企业和中小型科技企业积极上市，逐步向创业板市场方面完善。

上述规定针对中小企业，对大中型企业来说应当也具有参考价值。一般地说，在投融资制度完善方面，总的原则和思路是拓宽投融资主体和渠道，建立多元投融资机制，建立多层次的资本市场体系。主要对策如下：一是企业自身增加科技创新投入，随着企业规模和实力的增强，应逐步加大研究开发强度的投入；二是改革金融投资体制，增加对企业技术创新的贷款；三是增加政府财政性拨款，支持企业科技创新；四是增加对企业技术改造和技术攻关项目的融资担保支持；五是开展金融创新，探索和完善知识产权证券化、知识产权融资质押制度、知识产权信托等制度，开发知识产权的融资功能，为企业技术创新提供资金支持；六是建立和完善风险投资制度，在风险投资体制中建立支持和扶植企业技术创新的机制；七是建立和完善企业融资担保体系，提高企业贷款成功率。

2. 风险投资制度与自主创新保险制度完善

关于风险投资与创新之间的关系，国外学者柯特恩与莱勒等较早进行了研究。他们选取了1965~1992年美国20个产业的数据作为样本进行实证研究，得出的结论是风险投资数量与专利产出数量成正比例关系，进而认为风险投资较之于研究开发更能促进创新。通过对风险投资激励机制的研究，他们还认为拥有风险投资背景的公司获得的专利更多，如果将专利作为创新的良好指标，那么可以得出有风险投资背景的公司其获得的创新更多、创新的重要性更大的结论。❶ 风险投资之所以有利于促进创新，是因为企业创新活动需要资金投入，风险投资弥补了企业资金不足的问题，而且分担了企业创新风险。当然，还有一个原因是，风险投资的对象多为创新型企业，这些企业更愿意选择风险投资作为融资的方式。当前我国很多企业技术创新活动迟缓，成效不高，与缺乏技术创新资金、投融资渠道不畅有很大关系。我国风险投资也不够发达，与当前投资结构偏向于短期效益的项目、对风险性较高的投资激励机制不健全也直接相关。

从国外企业实施知识产权战略和技术创新战略的经验来看，政府出台

---

❶ 邵同尧，潘彦. 风险投资、研发投入与区域创新——基于商标的省级面板研究 [J]. 科学学研究，2011 (5)：794.

和实施相关的政策和制度，对于鼓励、引导和保护企业技术创新活动，具有重要作用。这些政策和制度，不仅可以为企业推进技术创新和实施知识产权战略提供良好的外部环境，而且具有非常重要的激励和引导作用。包括本部分及后文探讨的相关制度和政策，都体现了政府以提供政策和制度供给的形式参与企业行为，有利于促进企业确立技术创新和产业化主体地位。

研究证实，大部分风险投资行为具有纯战略性，只有很少的企业不将战略目标作为实现的主要目标之一。风险投资与企业技术创新之间存在千丝万缕的联系，尤其体现于促进企业自身技术创新战略目标方面。从技术创新的一般特点来看，风险投资尤其适合于技术创新领域，这是因为，如前所述，技术创新具有较大的风险性和不确定性，需要较大的资金投入，而很多企业在从事技术创新活动中，面临的困难除技术实力问题外，资金压力问题也很突出。一般的融资虽然能够解决一部分问题，但受制于多方面条件的限制，企业创新资金不足始终是困扰其技术创新活动的瓶颈，风险投资则正好弥补了企业创新资金的缺口。从国外的经验看，风险投资是扶持高新技术及其产业发展，加快科技成果转化和技术创新进程的重要手段。如在美国，风险投资企业绝大部分为高新技术企业，特别是新成立的高新技术公司其股权资本 75% 以上依赖于风险投资。风险投资对技术创新的重要作用尤其体现于对创新型中小企业的支持。对这类企业而言，成功率比较低，风险投资是弥补其创新资金风险的重要途径。这在国外也有经验可循。例如，1996 年 6 月，欧盟推出了与美国 NASDAQ 相类似的 EASDAQ，是专门为中小企业融资而设立的二板市场。

在我国，风险投资的政策法规有一个逐步完善的过程。近几年涉及风险投资的规范性文件如《关于推进资本市场改革开放和稳定发展的若干意见》（国发〔2004〕3 号）、《关于上市公司股权分置改革的指导意见》（证监发〔2005〕80 号）、《实施〈国家中长期科学和技术发展规划〉纲要（2006—2020 年）的若干配套政策》（国发〔2006〕6 号）等。此外，《公司法》《证券法》修订后也对公司资本制度加以了完善。从实践看，随着我国资本市场的活跃，风险资本和投资总量呈迅速上升趋势。不过，我国的风险投资也暴露出不少问题。例如，在法规体系建设方面，没有建构统一的、系统的风险投资法律和完善的政策法规体系；在风险投资渠道方面，资本来源比较单一，政府与企业为主要的渠道；在风险投资的税收优惠方面，对风险投资企业和风险投资人关注不够。另外，由于风险投资特别适用于高新技术企业，但在我国由于对创新成果这类无形资产的价值评估机制不够健全，投资机构对创新成果的价值缺乏信任，结果造成"好项目没

有人投资，风险投资公司找不到好项目"的现象。❶

为建立适应技术创新的风险投资机制和制度，需要在以下方面加以完善。

第一，完善促进风险投资的政策法规体系。风险投资需要国家从政策和法规体系完善方面加以保障。我国目前已经出台了一些促进风险投资的政策法规，需要在总结经验的基础上进一步完善，尤其在以下方面待完善：建立多渠道的促进风险投资的机制，特别是鼓励大量的民间资本进入企业风险投资领域，优化国家、企业和个人风险投资结构；完善资本市场，通过政府政策性风险投资基金和其他形式鼓励资本向高新技术企业、中小企业转移，以风险投资带动企业技术创新；改革与风险投资有关的财政税收制度，通过税收优惠、减免等手段调节和鼓励风险投资；规范风险投资企业行为，制定和完善管理办法等。以税收优惠制度为例，为减少风险投资的外部性和不确定性，避免风险投资失败，政府可以在税收优惠上采取一定的措施。这方面英、法、美等发达国家都提供了一定的经验。如英国《投资信托法》（*Investment Trust Law*）规定，将80%以上资产投资于未上市新兴企业的产业投资基金实行税收豁免政策。针对目前我国关于风险投资政策和制度零散、缺乏系统性的情况，是否需要制定专门调整风险投资关系的风险投资法或风险投资基金法，也是一个值得研究的问题。

第二，完善现有风险投资机制，建立多层次的适应技术创新的风险投资体制和机制。从本书的研究角度看，风险投资可以分为知识产权风险投资和其他风险投资两种类型。根据发达国家建立与技术创相适应的风险投资机制的经验，其通常的做法有：一是通过募集风险投资基金提供创业资金；二是成立专门的有风险投资家管理的从事高新技术创业经营的风险投资公司；三是与拥有新技术、新产品发明成果的技术专家结合，技术专家以技术入股、风险投资家以参股方式参与创业投资；四是运作资本以求得最大化价值，在相应的技术市场扶持创新成果的高新技术企业上市等。❷ 这些经验可予以参考借鉴。

我国一些地方现已开展的一些服务于技术创新、创业板市场的风险投资模式也值得总结经验。例如，天津市开展了科技投融资机构建设，旨在为科技型中小企业知识产权资本化提供保障。该市大力发展科技风险投资机构，目前形成的财政引导资金投资母基金的风险投资模式被称为"天津模式"。经过该模式的成功运作，近年来该市为24家科技型中小企业融资5

❶ 王淑芳. 企业的研究开发问题研究 [M]. 北京：北京师范大学出版社，2010，486-490.

❷ 黄宝印，等. 风险投资——理论、政策、实务 [M]. 北京：经济科学出版社，1999：69；董炳和. 技术创新法律保障制度研究——以知识产权制度为中心进行的考察 [M]. 北京：知识产权出版社，2006：99.

亿元，并促进了瑞普生物等一批科技型中小企业创业板上市。从我国目前的风险投资体制看，涉及风险投资基金及其出资者、风险投资公司、风险企业家与风险企业等风险投资活动的主体，风险投资基金与风险投资公司尤其是风险投资机制中的重要内容。在风险投资基金方面，有政策性风险投资基金和商业性风险投资基金之分，在这两方面都需要进行制度完善。

第三，建立风险投资的退出机制。风险投资退出机制是风险投资链条中的一个重要环节。风险投资退出机制通常有股份公开上市、投资企业回购股权协议转让以及破产清算等形式。目前我国证券市场上正在推出和完善创业板市场，产权交易市场也得到了长足发展，需要进一步完善。在风险投资的退出机制上，应创建多层次的资本市场体系。

第四，完善风险投资的中介服务机构与服务体系。风险投资中介服务机构与服务体系是开展风险投资业务的重要桥梁，对于促进风险投资业的发展，具有十分重要的作用。

此外，企业技术创新的风险性决定了引入保险制度的必要性。通过建立企业自主创新的保险制度，能够分散自主创新的风险，调动企业和风险投资对技术创新的投入，增强企业研究开发资金和实力。保险制度中可以考虑引入企业自主创新保险险种。

四、股权激励等奖励制度

股权激励，是在公司股东大会批准的基础上由公司董事会对激励对象给予一定的公司股权奖励、期股奖励或期权奖励，其中期股奖励实际上是受益权奖励，它是指公司被奖励对象可以获得一定股份受益权、而不享有所有权的奖励形式。股权激励包括员工持股与股票期权等形式。就员工持股而言，它将员工可以获得的经济收益与企业经济效益直接挂钩，能够激励员工努力为企业工作，并增强员工对企业的归属感和责任感，有利于加强企业文化建设，形成共同的价值观。员工持股还可以使其参与公司的治理结构，提高公司效益。就股票期权制度而言，它是一种延期支付人力资本价格的激励机制。在国外，企业对其高级技术人员、管理人员实行股票期权制度的情况很普遍。科学技术部《关于加强与科技有关的知识产权保护和管理工作的若干意见》（国科发政字〔2000〕569 号）指出，应"在保证重大国家利益、国家安全和社会公共利益的基础上，以加速科技成果转化和激励创新为目的，鼓励知识作为生产要素参与分配，充分保障科技计划项目承担单位和科技人员的技术权益和经济利益"。股权激励就是一种鼓励和落实知识作为生产要素参与分配的形式。我国《促进科学技术成果转化法》第 30 条规定：企业、事业单位独立研究开发或者与其他单位合作研究开发的科技成果实施转化成功投产后，单位应当连续 3~5 年从实施该科技成果新增留利中提取不低于 5% 的比例，对完成该项科技成果及其转化做出重要贡献的人员给予奖励。采用股份形式的企业，可以对在科技成果的研究开发、实施转化中做出重要贡献的有关人员的报酬或者奖励，按照国家有关规定将其折算为股份或者出资比例。该持股人依据其所持股份或者出资比例分享收益。这可以说是从法律层面上明确了股份企业实行股票期权的形式。事实上，关于股票期权制度，我国一些政策性文件也已予以明确。例如，《中共中央关于国有企业改革和发展若干重大问题的决定》指出，少数企业试行经理（厂长）年薪制、持有股权等分配形式；《中共中央关于加强技术创新、发展高科技实现产业化的决定》（中发〔1999〕14 号）则指出，民营公司可以采取股份期权形式，调动有创新能力的科技人才或经营管理人才的积极性。

值得注意的是，从 2005 年开始，伴随着我国股权分置改革，股权激励问题逐步得到规范。例如，2005 年 7 月 1 日实施的由财政部和国家税务总局联合颁布的《关于个人股票期权所得征收个人所得税问题的通知》（财税〔2005〕35 号），确认了公司中的股票期权。同年 12 月 31 日，中国证券监督管理委员会颁布《上市公司股权激励管理办法（试行）》（证监公司字〔2005〕151 号），规定已经完成股权分置改革的上市公司，可以根据该办法的规定实施股权激励。2006 年 1 月 1 日起开始的《公司法》则在第 143 条中对允许"将股份奖励给本公司职工"，只是此种情况下收购的本公司股份，不得超过本公司已发行股份总额的 5%；用于收购的资金应当从公司的税后利润中支出；所收购的股份应当在 1 年内转让给职工。该规定无疑从公司法的角度为股权激励措施提供了法律依据。后来相关部门又颁布了一些具体的规定，如 2006 年 1 月 17 日，财政部与国务院国有资产监督管理委员会联合发布《国有控股上市公司（境外）实施股权激励试行办法》（国资发分配〔2006〕8 号），确认了股票期权、股票增值权等股权激励方式。随着股权激励制度的完善，相关企业也陆续开始实施，特别是针对企业的骨干技术人员和管理人员予以兑现，实现了企业利益与个人利益的高度挂钩，有利于调动企业技术人员、管理人员的工作积极性，提高工作效率，从而有利于技术创新的实现。

股权激励是完善企业分配结构，调动企业全体员工积极性，建立企业的激励约束机制的长效机制。它在员工与企业之间形成了利益共享、风险分担的利益分配机制，有利于充分调动员工的积极性，也有利于实现企业目标。股权激励也是一种长效激励机制，而不是根据企业短期的经营活动状况建立的激励机制。根据以上阐述，在企业技术创新活动中，为调动员工创新的积极性，保障其利益，在采用公司制度的企业创新活动中，应充分重视股权激励的作用。

五、政府采购制度

我国政府采购制度始于 20 世纪 90 年代，当时财政部先后颁布了《政府采购管理暂行办法》（财预字〔1999〕139 号）、《政府采购招标投标管理暂行办法》（财预字〔1999〕363 号）和《政府采购合同监督暂行办法》（财预字〔1999〕363 号）等制度。2002 年 6 月 29 日，我国正式颁布了《政府采购法》（中华人民共和国主席令第 68 号），并于 2003 年 1 月 1 日起实施。根据我国《政府采购法》规定，它是指各级国家机关、事业单位和团体组织，使用财政性资金采购依法制定的集中采购目录以内的或者采取限购额以上的货物、工程和服务的行为。从国外经验来看，美国早在 1761 年颁布了《联邦采购法》（*Federal Acquistion Regulation*），规定了政府采购的形式和程序。1933 年通过的美国《购买美国产品法》（*Buy American Act*）规定，用纳税人的钱采购商品的，应优先采购纳税人所办企业的产品，在国内企业能够满足需要时不允许进口，其基本宗旨是"扶持和保护美国工业、美国工人和美国投资资本"。

政府采购对企业技术创新具有重要的支持作用，是政府支持企业研究开发和技术创新活动的重要机制。政府采购对技术创新的重要作用从多方面可以体现出来，如它可以为企业技术创新减少市场的不确定性，为企业自主创新产品提供一定的市场保障，从而有利于企业从事技术创新特别是自主创新活动，政府采购还有利于因为政府部门使用的示范效用而较快地获取消费者的信赖，从而尽快建立自主创新产品的市场声誉。

我国相关部门颁行的关于自主创新、技术创新的政策性文件也明确鼓励政府积极采购自主创新成果。例如，中共中央、国务院在《关于实施科技规划纲要增强自主创新能力的决定》中指出，要"实施扶持自主创新的政府采购政策，建立财政性资金采购自主创新产品制度，制定将国家重大建设项目纳入政府采购主体范围的办法，对具有自主知识产权的重要高新技术装备与产品实施政府首购政策和订购制度"。《国家自主创新产品认定管理办法（试行）》（国科发计字〔2006〕539 号）规定，"在我国境内具有中国法人资格的企业、事业单位都可以申请自主创新产品的认定"。被认定为自主创新产品后，自主创新产品主体可以在国家重大工程采购、政府采购等财政性资金采购中优先被购买，还可以在促进科技成果转化、相关产业化政策以及高新技术企业认定中享受重点扶持。有关政策性文件还专门就扶持中小企业自主创新问题作了规定，例如《关于支持中小企业技术创新的若干政策》（发改企业〔2007〕2797 号）规定，政府采购支持中小企业自主创新，"各级国家机关、事业单位、社团组织在政府采购活动中，在同等条件下，对列入《政府采购自主创新产品目录》的中小企业产品应当优先采购"。政府采购中优先采购拥有自主知识产权的产品和技术，体现了政策鼓励使用自主知识产权产品。政府采购中鼓励采购具有自主知识产权的产品，也反映了政府对企业自主创新的支持。

然而，无论是我国目前的《政府采购法》还是产品采购实践中，并没有体现出对自主创新产品的充分支持。存在的主要问题如下。

首先是关于对自主创新产品政府采购的支持，主要还停留在政策性规定层面，《政府采购法》完全没有涉及此问题，缺乏对企业自主创新产品政府采购的制度规范。《科学技术进步法》第25条规定："对境内公民、法人或者其他组织自主创新的产品、服务或者国家需要重点扶持的产品、服务，在性能、技术等指标能够满足政府采购需求的条件下，政府采购应当购买；首次投放市场的，政府采购应当率先购买。政府采购的产品尚待研究开发的，采购人应当运用招标方式确定科学技术研究开发机构、高等学校或者企业进行研究开发，并予以订购。"该规定固然有利于建立我国对自主创新产品的政府采购制度，但仍较为原则，需要通过更具有操作性的制度和政策性规定加以落实。

其次，与发达国家相比，我国政府采购法律体系不够健全，政府采购产品在GDP中所占比重过小，尽管《科学技术进步法》规定了对企业自主创新产品的政府采购，但其对促进企业自主创新的作用空间也很有限。目前我国政府采购还缺乏严密的法律规范体系，规模不大，如以2007年为例，政府采购4 661亿元，占GDP的1.87%，与发达国家10%～20%的比例相差很远，而在采购的产品构成中涉及企业自主创新的产品比例更低。

最后是在实践中，对自主创新产品的政府采购乃至其他形式的购买，人们在相当大程度上仍存在疑虑和偏见。中国科协副主席刘玠在"两会"中谈到的一个例子令人深思：鞍钢联合多家企业完成的拥有自主知识产权的1 780毫米大型宽带钢冷轧生产线创新项目，突破了冷轧成套设备制造技术和工艺生产控制两大核心技术，为实现我国冶金重大装备国产化做出了突出贡献，并获得2007年国家科技奖励大会科技进步一等奖。但到目前为止，只有一家企业敢于使用此技术，而其他企业宁可高价从国外进口同类设备，也不愿意装备鞍钢提供的生产线。❶ 又如，在政府采购中，相对于产品价格，政府机关对被采购的产品的品牌更加看重，而由于在一些政府官员的心目中"洋"品牌更具有优越感，以致具有自主知识产权的民族品牌受到冷落。以我国汽车政府采购为例，尽管政府采购政策倾向优先考虑民

---

❶ 周丽. 浅谈中国企业的自主知识产权创新［J］. 市场论坛，2008（4）：87.

族品牌，但由于政策规定不彻底，比如，只是规定在同等条件下优先考虑，以致一些地方政府不愿意采购国产民族品牌，而是优先采购国外品牌，这其中当然还可能包括某些政府官员崇洋媚外、认为民族品牌"不够档次"的扭曲心理。政府采购中这种行为的负面影响非常巨大，它可能给普通民众树立一个不良导向，最终损害的是我国企业的自主创新。基于实践中这些问题的存在，需要在政策和制度落实上加以完善，以保障政府在采购中优先支持自主知识产权产品。

为完善我国政府采购法律制度，强化政府采购法对企业自主创新产品支持，激励企业自主创新，提高自主创新能力，需要对之进行改革。主要内容如：一是在《政府采购法》中，增加对企业自主创新产品的政府采购的规定，将支持企业自主创新作为政府采购法的内容和目的之一。这样既可以使自主创新产品的政府采购有明确的法律依据，有利于促使政府采购成为鼓励企业自主创新的一种制度设计与安排；二是对现行的政府采购制度进行改革，增加政府采购的可操作性，同时对政府采购的执行与监管进行分离，提高政府采购的透明度和公正性；三是通过各种途径适当加大政府采购的产品或服务在 GDP 中的比重，特别是应加大对企业自主创新产品的政府采购比例，使政府采购真正成为服务于企业自主创新的重要手段之一。此外，为了强化通过政府采购等形式支持和鼓励我国企业自主创新活动，实践中还有学者提出了以"国产化率"作为衡量自主创新的重要指标，本书认为这是一个很具有创新性的评价指标，值得在与自主创新相关的评价中作为一项重要的指标加以引进。

六、适应技术创新的市场环境、市场机制与市场法制的完善

（一）市场与技术创新的密切联系

市场是技术创新中资源配置和利用的场所，也是技术创新的立足点和最终归属。市场环境与市场机制、市场法制的完善对企业技术创新具有重要作用，其内在原因是市场与技术创新之间的密切联系，因此对此点有必要先予以阐明。

首先，市场是技术创新实现的主战场，满足市场需求是技术创新的主要目的。技术创新的需求来自于市场的拉动，市场中消费者需求决定了技术创新产品的市场容量，满足消费者需求也是企业开展技术创新活动的动因与目的，离开市场消费者需求的技术创新显然是盲目的、难以取得成功。不仅如此，市场需求也是检验技术创新能否成功的标志。如果创新产品在市场上不能实现，相应地技术创新目标也不能实现。

其次，市场为企业技术创新提供了动力机制。这可以从以下两方面加以理解：一是技术创新的市场实现尽管存在很大的风险，在出现失败的情况下，可能连基本的创新投资都不能及时收回。但技术创新也很可能获得极大成功，一旦创新成果被市场接受，特别是那些具有开拓性的成果，则很可能形成一个巨大的市场，此时技术创新者将获得巨大的收益，并在市场竞争中占据优势。技术创新成功的巨大优势将激励企业敢于冒险投入巨资进行研究开发和创新成果的商业化活动，从而为技术创新活动提供了动力机制；二是随着市场竞争的激烈，企业为在竞争中获得优势不得不想尽办法开发新技术、新产品、新工艺并将其产品化、市场化。竞争的压力本身也为企业技术创新活动提供了动力。

再次，市场不仅为技术创新提供了创新的平台和空间，而且其本身是一种创新的过程，具有培育创新的功能，正如有学者指出，市场的最大功能在于培育创新，市场过程是一个对技术创新进行自组织的过程。❶ 换言之，市场对技术创新具有调节作用，它以消费者需求为基点。尽管是"看不见的手"，但其内含着市场交易规则及其运行机制，对技术创新活动具有自发的引导和调节作用。只有符合市场需求、满足市场消费者需要的创新产品才能被市场接受，否则将被市场无情地淘汰。而且，市场是社会经济生活、消费习惯和潮流、技术变革、国家政策等多种因素相互作用的产物，具有动态性，只有始终适应市场需求及其变化，技术创新活动才能最终取得成功。

最后，市场为技术创新活动的确定性提供了一定的保障，离开市场的技术创新是不可想象的。特别是，技术创新通常以对创新的技术开发为前提，而创新活动本身具有高度的探索性，风险大，不确定程度高。市场则具有自身的内在交易规则和制度，能在相当大的程度上减少创新活动的不确定性，为技术创新提供保障。

当然，市场为技术创新提供上述动力机制与保障也有一定的局限性，应一分为二地看待其作用。例如，正因为技术创新有很大的风险性，加之需要付出较大的投资，很多企业故不愿从事技术创新活动，而是依赖于仿制、模仿，或一味实施技术跟踪策略。又如，有学者指出，市场本身不能保障一个有利于创新的市场结构，也不能自己创造有利于创新的外部环境，创新的风险和动力也不能从根本上依赖于市场加以解决。❷

（二）市场环境、市场机制与技术创新

市场环境对于技术创新具有极其重要的影响，甚至在一定程度上可以

---

❶ 柳卸林. 技术创新经济学［M］. 北京：中国经济出版社，1993：160.
❷ 柳卸林. 技术创新经济学［M］. 北京：中国经济出版社，1993：166.

决定技术创新的成败。市场环境本身是国家创新系统的重要内容，它既提供了创新主体的资源配置要素和利用方式，也为企业的技术创新提供了外部条件和环境。与技术创新相适应的市场环境要求市场有序、公平竞争、知识产权保护有力，避免或减少对创新成果的随意模仿、仿制、仿冒现象。

《关于促进自主创新成果产业化的若干政策》（国办发〔2008〕128 号）规定，要加快自主创新成果产业化市场环境建设。知识产权部门要会同有关部门完善知识产权许可、技术转移等制度和政策，加大保护知识产权的执法力度，健全知识产权保护体系。切实做好自主创新成果产业化的知识产权风险评估工作，确保核心技术获得专利保护。财政部门要进一步落实政府采购自主创新产品的各项制度。商务部门要研究制定促进自主创新成果产业化的对外贸易政策，支持自主创新产品和技术参与国际市场竞争。加快研究并建立自主创新产品的风险化解机制，推动自主创新产品开拓市场。市场环境的好坏，无疑直接影响技术创新目的能否实现。营造有利于技术创新的环境，需要从政策、法律、创新资源配置、市场结构优化等多方面进行改进。

市场机制是与市场环境一脉相承的概念。在福利经济学和现代经济学的市场均衡理论中，市场机制被证明为非常有效的资源配置和流转机制。由于技术创新立足于市场，实现于市场，技术创新的开展必须充分运用市场机制，通过建立与健全市场机制，整合市场创新资源，利用市场机制调动各方面资源和力量，推进创新活动。市场机制对技术创新的重要作用体现于对创新的市场激励和对创新活动方向的自发调节，引导企业实现技术创新目标。例如，如前所述，企业在市场中获得巨额创新利润，会激发其甘冒创新风险而投入人财物进行技术创新活动，特别是创新者在市场上具有所谓"首发优势"，获得该优势对激发创新者后续创新和潜在创新者的创新活动都有作用；市场过程被认为是对技术创新进行自组织环节，能够自发地培育创新，为企业从事技术创新活动提供决策、情报、资源配置等方面的信息，促使技术创新性的完成。市场本身甚至还被人们认为是一个创新的过程，因为在特定的市场环境下市场能够减少创新的不确定性，为企业进行技术创新提供未来预期。

建立与健全市场机制要求以市场为核心，遵循市场经济规律，将技术创新活动与市场化、商业化紧密地结合在一起。市场具有一定的自发性，市场失败现象在所难免，而在市场失败的情况下，市场对技术创新的积极作用，特别是激励技术创新的作用将会受到极大抑制，因而需要对市场机制进行必要的干预和调整，以保障市场机制的建立和运行符合技术创新的要求。换言之，虽然市场机制是技术创新活动必须遵循的原则，但由于技术创新成果的公共产品特性、知识和技术本身的外溢性以及市场外溢性的存在，市场失败风险、市场机制失灵现象在所难免，市场经济条件下的技术创新活动不能完全依赖于市场机制对技术创新活动的激励和调节作用，而应有政府适当的制度和政策进行扶持，以弥补市场机制作用的不足，充分调动企业从事技术创新的积极性。换言之，在市场经济环境下政府也是配置资源的手段，市场机制的失灵需要政府进行宏观调控和适当干预。当然，还需要指出，在市场经济体制下，政府制度和政策的扶持却不能取代市场机制，它主要应当是弥补市场机制的不足，作为对市场机制的有益补充，发挥其特有的调节机制作用，为技术创新活动营造和提供良好的制度和政策环境。从前文的讨论可以看出，我国各级政府为促进技术创新，出台和实施了大量相关政策，这些政策有力地指导了企业自主创新工作。但是，也应注意到，在一些地方专利资助等激励性政策中，存在一种盲目地追求专利申请和授权数量的导向，特别是在奖励政策方面更多地以专利数量作为主要标准，忽视了专利产业化绩效的考察与评估，结果导致一些政策变相成了科技奖励模式，与依靠市场获得回报的市场机制背道而驰。这种数量型知识产权管理政策导向值得改进，应逐步转变为数量与质量兼顾型政策导向上来。

（三）市场法制对技术创新的保障作用

上述市场机制是一种公平竞争机制，离不开法律保障，特别是规范市场经济公平竞争秩序的竞争法律制度。市场法制的必要性体现于规范市场交易和竞争秩序，完善市场结构，健全市场规则和市场制度，为市场经济主体从事市场交易、市场竞争、市场活动提供制度保障和制度环境。市场是生产、销售、消费的整合平台，因此，市场法制涉及相当多的内容，如市场竞争制度、资本市场制度、技术市场制度、中介服务市场制度、人力资源市场制度、信息服务市场制度、劳动力市场制度等，其中与企业技术创新密切相关尤其体现于市场竞争制度、资本市场制度、技术市场制度、中介服务市场制度等。

市场竞争制度是调整市场竞争关系，规范市场竞争秩序，防止市场中的各类不正当竞争行为的市场法制，主要包括以反不正当竞争法和反垄断法为核心的竞争法制。技术创新与市场竞争及市场竞争制度具有十分密切的联系。一方面，技术创新在一定意义上是市场竞争的产物，正是因为市场竞争的激烈、技术创新的成功能够使企业获得极大的市场竞争优势，调动了企业从事创新的积极性；另一方面，技术创新获得中伴随着市场竞争，需要受到竞争规则的调整，市场竞争制度不完善将面对创新成果的模仿、搭便车行为无能为力，甚至严重损害技术创新活动。同时，技术创新的成功，会使部分企业成为市场中的领先企业，为获得最大的效益，这些企业有天然的垄断倾向，反垄断法等市场竞争法制需要干预。

建立促进技术创新的市场法制，还需要建立和完善生产要素市场及其运行机制，以保障企业的诸生产要素能够在市场中实现优化配置，并最终在市场中能够得以实现。以技术市场制度为例，涉及技术市场主体制度、技术市场交易制度和技术市场中介服务制度等内容。在技术市场主体制度完善方面，企业、高校、科研院所与个人是技术供需方，需要建立激励技术供应方积极转化其技术成果的机制，为此需要理顺职务技术成果与非职务技术成果的产权归属，完善职务技术成果制度；在技术市场交易制度方面，主要需要完善技术合同制度，包括完善我国《合同法》中涉及技术合同的规定以及《技术进出口合同管理条例》的规定等；在技术市场中介服务制度完善方面，主要是完善现行技术市场中介服务体系，拓宽服务范围，规范中介服务行为，提高中介服务机构的服务效率。中介服务制度对于技术创新具有不可忽视的辅助作用，对此党和国家有关政策性文件多次提到了发展科技中介机构和交易场所、培养职业技术经纪人队伍的重要性。

七、产业技术政策的完善

产业化环境与制度的完善是促进企业技术创新的重要保障。某些情况下，尽管企业专利技术比较成熟，技术实力强，但受到实施转化的产业化环境的影响，导致产业转化受阻。例如，武汉全真光电科技有限公司拥有LCOS 芯片和光机方面完整的知识产权以及整机批量生产能力，在该领域处于优势地位，但该技术在本地实施转化时却受产业链不配套的影响。

产业技术政策与企业技术创新之间具有十分密切的联系。企业技术创新是在特定的产业中进行的，并与相关产业之间具有直接或间接联系。产业技术的进步和创新是推动我国经济和社会发展的重要动力，其基础是企业技术创新和进步。提高企业技术创新能力，是国家产业政策的重要目标和内容。为此，需要强化企业作为技术创新主体的作用，建立以企业为主体、市场为导向、产学研相结合的技术创新体系。作为国家产业政策的重要组成部分，需要通过财政、税收、金融、政府采购等政策机制，支持、鼓励和引导企业重视对技术创新的投入，整合企业技术创新资源，提高技术创新效率。企业通过技术创新提升其创新能力，进而提升相关产业的核心竞争力，而企业本身技术创新能力的提高又受到国家产业技术政策的深刻影响。国家产业技术政策能够通过科学、合理配置创新资源和营造自主创新的政策和制度环境，有力地指导和引导企业技术创新行为。

企业技术创新与国家产业技术政策两者之间具有良性互动的关系。通过企业技术创新，增强以自主创新为主的技术创新力度，优化产业结构，促进产业技术升级，提高我国产业技术的国际竞争力；通过落实市场需求与政策引导相结合、传统产业与高新技术产业发展相结合、重点突破与全面发展相结合以及近期目标与长远目标相结合的国家产业技术发展原则，瞄准世界产业技术前沿，重点开发制约产业发展的核心、关键技术，以及具有国际先进水平的新技术、新产品和新工艺和具有自主知识产权的重大设备和产品，实现重大技术装备的国产化，适应我国经济社会发展需要，着力对一批影响产业发展的共性关键技术与具有巨大推广应用价值和示范作用的先进实用技术；通过培育和创建一批具有核心竞争力的创新型企业和企业集团，在企业技术创新的基础上实现区域和行业创新；通过构建产业技术战略联盟和扶植促进产业发展的技术联盟，支撑企业技术创新服务，使企业真正成为技术创新的主体，同时促使国家创新资源的整合和互补，转变经济增长方式，提高我国产业的核心竞争力和产业技术水平。另外，从国家发展循环经济和绿色产业技术体系的角度看，在产业技术政策指导下的企业技术创新还可以有的放矢地开发先进的工艺和设备，以此取代高消耗和高污染的落后工艺和设备，形成环境友好型和节约型产业结构，促进我国经济社会的可持续发展。

知识产权制度在一定意义上也可以看成是国家产业政策的产物，如在专利制度理论上至今仍然存在"产业政策论"的观点。事实上，产业技术政策和知识产权战略实施之间也存在密切的联系，这种密切联系的桥梁就是"产业创新"。所谓产业创新，按照该理论提出者弗里曼的观点，它是一个包含了技术创新、技能创新、产品创新、流程创新、管理创新（组织创新）、市场创新等在内的综合系统，而按照我国学者的观点，它是技术创新、管理创新和市场创新的系统集成，旨在使企业突破既定的产业结构的约束，构建未来产业框架并透过核心能力之培养来予以实现的过程，是企业战略创新的核心和最高目标。❶

产业技术政策立足于产业环境，以产业技术创新为导向，而产业技术创新离不开知识产权制度的保护和激励，"需要将知识产权战略嵌入到产业创新的整个过程，需要实现知识产权制度和产业创新的融合。因此，知识产权是产业创新的基础和核心，知识产权战略是提升区域产业竞争力的关键环节"。❷ 因此，从产业技术政策完善的角度，也可以提出技术创新与企业知识产权战略融合的对策。

如前所述，为促进我国产业技术发展，工业和信息化部、科学技术部、财政部、国家税务总局于 2009 年 6 月联合发布了《国家产业技术政策》

---

❶ 陆国庆. 产业创新——超越传统企业理论的新范式 [J]. 产业经济研究，2002（1）：46.
❷ 李平，萧延高. 产业创新与知识产权战略——关于深圳实践的深层分析 [M]. 北京：科学出版社，2008：1.

（信部联科〔2009〕232 号）。该政策对促进我国产业技术发展的对策作了全面规范，有利于指导我国产业技术发展，提高我国产业技术水平和产业核心竞争力。《科学技术进步法》第 31 条规定：县级以上人民政府及其有关部门制定的与产业发展相关的科学技术计划，应当体现产业发展的需求。县级以上人民政府及其有关部门确定科学技术计划项目，应当鼓励企业参与实施和平等竞争。该规定体现了与产业发展相关的科技计划体现产业需求的意旨，也反映了科技计划的背后的产业政策需求。

《国家产业技术政策》的重要内容之一是"发挥企业主体作用，促进产业技术研究开发与创新"。根据该政策的规定，需要从以下几个方面着力强化企业的技术创新主体地位，大力开展企业的研究开发工作，促进技术创新成果的推广应用，推进产业结构调整和技术升级，提高产业竞争能力：一是充分发挥企业技术创新的主体作用；二是支持以企业为主体的技术开发；三是强化金融支持企业技术创新的力度，加大信贷支持力度；四是促进企业实施可持续发展战略；五是鼓励企业发展符合《国家产业技术发展指南》的产业技术，引导企业通过产业技术的研究开发增强核心竞争力；六是支持企业加强技术改造。

从上述对《国家产业技术政策》的分析可以看出，国家产业政策与企业自主创新、技术创新以及知识产权战略实施之间具有十分密切的联系。上述国家产业政策规定的具体内容可以为我国技术创新与企业知识产权战略实施，特别是在技术创新中推动知识产权战略的实施、通过知识产权战略实施保障企业技术创新方面，从宏观层面进行了系统、全面的规范和指导。当然，上述《国家产业技术政策》的规范仍需要通过具体的制度去推动和落实。

八、科技创新体系与科技体制之完善

科技创新体系、制度和政策完善，是我国提高自主创新能力和建设创新型国家的重要保障。科技创新体系、制度与科技政策息息相关，而科技政策则可以理解为"促进科学技术发展以及利用科学技术为国家目标服务而采取的集中性和协调性的措施，是科学技术与国家发展的有机整合"❶。我国相关法律、政策和重大规划等确立了科技政策的导向，指出应通过科技创新体制完善和科技体制改革，推进我国创新体系建设和技术创新活动。例如，2007 年修订的《科学技术进步法》第 2 条规定的我国科技政策指导方针是，"国家坚持科学发展观，实施科教兴国战略，实行自主创新、重点

---

❶ 樊春良. 全球化时代的科技政策［M］. 北京：北京理工大学出版社，2005：2.

跨越、支撑发展、引领未来的科学技术工作指导方针，构建国家创新体系，建设创新型国家"。《国家中长期科学和技术发展规划（2006—2020 年）》（国发〔2005〕44 号）指出，"必须把提高自主创新能力作为国家战略，贯彻到现代化建设的各个方面，贯彻到各个产业、行业和地区，大幅度提高国家竞争力"。

科技体制改革是进一步激发创新活力，推进科技进步与创新的重要手段。时任国务院总理温家宝在 2011 年《求是》杂志中撰文指出：应实施知识产权战略，激发全社会创新活力，依靠科技创新经济社会发展方式。加快科技发展必须深化科技体制改革，尤其需要在科技管理体制、决策体制、评价体系以及科技系统组织结构、科技人事管理制度深入推进改革，建立与社会主义市场经济体制相适应的现代科技体制。在 2011 年 9 月下旬达沃斯论坛与企业家座谈中，温家宝指出，应大力推进科技改革，其实质在于解决科技与经济两张皮的现象，实现以企业为主体，产学研相结合。

我国科技管理体制改革的一个重要方向是逐步摆脱主要依靠行政手段管理科技工作的状况，重视市场机制的作用，激发科技创新活动，加强科技人才培养并优化配置科技人才。同时，逐步建立科技管理与知识产权管理有效融合的新型科技管理体制，确立科技管理中的知识产权导向机制也是未来科技管理体制改革的重要方面。科技管理体制不仅关系到我国整体的"科教兴国战略"的实现，也直接关系到我国企业科技创新，因此也是建立适应技术创新与企业知识产权战略的法律保障体系的重要组成部分。总体上，我国科技管理体制改革需要建立以市场机制为基础，以激励创新和知识产权保护与管理为重点的模式。

（一）建立有利于科技人员流向企业的政策和制度机制

科技人员作为重要的人力资源和人力资本，是实现企业技术创新的主体。企业科技人员特别是创新性强的科技人才的数量、结构和状况在很大程度上决定了企业技术创新的成败。从我国从事研究开发的研究人员在劳动力中所占的比重看，尽管绝对数量不低，但与发达国家相比数量非常落后。西方国家从事研究开发活动的科技人员大都来自于企业，由于企业面向市场经济第一线，研究开发成果能够紧跟市场行情，从而能够比较好地实现技术创新。在科技体制和科技资源配置方面，我国科技资源配置存在不合理现象，特别是企业科技人才比重过低。据统计，我国科技工作者 280 多万人，其中高级科技人才 90% 以上分布于高校和科研院所，只有 7% 分布于企业。再从企业研究开发人员所占比例来看，我国企业研究开发人员所占比例在企业职工总数中所占比例相当低，以 2006 年国有大中型企业为例，当年比例为 1.63%，而发达国家相应比例则为 8%～20%，甚至达到 30%。●结果，每年的科技成果只有 30% 左右来自于企业。这样的科技资源配置和科技成果产出结构，很容易造成科研与生产脱节、研究开发技术与市场脱节、研究开发成果难以及时转化为生产力、科技成果实施效率低下等缺陷，不利于促进企业技术创新，不利于从根本上解决经济科技两张皮问题。在国家创新研究的项目中，面向企业的比例偏低，这在一定程度上也是由于科技人员在企业的比例偏低造成的。

　　未来科技体制改革的思路之一，应是建立鼓励科技人员向企业流动的政策、制度和机制，从源头上保障企业获得科技创新资源。为此，需要完善企业科技人才成长环境，建立和完善科技人才和管理人才的培养机制、激励与奖励机制、利益分配机制和人才流动机制。具体而言，应特别重视以下对策：

　　第一，改革现有科技管理体制，特别是科技人才管理体制，建立有利于向企业流动的科技人才政策体系和制度。进一步深化应用开发类科研机构企业化转制改革，鼓励和支持其在行业共性关键技术研究开发与推广应用中发挥骨干作用。

　　第二，加强对企业科技人才培养的力度，健全企业科技人才培养机制，根据企业技术创新、技术改造、技术引进、产业转型升级等需要，加强对新技术、新产品、新工艺、新材料等创新活动的研究，提升科技人才在企业生产经营战略实施中的地位。

　　第三，建立企业科技人才的激励机制。例如，对在技术创新、技术改造、技术引进以及完成国家和地方重大科技计划项目中做出突出贡献的企业科技人才实行重奖，探索激励企业科技人才投身于科技创新的路径和方法，对国家科技计划和重大专项人才采取重点措施以保障计划的完成。以企业科技人才激励措施为例，根据调研的情况，目前我国很多企业对科技人才未予足够重视，科技人才的收入与其对企业的贡献不成正比，分配和激励制度不够合理，影响了科技人才从事创新的积极性。为此，需要探讨对企业在创新活动中做出重要贡献的科技人员采取的激励创新措施，如晋级、技术职称聘任、收入分配等方面建立长效激励机制。

　　第四，建立企业科技人才考核评价制度，将考核评价的情况与科技人才的职称、工资待遇等结合。

（二）建立企业科技创新组织与运行机制

　　在我国，企业科技创新人员的缺乏直接影响了企业创新活动的开展和

---

❶　王淑芳. 企业的研究开发问题研究［M］. 北京：北京师范大学出版社，2010：231.

技术创新的实现。同时，企业缺乏高效运转的研究开发机构和创新部门，没有建立起促进创新的运行机制，也是当前我国很多企业缺乏自主创新能力，技术创新成效不佳的重要原因。特别是就一些国有大中型企业来说，随着我国经济社会发展，其科技创新队伍、技术储备与创新机制反而落后了。例如，在减员增效中一些企业向研究开发部门开刀，研究开发机构和人员不仅没有强化或充实，反而遭到削弱。由于创新特别是原始创新活动面临的风险大、周期长、投资高，加之企业科技创新人员和研究开发经费不足，很多企业不大愿意投入自主创新活动，而是热衷于直接购买设备和技术，甚至认为独立研究开发不如争取科研经费购买国外设备和技术快，直接购买产生的收益更大。其结果是，大量企业采用的是国外进口技术、设备、仪器仪表等，对组建创新机构、投入创新资源和培养创新队伍兴趣不大，从而缺乏健全的创新组织体制和创新运行机制。这必将严重制约我国企业整体技术能力的提高，从长远来说将危及我国经济安全和可持续发展，不利于实现建设创新型国家目标。为此，建立企业科技创新组织与运行机制是当务之急。其中，企业科技创新组织以适应市场经济体制为基本原则，以建立创新中心、研究开发中心、工程中心等为具体表现形式。企业科技创新运行机制则应以建立开发新技术、新产品、新工艺，拥有具有自主知识产权的核心技术，实现技术创新，提高技术能力为目标，以激励创新的制度和政策为基础，以创新组织为依托，以科技创新资源和人才队伍为保障，以创新文化建设为精神支柱的内在有机联系、相互作用的系统。

（三）建立科技管理体制的技术创新与知识产权导向机制

党的十七届五中全会指出，要"深化科技管理体制改革，优化科技资源配置，完善鼓励技术创新和科技成果产业化的法制保障、政策体系、激励机制、市场环境"。我国科技管理体制改革涉及科技管理组织、科技资源分配、科技成果归属与利益分配、科技成果商业化与产业化、科技管理制度与政策、创新激励与科技创新环境等诸多内容。其重点应是消除计划经济体制下科技经济两张皮、忽视科技成果的知识产权确权与管理、企业在科技创新中重要的地位没有受到应有重视的弊端，建立科技管理体制的技术创新与知识产权导向机制，强化企业在科技创新中的重要地位。一方面，科技管理体制中应改变过去那种单纯的成果管理模式，将科技管理与技术创新和知识产权管理紧密结合起来，实现科技管理与知识产权管理的有效融合，在科技管理中引入知识产权管理理念和内容，以技术创新目标为指引，通过有效的知识产权管理促进科技创新主体的科技成果及时获得知识产权，实现技术创新目标；另一方面，科技管理体制改革需要大力加强企业在我国科技创新中的地位，使企业真正成为科技创新的重要主体。这就要求科技体制改革应重视以下几项内容：一是建立科技创新人员流向企业的机制，对此前文已作论述，在此不赘述；二是建立企业科技创新的激励机制，以此激发企业科技人员和全体员工投身于科技创新的积极性；三是在科技创新政策上，将其与知识产权制度与政策挂钩，尤其是在科技管理制度中融入知识产权管理的内容，避免科技政策、科技管理与知识产权脱钩的现象；四是将企业视为科技创新的重要主体，在国家科技中长期计划、国家科技创新计划、国家重大攻关项目，以及涉及财政、金融、投资、贸易、税收等政策和制度中，充分体现树立企业科技创新重要主体的思想。

九、知识产权公共政策之完善

所谓政策，"是国家机关、政党及其他政治团体在特定时期为实现或服务于一定社会政治、经济、文化目标所采取的政治行为或规定的行为准则，它是一系列谋略、法令、措施、办法、方法、条例等的总称"。❶ 知识产权公共政策属于国家创新系统中的重要组成部分，也是国家创新政策的重要内容。

关于知识产权政策的内涵，有学者认为，从狭义的角度看是指通过对知识产权制度的调整来影响个体的行为决策，实现对效率的改进或者协调利益冲突。广义上则可以将知识产权权利行使产生直接影响的各种政策措施看成知识产权政策。❷ 本书认为，上述对知识产权政策的理解是妥当的。具体而言，知识产权公共政策包括了对知识创新成果的产权界定和保护政策，市场竞争和管制政策以及涉及激励知识产权创造、促进知识产权运营的各类税收、财政、金融政策等。

知识产权公共政策之所以具有必要性，是因为知识产权法律制度对知识产权法律关系的调整、对市场经济关系的调整具有一定的局限性，需要由知识产权公共政策予以弥补。一般而言，调整市场经济关系的手段有法律制度调控手段、政策调控手段和权力调控手段，由于市场经济是法制经济，人们一般主张尽量限制行政干预和权力调控。但是，法律制度对经济关系的调整存在一定的滞后性，加之法律制度在实施中因受多方面因素制约而难以达到理想的效果，公共政策调整辅之以一定的权力调控规制市场经济关系就具有必要性。❸ 从这一原理看，知识产权公共政策也存在必要性。当然，知识产权公共政策与知识产权法律制度并不是孤立的，二者具有一脉相承的关系。总体上，知识产权公共政策属于知识产权政策的范畴，

❶ 陈振明. 公共政策分析 ［M］. 北京：中国人民大学出版社，2003：43.
❷ 吴欣望. 知识产权——经济、规则与政策 ［M］. 北京：经济科学出版社，2007：38-39.
❸ 张志成. 知识产权战略研究 ［M］. 北京：科学出版社，2009：168.

它最终需要通过知识产权法律制度加以固定和实现；另一方面，知识产权公共政策对知识产权法律制度运行具有重要的指引和保障作用，一定时期的知识产权法律制度也可以说是知识产权公共政策的体现和反映。当然，两者毕竟属于不同的范畴和概念。

知识产权公共政策还与知识产权战略具有内在的联系。有学者甚至认为，所谓知识产权战略，就是"公共政策的法治化和法制的公共政策化的共同过程。知识产权战略的兴起是主权国家（政府）在全球化时代新角色的重要表现。这一角度就是政府作为主权者在全球化条件下，出于国家利益而对传统私的财产权利的干预和调整。"❶ 从知识产权战略的角度理解和研究知识产权公共政策，可以更深入地认识知识产权战略的目标以及知识产权公共政策在实施知识产权战略和技术创新方面的重要地位。知识产权战略作为公共政策的法治化与法制的公共政策化，其对于实现知识产权公共政策具有关键作用。与此同时，知识产权公共政策也是实现国家一定时期的知识产权战略的重要指引和保障，一定时期的国家知识产权战略的目标、内容和战略重点通常在知识产权公共政策中得以体现和规范。正是在这一意义上，我国有学者提出知识产权战略的实施需要"三个统筹"：统筹知识产权各领域的公共政策，使知识产权制度成为一个整体性较强的制度，消除法律制度、管理制度和其他制度的矛盾；统筹知识产权与其他各领域的公共政策，建立知识产权制度与创新、贸易、公共卫生、市场竞争等领域政策的体系化和有机统一，发挥知识产权制度在其他领域的积极作用；统筹国内知识产权制度与知识产权领域的外贸外交政策，将有利于中国发展的知识产权制度建设成果转化为国际规则。❷ 这几方面的统筹，能够真正使知识产权制度通过战略性地运作而在国家的经济社会各个领域发挥其独特的作用，实现"知识产权强国"之目标。

基于知识产权政策在我国知识产权战略实施和知识产权事业发展中的重要地位，《国家知识产权事业"十二五"规划》中提出，健全知识产权政策体系是重点工作之一。为此，需要"加强产业、区域、科技、贸易、竞争政策与知识产权政策的衔接。利用财税、金融、科技、贸易等政策杠杆，促进知识产权创造和运用。制定适合战略性新兴产业和传统产业重点领域发展的知识产权政策，引导创新主体抢占相关产业的知识产权战略制高点。加强科技创新知识产权管理能力和政策体系建设，健全国家科技计划和国家科技重大专项知识产权管理制度以及行业知识产权工作机制"。该规定揭示了知识产权政策丰富的内涵，特别是其与

❶ 张志成. 知识产权战略研究 [M]. 北京：科学出版社，2009：2.
❷ 张志成. 知识产权战略研究 [M]. 北京：科学出版社，2009：169–170.

国家相关政策的密切联系，为提高我国知识产权政策水平，充分发挥其在推进知识产权事业中的重要作用提供了指引。

当然，知识产权战略除了与知识产权公共政策关系密切外，还与国家的创新政策、发展政策以及其贸易、文化、教育等政策密切相关，尤其是国家的创新政策与知识产权战略之间具有高度的融合性，国家创新政策可以在一定程度上弥补知识产权制度和知识产权战略实施对创新激励的不足，通过作用于外部竞争，促使创新主体利用知识产权制度以创新为先导获取竞争优势。在这个意义上，知识产权战略的实施既需要与知识产权公共政策结合，也需要整合知识产权法律制度、国家创新政策和发展政策，以知识产权法律制度为依托，立足于对知识产权这一私权的保护，维护知识产权制度需要保障和实现的广泛的公共利益。这就需要建立融知识产权制度与公共政策、创新政策、发展政策于一体的国家知识产权制度与政策体系，其中最重要的则是建立技术创新与知识产权战略融合的法律运行机制。这一点在地方性的知识产权政策性文件也有体现。例如，云南省科技厅、知识产权局于 2001 年联合发布的《关于进一步加强知识产权工作促进技术创新的若干意见》（云政办发〔2001〕193 号）指出：要创造条件建立知识产权体系，使知识产权既是技术创新的指标体系、评价体系，又是技术创新的法律保护体系、政策保障体系。

从以上论述可以看出，建构和完善知识产权公共政策也是推进我国技术创新与知识产权战略实施的重要保障。当前我国知识产权公共政策总体上还存在内容不够协调、体系不够完善、执行不够到位等诸多问题。为此，需要通过改革和完善与知识产权有关的各类公共政策，提高知识产权公共政策水平，完善知识产权公共政策体系，以促进我国技术创新与知识产权战略实施，为提高我国创新能力、建设创新型国家提供坚实的保障。

在当代，为适应全球化变革和知识经济凸显的环境，我国企业管理面临着深刻的变革。经济实力强的企业，其核心竞争力和利润的来源更多地依赖于其拥有与控制的无形资产，特别是其中的知识产权。企业知识产权要发挥其应用的价值，使其服务于提高创新能力，则离不开科学有效的管理。

企业知识产权管理水平是企业科学管理水平的重要标志，企业知识产权管理能力则是成功企业核心竞争力的重要组成部分，对企业市场竞争能力和经济效益的提高具有直接影响。因而，建立企业知识产权管理制度成为现代企业制度建设的重要一环。国外学者斯百特（Spector Y.）和朱克曼（Zuckerman D.）认为：知识产权是知识、研究开发和市场之间的桥梁，而知识产权管理是现代企业的核心职能之一。❶ 企业在将知识产权战略作为自身中长期经营管理战略的重要组成部分的同时，还应根据自身知识产权的状况确立知识产权管理工作的基本方针和策略，为实现技术创新提供坚实的保障。本章将在探讨企业知识产权管理基本原理的基础上，结合我国企业知识产权管理现状和问题，提出完善我国企业知识产权管理制度、提高企业知识产权管理水平的建议。

一、企业知识产权管理基本原理

（一）企业知识产权管理的概念与内涵

企业知识产权管理既属于企业管理范畴，也属于知识产权管理范畴。它是为规范企业知识产权工作，充分发挥知识

---

❶ 宋伟，张学，彭小宝. 我国区域创新中集群创新系统的知识产权参与机制研究［J］. 当代财经，2010（8）：89.

产权制度在企业发展中的重要作用，促进企业自主创新和形成自主知识产权，推动企业强化对知识产权的有效开发、保护、运营而对企业知识产权进行的计划、组织、指挥、协调、控制等活动。企业知识产权管理是企业对知识产权开发、保护、运营的综合管理，在知识经济时代的知识管理、战略管理中具有特别重要的地位。它是对知识产权所进行的系统化的谋划活动，通过对知识产权实施动态管理、法制管理、市场管理和国际化管理，能够提高企业运营知识产权的水平，强化企业对知识产权的保护，提高市场竞争力。从动态的市场管理维度看，企业知识产权管理立足于开拓市场、占领市场。企业知识产权管理活动以市场为导向，密切关注市场情况的变化，并根据市场情况变化而及时调整企业知识产权管理策略。从这方面看，企业知识产权管理也表现为动态管理。例如，华为公司就重视知识产权的动态管理，其将知识产权工作纳入企业生产经营的各个环节，还建立了预防和制止知识产权侵权的监控网络，以便发现侵权，及时加以处理，维护公司的合法权益。

企业知识产权管理的内涵还可以从其发展层级的角度加以认识。事务型管理是其基本形态。随着知识产权管理水平的提高，企业知识产权管理需要发展为战术型管理，逐步引入知识产权战略规划。最终，则需要进入战略管理的境界。目前国内外一些先进的公司，其知识产权管理已经进入了这一层次，值得我国其他企业学习。仍以华为公司为例，作为中国一个国际化的创新型公司，华为的知识产权管理具有战略管理色彩，其在知识产权战略方面主要有以下特色：（1）将知识产权战略融入公司整体战略之中。公司认为知识产权战略是公司战略不可分割的部分；（2）注重以实用性研究为基础的渐次突破；（3）在尊重他人知识产权基础上保护自主知识产权；（4）用知识产权战略巩固自身竞争优势。❶ 华为公司的知识产权管理与战略已成为中国企业加强知识产权管理、实施知识产权战略的表率。另如，海尔公司知识产权管理也进入了战略管理层次，公司内部形成了知识产权信息搜集、追踪、分析、评价、管理、纠纷处理一体化的知识产权工作体系。其在知识产权战略管理上，已经过名牌战略、多元化战略阶段，正在向国际化的战略目标进军。华为公司认为，在向国际化战略目标挺进的过程中，坚持以技术创新求发展，坚强对知识产权的保护，制定并实施一整套知识产权工作管理办法，是其成功的法宝之一。

（二）企业知识产权管理的内容

企业知识产权管理从知识产权的变动状况来说，涉及企业知识产权的

---

❶　王伦强. 华为公司知识产权战略的启示［J］. 中外企业家，2011（21）：68-69.

产生、运营、保护等形式；从管理过程看，是一个涵盖了决策、计划、组织、执行、控制等一系列综合过程的系统化活动；从管理层次看，除了日常的管理活动，还涵盖了战略管理内容，即用战略手段管理企业知识产权。❶ 由此可见，企业知识产权管理涵盖了丰富的内容，它除了包括企业知识产权管理组织构架、管理制度、人才队伍、知识产权文化建设外，还涉及企业知识产权管理的动态调节机制以及企业技术创新与生产经营活动各环节与知识产权相关的资源配置和行为，总体上涵盖了知识产权创造、运用和保护等内容。这些内容决定了对企业知识产权管理的研究不能过于偏重对知识产权法律问题的研究或者技术问题的研究，而是应立足于管理学科的性质和原理，在此基础上从法律、经济、技术等方面综合进行研究。

（三）企业知识产权管理的重要意义

企业知识产权管理之所以重要，是因为知识产权本身是一种静态的财产权利，它能为知识产权人带来巨大的竞争优势和市场竞争力。但这是以有效的知识产权管理为前提的，如果不能对知识产权进行有效的管理和整合，就难以使其转化为现实的生产力和竞争优势。日本特许厅在《21 世纪知识产权问题思考报告》中即提出了面向知识经济的知识产权管理的具体建议，在知识产权管理目标上，将对知识产权的自主权和控制权作为重中之重。知识产权管理的重要性还体现于其对知识产权资源的优化配置及其使用效率的保障作用上。知识产权资源的优化配置是发挥知识产权的资源效能，提高知识产权资源的利用效率，实现知识产权资产保值增值的前提和基础。知识产权资源优化配置和有效使用也离不开有效的知识产权管理。管理学理论中的资源与能力学说认为，仅有异质性的资源还不足以形成现实的竞争力，还需要对这些资源的整合和运用能力。就知识产权这一无形资源而言，其本身并不能为企业等知识产权人创造独特的价值，而需要对其进行良好的管理和运用。

知识产权作为企业的重要无形资产，离不开企业合理开发、保护、利用和运营，这就需要对企业知识产权进行科学管理。特别是，在新的形势下，加强对企业知识产权管理的研究，也是适应当前我国经济转型升级，提高自主创新能力，建设创新型国家的迫切需要。在新的国际竞争形势下，建立以知识产权管理为基础的企业经营管理体系，则是我国企业参与国际市场竞争的迫切要求。正如施乐公司许可部前主任杰·达列莱（Joe

---

❶ 有学者认为，企业知识产权管理的内容可以从宏观和微观层面加以研究，前者涉及企业知识产权战略的管理和企业知识产权工作的总体规划与管理，后者涉及企业知识产权管理机构、管理制度、知识产权分类管理、知识产权纠纷管理等。该观点也体现了企业知识产权管理的层次性。参见：朱雪忠. 企业知识产权管理 [M]. 北京：知识产权出版社，2008：7-8.

Daniele）所指出的："知识产权管理是研发到市场的直接连接。"❶ 这是因为，在新的国际竞争条件下，企业取得拥有自主知识产权的产品和技术是获得市场竞争力的根本保障。知识产权制度是现代企业经营的重要法律保障，也是企业将自己的技术优势和产品优势转化为市场优势的法律机制。企业只要善于保护、管理、运营知识产权，就能够在现代企业的经营管理中充分地拓展自己的市场空间和技术空间，获得市场和竞争的主动权。建立健全与现代企业制度相适应的我国企业知识产权管理制度，全方位提高我国企业知识产权管理水平，是国际国内形势的必然要求，也是作为社会主义市场经济主体的我国企业大幅度提高自身核心竞争力，获得最佳经济和社会效益的必由之路。

企业知识产权管理既是我国广义上的知识产权管理的重要组成部分，也是企业科学管理的重要组成部分，是企业管理体系中颇具战略意义的环节。可以认为：在现代企业管理模式中，缺乏知识产权管理的企业，则不能视为建立了现代企业管理模式。适应现代企业管理模式变革需要，企业应将知识产权管理置于企业管理中的重要位置。为更加充分地发挥知识产权管理在企业自主创新中的作用，推进这一创新制度安排与技术创新的融合，企业管理者还有必要从战略的高度认识企业知识产权管理在企业管理体系中的重要地位和作用，并认识它对提高企业经营管理效应的重要影响。

（四）企业知识产权管理与知识产权战略、技术创新之间的关系

1. 企业知识产权管理与知识产权战略之间的关系

企业知识产权管理是当代知识产权战略的重要环节和组成部分，离开有效的知识产权管理，知识产权战略实施最终不能实现其目的。企业知识产权战略则是国家知识产权战略的基础和核心环节，国家知识产权战略的实施需要以对企业知识产权的有效管理为基础和保障。

企业知识产权管理和知识产权战略之间具有极为密切的联系：企业知识产权管理目标的确定需要对企业知识产权的保护、利用和运营进行战略定位，而作为企业发展战略重要组成部分的知识产权战略在不同阶段和不同目标方面则需要通过日常的企业知识产权管理加以保障。可见，企业知识产权管理是企业知识产权战略的基础性工作。有学者甚至认为："企业知识产权战略的重点是建立企业知识产权管理制度，将知识产权管理融入企业科研和经营管理之中。"❷ 还有学者指出，"在企业的知识产权管理体系中

---

❶ EDWARD KAHN. Patent Mining in a Changing World of Technology and Product Development [J]. Intellectual Assets Management, 2003.

❷ 吕薇，等. 知识产权制度：挑战与对策 [M]. 北京：知识产权出版社，2004：159.

知识产权战略无疑具有全局性的意义，能使企业的知识产权管理更具主动性、技巧性，因此，我们应制定并充分利用具有攻击、保护、激励、信誉、创收五大功能的诸如专利共享、交叉许可的专利战略和商标战略，以确保企业对知识产权的有效全程管理"。❶

基于企业知识产权管理与知识产权战略之间存在的密切关系，企业在将知识产权战略作为自身中长期经营管理战略的重要组成部分的同时，还应根据自身知识产权的状况，确立知识产权管理工作的基本方针和策略。从大管理战略的角度看，将企业知识产权管理纳入经济管理、科技管理之中，纳入企业的技术创新活动、生产经营管理的各个环节，并结合国内外竞争形势及时制定与实施企业知识产权工作策略，有利于克服知识产权管理与科技、经济脱节的现象，更好地发挥知识产权在企业发展中的作用。

2. 企业知识产权管理与技术创新之间的关系

在当代，企业管理正由传统型管理向创新型管理转变。传统型管理立足于企业有形资产。随着企业面临的外部环境变化，企业技术创新、科技创新和管理创新已成为获得与保持市场竞争优势的法宝。企业管理创新的重要特点是，适应科技发展和市场环境的变化，加大对新技术、新产品研发投入，持续不断地进行战略创新，将创新渗透到整个管理过程中。❷

在技术创新过程中，企业知识产权管理涉及企业知识、技术、人才、资金等创新资源的管理和知识产权成果的管理等内容。技术创新与企业知识产权管理之间存在互动关系，知识产权管理成为防止创新成果流失，保障技术创新活动效率的重要手段。从企业知识产权管理的对象看，企业知识产权管理以知识产权和企业相关活动为对象，既包括对企业拥有的知识产权本身的管理，也包括企业在技术创新、生产经营过程中涉及的知识产权诸事项的管理。

如前所述，技术创新过程中具有形成知识产权的内在机理及其制度保障。技术创新过程本身也是知识产权创造的过程，其中技术发明成功是一个关键环节。然而，技术创新本身不等于自主知识产权的自然形成，它需要通过履行知识产权专门法律的确权程序才能获得。实践中一些企业存在一种误区，就是认为只要进行了技术创新活动，取得了具有先进性的技术发明，就可以获得自主知识产权，其结果是导致大量技术创新成果的流失。重视企业技术创新中知识产权的形成机理，可以扭转这一状况，"促进创新主体主动把技术创新与知识产权联系起来，并积极把技术创新成果确认为知识产权，又可提醒或促使技术创新主体必须从战略高度把取得技术创新

❶ 何敏. 企业知识产权管理战略［M］. 北京：法律出版社，2006：145.
❷ 叶陈毅. 无形资产管理［M］. 上海：复旦大学出版社，2006：19-21.

成果的过程变为取得知识产权的过程。"❶ 企业要在技术创新过程中同时形成知识产权的取得过程，需要利用知识产权法的制度保障机制，并按照知识产权法规定的条件和程序办理确权手续。从知识产权制度机制要求看，技术创新活动应当满足以下条件：在技术创新活动中通过研究开发等活动取得符合知识产权法保护条件的创新成果。这一条件表明了以下三个特点：创新活动取得了成功；创新成果属于知识产权保护的客体范畴；创新成果具备知识产权法规定的条件。同时，企业对创新成果的知识产权需求以及办理必要的手续也是必要的。技术创新过程涉及诸多知识产权问题，离不开科学有效的知识产权管理。

企业知识产权管理与技术创新之间的密切关系，还可以从提高创新管理能力方面加以认识。所谓"创新管理能力"，是企业组织、安排创新活动、推进创新互动实施的能力，包括发现和评价创新机会、组织管理创新活动的能力，它通过创新战略、创新机制和创新速度等方面反映出来。❷"产品创新和技术创新的成果必将带来企业生产经营方式与组织形式的变革，要求企业制度与之相适应以推动创新工作的开展。也只有在适宜的企业制度下，才能在技术与产品的创新上给予充分的配合，及时决策、合理组织、正确领导、协调控制。因此，单纯意义上的技术创新、产品创新是不存在的，它们与制度创新是结合在一起的。"❸ 企业制度创新涉及丰富的内容，其中知识产权制度创新也是其中不可缺少的内容。如前所述，技术创新与知识产权制度之间具有密切联系，企业通过有效地运用知识产权制度，能够有力地促进创新活动，保障技术创新目的得以实现。

在创新管理方面，发达国家企业积累了丰富的经验，值得我国企业借鉴。例如，德国宝马公司、大众公司创新管理的经验就值得重视。根据对宝马公司技术创新管理的研究，公司在技术和产品上不断创新，有一套成熟的产品创新战略，特别是创立了"创新研究、创新控制和创新转化"的创新管理原则。在创新研究方面，公司投入了强大的创新团队和研究开发经费，获得了一系列创新成果；在创新控制方面，公司主要是测试和评估前一阶段各种技术和产品创新在汽车行业中的适用性，以确定是否需要延续创新活动；在创新转化阶段，主要是将经过认同的准备用于汽车行业开发的创新成果转化为特定的产品，为此公司还制订了专门的实施计划，以确保汽车的高质量和高档次。❹ 上述创新管理经验，事实上隐含了对知识产

❶ 王九云. 技术创新过程中可以形成知识产权的机理与启示 [J]. 管理世界，2004（3）：141.

❷ 纪玉山，曹志强，等. 现代技术创新经济学 [M]. 长春：长春出版社，2001：183.

❸ 包晓闻，刘昆山. 企业核心竞争力经典案例：欧盟篇 [M]. 北京：经济管理出版社，2005：71.

❹ 包晓闻，刘昆山. 企业核心竞争力经典案例：欧盟篇 [M]. 北京：经济管理出版社，2005：71-77.

权的有效管理的内容。因为创新管理涉及的创新对象和成果，是知识产权保护的客体，企业整个技术创新活动也就是知识产权的创造、确权、运用和价值实现的过程。离开对知识产权的有效管理，创新管理将难以实现提高企业技术创新能力的目的。

二、我国企业知识产权管理的现状与问题

在当代，知识产权制度不仅是一种法律制度，更是一种管理制度，知识产权管理成为现代企业管理不可缺少的重要内容。和发达国家相比，中国知识产权制度建立较晚；相应地，企业知识产权工作开展得也较晚。中国的企业经历20世纪70年代末的经济改革、80年代的开发引资、90年代的产权制度改革等，从开始就重视知识产权工作并积极实施知识产权战略的企业较少，除了少部分大规模团公司以外，将知识产权管理纳入企业生产经营管理的较少见。当前，中国企业知识产权管理水平有了很大提高，知识产权管理体系不断完善，经验不断丰富，特别是少部分创新型企业成为表率，其知识产权管理水平可以和发达国家企业相比。❶ 根据对部分中国创新型企业知识产权管理状况的实证研究，中国企业知识产权管理成就至少体现为：知识产权管理得到一定程度的重视，初步建立了知识产权工作体系。目前，企业的知识产权战略意识逐步增强，知识产权得到了管理决策层的重视；制定了一系列规章制度，规范知识产权管理工作；普遍采用正负激励结合的手段促进知识产权创造。❷

不过，中国企业知识产权管理总体上仍然存在较多问题，知识产权管理仍然比较薄弱，总体上停留在较低的层次上。根据笔者的调研和参考其他实证研究的结果，中国企业知识产权管理存在的主要问题如下。

（一）企业知识产权管理意识较为缺乏

一些企业在知识产权管理定位上存在误区，即将企业知识产权管理等同于企业技术生产管理或法律事务的管理，没有对其给予足够的重视。实际上，在企业知识产权管理中，知识产权战略管理是其最高境界和层次。现代发达国家企业对知识产权管理已广泛采用战略管理的形式，通过知识产权的战略管理，企业不断提高自身的竞争力并得到可持续发展。中国一

❶ 有关中国企业在知识产权管理方面取得的经验，参见：朱雪忠. 企业知识产权管理［M］. 北京：知识产权出版社，2008；马忠法，胡传实，尚静. 知识经济与企业知识产权管理［M］. 上海：上海人民出版社，2011.
❷ 邸晓燕，张杰军. 创新型企业知识产权管理的现状、问题及对策——基于部分创新型企业的案例分析［J］. 中国科技论坛，2011（4）：63.

些企业将知识产权管理制度的实施当成一项额外的"成本支出"，如申请费、维护费、调查费、专家费、保护费等，没有建立独立的知识资本制度，没有为知识产权管理提供专门的经费，致使企业知识产权管理流于形式。由于缺乏知识产权战略规划，企业即使获得知识产权后，对知识产权的利用率和产业化、商品化程度都不高。❶

（二）企业知识产权管理制度缺乏

我国企业知识产权管理制度建设呈现较大的差异性。一般地说，高新技术企业、进入成熟发展阶段的大型企业知识产权管理制度较为健全，中小企业和初始及发展阶段企业存在的问题较多。前述科学技术部火炬高技术产业开发中心 2011 年的调查发现，高新技术企业知识产权制度建设方面明显优于非高新技术企业。如高新技术企业制定了《专利管理办法》的占 50.1%，制定了《职务成果奖励制度》的占 43.4%，制定了《商业秘密管理办法》的占 41.4%，制定了《商标管理办法》的占 26.8%。同期未设立知识产权管理制度的高新技术企业占 15.5%，而这一比例在非高新技术企业中占 36.4%（见图 8-1）。❷

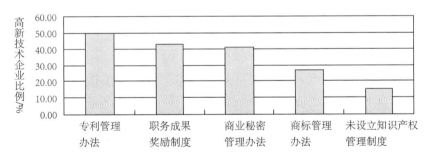

图 8-1　高新技术企业知识产权管理制度建设情况

总体上看，我国很多企业没有建立起完整的知识产权保护和管理制度，也没有建立知识产权考核指标价值体系。例如，缺乏对职务发明创造、激励知识产权运营方面的制度和措施。很多实证调查和分析也证实了这一点。例如，莱芜市知识产权局提供的 2009 年《中小企业知识产权工作状况调查报告》显示：在被调查的 100 家中小企业中，只有 36 家企业制定了知识产权内部规章，占有效样本的 36%，正在制定规章的企业 31 家，占有效样本的 31%；没有制定规章的企业 33 家，占 33%。近 2/3 的企业正在建立或者

❶ 叶月萍. 试析我国企业知识产权管理中存在的问题及对策 [J]. 企业经济, 2009 (1): 93.
❷ 唐恒, 付丽颖, 冯楚建. 高新技术企业知识产权管理与绩效分析 [J]. 中国科技论坛, 2011 (5): 81.

根本没有建立知识产权内部规章。❶ 一项针对青岛市企业知识产权管理工作状况调查的国家知识产权局重点软科学项目的成果显示，在 121 家样本企业中，制定了专利管理制度的企业有 20 家，部分制定的有 22 家，正在制定的有 31 家，尚未制定的有 48 家。❷ 在 "本调查" 21 份有效问卷中，制定企业保密制度和企业知识产权管理（保护）办法的分别有 12 家，制定专利管理办法的有 18 家。

民营企业也存在类似问题。一项对民营企业知识产权状况的研究表明，民营企业知识产权管理与保护存在以下问题：企业领导缺乏正确的知识产权法律观念、企业人才流失严重，自主品牌较少、知识产权管理体不够健全等。❸ 2006 年 3~5 月，中华全国工商业联合会经济部、中国社会科学院知识产权中心及上海市华诚律师事务所专门针对民营企业进行的一项知识产权调查表明，建立了内部知识产权管理制度的企业 244 家，占有效样本的 45.6%，正在建立内部制度的 159 家，占样本约 30%，尚没有制定的 85 家，占样本的 15.9%。❹ 这些调查数据显示，我国企业知识产权管理制度还不够健全。

这些样本说明，我国企业知识产权管理制度建设不容乐观，需要大力加强。

（三）企业知识产权管理机构缺乏

很多调查分析情况表明，我国企业知识产权管理机构建设很不理想，亟待改进。例如，前述国资委曾进行一项 2 716 家企业的知识产权问题调查表明，80.2% 的企业没有设立专门的知识产权管理部门。近期，科学技术部火炬高技术产业开发中心对高新区内 3 029 家企业知识产权状况进行了调查，样本组成为高新技术企业 1 991 家，占 65.7%，非高新技术企业 1 038 家，占 34.3%。❺ 在企业知识产权专职管理机构设置方面，46.4% 的企业设置了专职管理机构，46.8% 的企业没有设置专职管理机构，但相关工作由其他机构兼管，有 6.8% 的企业既没有设置专职管理机构，相关工作也没有其他机构兼管。依然有一半以上的企业的知识产权管理缺少内部管理机构。❻

---

❶ 庄晓. 莱芜中小企业知识产权管理中的问题与对策 [J]. 合作经济与科技，2010（18）：24.

❷ 李立，邢光，张占贞，祝晓波. 企业专利管理状况调查及特征分析——以青岛 284 家重点企业为例 [J]. 经济理论与经济管理，2009（4）：77.

❸ 张楠楠，黎璐玮. 民营企业知识产权管理体系现状简析 [J]. 经营管理者，2012（4）：135.

❹ 民营企业知识产权状况调查报告 [N]. 中华工商时报，2006-07-10.

❺ 赵旭，付丽颖，唐恒. 高新技术企业知识产权管理现状与对策——基于国家高新区知识产权调查 [J]. 科技管理研究，2011（18）：107.

❻ 赵旭，付丽颖，唐恒. 高新技术企业知识产权管理现状与对策——基于国家高新区知识产权调查 [J]. 科技管理研究，2011（18）：107.

一项国家知识产权局重点软科学项目的成果显示，在 121 家样本企业中，设立了专利管理专门机构的仅 5 家，设立兼职机构的 41 家，专职和兼职机构均未设的 75 家。上述调研成果还分析了造成企业专利管理机构建设不佳的原因，一是企业专利数量不多，专利事务也不多，工作规模不大，建立专门或兼职机构的需求有限；二是企业专利工作机理机制不足；三是缺乏专利管理有效人才储备。❶ 该调查成果尽管只是针对企业专利工作情况，但仍能在相当大的程度上反映企业知识产权管理工作情况。

　　其他的实证调查也反映了类似的情况。例如，根据四川省前几年对 212 户高新技术企业的调查结果，未建立知识产权管理机构的企业占 26.88%；将知识产权工作归属于其他职能部门的企业占 66.04%；而设立了专门的知识产权管理机构的企业仅占 7.08%。❷ 这说明设置知识产权管理专门机构和配备知识产权管理专职人员在企业所占的比重较低，没有设置任何知识产权管理机构和配备知识产权管理人员的比重仍然不小。知识产权管理缺乏组织保障，自然会影响业知识产权管理职能和水平的提高。中国社会科学院知识产权中心等对民营企业知识产权状况的调查结果则表明，设立了专门的知识产权管理机构的企业 92 家，占有效样本的 17.2%，设立了兼职管理部门的 306 家，占有效样本的 57.2%，专职和兼职机构均为设立的 103 家，占有效样本的 19.3%。❸ 再以 2007 年武汉市经济技术开发区对区内 67 家企业的调查情况看，设立知识产权管理机构的企业 37 家，占 55.23%。其中，设立专职知识产权管理机构的仅 3 家，占 4.48%，设立兼职知识产权管理机构的 34 家，占 50.75%。这从一个侧面说明，企业知识产权管理组织建设很不理想。由于缺乏健全的知识产权管理组织，因此，企业知识产权管理和战略实施很难落实。

（四）企业知识产权管理专业人员缺乏

　　知识产权管理人员是企业进行知识产权管理、实施技术创新与知识产权战略有机结合的人力资源保障和关键。但根据对现有企业的调查，这方面情况不容乐观。很多企业没有知识产权管理的专门人才，特别是缺乏将企业知识产权管理与企业业务紧密结合的专门人才，有关知识产权管理往

---

❶　李立，邢光，张占贞. 企业专利管理状况调查及特征分析——以青岛 284 家重点企业为例 [J]. 经济理论与经济管理，2009（4）：76-77.

❷　王涛，顾新，杨早林，唐琳. 我国高新技术企业知识产权管理现状、问题与对策 [J]. 科技管理研究，2006（4）：9.

❸　民营企业知识产权状况调查报告 [N]. 中华工商时报，2006-07-10.

往由企业相关部门和相关人员"代理",使得企业知识产权管理流于形式。❶
科学技术部火炬高技术产业开发中心近年对高新区内 3 029 家企业知识产权
状况进行了调查。在企业知识产权专职管理人员设置方面,53.1% 的企业有
专职管理人员,42.7% 的企业没有专职管理人员,但指定了兼管人员;
4.2% 的企业既没有专职管理人员,也没有指定兼管人员。❷"本调查"则显
示,在 21 家单位中,14 家拥有知识产权管理人员的单位,仅有 6 家拥有专
职管理人员,占到约 42.9%,总共只有专职管理人员 26 人。在拥有知识产
权兼职管理人员的单位中,不超过 10 人的有 10 家。而且,"本调查"还显
示,在知识产权管理人员中,几乎都是技术方面的专家或领导,如技术副
总经理担任组长,技术开发部经理和主管知识产权工作的副经理为副组长,
分公司所属单位主管技术的副厂长(副经理)为组员。这一人才结构显然
不大适应企业知识产权战略实施的需求。

三、完善我国企业知识产权管理、提高技术创新能力的对策

为克服中国企业知识产权管理存在的诸多难题,提升中国企业知识产
权管理能力和水平,需要借鉴发达国家企业知识产权管理经验,结合企业
面临的外部环境和自身实际,加以改进和完善。其中,强化企业知识产权
管理意识,提高企业领导层和员工的知识产权管理认识水平是首要的。通
常需要通过加强对企业领导和员工知识产权方面的培训、教育的方式得以
实现。这些培训、教育涉及知识产权知识的普及、与企业相关的知识产权
管理和制度、企业知识产权战略及其实施策略等。除此之外,企业应重视
以下策略的运用。

(一)明确企业知识产权管理方针和任务

企业知识产权管理方针是指导企业进行知识产权管理活动的管理理念
和行动指南,对企业知识产权管理活动具有重要的指引作用。企业知识产
权管理方针是与企业知识产权管理目的和原则相关的概念,应根据企业知
识产权管理目标和原则,并紧密结合企业战略和生产经营特点加以确定。

---

❶ 中国企业知识产权管理专门人才缺乏,与知识产权教育有一定关系。目前中国高校大多设
立了知识产权法方面的专业,但很少有知识产权管理方面的专业。中国知识产权方面的教学研究人
员,从事知识产权管理、知识产权战略方面研究的也很少。参见:陶鑫良. 中国高校知识产权人才
培养研究 [M]. 上海:上海大学出版社,2010.

❷ 赵旭,付丽颖,唐恒. 高新技术企业知识产权管理现状与对策——基于国家高新区知识产
权调查 [J]. 科技管理研究,2011(18):107.

企业知识产权管理必须有明确的目标，且与企业的整体发展战略相联系，这是确立企业知识产权工作方针的前提。例如，华为公司的知识产权战略目标是：在积累并形成自主知识产权的基础上，以国际化公司的知识产权为基线，充分保障公司知识产权的安全和取得参与国际市场竞争的资格；在积累知识产权能力的基础之上，主导或者加入跨国公司知识产权集合体（专利池）；从公司层面到公司业务层面形成与公司经营战略相配套的知识产权的创立、运用、保护和防御的战略。❶ 华为公司的知识产权战略愿景和使命被描述为：持续投入积累并形成自身的知识产权优势，达到国际化公司的知识产权能力基线，充分保障公司经营的知识产权安全和取得参与国际竞争的资格。❷ 这就体现了华为公司在知识产权方面的主要使命是战略性地利用知识产权，服务于企业发展的总体思想。

在确立企业知识产权管理目标的基础上，企业应确立适合其自身的知识产权管理方针。以德国拜耳公司为例，其提出的知识产权管理方针是：第一，加强企业知识产权管理，以实现和增加知识产权价值；第二，重视知识产权管理的内容和方向应以全球商业战略为导向；第三，企业知识产权管理应构建全球化的结构；第四，企业知识产权管理应作为战略上重要的无形资产对待；第五，在实施知识产权管理中加强对各部门之间的沟通和合作；第六，培养高素质的知识产权管理人才。❸ 上述知识产权管理方针即反映了作为一个国际化企业的拜耳公司知识产权管理策略的基本思路。前述江苏省《企业知识产权管理规范》关于知识产权管理方针要求的规定也具有一定的参考意义。该规范要求：企业知识产权管理方针应符合法律法规的要求并与企业发展总方针相适应；为知识产权管理目标的制定提供总体框架；向全体员工进行宣讲。

企业知识产权管理的任务则是由企业知识产权管理的使命和目的所决定的。企业知识产权管理的使命和目的是充分整合企业人力资源、信息资源等知识资源、资本资源和经营资源，促进企业知识创新和管理创新，有效运营知识产权，为企业带来最佳经济效益和社会效益。企业知识产权管理的任务是为实现企业知识产权管理目的服务的。具体内容包括，依靠和利用知识产权制度，有效地利用专利、商标、商业秘密等加强企业的知识产权保护，防止知识产权这类无形资产的流失，提高知识产权的运用效益；立足于企业和市场为企业技术创新、创立驰名商标以及生产经营全过程

---

❶　企业知识产权战略与工作实务编委会. 企业知识产权战略与工作实务［M］. 北京：经济科学出版社，2007：97.

❷　企业知识产权战略与工作实务编委会. 企业知识产权战略与工作实务［M］. 北京：经济科学出版社，2007：99.

❸　齐建明. 浅谈企业知识产权的保护与管理措施［J］. 机械制造，2009（9）：85.

服务。

企业知识产权管理上述任务的完成，主要是通过以下机制实现的：（1）以知识产权法律制度提供的保护手段促使企业的科研成果得到法律保护，使其转化为企业的一笔重要的无形财富和物质财富；（2）通过知识产权制度的激励机制和企业激励知识创新的具体制度，调动企业员工从事知识创造特别是发明创造的积极性，形成有利于企业技术创新的良性机制；（3）通过知识产权制度的市场垄断机制垄断相关市场，进而独占市场优势；（4）以企业作为承担知识产权管理任务的主体，建立科学的知识产权管理制度，使之贯穿于企业的生产管理、科技管理和营销管理的全过程，以适应市场经济条件下竞争与发展的需要。

（二）建立企业知识产权管理体系

企业知识产权管理体系，"是企业管理工作体系的一个子系统，具体而言，企业知识产权管理体系包括与企业经营策略和技术发展策略相适应的知识产权管理策略及其制定过程，以及为实现知识产权策略而进行的知识产权价值创造、利用和整合的过程，还包括为实施上述过程而配置的人财物组织资源和制定的组织知识产权制度和管理流程。"❶ 企业知识产权管理体系涉及企业知识产权管理任务与目标、企业知识产权管理方针、管理制度、管理人员、管理活动和管理运行机制等因素构成的统一体。

国家知识产权局为指导首批知识产权示范创建单位的创建工作而颁布的部门规章《全国企事业单位知识产权示范创建单位创建工作方案》明确指出，要"进一步强化知识产权管理能力建设，形成本企业参与国内外市场竞争需要的知识产权管理体制和机制。大型企业可借鉴跨国企业先进的知识产权管理模式，通过制度创新、管理创新、机制创新，尝试建立知识产权综合管理服务中心。加强知识产权工作体系建设，实现知识产权工作的体系化和专业化。加强知识产权部门的管理职能，由知识产权部门统筹知识产权事务。单位主要负责人直接领导知识产权工作"。建立企业知识产权工作机制是企业知识产权工作的基本内容，也是企业知识产权管理的基础性工作，它包括建立健全企业知识产权制度、加强企业知识产权基础建设，将企业知识产权工作纳入目标考核和战略实施规划中，始终将知识产权工作纳入企业技术创新中，以强化企业知识产权工作促进其技术创新等。例如，海尔公司知识产权管理成就也得益于其知识产权管理体系建设。公司将知识产权全流程管理体系作为核心的基础上，通过优化各类知识产权管理体系，适应不断变化的国内外竞争环境。一直以来，海尔集团都在不

---

❶ 肖志刚. 企业知识产权管理体系建构［J］. 电子知识产权，2006（11）：28.

断地建立各类知识产权管理体系，包括针对破坏性创新和延续性创新等不同策略的专利布局、专利品质管控体系、内部专利侵权风险管控体系、外部导入专利风险管控体系、海外专利诉求纠纷处理体系、海外知识产权风险防火墙等，并随时根据内外部环境的变化对这些体系进行调整优化。❶ 与华为公司一样，海尔公司也是中国企业知识产权管理与战略的表率。

中兴公司也为企业知识产权管理体系建设提供了经验。该体系从企业内部来说，涉及企业知识产权管理机构、知识产权制度和激励机制、企业知识产权管理人员、企业知识产权文化、信息网络建设以及资源保障等内容。从企业外部来说，则包括知识产权服务体系、企业知识产权法制环境、知识产权信息平台建设等内容。中兴公司在制度建设、资源、人员和财务保障、信息网络建设等方面狠下功夫。在制度建设方面，公司将知识产权工作融入研究开发、生产制造、市场营销、采购、财务等诸环节，建立了比较系统而完整的知识产权管理制度；在资源保障方面，公司拥有决策资源支持和专项资金支持；在人员保障方面，公司建立了知识产权人才培养体系，注重技术、法律和经营管理知识于一体复合型知识产权人才培养；在财务保障上，公司对知识产权工作建立专门的财务规划，对知识产权工作进行长期性的战略投入；在信息网络保障方面，公司建立了知识产权信息平台、专利分析系统、软件管理系统和专利申请维护系统等信息化平台，为公司进行技术创新和实施知识产权战略提供了良好的信息保障。

就完善企业知识产权管理体系而论，有观点主张从企业内外部入手，通过完善企业内部管理体系、法律法规体系和社会支持与服务体系来建构企业知识产权管理体系；有观点主张从知识产权战略管理、价值管理和组织管理等方面建立知识产权管理体系；还有观点主张从设置知识产权管理机构、建立和完善有关制度、加强信息服务平台健身和评估体系建设等方面加以构建。❷ 江苏省企业知识产权管理地方标准则对企业知识产权管理体系提出了"识别所涉及的知识产权种类及其在企业中所起的作用""确保知识产权创造、运用、保护和管理的有效运行和控制"等要求。还有学者主张知识产权管理的构成要素有管理机构、管理制度、管理方法和管理目标。❸

企业知识产权管理体系是将知识产权工作放在企业管理的战略层面，从企业知识产权管理理念、管理机构、管理模式、管理人员、管理制度等

---

❶ 王康. 将知识产权融入企业血脉——访海尔集团知识产权总监王建国 [N]. 中国知识产权报，2013-05-29.
❷ 徐建中，任嘉嵩. 企业知识产权战略性管理体系研究 [J]. 科技进步与对策，2008 (9)：109.
❸ 马海群，文丽，周丽霞，等. 现代知识产权管理 [M]. 北京：科学出版社，2009：10.

方面视为一个整体，界定并努力实现企业知识产权使命的系统工程。❶ 企业知识产权管理具有很强的系统性，是一个系统化建设。而企业知识产权管理系统是依据企业知识产权管理目标将知识产权管理诸要素给予合理的配置，并明确其活动范围和方式，形成相对稳定的、科学的系统。

完善的企业知识产权管理系统是保障企业有效运营知识产权的基础，是实现企业知识产权管理目标和落实企业知识产权基本任务的前提条件。现代企业建立科学的、完整的企业知识产权管理体系也是充分发挥知识产权资源效益的保障。这种管理体系要求强化知识产权管理，将企业知识产权工作贯彻于企业技术开发、生产、经营全过程，并且在知识产权管理中注重知识产权管理部门与其他专业部门的相互配合，形成有机运作的组织。其中，科学的知识产权管理体制是其有效运转的前提条件，它对于强化企业的科学管理、促进企业的整个知识产权工作都具有直接的推动作用。这种管理体制的建立也确保了企业超越单纯的产品管理和市场管理，而进入产品经营、市场营销与无形资产经营融为一体的良性循环中。

完善企业知识产权管理体系，还可以从知识产权管理机制的角度加以认识。有学者认为：按照知识产权形成过程，企业应动态地规划知识产权保护、管理并使其产生杠杆效益。企业不同阶段知识产权重点也应随之变化。根据其动态管理体系的观点，企业知识产权动态管理体系分为四块。其中前端是知识产权的布局、知识产权指标的制定，特别是对专利、商标的合理布局，能提高研发投入经费使用效率，及时掌握市场动态和竞争对手动态；中端是随着知识产权的形成并在逐渐参与生产、销售活动时对知识产权进行管理与运营；末端是当企业拥有知识产权后，对其进行合理保护，及时制止侵权。激励与评估则贯穿于三端各过程。这四部分相互推进、渗透。而且，各层次之间还存在信息沟通、资源整合与相互协调等环节。❷这一观点有利于从新的角度优化企业知识产权管理体系。

（三）将企业科技成果管理与知识产权管理有机结合

我国过去几十年中已经形成了比较完整的科技成果管理程序和体系，一般来说，从科研项目立项、科研经费安排和使用到科技成果鉴定和评奖再到科技成果推广应用，具有相当的计划和行政管理性质。"传统的科技成果管理工作的内容和职能主要表现为对科研课题（项目）的鉴定和对科技

---

❶ 国家保护知识产权工作组. 企事业单位管理人员知识产权读本［M］. 北京：人民出版社，2008：144.

❷ 李蓉，萧延高，王晓明. 全球化背景下我国企业的自主知识产权能力建构分析［J］. 电子科技大学学报（社科版），2007（1）：48.

成果的奖励以及相关的管理工作。"❶ 以科技成果管理的典型形式科技成果奖励机制为例，评价方法基本上包括四种：定性评价、定量评价、半定量评价以及定性与定量相结合的方法。❷ 这些评价方法的实质就是通过外部主导来决定创造者的成果价值，政府或其他有关单位是实施这种奖励方式的驱动力，成奖励不与成果的市场运用及其效益挂钩；科技成果奖励的评判机制具有很大的人为性。❸

计划经济模式下的科技成果管理体制被称为所谓"科技经济两张皮"。基本特点是强调科研计划的行政性，忽视科技成果的市场转化，激励手段是科技成果奖励制度，而不是面向市场的专利等知识产权制度。在企业技术创新中忽视知识产权管理，是计划经济条件下科技成果管理体制的惯性使然，其后果是导致企业自主知识产权缺失和无形资产流失，不利于企业市场竞争能力的提高。计划经济条件下的科技成果管理体制在市场经济条件下自然具有极大的局限性，因为国际上不承认"科技成果"的概念，只认专利技术成果。随着我国知识产权制度的建立和完善，科技成果管理制度应逐步融入知识产权管理的内涵。因为知识产权制度是将知识产权当成私权进行保护的制度，通过内在的激励机制调动人的创造性，其评判机制是市场。

企业科技成果管理体制和知识产权管理体制存在很大区别。以科技成果管理的典型形式科技成果奖励机制为例，科技成果奖励制度是通过外部主导，创造者处于被动地位，政府或其他有关单位是实施这种奖励方式的驱动力，成果奖励不与成果的市场运用及其效益挂钩；而知识产权制度是将知识产权当成私权进行保护的制度，通过内在的激励机制调动人的创造性。另外，两者的评判机制也完全不同，前者具有很大的人为性，后者则主要以市场经验知识产品创造者实际获得的利益大小。由于在科技成果管理和科技创新活动中，缺乏专利等知识产权方面的约束性指标，当科技成果产生后，自然想到的是获得科技鉴定和奖励。与以实行科技成果奖励为核心的科技成果管理制度相比，以产权保护和激励为核心的知识产权管理模式则具有诸多优点。例如，在成果管理模式下，企业难以成为技术创新主体，创新成果很容易与市场脱节，因为创新者不大关心成果的市场适应性和市场推广；而在知识产权管理模式下，企业才能真正成为技术创新的主体，创新和市场紧密地联系在一起，企业对创新资源的配置和创新活动的安排均是按照市场需求加以推进的，创新成果最终也需要接受市场的检验，市场成为驱动企业技术创新活动的指挥棒。知识产权管理模式下企业

❶ 翁洁，陈祖新. 市场经济条件下科技成果管理体制与机制 [J]. 科技管理研究，1998 (3)：48.
❷ 王瑛，郝国杰. 科技成果奖励指标体系新构想 [J]. 科技管理研究，2009 (8)：120.
❸ 吴恺. 我国科技奖励制度的结构问题及优化措施 [J]. 科技进步与对策，2011 (18)：95-97.

与市场的紧密结合也使得技术创新成果的转化和扩散较之于科技成果管理模式具有无可比拟的优点：在成果管理模式下，无论是研究开发资源的配置还是技术创新过程控制均由政府主导，基本的作用机制是从选题到计划、立项、成果登记到成果评审、鉴定、评奖以及后续的成果推广应用都是在政府部门的控制之中，而在知识产权管理模式下企业从事研究开发活动和创新成果的去向均围绕市场进行，由于在科技创新计划中就纳入了市场需求因素，创新活动也始终受到市场因素的驱动，适应市场需要的创新成果自然更容易实现转化，而创新成果的转化则更容易实现技术和信息的扩散，为新一轮创新活动创造条件。

企业科技成果管理与知识产权管理的有机融合则可以避免单纯科技成果管理的弊端，使企业的技术创新行为与知识产权战略有机融合。为此，企业需要在研究开发和技术创新战略实施中充分运用知识产权战略，提高企业整体的研究开发效率和技术创新效能，在企业科技成果管理中融入知识产权管理，淡化"成果"观念。企业需要建立以自主创新为导向的科技成果管理机制，将知识产权工作纳入企业科技成果管理全过程。为强化企业科技成果管理与知识产权管理的有机结合，政府通过政策和制度规范引导企业开展技术创新工作，在技术研究开发、新技术和新产品市场化全过程中融入知识产权管理，也具有重要意义。政策与制度规范的重点是坚持科技创新政策、知识产权政策和相关政策的配套与衔接，建立企业科技成果转化与知识产权创造、运用的环境。《国家知识产权战略纲要》提出，应强化知识产权对企业科技创新活动的导向作用，加强科技政策、产业政策与知识产权政策的衔接。2011年，国务院国有资产委员会则发布了《关于加强中央企业科技创新工作的意见》（国资发规划〔2011〕80号）。该《意见》强调了中央企业将科技创新与加强知识产权工作结合的重要性，要求通过实施科技创新战略提高企业创新能力和科技创新成效，形成一批具有自主知识产权的国际知名品牌，突破一批关键核心技术，获取自主知识产权。

在我国创新实践中，过去对研究开发成果热衷于申请科技成果鉴定和科技成果奖励的现象比较突出。其结果自然是使大量的花费很多时间、经费和人力开发出来的技术得不到法律保护，造成技术类无形资产的巨大流失。以"本调查"为例，图8-2显示的是2001～2007年某研究院对其研究开发成果申请专利、申请科技成果鉴定以及申请成果奖励的数据及其变化。

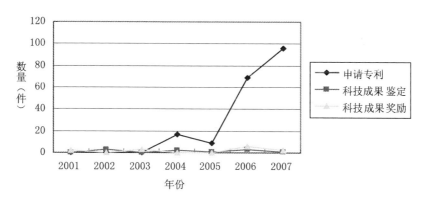

图 8-2　某研究院研究开发成果去向分析

　　进而言之，中国科技管理体制改革涉及科技管理组织、科技资源分配、科技成果归属与利益分配、科技成果商业化与产业化、科技管理制度与政策、创新激励与科技创新环境等诸多内容，其中重点应是消除计划经济体制下科技经济两张皮、忽视科技成果的知识产权确权与管理、企业在科技创新中重要的地位没有受到应有重视的弊端，建立科技管理体制的技术创新与知识产权导向机制，强化企业在科技创新中的重要地位。❶ 一方面，科技管理体制中应改变过去那种单纯的成果管理模式，将科技管理与技术创新和知识产权管理紧密结合起来，实现科技管理与知识产权管理的有效融合，在科技管理中引入知识产权管理理念和内容，以技术创新目标为指引，通过有效的知识产权管理促进科技创新主体的科技成果及时获得知识产权，实现技术创新目标；另一方面，科技管理体制改革需要大力加强企业在中国科技创新中的地位，使企业真正成为科技创新的重要主体。

　　近年来中国经济体制的改革无疑为经济社会发展奠定了良好基础。科技体制改革的方向和思路是引入知识产权管理体制，逐步将成果管理提升为知识产权管理，并与技术创新目标结合。这无疑是符合国际潮流、适应知识产权保护环境下的科技体制发展。不过，基于体制的惯性和成果观念的顽固性，中国在自主创新和知识产权实施上仍然存在科技体制改革不畅的障碍，需要在观念演化、创新评价标准、管理机制衔接等问题上下功夫。❷

　　总的来说，为实现企业科技成果管理与知识产权管理的有机融合，需

---

　❶　其中的关键是"建立以企业为主的科技创新体制""成果评价以应用价值为主"。参见：张小红，张金昌. 科技管理体制改革初探［J］. 技术经济与管理研究，2011（8）：52.

　❷　有关中国科技体制存在的问题及其完善对策，参见：杨曾宪. 论中国行政科技体制弊端及改革的迫切性——中国科技体制创新问题系列论稿之一［J］. 社会科学论坛，2008（4）：52-63；黄涛. 从科研管理中的突出问题探讨深化科技体制改革的对策［J］. 技术与创新管理，2013（1）：27-31.

要实现技术创新与企业知识产权战略融合，在企业研究开发和技术创新战略实施中充分运用知识产权战略，提高企业整体的研究开发效率和技术创新效能，在企业科技成果管理中融入知识产权管理，淡化成果观念。企业需要建立以自主创新为导向的科技成果管理机制，将知识产权工作纳入企业科技成果管理全过程。特别是在企业科技计划、研究开发立项中，应有知识产权指标，将拥有和获取知识产权作为企业科技计划和研究开发成果的必要指标。在企业科技成果管理过程中，充分重视知识产权文献利用，及时对科研阶段取得的技术成果予以保护。《国家知识产权战略纲要》在"战略重点"之"促进知识产权创造与运用"部分指出，要"强化科技创新活动中的知识产权政策导向作用，坚持技术创新以能够合法产业化为基本前提，以获得知识产权为追求目标，以形成技术标准为努力方向"。

（四）合理运用知识产权管理策略

1. 强化企业知识产权管理的协同性和系统性

知识产权协同管理性是提高知识产权管理能力和水平的重要内容，是以知识产权管理组织为依托，调动各方面管理要素和资源，协调内部各组织之间以及内外部环境变化之间的关系，对知识产权进行有序的计划、组织、安排、控制、利用等活动。知识产权协同管理的理论基础是知识产权管理的系统性、动态性和开放性。知识产权协同管理离不开知识产权战略规划和指引。为提高知识产权协同管理能力，需要重视以下策略：一是从知识产权战略规划高度对知识产权创造、运用、保护、管理的各个环节进行整体部署，取得知识产权战略协同效应。在这方面，主要是进行周密的知识产权战略规划，实现知识产权战略、生产经营战略、技术战略和市场战略的有机协同；二是在知识产权管理系统内，保持技术开发人员、市场营销人员、知识产权管理人员及其他相关人员在知识产权战略实施的各个环节进行密切的联系，建立知识产权管理各职能部门和主管人员的双向交流机制，使研究开发管理、营销管理、知识产权管理各系统之间保持信息畅通和联络；三是实施知识产权动态管理，将知识产权管理置于开放的技术环境、市场环境和法律环境中，从技术、市场和法律维度建构知识产权管理系统；四是建立和完善企业内部知识管理系统，促进组织内部知识和信息的流动；五是建立知识产权组织协同效应、知识产权信息协同效应和知识产权保护协同效应机制。

企业知识产权管理的协同性与系统性也是相辅相成的关系。企业知识产权管理需要融入技术创新过程，因为现代企业管理不仅需要合理地组织企业内部的生产活动，而且需要将企业作为整个社会系统的一个要素，科学地组织企业的全部经营活动。❶ 企业知识产权管理的系统性，可以从企业技术的创新、转移、扩散与企业知识产权的创造、应用和保护之间的相互融合以及企业知识产权创造、应用和保护子系统内部相互交融的特点加以理解。企业技术的创新、转移、扩散的过程，实际上也是企业知识产权的创造、应用和保护的过程。在企业实践中，知识产权管理嵌入企业的整个创新、转移和扩散过程中，如在华为公司，知识产权融入公司文化和整个公司运作中，从产品研发到市场营销，从技术合作到采购谈判都与知识产权息息相关。再从企业知识产权的创造、应用和保护过程看，这三个子系统也是相互交融的、相互促进的，如企业知识产权创造是知识产权应用的源泉和知识产权保护的基础，而知识产权应用是知识产权保护的目的和动力，知识产权保护则为知识产权创造和应用提供保障，并且知识产权保护水平直接影响企业知识产权创造和应用的效能。❷

2. 实施企业知识产权全过程管理

企业作为市场主体、技术创新主体以及创造和应用知识产权的主体，在市场竞争活动中没有将竞争战略、技术创新策略与知识产权战略有机结合起来。如何把创造和保护知识产权贯穿到从研究开发到产业化的各个科技创新环节中去，是当下企业界与理论界研究的重点问题。❸

企业知识产权管理既是企业生产经营活动的基础性工作，也是一个复杂的系统工程，其贯穿于企业生产经营活动全过程。企业生产经营活动从技术研究开发、原辅材料采购、生产组织到市场营销的各个环节，都涉及知识产权管理，在任何环节知识产权管理存在问题都可能对企业生产经营活动带来灾难性影响，❹ 因而树立企业知识产权全过程管理理念十分重要。知识产权全过程管理体现了知识产权战略的要求，因为知识产权战略包含知识产权创造、知识产权运营、知识产权保护、知识产权管理四个环节，本身具有全过程的秉性，实施企业知识产权全过程管理可以对企业知识产权的创造、运营、保护和管理等阶段实施全程控制，从而大大提高知识产权管理效率，促进知识产权在企业中最大限度地发挥其竞争效能和实现经济效益的功能。知识产权全过程管理的原因还在于知识产权战略上述四个环节的有机融合性，即知识产权的创造、运营、保护和管理是一个相互融合的体系，它们彼此并不是孤立的。只有各部分有机结合，才能实现公司

❶ 高其勋，周荣辅，王玖河. 新编现代企业管理［M］. 北京：经济科学出版社、中国铁道出版社，2005：34.
❷ 萧延高，李平，刘炬. 基于动态能力的新兴技术企业知识产权管理思维变革［J］. 科技与管理，2006（5）：104.
❸ 王丰. 技术创新与企业知识产权战略选择［J］. 江苏科技信息，2012（10）：1.
❹ 朱宇，黄志臻，唐恒. 企业知识产权管理规范培训教程［M］. 北京：知识产权出版社，2011：3.

利益的最大化，如跨国公司在培养其自身能力的同时就十分注重知识产权创造、利用、管理、保护相互融合。❶ 知识产权全过程管理在我国政府和地方有关规范性文件也有体现。例如，《国家中长期科学和技术发展规划纲要（2006—2020 年）》（国发〔2005〕44 号）指出，要通过实施知识产权战略提高国家知识产权管理水平，在科技管理全过程中纳入知识产权管理，充分利用知识产权制度提高我国科技创新水平。

知识产权全过程管理在国内外企业中更是有很多成功的经验。例如，德国拜耳公司重视科技创新与知识产权保护、科技管理与知识产权管理有效结合的原则，在新药研究开发获得市场化过程中始终将知识产权全过程管理融入其中。例如，在研究开发阶段，涉及临床试验和上市等环节，公司在每一个步骤的新药开发中都注重专利确权，并注重专利的保护策略与形式，如针对研究开发中确定的候选化合物，公司会申请以实体化合物为主体的专利。当药品研制成后，特别是基础性药物研制成后，公司往往申请基本专利。同时，为最大限度地保护公司新药技术成果，公司围绕基本专利会再申请一系列外围专利和关联专利，如制剂、制备方法、结晶、用途、复方等专利。公司通过有效的知识产权管理极大地保护了其科技创新成果。根据海信集团公司提供的经验材料，其知识产权战略的一个重要特点是知识产权战略与技术创新战略的结合。公司科技创新的各个环节都融入了知识产权管理。公司以制度固化形式将知识产权工作渗入到技术研究开发的全过程，在立项前，无论是集团还是下属公司的研究开发部门都需要对相关的技术领域和竞争对手的知识产权情况进行检索、分析与研究，在立项书中需要认真研究知识产权保护策略，对研究开发过程中的知识产权成果的数量、内容和时间进程做出计划。❷ 中国石油天然气管道局则重视在科技项目中的知识产权全过程管理。其提供的经验是："在自主创新研究开发活动中，加强对知识产权保护工作的全过程管理。立项时，要求项目承担单位对相关技术进行专利检索和文献查新，并结合立项项目的具体情况，制订出知识产权保护计划。项目中间检查时，强调研究开发技术成果知识产权的产生和保护。项目验收时，将知识产权保护计划的完成情况作为项目验收的重要指标之一。对未完成知识产权保护计划的项目，不予通过验收。"❸ 山东绿叶制药有限公司"含有多巴胺受体激动剂类药物的长效缓释制剂及其制备工艺"等两件专利获得 2010 年百件优秀中国专利，其提供的重要经验则是"将自主创新与知识产权保护紧密结合起来，将知识产

❶ 李平，萧延高. 产业创新与知识产权战略——关于深圳实践的深层分析 [M]. 北京：科学出版社，2008，157.

❷ 韩笑，海信知识产权战略：踏实创新健康发展 [J]. 电子知识产权，2009（7）：12.

❸ 高泽涛，姚士洪. 知识产权保护与自主技术创新 [J]. 石油科技论坛，2007（2）：63.

权工作切实纳入企业的生产、经营各个环节"。

我国内资企业规模最大、全球第四的继电器生产厂家厦门宏发电声股份有限公司则提供了将专利管理工作纳入企业技术创新全过程、实施专利申请技术创新全过程管理方面的经验。据介绍，公司将专利申请纳入技术创新全过程，每一件专利申请都体现了技术人员的创意。其专利申请在技术创新全过程中的有效管理，是以有效的三级联动的企业知识产权管理体系为基础和保障的。具体而言，公司技术副总裁负责知识产权宏观管理工作，集团总部技术中心下属的技术管理部知识产权室负责指导和监督各个子公司的专利工作，负责专利申请、检索与维护等具体工作。子公司则设立了兼职知识产权工程师、联络员，用以负责其与本部专利事务方面的联络工作。子公司设立的由相关专业主管负责的专利评审小组则承担专利申请的可行性评价。公司研究开发与专利申请的同步性与及时性主要通过新产品、新项目研究开发中专利工程师与技术人员的密切交流与配合，如在设计与评审阶段专利工程师会针对项目所涉及的技术，选择申请专利还是规避已有专利权的建议。公司专利申请的全过程管理还体现于建立系列化的流程制度，如在新产品的立项、开发、生产乃至销售时都必须提出知识产权报告，以便及时掌握专利情报信息，提出专利预警，防止专利侵权风险，同时也为研究开发人员启发思路。❶ 再以中国商用飞机有限责任公司为例，其于 2008 年 5 月 11 日在上海成立。该公司重视知识产权工作机制，特别是在技术创新中的知识产权风险防范机制。公司制定了《知识产权工作纲要》（2009—2011 年），提出了"科学实用、突出重点、攻防结合、全程管理"的原则。

上述这些做法，无疑为我国企业实施技术创新中的知识产权全过程管理提供了有益的经验。总体而言，企业技术创新中的知识产权全过程管理原则强调知识产权管理的全面性和系统性，要求不仅将知识产权管理渗入到技术创新的各个环节和过程中，而且对知识产权管理本身强调管理的全面性。

3. 强化企业知识产权组合管理

企业知识产权组合管理特别是其中的专利组合管理在国外有较长的历史，但对我国企业来说还比较生疏。这里主要以专利组合管理为探讨的对象。专利组合管理的理论来源于 20 世纪 70 年代出现的市场管理、工程管理、技术管理、研究开发管理方面的组合管理思想。组合管理思想得到了国外学者的认可，认为它是不断地选择正确项目的过程。组合管理是与项目单独管理相对而言的，在组合管理下，项目单独管理的效益要低些，这

---

❶ 向利洪，烟庆余，中阳. 厦门宏发：专利管理三级联动［N］. 中国知识产权报，2011-01-12.

也正是组合管理存在的缘由。

美国 Maxval 公司首席执行官博迈恩拉恩认为：公司的专利成千上万，需要根据公司的商业目标被追踪、维持、保护或放弃，此即专利组合管理。施乐公司 CEO 里克·托曼（Rick Thoman）上任后大刀阔斧地进行了以开发公司知识产权资产为目标的改革。公司新成立的知识产权管理部门（XIPO）则担负公司专利投资损益的责任。具体负责的事项如对所有技术向上申报、技术评价和分类保护全线监管，对现有专利进行定期评估，决定这些专利的价值和竞争力，最后做出保留、放弃或更新的建议，以此保留公司所有专利组合的价值。公司将有价值的专利集合成专利组合，通过专利许可获得利益。公司还依靠知识产权价值评估公司，对公司的专利或专利组合进行市场评估。这些观点和经验对于我国企业实施专利组合管理有一定启发意义。

企业专利组合是对多类型、数量众多的专利项目进行评价、选择，将其有限的资源进行优化配置，通过对项目的管理运行，实现组织战略目标。其实质是通过选择合理的专利项目组合，并进行有效的组合管理来保护企业的项目、研发活动和生产经营活动与企业的目标一致，以便有效地贯彻实施企业战略。企业专利组合与专利布局不是同一概念，它涉及专利授权后的行为，而专利布局侧重于研究开发前和研究开发过程中如何策略性地进行专利申请等事宜。

企业专利组合管理不失为企业专利管理的一种新的方式。当然，其适用存在一定的条件和要求。事实上，企业专利权要实现其在企业动态能力中形成的战略价值，自身存在一个优化组合的问题。我国需要进一步借鉴国外的研究成果和企业实践经验，也需要加强对这一问题的研究，逐步形成比较成熟的企业专利组合管理乃至一般意义上的企业知识产权组合管理理论，并在总结企业实践经验的基础之上逐步进行推广。

当然，知识产权组合管理在其他知识产权领域也存在运用的空间。例如，企业需要充分发挥商标组合效应。商标组合管理这种管理模式重视同一系列商标之间的相互关联及其影响。法国化妆品欧莱雅新产品的开发就是一例。该公司花费巨资开发了一种新的抗衰老复合物，在护肤品方面取得重要突破。公司的经验是将费用分摊到整个系列产品中不同价位、不同市场的各种品牌上，如先是用兰蔻品牌将抗衰老复合物引进市场，然后将其转入薇姿系列，最后纳入佛兰特营销网络，取得了巨大成功。同时，商标组合管理与企业技术创新可以紧密地联系在一起，利用创新加强商标的组合。这里涉及品牌重新定位、品牌延伸等问题。如菲利普·莫里斯公司将原来仅用于女性的烟草制品重新定位于男性，成为世界烟草制品大王，就是比较典型的例子。

4. 把握知识产权管理重点，在管理实践中体现对知识产权战略与技术创新的保障

基于企业知识产权管理的本质特点以及服务于企业知识产权战略和技术创新的使命，其管理重点应是产权管理和经营管理。

产权管理的要旨是保障企业通过技术创新等形式获得的知识成果及时获得知识产权，强化对自身拥有的知识产权的保护，同时对企业内外知识产权活动及时进行监控，防止侵犯知识产权的行为发生。产权管理在企业知识产权管理中具有重要地位，因为它是企业知识产权管理的基础和重点——企业知识产权管理绩效如何，与其拥有知识产权的数量和质量密切相关；而且，企业知识产权拥有的数量和质量不仅是其一笔宝贵财富，而且是一种重要的战略进攻武器，在市场竞争中具有独特优势，是企业核心竞争力的关键。企业知识产权的产权管理要求，应及时、充分地将对企业技术发展和生产经营具有重要意义的创新成果纳入知识产权保护，防止知识产权在技术开发、生产经营活动的任何环节流失。为此，企业应当将知识产权管理与其技术创新、生产经营、市场营销活动有机地融合，将知识产权保护贯穿于企业活动始终。

产权管理的核心是企业知识产权确权，这也是企业技术创新活动的重要目标，是检验技术创新活动和发展成效的关键指标。确权的目的则是为了对创新成果实施有效的知识产权保护。在这方面，日本三菱公司提供了有益的经验。该公司在研究开发管理中，确定了研究开发立项的严格程序。公司的研究开发工作由研究所负责。研究开发项目立项有以下四个环节：首先在每年夏天由各工厂或研究所提出提案，两者所占比例大体相当；其次，每年 9 月份，研究所对提案进行可行性方面的评估；再次，每年 12 月左右，经评估认为不具有可行性的提案，申请人可以申请复核。最后，通过可行性评估的提案，经工厂厂长和研究所所长同意后，予以正式立项。❶如果忽视产权管理，就可能酿成严重后果。例如，我国青蒿素发明没有及时申请专利就是一个严重的教训。青蒿素具有的抗痢疾作用是由我国科研人员最早研究开发的，但由于没有及时申请专利，反被外国申请者申请了专利，结果导致外国公司垄断了青蒿素产品市场，而我国企业只能作为原料供应商获取不到该产品市场份额的 1%；又如，早在 20 世纪 90 年代初，我国就有人发明了 VCD 技术，并通过成立公司制造和销售 VCD 产品，为此还投入了大量产品开发和市场开拓费用。然而，由于没有对该具有先导性的技术及时申请专利，以致很快出现了大量以低成本制胜的竞争企业，不仅使公司研究开发和市场开拓投资无法收回，而且完全丧失了通过专利保

---

❶ 毛金生. 企业知识产权战略指南［M］. 北京：知识产权出版社，2010：32.

护控制市场的大好机会。

企业知识产权的管理，侧重于企业知识产权管理的法律层面，体现了企业知识产权管理的规范性和法律性。企业加强知识产权的管理，有利于其对技术创新成果的及时确权和保护，防范各类知识产权风险和无形资产流失，提高企业知识产权资产的安全性和利用效能，从而为企业赢得知识产权优势奠定坚实的基础。

经营管理则是将知识产权当成是一种十分重要的经营资源，利用知识产权保护机制和功能，在知识产权价值创造和整合的基础之上创造高额利润。这些企业中，涉及知识产权的经营策略、信息处理、战略规划、风险管理，以及知识产权利用环境和模式、知识产权体制建设等都构成了其知识产权经营管理范畴。在当前我国很多企业普遍缺乏知识产权经营管理理念和经验的情况下，大力弘扬这一理念，提高企业知识产权经营管理水平，具有特别重要的意义。

（五）建立与健全企业知识产权保障体系

1. 组织保障

组织保障体现为建立有效的企业知识产权管理组织体系，特别是完善企业知识产权管理机构。企业知识产权管理机构在企业中的重要性，可以从企业战略与组织结构间的关系的加以认识。根据管理学者钱德勒（Alfred D. Chandler, Jr.）在《战略与结构：美国工商企业成长的若干篇章》（*Strategy and Structure：Chapters in the History of American Industrial Enterprise*）一书中的观点，企业的组织结构服从于战略的需要，组织结构需要随着企业战略的变化而变化。另外两名学者吉尔布莱斯和卡赞佳则认为，企业采取适当的组织结构才能具有竞争优势，因此企业的组织结构服从于战略。这些观点表明，企业实施战略需要一定的组织结构加以保障，而组织结构的确定需要立足于企业战略，企业战略的现状及其变化决定了企业组织结构的设置与变化，企业组织结构需要与企业战略相匹配，企业的战略选择对采取的组织结构形式具有规范作用。换言之，如果企业的组织结构形式与企业战略不适应，就会对企业战略实施产生阻碍作用，则此时需要加以改进。

建立知识产权管理组织体系，明确知识产权管理部门的职能，这是企业知识产权管理部门开展知识产权工作的前提条件和重要保障。企业知识产权管理和知识产权战略一样，与企业经营管理具有十分密切的联系，因为企业知识产权的开发、利用、运营与企业技术开发、产品市场流转、经营管理战略往往是联系在一起的。基于此，在组织保障上，企业应注意加强其内部各职能部门之间的联系与沟通，如在横向沟通方面，应注意生产部门、研发部门、市场营销部门、法务部等就产品、技术、市场、法律保护、资源配置等方面问题经常保持联系与交流；在纵向沟通方面，需要经常在企业子公司、各职能部门的分部和知识产权本部之间保持业务上的联系。在组织保障上，企业还应将知识产权管理置于企业领导层开展活动，特别是对企业具有重大价值的知识产权的转让、投资等事宜需要由企业决策层做出。这是因为，企业知识产权管理涉及企业经营战略问题，对企业的生存和发展事关重大，对企业知识产权开发、运营方面的重要决策，应当由企业高层做出。在实行公司制的企业，宜于由董事会做出决策。

另外，在组织保障上，除了企业决策层组织和企业知识产权管理机构外，与企业知识产权管理直接相关的一些专业机构，如技术开发、市场营销、产品设计、商标设计、情报机构等也属于组织保障体系的范围，企业知识产权管理机构应注意与之密切配合。相应地，知识产权管理机构必须保持与研究开发、法律事务、市场营销等部门的业务合作和相互支持关系，否则将难以实现知识产权管理目标。

企业知识产权管理机构设置需要根据自身特点加以确定。从企业知识产权管理的要求看，企业知识产权管理机构应具有一定的柔性，以增强对外部环境的适应性，成为适应企业战略发展需要的重要组织保障。建立一种具有灵活性、适应性、动态的、扁平化的柔性组织结构，有助于实现组织对外部环境的适应性。企业知识产权管理机构可以引入柔性管理理论加以构建。具有柔性管理的知识产权管理机构能够使企业实施知识产权动态管理。企业知识产权管理部门以隶属于企业决策层为宜。其职责除制定企业知识产权规章制度、组织实施知识产权培训、研究制定知识产权战略、处理企业内外知识产权业务等方面外，还包括制定企业知识产权发展规划，对本企业技术、产品领域知识产权发展状况和动态进行跟踪分析，为企业经营管理提供建议，及时对本企业的知识产权实施保护，预防本企业侵害他人知识产权等。

在实践中，企业知识产权管理机构的设置并不具有统一模式。以"本调查"为例，大多数机构设置于法律部门或者科学技术部门，少数设立于企业战略部门、研发部门或其他专门部分。以下（见图 8-3）就是本调查中涉及企业知识产权管理机构设置所在的部门的情况：

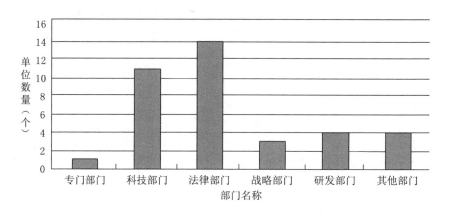

图 8-3　企业知识产权管理机构设置模式

　　以华为公司为例，其重视企业知识产权管理机构的设置与管理人才的培养。其知识产权管理体制的一个重要特点是建立系统化、网络化和规范化的管理机制。公司形成了拥有专利部、许可业务部和综合业务部为核心的子部门组织以及公司业务部门之间的协作框架。公司在二级子部门专利部之下又设置了六个提供专业服务的三级子部门。知识产权部与公司相关部门的协调运作，不仅加强了知识产权管理人员与公司技术人员、管理人员、各部门领导的业务联系和信息沟通，而且使知识产权管理贯穿于整个公司的技术研究开发、生产、服务、销售等全过程中，实现了将知识产权管理融入企业经营管理的科学化管理轨道。公司重视聘用具有较高素质的知识产权管理专门人才，对不同岗位职责的知识产权管理人员提出不同的专业和知识素质要求。

　　再以中兴公司为例，知识产权管理实行集中管理与分散管理相结合的方式。即在公司总部设立了知识产权专门管理机构，负责公司全部知识产权，包括专利申请与维护、商标申请注册、软件著作权登记，集成电路布图设计登记。在事业部和知识产权研发部则设立了知识产权联络员，从事本部门的知识产权管理工作。公司建立了一个完善的知识产权管理网络，使研发工作与知识产权紧密结合起来。公司总部下设法律部，而法律部下又设立了若干知识产权经理岗位，知识产权联络员和工程师则分布于下属各事业部，对口管理公司下属的营销中心、技术中心、产品事业部等的知识产权事务。这种模式结合了集中式和分散式管理的特点，在公司知识产权管理中发挥了独特的作用。❶

　　2. 制 度 保 障

　　由于知识产权是一种法定的权利，企业知识产权管理的重要特点之一

---

❶　王海波. 中兴通讯：国际化进程里的知识产权战略 ［J］. 法人杂志，2008（7）：50-52.

即表现为规范性。这一特点也相应地决定了企业知识产权管理应是一种规范管理形式，而严格的知识产权管理制度是实施这种规范管理必不可少的手段。例如，中兴公司建立了两级知识产权制度体系：一是公司级制度，用于规范公司内所有员工的活动，保障知识产权业务在公司范围内发展；二是业务级规范，主要针对各项具体业务进行实体和程序上的规范，保障各项业务在整体框架下有序发展。企业知识产权管理制度体现于各种知识产权的创造、利用、管理、保护的各个方面。完善这些制度有利于为企业知识产权管理提供坚实的制度保障。建立内部的知识产权管理制度、建立激励发明创造和实施知识产权的运行机制，大力培养创造性人才和知识产权专门人才，是提高企业运用知识产权制度的能力和水平，实现企业可持续发展之所需。❶《企事业单位知识产权示范创建工作方案》（国知发管字〔2007〕72 号）明确规定，"进一步建立健全和完善知识产权制度，将知识产权工作融入企业管理全过程，实现知识产权工作全面规范化"，是创建工作的首要内容。其基本使命是保障企业沿着企业知识产权管理目标和理念的指引，充分挖掘和利用企业现有的资源，使企业知识产权活动朝着预期的方向发展。企业知识产权管理制度建设是企业知识产权工作实行规范化管理的基本要求，也是企业实施国家知识产权制度的体现，更是企业制定和实施知识产权战略的保障。

这种制度建设应注意遵循以下原则：（1）符合知识产权法律法规规定、企业知识产权管理规律，适应企业发展战略需要；（2）立足于企业自身特点和知识产权问题的现状制定；（3）力求全面、系统；（4）随着国家知识产权立法、政策以及技术和市场形势的变化而及时做出修改与完善，以保障制度的适应性。

3. 人员保障

"得人才者得天下"，这是很多企业的深切感受。人才作为企业的人类资本和资源，是企业的生命力所在。企业知识产权管理人员是企业人才之重要组成部分，其配备是企业知识产权管理的基础性保障。企业知识产权管理人才包括企业知识产权战略策略人才、企业知识产权经营管理人才、企业知识产权日常管理人才、企业知识产权法律人才、企业知识产权国际化经营管理人才等类型。为更好地提高企业知识产权管理水平，需要引进和培养企业复合型知识产权管理人才。

4. 管理职能保障

企业知识产权管理的管理职能保障是在落实管理机构、管理制度、管理人员的前提下，协调企业内部管理部门之间的管理，利用知识产权制度

❶ 梅莉. 基于知识产权战略的企业技术创新机制研究［J］. 未来与发展，2012（5）：59.

提供的保护手段，从知识产权的确认、保护到行使、管理的整个知识产权运营过程。在企业知识产权工作中大量地体现为对日常知识产权事务的组织与协调。结合企业管理基本职能，企业知识产权管理职能保障主要是履行好决策职能、计划职能、组织职能、指挥监督职能和协调控制职能。

　　总的来说，在我国企业知识产权管理意识比较薄弱、管理水平不高、管理体系尚不够健全的环境下，需要大力加强知识产权管理，提高知识产权管理运用策略能力。同时，基于企业知识产权管理服务于知识产权战略和技术创新的需要，我国企业应逐步提高知识产权管理层次，逐步迈入企业知识产权战略管理境界。所谓知识产权的战略型管理，是从战略高度管理知识产权，使其成为谋求最佳经济效益和竞争优势的管理手段。企业知识产权战略管理不仅表现为针对企业知识产权的确权、保护、发展和价值运作而制定与实施战略性规划，而且表现在将知识产权管理与企业的经营管理战略和技术创新战略结合起来，将知识产权管理与知识产权的资本化运作结合起来。正如有学者指出，"从战略的高度，进行知识产权管理可以起到将知识产权资产增加企业全面绩效的杠杆作用。"❶ 就我国企业而言，需要随着自身经济和技术实力的增长而逐渐提高知识产权管理的层次和水平，不断提高知识产权管理层次，在确保事务型管理的基础上，渐次进入战术性管理，最终进入战略型管理的境界。

---

　　❶　QUINN J. B.ANDERSON P, FINKELSTEIN S. Managing Professional Intellect: Making the Most of the Best［J］. Harvard Business Review, 1996, 74(2) : 71 - 80.

技术创新属于创新的范畴，而创新是与智力资源和竞争力直接相关的概念。企业技术创新过程也是知识产权的创造、运用、保护和管理过程。技术创新与企业知识产权战略融合法律机制的建设，需要以市场为导向，通过国家、地区及企业等层面的知识产权制度保障，促进技术创新与企业知识产权战略的有效运用，实现技术创新与知识产权战略实施的良性互动。

我国《"十二五"规划纲要》指出，要"增强科技创新能力。坚持自主创新、重点跨越、支撑发展、引领未来的方针，增强共性、核心技术突破能力，促进科技成果向现实生产力转化。加快推进国家重大科技专项，深入实施知识创新和技术创新工程"。党的十六届五中全会做出提高自主创新能力、建设创新型国家的重大决策。党的十七大报告中，再次强调了提高自主创新能力、建设创新型国家，是国家发展战略的核心和提高综合国力的关键。前不久召开的党的十八大报告则在论述加快完善社会主义市场经济体制和加快转变经济发展方式时明确提出，要实施"创新驱动发展战略"。当前，我国正在实施的"十二五"规划已将知识产权作为重要内容提出要求，正在加快推进经济结构战略性调整和经济发展方式的转变，为此需要大力加强知识产权战略实施，将知识产权战略作为推进经济发展方式转变的重要手段，需要实现知识产权与经济的高度融合。就企业而言，则需要实现技术创新与知识产权战略的有效结合，建构法律运行机制。

实施知识产权战略是落实科学发展观新形势下我国实现产业结构调整和经济战略转型的重大举措。为实现提高我国自主创新能力和建设创新型国家的宏伟目标，知识产权战略实施与技术创新战略找到了全方位的融合，只有在技术创新中体现知识产权战略目标，并通过在技术创新的各个阶段和环节战略性地运作知识产权，实施动态的知识产权创造、管理、保护和应用战略，才能真正使我国知识产权战略实施和技术创新殊途同归，共同为提高国家和企业的核心竞争力做出巨大的贡献。为推进知识产权战略实施和技术创新的融合，需要从制度和组织保障上加以协调，其中政府、企业、行业协会发挥着各自独特的作用。国务院发展研究中心"战略性新兴产业政企关系研究"课题组指出，我国知识产权战略应注重的一个重要问题就是，知识产权制度应重点支持企业再创新。认为我国知识产权制度以及相关配套制度支持与保护企业再创新，其实质就是要强调我国企业技术创新的现实与需要结合，防止和限制发达国家企业利用其知识产权先发优势而加以滥用，限制我国企业后发优势和持续发展与创新。❶ 从根本上说，应建立以企业为主体、市场为导向、产学研相结合的一体化技术创新体系。为此，我国在大力推进知识产权战略实施和技术创新战略时，应在制度、政策和科技管理体制等方面进行改革和完善，以此为促进我国知识产权战略实施和技术创新战略提供良好的环境和保障。

本书通过对技术创新与企业知识产权战略诸问题的深入研讨，进一步可以得出以下基本结论：

第一，技术创新是我国企业赢得市场竞争优势的基本手段。企业技术创新牢固地立足于市场需求，无论是技术创新的来源还是技术创新的实现，都以创新的技术和产品在市场上实现为前提。技术创新意味着创新成果的市场实现，意味着企业创新成果转化为现实生产力，因此它成为企业获取市场竞争优势的基本手段。也正是基于此，提高企业技术创新能力和效率，既是企业实现其经营战略目标之所在，也是我国涉及企业的诸多政策和制度的根本出发点。

第二，应确立企业的技术创新主体地位。企业成为技术创新主体是我国建设创新型国家的重要标志。企业技术创新能力的提高，不仅直接关系到企业自身竞争能力，而且关系到我国综合国力和国家整体竞争力的提高。企业是技术创新的"主角"。我国2008年实施的修改后的《科学技术进步法》的一个重要特点就是确立了企业的技术创新主体地位。该法第30条规定："国家建立以企业为主体，以市场为导向，企业同科学技术研究开发机构、高等学校相结合的技术创新体系，引导和扶持企业技术创新活动，发挥企业在技术创新中的主体作用。"坚持企业在技术创新的主体地位，也就是坚持了技术创新的市场导向。这是因为企业是市场经济主体，也是市场竞争结构的基本单元和要素，确立企业技术创新主体地位，是促进我国技

<hr/>

❶ 国务院发展研究中心"战略性新兴产业政企关系研究"课题组. 中国知识产权制度要突出支持再创新：需要政企合作 [J]. 发展研究，2011（2）：6.

术创新与市场机制和市场经济体制接轨，大大加快企业创新成果转化和应用的关键。

第三，企业制定与实施知识产权战略是在经济全球化、知识产权国际化背景下求得生存与发展、获得市场竞争优势、提高市场竞争力的根本性谋略。企业通过实施知识产权战略，使得静态的法律形态的知识产权可以变成为企业谋取最佳经济利益的商业模式和谋略。企业知识产权战略需要从企业自身条件和外部环境出发，实现与企业内外部条件与环境的匹配，建立与其相适应的动态运行机制。实施企业知识产权战略需要企业领导给予高度重视，充分整合企业创新资源，发挥创新资源的效能，实现知识产权资源与能力的有效结合。企业知识产权战略实施是一个系统的过程，其关键在于建构激励创新的企业知识产权制度，建立以组织构架、制度、人员、信息网络、知识产权文化为依托的知识产权战略保障体系，提高企业知识产权战略运作水平。当前，我国企业知识产权战略作用的发挥，需要紧密结合企业建立现代企业制度、产品结构调整和产业升级，与企业生产经营和市场开拓相结合，与企业技术创新相结合，这样才能大幅度提高知识产权战略实施效果。

第四，企业技术创新与知识产权制度以及知识产权战略实施之间具有十分密切的联系，知识产权制度是国家支撑创新体系和制度体系的根本，它为我国创新型国家建设提供了强大的支撑。自主创新更是和知识产权制度不可分离，离开知识产权的确权和保护，自主创新实际上不可能实现。技术创新、制度创新、管理创新以及知识产权制度资源的优化配置和安排等构成了创新型国家的重要内涵。特别是企业技术创新和知识产权之间具有内在的联系，知识产权本身是技术创新过程的产物，在企业技术创新过程中存在形成知识产权的内在机理和制度保障，知识产权制度则通过作用于技术创新的主体和实施环境，对技术创新发生重要的内在激励作用。技术创新与知识产权战略实施之间也存在十分密切的联系。其中技术创新是知识产权战略的重要目标，知识产权战略实施是实现企业技术创新的重要手段和谋略，两者需要以实现企业总体战略目标为根本宗旨，实现有效的融合。就企业自主创新这一更高层次的创新而言，知识产权战略的作用更加独特，企业知识产权战略本身是培育自主创新能力的重要法律机制和战略管理手段。为充分发挥知识产权战略在促进企业技术创新特别是自主创新中的重要作用，需要在技术创新的各个环节中引入知识产权战略，实现企业知识产权的全过程管理，在企业技术创新全过程中强化知识产权的创造、运用、保护和管理，并利用知识产权制度激励创新和保护创新成果的内在机制，推进技术创新与企业知识产权战略实施同步进行。

第五，实现技术创新与企业知识产权战略的有效结合，需要建立两者融合的法律运行机制。在建立法律运行机制方面，除了前述激励机制、产业化转化等权利运作机制、法律保障机制等，还需要高度重视和加强政府部门对企业技术创新和知识产权制度运行的支持。具体而言，尤其应重视以下几点：一是大力推行我国国家知识产权战略应立足于企业知识产权战略的实践与需求，以企业知识产权战略为基点，紧密结合我国企业技术创新和知识产权工作现状全方位加以推进；二是在知识产权制度完善方面，政府应高度重视运用该制度推动企业创新能力的提高。从发达国家的经验看，知识产权制度的制度与运行始终追求与企业技术创新的水平和需求相适应，以此促进企业技术创新和创新能力的提高。日本知识产权制度的演化就明显地具有这一特点。第二次世界大战后初期，日本经济技术实力与欧美国家差距巨大，为此日本知识产权制度注重为企业创新提供比较宽松的低成本模仿创新与引进消化吸收再创新环境。随着日本综合国力的增强，日本知识产权制度进行了一些变革以适应产业发展的知识产权制度需求和提高国际竞争力的需要。近年来，日本知识产权战略则强调从模仿创新到知识产权创造为主的变化，强调全球竞争力的获取。日本知识产权制度与政策面向企业创新的导向值得我国借鉴；三是，利用多种法律和政策手段构建促进技术创新与企业知识产权战略实施的法律与政策保障体系。由于企业技术创新涉及企业内外部很多因素和环境，构建促进技术创新与知识产权战略融合的法律运行机制需要从多方面法律和政策方面加以完善。国务院于 2006 年发布的《实施〈国家中长期科学和技术发展规划纲要（2006—2020 年）〉的若干配套政策》（国发〔2006〕6 号）高度强调加强企业技术创新活动和提高技术创新能力问题，并从研究开发投入、政府资助、税收优惠、融资、政府采购、创新政策导向等多方面提出了引导企业成为技术创新主体的措施。本书提出的建立和完善我国技术创新法律保障体系，特别是知识产权法律法规体系，制定和实施有利于促进技术创新和知识产权保护的法律与政策体系，完善与创新政策相关的财政税收、投融资制度、政府采购制度和科技创新体制与制度、国家产业技术政策，适应技术创新的市场环境、市场机制与市场法制，建构和完善知识产权公共政策体系，反映了技术创新与企业知识产权战略的系统性和开放性，它不仅是企业层面内部运转的问题，而且涉及国家、产业政策和法律制度保障创新，从根本上说是应建立技术创新与知识产权战略有效融合的法律运行机制。

参考文献

Reference

（一）中文著作与译著

［1］包晓闻，刘昆山. 企业核心竞争力经典案例：美国篇［M］. 北京：
经济管理出版社，2005.

［2］包晓闻，刘昆山. 企业核心竞争力经典案例：欧盟篇［M］. 北京：
经济管理出版社，2005.

［3］包晓闻，刘昆山. 企业核心竞争力经典案例：日韩篇［M］. 北京：
经济管理出版社，2005.

［4］蔡富有，杜基尔，等. 建设创新型国家与知识产权战略［M］. 北
京：中国经济出版社，2008.

［5］曹新明. 促进我国知识产权制度产业化研究［M］. 北京：知识产权
出版社，2012.

［6］陈昌柏. 知识产权战略——知识产权资源在经济增长中的优化配置
［M］. 2版. 北京：科学出版社，2009.

［7］陈劲，郑刚. 创新管理：赢得持续竞争优势［M］. 2版. 北京：北
京大学出版社，2013.

［8］陈劲. 全球化背景下的开放式创新：理论构建和实证研究［M］. 北
京：科学出版社，2013.

［9］陈劲. 协同创新［M］. 浙江：浙江大学出版社，2012.

［10］陈劲. 技术管理［M］. 北京：科学出版社，2008.

［11］董炳和. 技术创新法律保障制度研究——以知识产权制度为中心
进行的考察［M］. 北京：知识产权出版社，2006.

［12］冯晓青. 企业知识产权战略［M］. 3版. 北京：知识产权出版
社，2008.

［13］冯晓青. 知识产权法利益平衡理论［M］. 北京：中国政法大学出
版社，2006.

［14］冯晓青. 知识产权法哲学［M］. 北京：中国人民公安大学出版
社，2003.

［15］冯晓青，杨利华. 知识产权法学［M］. 北京：中国大百科全书出
版社，2008.

［16］冯晓青，刘友华. 专利法［M］. 北京：法律出版社，2010.

［17］冯晓青. 著作权法［M］. 北京：法律出版社，2010.

[18] 傅家骥. 技术创新学 [M]. 北京：清华大学出版社，1998.

[19] 高建. 中国企业技术创新分析 [M]. 北京：清华大学出版社，1997.

[20] 高山行，等. 企业专利竞赛理论及策略 [M]. 北京：科学出版社，2005.

[21] 国家知识产权局. 知识产权战略与区域经济发展 [M]. 北京：知识产权出版社，2013.

[22] 何敏. 企业专利战略 [M]. 北京：知识产权出版社，2011.

[23] 贺化. 全国地方知识产权战略实施推进工作指导手册 [M]. 北京：知识产权出版社，2014.

[24] 黄颖. 企业专利诉讼战略研究 [M]. 北京：中国财政经济出版社，2014.

[25] 李德升，等. 企业专利战略中的竞争情报机制与运用 [M]. 北京：人民邮电出版社，2014.

[26] 李培林. 企业知识产权战略理论与实践探索 [M]. 北京：知识产权出版社，2010.

[27] 李平，萧延高. 产业创新与知识产权战略——关于深圳实践的深层分析 [M]. 北京：科学出版社，2008.

[28] 李正风，曾国屏. 中国创新系统研究——技术、制度与知识 [M]. 济南：山东教育出版社，1999.

[29] 梁艳. 专利攻防战略：如何在专利战争中炼成领袖型企业 [M]. 北京：法律出版社，2014.

[30] 林秀芹，刘铁光. 自主知识产权的创造、运用与法律机制 [M]. 厦门：厦门大学出版社，2012.

[31] 刘友金. 企业技术创新论 [M]. 北京：中国经济出版社，2001.

[32] 柳卸林. 21 世纪的中国技术创新系统 [M]. 北京：北京大学出版社，2000.

[33] 柳卸林. 技术创新经济学 [M]. 北京：中国经济出版社，1993.

[34] 马先征，张丛. 企业专利战略运用 [M]. 北京：知识产权出版社，2011.

[35] 毛金生. 企业知识产权战略指南 [M]. 北京：知识产权出版社，2010.

[36] 孟奇勋. 专利集中战略研究 [M]. 北京：知识产权出版社，2013.

[37] 孟谭，等.《企业知识产权管理规范》实操手册 [M]. 天津：天津人民出版社，2014.

[38] 彭文胜，刘逸星. 企业知识产权战略与实施方案制作指引 [M]. 北京：法律出版社，2009.

[39] 企业知识产权战略与工作实务编委会. 企业知识产权战略与工作实务 [M]. 北京：经济科学出版社，2007.

[40] 王冰. 知识产权战略制定与战术执行 [M]. 武汉：武汉大学出版社，2007.

[41] 王伟光，吉国秀. 知识经济时代的技术创新——理论·实务·案例 [M]. 北京：经济管理出版社，2007.

[42] 王淑芳. 企业的研究开发问题研究 [M]. 北京：北京师范大学出版社，2010.

[43] 汪琦鹰，杨岩. 企业知识产权管理实务 [M]. 北京：中国法制出版社，2009.

[44] 吴贵生，王毅. 技术创新管理 [M]. 2 版. 北京：清华大学出版社，2009.

[45] 吴汉东. 知识产权制度基础理论研究 [M]. 北京：知识产权出版社，2009.

[46] 吴汉东，胡开忠. 无形财产权制度研究 [M]. 北京：法律出版社，2005.

[47] 吴溯，等. 设计之战——移动终端工业设计的知识产权博弈 [M]. 北京：知识产

权出版社，2014.

[48] 吴欣望. 知识产权——经济、规则与政策 [M]. 北京：经济科学出版社，2007.

[49] 夏伟. 中小企业创新与知识产权制度 [M]. 北京：法律出版社，2014.

[50] 徐红菊. 专利权战略学 [M]. 北京：法律出版社，2009.

[51] 许玉林. 组织设计与管理 [M]. 上海：复旦大学出版社，2003.

[52] 杨晨. 用知识产权管理赢得竞争优势——知识产权管理理论与实务 [M]. 北京：科学出版社，2008.

[53] 张爱华，赵明. 知识产权视野下的企业品牌战略 [M]. 北京：中国政法大学出版社，2013.

[54] 张贰群. 专利战法八十一计 [M]. 北京：知识产权出版社，2005.

[55] 张民元，卢晓春，徐昭. 企业知识产权战略指引 [M]. 北京：知识产权出版社，2010.

[56] 张平. 技术创新中的知识产权保护评价：实证分析与理论研讨 [M]. 北京：知识产权出版社，2004.

[57] 张勤，朱雪忠. 知识产权制度战略化问题研究 [M]. 北京：北京大学出版社，2010.

[58] 张志成. 知识产权战略研究 [M]. 北京：科学出版社，2010.

[59] 赵晶媛. 技术创新管理 [M]. 北京：机械工业出版社，2010.

[60] 赵晓梅. 构建知识产权制度与自主创新效应研究 [M]. 北京：对外经济贸易大学出版社，2013.

[61] 朱国军，杨晨. 专利运营能力支撑技术跨越研究 [M]. 北京：电子工业出版社，2009.

[62] 朱谢群. 我国知识产权发展战略与实施的法律问题研究 [M]. 北京：中国人民大学出版社，2008.

[63] 保罗·萨缪尔森，威廉·诺德豪斯. 宏观经济学 [M]. 16版. 萧琛，等，译. 北京：华夏出版社，1999.

[64] 查尔斯·W.L. 希尔，李维安，等. 管理学 [M]. 北京：机械工业出版社，2009.

[65] 道格拉斯·C. 诺思. 经济史中的结构与变迁 [M]. 上海：上海三联书店，上海人民出版社，1994.

[66] F.M. 谢勒. 技术创新——经济增长的原动力 [M]. 姚贤涛，干倩，译. 北京：新华出版社，2001.

[67] 科武刚，史漫飞. 制度经济学：社会秩序与公共政策 [M]. 韩朝华，译. 北京：商务印书馆，2000.

[68] 理查德·A. 波斯纳. 法律的经济分析（下）[M]. 蒋兆康，译. 北京：中国大百科全书出版社，1997.

[69] 大卫·蒂斯. 技术秘密与知识产权的转让与许可——解读当代世界的跨国企业 [M]. 王玉茂，等，译. 北京：知识产权出版社，2014.

[70] 卡恩昔，李跃然. 技术转移改变世界——知识产权的许可与商业化 [M]. 张立，译. 北京：经济科学出版社，2014.

[71] 迈克尔·波特. 国家竞争优势 [M]. 李明轩，邱如美，译. 北京：华夏出版

社，2002.

[72] 乔治·泰奇. 研究与开发政策的经济学［M］. 苏俊，柏杰，译. 北京：清华大学出版，2002.

[73] R. 科斯，A. 阿尔钦，D. 诺斯，等. 财产权利与制度变迁——产权学派与新制度学派译文集［M］. 胡庄君，陈剑波，邱继成，等，译. 上海：上海三联书店、上海人民出版社，1994.

[74] 欧洲技术与创新管理研究院. 企业战略与技术创新决策：创造商业价值的战略和能力［M］. 陈劲，方琴，译. 北京：知识产权出版社，2006.

[75] 丸岛仪一. 佳能知识产权之父谈中小企业生存之道：将企业知识产权作为武器［M］. 文雪，译. 北京：知识产权出版社，2013.

（二）中文论文

[76] 柴金艳. 基于价值链的企业知识产权竞争优势培育——以华为公司的知识产权管理为例［J］. 科技进步与对策，2009（22）.

[77] 曹勇，胡欢欢. 专利保护与企业自主创新之间的联动关系探讨［J］. 情报杂志，2009（4）.

[78] 曹勇，赵莉，张阳，罗楚邵. 高新技术企业专利管理与技术创新绩效关联的实证研究［J］. 管理世界，2012（6）.

[79] 陈傲. 技术转移与产品创新、专利产出的关联机制研究——以1991~2006年大中型工业企业数据为例［J］. 研究与发展管理，2009（3）.

[80] 陈家宏. 专利制度企业内化的意义及实现路径［J］. 知识产权，2008（3）.

[81] 董静，苟燕楠，吴晓薇. 我国产学研合作创新中的知识产权障碍——基于企业视角的实证研究［J］. 科学学与科学技术管理，2008（7）.

[82] 董涛. 知识产权与中小企业创新问题研究［J］. 科技管理研究，2009（8）.

[83] 杜晓君，罗猷韬，谢玉婷. 专利联盟创新效应实证分析——以MPEG-2、TD-SCD-MA和闪联为例［J］. 研究与发展管理，2014（1）.

[84] 方琳瑜，宋伟，彭小宝. 我国中小企业自主知识产权成长的自组织机制研究［J］. 科学学与科学技术管理，2008（9）.

[85] 冯晓青. 企业知识产权运营及其法律规制研究［J］. 南京社会科学，2013（6）.

[86] 冯晓青. 我国企业知识产权战略现状与对策研究［J］. 中国政法大学学报，2013（4）.

[87] 冯晓青. 企业技术创新、合作创新过程中的知识产权风险管理研究［J］. 甘肃社会科学，2013（4）.

[88] 冯晓青. 企业知识产权战略柔性及其动态适应能力研究［J］. 天府新论，2013（4）.

[89] 冯晓青. 促进我国技术创新与企业知识产权战略实施的激励机制研究［J］. 社会科学战线，2013（2）.

[90] 冯晓青. 论知识产权制度对技术创新的促动作用［J］. 河北学刊，2013（2）.

[91] 冯晓青. 促进我国技术创新的相关政策与制度研究［J］. 青海社会科学，2013（1）.

[92] 冯晓青. 基于技术创新与知识产权战略实施的知识产权服务体系构建研究［J］. 科技进步与对策，2013（2）.

[93] 冯晓青. 我国企业知识产权资本运营策略探讨［J］. 上海财经大学学报，2012（6）.

[94] 冯晓青. 技术创新与知识产权战略及其法律保障体系研究 [J]. 知识产权, 2012 (2).

[95] 冯晓青. 企业知识产权战略、市场竞争优势与自主创新能力培养研究 [J]. 中国政法大学学报, 2012 (2).

[96] 付江, 汪正洁. 二次创新与知识产权保护——谈宝钢的技术创新实践 [J]. 中国发明与专利, 2008 (7).

[97] 甘志霞, 吕海军. 企业知识产权战略与创新能力动态匹配 [J]. 科技进步与对策, 2008 (8).

[98] 高锡荣, 罗琳. 中国创新转型的启动证据——基于专利实施许可的分析 [J]. 科学学研究, 2014 (7).

[99] 和金生, 白瑶. 中外技术合作目标差异对技术转移的影响 [J]. 天津大学学报 (社会科学版), 2005 (5).

[100] 何树全. 试论我国国家创新体系的框架、问题与思路 [J]. 中国科技论坛, 2005 (3).

[101] 胡志坚, 苏婧. 区域创新系统理论的提出与发展 [J]. 中国科技论坛, 1999 (6).

[102] 洪少枝, 尤建新, 郑海鳌, 邸鲁宁. 高新技术企业知识产权战略评价系统研究 [J]. 管理世界, 2011 (10).

[103] 华鹰. 企业技术创新中的技术标准战略——以专利与技术标准相结合为视角 [J]. 中国科技论坛, 2009 (10).

[104] 黄鲁成. 关于区域创新系统研究内容的探讨 [J]. 科学管理, 2002 (2).

[105] 黄永春, 杨晨. 企业自主知识产权名牌的竞争效应的理论分析 [J]. 科技管理研究, 2007 (7).

[106] 李长玲. 知识价值链模型及其分析 [J]. 现代情报, 2005 (7).

[107] 李虹. 区域创新体系的构成及其动力机制分析 [J]. 科学学与科学技术管理, 2014 (5).

[108] 李金. 知识产权——我国企业的软肋及其改进的路径 [J]. 世界贸易组织动态与研究, 2008 (10).

[109] 李明星, 等. 知识产权战略、自主技术创新与企业竞争力的相关性探讨 [J]. 商业时代, 2014 (5).

[110] 李培林. 论企业技术创新与知识产权保护研究 [J]. 科技管理研究, 2010 (6).

[111] 李伟. 企业发展中的专利: 从专利资源到专利能力——基于企业能力理论的视野 [J]. 自然辩证法通讯, 2008 (4).

[112] 李伟, 董玉鹏. 协同创新过程中知识产权归属原则——从契约走向章程 [J]. 科学学研究, 2014, (7).

[113] 李永, 等. 政府 R&D 资助与企业技术创新——基于多维行业异质性的经验分析 [J]. 科学管理研究, 2014 (1).

[114] 刘国新, 李兴文. 国内外关于自主创新的研究综述 [J]. 科技进步与对策, 2007 (2).

[115] 刘凤朝, 潘雄锋, 施定国. 基于集对分析法的区域自主创新能力评估研究 [J]. 中国软科学, 2005 (11).

[116] 刘林青, 谭力文. 国外专利悖论研究综述——从专利竞赛到专利组合竞赛 [J]. 外国经济与管理, 2005 (4).

[117] 刘雪凤, 高兴. 促进我国自主创新能力建设的知识产权政策体系研究 [J]. 科学

管理研究，2014（3）.

[118] 罗建华，刘粤军. 基于知识产权战略的企业技术创新决策机制研究［J］. 商业研究，2010（5）.

[119] 罗建华，宋新华. 基于知识产权战略的企业技术创新资源投入机制研究——以广西企业为例［J］. 科学学与科学技术管理，2010（4）.

[120] 罗建华，王慧娟. 知识产权战略导向的技术创新模式应用：以广西企业为例［J］. 科技管理研究，2010（22）.

[121] 陆国庆. 产业创新——超越传统企业理论的新范式［J］. 产业经济研究，2002（1）.

[122] 马虎兆，栾明，贾蓓妮. 天津市企业知识产权现状统计分析及对策研究［J］. 科技进步与对策，2010（2）.

[123] 毛昊，刘澄，林瀚. 中国企业专利实施和产业化问题研究［J］. 科学学研究，2013（12）.

[124] 梅莉. 基于知识产权战略的企业技术创新机制研究［J］. 未来与发展，2012（5）.

[125] 莫良元. 我国现代企业技术创新的自主知识产权法律保护研究［J］. 技术经济，2005（9）.

[126] 牟莉莉，汪克夷，钟琦. 企业专利保护行为动机研究述评［J］. 科研管理，2009（3）.

[127] 欧阳春花，顾颖. 基于技术创新成果知识产权价值管理研究［J］. 科学管理研究，2014（1）.

[128] 祁红梅，王森. 基于联盟竞合的知识产权风险对创新绩效影响实证研究［J］. 科研管理，2014（1）.

[129] 漆苏. 企业对专利信息的运用研究［J］. 情报杂志，2009（8）.

[130] 漆苏. 企业国际化经营的专利风险识别——基于企业行为的实证研究［J］. 科学学研究，2013（8）.

[131] 漆艳茹，刘云，侯媛媛. 基于专利影响因素分析的区域创新能力比较研究［J］. 中国管理科学，2013（5）.

[132] 盛辉. 企业技术创新过程中的知识产权保护分析［J］. 技术经济与管理研究，2012（3）.

[133] 宋河发，穆荣平. 知识产权保护强度与我国自主创新能力建设研究［J］. 科学学与科学技术管理，2006（3）.

[134] 谭静，戴开富. 科技型中小企业技术创新战略模式与知识产权保护［J］. 武汉理工大学学报（信息与管理工程版），2006（3）.

[135] 唐国华，赵锡斌，孟丁. 企业开放式知识产权战略框架研究［J］. 科学学与科学技术管理，2014（2）.

[136] 唐杰，周勇涛. 企业知识产权战略实施绩效评价研究［J］. 情报杂志，2009（7）.

[137] 王斌. 转变经济发展方式——从"引进式技术进步"到"原发性技术创新"——基于知识产权制度视角［J］. 生产力研究，2013（2）.

[138] 汪应洛，李垣，刘益. 企业柔性战略——跨世纪战略研究与实践的前沿［J］. 管理科学学报，1998（1）.

[139] 王丰. 技术创新与企业知识产权战略选择［J］. 江苏科技信息，2012（10）.

[140] 王九云. 论企业如何有效利用在技术创新中取得的自主知识产权［J］. 科技与法

律，2001（2）.

[141] 王黎萤，陈劲. 企业专利实施现状及影响因素分析——基于浙江的实证研究 [J]. 科学学与科学技术管理，2009（12）.

[142] 王黎萤，陈劲. 技术标准战略、知识产权战略与技术创新协同发展关系研究 [J]. 世界标准信息，2005（5）.

[143] 吴汉东. 中国企业知识产权的战略框架 [J]. 法人，2008（Z1）.

[144] 吴汉东. 企业核心竞争力与知识产权 [J]. 中华商标，2007（5）.

[145] 吴晓波. 运用信息技术能力获取竞争优势的框架与路径研究 [J]. 科研管理，2006（5）.

[146] 肖仁桥，王宗军，钱丽. 价值链视角下我国不同性质工业企业技术创新效率研究 [J]. 中国科技论坛，2014（1）.

[147] 许培源，章燕宝. 行业技术特征知识产权保护与技术创新 [J]. 科学学研究，2014（6）.

[148] 杨晨，张涛. 基于价值的企业知识产权创新研究 [J]. 科学管理研究，2007（1）.

[149] 杨淳. 深圳产业技术源头创新能力分析——基于专利统计数据的分析视角 [J]. 经济与社会发展，2009（4）.

[150] 杨武. 基于开放式创新的知识产权管理理论研究 [J]. 科学学研究，2006（2）.

[151] 杨武，王玲. 知识产权保护下的技术创新者与模仿者竞争模型研究 [J]. 科研管理，2006（4）.

[152] 杨中楷，徐梦真，韩癸. 基础性专利的几个基本问题 [J]. 科学学与科学技术管理，2014（7）.

[153] 尹作亮，袁涌波. 知识产权与技术创新的作用机制研究 [J]. 科技进步与对策，2007（5）.

[154] 余长林，王瑞芳. 发展中国家的知识产权保护与技术创新：只是线性关系吗？ [J]. 当代经济科学，2009（3）.

[155] 袁健江，刘晶晶. 企业特征对专利申请决策影响的实证分析 [J]. 科学学研究，2014（11）.

[156] 袁晓东，李晓桃. 专利信托在企业集团专利管理中的运用 [J]. 科学学与科学技术管理，2009（3）.

[157] 张庆，冯仁涛，余翔. 专利授权率、经济绩效与技术创新——关于专利契约论的实证检验 [J]. 中国软科学，2013（3）.

[158] 张涛，孙成亮，张阳. 基于价值理念的企业知识产权管理体系研究 [J]. 现代管理科学，2009（7）.

[159] 张欣欣. 跨国公司知识产权战略的内容及形式分析 [J]. 科学与管理，2008（5）.

[160] 张真真，林晓言. 知识产权保护与技术创新路径的国际比较 [J]. 中国软科学，2006（11）.

[161] 周寄中，张黎，汤超颖. 知识产权与技术创新：联动与效应分析 [J]. 研究与发展管理，2006（5）.

[162] 周文光. 吸收能力与流程创新绩效之间关系的实证研究——基于知识产权风险的调节作用 [J]. 南开管理评论，2013（5）.

[163] 周磊，杨威. 基于专利引用的企业技术竞争研究 [J]. 科学学与科学技术管理，2014 (3).

[164] 周勇涛，朱雪忠，文家春. 企业专利战略变化风险研究 [J]. 研究与发展管理，2010 (2).

[165] 朱国军，杨晨，周海林，杜婉燕. 市场与技术耦合视角下的企业技术跨越内涵及测度 [J]. 科技管理研究，2008 (5).

[166] 朱国军，杨晨. 企业专利运营能力的演化轨迹研究 [J]. 科学学与科学技术管理，2008 (7).

（三）英文资料（论文、著作与研究报告等）

[167] BELLEFLAMME, PAUL. Coordination on Formal vs de Facto Standards: A Dynamic Approach [J]. European Journal of Political Economy, 2002 (18).

[168] DITZEL, ROGER. G. Patent Rights at the University/industry Interface [J]. Journal of the Society of Research Administrators, 1988 (Summer).

[169] EDWIN MANSFIELD, MARK SCHWARTZ, SAMULE WANGER. Imitation Costs and Patents: An Empirical Study [J]. The Economic Journal, 1981 (91).

[170] FASSIN, YVES. The Strategic Role of University—industry Liaison Offices [J]. Journal of Research Administration, 2000 (2).

[171] FELLER L, ROESSNER D. What Does Industry Expect from University Partnerships? [J]. Issues in Science and Technology, 1995 (Fall).

[172] JOSEPH FRIEDMAN, JONATHAN SILBERMAN. University Technology Transfer: Do Incentives, Management, and Location Matters [J]. Journal of Technology Transfer, 2003 (1).

[173] ZVI GRILICHES. Patent Statistics as Economic Indicators: A Survey [J]. Journal of Economic Literature, 1990 (28).

[174] MARK GROSHBY. Patents, Innovation and Growth [J]. Economic Record, 2000 (76).

[175] HELPMAN E. Innovation, Imitation, and Intellectual Property Rights [J]. Econometrica, 1993 (61).

[176] JOFF WILD. Koreans Plan NPE to Reduce the Country's Huge Patent Licensing Deficit [J]. Intellectual Asset Management Magazine, 2009 (3).

[177] KEUN LEE, CHAISUNG LIM. Technological Regiems, Catching–up, Leapfrogging Findings [J]. Research Policy, 2001, 30 (3).

[178] KEUN LEE, CHAISUNG LIM. Technological Regimes, Catching–up and Leapfrogging: Findings from the Korean industries [J]. Research Policy, 2001, 30 (3).

[179] LUC SOETE. International Diffusion of Technology, Industrial Development and Technological Leapfrogging [J]. World Development, 1985, 13 (3).

[180] ROBERTO MAZZOLENI, RICHARD R NELSON. The Benefits and Costs of Strong Patent Protection: A Contribution to the Current Debate [J]. Research Policy, 1998 (27).

[181] OECD. Enhancing the Competitiveness of SMEs through Innovation: Background Report for the OECD [C]. Conference on Enhancing the Competitiveness of SMEs in the

Global Economy：Strategies and Policies.

[182] JUDGE W Q, MILLER A. Antecedents and Outcomes of Decision Speed in Different Environmental Contexts [J]. Academy of Management Journal, 1991 (34).

[183] Marsh Ltd. 2011 Intellectual Property Survey Report [R/OL]. [2014-03-08]. http：// www. innovationmanagement. se/2011/12/15/intellectual - property - undervalued - by - global-risk-management-community.

[184] JOHN G. PALFREY. Intellectual Property Strategy [M]. The MIT press, 2011.

[185] Gaëlle Krikorian, Amy Kapczynski. Access to Knowledge in the Age of Intellectual Property [M]. The MIT press, 2010.

[186] ADAM B. JAFFE, JOSH LERNER, SCOTT STERN. Innovation Policy and the Economy [M]. The MIT Press, 2004.

后记

本书是在笔者主持的 2008 年度国家社会科学基金项目"我国企业技术创新与知识产权战略融合的法律运行机制研究"（编号：08CFX018）最终研究成果基础上修改而成的。该课题成果已在 2013 年 10 月结题。

国家课题研究本身是一项艰巨的任务，特别是针对那些很难找到同类成果的带有一定开拓性质的项目。读者从本课题的题目似乎也能知道一二。事实上，当初申报这个课题时，为确定合适的题目可谓绞尽脑汁，花费了一周多时间，冥思苦想才确定下来。回忆课题申报批下来之际，笔者和其他项目负责人一样，兴奋之情难于言表。然而，获得项目机会只是个开头，怎样做好才是关键，如何做好这个项目需要费尽心思。由于这个课题牵涉面广，横跨法学、管理学、经济学、政策学等相关领域，且具有很强的实践性，研究难度着实相当大。幸好，作为项目负责人的笔者此前在企业知识产权战略的理论研究和课题研究方面有较深厚的积累，为本课题的完成奠定了良好的基础。

国家课题研究需要大量的时间。然而，与其他很多学者一样，笔者在一个特定时段除了正常的本职工作以外，可能还有其他课题需要完成。特别是在 2010 年年底，笔者有幸主持另一项国家社科基金项目（国家社科基金重大项目"国家知识产权文献及信息资料库建设研究"）。该课题工程浩大、具有更大程度的跨学科特点。在这种情况下，笔者"两线作战"，加之还有一些企业事业单位委托的关于企业知识产权战略和管理方面的实战课题需要研究，更制约了本课题的研究时间。所幸本课题研究过程中，得到了中国政法大学科研处和笔者所在的民商经济法学院的大力支持和帮助，且得到了合作研究者中国政法大学民商经济法学院张今教授、华南理工大学知识产权学院杨雄文教授等的通力合作，更得到了妻子杨利华博士、宝贝女儿冯嘉荟等家人的巨大精神支持和帮助，还有笔者指导的可爱的硕

士生和博士生们在收集资料、协助调研以及相关学术活动等方面提供的支
持。故，虽然历经数年，本课题终于落笔并最终结题。

　　国家课题研究和结题程序非常严格。笔者近几年同时主持两个国家社
会科学基金项目，可谓深有感触（目前第二个项目已经通过中期评估）。从
自身感受看，这种严格要求是非常必要的，它是完成国家社科基金这样重
要项目的组织保障。

　　本书研究内容也可以归入作者长期以来进行的"企业知识产权战略研
究"的范畴。因此，特将其与作者另外几部著作［包括"十二五"普通高
等教育国家级规划教材《企业知识产权战略》（第4版）］一起，纳入"企
业知识产权战略"丛书，以飨读者。

　　由于笔者水平有限，加之时间紧迫，本书成果难免存在错误之处，欢
迎批评指正。

冯晓青

2014 年 10 月 8 日